Gerhard Bogner
Also auch auf Erden

Gerhard Bogner

Also auch auf Erden

Bayerns Evangelisch-Lutherische Kirche

Fotografische Mitarbeit: Paul Sessner

Verlagsanstalt »Bayerland« Dachau

Motive auf der Vorderseite des Buchumschlags (von links nach rechts):
St. Lukas in München (Paul Sessner, Dachau)
St. Matthäus in München (Fritz Witzig, München)
St. Johannis in Ansbach (Helmut Herzog, Erlangen)
St. Lorenz in Nürnberg (Michael Jeiter, Morschenich)
St. Michael in Rasch/Mittelfranken (Michael Jeiter, Morschenich)
St. Ulrich in Augsburg (Dirk Nothoff, Gütersloh)
St. Michael in Ostheim v. d. Rhön (Oberfränkischer Ansichtskartenverlag Bayreuth, W. Bouillon)

Vorsatz:
Überreichung der Augsburger Konfession an Kaiser Karl V., Gemälde aus dem späten 16. Jahrhundert in der Johanniskirche in Schweinfurt (Foto: Wiltrud Wößner, Schweinfurt)

Motive der Auftaktseiten:
Waldgottesdienst bei der Ottmar- und Ottilien-Pestkapelle während der Keilberg-Kirchweih im Nürnberger Land (S. 11)
Pfingstkirchentag auf dem Hesselberg (S. 114)
Dr. Dieter Haack, Präsident der Landessynode, und Landesbischof Dr. Johannes Hanselmann (S. 131)
Landesposaunentag 1991 in Nürnberg (S. 171)

Herausgegeben von der Evangelisch-Lutherischen Kirche in Bayern in Zusammenarbeit mit der Verlagsanstalt »Bayerland« Dachau

Verlag und Gesamtherstellung:
Druckerei und Verlagsanstalt »Bayerland« GmbH
8060 Dachau, Konrad-Adenauer-Straße 19
Alle Rechte der Verbreitung (einschl. Film, Funk und Fernsehen) sowie der fotomechanischen Wiedergabe und des auszugsweisen Nachdrucks vorbehalten.

© Druckerei und Verlagsanstalt »Bayerland« GmbH
8060 Dachau, 1993
Printed in Germany · ISBN 3-89251-156-X

Inhalt

ZUM GELEIT 9

EVANGELISCH IN BAYERN 11

GRÜSS GOTT IN BAYERN 12
Eine Einführung, damit man weiß, wo man sich befindet

WAS IST EVANGELISCH? 15
Einiges für solche, die es sind, und andere, die es zu wissen meinen

Der Name 15
Die Menschen 18
Evangelische Frömmigkeit 23
Protestantische Profile 26
Von wegen »die Schweden« 27
Protestanten im Gegenlicht 29
Die Barockfrage 30

DIE FREUDE AM BEKENNTNIS 32
Über das, was die Protestanten in Bayern für die Wahrheit halten

Bibel 33
Zehn Gebote 33
Vaterunser 34
Sakramente 34
Credo 34
Gesangbuch 35
Katechismus 36
Reformatorische Bekenntnisschriften 38
Bekenntnisse in unserer Zeit 42
Friedensbekenntnis 43

LUTHERS KIRCHE LEBT 47
Die bayerische Version eines Gottesgeschenks

Das Kirchenverständnis 47
Gottesdienst 49
Taufe 51
Konfirmation 51
Beichte und Abendmahl 52
Predigt 53
Trauung 55
Das Begräbnis 55
Kirchliche Kleidung und Zeichen 55
Kirchenjahr und Brauchtum 57

DAS LUTHERISCHE GOTTESHAUS 63
Von Altären, Orgeln, Glocken und anderen dienstbaren Dingen

Kirchenbau 63
Altar 70
Taufstein 71
Vasa Sacra 71
Kanzel 74
Beichtstuhl 76
Orgel 76
Fenster und Licht 77
Bilder 78
Türen 79
Turm 80
Glocken 80
Friedhof 83
Denkmäler 84
Patrozinium und Patronat 86
Simultaneum 87

IN GUTER VERFASSUNG 91
Die Grundordnung der Landeskirche und wie sie funktionieren kann

Organisation 91
Organe 91
Grundrechte 91

WO SIND DIE PROTESTANTEN? 95
Wohnung und Wanderung der evangelischen Bevölkerung Bayerns

KIRCHE ALS HEIMAT 97
Wo die Protestanten leben, und wie die Religion die Regionen bestimmt

Beiderseits des Limes 97
Die Reichsstädte 98
Zum Beispiel Ortenburg 99
Emigranten – Hugenotten – Exulanten 100
Das Ries 101
Franken 102
Die Kolonisten 103
Evangelische Diaspora 104
Das »Landl« 105
Das Kirchentum Coburg 106
Neuland München 106
Die neue Völkerwanderung 108
Geistliche Inseln 111

DIE KIRCHE DER GEMEINDEN . 114

DAS, WAS CHRISTUS MEINTE 115
Die Gemeinde

DIE KLEINSTE EINHEIT IN DER GEMEINSCHAFT . 119
Die Ortsgemeinde

DER GEIST WEHT, WO ER WILL 122
Die Mediengemeinden
- Zeitungen 122
- Hörfunk und Fernsehen 122
- Audio-visuelle Medien 123
- Buch 123
- Rolle der Kirche 123

AUCH BERGSTEIGER BETEN 124
Die besonderen Gemeinden
- Studentengemeinden 124
- Gemeinden unter einem Dach 124
- Freiluft-Gemeinden 124
- Ganz andere Gemeinden 124
- Kulturgemeinden 126
- Partnergemeinden 126

GEMEINDE DURCH GELÖBNIS 127
Evangelische Gemeinschaften
- Bruderkreis Burgambach 127
- Christusbruderschaft Falkenstein . . . 127
- Christusbruderschaft Selbitz 127
- Communitaet Casteller Ring 127
- Communitaet Simonshofen 128
- Landeskirchliche Gemeinschaft 128
- Michaelsbruderschaft 128
- Missionsdienst für Christus 128
- Lebenszentrum Ottmaring 128
- Tagungsstätte »Hohe Rhön« 128

KIRCHE UNTERWEGS 129
Der Kirchentag als Übergemeinde
- Deutscher Evangelischer Kirchentag . . 129
- Pfingstkirchentag auf dem Hesselberg . 129
- Lokale Kirchentage 129
- Kinderkirchentag 130

DIE KIRCHE DER ÄMTER 131

AMTSKIRCHE UND AMTSTRÄGER 132
Aufgaben im Dienst anderer

EIN PRIMUS INTER PARES 134
Der Landesbischof

LEGISLATIVE KIRCHENLEITUNG 138
Die Landessynode

KOORDINATIVE KIRCHENLEITUNG 142
Der Landessynodalausschuß

EXEKUTIVE KIRCHENLEITUNG 143
Landeskirchenrat und Landeskirchenamt
- Landeskirchenrat 143
- Landeskirchenamt 143
- Die Beauftragten 145
- Die Sachverständigen 145
- Weitere Dienststellen 145
- Einrichtungen der Landeskirche . . . 146
- Landeskirchliches Archiv 146

SECHSMAL BAYERN 147
Die Kirchenkreise

ZWISCHEN OBEN UND UNTEN 148
Die Dekanatsbezirke

NICHTS LIEBER ALS DAS 150
Das Pfarramt

EIN URCHRISTLICHES AMT 154
Diakone und Diakonissen

SIE GEBEN DEN TON AN 156
Kantoren und Organisten

DIE »KIRCHNER« 158
Mesner, Glöckner, Kirchenmeister

MEIN LOHN IST, DASS ICH DARF 159
Die Ehrenamtlichen

DER GLAUBE WILL GELERNT SEIN 162
Das Lehramt

EINE KIRCHE VON MENSCHEN 166
Das Personalwesen

OHNE GELD GEHT NICHTS 167
Das Finanzwesen

ORDNUNG MUSS SEIN 170
Recht und Verwaltung

    Recht 170
    Verwaltung 170

DIE KIRCHE DER WERKE UND DIENSTE 171

ORA ET LABORA 172
    Vom Handeln aus Glauben

ANTWORTEN DES GLAUBENS 173
Diakonie

    Das Diakonische Werk Bayern 173
    Diakonie vor Ort 174
    Einrichtungen und Werke 175

WEITERGABE DER BOTSCHAFT 176
Mission

    Binnen-Mission 176
    Das Missionswerk 177
    Partnerschaften 177

VERMITTELN UND ÖFFENTLICH MACHEN 179
Medien

    Arbeitsstrukturen 179
    Evangelischer Presseverband 180
    Presse 186
    Rundfunk 186

LEHRE UND DIALOG 187
Bildung

    Religionsunterricht 187
    Evangelische Volkshochschulen 187
    Schulwesen 187
    Evangelische Akademie Tutzing 190
    Erwachsenenbildung 191
    Tagungsstätten 191

WER GLAUBT, LEBT BESSER 193
Die musische Kirche

    Literatur 193
    Bildkunst 194
    Architektur 194
    Kirchenmusik 194
    Posaunenspiel 195
    Humor in der Kirche? 196

TROTZ ALLEM 197
Männer in der Kirche

VOR ALLEM 198
Frauen in der Kirche

    Die Entwicklung 198
    Frauenwerk 198

ALLEM VORAN 200
Jugend in der Kirche

    Gemeindejugend 200
    Das Evangelische Jugendwerk 201
    Vereine, Verbände, Alternativen 202

DEN HIMMEL OFFEN HALTEN 203
Kirche für die Kinder

    Kindergottesdienst 203
    Kindergarten 203

ZEIT HABEN 205
Kirche im Alter

ZWEI ODER DREI ODER MEHR 208
Die Kirche für die Familie

KIRCHE UND WELT 209
Politik, Wirtschaft und Gesellschaft

RAT UND TAT 212
Die Kirche in der Arbeitswelt

EINE EINIGENDE KRAFT 213
Die Kirche auf dem Land

KEIN MENSCH IST EINE MASCHINE ... 216
Seelsorgerliche Dienste

- Aids ... 216
- Bahnhof ... 216
- Binnenschiffer ... 216
- Blinde ... 216
- Brief ... 216
- Camping ... 216
- Flughafen ... 217
- Gefängnis ... 217
- Hörbehinderte ... 217
- Homosexuelle ... 218
- Krankenhaus ... 218
- Kriegsdienstverweigerer ... 218
- Kur ... 218
- Leser ... 219
- Militär ... 219
- Obdachlose ... 219
- Polizei ... 219
- Prostituierte ... 220
- Rettungswesen ... 220
- Schwangere ... 220
- Schuldner ... 220
- Sport ... 221
- Sterbende ... 222
- Suchtkranke ... 222
- Telefon ... 222
- Urlauber ... 223
- Zirkus ... 223

FREIHEIT VIELER CHRISTENMENSCHEN ... 224
Vereine, Verbände, Arbeitskreise

- Arbeitsgemeinschaft Erziehung ... 224
- Bekenntnisgruppen ... 224
- Blaues Kreuz ... 224
- Bibelverein ... 224
- Bischof-Heckel-Werk ... 224
- Diasporadienste ... 224
- Evangelische Allianz ... 225
- Evangelischer Bund ... 225
- Evangelische Schlesier ... 225
- Hospizvereine ... 225
- Johanniterorden ... 226
- Kirchengeschichte ... 226
- Pfarrer & PC ... 226

NEBENEINANDER – MITEINANDER – FÜREINANDER ... 227
Die Ökumene der Kirchen

- Bayern ... 227
- Deutschland ... 230
- Europa ... 234
- Weltchristentum ... 234
- Partnerkirchen ... 235
- Lateinamerika ... 239
- Osteuropa ... 239
- Außerchristliche Beziehungen ... 241

WAS ES ALLES GIBT UND GAB ... 243
Kuriosa aus dem kirchlichen Leben

DOKUMENTATION ... 259

CHRISTLICHE SCHÄTZE IN EVANGELISCHER HAND ... 262

- Kirchen ... 262
- Vasa Sacra ... 270
- Taufsteine ... 271
- Orgeln ... 272
- Glocken ... 273
- Glasgemälde ... 274

ANHANG

- Zeittafel ... 275
- Register ... 282
- Verzeichnis der Farbbilder ... 285
- Literaturwegweiser ... 286
- Bildnachweis ... 287

DIE LETZTE SEITE ... 288

DER LANDESBISCHOF
DER EVANGELISCH-LUTHERISCHEN KIRCHE IN BAYERN

Meiserstraße 13 · 8000 München 2

Im Januar 1993

Lieber Gerhard, liebe Leserinnen und Leser,

statt eines Vorwortes, das durchaus seine Berechtigung hätte, begrüße ich das Buch über Bayerns evangelisch-lutherische Kirche auf diese persönliche Weise und lade alle herzlich ein, sich davon informieren und durch die Betrachtung beglücken zu lassen. Nachdem die lutherische Reformation durch Gottes gnädige Fügung auch in Bayern ins Laufen gekommen war und unsere Landeskirche bis heute - nicht zuletzt im Blick auf die Ökumene - zu einem reichen Garten Gottes heranwachsen durfte, sollten sich nicht nur neugierige Menschen diesem neuartigen Fremdenführer freundlich anvertrauen. Sie mögen gerne wissen, wie viel mehr gesagt und gezeigt werden könnte, wenn dieses Werk noch umfangreicher hätte sein können. Jedenfalls sollte am Ende eines solchen Spazierganges der Kleinglaube geschwunden und der Dank an Gott als dem Herrn der Kirche gemehrt worden sein. Dies wünsche ich zunächst dem Autor, ferner allen Gliedern dieser in diesem Buch so trefflich beschriebenen Landeskirche und auch mir als dem Landesbischof.

Dein und Ihr

Johannes Hanselmann

D.Dr. Johannes Hanselmann D.D.

EVANGELISCH IN BAYERN

GRÜSS GOTT IN BAYERN
Eine Einführung, damit man weiß, wo man sich befindet

»Grüß Gott!« sagt man im einen, »Guten Tag« im anderen Teil Bayerns, wenn man sich begegnet. Dieser Brauch ist über die bloße Gewohnheit hinaus der Ausdruck einer christlichen Gesinnung. Einen guten Tag soll jeder haben, aber er muß von Gott gegeben werden. Und von Gott zu grüßen, ist ein gutes Werk und gläubiges Unterfangen, kein Mißbrauch oder Blasphemie. Jedenfalls weiß man dadurch, daß man in Bayern ist.

Dies ist das Bundesland, dessen Ursprung bis in das Jahr 16 vor der Geburt Christi zurückreicht, als die erobernden Römer ihren Frieden brachten und damit die Grundlagen für eine reiche Kultur. Es existiert als Staat in seiner heutigen Form seit 1806, nachdem es zum Königreich erhoben worden war. Über elfeinhalb Millionen Bayern, Franken und Schwaben, eine fluktuierende Million von Gästen nicht eingerechnet, leben in diesem Freistaat und berufen sich in der Verfassung auf das Argument einer »mehr als tausendjährigen Geschichte«. Die Geschichte Bayerns wäre ohne den christlichen Glauben undenkbar und seit über vier Jahrhunderten auch ohne die evangelische Konfession unverständlich.

Am Beginn der Landesgeschichte stehen auch jene ersten Christen, die als römische Soldaten oder Ärzte, Verwaltungsbeamte und Händler in ihrem Gefolge auftauchten. Das Christentum muß eingesickert sein, es kam nicht mit einem Schlag nach Bayern. Und als es erschien, erleuchtete es nicht die Dunkelheit, sondern eine ansonsten schon ganz lichte Kultur. Zeugen sind der römische Offizier und spätere Heilige Severin in Passau, die Johanniskirche in der Augusta Vindelicum (Augsburg), das Lager in Cambodunum (Kempten), die Castra Regina (Regensburg) und die Castelle am Limes entlang dem Altmühltal.

Das Christentum erreichte das Bayernland nicht wie ein anhaltender Regen, der die Gegend bewässerte, sondern in mehreren Wellen, ganz ähnlich dem späteren Verlauf der lutherischen Reformation. Trat die erste Welle beiderseits des Limes wie ein langsam steigendes Grundwasser hervor, zuerst unbemerkt und dann überall überhandnehmend bis zu den frühen Märtyrern, wie der Heiligen Afra in Augsburg, so warf sich die zweite mit wirklicher Kraft ins Spiel: vom äußersten Westen Europas, aus Irland und Schottland, kamen die Söhne guter Familien als Mönche mit ritterlichem Geist in das fränkische Feld. Aus ihren kulturell hochentwickelten Klostergemeinschaften brachten sie Geist und Vorbilder mit und setzten bei ihrer abenteuerlichen Gottsuche Ordnungen, die das Leben in Bayern bis heute mitbestimmen. Die Willibald und Wunibald, Kilian, Koloman, Emmeram und der berühmte Bonifatius schufen aus dem, was an Gemeinden schon vorhanden war, ein Kirchenwesen, organisierten im Auftrag Roms eine Bistumsordnung und errichteten die ersten Klöster.

Man spürt, wie der römische Grenzwall immer noch Bayerns Grundwesen teilt, nicht zuletzt durch die Christianisierung im schrittweisen Wachstum vom Süden her einerseits und vom Nordwesten andererseits. Immer noch wirken ineinander der Antrieb aus der Fremde und das eigene Hervorbringen, überall gilt ein Leben zwischen weltweiten Dimensionen und kleinen Bezügen am Ort, auch bei der evangelischen Bevölkerung.

Hier wurde weltweite Kirchengeschichte gemacht! In Augsburg leitete das Verhör des jungen Augustinermönchs und Wittenberger Professors Martin Luther durch den aus Rom angereisten Kardinal Cajetan die Reformation oder auch Nichtreformation der bestehenden Kirche ein; in derselben alten Reichsstadt wurden auf den Reichstagen von 1530 zuerst das neue Bekenntnis der »Confessio Augustana« und dann 1555 der Religionsfrieden für ganz Deutschland festgemacht. Zahlreiche bayerische Städte setzten den neuen Glauben früh durch. In diesem Land tobte der kontinentale Glaubenskrieg mit weltlichen Heeren und geistlicher Vormacht besonders hart. Hier entstand aber auch neben dem römisch-katholischen ein eigener evangelischer Barockstil. Während der rationalistischen Aufklärung, den katholischen Edikten zur Brauchtumsreform und der staatlichen Säkularisation uralter Klöster im 19. Jahrhundert brachen die protestantischen Franken zu neuen Formen der Frömmigkeit auf. In Bayern sammelte sich im »Dritten Reich« von Adolf Hitler das protestantische Kirchenvolk zur »Bekennenden Kirche« mit dem äußerst möglichen Widerstand gegen den heidnischen Faschismus. Und hier hält man sich auch heute noch sehr einfach und vielleicht etwas fundamental zum Glauben der Väter.

Im ersten Anlauf der Reformation war Bayern einmal schon so sehr der lutherischen Lehre zugetan, daß, wenn Gott und die weltlichen Herren es gewollt hätten, die erneuerte Kirche hätte einfach an die Stelle der veralteten treten können. Es sollte nicht sein. Doch dreihundert Jahre später war Bayern durch einen Herrschaftswechsel wieder knapp daran, zum evangelischen Glauben überzugehen. Die Gattin des ersten Königs, der selbst konvertiert war, die mit ihm aus der Pfalz gekommene Karoline von Baden, bekannte sich ganz energisch als evangelische Fürstin. Die ebenfalls evangelische Gattin ihres Stiefsohnes Ludwig I., die Prinzessin Therese von Sachsen-Hildburghausen, deren Hochzeit den Münchnern die Theresienwiese und das Oktoberfest bescherte, war nicht weniger engagiert, aber etwas stiller tätig. Aber auch Ludwigs Sohn, König Maximilian II. Joseph, hatte in Marie von Preußen eine protestantische Frau an seiner Seite, die Mutter des tragischen »Märchenkönigs« Ludwig II. Erst die letzte bayerische Königin, Marie-Therese aus dem österreichischen Haus Este, war katholisch. Es gab also bei zweckmäßiger Fürstenheirat kein Konfessionsproblem, aber die Konsequenzen wurden ausgebremst.

Alles vorbei? Mitnichten. Die Vergangenheit wirkt weiter. Im schwäbischen Ries lernte man durch die Familie der Fürsten von Oettingen das Glück der pragmatischen Wege. Ganz Franken gewöhnte sich an das Domino der konfessionellen Durchmischung. Die Oberpfalz verdankt dem Hin und Her der häufigen Konfessionswechsel ihr vorsichtiges Verhalten. Und obwohl man nach dem Ersten Weltkrieg glauben konnte, die Sache mit den zweierlei Kirchen sei endgültig eingespielt, veränderte der Zweite Weltkrieg mit seinem unsäglichen Flüchtlingsstrom wieder alles, auf ganz neue Weise und gründlich. »Die Heimatvertriebenen haben das Profil der bayerischen Kirche für unsere Zeit wesentlich verändert und neu geprägt, sie haben das geistliche Klima deutlich verändert« (Johannes Meister). Damals entstand im Strudel einer Weltkatastrophe in allen Gegenden Bayerns eine neue Konfessionsstruktur. Heute, da die Ehe konfessionsverschiedener Christen kein Tabu mehr ist, verflüchtigen sich viele frühere Probleme und machen neuen Platz.

Wer für die bayerische Lebensart eine einleuchtende Formulierung sucht, lese nur in der Verfassung der evangelisch-lutherischen Landeskirche

BILDER AUS BAYERN

Ein evangelischer Trachtengottesdienst mit Teilnehmern aus ganz Bayern, seinen Nachbarländern und den Verbänden der Heimatvertriebenen ist in der St.-Matthäus-Kirche in München nichts Ungewöhnliches.

von Bayern, wo in einem Paragraphen über die Gemeinden steht, das Wesentliche ergebe sich »aus dem Herkommen«. Das heißt, nicht ideologische Prinzipien oder irgendwelche Theorien beherrschen das Dasein und das Denken, sondern man läßt sich bestimmen von den inneren Gründen, man sucht die bessere Entfaltung des Ererbten und Gewachsenen. Daß dies sogar in einem modernen Verständnis zum Erfolg führen kann, beweist das Bayern der Gegenwart; daß sich die drei unterschiedlichen Stämme des Freistaates in diesem Wesen relativ einig sind, wird jederzeit erfahrbar; daß nicht nur die katholischen Bayern »aus dem Herkommen« verständlich werden, wird kaum jemand bestreiten.

Das als »janusköpfig« bezeichnete Konfessionsbayern, in dem Reformation und Gegenreformation immer noch nachklingen, lebt von einer Spannung zwischen Katholiken, Lutheranern, Reformierten und Altkatholiken. Aber auch unter den Protestanten selbst waltet der unausgesprochene Wettbewerb: Alt-Protestanten, die meinen, sie allein seien den ganzen Weg der Reformation zu Fuß gegangen, Schritt für Schritt und bei jedem politischen Wetter, belächeln zugereiste Glaubensgenossen, die mittlerweile dominieren möchten. Noch wirken Enttäuschungen vom napoleonischen Kraftakt bei der Schaffung des Königreiches mit und auch der Gegensatz zwischen Stadt und Land.

Unvergessen bleibt, daß zum Königreich Bayern bis an sein Ende im Jahr 1918 die linksrheinische Pfalz mit Heidelberg als Metropole gehörte, so daß sich die frühere evangelisch-lutherische Kirche »in Bayern rechts des Rheins« nannte. Aus jenem fernen Landesteil kamen nicht nur namhafte Glieder der Wittelsbacher Herrscherfamilie nach München, Neuburg, Sulzbürg und Amberg, sondern auch evangelische Gattinnen, Hofbeamte und Diener, mit ihnen der calvinistische Geist, der dem urbayerischen Wesen in seiner Sinnlichkeit nicht ganz entsprach. Immerhin brachte es die Erfahrung dahin, spöttisch zu behaupten, Bayern werde von den (protestantischen) Franken regiert und den (protestantischen) Pfälzern verwaltet. Freundlich verspottet wird damit sicher die Dankbarkeit für Gemeinsinn, Tüchtigkeit, Korrektheit und Rechtlichkeit und daß man die Obrigkeit achten kann als gottgewollte Hilfe zur Erhaltung der Welt.

Indessen sind die Karten schon wieder fast ein halbes Jahrhundert lang neu gemischt, frühere Vorurteile erschüttert, die Zukünfte vielfach neu formiert. Trotzdem pflegen die Bayern ihre »gottgewollten Unterschiede« und wahren untereinander anständigen Abstand. Man weiß nie genau, wo das Ausland beginnt: im Freistaat zwischen den Teilen oder erst an den Grenzen zur übrigen Welt. Niemand kann sagen, was typisch bayerisch ist, auch nicht, was schlechthin das »Evangelische« wäre, so vielfältig sind Farben und Formen und die Schattierungen!

Vielleicht hat das Kind recht, das nach einer Radiosendung des späteren Fernsehstars Adolf Sommerauer zu den Eltern sagte, jetzt sei es ganz gewiß: der liebe Gott muß ein Bayer sein!

Dieses Land lebt durch seine Menschen. Bestünde das Bayernbild nur aus Bier, Gebirge, Urlaub und etwas Barock, so fehlte darin die Humanität, die vielen Beispiele dafür, wie man sein Dasein auf dieser Erde verstehen und die gottgebene Welt gestalten kann. Die Kirchengeschichte ist nichts anderes als Menschengeschichte. Oder als Geschichte Gottes mit den Menschen.

Evangelisch sein und in Bayern leben – da weiß man kaum, was von beiden wichtiger und was besser ist! In einer Kirche zum Gottesdienst gehen, in der schon seit tausend Jahren gebetet wird und seit fast achthundert Jahren dieselben Glocken läuten, gehört zum Glück, das sich nicht überall bietet. Es mag ein Teil von jenem »vollen Genügen« sein, das die Bibel verheißt.

Deshalb »Grüß Gott« für alle Leser des Buches, die den Reichtum dieser lutherischen Landeskirche kennenlernen wollen; für alle, die historische Stätten oder christliche Kunst suchen, die im Religionsunterricht auf der Schulbank sitzen, Theologie studieren oder diakonische Dienste leisten; die in einer Volkshochschule oder Akademie Begegnung erhoffen mit lebendigem Geist aus dem Evangelium; die zu einem Kirchentag kommen oder einfach Erholung und Freude suchen, irgendwo im Land!

Treue um Treue: Der Münchner Dekan Heimo Liebl am Grab der Königin Karoline von Bayern anläßlich ihres 150. Todestages am 13. November 1991

WAS IST EVANGELISCH?
Einiges für solche, die es sind, und andere, die es zu wissen meinen

Evangelisch ist, wer in der evangelisch-lutherischen Kirche getauft, konfirmiert und aus dieser Gemeinschaft nicht ausgetreten ist. So einfach ist das! Ist es wirklich so einfach? Manche Einwohner Bayerns, die selbst nicht evangelisch sind, machen sich die Definition noch einfacher und sagen, evangelisch ist, wer sich beim Eintritt in ein Gotteshaus nicht bekreuzigt, wer den Karfreitag für den höchsten Feiertag hält, wer bei keiner Fronleichnamsprozession mitgeht oder wer »gar nichts« ist. Aber die Evangelischen haben auch eine Meinung von sich: daß sie jedenfalls nicht römisch-katholisch sind, offen und kritisch in Glaubensfragen, nicht der Kirche, sondern Gott gehorsam und ihrem Gewissen verpflichtet, oder daß sie ganz einfach als Erben der Reformation ihren Vätern treu bleiben wollen.

Im Kommentar zur Verfassung der evangelisch-lutherischen Landeskirche heißt es auf die Frage, wer ein evangelischer Christ sei, es komme auf das Bekenntnis zum evangelischen Teil der Christenheit als Folge der reformatorischen Bewegung an. Dieses Bekenntnis sei eine Willenserklärung von Erwachsenen, im Falle der religionsunmündigen Kinder durch die vertretungsberechtigten Eltern. Als Mitglied der evangelisch-lutherischen Landeskirche müsse diese Person zugleich Mitglied einer ihrer Kirchengemeinden sein, ohne die es laut Kirchenverfassung nicht geht. So hat also das Bekenntnis des Glaubens auch ganz konkrete Bedingungen.

Der Name

»Christen« heißen die Anhänger Jesu, seit die nach Antiochien in Syrien geflohenen Jünger die ersten beiden christlichen Gemeinden gebildet hatten und von den Griechen »christianoi« (Christusleute) genannt wurden (Apostelgeschichte 11,26).

»Protestantisch« war ursprünglich ein wertfreier Begriff aus dem politischen Leben und erhielt durch die »Protestation« beim Reichstag von 1529 in Speyer und die »Confessio Augustana« vor dem Augsburger Reichstag von 1530 einen polemischen Beigeschmack, wird aber heute ebenso stolz wie selbstverständlich benützt, um den kirchlich-konfessionellen Standpunkt hervorzuheben.

»Lutherisch« war durch die in Wittenberg begonnene theologische Diskussion der frühen Reformationszeit ein Schlüsselwort geworden und blieb, obwohl von Martin Luther selbst abgelehnt, der Name für überwiegend traditionell-kirchliche Haltungen.

»Evangelisch« nannten sich die Freunde der Reformation ausdrücklich, um von Personen oder Programmen abzusehen und auf ihren Ursprung zu verweisen, wenngleich dieser unmißverständliche Name auch eine gewisse Unverbindlichkeit nicht ausschließt.

Als »Evangelisch-Lutherisch« bezeichnet sich die bayerische Landeskirche mit anderen Nachfolgern der Reformation, um sowohl ihre im Evangelium begründete Offenheit wie ihre bestimmende Bindung an das Bekenntnis von Luthers Anhängern auszudrücken.

Als »Kirchen Augsburgischen Bekenntnisses« bezeichnen sich in Europa und Übersee jene, die ihre Abhängigkeit von der »Confessio Augustana« hervorheben und eine alte Namenstradition fortführen möchten.

Übrigens, im unterfränkischen Bistum Würzburg wurden die Anhänger der neuen Kirche eine Zeitlang »Confessionisten« genannt und durch den Kelch als Zeichen des Abendmahls in beiderlei Gestalt gekennzeichnet. Es soll Martin Luther gewesen sein, der im vierten Jahr der Reformation (1521) vorschlug, seine Anhänger und die gemeinsame Sache sollten nicht »lutherisch«, sondern »evangelisch« genannt werden. Aber noch vier Generationen später wählten die Diplomaten des Westfälischen Friedens von 1648 die offizielle Bezeichnung »Augsburger Konfessionsverwandte«. Erst als sich die evangelischen Reichsstände bei dieser Gelegenheit zum »Corpus Evangelicorum« (»Körper-

Symbol des lutherischen Glaubens: Baumpflanzen der Kreuzkirchengemeinde in München mit Pfarrer Rudolf Ruf

BILDER AUS BAYERN

Wort und Sakrament versammeln seit alters die Gemeinde der Gläubigen: hier die beliebte Stuttgarter Bibelausgabe von 1906 und ein Abendmahlskelch von Anne Miller-Schütz in der Evangelischen Akademie Tutzing aus dem Jahr 1981.

BILDER DER GEMEINDE

Das evangelische Kirchenschiff mit den Jüngern auf dem Weltmeer und ihrem Herrn Jesus Christus, der die teuflischen Stürme stillt, zeigt ein 1742 gemaltes Emporenbild in der St.-Johannis-Kirche in Aufkirchen bei Gerolfingen, das unverkennbar auf die mutigen Salzburger Exulanten verweist.

Stadtleben macht frei und einsam: Auf dem Weg zur St.-Ulrichs-Kirche in Augsburg

schaft der Evangelischen«) zusammenschlossen, setzte sich der politische Begriff auch für die Kirche der Protestanten durch. Aber schließlich mußte man sich doch »evangelisch-lutherisch« nennen, um zu den »Reformierten«, den Anhängern Calvins, und den »Unierten«, die beide Lehren zusammenbanden, einen Unterschied deutlich zu machen. So geht das, wenn jeder eigene Wege gehen kann, wo andere ihre Differenzen hinter das Gemeinsame zurückstellen müssen.

Die Menschen

Evangelischer Christ sein ist eine personale, wenn auch nicht, wie oft mißverstanden, eine persönliche Art der Christlichkeit. Der Protestant kann weder von einem in Generationen angesammelten »Schatz der Kirche« zehren, noch in der mystischen Kirchenwelt der Orthodoxie sich versenken und vergessen. Es geht nicht um Selbstüberschätzung, sondern um die christliche Haltung des vom Schöpfer bei seinem Namen gerufenen Menschen. Freilich warnt der Apostel Paulus: »Wer meint, er stehe, mag wohl zusehen, daß er nicht falle« (1. Korinther 10,12). Aber vielleicht hat der Herr der Kirche seiner evangelischen Konfession neben den anderen Spielarten christlichen Lebens gerade diese Aufgabe im großen Heilsplan gestellt: der einzelne soll als freie Person, als bekennendes Ebenbild zum Lob des Schöpfers in der Welt bestehen.

Als evangelischer Christ leben, heißt, von der »Freiheit eines Christenmenschen« für sich und im Dienst an der Welt Gebrauch zu machen. Infolgedessen bedürfte es Immanuel Kants aufklärerischer »Befreiung des Menschen aus der selbst verschuldeten Unmündigkeit« und der modernen »Selbstverwirklichung« nicht, wenn anstelle der profanen Vernunft häufiger die des Glaubens zum Zuge käme. Dazu sagt Martin Luther: »Ein Christ lebt nicht in sich selbst, sondern in Christus und in seinem Nächsten: in Christus durch den Glauben, im Nächsten durch die Liebe.« Und er leitet daraus den Grundsatz ab: »Ein Christenmensch ist ein freier Herr über alle Dinge und niemand untertan. Item, ein Christenmensch ist ein dienstbarer Knecht aller Dinge und jedermann untertan.« Das Lebensschiff zwischen diesen beiden Bojen hindurchzusteuern, ohne im Sturm der Zeit zu kentern, aber auch ohne einen Zusammenstoß mit anderen Schiffen oder das Scheitern an einem Riff, das ist die protestantische Lebensaufgabe.

Spätestens seit Martin Luthers berühmter Zeugenaussage vor dem Reichstag in Worms »Hier stehe ich, ich kann nicht anders« (1521) gehört zu dieser Existenz das Gewissen als Entscheidungsinstanz vor Gott. Gewissensfragen sind seitdem für viele Menschen Lebensfragen geworden, für wirkliche Bekenner Überlebensfragen und zuletzt für die Opfer des Nationalsozialismus und des Bolschewismus der Weg in den Tod. Heute wird sogar vom »Welthorizont des Gewissens« gesprochen, indem man sagen will, daß der einzelne nicht mehr allein entscheiden kann, wenn er nicht das große Ganze, die globalen Zusammenhänge und die Zukunft der Erde im Blick behält: als Wähler, als Politiker, Techniker, Philosoph oder Medienmacher und als Christ.

Wirklich gebunden ist der evangelische Christ nur an das Wort Gottes und das Gewissen vor Gott. Selbst das Wort eines Bischofs oder die Weisung einer Synode binden letztlich nicht, es sei denn, der einzelne Christ oder die Gemeinde verpflichteten sich freiwillig dazu. Dies zu praktizieren, wird manchmal zum Problem, zwingt aber auch zum gründlicheren Nachdenken und zu Entscheidungen.

Die fromme Furcht veranlaßt Protestanten zu einem ziemlich strengen Umgang mit der Wahrheit. Konrad Adenauers Unterscheidung nach der reinen, der ganzen und der ungeteilten Wahrheit fällt hier schwer. Überhaupt soll die Vergebung, die man vielleicht erbitten müßte, gar nicht erst nötig werden, und so steht der moralische Anspruch oftmals besonders hoch. Freilich, in einer tieferen Schicht ruhen miteinander sowohl die lange Erfahrung von der Unsicherheit des Lebens, vom Schicksal und der Herrschaft des Menschen über den Menschen, wie auch die Lebensfreude, die aus dem Zuspruch des Evangeliums hervorgeht. Nicht umsonst singen Protestanten gern Luthers Trotzlied »Ein feste Burg ist unser Gott« und den Hoffnungschoral »Jerusalem, Du hochgebaute Stadt, wollt' Gott, ich wär in Dir!«. Und vielleicht schwingt bei der unwillkürlichen Erinnerung an den Anfang mit, daß die Reformation des Glaubens zusammenfiel mit der Entdeckung neuer Erdteile und der Renaissance: die Entdeckung des Ich, die Wiederentdeckung des antiken Menschenbildes, die Idee des Humanismus, der Abschied vom Mittelalter und Aufbruch in die Neuzeit – alles Grunderfahrungen, Gedanken in dem Gesetz, nach dem die Protestanten angetreten sind und weiterziehen.

Menschsein auf evangelisch: Ein Leben lang Dienst für andere Menschen

BILDER VOM GOTTESHAUS

Das kleine Fünfbronn, Nachbargemeinde des geschichtsträchtigen Kalbensteinberg, fußt mit vielen mittelfränkischen Chorturmkirchen trotz seiner neugotischen Ausstattung auf einem vielhundertjährigen Ursprung des christlichen Glaubens.

BILDER AUS BAYERN

Dem alleinigen Lob Gottes dient auch die größte evangelische Kirche Bayerns, die St.-Lorenz-Kirche in Nürnberg, mit ihren großartigen Kunstwerken, der größten Orgel und den meisten Glocken in der im 13. Jahrhundert begonnenen Baugestalt einer hochgotischen Basilika aus fränkischem Sandstein; hier wurden seit 1933 die Bischöfe der evangelischen Landeskirche in ihr Amt eingeführt.

Indessen stammt die bayerische Art aus einem bäuerlichen und einem städtischen Ursprung. Bäuerlich als ein mit der Natur verbundenes Arbeitsethos, das von Demut und dankbarem Vertrauen in das Leben durchdrungen wird. Städtisch im eigenwilligen Selbstbewußtsein und aus dem Fundus der bürgerlichen Familie. Doch leisten auch die Adelsfamilien, Patrone, Künstler, Ärzte, Wissenschaftler, Lehrer und Techniker ihren bestimmenden Beitrag.

Mühsam mußten die Protestanten in über vierhundert Jahren lernen, sich nicht nur aus dem Widerspruch zum Katholizismus zu begreifen, nicht nur ihre Ohnmacht zu besingen und für die nackte Existenz zu danken. Aus der Not, sich zu bewähren, und dem Drang, sich zu beweisen, zu behaupten und zu rechtfertigen entstand in der modernen demokratischen Industriegesellschaft ein Selbstverständnis, das gelegentlich dazu tendiert, seine Wurzeln weniger wichtig zu erachten als seine Wirkungen und Erfolge.

Wo so viel Freiheit ist, fällt der Zusammenhalt in Notzeiten leichter als im Wohlstand. Dennoch schließen sich Protestanten gern zusammen, bilden Bibelkreise, Chöre und Vereine, doch nicht geheime Bünde mit verdecktem Machtanspruch. Die Solidarität untereinander wendet sich zugunsten der Armen, Schwachen und Kranken, der Minderheiten und der Unmündigen nach außen. Es ist ein humanistisches Programm, anstelle der Guten Werke.

Im zwischenmenschlichen Bereich gilt seit der Reformation das Prinzip der Toleranz, des gegenseitigen Ertragens, auch bei Widersprüchen, ein friedensstiftender Grundsatz, der Deutschland und der Welt dient. Intoleranz ist ein vernichtender Vorwurf, wo er zutrifft; wie unmenschlich sie wirkt, können alle freien Menschen fast täglich sehen. Da wird man schon verstehen, wenn Ungeduldige immer wieder mit dem Anspruch von Evangelium und evangelischer Kirche in die Weltpolitik eingreifen wollen, wenn demonstriert und protestiert wird, weil irgendwo Menschlichkeit ausbleibt.

Unverkennbar gehört zum evangelischen Leben die musische Betätigung: Gestalten, Erfinden, Komponieren, Spielen und Aufführen. Allem voran steht Martin Luthers Übersetzung der Bibel in eine deutsche Sprache, die seitdem das Haus ist, in dem wir leben. Von da führt eine breite Straße weiter über die Periode des Barock mit den Musikern Bach, Telemann, Pachelbel, Schütz zu Brahms und Hindemith, alles Hausgenossen der Musizierenden. Ähnlich ist es in der Dichtung über Klopstock, Lessing, Goethe, Schiller und Ludwig Thieck bis zu Thomas Mann. Kirchenmusik, Dichtung, Theater, Wissenschaft, geistige Zirkel, aber auch literarische Zeitschriften, Akademietagungen und Medienarbeit sind die bewährten Formen und Plattformen. In ihrem kleineren Kreis wirken wahrscheinlich nicht weniger wichtig die normalen Menschen, wenn sie sich in Kirchenchören, Posaunenchören, Instrumentalgruppen, Orgeldiensten, Gemeindeblättern, bei Festen und Freizeiten zusammenfinden und betätigen.

Schließlich lebt der evangelische Mensch, wie es Karl Burkhardt als Präsident der Landessynode formulierte, »von der fröhlichen Freiheit, für andere da zu sein«. Protestanten wollen »Täter des Wortes Gottes und nicht Hörer allein« (Jakobus 1,22) sein. Nicht anders entstanden unzählige kleine Dienste und die großen Werke der Diakonie, der Mission, Sozialarbeit und Lebenshilfe. Georg Rückert schuf sein Sozialwerk »Collegium Augustinum« nach dem Satz des Apostels Jakobus: »Wenn jemand weiß, Gutes zu tun, und tut es nicht, so ist es ihm Sünde.«

Übrigens, auch Protestanten lachen allen Ernstes gern! Karl Valentin ist auf seine Weise der beste Beweis. Der große Zeichner, Verseschmied und Philosoph Wilhelm Busch arbeitete in München. Heinz Rühmann brachte als Filmschauspieler ganz Deutschland zum Lachen. Loriot läßt in Gauting das Augenzwinkern nicht mehr sein. Adolf Sommerauer in der Evangelischen Akademie Tutzing brachte die Kirche ebenso zum Lachen wie die Erfinder des Kirchentagscabarets (Giesen – Netzsch – Bogner) mit allen Nachfolgern/Innen und die gelegentlichen Büttenredner auf Gemeindefesten. Freilich ist dies niemals der laute Humor oder »krachende« Witz, sondern eher eine hintersinnig fein gesponnene Heiterkeit.

So sucht der Protestant die Treue zu sich selbst. Er übertreibt sie manches Mal und läuft Gefahr, daran zu scheitern. Aber er will die volle Menschlichkeit.

Jeder gibt sein Bestes: Die Mesnerin Hölzel in Ettenstadt bei der Vorbereitung einer Taufe

Evangelische Frömmigkeit

Fromm sein ist schwierig geworden in unserer Zeit, sowohl »der Ausdruck von Vertrauen, Demut und Hingabe gegenüber der Wirklichkeit Gottes« (dtv-Lexikon) wie auch das Beten als »elementare Äußerung der Frömmigkeit«. Frommsein ist doof, heißt es. Aber echte Evangelische sind gern fromm, notwendigerweise und aus Tradition: in Franken anders als in Altbayern, die Leute am Land anders als die Städter, vermutlich Frauen mehr als die Männer. Genaues weiß man nicht.

Wenn Frömmigkeit die Musik ist, die der Glaube macht, ist im evangelischen Konzert die Bibel die Partitur: gemäß Konkordienformel der Reformatoren »die einzige Regel und Richtschnur«. Unmusikalische tun sich schwer, Analphabeten und Leseunwillige noch mehr. Wer sich aber nicht nur in der Welt des Wortes bewegen will, sondern auch mit Kunst, Symbolen, Meditation und übersinnlichen Wirklichkeiten umgehen, kommt vielleicht in eine unnötige Klemme. Es wäre ein Mißverständnis, dem die evangelische Christenheit immer wieder einmal unterlag, wenn man nur alles Rational-Logische gelten lassen wollte. Dagegen haben sich gerade in Bayern mehrfach die Erweckungsbewegungen gewandt, denn ein Verständnis von Gott und der Welt wie Ursache und Wirkung wäre zu wenig. Im gleichen Sinn kann die evangelische Frömmigkeit aber auch nicht nur als ein Verhalten von »tüchtig, vortrefflich, brav, rechtschaffen und gottgefällig« (Weigands Deutsches Wörterbuch von 1857) gelten. Auch das wäre zu eng und ängstlich.

Sicher sucht die evangelische Frömmigkeit nicht die große Öffentlichkeit, sondern die private Begegnung mit Gott durch Gebet und Bibellesen. Protestanten sind mit Zurschaustellungen vorsichtig, vom Gottesdienst über das Niederknien und Sichbekreuzigen bis zur Kirchenfahne. Die Kirchentagsbewegung hat da ein großes Loch geschlagen. Aber noch geben die Menschen in der Oberpfalz und in den drei Franken ihre Gottergebenheit lieber still zu erkennen durch treuen Gottesdienst, die Bereitschaft zu Sparsamkeit und das Ertragen von Entbehrungen. Dazu haben sie das rauhe Klima, die schwere Arbeit und die Glaubensbedrängnis gebracht, daß sie in Frömmigkeit alle Dinge und das Leben als von Gott geschenkt erkennen und sich zur Gnade des Schöpfers bekennen. Aus der jahrhundertelang geübten Selbstbehauptung entstand eine Art von Frömmigkeit, mit der sogar mancher Geistliche in seiner neuen Gemeinde Schwierigkeiten hatte.

Da die Bibel aufruft, die Heiligung zu suchen, die Gott aus seiner Fülle anbietet, aber er allein entscheiden kann, wer ein Heiliger ist und wer selig werden soll, gestaltet sich der rein evangelische Alltag als Weg »von Ewigkeit zu Ewigkeit«. Dieser eschatologische Zug des Protestantismus fördert den Hunger nach Zukunft, die Ungeduld nach Neuem, die Organisationslust.

Sagen also bayerische Katholiken zu den Protestanten scherzhaft: »Ihr habt einen gnädigen Gott, aber wir haben einen guten!«, so spielen sie darauf an, daß der Kreuzestod Christi und das Leiden in der Welt von Protestanten sehr ernst genommen werden. Tatsächlich gehört das Kruzifix, das in der Geschichte der Christenheit erst seit dem 5. Jahrhundert in Gebrauch kam, weil man vorher die tiefste Erniedrigung Gottes nicht darstellen wollte, zu den zentralen Zeichen der evangelischen Kirche. Dem widerspricht nicht die tiefe Weihnachtsfreude in allen Häusern und Gemeinden und daß Ostern ein gefeiertes Fest ist. Freilich, das Verhältnis zur Gottesmutter Maria, die in anderen christlichen Konfessionen des Ostens und Westens einen festen Kult genießt, ist dem Streit der Gegenreformation zum Opfer gefallen wie die Heiligenverehrung, das Ewige Licht und liturgischer Reichtum.

Wer genauer hinschaut, wird zwischen zwei Richtungen der evangelischen Frömmigkeit unterscheiden: der »coolen« und der »spirituellen«. Denn einerseits hatte die Aufklärung (ab 1782) mit ihrem rigorosen Rationalismus im evangelischen Gemeindeleben vielerorts bedauerliche Folgen: mechanischer Vollzug des Gottesdienstes, Geringschätzung der Sakramente, Übertreibung der Moral, guter Willen statt tiefer Glauben.

Im Gegenteil dazu suchen viele Kirchengemeinden, die eher zu wenig wahrgenommenen freien Gemeinschaften mit ihren tief wirkenden volksmissionarischen Aktivitäten und Zentren um

Auch das ist Kirche: Der nicht ganz normale Gottesdienst

BILDER AUS BAYERN

Der Heidenbrunnen im Klostergarten beim Ostchor des im Jahr 752 vom angelsächsischen Mönch Wunibald gegründeten Benediktinerklosters Heidenheim am Hahnenkamm hält auch für die evangelischen Christen die sagenhafte Erinnerung fest, hier seien im frühen Mittelalter die zum Glauben bekehrten Vorfahren getauft worden, ehe sie am Leben der Kirche in der Basilika und dem Walburgakloster teilnehmen durften.

das Evangelium, die Gemeinschaften mit eigenem Gelöbnis, Jugendbewegungen und konservative Kreise die sakrale Dimension des Christentums wieder und weiter lebendig zu halten. Wie vor hundertfünfzig Jahren durch den Grafen Zinzendorf aus Herrnhut in Oberfranken und Wilhelm Löhe aus Fürth in Mittelfranken »erste Lichtstrahlen durch das dunkle Gewölbe« traten und Erweckungsprediger, Handwerker und Hausväter aus den unteren Bevölkerungsschichten die Innerlichkeit zu leben suchten, greifen auch heute wieder viele Evangelische, manchmal sogar zu heftig, nach dem geistlichen Licht.

Bayerischer Brauch ist es, sich der Frömmigkeit wie einer eigenen Kleidung für den Glauben nicht zu schämen, nachdem das nackte Dasein nur frieren macht. Man nimmt teil am Kirchenjahr und seinen Festen. Der Gottesdienstbesuch ist freiwillig und dient der Heiligung des Sonntags. Zur Frömmigkeit gehören die Karfreitagsstille, die persönliche Anmeldung zum Abendmahl mit Handschlag beim Pfarrer, die Patenschaft für Taufkinder bis zur Konfirmation und der Abschiedssegen am Grab. Wieder gefundene Formen der Frömmigkeit sind liturgische Gewänder und die in der Osternacht entzündeten Kerzen; unvergessen ist das Friedensgebäck oder die »Seelenbrezen« für die Kinder bei besonderen Anlässen, in denen sich die Süße des Brotes und die Kraft der Inkarnation vereinen. Auch wenn laut Statistik an einem normalen Sonntag nur 7 Prozent und an hohen Feiertagen 30 Prozent der Protestanten das Gotteshaus von innen sehen und unzählige über die Medien am Gemeindeleben teilnehmen, gilt es als Ausdruck von Frömmigkeit, das eigene Haus mit Zeichen und Bildern zu schmücken, christlichen Körperschmuck zu tragen, Segen zu empfangen und sich beim Wandern im Gebirge dankend unter einem Gipfelkreuz niederzulassen.

Zu dieser persönlichen Innerlichkeit gehört der »Glaube nach außen«, der in der Diakonie die Hingabe an den Nächsten, in der Spende das Opfer, im Bekenntnis die Zeugenschaft, in der Teilnahme am öffentlichen Leben die christliche Verantwortung wahrzunehmen versucht. Denn das Helfen und Schenken als Dank für die Gnade des Glaubendürfens gehört zur reformatorischen Haltung.

Auf der Suche nach einem frommen Lebenswandel orientieren sich, wie frühere Generationen an den unvergessenen Andachtsbüchern von Arndt, Harms, Bezzel, Löhe, immer noch sehr viele evangelische Christen täglich durch

Die Protestanten und die Heiligen: Altaraufsatz mit den »fünf Boten« Richard, Willibald, Walpurgis, Wunibald und Bonifatius vom Höckinger Bildhauer Helmut Amann im Heidenheimer Münster (1981)

die »Herrnhuter Losungen« der Brüdergemeinde, die seit 1731 erscheinen und heute das auflagenstärkste und am weitesten verbreitete Andachtsbuch der Welt darstellen.

Könnten vielleicht nach vierhundertfünfzig Jahren doch auch die Heiligen wieder helfen, den rechten Weg ins Himmelreich zu finden? Das hieße, die Unbefangenheit müßte zurückkehren und eine Theologie, die besondere Christen als Träger besonderer Begabungen versteht und die Erinnerung lebendig hält. Dann kämen die zu Ehren, die unverändert als Kirchenpatrone auf evangelischem Grund gefeiert werden, Kirchenväter mit Namen, über die sogar ein Katholik nachdenken muß (Gangolf, Jodokus, Sixtus, Ägidius mitten in Mittelfranken), oder wie sie anwesend sind durch die Bilder der Reformatoren im Altarraum vieler Kirchen, durch die Verehrung begnadeter Geistlicher oder die Erinnerung an jüngste Märtyrer. Und wenn zum Marienaltar mit der Mondsichelmadonna in der evangelischen Kirche von Veitsbronn in Mittelfranken immer noch zweimal im Jahr katholische Beter aus der ganzen Umgebung (nach Ankündigung im Amtsblatt) wallfahrten, ist das so vielversprechend wie eine Marienpredigt des

stellvertretenden Landesbischofs oder das Marienseminar in der Volkshochschule auf dem Hesselberg. Noch unbefangener hält es allerdings die Memminger Gemeinde »Unsere Frauen«, wo seit 1900 im Chorraum der Kirche auf Steinkonsolen sechs lebensgroße Statuen der großen Reformatoren stehen, als hätte es gegen solch geistlichen Personenkult niemals einen Einspruch gegeben.

Insgeheim und wegen seines lautlosen Werdens zu wenig beachtet, wirkte das Einströmen der verschiedenen Frömmigkeitsformen von Heimatvertriebenen aus dem Osten Europas, wie Eingeweihte meinen, wie eine Revolution oder belebende Transfusion, die für die innere Verfassung der evangelischen Kirche Bayerns heute nicht weniger bedeutsam ist als der Kirchenkampf.

Stimmt also die Behauptung über Protestanten: »Die sind fromm, die zeigen es nur nicht«? Kirchlich ist jede Frömmigkeit echt, solang sie Christus im Mittelpunkt läßt. Persönlich heißt fromm sein: nicht von der von Gott gemeinten Linie abweichen, die für das eigene Leben vorgezeichnet ist. Die unterschiedlichen Formen der Frömmigkeit spiegeln ein vielfältiges Glau-

Lutherische Bischöfe aus aller Welt bei der »Confessio Augustana«-Feier beim festlichen Einzug in die ehrwürdige Augsburger Sankt-Anna-Kirche im Jahr 1980

bensleben, das gegenseitig angenommen werden muß. Denn niemand kann den Heiligen Geist total empfangen, keiner kennt die ganze Wahrheit. Nur eines ist falsch: statt fromm »frömmlerisch« zu sein und so zu tun »als ob«. Das gilt nicht.

Protestantische Profile

Als der protestantische Kabarettist Erich Kästner seinen knappen Satz formulierte: »Es gibt nichts Gutes, außer man tut es!«, könnte er an Martin Luther gedacht haben, der im Laufe der Reformation vor Freunden, Feinden und Autoritäten immer wieder mutig seine Sache vertrat. Heute sagen wir: »Man muß für etwas und nicht gegen etwas protestieren« (Johannes Merz). Und damit ist eigentlich alles über das protestantische Profil gesagt.

Nachdem schon der Heilige Benedikt von Nursia die Weisung »Bete und arbeite« gegeben und in seinen 73 Kapiteln der »Regula« nicht das Erstrebenswerte, sondern das Erreichbare als Norm christlichen Handelns bezeichnet hatte, war allen Christen ein für allemal der fromme Rückzug aus der rauhen Welt verlegt. Auch die Bewegung der »Devotio moderna« (Neue Hingabe) in der geistlichen Renaissance des späten Mittelalters, von der wir das Wort »modern« erbten, forderte vom katholischen Christen dasselbe wie die neue lutherische Lehre, wenngleich die »Freiheit eines Christenmenschen« dabei noch nicht in Rede war.

Aufmerksamen Beobachtern fiel auf, daß in Bayern in bestimmten Berufssparten und Steuerklassen weit mehr als die durchschnittlichen 24 Prozent der landesweiten Konfessionsstatistik Protestanten sind: Frauen und Männer als Abgeordnete in Parlamenten, in Regierungsämtern und an der Spitze wichtiger Organisationen, in führenden Positionen der Wirtschaft, Wissenschaft und Kunst, in den Verbänden und in der Publizistik. Sie tragen über die Maßen zum Leben und der Kultur des Landes bei.

Wie das? Der Motor liegt nicht nur im allgemeinen Volkscharakter, wie der altbayerischen Lust an der Selbstdarstellung, dem Oberpfälzer Stolz, dem fränkischen Eigenleben oder dem stillen Drang zur Dramatik in Schwaben. Eine Glaubensgemeinschaft, deren Ethik aus dem Wort Gottes und weniger aus der allgemeinen Erfahrung und der gottgegebenen Natur der Dinge bezogen wird, muß ernster wirken. Sie muß die Pflichten gegenüber den Rechten hervorheben. Zudem schauen die lutherischen

Christen weit mehr auf Schuld und Schicksal, dank der Hoffnung auf Rechtfertigung aus Gnade.

Das Denken der Protestanten begreift sich nicht in Dogmen oder vorgegebenen Weisungen, sondern im Vollzug des Bekenntnisses und im selbst verantworteten Handeln, das durch das Gewissen vor Gott verantwortet werden muß. Unabdingbar gehört dazu das Grundverständnis, daß alle Menschen vor Gott gleich sind. Protestanten akzeptieren im Innersten nur, was überzeugt und für sich spricht, was Gottes Wort hinter sich hat. Alles andere wird weder einem Papst noch einem Bischof geglaubt. Die Entscheidungsfindung darf nicht von außen erzwungen werden oder sich an fremden Positionen orientieren. Bedingungen und Verhältnisse können überwunden werden, aber nicht die Glaubensgründe.

Das war eben das Umwälzende an der Reformation, der Durchstoß ins Neue: daß ein Mensch den blinden Gehorsam kündigte und seine Glaubensmeinung nur ändern wollte, wenn er von Argumenten des Wortes Gottes überzeugt werde. Die Offenlegung der Gründe führte Martin Luther zum unerwarteten willkommenen Erfolg, mit der neuen volksnahen deutschen Sprache als Instrument. Er dichtete: »Mit unsrer Macht ist nichts getan«, weil er die Wahrheitsfindung nicht dem menschlichen Willen unterworfen wußte. Wahrheit ist Glück und Gnade und zugleich eine Gewissensfrage, als Qualität und als Faktum.

Es mag ein etwas kompliziertes Verfahren sein und unkirchlich nahe bei der Wirklichkeit der Welt, doch liegen hier die Quellen für die Strukturen des modernen Lebens, für den Freiheitsbegriff und die Demokratie. Daraus konnte der kritische Rationalismus seine Kräfte ziehen und der ebenso protestantische Pietismus seine Gegenbewegung motivieren. So mußten die Menschen unseres Jahrhunderts erfahren, daß auch das Gewissen manipuliert werden kann, wenn es nicht an eine überdauernde Instanz gebunden ist, eben an Gottes Wort und Gebot allein und aus Gnade. Aber Evangelisch sein heißt heute wie damals, sich weder bestimmen noch zwingen zu lassen, sondern auf ein Zeugnis zu hören und der Überzeugung zu folgen, die sich begründen läßt.

Evangelisches Profil zeigt sich auch in den als »Räte« organisierten Gremien: Landeskirchenrat, Missionsrat, Stadtrat, Ältestenrat, Rundfunkrat. Hier trafen sich die Ideale der Gleichheit aller vor Gott mit dem Selbstverwaltungsideal der Reichsstädte. Es wird nicht Herrschaft durch Hierarchie gesucht, sondern durch Beratung mit mehrheitsfähigem Beschluß. Ob Jesu Jüngerkreis nicht ähnlich »organisiert« war?

Bei diesem liberalen Hierarchieverständnis hängt die weltliche Ordnung weitgehend vom Menschen ab und von den in der Schöpfung liegenden Zwängen. Im Umgang damit wirkt der Protestant vielleicht respektlos, aber er hält sich selbst gerade für »nichts Besonderes«, eher eine Idee oder die Organisation und das Prinzip. So kann ein Landesbischof auf einer Landessynode Witze erzählen, ein Dekan als Oratoriensänger auftreten, eine Pfarrerin Motorrad fahren, nichtordinierte Laien im Gottesdienst die Predigt halten und die Teilnahme eines Ministerpräsidenten an einer kirchlichen Veranstaltung protokollarisch sehr begrüßt, aber ansonsten nicht überbewertet werden.

Die Zeitgenossen der verstädterten Fernsehwelt mögen nachträglich belächeln, daß in weiten Teilen Bayerns bis vor noch nicht fünfzig Jahren die Profile der getrennten Konfessionen betont zur Schau getragen wurden. In Mittelfranken erschienen die evangelischen Bauernfrauen auf dem Feld grundsätzlich mit weißen Kopftüchern, die katholischen mit roten. Im Ries wurde der bekannte blaue Arbeitskittel zwar mit einheitlichen Mustern, aber im gleichen Unterschied der Farben bestickt. Evangelische Bauern arbeiteten am Sonntag nicht, katholische sogar am Karfreitag. In den freien Städten unterschied die Bevölkerung stillschweigend zwischen evangelischen und katholischen Handwerkern, Lebensmittelläden und Buchhandlungen. Lange Zeit konnte man noch an der Endung von Familiennamen die Konfession erkennen: der Maier mit »e« war evangelisch, der ohne katholisch. Französische Namen stammten von Hugenotten, alpenländische von Exulanten oder den Wanderkünstlern mit »schwieriger Konfession«.

Es stimmt also: protestantisches Profil ergibt sich nicht einfach aus der Opposition, dem Griff nach dem Unterschied, aber auch nicht aus dem Verzicht auf alle Unterschiede in der Hoffnung einer Anpassung durch Entgegenkommen. Beim Wunsch, sich zu profilieren, muß zwischen Welt und Kirche unterschieden werden, denn das Evangelium ist kein Parteiprogramm. In der alles nivellierenden Massengesellschaft, die dem einzelnen ein wechselndes Rollenverhalten aufzwingt, wird das eigene evangelische Profil immer wertvoller, wenn jemand Person bleiben und nicht untergehen will. Entscheiden muß der einzelne. Das Resultat betrifft immer mehrere. Von der Summe leben viele.

Von wegen »die Schweden«

Kaum eine andere schicksalshafte Erfahrung hat sich in das kollektive Gedächtnis der Bayern so tief eingegraben, wie das Erlebnis des Dreißigjährigen Krieges von 1618 bis 1648, mit dem die Pest einherging: die Furcht vor dem Verlust des Eigenen und der Freiheit, vor Verfolgung und Unterdrückung, vor sinnlosem Streit und Rechtlosigkeit, Ratlosigkeit über Schuld und Sorge um die Seele.

Das Echo dieses Schreckens bedrängt uns bis heute unwillkürlich überall. Denn dieser unverständliche Krieg war ein Überfall, der die Sonne über dem fröhlich reformierten Land verdunkelte. Sechzig Jahre nach dem Augsburger Religionsfrieden brach die Hölle los. Zuerst zog das Gewitter so ziemlich um das heutige Bayern herum. Dann kam 1631 der schreckliche Blitz-

Das Gebet als Bitte und Ruf: Friedensmahnung an den Türmen der St.-Sebald-Kirche in Nürnberg

schlag mit der moralischen Wirkung: Unter einer Fahne mit der Aufschrift »Tod den Protestanten«, die im Wallfahrtsort Altötting noch aufbewahrt wird, überfiel der im Türkenkrieg geschulte Graf Tilly mit dem kaiserlichen Heer der »Liga« die evangelische Stadt Magdeburg: 20000 Menschen niedergemacht, alle Gebäude eingeäschert, ein Signal gesetzt!

Danach tobte sich das Unheil auch in Bayern aus. Die Gegenseite lehrte die Kaiserlichen das Fürchten. Sie wies die katholische Partei in ihre Schranken. Aber nach dem Tod des Königs Gustav Adolf aus dem hohen Norden ging von Wallensteins Lager in der Alten Veste bei Zirndorf neue Verheerung aus. Die Pfarrchroniken klagen: »Drangsale durch die rohe Soldateska« (Bürklein bei Heilsbronn), »durch kaiserliche Reiter gebrandschatzt« (Eltersdorf), »grausame Einträge in den Kirchenbüchern über Untaten« (Selbitz), »Wer nicht fliehen konnte, wurde erschlagen« (Stetten).

Mit dem Frieden von Münster und Osnabrück, dem »Westfälischen« (1648), trat die Stille der Erschöpfung ein, aus der neue Hoffnungen keimten. Der unerwartete Zustrom der glaubensgewissen Emigranten aus dem »Landl« ob der Enns, der Salzburger Exulanten, der französischen Hugenotten und bayerischen Flüchtlinge verstärkte den Mut der Evangelischen und überzeugte manchen Katholiken. Aber Deutschland war verwüstet, an Seele und Leib. Geblieben ist der Vorwurf, die Protestanten und der König aus dem hohen Norden, Gustav Adolf von Schweden, »mit seinem straffen Volksheer und der schöpferischen Genialität seiner Heerführung« (Benno Hubensteiner) hätten alle Grausamkeiten begangen: »die Schweden« seien an allem schuld! Man feiert noch den »Schwedentrunk«, hat an der Stadtmauer eine »Schwedenstiege« und nennt Wallensteins Lagerplatz in Oberfranken den »Schwedenhügel«. Überall sind marode Anekdoten als Moritat im Umgang. Indessen sprechen die Anhänger der Protestantischen Union ebenso überzeugt von »Untaten der Kroaten«, die unter den Fahnen der Katholischen Liga wüteten, brandschatzten, vergewaltigten und ihren Schreckensruf hinterließen.

Indessen forderten die 1638 ausgebrochene Pest und Seuchen mehr Tote als die Kriegshandlungen. Und kaum war der Frieden von 1648 einigermaßen ins Werk gesetzt, standen 1683 die Türken wieder vor Wien, konnten aber mit bayerischer und fränkischer Hilfe 1697 endlich bei Belgrad besiegt werden, woran bis in unsere Zeit die »Türkenglocken«, das »Türkenläuten« mit dem dreimaligen Nachschlagen und die Gräber dunkelhäutiger Frauen und Diener einiger unterfränkischer Grafen erinnern. 1688 kamen schon wieder die Franzosen bis Heilsbronn und Liechtenau, 1704 zogen die Engländer und Österreicher durch das Ries nach Oberbayern und ins Allgäu, 1796 wieder die Franzosen, 1791 zweimal die Heere der Russen. Bauernkrieg, Schmalkaldischer Krieg, Dreißigjähriger Krieg, die Erbfolgekriege, Napoleonische Heerzüge durch Europa. »Die Schweden« kamen nicht wieder und blieben dennoch in der Rede und Erinnerung.

Nachträgliches Aufrechnen hilft nichts. Die Wahrheit liegt nicht in der Mitte, sondern in der Zusammenschau. Bald fünfhundert Jahre schleppen die Menschen schon diese Erfahrungen mit sich herum, erzählen die Geschichten, lesen Legenden und studieren historische Abhandlungen, die alle etwas Wahrheit enthalten und doch nicht zur Ruhe kommen lassen. Das traditionelle evangelische Bewußtsein der Eschatologie, daß eben alles auf ein ewiges Ziel zuzeilt und so lang eines gnädigen Gottes bedarf, daß Leben überhaupt nur eine Leihgabe ist, besteht weiter, wenngleich heute der Geist der Versöhnung lauter und lauter mitsprechen möchte.

Mitleid mit den Erben der Reformation wäre wenig angebracht, doch wer sie begreifen will, muß diese Erfahrungen bedenken. Die Liebe zum Land der Väter und der eigenen Geburt, das Heimatbewußtsein, versöhnt vieles. Und gehört es nicht überhaupt zur bayerischen Eigenart, Rätsel auszuhalten, bis einmal am Ende aller Zeiten im Jüngsten Gericht die wirkliche Aufklärung geschieht?

Geblieben sind ein geschärftes Geschichtsbewußtsein und die große Friedenssehnsucht: Friedensgebete, Friedensgrüße am Ende der Gottesdienste, Friedensfeste (in Augsburg als gesetzlicher Feiertag am 8. August) und die Freundlichkeit zu Fremden. Geblieben ist die Sensibilität für den Machtmißbrauch, für die Benachteiligung der Schwächeren, die Unsicherheit des Daseins, für den Verrat.

Hinterließen die Glaubenskriege vielleicht ihre endlos blutenden Wunden in den Seelen, weil es nicht allein ein Streit um Gott, sondern ein Ringen mit ihm war? Weil die Christen beider Seiten glaubten, Gottes Willen besser zu kennen als er selbst? Unsere Angst vor der Bedrohung hat eine eschatologische Dimension.

Protestanten im Gegenlicht

Wer nur einmal, und sei es in Gedanken, eine Rundreise durch dieses Bayernland und seine evangelische Kirche gemacht hat, wird staunend die Vielfalt feststellen: vom Grabfeld im höchsten Norden zum südlichsten Lindau und Berchtesgaden, von den Großstädten im Ballungsraum zum kleinen Dorf im hinteren Bayerischen Wald, vom stillen Behindertenheim in Mittelfranken bis zur weltbekannten Akademie am Starnberger See! Eine blühende Wiese ist das, ein kunstvoller Teppich, ein kleines Universum – und überhaupt kein Anlaß zur Klage oder Selbstzweifeln.
Aber dann kann es geschehen, daß neugierige Besucher aus Norddeutschland fragen: Sind die bayerischen Protestanten »katholische Lutheraner« oder »lutherische Katholiken«? Das wissen sie selbst nicht und wundern sich kaum über die Frage. Im Gegenlicht sieht man manches schärfer und durch Vorurteile kommt mancher zu seinem endgültigen Urteil. Aus Abstand kann Einsicht entstehen.
Haben die Evangelischen in Bayern vielleicht vom einen zu wenig und vom anderen zu viel? Zu viel vom beharrlichen Bekenntnis und zu wenig gesamt-evangelisches Verständnis? Sind sie zu wenig ökumenisch, zu unverantwortlich, zu geduldig und viel zu tiefsinnig? Haben sie vom wahren Wesen Gottes zu wenig Ahnung? Und pflegen sie nicht einige Eigenschaften bis zur Verbissenheit, über die andere mit Recht lachen?
Bei aller Vorsicht mit pauschalen Behauptungen, die eine gesunde Lebenserfahrung empfiehlt, soll man die Volksmeinung ebensowenig geringschätzen wie die Legenden, weil in ihnen Wahrheit steckt. Also zählen wir einfach auf, was gesagt wird:
Protestanten sind Wahrheitsfanatiker. Sie können um keinen Preis nachgeben und wollen mit dem Kopf durch die Wand; dadurch machen sie sich das Leben schwer, verschenken gute Chancen und blamieren ihre kompromißbereiten Partner. Das kann schon wahr sein, auch wenn die Evangelischen selbst meinen, das sei vor

Evangelisch in Bayern: Posaunenchor und Gottesdienst unter dem Kreuz

allem außerhalb Bayerns so der Fall. Seine Erklärung hat dies aber im reformatorischen Glauben und der Erfahrung mit dem Gewissen. Was bleibt einem schon anderes übrig, als wahrhaftig zu sein, wenn man allein vor Gott steht?
Protestanten sind gottesfürchtig, aber respektlos gegen die »Oberen«; geistliche und weltliche Instanzen, traditionelle Autoritäten, wissenschaftliche Erkenntnisse, Programme von Parteien, Ideologien und Vorschriften gelten ihnen alle nichts, wenn sie nicht selbst deren Wert bejahen können. Ist das tapfer oder töricht?
Protestanten sind zu selbstkritisch, sie zweifeln und mäkeln zu viel; sie haben den pauschalen Buß- und Bettag als Feiertag eingeführt, der ursprünglich gar nicht aus Bayern kommt, und können sich nicht am Leben freuen. Ja, wenn das wirklich so ist, sollten sie wohl Buße tun und Gott danken.
Protestanten sind unruhig, ungemütlich und ewig »wepsig«, wollen immer wieder etwas anderes und machen Revolution; statt auf gut bayrisch ihre Ruhe zu genießen, der Natur zu vertrauen und sich auf die Tradition zu verlassen, treibt sie die Neugier um. Nicht Bier ist ihr Getränk, sondern Kaffee und Mineralwasser. Nun gut, da wird etwas dran sein. Aber soll man es ändern?
Protestanten sind liberal, freigeistig, fahrlässig ungebunden. Das sieht man an den Sitten, in der Politik und Wissenschaft, am privaten Verhalten und in der Wirtschaft; ihr Individualismus geht zu weit. Aber da handelt es sich um ein sehr altes Vorurteil, das von der modernen Gesellschaft längst überholt wurde. Ein Glück, daß die »Freiheit eines Christenmenschen« dennoch bleibt.
Protestanten sind nicht sinnlich genug. Sie haben zu wenig Gefühl für die Dinge, die Zeichen und die Symbole; weil sie nur eine »Kirche des Wortes« sein wollen, entgehen ihnen ganze Welten unserer unendlichen Welt. Dagegen spricht zwar der evangelische Reichtum an Musik, Dichtung, Architektur, Malerei und handwerklicher Kunst. Aber daß der Kult verkümmert ist, kann kaum jemand bezweifeln. Es könnte anders sein.

Protestantisches Profil: Eine Straßendemonstration der St.-Lorenz-Gemeinde in Nürnberg anläßlich des »Kolumbusjahres« 1992

Protestanten sind missionarisch, sie predigen zu viel und wollen immer belehren; manche wissen alles, und was sie nicht wissen, das wissen sie besser. Ob aber das für die bayerischen Protestanten gilt, ist noch nicht ganz ausgemacht. Vielleicht ist es überhaupt gar kein Charakteristikum einer Konfession?
Protestanten sind gegen den Papst. Das möge er verzeihen. Wie könnte es anders sein, nachdem die reformatorische Kirche von der römischen ausgeschlossen wurde? Aber in vier Jahrhunderten haben beide Seiten dazugelernt, so daß die kämpferischen Parteinahmen für den Papst ebenso vergessen werden sollten wie die bösen Sätze der Reformatoren gegen den Bischof von Rom.
Protestanten sind »links« – was immer das sagen soll oder heißen mag: politisch unberechenbar, fortschrittlich engagiert, gesellschaftliche Außenseiter, ideologisch unzuverlässig? Da schwelt ein übler Geruch aus der Waschküche früherer Zeiten, von dem man das Haus Bayern entlüften sollte, wo immer er sich bemerkbar macht!
Die Protestanten sind keine wirklichen Bayern, vor allem die in Franken und Schwaben leben! Wer so denkt, begreift immer noch nicht, was 1806 geschah, als alle heutigen Landesteile und freien Reichsstädte ohne weitere Befragung im neuen Königreich und dann im Deutschen Kaiserreich auf- oder untergingen. Doch wenn man lang genug lebt, gleicht sich alles aus; der Rest ist Gelassenheit.
Genug damit! Was zeigen Spiegelbilder? Wo sie nicht die Selbsterkenntnis fördern, muß man mit ihnen leben. Bayerns Protestanten können sich auch im Gegenlicht auf mindestens zwei Zusagen stützen: das Leitwort des Landes »Leben und leben lassen« und Christi Verheißung an seine Jünger »Ich lebe und ihr sollt auch leben« (Johannes 14,19). Das wird es dann schon erträglich machen.

Die Barockfrage

Bayern und Barock gehören zusammen wie Fenster und Glas, wo das eine ohne das andere nichts ist. So denkt jedenfalls die halbe Welt über Bayern. Hält die evangelisch-lutherische Seite der Gleichsetzung von Bayern und Barock stand? Übersteht sie den Vergleich? Hier geht es um einen interessanten Test.
»Barock« war ursprünglich ein Schimpfwort derjenigen, die an den antiken Kunstregeln der klassischen Renaissance festhielten, wider jene, die sie dreist weiterentwickeln wollten. Barock heißt: die Strenge wird verlassen, der feste Umriß gelockert, Ruhe durch leidenschaftliche Bewegung ersetzt, man sucht die kreativen Lösungen im Einmaligen, Überraschenden, Erstaunenerregenden, im Effekt. Der Barock war »der letzte in der Reihe europäischer Kunststile, der von schöpferischen Kräften durchwaltet ist« (Wörterbuch der Kunst).
Das war nicht nur eine Kostprobe mit besonders schönen Schnörkeln. Es war die letzte universale Weltvorstellung und Deutung des Daseins durch eine geniale Idee, die bis heute wirkt: daß die Welt eine große Bühne (»Theatrum mundi«) sei, auf der Gott und der Satan ein Spiel aufführen, mit den Dingen als Kulissen und den Menschen als Akteuren. Alle handeln nach einem vorgegebenen Plan des Schöpfers, alle Künste wirken mit und drängen zu einem Fest der Harmonie. Strenge Logik und rauschende Sinnlichkeit wetteifern um die Wahrheit. Einzig der Teufel widerstrebt, aber gerade dadurch dient auch er dem Plan Gottes, denn »das Schöne ist nicht fromm« (Carl Friedrich von Weizsäcker). Betört von der Transzendenz und dennoch ins Diesseits verliebt, feierte der Barock aus dem Geist der Renaissance und des Humanismus eine Apotheose des Schönen, die jedermann mitvollziehen sollte.
Der prunkhafte Barock ist nur die eine, die römische und katholische Version. Der protestantische Barock sucht weder den imposanten Ausdruck noch die mystische Verzückung und Ekstase, sondern in der Darstellung ein Nachdenken, das zur Erkenntnis führt. Er ist schlichter, demütiger, achtungsvoller und notgedrungen auch billiger im Aufwand, denn ihm fehlten im wirtschaftlich erschöpften Land die Gunst und das Geld der Mächtigen.
Verglichen mit dem katholischen Barock Südbayerns und Schwabens wirkt manches evangelische Werk wie ein bescheidenes »Baröckle«. Indessen wäre es unzutreffend und irreführend,

den Barock schlechthin als die Kunst der Gegenreformation zu bezeichnen. Die Evangelischen aus dem barocken Spiel werfen zu wollen, wäre eine Verwerfung der Historie.

Nach der Barockzeit wandte sich die deutsche Klassik mit der Dichtung nach Norden: Herder, Lessing, Goethe, Schiller. Die Musik zog nach Wien: Haydn, Mozart, Beethoven, Schubert. Bayern hat beides nur zögernd nachvollzogen. Dann lief alles auseinander, der Rationalismus in die eine Richtung, der Pietismus in eine andere, die Orthodoxie bemühte sich um die Mitte. Künste und Philosophie kamen nicht mehr zusammen. Die Einheit von Offenbarung und Vernunft, die Versöhnung von Glauben und Denken scheiterten. Geblieben ist, wenigstens in Bayern, die Sehnsucht, Gegensätze zu verbinden und mit Widersprüchen zu leben, der visionäre Gebrauch theatralischer Gesten, eine um Bildhaftigkeit bemühte Sprache, die Suche nach Harmonie, mit und ohne Humor.

Am Ende stehen wir vor einem barocken Szenario mit den Zügen einer Burleske, wenn von den Katholiken in Bayern ein evangelischer Barock bezweifelt und von den Protestanten außerhalb Bayerns das barocke Luthertum belächelt wird. Ganz ähnlich aber auch, wenn Carl Orffs erzbayerisches »Weihnachtsspiel« ins Fränkische übersetzt und in evangelischen Kirchen aufgeführt wird, während das Nürnberger Mundart-Drama über eine Konfirmationsfeier »Schweig still, Bub!« in der Münchner Vorstadt mit bayerischer Rede Urständ feiert! Wie man es nimmt, der christliche Barocktest könnte bei einigem guten Willen positiv verlaufen: der »letzte in der Reihe europäischer Kunststile, der von schöpferischen Kräften durchwaltet ist«, hat keine spezielle Konfession.

Festtage sind Feiertage: Die evangelische Kirchenfahne am historischen Balkon des Landeskirchenamtes in München

Eine alte Verbindung: Kirche und Handwerk bei der Handwerksmesse 1990 in München

DIE FREUDE AM BEKENNTNIS
Über das, was die Protestanten in Bayern für die Wahrheit halten

Der Glaube ist ein Instrument zum Leben. Wie jedes Handwerkszeug und Musikinstrument muß er erlernt und geübt werden. Dabei hilft die Begabung dem Bemühen. Aber wo stehen die Regeln dieser Kunst? Wie und was soll man glauben? Es gibt kein evangelisches Dogma. Kein Gesetz schreibt die Antworten der Kirche auf die christlichen Fragen fest. Es gilt, was alle Christen als Wahrheit erkennen und was die Erben der Reformation insbesondere bekennen. Wer bekennt, macht bekannt. Jedenfalls sind die Grundlagen des evangelischen Glaubens öffentlich, und seine Grundsätze bestehen in formulierten Wortlauten. Die Rede von Gott muß in die Welt hinaus, die Rede mit Gott bleibt im eigenen Haus, das daraus hervorgehende Leben entscheidet über die Glaubwürdigkeit der Wahrheit.

In der bayerischen Landeskirche gehört das Bekenntnis zu den Grundlagen der Verfassung. Gemeint sind die altkirchlichen Glaubensbekenntnisse und das evangelisch-lutherische Bekenntnis, »wie es insbesondere in der Augsburgischen Konfession von 1530 und im Kleinen Katechismus Dr. Martin Luthers ausgesprochen ist, und das die Rechtfertigung des Sünders durch den Glauben um Christi willen als die Mitte des Evangeliums bezeugt«. Es heißt dazu in der Verfassung ausdrücklich: »Das Bekenntnis ist nicht Gegenstand kirchlicher Rechtssetzung« (Art. 72). Die Jurisprudenz nennt das einen »rechtsfreien Raum«.

Das Bekenntnis ist und macht frei. Nach dem Augsburger Bekenntnis ist die Einheit der Kirche dann gewährleistet, wenn das Evangelium unverfälscht gepredigt und die Sakramente ihrer Einsetzung gemäß verwaltet werden. In allem anderen darf es unterschiedliche Anschauungen und Ausdrucksweisen geben.

Die Wahrheit des Glaubens ohne weltliche Gewalt und allein durch die Verkündigung durchzusetzen, sie im liturgischen Gottesdienst zu feiern und in der pluralistischen Welt als »vernünftigen Gottesdienst« fortzusetzen, um den Glauben die Welt zu überwinden, ist das zeitgemäße Konzept des reformatorischen Bekenntnisses von der Rechtfertigung.

Gibt es ein berühmteres Bekenntnisland als Bayern? In Augsburg mußte 1518 der Augustinermönch und Professor Martin Luther vor dem aus Rom entsandten Kardinal Cajetan seine theologischen Thesen darlegen und sich bekennen. Zwölf Jahre später erstritten seine Anhänger in derselben freien Reichsstadt die offizielle Anerkennung der »Confessio Augustana« (Augsburgisches Bekenntnis) als Grundlage der evangelisch-lutherischen Kirche. In Regensburg akzeptierte 1532 der Deutsche Reichstag eine Vorform des Religionsfriedens, der über den Passauer Vertrag von 1552 zum Augsburger Religionsfrieden von 1555 für alle Menschen »neuen Glaubens« führte; neben den Kurfürsten von Sachsen, den Markgrafen von Brandenburg-Ansbach, dem Landgrafen von Hessen und anderen Fürsten und Herzögen unterzeichneten die freien Reichsstädte Nürnberg, Bad Windsheim, Weißenburg, Kempten, Heilbronn und Reutlingen.

Bayerische Herrscher führten in ihren Gebieten früh die Reformation ein. Was die Glaubensverfolgung der Gegenreformation und der Dreißigjährige Krieg an Bekenntnis forderten, was die Exulanten aus Österreich, Frankreich, Altbayern und ihre Nachfolger im ersten Königreich oder unter der Nazi-Herrschaft in der »Bekennenden Kirche« leisteten, wurde bekannt, weil es weltweite Bekenntnisse waren. Ihre Glaubensleistung bestimmt die bayerische Kirche. Sie machten den »edlen Schutz des Evangeliums« zu einem unvergeßlich edlen Schatz.

Vorwärts schauend verhielten sich die Evangelischen in Unterrottmannsdorf bei Liechtenau in Mittelfranken: weil sie um jeden Preis die Kirche im Dorf haben und einen eigenen Gottesdienst feiern wollten, errichteten sie in der Nachkriegszeit aus eigener Kraft und ohne Genehmigung ein stattliches Gotteshaus im mittelfränkischen Stil, für das sie bei den kirchlichen Einrichtungen im nahen Neuendettelsau

Freude am Bekenntnis: Das berühmte »Glaubensbuch« des Grafen Joachim von Ortenburg von 1535

die Prediger ausliehen; als das markante Gebäude wegen »Schwarzbau« zwangsweise abgebrochen werden sollte, kam 1991 die wunderbare Rettung durch den Denkmalschutz. Ein eindeutiges Bekenntnis, allen sichtbar und der Gemeinde dienlich!

Im übrigen bedeutet das Bekennen heute ohne die äußere Bedrängnis von vordem etwas anderes. Beten und Gottesdienstbesuch sind scheinbar Privatsache geworden. Dennoch möchte man in der modernen pluralistischen und mobilen Massengesellschaft mit dem säkularisierten Selbstverständnis des Menschen den Glauben statistisch meßbar machen. Wo sich aber das kirchliche Leben nicht nur augenscheinlich zeigt, sondern auch in einem vielfachen Medienangebot verwirklicht, kann zwar nicht jeder Nichtausgetretene als Christ gezählt werden, doch beweisen die ständig steigenden Spendensummen mehr, als die Klagen über Defizite und der Wettbewerb zwischen den Konfessionen.

Die eigentlichen Probleme haben sich immer mehr nach innen verlegt, so daß der »status confessionis« (Bekenntnisfall) auf die Christen in den fundamentalen Fragen des Lebens zukommt: Genforschung, Empfängnis und Geburt, Sexualität, Alter, Euthanasie, Tod. Bekennen war niemals leicht. Vielleicht ist es in unseren Tagen, wo es so leicht fiele, besonders schwer?

Bibel

Besorgte Zeitgenossen haben die bayerischen Protestanten schon als »bibelnarrisch« bezeichnet, weil sie nichts anderes gelten lassen. Aber da hilft nichts! Die Bibel ist der »archimedische Punkt«, die »unica regula et norma«, wie es die Konkordienformel nennt: »Die einzige Regel und Richtschnur, nach der in gleicher Weise alle Lehren und Lehrer gerichtet und beurteilt werden sollen«.

Die Bibel ist das gemeinsame Buch aller Christen und ist mehr als nur ein Buch. Nach Martin Luthers 62. These des Wittenberger Anschlags ist dies »der wahre Schatz der Kirche«. Er schrieb bei anderer Gelegenheit: »Die Schrift ist ein Kräutlein, je mehr Du es reibst, desto mehr duftet es.« Lutherischer Glauben begründet sich im Grundsatz »sola scriptura« (allein die Heilige Schrift) für das persönliche Leben wie für die Auseinandersetzung mit allen Autoritäten. Der Reformator schrieb auch: »In der Bibel redet Gott selbst so zu uns wie ein Mensch mit seinem Freunde.« Allein oder gemeinsam wird das Wort Gottes gesucht zur Erkenntnis, zur Ermutigung und Entscheidung.

Dieses wichtigste Buch im geistigen Erbe Europas avancierte durch Martin Luthers Übersetzung zum Bestseller und »inneren Auslöser« der Glaubensreform. Es gab den Deutschen die vereinende Hochsprache und der Kirche einen neuen Atem. Kaum ein anderes Volk kennt einen solchen Vorgang in seiner Geschichte. Und doch konnte das einigende Wort Gottes nicht die Uneinigkeit der Menschen seines Glaubens verhindern. Der große Gewinn der lutherischen Version des abendländischen Kirchentums stützt sich auf den »Logos« der Bibelkenntnis und des Bibelverständnisses. Was evangelisch ist, muß biblisch zu begründen sein oder es gilt nicht.

Rund um die Bibel gilt: jeder Christ muß sie haben, jedes Haus braucht seine Hausbibel wie Wasser und Elektrizität, im Laufe seines Lebens sollte sie eigentlich auch der Kirchenferne einmal gelesen haben. In den Hotels werden Bibeln vom »Gideon-Bund« ausgelegt. Bibelstunden und Bibelwochen helfen, das Wort Gottes einzuführen, zu vertiefen und durch Wiederholung zu studieren. Das geschah im Jahr 1991 in 2179 Bibelkreisen der Landeskirche mit 24900 Teilnehmern in steigender Tendenz. Im selben Jahr fanden 1026 Bibelwochen bei ebenfalls zunehmendem Interesse statt. Kinderbibelwochen, Schülerbibelkreise, Volkshochschulkurse und ökumenische Bibelgruppen zeigen den Reichtum an Verschiedenheit.

Schon im Jahre 1804 war in Nürnberg die erste »Deutsche Bibel-Gesellschaft« gegründet worden. Noch 1816 war vom bayerischen König aus Angst vor Subversion in verdächtigen Vereinigungen die »Filialbibelsocietät« in Ansbach verboten worden. Dann gelang am 13. Mai 1823 die Gründung des »Central-Bibel-Vereins der protestantischen Kirche in Bayern« in Nürnberg. Heute liegt die Geschäftsführung des »Bayerischen Zentralbibelvereins« in einem Referat beim Amt für Gemeindedienst.

Von dem bis auf das Jahr 550 vor Christus zurückreichenden »Buch der Bücher«, das in der Fassung des Kirchenvaters Hieronymus als »Vulgata« überliefert wird, stehen zur Zeit allein neun Übersetzungen ins Deutsche zur Verfügung, Luthers geniale eingeschlossen. Eine »Einheitsübersetzung« in gehobenem Gegenwartsdeutsch wird von der katholischen Kirche für den deutschsprachigen Raum angeboten und von der evangelischen bei ökumenischen Gelegenheiten anerkannt. Eine »Computerbibel« für PC-Einsatz ist seit fünf Jahren in vier verschiedenen deutschen Versionen auf dem Markt. Zwölf Stunden gesprochene Bibel auf Tonband-Kassetten mit Texten aus dem Alten und Neuen Testament bietet die Firma Polymedia. Der beliebte Schauspieler Heinz Rühmann las in seinem neunzigsten Lebensjahr für eine Schallplattenproduktion der Bibelanstalten beider Kirchen die Bergpredigt.

In der Bundesrepublik besitzen 60 Prozent aller Einwohner mindestens eine Bibel, und damit rangiert sie an vierter Stelle hinter Kochbüchern, Atlanten und Lexica. 10 Prozent der Besitzer lesen sie regelmäßig, 25 Prozent gelegentlich, nur ein Drittel gibt an, die Bibel habe ihnen nichts mehr zu sagen. In der »Kerngemeinde« lesen 40 Prozent häufig oder hin und wieder. Die Vermittlung biblischer Tradition geschieht aber auch sehr stark durch kirchliche Amtshandlungen (Taufe, Trauung, Beerdigung) und über die diversen Medien. Viele Menschen erwarten von der Bibel Orientierungshilfen und Zuspruch in der Not. Viele verstehen sie als »ernst«, aber auch als »tröstend«.

Für Leute, die »die Bibel einmal von einer anderen Seite kennenlernen sollen«, publizierte der Claudius-Verlag im Evangelischen Presseverband eine witzige Zusammenstellung: »Die Bibel – das Buch der Rekorde« mit dem teuersten Obst, weitesten Bett, reichsten Mann, größten Liedermacher, dauerhaftesten Wanderschuhen und anderen Sensationen.

Zehn Gebote

Mit der Treue zum ältesten Codex, den Zehn Geboten, bekennt sich die evangelisch-lutherische Kirche in Bayern als ein Zweig des Christentums an dem Baum, der einst aus dem Judentum hervorgegangen ist. Die Zehn Gebote enthalten die ethischen Grundwerte und werden in der bayerischen Landeskirche überall im Sinne von Martin Luthers Kleinem und Großem Katechismus gelehrt. Sie bilden ein Hauptstück des Glaubens. Ihre Gesetzestafeln sind in evangelischen Kirchen immer wieder beim Altar oder an der Kanzel. In fränkischen Gemeinden hat die geschnitzte Figur des Erzvaters Moses als vorchristlicher Herkules die Kanzel zu tragen, von der das neue Gesetz Christi verkündet wird, denn die Gebote bilden auch die Basis für das Verständnis von Gottes ursprünglichster Haltung zu den Menschen.

Vaterunser

Das von Christus selbst seinen Jüngern aufgetragene Vaterunser-Gebet (Matthäus 6, 9–13 und Lukas 11, 2–4), das aus fünf Bitten bestehende »Gebet des Herrn«, wird von der bayerischen Landeskirche im Verein mit allen evangelischen Kirchen in der Fassung des Evangelisten Matthäus gesprochen; dabei schließt sich der dreifache, in der lateinischen Bibelübersetzung (»Vulgata«) fehlende Hymnus am Ende (»Doxologie«) ohne Unterbrechung direkt an. Mit diesem nur in der Landessprache üblichen Hauptgebet der Christenheit bekennen sich auch die Lutheraner zur weltweiten Ökumene in der Nachfolge Christi. Es ist, zusammen mit dem zweitausend Jahre alten Nicänischen Glaubensbekenntnis, die einzige alle verbindende Glaubensformel.

Sakramente

Zwei Schlüssel öffnen die Türe zu Himmel und Heil: Taufe und Abendmahl, nach evangelischem Bekenntnis die einzigen Sakramente, weil von Christus eingesetzt, mit einem äußeren Zeichen (Wasser, Wein, Brot) einhergehend und Träger einer Verheißung. Die Taufe geschieht, wie in allen christlichen Konfessionen, mit Wasser auf den Namen der heiligen Dreieinigkeit, Vater, Sohn und Heiliger Geist. Sie wird grundsätzlich in allen Kirchen anerkannt und nur einmal vollzogen. Sie nimmt den Menschen in die Kirche Christi auf, soll daher nach Möglichkeit im Gottesdienst der Gemeinde stattfinden, kann nur in Notfällen von einem nicht-ordinierten Christen vollzogen werden und bedarf eines Paten. Bei der Taufe wird dem Kind der von den Eltern frei gewählte Name gegeben.

Zum evangelischen Abendmahl ist jeder willkommen, der mit gläubigem Herzen in Brot und Wein als Zeichen für Christi Fleisch und Blut die Vergebung seiner Sünden sucht, doch soll die Gemeinde dafür sorgen, daß die nötige Würde nicht nur im Äußeren gewahrt wird, sondern auch die inneren Voraussetzungen der Eucharistie entsprechen: die Taufe, das Glaubensbekenntnis und der leibliche Vollzug. Der Wein für die sakramentale Handlung muß rein und kann alkoholfrei sein. Das Brot darf normales Hausbrot sein, ist aber üblicherweise die von den Diakonissen in Neuendettelsau vorgebackene kleine Hostie oder die große Hostie zum Teilen.

Als Brücke zwischen der Kindertaufe und dem Abendmahl, das lange Zeit den Erwachsenen vorbehalten war, steht seit der Mitte des 17. Jahrhunderts das Fest der Konfirmation. Es führt in die Gemeinde und Gemeinschaft bewußter Christen ein. Voraus geht ein Vorbereitungs- (Präparanden-)Unterricht und ein Konfirmandenunterricht über alle wesentlichen Gegenstände des Glaubens, der Kirche, den Sinn und die Aufgaben eines christlichen Lebens. Nach der Konfirmandenprüfung in Gegenwart der Gemeinde erfolgt in einem Festgottesdienst eine Bekenntnis- und Segenshandlung mit Zuteilung eines Bibelspruches und die erste Beteiligung am Sakrament des Abendmahls. Die Konfirmanden erhalten eine Urkunde, und der Taufpate wird mit diesem Tag aus seiner stellvertretenden Verantwortung für die religiöse Erziehung entlassen.

Weltliche und geistliche Werte: Der Mesner Rolf Denhardt in der Münchner St.-Johannis-Kirche

Credo

Aus dem Anfang der vereinten Christenheit stammen die »altchristlichen Symbole«, die öffentlich anerkannten Formulierungen der feststehenden Glaubenslehren in ihren allgemein-christlichen und ökumenischen Wortlauten. Das herausragende unter ihnen ist das »Apostolische Glaubensbekenntnis« mit den bekannten Anfangsworten: »Ich glaube an Gott, den Vater, Schöpfer Himmels und der Erden ...«. Es kam aus der Urgemeinde in Jerusalem, erlebte eine Zwischenstufe im Rom des 2. Jahrhunderts und gilt in seiner endgültigen Fassung aus dem 5. Jahrhundert für alle christlichen Kirchen der lateinischen (westlichen) Tradition. Auch die evangelischen Christen in Bayern sprechen es mit dem Unterschied eines einzigen Wortes zum Kirchenbegriff (»katholisch«) ohne Unterschied der Konfession.

Das »Nicänische Glaubensbekenntnis« war im Jahr 381 auf dem Konzil von Konstantinopel beschlossen und 451 durch das Konzil von Chalzedon bestätigt worden, es hieße genauer »Symbolum Nicaeno-Constantinopolitanum« und wurde von Kaiser Karl dem Großen im Frankenreich verbreitet und so auch in Bayern beheimatet. Es gilt in der Landeskirche für die

Hochtage sozusagen als »Feiertagsbekenntnis«. Parallel zum Nicänischen Glaubensbekenntnis wurde ebenfalls im 4. bis 5. Jahrhundert als drittes, freilich kaum mehr gebräuchliches, das »Athanasianische Glaubensbekenntnis« formuliert und fälschlicherweise nach einem bekannten griechischen Kirchenlehrer benannt, obwohl es vielmehr auf den Kirchenvater Aurelius Augustinus zurückgeht. Es betont die Lehre von der Trinität Gottes und die der Menschwerdung Gottes auf Erden in Jesus Christus.

Gesangbuch

Eine Sammlung gesungener Glaubenserlebnisse aus fast zwei Jahrtausenden und ein vielfaches Glaubensbekenntnis verschiedener Generationen der christlichen Gemeinde bietet das evangelische Gesangbuch. Seit Martin Luther in seiner berühmten Torgauer Predigt von 1544 sagte: »Der liebe Gott redet zu uns durch sein Wort und wir antworten durch Gebet und Lobgesang«, hielt die reformatorische Kirche an der gemeinschaftlichen Musik als Ausdruck des Glaubenslebens fest.

Die Entwicklung der lutherischen Kirchenmusik aus der römischen Messe, in der die Dominanz des gregorianischen Gesangs zu einer passiven Distanz der Gemeinde führt, folgte dem Wunsch nach Offenheit, nach Mündigkeit und Nähe aller Gläubigen. Die Gemeinde erhielt aus dem Singen heraus ihr Amt im Gottesdienst, indem alle beteiligt und viele musikalische Formen vom geistlichen Volkslied bis zur Kunstmu-

Bekenntnis zum Glauben: Ein Menschenkreis um das Blumenkreuz beim Friedensfest in Augsburg

sik zugelassen wurden. Der evangelische Choral profitierte von Martin Luthers Begabung zum Dichter und Erfinder von Melodien, und auch sein »musikalischer Erzkanzler« Johann Walter wollte alle Sinne beteiligen. Sicher gelten die menschliche Stimme und die »Königin« Orgel als Hauptinstrumente, doch gehören auch die Orchester und Chöre bis hin zum »Muschelchor« aus Neuguinea mit dem »göttlichen Anhauch« und die sehr vielen Posaunenchöre der Laienspieler dazu.

Ob es dabei unter den evangelischen Regionen Bayerns wesentliche Unterschiede gibt, ist nicht leicht zu sagen: eher sinnlich-harmonisch im Süden, eher avantgardistisch im Nürnberger Großraum, traditionell beharrend auf dem Land oder zukunftsweisend unter der Jugend, beim Kirchentagswesen und in großstädtischen Verhältnissen? Von außerhalb Bayerns betrachtet wird dieser Landeskirche jedenfalls musikalischer Reichtum und südländische Religiosität zugesprochen. Die Barocktraditionen dürften keine geringe Rolle spielen, und die Ursprünge Mozarts in diesem Land sollten nicht vergessen werden. Das Glückliche liegt in der großen Vielfalt dank einer freiwilligen Gemeinsamkeit.

Gemeinsames Lob Gottes »im höheren Chor als es die Sprache allein vermag«, führt zur Gemeinschaft der Gleichen vor Gott und mit den Engeln. So haben die von Martin Luther selbst geschaffenen Kirchenlieder mit allen, in späteren Jahrhunderten nachfolgenden ebenso kirchenstiftend gewirkt wie auch der prägende Eindruck durch Bayern nach dem Norden ziehender protestantischer Emigranten aus Österreich »mit ihren wunderbaren, festen Glaubensliedern« (Ehringen); aber auch die Dichtungen des vom Kabarettisten zum Psalmisten gewachsenen Rudolf Alexander Schröder, des Literaten Jochen Klepper und des Märtyrerpfarrers Dietrich Bonhoeffer bezeugen bis in unsere Zeit diese reformatorische Qualität.

Wohl wissend, welchen Bedarf es da gab, publizierte Martin Luther 1524 das erste evangelische Gesangbuch. Auch in Bayern folgten während der Reformation und dann vor allem nach dem Dreißigjährigen Krieg sehr viele, als ob es auch das Prinzip »cuius regio – eius animatio« gäbe. Eine große Zahl poetischer oder musikalischer Autoren kam aus Bayern oder lebte hier in kirchlicher Tätigkeit. Damals entstanden in Franken auch die ersten Kirchenchöre, die »Adjuvantenchöre« oder »Adstantenchöre« als Nachfolger der »Kurrende«. Ein erstes einheitliches Gesangbuch für die bayerische Landeskirche erschien 1833, in einer verbesserten Auflage 1856. Das derzeitige »Evangelische Kirchengesangbuch« (EKG) mit bayerischem Anhang von 1957 enthält immer noch 32 von Martin Luthers 37 Kirchenliedern, Texte und Melodien von 22 Autoren aus dem Gebiet Bayerns, weit überwiegend im zeitlichen Umfeld des Pietismus entstanden, darunter Namen wie Lazarus Spengler, Nikolaus Hermann, Hans Sachs, Hans Leo Haßler, Philipp Harsdörfer, Friedrich Rückert, Wilhelm Löhe, aber auch den katholischen Domkapitular Christoph von Schmid aus Augsburg mit seinem »Ihr Kinderlein, kommet«.

Eine erneute Revision dieses Gesangbuches soll am 1. Advent 1994 durch Beschluß aller vier Kirchenorgane in Kraft gesetzt werden und die »alten« Bücher samt den persönlichen Widmungen ablösen. Dann werden neben den wichtigsten Bekenntnistexten und der Agende für den Gottesdienst im Stammteil 500 Lieder stehen, von denen etwa die Hälfte bisher bekannt und 168 auch in der katholischen Kirche gebräuchlich sind, dazu wieder ein bayerischer Regionalteil mit 130 zusätzlichen Liedern.

Das Singen vereint zum Gottesdienst: Liedertafel in der Hl.-Kreuz-Kirche in Augsburg

Katechismus

Das war damals ein geflügeltes Wort: Katechismus, der Leitfaden für die Katecheten zur religiösen Unterweisung in der Kirche des neuen Glaubens! Die Form der knappen Formulierungen in Frage und Antwort mit ihrem melodischen Schwung entsprach Martin Luthers Temperament und Denkweise. Im Jahr 1529 veröffentlichte er zwölf Jahre nach dem Thesenanschlag und während der Vorbereitung auf die »Confessio Augustana« mit seinen Mitarbeitern eine Art Glaubensverzeichnis der »Hauptstücke« in zwei Ausgaben.

Der »Kleine Katechismus« ist eine konzentrierte Darstellung, vor allem für die »Hausväter« zur Unterweisung der Familie und zur Orientierung gedacht. »In Haus, Kirche und Schule« sollen die Hauptstücke »Zehn Gebote«, »Der Glaube«, »Das Vaterunser«, »Das Sakrament der heiligen Taufe«, »Das Sakrament des Altars oder das heilige Abendmahl« und »Vom Amt der Schlüssel und von der Beichte« gelehrt werden. Der »Große Katechismus« sollte in seiner ausführlicheren Form die Prediger zur Verkündigung der neuen Lehre befähigen. Es gab auch in Bayern den selbstverständlichen Brauch, diese Texte auswendig zu lernen, damit sie dem Christen helfen und bei vielen Gelegenheiten zitiert werden können.

Die Methode des Katechismus war so erfolgreich, daß im Jahr des Augsburger Religionsfriedens von 1555 ein dann weit verbreiteter Katechismus des Jesuiten Peter Canisius erschien, 1563 der »Heidelberger Katechismus« der calvinistischen Konfession und 1566 ein katholischer Katechismus, den das gegenreformatorische Konzil von Trient beschloß. Noch 1794 ließ Graf Julius von Soden für sein Herrschaftsgebiet im Grabfeld neben einem Gesangbuch einen eigenen Katechismus drucken und anwenden. Auch der bekannte Pfarrer Althammer in Ansbach verfaßte einen Katechismus als Lehrmittel.

Sehr hilfreich für den täglichen Glauben und in vielen Situationen des Lebens ist der »Evangelische Erwachsenenkatechismus«, 1975 erstmals herausgegeben als »Kursbuch des Glaubens« von einer Gruppe verständiger Fachleute aus Kirche und Welt im Auftrag der Katechismus-Kommission der Vereinigten Evangelisch-Lutherischen Kirche Deutschlands. Die Idee des Katechismus ist also immer noch gut.

BILDER AUS BAYERN

Ihren Reformator Doktor Martin Luther, der die Reichsstadt beim Römerkastell von gelegentlichen Durchreisen kannte, stellten die Weißenburger Protestanten 1983 in einer Bronzefigur des Münchner Bildhauers Martin Mayer vor die Pforte der St.-Andreas-Kirche, als ob er gerade zu einer Bibelwoche wiedergekommen wäre.

Generationen begegnen sich: Vor der Gedenktafel im Augsburger St.-Anna-Hof

Reformatorische Bekenntnisschriften

Aus dem Prozeß der allmählichen Klärung grundsätzlicher Fragen des christlichen Glaubens, dem die Reformation dienen wollte, gingen folgende Dokumente mit bleibendem Charakter hervor:

Die »Confessio Augustana« (CA) aus dem Jahr 1530 ist die maßgebliche, unter der Aufsicht Martin Luthers durch die kluge Federführung von Philipp Melanchthon erarbeitete Sammlung positiver Ausagen der Kirchenreformation. Dieses »Konsenspapier« unterstützten zahlreiche Reichsstände, Reichsstädte und einzelne Personen auf dem Reichstag in Augsburg. Diese »CA« handelt in 28 Artikeln »Von Gott« und »Von dem Sohne Gottes«, der Erbsünde und der Rechtfertigung des Menschen vor Gott, dem Predigtamt, den wesentlichen Kirchenfragen, der Sakramentslehre, dem Verhältnis zum »weltlichen Regiment« und bestimmten Lebensfragen bis zur »Gewalt der Bischöfe«.

Mit einer »Confessio Tetrapolitana«, von der das Archiv der Stadt Memmingen noch 1992 einen Erstdruck erwerben konnte, hatten sich im Jahr 1530 die oberdeutschen Reichsstädte Konstanz, Lindau, Memmingen und Straßburg unter der maßgeblichen Autorenschaft von Martin Bucer (1491–1551) auf ihren gemeinsamen Glauben geeinigt; sie traten aber dann nach sechs Jahren doch der vor dem Augsburger Reichstag verkündeten »Confessio Augustana« (1530) bei und wandten sich so dem Luthertum zu.

Die »Apologie« (Verteidigung) der »Confessio Augustana« folgte 1531 als eine notwendige Verdeutlichung, nachdem eine »Confutatio« (Widerlegung) der Gegenseite die Diskussion über das lutherische Bekenntnis in schriftlicher Form herausgefordert hatte.

Die »Schmalkaldischen Artikel« von 1536, später benannt nach dem 1537 in Schmalkalden in Thüringen tagenden Konvent aller religionsverwandten Stände, galten dem weiteren Dialog über die Erneuerung der Kirche. Sie sollten ursprünglich auf einem für dasselbe Jahr ausgeschriebenen Konzil in Mantua, das aber nicht zustande kam, als Verhandlungsgrundlage dienen. Hier wurde von Martin Luther alles an christlichen Grundwahrheiten zusammengefaßt, was niemals strittig war, ferner alles durch die Reformation strittig Gewordene und zur Verhandlung Anstehende (Rechtfertigungslehre, Amtsverständnis, Meßfeier und Eucharistie)

DAS AUGSBURGER BEKENNTNIS

Die St.-Anna-Kirche mit dem Goldschmiede-Denkmal

Eine restaurierte Klosterzelle aus der Lutherzeit

Der Annahof bei Kirche und Kloster

Die »Lutherstiege« zur historischen Ausstellung im ehemaligen Annakloster

Der Geburtsort der »Confessio Augustana« im heutigen Fronhof beim Dom

BILDER AUS BAYERN

Die Ortenburg des Grafen Joachim und ihre Schloßkapelle auf dem Bergvorsprung über dem weiten Wolfachtal repräsentieren das hart geprüfte und bewährte Bekenntnis zur evangelischen Reformation, das am 3. Oktober 1563 vom Deutschen Reichsgericht sein Recht erhalten hatte.

BILDER DES GLAUBENS

Regensburg, die Stadt der Römer und der deutschen Reichstage, brachte nach seiner frühen Zuwendung zur Reformation im Jahr 1655 durch den Maler Michael Ostendorfer für die Neupfarrkirche am Marktplatz einen der bemerkenswertesten Reformationsaltäre hervor, der auf ebenso nüchterne wie majestätische Weise die wesentlichen Gegenstände des neuen Glaubens sichtbar macht.

sowie schließlich diejenigen Lehrgegenstände, über die man sich nach lutherischer Auffassung nicht wird einigen können. Vierhundertdreißig Jahre später wurde diese Abstufung auf dem Zweiten Vatikanischen Konzil unter Papst Johannes XXIII. als die »Hierarchie der Wahrheit« wieder aufgegriffen, doch kam dieser Zug der Kirchengeschichte vorläufig zum Stehen.

Alle reformatorischen Bekenntnisschriften wurden im Jahr 1577 als »Konkordienformel« und 1580 als »Konkordienbuch« mit der endgültigen Festlegung des lutherischen Lehrbegriffs entsprechend dem Augsburger Religionsfrieden von 1555 veröffentlicht. Diese Konkordienformel definierte das entscheidende Bekenntnis, daß die Bibel für Protestanten »unica regula et norma« (alleinige Regel und Richtschnur) für alle Lehrer und alles Lehren sein soll.

Rückblickend sieht man, wie wirksam die Reformatoren mit der »Confessio Augustana« erstmals Bilanz gezogen hatten. Sie schufen unter enormem sachlichen und zeitlichen Druck mit großer geistiger Anspannung ein weltbewegendes Dokument. Indem sie die anstehenden Themen im Geist des Aufbruchs frisch und ungeniert aufgriffen, brachten sie Klarheit in den Wust der verwirrenden theologischen und kirchlichen Gegebenheiten damaliger Zeit. Sie formulierten den Sinn, in dem Zukunft lag. So entstand zunächst eine Art Regelwerk, eine Gebrauchsanweisung für die auf ihr Wesen zurückgeführte christliche Kirche in Europa. Darin lag keinerlei Anspruch auf ewige Gültigkeit oder formale Verbindlichkeit, und doch begründeten sie zugleich die bis heute ungebrochene Tradition, sich mit einem »Wort« der Kirche zu aktuellen Lebensfragen richtungweisend, aber enzyklenhaft zu äußern. Bekenntnis als Einladung zum Mitmachen war das, Antwort des Glaubens auf Herausforderungen, die es gemeinsam anzunehmen gilt.

In unseren Tagen haben mehr Protestanten, als vermutet wird, die wesentlichen Bekenntnisschriften studiert, vor allem in ihrem Gesangbuch während einer stillen Stunde. Die Zeit liegt aber noch nicht weit zurück, in der Bauern und Städter aller Bildungsstufen diese Texte aus Überzeugung oder Interesse gründlich lasen, bedachten und ihrem Leben nützlich machten, sie deshalb auch auswendig lernten. Vielleicht läßt die Natur unsere Zeitgenossen von diesem Vorrat zehren, denn das allgemeine Bewußtsein richtet sich weithin nach solchen »Grundwerten«, und viele profitieren im Brauchtum und Kirchenleben vom vererbten Reichtum.

Bekenntnisse in unserer Zeit

1933, gerade vor sechzig Jahren, begann in Deutschland eine Zeit, als ob »die Welt voll Teufel wär«: die Nationalsozialistische Deutsche Arbeiterpartei (NSDAP) übernahm die Regierungsmacht, Adolf Hitler wurde deutscher Reichskanzler und begann sofort mit dem Kampf gegen die Kirchen. Im gleichen Jahr erhielt die evangelisch-lutherische Landeskirche zum ersten Mal einen Landesbischof anstelle der früheren Kirchenpräsidenten. Mit einem trickreichen Foto wurde seine segnende Hand am Ausgang der St.-Lorenz-Kirche in Nürnberg so gedeutet, als ob auch dieser Kirchenmann den Gruß »Heil (für) Hitler!« mitmachte. Ein Jahr später sollte der Landesbischof abgesetzt, die Landeskirche »gleichgeschaltet« werden. Doch die Protestanten revoltierten.

Der Bauer und Mühlenbesitzer Philipp Meyer aus dem Ries war 1934 mutig genug, an der Spitze einer Abordnung evangelischer Christen nach Berlin zu fahren und von Reichsleiter Martin Bormann die Aufhebung des Hausarrests für Landesbischof Hans Meiser zu fordern, während andere evangelische Gläubige gleichzeitig in München demonstrierten. Mit vielen Pfarrern und Laien, unter denen Karl Steinbauer als vorübergehender Häftling im Konzentrationslager Dachau mit besonderer Hartnäckigkeit herausragte, kam der bayerische Widerstand zum Erfolg und führte weiter zur »Bekennenden Kirche«. Wer sich anschloß, unterschrieb einen kleinen roten Ausweis, mit dem klare Verhältnisse entstanden. In einzelnen Gemeinden, wie zum Beispiel Zeilitzheim in Unterfranken, bekannten sich 98 Prozent der Evangelischen dazu. Eine von vielen Antworten kam in der Oster-

Mut zum Eigenbau: Die Dorfkirche von Unterrottmannsdorf bei Liechtenau

nacht 1942, als fünf junge Frauen um Christel Schmid unter den Augen der Geheimen Staatspolizei den Zusammenschluß zum »Casteller Ring« beschlossen. Auch wenn zahllose kleine und große Geschichten der »intakten Landeskirche« vergessen sind, blieben die bemerkenswerten Bekenntnisschriften jener Zeit und ihre Folgen für die Kirche gültig:

Die »Barmer Erklärung« entstand 1934 aus sechs Thesen zur Vorbereitung einer Bekenntnis-Synode gegen den Machtanspruch der Nazis und die »Deutschen Christen«, an der alle Protestanten (Lutheraner, Reformierte, Unierte) teilnahmen. Karl Barth und bayerische Pfarrer wie Georg Merz und Thomas Breit als Theologen und der »Pfarrernotbund« mit Martin Niemöller schärften die zeitbedingten Bekenntnisfragen, der Protestantismus mobilisierte sich und machte bleibende Erklärungen. Daraus ergaben sich die Bekenntnis-Synoden in Dahlem (1934) und in der Confessio-Stadt Augsburg (1935), bei der der »Bekenntnis-Notstand« der Kirche erklärt wurde. Nach 1945 stützte sich die Neuentwicklung der evangelischen Kirche in Deutschland weithin auf diese Vorgänge, an denen Landesbischof Hans Meiser und seine Mitstreiter wesentlichen Anteil hatten.

Mit dem »Stuttgarter Schuldbekenntnis« vom 19. Oktober 1945 nahm der Rat der Evangelischen Kirche in Deutschland vor einer Delegation der in der Ökumene zusammengeschlossenen Kirchen zum Verhalten der Kirchen während der Herrschaft des Dritten Reiches Stellung und rief die Christen auf, die Buße anzunehmen, »daß man nicht mutiger bekannt habe.«

In eine theologisch-kirchliche Richtung stößt die »Leuenberger Konkordie« von 1973, benannt nach dem Konferenzort in der Schweiz: eine Übereinkunft aller lutherischen, reformierten und den aus ihnen hervorgegangenen unierten Kirchen im deutschsprachigen Raum einschließlich der ihnen verwandten vorreformatorischen Kirchen der Waldenser und der Böhmischen Brüder. Sie suchen die Kirchengemeinschaft durch gegenseitige Anerkennung der Ämter und Sakramentsgemeinschaft unter Belassung der Besonderheiten ihrer eigenen Bekenntnisse, also kein neues Über-Bekenntnis. Sie halten weiter kontinuierliche Lehrgespräche untereinander und wollen die volle Kirchengemeinschaft erreichen.

Die »Konvergenzerklärung« (»Lima-Papier«) des Ökumenischen Rates der Kirchen von 1982, betreut von der Kommission »Glauben und Kirchenverfassung«, entstand zum Zwecke engerer Zusammenarbeit aller Kirchen in den wesentlichen Bekenntnisfragen von Taufe, Eucharistie und Amt. Die erbetene Zustimmung auf höchster kirchlicher Ebene haben die vier Verfassungsorgane der bayerischen Landeskirche formell gegeben, die erhoffte geistliche Rezeption braucht Zeit.

Andere Aktivitäten laufen auch durch den konservativen »Arbeitskreis Bekennender Christen« mit etwa zwanzig kirchlichen Gruppierungen in Bayern, die sich im Sinne des lutherischen Bekenntnisses an die Bibel besonders gebunden wissen.

Friedensbekenntnis

Die Freude am Bekenntnis war in Deutschland kaum jemals größer als nach dem Friedensschluß von Münster und Osnabrück im Jahr 1648: auch wenn die Gesamtbevölkerung bis auf 40 Prozent reduziert war, die Wirtschaftsstruktur zerstört, viele Dörfer vollkommen verlassen und das Land immer noch von den marodierenden Horden bedroht, hatte sich doch der neue Glaube durchgesetzt. Nach dem Stand von 1624 erhielten alle Regionen die Konfession ihres Landesherrn, wie es der Augsburger Religionsfrieden von 1555 vorgesehen hatte. Das Tor für eine glücklichere Zukunft war offen, bald brach die jubelnde Periode des Barock an, die Sehnsucht nach einer universellen Humanität, von der Renaissance und Reformation vorgeformt, wollte endlich Wirklichkeit werden. Wieder einmal bestimmte die Religion das ganze Leben.

Am 25. und 26. Juni 1630 wurde in dem vom Dreißigjährigen Krieg glücklich verschonten Rügheim/Mittelfranken, dem Sitz der Grafen

Seelsorge ist Leibsorge: Kinder empfangen den »Friedenswecken« beim Kinderfriedensfest in Augsburg

BILDER AUS FRANKEN

Im Jahr 1935, während der Frühzeit des kirchenfeindlichen NS-Staates, vollendete German Bestelmayer für die Gemeinde in Nürnberg-Maxfeld seine »Reformationsgedächtniskirche«, einen festungsartigen Zentralbau im normannischen Burgenstil, dessen drei Türme die Dreieinigkeit Gottes und die heimatliche Kirchengotik verherrlichen.

BILDER AUS BAYERN

Auf dem Gelände des ersten Konzentrationslagers des nationalsozialistischen Staates in Dachau bei München entstand in der Nachbarschaft des katholischen Karmelitinnenklosters mit der »Todesangst-Christi-Kapelle« 1965–1967 die von Helmut Striffler entworfene, »sich im Boden verkriechende« evangelische Versöhnungskirche.

Bayerische Freude am Feiern: Landesbischof Hanselmann und der »Regionalbischof« Martin Bogdahn beim Kleinen Dekanatskirchentag 1990 in Pertenstein bei Traunreut

von Crailsheim, eine Jubelfeier der »Confessio Augustana« gehalten.

In der Gemeinde Eyb bei Ansbach stiftete der Pfarrer Johann Georg Kehrer im Jahr 1635 »zwei viereckete, grüne Recitierstühlein«, auf denen seine Tochter Barbara und die Bäckerstochter Ursel Eva Mauderer »zum aufbeten« niederknieten. Das war ein Vorläufer zahlreicher Stiftungen nach dem Westfälischen Friedensschluß: Kelche und Kannen für das heilige Abendmahl, Altarleuchter und von einem Zimmermann, dessen todkrankes Kind genesen war, »einen Totenkranz so man denen Kindsleichen vortragen soll«.

Erstmals am 8. August 1650 wurde in Augsburg das »Hohe Friedensfest« zur Erinnerung an den »hochwerten lieben Frieden« von 1648 gefeiert. Dieser seitdem fast lückenlos bestehende Brauch zur Besinnung auf das paritätische Zusammenleben beider Konfessionen beschert am Kinderfriedensfest der Jugend das »Friedensgemälde« und das süße Friedensgebäck. Der Bayerische Landtag erhob auf Antrag der SPD-Abgeordneten Gröber, Kramer und Kaifer am 9. November 1949 den 8. August zum gesetzlichen Feiertag in Augsburg. Seit 1985 vergibt eine interkonfessionelle Jury alle drei Jahre den Augsburger »Friedenspreis« für besondere »Leistungen zur Förderung interkonfessioneller Gemeinsamkeiten«.

In der 1400-Seelen-Gemeinde Meeder wird seit 1650 für Coburg und das Coburger Land ein Friedensfest gefeiert, das ein »Friedensausschuß« vorbereitet. Alle zehn Jahre wird daraus das »Große Fest« mit Beteiligung der benachbarten Regionen bis Thüringen, die durch den Besuch eines »Friedensbotschafters« eingeladen werden. Tausend Menschen bereiten vor, rund zwanzigtausend kommen. Ebenfalls in Meeder führen Jugendliche am Heiligen Abend in der Laurentiuskirche das von Albin Schubert verfaßte Heimatspiel »Frieden auf Erden« auf, in dem vor einer einfachen Weihnachtskrippe und dem Bild Martin Luthers das Flüchtlingsschicksal während des Dreißigjährigen Krieges in Meeder dargestellt wird. Ein neues Friedensmuseum im ersten Stockwerk der alten, zum Gemeindehaus umgestalteten Schule will gegen die Vergeßlichkeit wirken.

Im Ries rund um Nördlingen gilt der Tag des Allerheiligenfestes (1. November), das von den katholischen Christen mit großer Anteilnahme begangen wird, als evangelischer Bußtag mit Abendmahlsfeier, um der schrecklichen Erfahrungen im Dreißigjährigen Krieg und seines endlichen Abschlusses zu gedenken.

In der Erinnerung verblaßt ist die »Aktion Friedenskirche«, mit der bald nach dem Zweiten Weltkrieg die 48 Staaten der USA beschlossen, entlang der Grenze zum sowjetischen Machtbereich 48 Holzkirchen zu errichten. Die »Wooden Church Crusade« stiftete Kirchen nach Neufahrn bei Landshut/Niederbayern (1949), Pocking in Niederbayern (1951) mit einer Glocke aus Schlesien von 1792, Wildenheid bei Coburg (1959) und Gangkofen in Niederbayern (1950–1955 mit DM 50000). Diese Kirchen entstanden nach Plänen deutscher Architekten wie Professor P. O. Baring, in bayerischen Zimmereien, unter anderem in Memmingen, und zeugen bis heute vom Bekenntniswillen der Christen.

Leider hat die Friedensbewegung der letzten zwei Jahrzehnte diese dreihundert Jahre alten Friedensfeste nicht verstanden, sonst wäre vielleicht der 8. August zu einem Feiertag für Bayern oder sogar die ganze Bundesrepublik geworden. Und es wird auch wenig bekannt werden von den zahllosen Friedensbemühungen bayerischer Gemeinden und der Landeskirche in Konfliktzonen der Welt: wo Menschen zusammenarbeiten, Versöhnungsversuche zwischen streitenden Parteien unternehmen, Flüchtlinge betreuen, Kirchenleitungen unterstützen und Toleranz des christlichen Gewissens propagieren. Gott wird wissen, warum er den Bayern selbst nach so viel Krieg nunmehr so viel Frieden im Land und auch unter den Konfessionen zugeteilt hat.

LUTHERS KIRCHE LEBT
Die bayerische Version eines Gottesgeschenks

Das wäre ein Traum: wenn alle evangelischen Gebäude in Bayern, die Kirchen, Gemeindezentren, Pfarrhäuser, Kindergärten, Altenheime, Anstalten, Krankenhäuser und Verwaltungsgebäude blau gestrichen wären, und dann führe man durchs Land! Man sähe das Leben dieser Kirche und es gingen einem ganz gewiß die Augen über. Läse man dann auch noch die Dekanatsbücher mit den farbigen Beschreibungen der Realität von gestern und heute in den Gemeinden, man müßte (falls nötig) bedauern, nicht zu dieser Kirche und einer ihrer »Heimaten« gehören zu dürfen, so sehr lebt sie.

Das Kirchenverständnis

»Wir wollen eine einladende, dialogische, missionarische Kirche sein, die Vertretung des Volkes und für die Welt«, sagt der bayerische Landesbischof Johannes Hanselmann. Wäre die Welt ein Weinberg, würde ihn die Kirche als Winzergenossenschaft betreuen. Und wollte jemand eine fundamentalere theologische Beschreibung, so könnte die Formulierung von Heinz Zahrnt gelten: »spirituelle Sukzession von Glauben zu Glauben« durch Zeugnis und Gemeindeleben.

Die evangelische Kirche in Bayern baut auf die Verheißung Christi: »Wo zwei oder drei (Millionen) in meinem Namen versammelt sind, da bin ich mitten unter ihnen«. Das geht nun schon über vierhundert Jahre und hat sich bewährt. Damit kann man leben. Es macht Sinn, in diesem schönen Land zusammen mit Christen anderer Konfession aus dem Geschenk des Lebens etwas zu machen. Kirche findet hier nicht nur als eine fortgesetzte Tradition statt, als eine vom Staat genehmigte Veranstaltung oder als religiöser Verein. Sie ist die Gemeinschaft der Gläubigen, die durch Gebet, Verkündigung und Sakramente im Namen Gottes den Weg von Ewigkeit zu Ewigkeit aufrecht zu gehen sich bemüht.

»Kirche« kommt von »kyriakon« und meint »das dem Herrn (griechisch ›kyrios‹) Zugehörige«, im engeren Sinn sowohl das Gotteshaus wie die Gemeinschaft der Gläubigen, die das Neue Testament auch die »ecclesia« nennt. Mancher denkt in Bayern eher an die herrlichen Kirchenbauten, andere an eine große Organisation mit vielen Ämtern. Man sieht das sichere Selbstbewußtsein der römisch-katholischen Kirche, erlebt in gewissen Augenblicken die Majestät der orthodoxen Kirche und beobachtet die Überzeugungskraft kleiner Kirchengemeinschaften. Die evangelisch-lutherische Kirche wirkt da manchmal wie ein Orchester mit vielen Instrumentalisten, deren Musik zwar »stimmt«, aber deren Noten und Aufführungen sich unterscheiden.

Wirklich, diese evangelische Gemeinschaft ist »eine Kirche von unten«, eine Bekenntnisgemeinschaft der Gläubigen, die ihre Zugehörigkeit als Geschenk der Nähe verstehen. Indessen sagte der Rektor eines Pastoralkollegs: »Eine Landeskirche ist keine Mutter und eine Gemeinde keine Wärmestube« (Dieter Voll). Es muß nicht jedes Gemeindeglied gleich sein, gleich nahe und freundlich und treu und fromm. Die lutherische Reformation hat die biblische Lehre und altkirchliche Praxis vom »Priestertum aller Gläubigen« wiederentdeckt. Prinzipiell verfügt jedes Mitglied der Kirche über alle geistlichen Vollmachten. Deshalb ist in der evangelischen Kirche kein eigener Priesterstand nötig. Der Pfarrer unterscheidet sich von anderen Mitgliedern der Gemeinde nur durch sein spezielles theologisches Wissen und die Stellung im Amt der Verkündigung, im Gottesdienst und bei der Sakramentsverwaltung. Auch Beichte, Seelsorge und Diakonie sind Sache der ungeteilten Gemeinde. Folglich ist die Laienfrage in der evangelischen Kirche eigentlich kein geistliches Thema. Das ganze sagt grundsätzlich etwas über das Wesen und die Gestalt einer Kirche aus, denn die Tatsache, daß weitaus der größte Teil aller Mitglieder ihr Leben »in der Welt« verbringt, hat Bedeutung.

Aus der jüngeren deutschen Geschichte leuchten Begriffe auf wie »Bekenntniskirche«, »Freiwilligkeitskirche«, »Gemeindekirche«, »Kirche im Sozialismus«, hinter denen jeweils andere Überzeugungen stehen. Am längsten lebendig und nach wie vor gültig ist die Volkskirche, die ihre Offenheit für alle Menschen gleicher Konfession nach dem biblischen Vorbild des »Gottesvolkes« im Alten Testament zum vereinigenden Prinzip macht. Obwohl immer wieder in Frage gestellt und oftmals totgesagt, für theologisch unhaltbar und in ihrer Wahrheitsqualität für zweifelhaft gehalten, existiert die Volkskirche mit Kirchensteuer, Religionsunterricht und allen anderen Qualitäten weiter; zwischen Kirche und Staat herrscht eine positive Distanz ohne scharfe Trennung oder intensive Bindung. Etwas kühn, aber doch konsequent, könnte man die bayerische Landeskirche als eine »Heimatkirche« umschreiben, als eine sich bekennende Volkskirche in einem bergenden Land.

Die lang gewohnte »Bedienungskirche«, in der die Gemeinde sich vom Pfarrer und wenigen Helfern versorgen ließ, liegt hinter uns. Während diese Mentalität im weltlichen Bereich fast zur Norm geworden ist, entstand in der Kirche die Dienstgemeinde, in der jedes Mitglied mindestens so viel beiträgt, wie es selbst zu erhalten hofft.

Weil die Kirche als ein Geschenk Gottes gilt, geht das evangelische Kirchenverständnis davon aus, daß sie zwar immer ist, wie sie eben sein soll, aber auch »semper reformanda«: immer weiter zu entwickeln. Obwohl sie ewig ist, soll sie zeitgemäß sein. Das trifft in Bayern auf eine Kirche mit Unterschieden: von der extremen Diaspora mit dem hauptsächlichen Wunsch nach Zugehörigkeit und Überleben bis zu fast rein evangelischen Gegenden; vom naturnahen Landleben bis zum anonymen Dasein in den Großstädten; von traditioneller Frömmigkeit über charismatische Bewegungen bis zum fortschrittlichen Freiheitsdrang auch im Bereich der Kirche. Bayern birgt Stammesunterschiede der drei Landesteile und dazu die vielen Fremden mit allen unterschiedlichen Gewohnheiten des Lebens, Wohnens, des Brauchtums, der Feste und der Kunst, aus denen fruchtbare Spannungen und freundliche Gefühle genährt werden. Die Protestanten sind darin eine Minderheit, ein Salz, das nicht »dumm werden« will.

Indessen hat sich die Landeskirche seit dem Ende des Zweiten Weltkrieges und der Nazi-Herrschaft in ihrem Verhältnis zur Welt verändert. Es gab keine Rückkehr zu irgendeiner Form von Staatskirchentum, das in der zunehmend pluralistischen Gesellschaft mit demokratischen Spielregeln nicht wünschenswert gewesen wäre. Dennoch darf die Kirche dem Wunsch mancher Politiker nicht folgen und sich »auf das eigene Terrain zurückziehen«, sondern sie muß in der Öffentlichkeit stehen. Sie muß Kirche der Gläubigen und gesellschaftliche Großgruppe sein. Sie schuldet Auskunft über sich selbst oder sie gilt als unbedeutend.

Seit in der modernen Massengesellschaft die Meinung um sich greift, Gott und die Kirche

BILDER AUS BAYERN

Die Hauptstadt der Oberpfalz pflegt Tradition und Konfession: Unter Regensburgs bedeutenden evangelischen Bauten ragt am Markt eine unvollendete Wallfahrtskirche heraus, deren Name »Neupfarrkirche« daran erinnert, daß 1542 für alle ein neuer Glaube heraufgekommen war.

gehörten nur in den privaten Bereich und Kirchenmitgliedschaft sei eine bewegliche Sache ohne gesellschaftliche Auswirkungen, haben sich die Kirchenaustritte gegenüber den Eintritten deutlich vermehrt. Gleichzeitig steigen aber die Spendeneingänge, die Zahl der Erwachsenentaufen und die Nachfrage von Menschen in Not für Hilfe, Beratung und Herberge. Die modische Abwägung zwischen zeitlichem Glück und ewigem Heil, in der Eigennutz und Gemeinnutz mitschwingen, befremdet in vielen einzelnen Fällen, ist aber wahr und real. Weil sie mit Seelsorge verbunden sein sollte, bietet die bayerische Landeskirche durch ihre »Informationsstelle für Kirchenmitgliedschaft« die Hand ins Ungewisse, ohne ungebührlich festhalten zu wollen. Freilich geht vom Verbindlichen vieles in der Stille: manche Kirchengemeinden haben nach der bayerischen Gebiets- und Gemeindereform eine Integrationsaufgabe übernommen, indem sie Menschen aller Art zusammenführen, die sich sonst nicht mehr begegnen würden. Diese evangelische Kirche als »Vertretung für das Volk« wird von vielen Menschen geliebt und gesucht, nicht zu wenige finden darin ihre Lebensaufgabe, über den Bedarf hinaus viele wollen Pfarrer werden oder ehrenamtlich mitarbeiten, und auch die säkulare Welt sucht Hilfe, akzeptiert deren Prinzipien und verläßt sich auf diakonisches Wirken wie auf eine unwiderrufliche Garantie.

Gottesdienst

Wenn die Kirche nach Carl Büchsel die Aufgabe hat, »den Fremdling auf dem Stege, der in die Heimat führt, zu leiten und ihm hienieden eine Herberge zu sein, in der er ausruhen kann«, dann dürfte der Gottesdienst als das zentrale Ereignis im Leben der christlichen Gemeinde diesem Auftrag am besten dienen. Denn da ist Gott anzutreffen.
Der evangelisch-lutherische Gottesdienst hat das Lob Gottes, die Wortverkündigung und den Gebrauch der Sakramente zum Ziel. Er findet in der Regel am Sonntag oder Feiertag, dem ersten Tag der Woche und ständigen Oster-Erinnerungstag statt. Sein geordneter Ablauf (Liturgie mittels der Agende) entspricht der Messe in Deutsch, da sie laut »Confessio Augustana« (Art. 24) »von den Evangelischen nicht abgeschafft worden, sondern mit größerer Andacht gehalten« wird. So folgen aufeinander Introitus, Sündenbekenntnis (Kyrie), Hochgesang (Gloria) und Kollektengebet, danach der Wortteil mit Schriftlesung aus Epistel und Evangelium, Glaubensbekenntnis (Credo), Predigt, allgemeines Kirchengebet mit den Fürbitten und anschließendem gemeinsamen Vaterunser sowie dem liturgischen Schlußteil oder der Fortsetzung mit der Feier des Heiligen Abendmahls. Schon am 5. Juni 1524 führten die Nürnberger Reformatoren bei den Kirchen St. Lorenz und St. Sebald eine neue Gottesdienstordnung ein. Für die bayerische Landeskirche prägend wirkte sicher die 1533 erlassene Kirchenordnung des Markgrafen von Nürnberg und Brandenburg, die praktisch vom westfränkischen Gebiet um Ansbach bis Oberfranken um Kulmbach und Bayreuth galt.

Als 1854, nach dreißigjähriger Erprobung, erstmals eine »Allgemeine Ordnung des Hauptgottesdienstes« eingeführt wurde, war sie dem liberalen Bürgertum zu wenig »nüchtern« und voll »katholisierender Tendenzen«, doch bewiesen die gestiegenen Teilnehmerzahlen an den Abendmahlsfeiern, daß die Rückkehr zur sakralen Dimension des Gottesdienstes die Schäden der Aufklärungszeit und des Rationalismus überwinden konnte. Ihre »Qualität« mag sich auch darin erweisen, daß sie bei etwa 15 Prozent der Kirchengemeinden immer noch in Gebrauch ist, obwohl seit 1954 eine neue Agende gilt.
Zur Zeit ist eine weitere Revision in Arbeit, um

Zeichen der mobilen Gesellschaft: St. Lorenz in Nürnberg lädt ein

die Texte der Gebete und Voten, die Singformen der Liturgie und die Struktur des Gottesdienstes der fortgeschrittenen Entwicklung anzupassen, aber auch die besonderen Anlässe im Kirchenjahr und bei weltlichen Gelegenheiten aufzunehmen.

Wie die »Confessio Augustana« ausdrücklich sagt, die christliche Kirche sei nichts anderes als die Versammlung aller Gläubigen und Heiligen (Art. 8), stellt sie auch fest, es sei zu ihrer wahren Einheit »nicht not, daß allenthalben die gleichen, von den Menschen eingesetzten Zeremonien gehalten werden« (Art. 7). Demgemäß sind gottesdienstliche Sitten zwar in der Agende geordnet, aber deren Vollzug, wie auch die Einrichtung des Gotteshauses und anderer kirchlicher Vorkehrungen sind in diesem Rahmen variabel, brauchtumsgebunden und auch verstandesbedingt.

Zum Gottesdienst gehören nicht nur der Pfarrer, der Mesner und der Organist, sondern eine Gemeinde, die ihm den Sinn gibt: Familiengottesdienst, Kinder-, Jugend-, Senioren-, Kranken-, Bergsteigergottesdienst oder im Bahnhof, Gefängnis, Fernsehen, auf dem Friedhof und so weiter. Daneben gibt es liturgische Feiern, Vespergottesdienste, Andachten. Immer häufiger werden das Weihnachtsfest durch die nächtliche Christmette und das Osterfest bei Tagesanbruch gefeiert, letzteres zum Beispiel in Obermichelbach mit Kindertaufe und Taufgedächtnis, Abendmahl und Lichtsymbolik durch Entzünden von Kerzen, deren Feuer dann wieder in Gemeinden wie der Erlanger Thomaskirche von Jugendlichen in die Häuser der Kranken und Alten getragen wird.

Auch der Johannistag hat wieder seinen Gottesdienst bekommen, und manche Gemeinden halten einmal wöchentlich die Komplet, andere einmal monatlich ein ökumenisches Abendgebet. In der Diaspora von Riedenburg nehmen die Berufstätigen gern den Gottesdienst Mittwoch abends an, in Schrobenhausen den Abendmahlsgottesdienst Samstag abends. In der rührigen St.-Lukas-Kirche am Münchner Isarufer, einer der zu groß gewordenen City-Gemeinden, hat sich 1987 die »Münchner Nachtkirche« gebildet, zu der sich jeden Donnerstag um zehn Uhr abends die Nachtschwärmer bei bloßem Kerzenlicht für eine halbe Stunde Singen – Hören – Schweigen – Beten zusammenfinden.

In den Ballungsräumen mit Gemeindegliedern, deren Leben in großstädtischem Rhythmus verläuft, haben sich Gottesdienste am Sonntagabend als wichtig erwiesen, weil sie unter anderem auch den Ausklang des Wochenendes bewußter erleben lassen. Damit wird die Orientierung am Sonntag als dem ersten Tag der Woche mit der Erinnerung an das Osterfest ebenso verlassen wie die vom Landleben ausgehende Bindung an die Fütterungszeiten des Stallviehs. Allerdings fehlt dann gerade den der Kirche Fernstehenden das gewohnte Glockenläuten am Sonntagvormittag; sie werden auf diese Weise indirekt an Gott erinnert.

Was es heißt, kein eigenes Gotteshaus zu haben und seinen Gottesdienst regelmäßig in einem katholischen oder gar weltlichen Raum feiern zu müssen, wissen viele Protestanten der Diaspora. Unausgesprochen gehen dadurch Wechselwirkungen zwischen den Konfessionen hin und her, und die Evangelischen von Neuhaus/Niederbayern bekennen offen, »man spürt es dem Raum der Klosterschwestern ab, daß in ihm täglich geistliches Leben stattfindet, und davon fließt auch etwas über in die Gottesdienste der evangelischen Gemeinde«.

In 90 Prozent der evangelischen Gemeinden Bayerns finden jeden Sonntag Kindergottesdienste statt, die von 27 000 Kindern besucht werden, das sind pro Jahr 52 000 Kindergottesdienste in der Betreuung von rund 8400 ehrenamtlichen Helferinnen und Helfern, zu 80 Prozent jungen Frauen. Diese Zahlen gehen zurück infolge der Bevölkerungsentwicklung, des Sonntagstourismus und des sich ändernden Verhältnisses zur Kirche; dennoch besteht kein Mangel an Mitarbeitern. Neue Formen des Kindergottesdienstes werden mancherorts gesucht mit szenischen Darstellungen des Evangeliums, handwerklichem Gestalten religiöser Themen, Singen alter und neuer Lieder, Musizieren auf den verschiedensten Instrumenten und so weiter, wobei die Gestaltung in Teamarbeit der Verantwortlichen mit den Kindern und Eltern geschieht.

Die Geste gilt: Pantomime im Gottesdienst der Markusgemeinde in München

Taufe

Zur Annahme des Menschen durch den Erlöser Christus und seine Aufnahme in die christliche Kirche geschieht das Sakrament der Taufe im Namen des Dreieinigen Gottes durch Benetzen des Kopfes mit Wasser und Aussprechen der liturgischen Taufformel. Damit verbunden ist die Namensgebung. Die Eltern geloben in Gegenwart von Paten als Zeugen eine christliche Erziehung (Taufgelübde).

Zur Zeit hat die evangelische Landeskirche eine deutliche Zunahme der Taufen (2207 = 8,27 Prozent mehr im Jahr 1990) zu verzeichnen. Von 28909 Täuflingen stammen 13454 aus evangelischen, 11006 aus evangelisch-katholischen Ehen und 1460 von Alleinerziehenden, 801 von Eltern ohne evangelisch-kirchlichen Hintergrund und 737 waren bereits über 14 Jahre alt. Seit der Wiedervereinigung beider Teile Deutschlands haben die Erwachsenentaufen sehr zugenommen, und viele Jugendliche, die in nordbayerischen Schulen und Gemeinden den Religionsunterricht nachholen, werden sich noch taufen lassen wollen.

Als Regel gilt die Kindertaufe, sie geschieht durch einen Ordinierten, nur im Notfall durch einen getauften Laien. Erwachsene werden nach einem Taufunterricht getauft. Es gibt keine Wiedertaufe, wie zum Beispiel nach bereits geschehener Kindertaufe. Nach lutherischer Auffassung ist dieses Sakrament nicht nur ein Symbol, sondern eine verbindliche Handlung Gottes durch Menschen. Wie der Taufstein in der Mittelachse des Gotteshauses steht, bestimmt die Taufe die Perspektive des Christenlebens. Sie ist eine Voraussetzung für die spätere Konfirmation und die Teilnahme am Sakrament des Abendmahls. Ihr Vollzug wird in den Kirchenbüchern dokumentiert und durch ein Zeugnis bestätigt.

Das Taufwasser ist ganz gewöhnliches Trinkwasser. In Mönchsdeggingen am Ries schöpften beide Konfessionen das Taufwasser aus dem »Kapellenbrunnen«, mit dem schon alemannische Heiden getauft worden waren, bis die evangelische Gemeinde 1970 diese Quelle den Katholischen allein überließ. Im Grabfeld wurde 1688 durch Herzog Ernst den Frommen von Sachsen-Gotha der Taufritus geändert und seitdem nicht mehr der ganze entblößte Leib des Kindes, sondern nur mehr das entblößte Haupt mit Taufwasser besprengt. Im Frankenwald gilt noch der alte Brauch, beim Aufbruch einer Familie zur Taufe des Kindes über ein auf der Türschwelle des Hauses liegendes Gesangbuch zu gehen, und bei der Rückkehr übergibt der »Gevatter« den Täufling seinen Eltern mit den Worten: »Einen kleinen Heiden haben wir fortgetragen, einen kleinen Christen bringen wir heim.«

Taufpaten spielen im Leben des evangelischen Kindes vom Anfang bis zur Eheschließung eine Rolle, vor allem für die religiöse Entwicklung. Vielfach haben beide Seiten Ehrenpflichten, die zu bestimmten Zeiten eingelöst werden müssen. Bei wichtigen Entscheidungen, bei Erbauseinandersetzungen, Berufsfindung, Vormundschaft und an allen großen Lebensstationen wird der Rat der Paten eingeholt. Patenkinder zu haben ist eine Ehre; einen potenten Paten zu haben, gilt als Glück. Vieles wirkt lebenslang weiter und sei es nur in Taufgedächtnisfeiern, wie sie in Castell für die Kinder zur Vertiefung des Glaubens gehalten werden.

Die Taufkerze ist in vielen Gemeinden üblich geblieben oder wieder Brauch geworden. Sie verbindet den Christen lebenslang mit seinem geistlichen Ursprung und dem Licht der Welt, Christus, das an Weihnachten und Ostern besonders gefeiert wird.

Eine ganz besondere Taufe vollzog die junge Pfarrerin Ulrike Aldebert von der St.-Lukas-Kirche in München mit Isarwasser am »Ostfriesen-Manni«, der mit anderen »Brückenmükken« als Nichtseßhafter in der Gemeinde Unterschlupf fand und über das schöne Fest seiner Aufnahme in die evangelische Kirche »erst einmal ein paar Tage Zeit brauchte, um alles zu kapieren.«

Konfirmation

Die Konfirmation (Befestigung, Bestätigung) geht zurück auf die Frömmigkeitsbewegung nach dem Dreißigjährigen Krieg. Der Pietismus veränderte sie mit seiner moralisierenden Tendenz zu einer kirchlichen Handlung, die die eigene Glaubensentscheidung des jugendlichen Christen hervorheben sollte. Seit jeher waren damit eine Glaubensprüfung, oft »Katechismusexamen« genannt, und der erste Gang zum Sakrament des Abendmahles verbunden, womit der junge Christ in die Gemeinde der Erwachsenen aufgenommen und zur Übernahme eines Patenamtes berechtigt wurde.

Meistens findet die Konfirmation am »Palmsonntag« vor oder am »Weißen Sonntag« nach Ostern statt. Der Gemeindepfarrer segnet den Konfirmanden ein und gibt ihm für den weiteren Lebensweg einen selbstgewählten oder vom Seelsorger zugeteilten Bibelspruch mit.

In Weißenbronn bei Heilsbronn in Mittelfranken wurde die Konfirmation schon 1601 mit einer anschließenden zweijährigen »Christenlehre« eingeführt, zu der 1688 ein Religionsunterricht in der Schule kam. Viele andere Gemeinden Frankens führten die Feier der Konfirmation bald nach 1700 ein. Heute gehen entgegen anderen Vermutungen immer noch über 90 Prozent der getauften Jugendlichen zum Präparanden- und Konfirmandenunterricht. Dabei wird nicht nur christliche Lehre, sondern auch praktische Lebenshilfe vermittelt und im wachsenden gegenseitigen Vertrauen nach Lösung persönlicher Probleme gesucht.

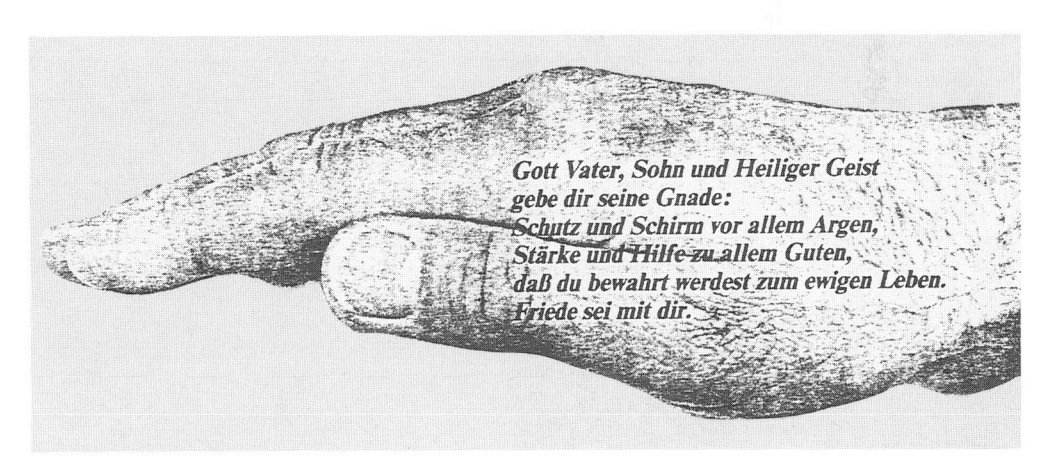

Gott Vater, Sohn und Heiliger Geist gebe dir seine Gnade: Schutz und Schirm vor allem Argen, Stärke und Hilfe zu allem Guten, daß du bewahrt werdest zum ewigen Leben. Friede sei mit dir.

Mündigkeit zum Gemeindeleben: Der Wortlaut der Konfirmandensegnung

Konfirmationsfeiern sind für die Gemeinde und die Familien frohe Feiertage mit tiefem Sinn. Zur Konfirmation, dem Eintritt in das Gemeindeleben der Erwachsenen, schenken Eltern und Paten die erste eigene Bibel, das Gesangbuch und den Mädchen religiösen Schmuck; profane Geschenke waren früher die erste Uhr oder das Fahrrad, doch haben sich die Verhältnisse ohne Zutun der Kirche geändert. Die kirchliche Feier folgt in den einzelnen Gemeinden lokalen Gebräuchen. Der alte Brauch, den Paten durch einen handgeschriebenen Patenbrief zu danken, ist weithin eingeschlafen, doch hat ein junger Briefträger in Windsbach/Mittelfranken mehr als 150 Originale aus der Zeit seit 1878 gesammelt und veranstaltet mit ihrer Hilfe Kurse zur Wiedereinführung.

Die überall in Gebrauch gekommene Feier der Silbernen und Goldenen Konfirmation dient der Bestätigung des Gelöbnisses. Spätestens dann bedauert mancher, daß er sich in jungen Jahren nicht doch für das einmalige »Fest der religiösen Mündigkeit« und den Eintritt in die Kirchengemeinschaft entschieden hatte.

Beichte und Abendmahl

Ausdrücklich sagen Martin Luther in beiden Katechismen und die Augsburgische Konfession in mehreren Artikeln, daß das Sündenbekenntnis »wie wir im Vaterunser tun« nötig sei und »daß man die Absolution oder Vergebung vom Beichtiger empfange als von Gott selbst und ja nicht daran zweifle, sondern fest glaube«. Dies geschieht in jedem Gottesdienst vor dem Glaubensbekenntnis in allgemeiner und öffentlicher Form und ist zur Feier des heiligen Abendmahles notwendig, ohne daß die Beichte Teil des Sakramentes wäre.

Die Einzelbeichte ist ausdrücklich möglich, und noch beweisen die alten Beichtstühle in einzelnen Kirchen, daß sie auch üblich war, bis sie seit dem Ende des 17. Jahrhunderts weder Pflicht noch verbreitetes Brauchtum blieb. Nach Auffassung des »allgemeinen Priestertums der Gläubigen« kann jeder Christ dem anderen Christen die Beichte abnehmen und ihn von den Sünden lossprechen. Die Furcht vor einem Beichtzwang hält sich ungebrochen. Deshalb sorgten die Protestanten in Altenstadt/Oberpfalz vor einigen Jahren sehr schnell dafür, daß die in der dreihundert Jahre lang simultan benützten Kirche von den Katholiken überraschend aufgestellten Beichtstühle wieder entfernt werden mußten.

Das Herrenmahl ist nach evangelischer Auffassung eine Feier der Gemeinde für die Gemeinde, durch ihre ständigen oder zufälligen Mitglieder veranstaltet, je nach der Art von Öffentlichkeit des Gottesdienstes. Der Einladende zum Herrenmahl ist der gekreuzigte und auferstandene Herr. Willkommen sind die getauften Christen und Ungetaufte, wenn sie die erlösende Kraft glaubend begehren. Am Rand des Kelches begegnen sich Sünder und Erlöser, im Kauen des Brotes ereignet sich das Heil.

Die Speisen des Abendmahles sollen rein sein: Wein oder Traubensaft, nichts anderes, und Hostien oder gutes Brot. Das Essen des Brotes allein genügt, doch ist das »Abendmahl in beiderlei Gestalt« eine Errungenschaft der Reformation für die evangelische Freiheit eines Christenmenschen, und daher ist der Kelch, allein oder in der Hand eines Pfarrers, seit der Reformation ein besonders evangelisches Symbol.

Der Ernst, mit dem während der Reformation über die theologische Bedeutung des Abendmahles gestritten wurde, kam durch den aufgeklärten Rationalismus mit seinem veränderten Denken über die Heiligkeit des Vorganges und seine Würdigung durch den empfangenden Menschen wieder zum Vorschein. Die Aufklärung brachte es auch mit sich, daß der Abendmahlsgang auf die schon im Mittelalter üblichen zwei Zeiten im Frühjahr und Herbst reduziert, der Beichte eine Anmeldung beim Pfarrer und die Pflicht zum Friedensschluß mit Familie und Nachbarn vorgeschaltet, die Abendmahlsfeier selbst vom Gottesdienst getrennt und gesondert gehalten wurde. Seitdem gibt es, da und dort bis heute, Standesabendmahlsfeiern, nach Geschlechtern getrennte, in Kohlberg/Oberfranken nach Altersstufen bestimmte, aber auch Ansätze zur Erneuerung aus verschiedenen Motiven.

In Ortenburg wird das Abendmahl seit zwanzig Jahren einmal monatlich im Hauptgottesdienst gefeiert, dazu an den Sonntagen der Buß- und Festzeiten; dies geschieht noch zweimal nach der alten Gottesdienstordnung mit Einschreibung in das Kommunikantenregister, Beichtgottesdienst, Predigtgottesdienst, Mahlgottesdienst. Bei St. Nikolai in Neuendettelsau wird

Kommet herzu, es ist alles bereit: Kinderabendmahl der St.-Andreas-Gemeinde in München

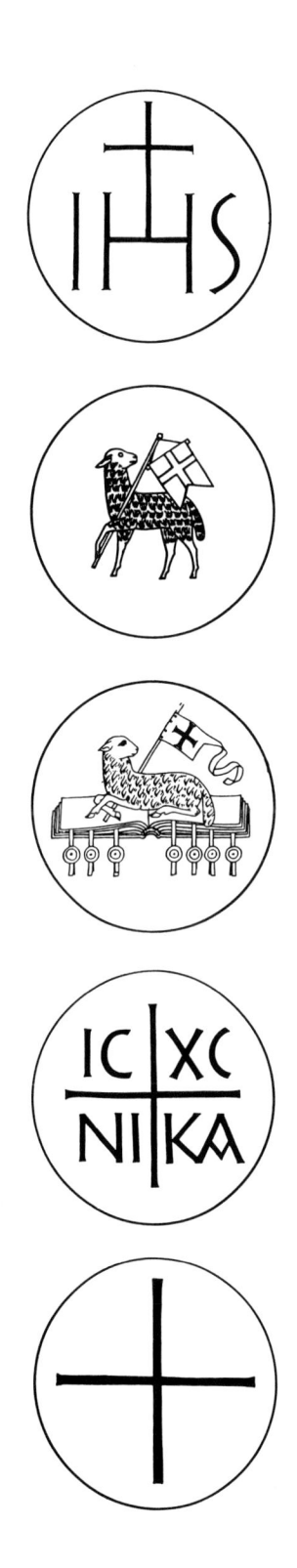

beim Abendmahl, um die Botschaft der Heiligen Schrift besonders zu verdeutlichen, roter Wein ausgeschenkt. In der Christuskirchengemeinde in Windischeschenbach/Oberpfalz wird monatlich einmal Abendmahl gefeiert, und zwar nach Beschluß des Kirchenvorstandes als seltene liturgische Regel zwischen dem Glaubensbekenntnis und der Predigt. In Münnerstadt wird nach gemeinsamen Überlegungen das Abendmahl in einem großen Kreis um den Altar gefeiert, die ganze Gemeinde und Kinder miteinbezogen, und es wird allen der Segen zugesprochen. Seit 1976 gibt es in der Erlanger Thomaskirche am Karfreitag das Kinderabendmahl. Die Evangelische Jugend in Ansbach feiert regelmäßig ein Jugendabendmahl am Buß- und Bettag, seit einigen Jahren in Form eines Feierabendmahles. In Weiden/Oberpfalz wird am Konfirmandentag ein »Tischabendmahl« gehalten.

Indessen haben auch die unveränderten Traditionen der persönlichen Anmeldung zum Abendmahl und die Beschränkung auf wenige Male im Jahr ihre Berechtigung, und die ganze Landeskirche darf sich freuen, wenn sich in den Kirchenbüchern einer Gemeinde wie Offenbau im Jura die Namen aller Kommunikanten bis zum Jahr 1558 zurückverfolgen lassen!

Die Hostiensymbole der am 15. Mai 1858 von Wilhelm Löhe in Neuendettelsau eingerichteten Bäckerei sind in die Waffeleisen eingraviert und zeigen das Kruzifix, Kreuzeszeichen, Christusmonogramme, das Osterlamm und griechische Buchstabenkombinationen.

Predigt

Vielleicht entstand die evangelische Kirche auch deshalb, weil Martin Luther im Brief des Apostels Paulus an die Gemeinde in Rom las, der Glaube komme aus der Predigt und das Predigen durch das Wort Gottes (Römer 10,14). Vielleicht war Paulus schon beeindruckt von der Aussage der Apostel Petrus und Johannes bei ihrer Festnahme in Jerusalem, sie könnten es einfach nicht lassen, von dem zu reden, was sie gesehen und gehört haben (Apostelgeschichte 4,20). Und sicher geht alles auf die Weisung Christi zurück: »Gehet hin in alle Welt und lehret alle Völker!« (Matthäus 28,19). Wie anders könnte man verstehen, daß in der evangelisch-lutherischen Kirche so gern gepredigt, daß sie so oft die »Kirche des Wortes« genannt wird?

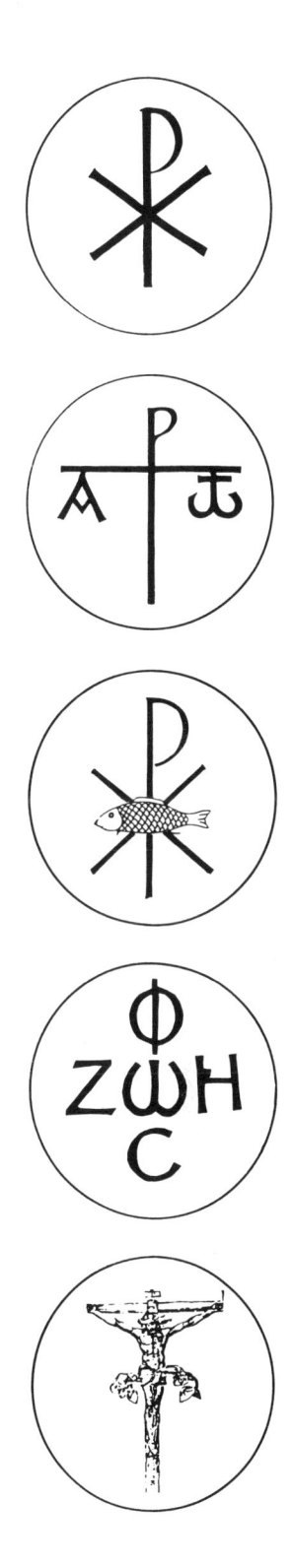

Die öffentliche Verkündigung des Wortes Gottes in der Landessprache wurde durch Luthers Bibelübersetzung zum reformatorischen Erfolg. In der Martinskirche in Kaufbeuren stellte man 1520 einen eigenen Predigtstuhl auf, um Luthers reformatorische Schriften vorzulesen. Die Flugschriften, Kommentare, Auslegungen, Predigtbücher und Sammlungen reichen über die Jahrhunderte bis in unsere Zeit der Medien, wo Predigen in Hörfunk und Fernsehen die Gewichte veränderte und einer »Evangelischen Morgenfeier« im Radio mehr Menschen zuhören, als in allen Kirchen Bayerns gleichzeitig Platz hätten.

Immer noch nimmt die Vorbereitung einer guten Predigt rund zehn Stunden in Anspruch. Es soll biblisch gepredigt werden, in freier Rede, gut »studiert« und in unserer Zeit zunehmend in Zusammenarbeit mit der Gemeinde, durch Vorbereitung und durch Predigtkritik. Eine gewissenhafte Auslegung muß aus der Heiligen Schrift begründet werden, auf die jeweilige Situation eingehen und dem vernünftigen Verständnis zugänglich sein. Wer mit der Bibel argumentiert, muß aber unterscheiden zwischen Christus selbst, in dem das Wort Gottes Mensch geworden ist, und dem, wie Menschen davon berichten und sich zu ihm bekennen.

Eigentlich hat sich daran in hundert Jahren kaum etwas Wesentliches geändert. Denn das königliche Oberkonsistorium der evangelisch-lutherischen Kirche in Bayern stellte schon am 18. November 1857 im Erlaß Nr. 544 unter anderem fest: »Das protestantische Volk setzt einen großen Wert auf die Predigt und mit vollem Rechte. Genaue, gründliche Vorbereitung auf dieselbe gehört daher zu den wichtigsten Teilen der geistlichen Amtstätigkeit. Die genaueste Predigtvorbereitung ist Pflicht eines jeden treuen und gewissenhaften Geistlichen und wird ihm, seltene Ausnahmen abgerechnet, nur dadurch möglich, daß er sie vollständig niederschreibt, um sie danach wohl memoriert vorzutragen.«

Anläßlich der Einführung einer neuen Gottesdienstordnung im Jahr 1854 war geraten worden, zugunsten der Liturgie die Predigten »etwas mehr zu konzentrieren, was in den meisten Fällen eher zum Vorteil als zum Nachteil der Erbauung geschehen kann«. Und zum Vortrag der Predigt erging ebenfalls schon 1857 die kluge Weisung: »Auch im Gebiete der geistlichen Beredtsamkeit ist der natürlichste Vortrag immer der beste. Auch aus dem einfachsten Vortrag muß das Herz sprechen, und nur was so aus dem Herzen kommt, das geht zum Herzen.«

So ist es Brauch: Hochzeitszug in die Wehrkirche St. Georg in Nürnberg-Kraftshof

Trauung

Nach evangelischer Auffassung ist die Ehe von Gott gestiftet, die Trauung also eine gottesdienstliche Handlung im Sinne eines vor Gott und der Gemeinde gegebenen Treueversprechens, das mit dem Segen und der Fürbitte bekräftigt wird. Es wird gelobt, eine christliche Ehe zu führen und Treue zu halten, »bis daß der Tod uns scheidet«. Wegen der Heiligkeit der Ehe sind die Mitglieder der Kirche verpflichtet, um den Segen der Kirche nachzusuchen.

Im Unterschied zu anderen Kirchen gilt die Ehe nicht als Sakrament, sondern als eine »natürliche, weltliche Ordnung« bei voller Ebenbürtigkeit beider Ehegatten. Sie kann aus lebenswichtigen Gründen geschieden werden, ohne daß die Beteiligten »aus der Gnade fallen« oder kirchliche Rechte verlieren; sie können auch wieder kirchlich getraut werden, wenn sie wirklich ernst meinen, was sie damit begehren. Der Ehering, dessen Austausch seit dem 13. Jahrhundert üblich ist, gilt als sichtbares Zeichen für die »Trauung«, ein Wort aus dem Germanischen, das ursprünglich recht sinnvoll »An-vertrauung« bedeutete, also Schicksalsgemeinschaft.

Zur Hochzeitsfeier gibt es kaum Brauchtum im engeren kirchlichen Zusammenhang, von örtlichen Traditionen des Schmuckes und Geläutes abgesehen. Zu den weltlichen Gebräuchen gehört aber nach wie vor, den Pfarrer und seine Frau wenigstens zum Nachmittagskaffee am Festtisch begrüßen zu können.

Das Begräbnis

Die kirchliche Beerdigung erfolgt nach agendarischem Ritus in zwei Schritten: mit der Aussegnung im eigenen Haus, am Sterbeort oder im Totenhaus am Friedhof wird der Verstorbene aus dem diesseitigen Leben entlassen und ihm zum Abschied für die letzte Reise der Segen erteilt. Mit der eigentlichen Bestattung in der Erde oder durch das Feuer wird der Tote seinem neuen Leben in der Ewigkeit übergeben und um seine Annahme in Gnaden gebetet. Das Begräbnis geschieht unter dem vorangetragenen Zeichen des Kreuzes und ist als Totenfeier der Beginn eines neuen Lebens.

Wenige mittelfränkische Orte haben noch die Totenkronen, die als Zeichen der himmlischen Verlobung und Beweis der Verheißung Christi, daß er die Krone des Lebens geben werde, auf den Sarg unverheirateter Frauen gelegt wurden. Für die Grafschaft Oettingen gilt die Anordnung von 1780 mit Wiederholung von 1785, daß zur Vermeidung von »unnützem« Aufwand »bei Kindern oder erwachsener lediger Personen Leichen nur ein einziger Kranz oder Krone auf den Sarg geheftet werden« soll. Die zunehmende Zahl an Feuerbestattungen (1992 in der Bundesrepublik 26,7 Prozent) übertrifft vor allem in Oberfranken (Selb 81,3 und Coburg 75,9 Prozent) bei weitem die Erdbestattungen im sonstigen Bayern.

Kirchliche Kleidung und Zeichen

Auch wenn der Hamburger Theologe Helmut Thielicke meinte, Texte seien wichtiger als Textilien, würde die Kirche ohne die Sprache besonderer Kleider und Zeichen ihre Botschaft nicht vermitteln können oder ins Stottern geraten. Ohnehin ist dieser evangelische »Dialekt« des Christentums nicht besonders reich.

Nachdem in einer Umfrage noch einmal die Meinung der Pfarrer und Gemeinden eingeholt worden war, entschied das kgl. Oberkonsistorium in Ansbach 1844 endgültig, daß Pfarrer im Dienst den gemäß Ordnung vom 4. November 1843 festgelegten schwarzen Talar zu tragen hätten. Er war 1817 als Gelehrtengewand vom preußischen König Friedrich Wilhelm III. verordnet worden und gehört zu einer evangelischen Sonderentwicklung der Aufklärungszeit, mit der sich der deutsche Protestantismus aus der gesamtkirchlichen Gottesdienstpraxis ausgeschlossen hat. In Bayern ist seit 1972 das Tragen heller liturgischer Kleidung vor allem an den Christusfesten möglich, jedoch nicht nach alleiniger Entscheidung der Ordinierten, sondern im Einvernehmen mit dem Kirchenvorstand und mit Wissen der Kirchenleitung.

Zur Zeit gebrauchen 74 der rund 1500 bayerischen Gemeinden Alba und Stola; in Deutsch-

Schwarzer oder weißer Talar: Evangelisches Abendmahl mit Chaplain Stake von der American Lutheran Church bei der Landessynode in Schweinfurt 1992

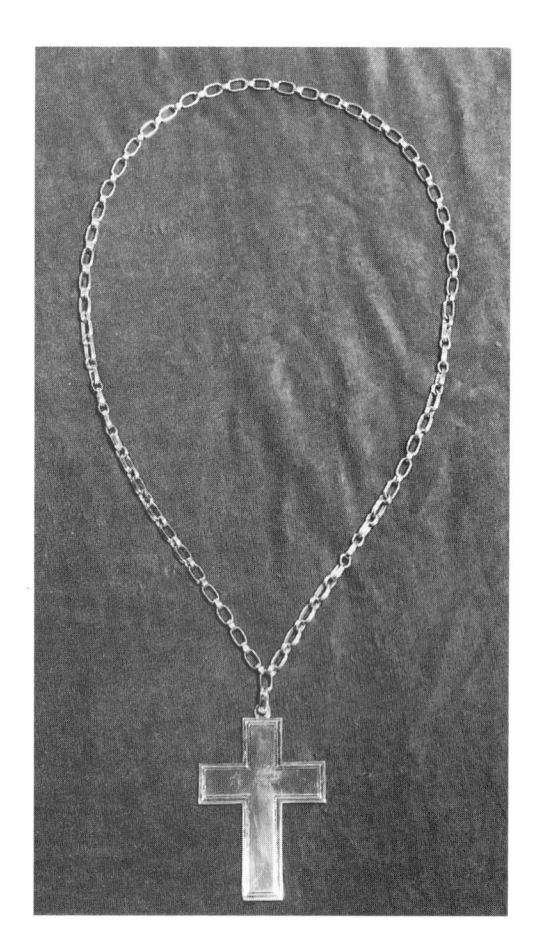

Richter, das aus dem Mittelalter stammende Barett. Zum liturgischen Dienst tragen Dekane ein silbernes Kreuz am Band, Oberkirchenräte und der Landesbischof ein goldenes Kreuz an der Kette.

Für das öffentliche Auftreten in amtlicher Eigenschaft ohne geistlichen Dienst, also vor allem bei repräsentativen Anlässen weltlicher Art, wird häufig der um den Halskragen geschlossene, lang durchgeknöpfte »Lutherrock« getragen. Barttrachten, Frisuren und Fingerringe sind private Geschmackssache, Turnschuhe unter dem Talar eher nicht.

Mesner und Gottesdiensthelfer, wie auch Helfer bei Beerdigungen, kleiden sich mit einem schwarzen Umhang oder Anzug, für alle anderen Tätigkeiten bestehen keine Vorschriften, außer daß vor Gottes Angesicht und im Namen der evangelischen Gemeinde Würde gewahrt und gewachsene Traditionen nicht mißachtet werden sollen. Organisten, die bei ihrer Tätigkeit am wenigsten gesehen werden, haben kaum Kleiderordnungen. Daß Kirchenchöre bis zur Aufklärungszeit weiße Chorgewänder über schwarzen Chormänteln trugen, ist nicht überall vergessen.

Nicht vergessen werden dürfen Diakonissen und Diakone, die evangelischen Nachfolger einstiger Orden. Während die Männer nur am dunklen Anzug oder einem kleinen Ansteckkreuz erkennbar sind, tragen die Frauen verschieden-

Amtskreuze: für Landesbischof und Oberkirchenräte an goldener Kette (links); das für Bischof Meiser im Jahr 1941 von Augsburger Pfarrern gestiftete Schmuckkreuz (oben)

land tragen die Geistlichen von rund 1000 Gemeinden helle Gewänder. Kreative Pfarrerinnen haben auch schon einmal in der Evangelischen Akademie Tutzing »Patchwork-Talare« geschneidert, weil sie ihrem Inneren einen äußeren Eindruck geben wollten. Nicht zuletzt wird in der Bibel und in Kirchenliedern von den Gewändern der Getauften und Gerechten gesagt, sie seien weiß und hell. Lutheraner außerhalb Deutschlands gebrauchen farbige Gottesdienstgewänder und bayerische Pfarrer oder der Bischof passen sich dem in Übersee fröhlich an.

Zum Talar gehört das zweiteilige, weiße »Beffchen« als Halsbinde. In den früheren Reichsstädten Augsburg, Memmingen und Lindau wird stattdessen die vielfach gefältelte niederländische Halskrause getragen. Bei Amtshandlungen im Freien benützt der Pfarrer als Kopfbedeckung, wie früher auch die Ratsherren und

Werbung für den Sonntag: Statt sonntags Werbung und sinnleeren Werktag alles für den »Tag des Herrn«!

artig gestaltete, weiße Leinenhauben und meist dunkelblaue Fest- oder Arbeitskleider in einfachem Schnitt. Wilhelm Löhe soll der Urheber der Diakonissenkleidung von Neuendettelsau sein.

Die Pfarrer im besonderen Dienst der Militärseelsorge, Flughafenseelsorge, in Gefängnissen und im Rettungsdienst haben ihrer Aufgabe entsprechende, der Umgebung angepaßte, aber unverkennbare Kleider und Zeichen. Hier wird am ehesten klar, wie Abstand Nähe bedeuten kann. In einem Sonderfall paßte sich Kaufbeurens Standortpfarrer Heinz Joachim Frank den tropischen Verhältnissen an, als er für eine befristete Tätigkeit bei deutschen Bundeswehrsoldaten in Kambodscha im Sommer 1992 seinen weißen Talar anzog, der ihm schon in Papua-Neuguinea das Klima ertragen half.

Kirchenjahr und Brauchtum

»Kirchenjahr« ist erst seit dem Ende des 16. Jahrhunderts ein klarer Begriff. Es war also weder für die Reformatoren, die sich an den bürgerlichen Kalender von Julius Caesar aus dem Jahr 45 n. Chr. hielten, eine Realität, noch korrespondierte es mit dem Gregorianischen Kalender von 1582, der in den protestantischen Ländern Deutschlands erst um 1700 schrittweise eingeführt wurde.

Mit dem geregelten Lauf des Kirchenjahres, mit seinen Bibeltexten, Predigten, Paramenten und der Musik gehen die Christen durch das Heilsjahr Gottes und antworten darauf mit dem Brauchtum. Wenn sich auch mit dem Schwinden bäuerlich gewachsener Strukturen gewohnte Zusammenhänge lockern und neue Lebensweisen der Stadtgesellschaft überhandnehmen, bleiben doch der Kirchgang und das evangelische Brauchtum gültig. Zudem wäre ein Bayern ohne Brauchtum, ohne das bewußte Wiederholen des Bewährten um seiner Bedeutung willen, schwer vorstellbar. Zwar geht die evangelische Kirche mit dem Kultischen nicht so leicht um, wie die katholische Schwesterkirche, doch leitet auch unter den Protestanten ein kollektives Gedächtnis zum Feiern an. Mögen die Tauftaler und Brautbriefe, die Beichtriten und Hochzeitssitten, Totenkronen, Türkenläuten und das Brotbekreuzen zur Zeit weniger Bedeutung haben, so blieb anderes erhalten und Neues kam hinzu; Vergessenes kann wiederkehren.

Als ein katholischer Landpfarrer einmal beim Leonhardi-Ritt zu seinem evangelischen Freund sagte: »Ihr Protestanten seid Freiheitsfanatiker, euch fehlt die Bodenhaftung, ihr überfordert die Menschen!«, mag er aus seiner Sicht recht gehabt haben. Übereinstimmung mit der Natur und den vom Schöpfer gegebenen Verhältnissen ist nicht das vordringlichste Anliegen evangelischer Frömmigkeit. Man läßt den lieben Gott nicht so ganz gern einen guten Mann sein. Fehlen aber der lutherischen Kirche die Wallfahrten, Bittgänge, Umritte und Fronleichnamszüge, so bewahrt sie doch mit Liebe das Ererbte, die Kunstwerke, die Namen und Bilder.

Das Bild der Heiligen »Kümmernis«, Patronin der Mühseligen, hängt in den evangelischen Kirchen von Erlangen-Eltersdorf und Pilgramsreuth bei Rehau, in der ehemaligen Benediktinerklosterkirche Auhausen und in der Karmelitenkirche in Weißenburg in Bayern (hier ein 12 Quadratmeter großes Fresko nach dem Volto-Santo-Bildnis im Dom von Lucca aus der Zeit um 1400), ohne daß jemand diese den Evangelischen nicht besonders nahestehende Fürsprecherin eingemeinden wollte. Und sind nicht der »Hagelfeiertag« von Burghaslach am Steigerwald und Eckarts bei Bad Brückenau (am Freitag nach Christi Himmelfahrt), der »Schauerfeiertag« in Dietenhofen, der »Conradstag« in Götteldorf und die Brauchtumsinseln Höchheim und Irmelshausen Beweise für die protestantische Bodenhaftung.

Kirchenhaftung gibt es jedenfalls! Sonst gäbe es nicht den Brauch, den evangelischen Landesbischof in Wort und Schrift niemals ohne den Titel »Herr« zu lassen, auch wenn dies in einem Amtsblatt, Protokoll oder Programm weder nötig noch üblich ist. Diese traditionelle Achtung vor der apostolischen Autorität muß ein Rest der Hochachtung sein, die früher allen Pfarrern entgegengebracht wurde, weil sie für das Kirchenjahr und das Brauchtum als Garanten eines sinnvollen Lebens gutstanden.

Unabhängig vom laufenden Kirchenjahr ist der Sonntag auch noch in den Städten der Schlüsseltag der Woche. Viele Evangelische leben mit dem Gottesdienstbesuch, der Gewohnheit des Abendmahles und Veranstaltungen in der Gemeinde in guter Gewohnheit. Oft bestimmen die Namen der Sonntage das persönliche Leben, den Rückblick und die Vorschau. Sonntagsheiligung ist schwieriger geworden, Sonntagskleidung wird mehr innerlich getragen, Sonntagsarbeit wird abgelehnt.

Als im bayerischen Landtag das Landesmediengesetz beraten wurde, erkannten Synodale, daß die Frage der Sonntagswerbung eher eine Frage nach der Werbung für den Sonntag sei, und entwickelten die vielfach beachtete und imitierte Aktion »Es gibt den Sonntag – gottseidank«. Sonntagswächter gibt es zudem noch in mehreren fränkischen Dörfern, die nach alter Sitte mit dem »Kirchenspieß« (Hellebarde) zur Gottesdienstzeit den Ort vor Feuer, Diebstahl und anderen Gefahren zu schützen haben.

Das allgemeine Brauchtum im Kirchenjahr beginnt auch in der evangelischen Kirche Bayerns mit der auf Buße und Besinnung ausgerichteten Adventszeit. Die vier Wochen vor der Ankunft des Gottessohnes auf Erden werden unter dem symbolischen Adventskranz gelebt, dessen vier Kerzen in einzelnen Sonntagsschritten brennen werden. Dieser Brauch geht auf den Hamburger Pfarrer Johann Hinrich Wichern zurück, der im vorigen Jahrhundert als Leiter eines Armenheimes für Kinder und Jugendliche während der Vorweihnachtszeit ein mit Fichtenreisig geschmücktes Holzkreuz aufstellte und darauf täglich ein neues Kerzenlicht entzündete; ab 1860 wurde daraus ein Kronleuchter mit so vielen Kerzen, wie Tage nach Weihnachten führen, und daraus entstand der heute übliche Adventskranz. Er verbreitete sich von Norden nach Süden vor allem durch junge Menschen in den Jugendherbergen, erreichte Mittelfranken vereinzelt vor dem Ersten Weltkrieg und setzte sich in den zwanziger Jahren weiter durch.

Der Brauch, die Adventstage als Schritte zum Weihnachtsfest einzeln zu begehen, drückt sich in biblischen Tageslesungen, aber auch in den Adventskalendern für Kinder mit täglich neuen Fenstern und süßen Überraschungen aus. Solche Adventskalender setzten sich in Mittelfranken nach 1921 durch. In der Thomaskirche in Erlangen entzündet man das Adventslicht in der Kirche, um es dann nach Hause zu tragen. In der Kunigundenkirche in Reuth bei Neuendettelsau werden während der Advents- und Passionszeit die Flügel des gotischen Altars geschlossen.

Die bis nach dem Ersten Weltkrieg üblichen »Klöpflesnächte« mit wilden Umzügen und Gesängen an den drei Donnerstagen vor Weihnachten, die an das Martinsfest erinnern könnten, sind außer Brauch gekommen, aber nicht vergessen.

Die Weihnachtszeit gilt als die große fröhliche Zeit. Das Christkind als Gabenbringer wurde vom Reformator Martin Luther »erfunden« und eingeführt, denn bis dahin (und noch 1535 in seiner eigenen Familie) bescherte der heilige Nikolaus am 24. Dezember die Kinder mit Geschenken, während die Feier der Ankunft des Christuskindes noch am Epiphaniasfest (6. Januar) stattfand. Luther maß, obwohl er entgegen gutmeinenden Darstellungen der Romantiker den Weihnachtsbaum noch nicht kannte, als Dichter der schönsten deutschen Weihnachtslieder dem Fest der »guten neuen Mär« einen besonderen Wert zu. Das konnte trotz Aufklärung und ernstem Pietismus so bleiben: biblisch ohne intensive Marienverehrung, tief empfunden, voll gläubiger Fröhlichkeit.

Daß die Christmetten und Festgottesdienste zu den mit Abstand am meisten besuchten gehören, daß evangelische Weihnachtsmusik zum weltweiten Weihnachtskonzert der Christen gehört, und daß auch die Weihnachtskrippe ein evangelisches Glaubensgut ist, bezeichnet die Stellung des Weihnachtsfestes in den Gewohnheiten der Evangelischen. Zudem werden immer häufiger Weihnachtsspiele aufgeführt:

Liturgisches Brauchtum: Die Feier der Osternacht in der Münchner St.-Johannis-Gemeinde

das »Kraftshofer Krippenspiel« in Münchstainach, das vom Flüchtlingspfarrer Ernst Quosdorf aus Schlesien nach Altheim/Mittelfranken mitgebrachte Krippenspiel, das Friedensspiel in Meeder im Coburger Land, die Spiele in den Rhöngemeinden, im Ries, in Bad Füssing und anderswo.

Es gibt auch immer mehr evangelische Weihnachtskrippen in den Kirchen und Häusern zur Vergegenwärtigung des Heils: die St.-Anna-Gemeinde in Augsburg pflegt eine Tiroler Krippe mit besonderer Geschichte, in der Ansbacher Friedenskirche steht eine der zahlreichen Krippen aus der Patenkirche in Tansania, Rugendorf/Oberfranken hat eine der Olivenholzkrippen von arabischen Christen in Israel, Plößberg freut sich an der Kirchenkrippe ihres örtlichen Schnitzers Reinhold Hösel, die Gemeindejugend in Weißdorf/Oberfranken baute wie manche andere Gruppe ihre eigene Kirchenkrippe; im Alten Schloß Schleißheim bei München zieht die Sammlung »Das Evangelium in den Wohnungen der Völker«, eine Stiftung der evangelischen Professorin Gertrud Weinhold, die meisten Besucher aller nichtstaatlichen Museen in Bayern an, um die sich ein ökumenischer Frauenkreis in Unterschleißheim mit seinen Führungen verdient macht. Nicht zuletzt hat der »Verband bayerischer Krippenfreunde« im Krippensammler Oberkirchenrat Theodor Glaser einen evangelischen Ehrenvorsitzenden. Im Claudius-Verlag (München) erschien die dreiteilige »Baldhamer Papierkrippe« als Zeugnis evangelischer Brauchtumspflege und hat sich sehr beliebt gemacht.

Das auf die früheste Christenheit zurückgehende Fest der Epiphanie am 6. Januar, als »Tag der Erscheinung des Herrn« ursprüngliches Christgeburtsfest und in Bayern vor allem als der »Dreikönigstag« bekannt, wird überall als offizieller Feiertag begangen. Die evangelischen und katholischen Gottesdienste stimmen an diesem Festtag fast völlig überein: die Gottesdienstgemeinden lesen den prophetischen Text von Jesaja über die Herrlichkeit der Erscheinung des Herrn und den Evangelientext vom Kommen der Weisen aus dem Morgenland. In den evangelischen Kirchen wird als Konsequenz der »Erscheinung des Herrn« vielfach der nachfolgende Sonntag als Missionsfest gefeiert. Eine Sitte, wie in romanischen Ländern, am Weihnachtstag die Christgeburt zu feiern und erst am Epiphaniastag (»Befana«) die Geschenke zu überreichen, ist ebenso vergessen wie die Brauchtumsregeln zu Martin Luthers Zeiten.

Der Fasching ist ohne die religiöse Bedeutung des »Carne vale« (Abschied vom Fleisch) der Fastenzeit eine verweltlichte Angelegenheit geworden und hält sich eher in katholischen Regionen. Nichtsdestoweniger veranstaltet die Gemeinde in Mantl in der Oberpfalz jedes Jahr einen evangelischen Faschingsball, den »Xantlball«, als gesellschaftlichen Höhepunkt des ganzen Jahres. Die Brauchtumsinseln Irmelshausen und Höchheim feiern mit dem »Weiberkietz« ein eigenes Frauenfest. Ein evangelischer Aschermittwoch zum Abschluß der lustigen Zeit wird neuerdings in Augsburg und Oettingen im Ries begangen. Der Stellvertreter des Landesbischofs, Theodor Glaser, hält jedes Jahr eine Aschermittwochspredigt in einem eigenen Gottesdienst.

Die Passionszeit wird auch unter Evangelischen als Fastenzeit verstanden. Zunehmend viele Christen wollen das Angebot vorübergehender Enthaltsamkeit in irgendwelcher Form annehmen, um ihren eigenen Standpunkt und Lebensort im Licht des Evangeliums zu erkennen, indem sie sich »sieben Wochen ohne« zwischen Freiheit und Abhängigkeit erproben. Fastenpredigten werden wieder häufiger gehalten, die traditionellen Aufführungen der Passionen von Johann Sebastian Bach und ähnliche Kirchenmusikveranstaltungen mit liturgischem Hintergrund gewinnen in Kirchen und in den Medien an Zuspruch. Da finden sich jene mittelfränkischen Gemeinden bestätigt, die während der Fastenzeit die Flügel ihrer Altäre schließen, und die oberfränkischen Gemeinden von Marlesreuth und Issigau werden getrost zu den nach Art der alten »Hungertücher« bemalten Holzdecken in den Kirchen aufschauen.

Die Karwoche vom Palmsonntag mit den Konfirmationsfeiern bis zum stillen Karsamstag ist die ernsteste Kirchenjahreszeit, in der in den Kirchen violette Paramente hängen. Alles Laute ist verpönt, Fisch soll das Fleisch ersetzen, aber radikales Fasten ist außer Gebrauch, wie überhaupt die Verstädterung viele Gewohnheiten erdrückt oder ins Private verdrängt hat. Der Karfreitag, seit dem Frühchristentum Gedächtnistag der Kreuzigung Christi und für Martin Luther der »gute Freitag«, ist ein Versöhnungstag und für viele Protestanten der höchste Feiertag des Kirchenjahres. Er ist ein Tag der Buße. Mußte früher der Schmied Hammer und Nägel als Marterwerkzeuge Christi ruhen lassen, das Eieressen, mit Brunnenwasser gurgeln und Fingernägelschneiden vor Sonnenaufgang unterbleiben, so war im Coburger Land unter dem Einfluß aufklärerischer Theologie der Karfreitag ausdrücklich negiert worden, der Kirchenbesuch sank auf die niedrigste Zahl, man verrichtete absichtlich niedere Hausarbeit. Heute schweigen in vielen Gemeinden die Glocken und die Orgeln, der Altar ist schwarz verhängt, Taufen und Trauungen finden nicht statt. Bei St. Nikolai in Neuendettelsau bleibt der Altar leer; in der Kunigundenkirche in Reuth bei Neuendettelsau werden die Flügel des gotischen Altars geschlossen. Nürnberger Christen nahmen kürzlich die Kreuzweg-Tradition des Gehens vom »Pilatushaus« am Dürerplatz unterhalb der Burg über die sieben Kreuzwegstationen von Adam Kraft bis zur Holzschuherkapelle auf dem Johannisfriedhof wieder auf, deren genaue Schritte der Kaufmann Martin Ketzel bei einer Pilgerreise ins Heilige Land im Jahr 1470 ausgemessen hatte.

Bis in den Ersten Weltkrieg hinein gab es in Wiesenbronn/Unterfranken den Brauch der »Karfreitagswecken« für die Dorfjugend, der sich als »altes Herkommen« oder Stiftung bis 1657 zurückverfolgen läßt und bis 1747 in der Kirche, seitdem auf dem Rathaus ausgeübt wurde. Es gab auch den »Peter-und-Paul-Weck« als testamentarische Stiftung des reichen Bauern Andreas Pfeuffer aus dem Jahr 1848 für die »sämtli-

Das »Augustinum« feiert Erntedank: Pfarrer Karl Heinz Bierlein am Altar der Kapelle in Gut Algertshausen beim »Gegeißelten Heiland« von der Wies

che Schuljugend«, vom Pfarrer auszuüben und mit Stiftungskapital versehen. Die Schüler sollten in einem Nachmittagsgottesdienst ein Lob- und Dankgebet sprechen, dann von den Lehrern zum Rathaus geführt werden und dort die großen Wecken erhalten. In beiden Bräuchen verbirgt sich der Gedanke an das »Brot des Lebens« und das Glück, ein Christ sein zu dürfen.

Ostern, das Fest der Auferstehung und der Ursprung aller Sonntagsfeiern, wird in den evangelischen Gemeinden fröhlich gefeiert und findet immer mehr Nähe zu katholischen und orthodoxen Bräuchen. Die gottesdienstliche Feier der Osternacht im Freien und das Entzünden der Osterkerzen, deren Flamme nach Hause getragen wird, gehören zu den wiedergefundenen Formen der Frömmigkeit aller Christen, an die sich örtliche Traditionen und natürlich das Brauchtum der Ostereier anschließen.

Das in Bayern so beliebte, bunte Fronleichnamsfest der katholischen Kirche zur Verherrlichung der Eucharistie, mit dem jahrhundertelang immer wieder auch evangelische Bürger »auf die Knie« gezwungen werden sollten, hat seinen Protestcharakter verloren. Es wird von nicht-römisch-katholischen Christen als gesetzlicher Feiertag beachtet, erfreut aber die Pfarrersfamilien, weil sie an diesem einzigen dienstfreien Feiertag des Kirchenjahres in der frühsommerlichen Natur gemeinsam wandern können.

In der Gegend um Burghaslach am Steigerwald wird bis heute der »Hagelfeiertag« am Fronleichnamsfest gefeiert, der in Erinnerung an ein besonders schweres Hagelunwetter vor 1700 als ein Bußtag begonnen wurde und 1738 und 1934 ähnliche verheerend zerstörerische Unwetter nach sich zog. In Vestenbergsgreuth versuchte um 1700 der evangelische Pfarrer Streun mit allen, auch schweren Kirchenzuchtmitteln, diese Sitte zu unterbinden, doch widersetzte sich die Gemeinde mit der Androhung des Austritts aus der Pfarrei, bis die Superintendentur in Neustadt a. d. Aisch die Sache regelte.

In Dietenhofen in Mittelfranken begeht man jeden Freitag vor Himmelfahrt als den »Schauerfeiertag« zur Erinnerung an frühere Unwetter, indem frühmorgens um sechs Uhr mit allen Glocken geläutet wird und dann die alten Leute zu einem Abendmahl kommen, bei dem die Liturgie nur gesprochen wird.

Am vierzigsten Tag nach Ostern wird das Fest der Himmelfahrt Christi gefeiert, das seit dem 4. Jahrhundert nachgewiesen ist, doch ist dafür kein besonderes evangelisches Brauchtum bekannt.

Pfingsten, das von vielen Leuten jahreszeitlich wie ein weiteres Osterfest verstanden wird, ohne daß sie dabei ein reales Zeichen wie ein Ei in der Hand hätten, beendet am fünfzigsten Tag nach Ostern die Periode der »Pentekoste« (50 Tage) als das Geburtsfest der Kirche. Die Mystik des Pfingstwunders durch das Herablassen einer hölzernen Taube aus dem Kirchengewölbe oder durch das Aufliegenlassen lebendiger Tauben im Gottesdienst zu vergegenwärtigen, war in Mittelfranken bis zum Beginn des vorigen Jahrhunderts üblich, bis es durch Verbot außer Brauch kam. In Wernsbach bei Ansbach wird seit mehr als vier Jahrhunderten am Pfingstfest die Kirche mit Maien geschmückt. In Irmelshausen und Höchheim in Unterfranken veranstaltet man am Pfingstsonntag das »Spitzenreiten« im Wettbewerb um eine von den Konfirmandinnen hergestellte Fahne. Zum sechsten Mal haben die Evangelische Studentengemeinde, die Johannesgemeinde und die Lukasgemeinde in der Münchner St.-Lukas-Kirche an Pfingsten eine »Nacht in der Kirche« veranstaltet, in der etwa hundert Teilnehmer aller Altersschichten mit Reden, Schweigen, Beten und Meditieren den heiligen Geist in sich aufzunehmen und die Kraft Gottes körperlich zu erfahren versuchten.

Das Trinitatisfest leitet die Sommerzeit ein, deren viele Sonntage nach ihm gezählt und benannt werden. In Ansbach-Brodswinden wird am längsten Tag des Jahres (21. Juni) ein Sonnwendfeuer mit Feldgottesdienst am Waldrand organisiert. Wenige Gemeinden, wie Marxgrün im Frankenwald, feiern die Sonnenwende am Vorabend des Johannestages (24. Juni) mit einem Johannesfeuer.

Rennhofen in Mittelfranken feiert am 13. Juli mit einem Gottesdienst das »Margarethenfest«, zu dem früher die Leute aus der weiten Umgebung wallfahrteten und Brot an die Armen verteilt wurde. Man gedenkt dabei der Äbtissin Margarethe von Seckendorf (1429–1449) als Kirchenstifterin, die sich einst im Wald verirrt und nach Gelöbnis für den Fall ihrer Errettung wunderbarerweise aus dem nahen Dorf Rennhofen einen Hahn krähen gehört hatte.

Alle fünf Jahre am 2. August gedenken die Memminger mit einem »Wallenstein-Tag« der Erlebnisse während des Dreißigjährigen Krieges und machen sich ein Vergnügen daraus, dabei ihren Pfarrer auf der Kanzel im historischen Kostüm der damaligen Zeit predigen zu sehen.

Am 8. August begehen seit Jahrhunderten die Reichsstadt Augsburg mit einem eigenen gesetzlichen Feiertag und Meeder im Coburger Land mit einer Festwoche ihre Friedensfeste. Unvergessen, wenn auch in ihrem tiefen Sinn nur noch geahnt, sind die süßen Festbrote für die Kinder, in denen sich der Geschmack des Friedens und die Kraft der Inkarnation vereinen; in Augsburg heißen sie »Röggele« und in Lindau »Rutschellen«. Augsburg hat auch die Tradition der »Friedensgemälde« wieder aufgenommen.

Ab 1650 wurde auf Anordnung des Grafen Joachim Ernst von Oettingen im Ries für den 10. August der »Buß-, Fast- und Bettag« und für den 11. August das »Dank- und Lobfest« anläßlich der Beendigung des Dreißigjährigen Krieges eingeführt, damit an jedem Tag zweimal (vormittags und nachmittags) über den Psalm 46 gepredigt werde. Ab 1698 wurden beide Feiertage auf den 1. November gelegt und ihm bis heute das Gedenken an die Glaubenszeugen der Kirche beigegeben. Ähnlich schlossen sich in Wemding am Ries im Mai 1992 zum ersten Mal auch die evangelischen Christen einer Prozession zum Gedenken an die Pestopfer im Dreißigjährigen Krieg an, die nach einem Gelöbnis des Magistrats im Jahr 1832 alle zwanzig Jahre von Wemding nach Oettingen führen soll.

Untersteinach/Oberfranken begeht seit 1749 jeweils am 10. August einen eigenen Buß- und Bettag in Erinnerung an ein verheerendes Brandunglück im Jahr 1706 und den erfolgreichen Wiederaufbau von Ortschaft und Kirche.

Die Feier des »Sebaldustages« (19. August), dem Patron vieler alter Kirchen geweiht, ist in Fürth-Poppenreuth, der Urkirche des Heiligen im Frankenland, seit 1970 Anlaß zu regelmäßigen ökumenischen Begegnungen geworden.

Das Erntedankfest ist in der evangelischen Kirche fest beheimatet und wird in der Regel am Sonntag nach Michaelis (29. September), also dem ersten Oktobersonntag, mit Gottesdiensten fröhlich gefeiert, für die von der Gemeinde ein reicher Altarschmuck aus natürlichen Früchten des Landes aufgebaut wird. Großstadtgemeinden ohne eigenen bäuerlichen Hintergrund haben auch schon repräsentative Produkte der modernen Zivilisation wie Autoreifen, Radiogeräte und Waschmittel vor den Altar gelegt, um Gott für den Reichtum zu danken und die Arbeit der Menschen zu heiligen.

In Aubstadt am Grabfeld sammeln Konfirmanden Naturalgaben, die im feierlichen Zug zum Altar gebracht werden, dabei dürfen Ährengirlanden und die Erntekrone nicht fehlen, es wer-

BILDER AUS BAYERN

Immer mehr evangelische Christen und Gemeinden bekennen sich zur Krippenpflege als einer Vergegenwärtigung der Heilsgeschichte; die Hauskrippen von Plößberg in der Oberpfalz bezeugen dies durch selbstgeschnitzte Figuren in einer unverkennbaren Landschaft, wobei die Stadt Jerusalem als Symbol der irdischen und der himmlischen Heimat eine große Rolle spielt.

den der erste Glaubensartikel und die vierte Vaterunser-Bitte mit der Auslegung Martin Luthers sowie entsprechende Bibelworte aufgesagt und am Nachmittag der Einführungsgottesdienst für Konfirmanden und Präparanden gehalten. In Nennslingen sammelt man Erntegaben als Spende für das Diakonische Werk und in der Erlanger Thomasgemeinde bringen die Kinder den alten und kranken Menschen Blumen aus der Kirche ins Haus. In Stadtsteinach wird zum Erntedankfest eine Erntekrone auf den Taufstein gestellt.

Das Kirchweihfest feiern auch die evangelischen Gemeinden landauf und landab, von Ostern durch den Sommer bis vor Allerheiligen, obwohl schon der Reformator Martin Luther das »säuisch Gefräß und unordentlich Leben« ebenso abschaffen wollte wie die katholischen Bischöfe sich bemühten, die vielen lokalen Lustbarkeiten auf eine einzige »Allerweltskirchweih« zu reduzieren. Ursprünglich geht das Fest bis ins 4. Jahrhundert zurück, wurde im 9. Jahrhundert von Papst Gregor I. besonders gefördert und zog das Interesse weltlicher Herren von wegen »Kirchweihschutz« auf sich. Auseinandersetzungen führten oft zu Raufhändeln und 1502 in Abfalterbach zum »Kirchweihkrieg« mit 500 Toten. Nach dem »Kerwa-Streit« in Fürth von 1773 ließ das neue bayerische Königreich gleich 1806 dem »Überbleibsel aus dem Mittelalter« ein Ende setzen. Neuerdings restauriert die Landjugend das Brauchtum einschließlich Kirchgang, und die »Kerwa« bleibt der Höhepunkt des Jahres, als Duz-Fest für jedermann, zum Wiedersehen mit abgewanderten Dorfbewohnern und einzigem Tag der wirklichen Einheit.

Rugendorf in Oberfranken feiert alljährlich am St.-Erhards-Tag (8. Januar) eine »Reformationskirchweih«, die an die Auseinandersetzungen der Gegenreformation anknüpfend daran erinnert, daß einmal die evangelischen Bauern dem katholischen Prediger die Kanzel unter den Füßen absägen wollten, um ihn zu vertreiben. In Schwarzach/Oberfranken wird die »Johanneskirchweih« wieder »im großen Kreis der Gemeindefamilie« gefeiert. Ihre »Jakoberkirchweih« mit einer über tausendjährigen Vergangenheit begeht die Gemeinde St. Jakob in der Augsburger Unterstadt mit einer »Jakobuswoche«. In Castell gibt es noch den »Bürgerauszug« am Kirchweihfest, bei dem man vom Rathaus zum Schloß und dann zum Dekan zieht, der vor der Bürgerwehr und Schaulustigen seine Kirchweihrede hält, worauf man dreimal um die Kirche zieht mit Bürgerschießen geht. In Wernsbach bei Ansbach bringen die Kinder reich geschmückte und beladene Leiterwägelchen in einem Zug durch das Dorf zur Kirche. In Irmelshausen und Höchheim gibt es am zweitägigen Kirchweihfest eine weltliche »Kirmespredigt«, das beliebte »Gögerschlogn« und das »Ständlesblasen«. Und so weiter. Die Kirchweih hat kein Ende!

Das Reformationsfest wird in Stadt und Land mit besonderen Gottesdiensten, Vorträgen und Kirchenmusikveranstaltungen begangen, die häufig im Sinne eines Jahresfestes der Erinnerung, Rechenschaft und Sammlung dienen sollen. Seit durch staatliche Entscheidung der gesetzliche Schutz des 31. Oktober, Feiertag des Thesenanschlags durch Martin Luther an der Wittenberger Schloßkirche, entfallen ist, finden an diesem Abend zwar zahlreiche Veranstaltungen statt, doch gilt offiziell der darauffolgende Sonntag.

Allerheiligen, das in Bayern von den katholischen Christen mit großer Anteilnahme begangene Fest, wird im Ries rund um Nördlingen als Bußtag, mancherorts mit Abendmahlsfeier, begangen, um der schrecklichen Erfahrungen im Dreißigjährigen Krieg und seines endlichen Abschlusses durch den Westfälischen Frieden von 1648 zu gedenken. Dieser »Oettinger Bußtag« wurde 1762 auch in Fessenheim eingeführt, nachdem durch einen Blitzschlag und Brand fast das ganze Dorf ausgelöscht worden war. Allerseelen ist in evangelischen Kreisen noch durch die »Seelenbrezen« gegenwärtig, die wie das Friedensgebäck an die Kinder im Gottesdienst verteilt wurden.

Der Martinstag (11. November), der zugleich Martin Luthers Namenstag und das Patrozinium vieler fränkischer Kirchen ist, steht in evangelischen Orten für den Nikolaustag. Kinder machen abends Umzüge mit Martinslampen und Martinsliedern, bei denen auch ein Erwachsener als Heiliger mitreiten kann. In einigen Orten gibt es ein Adventssingen, bevor der »Nußmärtel« mit Geschenken im Grabbelsack kommt. In Roßtal verteilt der »Pelzermörtl« am Nachmittag des Martini-Marktsonntags auf dem Marktplatz unter die Kinder das Spezialgebäck der »Roßtaler Martinerli«. Martinswecken und Martinswein, die seit dem Mittelalter zu lärmenden und ausschweifenden Umzügen Anlaß gaben, so daß sie 1733 im Markgrafenland verboten werden mußten, sind bis heute Brauch geblieben.

Als eine besondere Widmung an die Kirchenpatronin gibt es Seukendorf nach dem Katharinentag (25. November) beim Bäckermeister die »Seukendorfer Katharina« als Lebkuchengebäck mit dem symbolischen zerbrochenen Rad aus Mandeln.

Der bayerische »Buß- und Bettag« war früher der Sonntag »Invocavit« am Beginn der Passionszeit. Erst durch die Nachkriegsentwicklung geriet er nach dem Vorbild der Altpreußischen Union an das Ende des Kirchenjahres. Da wird dann auch in Götteldorf/Mittelfranken der »Conradstag« (26. November) zur Erinnerung an das Gelübde des Bauern Conrad Moser begangen, der nach seiner glücklichen Errettung vor marodierenden Soldaten des Dreißigjährigen Krieges jedes Jahr an seinem Namenstag eine Gedächtnispredigt gehalten haben wollte.

Der vorletzte Sonntag im Kirchenjahr ist der profane »Volkstrauertag« mit dem Gedenken an die Toten von Krieg und Gewalt. Im evangelischen Kirchenjahr gilt der letzte Sonntag als »Ewigkeitssonntag« zugleich als Gedächtnistag der Toten, eine Art protestantisches Allerseelenfest. In den unterfränkischen Gemeinden Castell, Greuth und Wüstenfelden gehen die Angehörigen nachmittags auf den Friedhof, um mit Singen und Beten der Toten zu gedenken.

DAS LUTHERISCHE GOTTESHAUS
Von Altären, Orgeln, Glocken und anderen dienstbaren Dingen

Wer »die Kirche beim Dorf lassen« will, möchte eine normale Kirche haben. Evangelisch-lutherisch heißt das: einen Raum zur Versammlung der Gemeinde vor Gott, wo sein Wort verkündigt, die Sakramente ausgeteilt und das Gotteslob gefeiert werden können. Das »Dorf« und das Bekenntnis bestimmen mit. Tradition und Erfahrung sind ebenso wichtig wie der Glauben und die Hoffnung. Aber auch der Unterschied zu anderen Konfessionen, anderen Zeiten und Orten, die Abweichung vom Normalen gehören zur »Kirche im Dorf«.

»Die Kirche ist der Mittelpunkt des Dorfes und der Gemeinde. Hierher kommt man, wenn Trauer und Kummer zu bewältigen sind, und hier wird Dank gesagt, wenn man Glück erlebt hat«, stellt die Gemeindebeschreibung von Kirchleus/Oberfranken fest. Und die Mesnerin von Wüstenselbitz/Oberfranken sagte über ihr Gotteshaus treffend: »Wenn alle reingehen, gehen nicht alle rein; weil aber nicht alle rein gehen, gehen sie alle rein.« Wer denkt schon daran und dankt dafür, daß in Bayern seit dem Zweiten Weltkrieg mehr neue Kirchen gebaut wurden als zuvor seit der Reformation? Dadurch »verdünnt sich« das Kirchenvolk ganz natürlich. Und wie viele alte Kirchen konnten erneuert, erweitert, verschönert oder herrlich restauriert werden! Dieser Aufwand an Geld und Geist und Ehrgeiz der Frommen spricht für eine lebendige Kirche.

Schuf man früher ein möglichst großes zur Ehre Gottes, das von der dazugehörigen Gemeinde niemals gefüllt werden konnte, so baut man heute Kirchen für die Menschen und hofft, der Heilige Geist werde sie schon füllen. Indessen halten immer mehr evangelische Gemeinden ihre Gotteshäuser auch ohne Gottesdiensttermine offen und wohl nicht nur aus Sicherheitsgründen heißen freiwillige Kustoden, wie in Memmingen die Leute vom »Tempelwächterdienst«, die Besucher willkommen.

Kirchenbau

Leider fast vergessen ist das tiefsinnige Wissen früherer Zeiten: die bewußte Ost-West-Ausrichtung des Kirchenbaus als »Auferstehungsachse«; der dem Haupt des Gekreuzigten entsprechende Knick der Achse zum Chorraum mit dem Altar; der Zugang zum Gotteshaus bei den Bildern von Adam und Eva und unter dem Ewigen Gericht; das bedeutungsvolle Rosen- oder Radfenster im Westen; das »heilige« Muster der zur Spitze hin ausgelegten Fußbodenplatten; der gloriose Kronleuchter als Abbild des himmlischen Jerusalem. So hatte zum Beispiel die heutige Michaelskirche in Fürth als ältesten Patron den Heiligen Martin, und daher richteten ihre Erbauer, wie es im 10. bis 12. Jahrhundert selbstverständlich war, den Chor der Kirche nach dem Sonnenaufgangspunkt des 11. November, damit Name, Tag und Himmelszeit zueinanderstehen. Von ähnlicher Symbolkraft bestimmt ist eines der ältesten Gotteshäuser in evangelischer Hand, das nur eine einzige, bereits zerfallende Parallele in Schottland hat: die Mauerkapelle auf Burg Rieneck am Spessart aus dem 11. Jahrhundert mit einem Grundriß in Form des Kleeblattes. Das Kleeblatt als Sinnbild der urzeitlichen Dreiheit und des dreieinigen Gottes dürfte von missionierenden Mönchen aus Irland stammen, wo es bis heute als nationales Zeichen dient. Für einen Kirchenbau eine glückliche Idee!

Der symbolträchtige Kirchenbau in Kreuzform, der in Anlagen des Mittelalters durch seine getrennten Flügel die separate Teilnahme von Mönchen und Nonnen am Gottesdienst erleichterte, ist in evangelischem Besitz selten. So spät wie 1730, in der Aufklärungszeit, griff der markgräfliche Baumeister von Zocha darauf zurück, als er in Windsbach/Mittelfranken am Platz der

Moderner Raum der Meditation: Die Stephanuskirche von Theodor Henzler aus dem Jahr 1965 in Unterasbach bei Fürth

BILDER AUS BAYERN

Das evangelische Rothenburg o. d. Tauber zählt zu seinen unübertrefflichen Kunstschätzen auch den Heiligblutaltar von Tilman Riemenschneider in der St.-Jakobs-Kirche aus den Jahren 1501–1504, das Erbe einer wundergläubigen Christenheit, die selbst zur Ehre Gottes und der Andacht der Menschen die wundervollsten Werke schuf.

BILDER AUS FRANKEN

Das Gesicht von Kirchen wie der zur Heiligen Dreifaltigkeit in Presseck in Oberfranken zeigt die Zeichen vieler Zeiten: gotisches Netzgewölbe und Wandgemälde, reformatorische Emporeneinbauten mit Bildern aus der biblischen Geschichte, barocker Altar und Taufengel, neugotische Kanzel und schließlich Paramente aus unserer Zeit.

Vom Bauernhaus zum Gotteshaus: Die Jakobuskirche in Wettstetten bei Ingolstadt

ursprünglich aus dem Jahr 800 stammenden Kirche einen Neubau errichten sollte. Auch die St.-Stephans-Kirche in Bamberg steht als Barockkirche auf einem alten kreuzförmigen Grundriß.

Jedenfalls entspricht der Zentralbau seit frühester Kirchengeschichte dem Wunsch nach Versammlung der Gemeinde um Liturgie, Sakramente und Wortverkündigung. Die Marienkirche in Weißdorf/Oberfranken, ein gotisches Bauwerk von 1479, wirkt durch ihren quadratischen Grundriß und die einem gleichseitigen Würfel entsprechenden Innenmaße besonders geschlossen; durch die vier eingestellten Säulen, über denen sich ein Sterngewölbe erhebt, entsteht eine Raumordnung nach der symbolischen Neun-Zahl.

Eine Variation dieses Zentralbaus ist der Rundbau, der in der ersten Matthäuskirche in München (1827) und ihrer Nachfolgerin (1953), aber auch in der Reformationsgedächtniskirche in Nürnberg (1935) und in Vestenburg/Mittelfranken (1965) bleibenden Ausdruck fand. Das Gemeindezentrum in Altötting (1992) ist ein Rundbau mit kreisförmiger Bestuhlung um den Taufstein, die anschließenden Gebäude für das tägliche Gemeindeleben gruppieren sich kreuzförmig um den Zentralbau; der Altar steht nach Osten, die Glocken sind in einem turmartigen Dachreiter weit sichtbar und hörbar.

Ganz anderen Konzepten folgten die alten Wehrkirchen, im späten Mittelalter vielmals errichtet, um die Gemeinden vor Überfällen heidnischer Heere aus dem Osten zu schützen; heute dienen viele Stadtkirchen den äußerlich freien Bürgern als Zuflucht für die innere Not. Besonders schön und gut erhalten ist die in der heutigen Form von 1615 bis 1619 auf älterer Grundlage errichtete Kirchenburg in Ostheim v. d. Rhön: dort steht im Kirchhof mit doppeltem, sechsteiligem Bering, vier starken Türmen und einem Wehrgang aus dem späteren 15. Jahrhundert eine große Kirche mit schöner Ausstattung der Bauzeit und zahlreichen, auch älteren Bildnisgrabsteinen. Vollständig erhalten ist die Kirchenburg in Herrnsheim am Steigerwald, in ihrer Nähe Hüttenheim als eine der schönsten Trutzburgen mit ehemaligem Wassergraben; zu nennen sind aber auch Kirchrimbach, Kleinweisach, Altershausen, Pretzdorf, Neuzenheim und Mönchsondheim. Allein die Häufigkeit spricht für den Wert dieser Kirchenbauidee unter dem Schutz des Kreuzes.

Mit den Wehrkirchen verwandt sind die Chorturmanlagen, bei denen das Untergeschoß des Kirchturmes mit seiner entsprechend massiven Konstruktion als Chorraum für den Altar dient. Viele mittelfränkische Protestanten sind diese Art von Gotteshaus gewöhnt und halten sie für gottgegeben.

Solche alte Kirchen lassen noch ahnen, daß vor der Reformation so gut wie keine Sitzbänke und Emporen vorhanden waren, denn damals standen die Gläubigen während der Liturgie und knieten beim Sakrament nieder. Erst die evangelische Predigt verlangte nach Sitzgelegenheiten. So kam es in vielen gotischen Kirchen zum Einbau der Emporen und des Gestühls, zur Erhöhung des niederen Altarraumes, Einbau einer Kanzel und größerer Orgeln; die Denkmalspflege in unserer Zeit hat manches davon wieder zurückgenommen.

Evangelische Kirchenbaumeister besannen sich auch auf die römische Basilika und den germanischen Hausbau, um im rechteckigen Saalbau einem theologischen Programm gerecht zu werden. Die symbolische Mittelachse vom Eingang

Gotteshaus, Fliehburg und Pilgerherberge: Die St.-Ulrichs-Kirche in Wilchenreuth in der Oberpfalz

zum Altar (Sakrament) mit Taufstein (Aufnahme in die Gemeinschaft), Kanzel (Wortverkündigung) und Orgel (Lob Gottes) hob die vorreformatorische Scheidung zwischen Altar und Gemeinde auf.

Wie dieses theologische Konzept in den evangelischen Barock einfloß, zeigen am deutlichsten die Kirchenbauten im Markgrafenstil. Vom Ansbacher Baumeister David Steingruber entwickelt, bietet das Grundmodell ein dem Quadrat angenähertes Langhaus ohne abgesonderten Chorraum mit erweiterten Fenstern für große Lichtflut; die Gemeinde versammelt sich beim Taufstein und auf den Emporen, die manchmal bis in den Chorraum hineinreichen; dort erheben sich als integrierte Einbauten der Altar, die Kanzel und die Orgel (»Kanzelaltar«); die weltliche Herrschaft hat beim Altarraum oder ihm gegenüber einen gesonderten Raum (»Fürstenstand«). Diese sehr konzentrierte, überzeugende und wenig aufwendige Anlage bewährte sich in unendlich vielen Variationen während des ganzen 18. Jahrhunderts in kleinen Dorfkirchen von Bayreuth bis ins Altmühltal, in großen Stadtkirchen und Schloßkirchen. Der freistehende Kanzelaltar in der Markgrafenkirche in Ketteldorf bei Ansbach soll der älteste sein, der in Harsdorf (1701) kam ursprünglich aus Bindlach; 1765 fand der Kanzelaltar bis nach Steinheim bei Memmingen im Allgäu, 1832 schuf man in Preßeck durch Umbau einen Kanzelaltar, der aber 1949 bei der Kirchenrestaurierung zurückverwandelt wurde, und noch 1966/67 wurde bei der Restaurierung der Chorturmkirche in Guttenberg/Oberfranken ein Kanzelaltar aus vorhandenen Elementen eingebaut.

Vom Taufstein über den Altartisch mit dem Herrenmahl in der Predella wird die ganze »Jesusgeschichte« zur Kreuzigung, Auferstehung und Himmelfahrt bis in den Auszug mit Gottvater, Heiligem Geist, Engeln und Heiligen (Schauenstein bei Naila, Wernsbach bei Ansbach). Von hervorragender Geschlossenheit im Typus der Markgrafenkirche ist die Hofkirche in Weidenbach bei Ansbach auf Gut Triesdorf, ein klassischer Bau mit dem Fürstenstand gegenüber dem Altarraum über dem Eingang.

Auch die evangelischen Kirchen wurden während der Epoche des Barock formenreich gestaltet, farbig bilderreich ausgemalt und mit Heiterkeit erfüllt. Aber diese protestantische Spielart gibt sich niemals prunksüchtig, sondern spiegelt Demut und Gottesfurcht mehr als die Bewunderung der universalen Schöpfernatur Gottes. Zudem war hier fast überall die örtliche, einfache und dörflich gestimmte Handwerkskunst am Werk, die nach dem entsetzlichen Dreißigjährigen Krieg mit wenigen finanziellen Mitteln wiederauflebte. Freilich, wo der altbayerische Bauherr und sein Künstler nach dem großen »Wurf« spekulieren und immer noch eins draufsetzen, scheuen die Franken und Schwaben von Natur aus das Opernhafte und bevorzugen die Beschaulichkeit.

Mit dem Pietismus wandte sich ein Teil der Evangelischen der Idee des Betsaales zu, wie ihn die geistliche Bewegung des Grafen Zinzendorf aus Herrnhut in Rehweiler/Unterfranken hervorbrachte: ein quadratischer Altarraum, keine Halle, eher ein calvinistischer Tempel, in dem die Gemeinde unmittelbar miteinander kommunizieren und auch weltliche Fragen der Gemeinschaft aushandeln kann. Die Kirche in Castell ist ein dementsprechender Festsaal, der mit seinem Kanzelaltar ohne Bilder von Christus, Heiligen oder Engeln einen sehr protestantischen und dennoch barocken Eindruck macht.

Im Design-Stil topmodern und dennoch liturgisch durchdacht: Die Paul-Gerhard-Kirche von Hans-Busso von Busse (1993) in Stein-Deutenbach

Der Kirchenbau in späteren Jahrzehnten der Industrialisierung und Gründerzeitästhetik folgte natürlich der Neugotik und dem Nazarenertum, ohne neue Grundideen zu bieten. Biedermeierliche Elemente eines zurückhaltenden klassizistischen Geschmacks kamen in größeren Kirchenbauten des neuen Königreiches Bayern, insbesondere bei der ersten evangelischen Kirche in München, zum Zug. In Pleinfeld/Mittelfranken baute 1883/84 der Eisenbahnmeister Peter Schmidt nach eigenen Entwürfen mit anderen Gemeindemitgliedern eine Kirche, und heraus kam ein schönes Exemplar der Zeit. Beachtliche Kirchenbauten entstanden aber auch wieder unter dem Jugendstil in München, Augsburg-Göggingen, Bad Steben; einzelnen Baumeistern dieser Zeit, wie vor allem German Bestelmayer, mit seinen vierzehn charakteristischen Kirchenbauten, verdankt die Landeskirche neue Impulse.

Neuzeitliche Konzepte suchen oft multifunktionale Gottesdiensträume mit schlichten Formen und unaufdringlichem Material, halten mit Gefühlen zurück und ringen mit dem ambivalenten Kompromiß zwischen Erdhaftigkeit und Abstraktion. Wallerstein a. Ries hat eine Kirche mit Zeltdach über einem rhombusförmigen Grundriß und versteht dies als Zeichen der Wanderschaft der Christen auf Erden; sie wird von der Gemeinde sehr geliebt. In Fürth-Dambach wurde 1964 die Erlöserkirche in Form einer fränkischen Scheune mit sehr hochgezogenem Giebeldach und daneben ein Turm wie betende Hände errichtet, die zusammen mit einer Wandelhalle, Gemeindehalle und Grünanlage innerhalb einer offenen Mauer einen »ruhenden Pol« bilden. 1972 wurde im Freizeitpark Lackenhäuser im Bayerischen Wald auf Kosten des Gründers Helmut Knaus die erste deutsche, simultan benützte Campingkirche eingeweiht.

Am vorläufigen Ende einer Ära, die so viele Neubauten evangelischer Kirchen erleben durfte, wie kaum eine Zeit zuvor, melden sich zunehmend die Stimmen, die wieder einen

BILDER VOM GOTTESHAUS

Vom Erzvater Adam in herkulischer Haltung getragen und mit der Taufe Christi gekrönt, bildet die Muschelschale, das altchristliche Symbol der Auferstehung und künstlerische Grundmotiv des Barock, den Taufstein in der St.-Jakobs-Kirche von Oettingen im Ries, den Konrad Thier im Jahr 1689 aus gefaßtem Holz geschaffen hat.

BILDER VOM GOTTESHAUS

Aus dem 13. Jahrhundert, in dem sich das Bild des Gekreuzigten vom Leidensmann zum Triumphator wandelte, stammt das Kruzifix mit den Assistenzfiguren der Heiligen Blasius, Sebastian und Ulrich in der Kirche St. Ulrich und Stephanus in Ehingen a. Ries, eines der ältesten in evangelischem Besitz in Bayern.

sakralen, stillen und festlichen Raum wünschen, der geeignet ist, Gott zu begegnen. Die Gemeinden haben die Erfahrung gemacht, »daß nur am Sonntag für den Gottesdienst hergerichtete Räume mit gepolsterten Stühlen, Fenstern wie in einer Neubauwohnung, einem Altar auf Rollen und Getränketheke nebenan für das gemeinsame Gebet, das Gotteslob und die Verkündigung doch nicht ideal sind« (Andreas Hildmann).

Altar

Wie in allen christlichen Kirchen bildet auch in der evangelischen der Altar als »Tisch des Herrn« die erste Mitte des Gotteshauses und der Gemeinde im Gottesdienst. Gut sichtbar und frei zugänglich dient hier ein einziger, zentraler Altar der liturgischen Feier. Der Altar ist ständig mit Kreuz und Kerzenleuchtern bestellt, mit reinen Tüchern bedeckt und von lebendigen Blumen geschmückt. Alles weitere darf sein, wenn es das Lob Gottes vermehrt: wertvolles Material, Reichtum an Formen und Farben, künstlerische Kreativität und Gebrauch von Sinnbildern. Das lutherische Verständnis des »allein aus Gnade« drängt weniger zur prunkhaften Vielfalt als zu Einfachheit und Klarheit. Indessen ist man dankbar für die kunstvollen Altäre früherer Generationen, man schätzt Marienaltäre wie in Kalbensteinberg oder Kleinweisach, versteht die Heiligen auf alten Altären als Brüder und feiert auch dort einen gültigen Gottesdienst, wo nur Naturstein oder Sichtbeton die Mensa bilden.

Ein »evangelischer Altar« mit der Darstellung der Hauptinhalte von Martin Luthers Lehre (Taufe, Predigt, Beichte, Abendmahl) ist der Flügelaltar aus dem Jahr 1655, als Reformationsaltar in Auftrag gegeben an Michael Ostendorfer für die Neupfarrkirche in Regensburg (jetzt Stadt-Museum). Die »Altarretabel« zeigt Gottes Weg zu den Menschen: im Mittelteil oben die himmlische und unten die irdische Heilsgeschichte, auf beiden Seiten die Sakramente der Taufe (links) und des Abendmahles (rechts), auf der Rückseite das Jüngste Gericht und auf der verlorenen Predella den Reichen Mann und den Armen Lazarus.

Seinen eher calvinistischen Neigungen folgend, ließ der Ortenburger Graf Joachim 1573 ganz bewußt einen Altar in Tischform, ohne Kruzifixus und Leuchter, errichten, um die Gemeinde eng zu versammeln. Ganz dasselbe beabsichtigte die Gemeinde Hemhofen bei Erlangen, als

Gott kommt im Sakrament: Der schwebende Taufengel vor dem Barockaltar der Castellschen Pfarrkirche in Rüdenhausen (1708)

sie 1969 in einen Zentralbau auf achteckigem Grundriß einen Rundaltar stellte, zu dem von allen Seiten zugetreten werden kann.

Unter den Altargeräten besondere hervorzuheben, ist kaum möglich, abgesehen von einem Kruzifixus mit Menschenhaaren in Gundelsheim bei Gunzenhausen, das aus der vorreformatorischen Mystik kommt. Im Kirchenschatz der während des Dreißigjährigen Krieges erbauten Dreieinigkeitskirche in Regensburg befinden sich silberne Abendmahlstafeln (um 1620 von Johann Georg Bahre und 1639 von Georg Stelzer und Nikodemus Heym graviert beziehungsweise aufgemalt) mit dem Text und den Noten der Einsetzungsworte, eine Agende zum Aufstellen! Auch der Kirchenschatz der St.-Ulrichs-Gemeinde in Augsburg kennt wundervoll gestaltete Silberplatten, die zu Festtagen in den Altaraufbau eingesetzt werden.

Die Altar- und Kanzelbehänge (»Antependien« und »Paramente«) aus guten, geschmückten Textilien haben nach dem Fortgang des Kirchenjahres bestimmte liturgische Farben: Weiß für Weihnachten, Ostern und Himmelfahrt, Violett in der Advents- und Passionszeit, Rot an Pfingsten und den Kirchenfesten. Nur am Karfreitag gilt Schwarz; die restliche Zeit des Kirchenjahres wird durch die grüne Farbe gekennzeichnet. Die verwendeten Symbolzeichen, Bilder und Texte entsprechen dem Gottesdienst verkündigend oder einladend. Die bekannteste Werkstatt für Paramente und sakrale Gewänder befindet sich in Neuendettelsau seit 1916 im ersten, 1858 von Wilhelm Löhe errichteten Betsaal beim Mutterhaus der Diakonie, doch stellen auch andere Schwestern, Künstlerinnen wie Inge Gulbransson für die Hl.-Geist-Kirche in Fürth und Laien Altarkleidung her.

Eine schöne Geste ökumenischer Gesinnung bewies die katholische Gemeinde von Deiningen im Ries, als sie ihrer evangelischen Schwestergemeinde anläßlich der gelungenen Restaurierung des ehemaligen Zisterzienserinnenklosters Klosterzimmern ein Kruzifix des berühmten Michael Zink aus Neresheim schenkte und damit die historische Verbindung zu dem 1245 gegründeten und 1559 durch die Reformation aufgehobenen Kloster neu begründete. Ihre Treue zur Kirchengemeinde bewiesen in Brünnau/Unterfranken die Nachkommen von Stiftern einer Altarbibel; sie ließen sie auf ihre Kosten restaurieren und brachten sie in einem Festgottesdienst an den angestammten Platz zurück.

Taufstein

Da das Sakrament der Taufe, wenn irgend möglich, im Gemeindegottesdienst gespendet werden sollte, steht der Taufstein nicht mehr, wie in der vorreformatorischen Zeit, am Westende des Kirchenschiffes, sondern beim Altar. Er ist aus Stein, Holz oder Metall gefertigt. Ursprungen v. d. Rhön besitzt einen Taufstein aus einer Steinsäule des Jahres 1000, die von der früheren Kirche stammt. Der Taufstein der Michaelskirche in Thalmässing/Mittelfranken stammt aus dem 12. Jahrhundert und wurde erst 1978 wieder aufgefunden. Eine kreisrunde Kelchschale mit einem sitzenden Wappenlöwen am stumpfen Fuß besitzt die Gemeinde im ehemaligen Zisterzienserinnenkloster in Klosterzimmern; ähnliche Taufsteine zum vollen Eintauchen des Täuflings stehen in Seukendorf/Mittelfranken und Markt Erlbach und könnten aus spätromanischer Zeit stammen. Im Bronzeschaft des Taufsteins von St. Sebald in Nürnberg (1430) ist zur Erwärmung des Taufwassers eine Heizstelle eingebaut, die sich in der polygonalen Säule des Taufsteins von St. Georg in Nördlingen (1492) wiederfindet.

Eine besondere Form ist der in Teilen Frankens sehr beliebte Taufengel in der einen oder anderen Form: stehend, kniend, an eine Säule gelehnt, fliegend, festgemacht oder beweglich, meistens lebensgroß, kunstvoll geschnitzt, gefaßt und vergoldet. Das »Taufmännla« (Vincenzenbronn) trägt eine Muschelschale oder Schüssel, in die oft Edelmetallschüsseln eingesetzt werden, um das Kind auf seinem Weg vom Himmel in die irdische Gemeinde festlich zu empfangen; so kommt der Schutzengel-Gedanke auch in der evangelischen Kirche zum Vorschein. Der Engel soll aber auch an das »Leben der kommenden Welt« (Nicänisches Glaubensbekenntnis) mahnen, wenn dann ein Taufbecken in Gestalt eines Lorbeerkranzes.

Möglicherweise war der schwebende Taufengel in der Kirche von Rüdenhausen/Unterfranken der Auslöser für diese Tradition, denn er wurde von Katharina Hedwig Gräfin von Castell, der Gattin des Grafen Johann Friedrich, einer geborenen Rantzau aus Holstein, gestiftet, und dort kommen diese Engel in vielen Kirchen vor. Der Rüdenhausener »Ur-Engel« beflügelte den Bamberger Bildhauer Leonhard Gollwitzer, die Sakralkünstler in Oberfranken, Schnitzer in Gollmuthhausen v. d. Rhön und schließlich auch das Mißverständnis einer Umarbeitung in ein Lesepult (Bahra). In der Umgebung von Kulmbach findet man besonders viele Taufengel aus der Zeit von 1700 (Gärtenroth) bis 1772 (Trebgast), und vielleicht warten noch einige auf ihre Wiederentdeckung.

Geistliche Aussagen wollen die Bilddarstellungen auf Taufsteinen machen, wie der Zug der Israeliten durch das Rote Meer in Sondheim v. d. Rhön (1606). In Trautskirchen in Mittelfranken gibt es einen aus Holz geschnitzten Taufstein mit Säulenbaldachin (1685). In der Jakobskirche in Oettingen im Ries trägt Adam kniend mit einem roten Apfel in der vorgestreckten Hand eine große Muschel (Signum des Kirchenpatrons Apostel Jakob) als Wasserbecken, in das halblebensgroße Barockfiguren des Täuflings Christus mit dem Täufer Johannes gestellt sind; zur Taufe wird die Figur Christi durch eine Silberschale ersetzt, so daß das Kind an Stelle Christi tritt und dem Katechismusverständnis gerecht wird. Die Kirchen in Weimersheim bei Weißenburg (1600) und Kaltenbuch/Mittelfranken (1716) haben für ihren Taufstein kostbare Taufschüsseln in Nürnberger »Beckenschläger-Arbeit«, die am Ende des 14. Jahrhunderts ihre Blüte erlebte. Wundervolle Brokatstickerei zeigt die Taufdecke in Bachhausen/Oberpfalz (1630).

Vasa Sacra

Wenn es wahr ist, daß die evangelische Kirche in Bayern mehr heilige Geräte aus vorreformatorischer Zeit besitzt, als die katholische noch in Gebrauch hat, dann dürfte sie dafür Gott danken. Es ist wahr! Die Säkularisation mag das vor allem erklären. »Wir kennen nur die Spitze des Gebirges, und hier ist unsere Kirche im doppelten Sinn des Wortes eine Geheimnisträgerin« (Gertrud Voll). Wenn man sie nur mit allen Christen gemeinsam benützen dürfte!

Gerade der Kelch, eines der »Herzstücke protestantischer Frömmigkeit« (Gertrud Voll), war durch die reformatorische Auseinandersetzung mit der römischen Kirche um das Abendmahl in beiderlei Gestalt zu einem Symbol des neuen Glaubens geworden. Das vertiefte unter den Evangelischen die Scheu, den ängstlichen Umgang mit Hostie und Wein, aber spätere Zeiten kehrten diese Frömmigkeit um, lehrten die Freude an heiligen Geräten zu vergessen und sich gegenüber den Zeichen und Symbolen abweisend zu verhalten. Vergaß man, daß diese beweglichen und häufig gebrauchten »kleinen Dinge, die unseren Schutz benötigen« (Gertrud Voll), die Taufkanne, Brotschalen, Hostien-

BILDER DES GLAUBENS

Seit sie 1537 wirklich lutherisch geworden waren, stellten die alten Augsburger Gemeinden im Gefolge einer oberdeutschen Bewegung auf die Altäre ihrer Kirchen herrlich gestaltete Hostiendosen; Engel tragen die alttestamentarische Bundeslade mit dem siegreichen Osterlamm des Neuen Testaments, um anzuzeigen, daß der erlösende Christus im Vollzug des Abendmahles wahrhaft gegenwärtig ist.

Evangelische Barockkunst: Die Hostiendose von 1737 in Petersaurach bei Ansbach

Durch die Vasa Sacra sind die im Tod vorausgegangenen Glieder einer Gemeinde mit den lebenden verbunden. Um so intensiver, als die Anschaffung, obgleich im kirchlichen Rahmen, fast immer auf Wohltäter zurückgeht: Adelige spendeten ebenso wie Bürger, Bauern, Pfarrer. Zahlreiche Orte kennen Pestkelche als Dankgabe, andere Exulantenkelche aus Österreich, büchsen, mit deren Hilfe die Sakramente Gottes zu den Menschen kommen, die Voraussetzung dafür sind, daß aus einem Kirchenbau eine Kirche wird? Erst ihre Anwesenheit macht das Gotteshaus aus, bringt die Gemeinde zustande. Wer sie nur für Geräte hält, die man nach dem Gebrauch wie übliches Eßgeschirr behandelt, aus Altersgründen den Kindern zum Spielen überläßt oder gutmeinend in einen engen Schrank zwängt, irrt und sollte Buße tun.

Eine uralte Tradition der Christenheit will, die guten Gaben Gottes sollten in Gefäßen aus edlem Material, schöner Form und mit geschmückter Gestalt vermittelt werden. Heiligkeit soll das Abendmahl beherrschen. Daher streben alle Gemeinden nach würdigen Weisen des Vorgehens, die in der Agende als Kirchenordnung vorgezeichnet sind. Besondere Vasa Sacra zu haben, nach Alter oder Kunstqualität oder Geschichte, gehört zu ihrem Stolz. Die schön geformte Taufkanne aus Edelstahl oder einer Töpferwerkstatt ist jedenfalls nicht »evangelischer« als königliches Material und archaische Form, eine einfache Kaffeetasse eignet sich nur im Notfall für die Kommunion.

Kirchweihgeschenk der Königin Therese von Bayern: Der Abendmahlskelch von Ludwig Schwanthaler in der Matthäuskirche in Ingolstadt

Christliche Schätze in evangelischer Hand: Der Goldkelch der Marienkirche von Woringen

Oettingen verwendet einen Sühnekelch für den Raubmord an einem Schweizer Juden, in Ingolstadt ist ein Abendmahlskelch nach Entwurf von Ludwig von Schwanthaler als Kirchweihgeschenk der bayerischen Königin Theresia in Gebrauch, Pfarrkirchen/Niederbayern erhielt von der preußischen Königin Louise zum Einstand der Kirchengemeinde seine Vasa Sacra. Oberzell bei Passau besitzt die Vasa Sacra der ehemaligen deutschen Gemeinde in Tsingtau (China), ebenfalls von der preußischen Königin gestiftet und durch den letzten Pfarrer unter abenteuerlichen Umständen nach Europa zurückgebracht.

Graf Joachim von Ortenburg stiftete 1573 für seine Marktkirche einen Abendmahlskelch, in dem ein Teil eines frühgotischen Kelches eingearbeitet war, als Dank für die Reformation und die umstrittene Bestätigung der Reichsunmittelbarkeit seiner Grafschaft.

Pfarrer Herpfer in Obereisenheim stiftete am Ende seiner Amtszeit im Jahr 1728 nach der

Speisung von 41562 Kommunikanten eine Hostiendose und ließ darauf gravieren: »Es hat mein Gott durch mich bißhero lassen speisen, Mein Ober-Eißensheim, mit seinem Himmels-Brod, Schon 48 Jahr. Drum soll nach meinem Todt die Schachtel auch davon ein stetes Denkmal heißen.«

In Augsburg, wo bereits 1529 die Markierung aller Gold- und Silberschmiedearbeiten mit einem jährlich wechselnden Zeichen unter der Kontrolle vereidigter Beschaumeister eingeführt wurde und um 1700 mehr Goldschmiede als Bäcker tätig waren, ließ der Stadtrat im Jahr 1529 für die fünf Gemeinden, die sich der Reformation angeschlossen hatten, eine Erstausstattung an kostbaren Vasa Sacra herstellen; sie sind in zwei Gemeinden erhalten, in zwei anderen wurden sie im Barock nachgearbeitet. Diese Geräte und Gefäße beweisen vorzügliche Beherrschung des Materials, der Formen und der Proportionen für die gebrauchende Hand, für den Neigungswinkel zum Ausschenken, handwerklich die höchste Erfahrung und große künstlerische Meisterschaft. So gesehen kann man es beinahe verstehen, wenn spätere Kunsthandwerker diese Vorbilder fürchteten und neue Wege suchten, wenngleich sie dabei oft vor lauter Design die praktischen Bedürfnisse vergaßen.

Die meisten alten Gemeinden haben altes Gerät. Nach dem Aderlaß durch den Dreißigjährigen Krieg gaben die Gemeinden für den Nachholbedarf an heiligen Geräten aus den Nürnberger und Augsburger Werkstätten viel Geld aus. Zweihundertfünfzig Jahre später erlitten die katholische Kirche und die Klöster durch die Säkularisation entsetzliche Verluste, und bald darauf gingen durch die Trennung von Kirche und Staat aus den evangelischen Kirchengemeinden viele wertvolle Geräte als Leihgaben oder durch Verkauf an die Museen. Volkskundler, Heimatpfleger, Freiwillige und Leidenschaftliche helfen bis heute, zu erkennen und zu bewahren oder aus den Flohmärkten zu retten, was zufällig entdeckt wird. Neuanschaffungen sind, da derzeit mit wenigen Kirchenneubauten zu rechnen ist, kaum das Thema, aber der Ersatz von irreparablen Stücken aus der Serienfertigung vor der Jahrhundertwende (Buntmetall, Versilberung) wird ebenso dringlich wie die Restaurierung der wertvollen Kulturgüter in Kirchenbesitz. Freilich, da die letzten umfassenden Inventarisierungen 1864 und 1914 stattfanden, ist das ganze Thema der Vasa Sacra ein Geheimnis.

Was in vielen, vor allem fränkischen Kirchen noch erhalten ist, gehörte eigentlich in jedes evangelische Gotteshaus: das Sakramentshaus oder eine entsprechende, geschmückte und gesicherte Nische mit gutem Klima zur Aufbewahrung der heiligen Gerätschaften! Statt sie hinter dem Altar, in der Sakristei, in der Mesnerwohnung oder einem engen Tresor wenig würdevoll aufzubewahren, sollten diese geistlichen und historischen Werte dem Gottesvolk sichtbar gemacht und begehrlich werden. Vorausgegangene Generationen haben uns das vorgemacht, neuzeitliche Vorurteile sind überfällig für eine Revision.

Barocker Zeitgeist: Die Predigtuhr in der Hl.-Kreuz-Kirche in Augsburg

Kanzel

Was für Jesus Christus zur Verkündigung der Bergpredigt der Uferabhang am See Genezareth war und sich seit dem frühesten Christentum als Predigtstuhl in die Gotteshäuser nicht sehr anspruchsvoll einfügte, gewann durch die lutherische Reformation und das von Apostel Paulus gepriesene Predigtamt eine hohe Bedeutung. Die Kanzel soll ein erhöhter Platz sein, den alle Gemeindeglieder sehen können, wenngleich sie dabei nicht nur den sprechenden Pfarrer sehen sollen; die Verkündigung kann auch von darstellender Kunst ausgehen.

Einige Kanzeln haben Berühmtheit erlangt: mehrere in Augsburg durch Martin Luther und Gustav Adolf von Schweden, in Erlangen in der Universitätskirche, die Kanzel in Neuendettelsau durch Wilhelm Löhe, die nicht mehr vorhandene Predigtkanzel Martin Luthers in der Coburger Morizkirche, die Lorenzkirche in Nürnberg durch Bischofseinführungen und die Kanzel des Landesbischofs in der Matthäuskirche in München. Eigentlich müßte man die Lehrstühle evangelischer Professoren der Theologie dazuzählen.

Viele Kanzeln hängen nicht an der Wand, sondern stehen auf einer einfachen Säule, auf einem Pinienzapfen als dem antiken Symbol für die Ewigkeit (Marktkirche in Ortenburg), auf dem alle Gebote tragenden Erzvater Moses, dem von Gott der erste Lehrauftrag erteilt worden war, oder auf einem Engel. Am Korb der Kanzel, dessen Rundung aus handwerklichen Gründen oft in Felder eingeteilt ist, geben die Figuren von Christus, den Evangelisten und Aposteln oder Texte das reformatorische Prinzip »Verbum dei manet in aeternum« (Gottes Wort bleibt in Ewigkeit) zu erkennen. In der Dreifaltigkeitskirche in Kaufbeuren steht die lateinische Aufschrift: »Das Gesetz ist durch Moses gegeben – Gnade und Wahrheit ist durch Jesus Christus geschehen.« Wer dem Pfarrer nicht ins Gesicht schauen will, kann hier die »Biblia pauperum« (Armenbibel) lesen. Der Schalldeckel der Kanzeln zeigt auf der Spitze den Osterchristus, den Erzengel Michael als Richter, Gabriel als Verkündiger oder das Kreuz; in der Ulrichskirche in Augsburg halten Putten die Tafeln der »Confessio Augustana« zur Gemeinde hin.

Graf Gottfried von Oettingen ließ 1619 in seiner Jakobskirche die Kanzel erhöhen und eine neue Empore bauen, um in seinem fortgeschrittenen Alter die Predigt besser verstehen zu können.

Rede von der Ewigkeit: Die Predigtkanzel auf dem Friedhof von Mainbernheim

Am Korb dieser Kanzel stehen die vier Evangelisten und der Apostel Paulus, auf dem Schalldeckel halten Putten das Kreuz und die Marterwerkzeuge Christi (1677).

In älteren evangelischen Kirchen ist eine große, laut schlagende Wanduhr erhalten und in manchen noch die Sanduhr mit vier Viertelstundengläsern, die dem gefeierten Kanzelredner möglich machten, seiner Pflicht für mindestens eine Stunde Predigt und dem Andachtswillen der Gemeinde gerecht zu werden. Heute gilt, dem modernen, eiligen Lebensgefühl entsprechend, für die meisten Pfarrer als Regelzeit zwischen einer viertel und einer halben Stunde.

Einige unterfränkische Gemeinden, wie Wiesenbronn und Abtswind, haben auf ihren Friedhöfen pavillonartige Kanzeln stehen, in die der Geistliche tritt, um bei jedem Wetter und von erhöhtem Platz zu der Trauergemeinde sprechen zu können.

Beichtstuhl

Das Wort »Beichtstuhl« löst bei den meisten Protestanten Verwunderung aus, seit die Theologie der »sola gratia« (Allein aus Gnade) den Zwang zur Ohrenbeichte aufgehoben hat. Trotzdem ist keiner vor Überraschungen sicher, wenn er Kirchen besucht. In Windsbach bei Ansbach hat sich ein lutherischer Beichtstuhl von 1719 erhalten, wirklich nur ein geschmückter Großstuhl mit einem ganz zurückhaltenden Richtstuhlcharakter. In Sindheim am Grabfeld steht ein viel einfacherer, hölzerner Beichtstuhl. Die Michaelskirche in Thalmässing/Mittelfranken hat ihren von 1712 erhalten. Und in Rugendorf/Oberfranken steht als »mahnende Erinnerung« ein großes, bemaltes Gehäuse, an dessen unterer Seite man in den züngelnden Blumen das Fegefeuer zu sehen meint.

Orgel

Zur Predigt in der evangelischen Gemeinde gehört die Musik, zur Kirchenmusik jedenfalls die Orgel. Sie ist ein universales, den größten Raum füllendes Instrument, vorzüglich geeignet zur Leitung des gemeinsamen Gemeindegesanges und zur Beseelung der Andacht. Weil es im lutherischen Gottesdienst weniger um einen durchkomponierten liturgischen Ablauf geht als bei der lateinischen Messe, müssen Pfarrer und Organist zusammenspielen. Damit die Gemeinde »übereinstimmt«, ist die Orgel weniger ein Instrument der Kunst als eine Dienerin des Glaubens. Je größer und reicher ausgestattet, um so mehr wirkt sie wie ein Abbild der Gemeinde, der Vielzahl an Christen und der Ökumene, deren Kompositionen auch durch sie ertönen. Die Landeskirche läßt sich das Orgelwesen etwas kosten: rund ein Dutzend Sachverständige fördern Unterhalt und Ausbildung.

Von Klesibios in Ägypten als Wasserinstrument erfunden, kam die Orgel über Kaiser Konstantin aus Byzanz im Jahr 757 als Geschenk an den fränkischen Königshof zu Pippin und damit eigentlich gleich ins heutige Bayern. Sie nahm im frühen Mittelalter eine rasante Entwicklung, bis sie in fast allen Gemeinden der vorreformatorischen Kirche zur Begleitung des Gemeindegesangs aufrückte. Nürnberg besaß in St. Lorenz und St. Sebald schon 1444 nennenswerte Orgeln; von der alten in St. Sebald sind Teile des Orgelprospekts bis heute erhalten. In der St.-Anna-Kirche in Augsburg befindet sich seit 1512 einer der großartigsten Orgelprospekte der Renaissance in der Fuggerkapelle.

Die lutherische Reformation sagte in einem berühmten Gutachten der theologischen Fakul-

Königin der Instrumente: Orgelbauer beim Stimmen in der St.-Lorenz-Kirche in Nürnberg

tät der Universität von Wittenberg im Jahr 1597, daß man Gott auch mit Instrumenten loben könne, und gab damit einen breiten Weg frei. Johann Sebastian Bach wurde zum weltweit überzeugendsten Vertreter der evangelischen Orgelkunst. Mit seiner zweiten Lebenshälfte verbunden ist eine imposante Orgelbauwelle im Zusammenhang mit den vielen Kirchenbauten des Markgrafenlandes von 1700 bis 1800, von deren Substanz heute gelebt werden kann. Vor allem damals entstanden auch die vielen kunstreichen Orgelprospekte des Barock in kleinen Dorfkirchen oder großdimensionierter Architektur wie Amorbach und St. Stephan in Bamberg.

Nach der unmusischen Aufklärung erwachte die liturgische Orgelmusik mit künstlerischem Anspruch erst wieder in unserem Jahrhundert durch die »Orgelbewegung« ab 1920. Dabei sah man in der norddeutschen Barockorgel das große Vorbild des wahren Orgelklanges und verachtete die süddeutsche Auffassung der »Orchesterorgel«, in der grundtönige Stimmungen und Register wie Flöte, Posaune, Trompete oder Gambe ihre Bedeutung haben. Etwa seit 1970 kommt die Orgelbautradition Süddeutschlands wieder zu Ehren und findet durch Konzeption, Konstruktion und äußeren Aufbau ihre Verwirklichung. Farbregister wie »Weidenpfeife«, »Meereswelle«, »Querpfeife« oder »Violoncello« melden sich wieder, der »Violinbaß« kehrt ins Pedal zurück. Die Kopflastigkeit des Klangbildes wird korrigiert, tiefere Töne kommen dem Gemeindegesang entgegen.

Heute ist die Sinnlichkeit wieder im Gespräch, die Bevorzugung des Transzendentalen gegenüber dem Emotionalen läßt nach, Bach erweist sich nicht mehr so ausschließlich als »norddeutsch«. Und so erkennt die evangelische Kirche im großen Schatz alter Orgeln von Lahm in Oberfranken (größte Barockorgel in einer evangelischen Kirche) über Instrumente wie in der Markuskirche (fränkisch-französischer Silbermann-Stil) und der Hugenottenkirche (fränkisch-sächsischer Silbermann-Stil) in Erlangen, in der St.-Michaelis-Kirche in Hof (frühromantisches Werk der Heidenreich-Schule) bis zu modernen Orgeln verschiedener Hersteller ein Bild ihrer eigenen Wesensgeschichte. Franken ist orgelmäßig voller Kleinlandschaften mit alten, gewachsenen Strukturen, während Südbayern mit seiner anderen Kirchengeschichte eher als ein zusammenhängender Raum gilt, der mehr barocker Fülle zuneigt.

Jede neue Orgel ist ein freudiges Ereignis. Die evangelische Kirche in Königshofen an der Heide in Mittelfranken, ein ehemaliges Marienmünster, besaß wie die zwei Nürnberger Hauptkirchen bereits im 15. Jahrhundert eine Orgel. Die Dreifaltigkeitskirche in Kaufbeuren erhielt 1605 ihre fünfte Orgel und weitere in den Jahren 1737, 1852, 1885 bis 1901 und 1963/64. In der Stiftskirche St. Mang in Kempten wurde 1648 die Orgel an den Choreingang versetzt, war also schon länger vorhanden. In Stetten v. d. Rhön steht noch heute die älteste Orgel Unterfrankens. Die Kilianskirche in Königsberg/Mittelfranken hat eine Orgel von 1660. Prichsenstadt/Unterfranken erhielt 1660 eine Kleinorgel und 1668/69 eine größere von Matthias Tertzscher aus Kulmbach für 600 Taler mit acht Registern, die bei der Barockisierung der Kirche 1726 umgesetzt und 1912 mit einem neuen Werk hinter dem historischen Prospekt versehen wurde. Die Walburgakirche in Großhabersdorf/Mittelfranken erhielt 1680 ihre erste Orgel, 1681 eine größere, 1726 eine neue große, die bis 1928 in Gebrauch war und während dieser langen Zeit nur viermal repariert wurde; 1983 wurde ein neues Werk eingebaut und der Zimbelstern wiederhergestellt.

1673 wurde der Prospekt für die im Vorjahr eingebaute Orgel in Oberwaldbehrungen unter anderem mit der Spende von 100 Gulden eines jüdischen Mitbürgers errichtet, und im Jahr 1933 stiftete ein jüdischer Mitbürger für die Kirche eine ganze Orgel.

Das Dekanatsbuch von Fürth spricht in der Zusammenschau seines Gebietes von einer ganzen »Orgellandschaft«. Das Dekanat Lohr hebt vier historische Orgeln in Heßdorf, Geroda, Mittelsinn und Zeitlofs hervor. In Aubstadt am Grabfeld gilt die »wohlklingende Kirchenorgel« aus dem Jahr 1747 mit einem wieder freigelegten Gehäuse und restauriertem Spielwerk als Prachtstück der Kirchenausstattung. Gutenstetten hat mit seiner Orgel von 1880, die ein besonders schönes spätromantisches Klangbild besitzt, eine »Denkmalorgel«.

Orgelmusik ist für viele der Inbegriff von Kirchenmusik. Daher leisten sich Kirchen wie St. Lorenz in Nürnberg mit der größten evangelischen Orgel in Bayern bei 11 000 Pfeifen von 5 Zentimetern bis 5 Metern Größe (im Hauptwerk 100 Register und 5 Manuale, im Nebenwerk 40 Register mit 1 Manual) zu Recht umfassende Restaurierungen und Umstimmung auf den normalen Kammerton, aber auch kleinere Landgemeinden wie Appetshofen im Ries sind auf eine Orgel mit 19 Registern stolz.

Jede »Königin der Instrumente« hat ihre Persönlichkeit, jede Zeit braucht ihre Orgeln, jede Kirche lebt mit ihrer eigenen Orgelgeschichte. Überhaupt hat die Orgel ihre Gezeiten. Mag das auch mit der Kunst ihrer Herstellung zusammenhängen, mit der Disposition und Technik, wichtiger als Größe ist Qualität, entscheidender als Zahl der Register und Manuale ist der Klang, und nicht hinter jedem freundlichen Orgelprospekt steckt ein erfreuliches Spielwerk. Wünschte ein Johann Sebastian Bach »Gravität und Poesie«, so wollte das 19. Jahrhundert durch Lautstärke und Stimmungen das große Orchester imitieren, bis in unserem Jahrhundert barocke Intonation und dezente Lautstärke wiederentdeckt wurden, die auf eine neu entfachte Theologie sehr ansprechend wirkten. Alles in allem: die Orgel ist in Bayern zu Hause und ein Anlaß zum Soli Deo Gloria!

Fenster und Licht

Jedes Gotteshaus ist ein Tor zum Himmel und heimliche Wiederholung des Stalles von Bethlehem. »Das ewige Licht fällt da herein, gibt der Welt einen neuen Schein« (Martin Luther, 1524). Die Fenster geben den Mauern Transparenz, die seit der Einführung des Glases theologisch gedeutet wird. Die gemalten Scheiben wirken wie die Augen zur Ewigkeit, die großen Bildfenster der Gotik geben den hohen Hallen ihren glühenden Glanz. Es ist eine sehr kühne Kunst, das Nichts in den Dimensionen eines Fensterrahmens zu gestalten und im Gegenlicht mit der Heilsgeschichte von Gott zu sprechen oder in einer abstrakten Komposition seine Gegenwart zu deuten.

Kirchenfenster künden von der Lichtherrlichkeit Gottes, ihre Farben sprechen vom Kosmos seiner Schöpfung, die Bildinhalte bezeichnen das Menschenleben mit Sinn. Die vorreformatorische Christenheit konnte in solchen Bilderbüchern lesen. Durch die Publikation der Bibel für alle Christen in der ihnen zugänglichen Volkssprache veränderte sich das Interesse zum Raumschmuck, bis in unserer Zeit ein neues Verständnis für alte Techniken zur Wiederbelebung verhalf. Indessen werden die überlieferten Kostbarkeiten von den Kirchengemeinden gehütet und geliebt.

Der Kirchenbau des Barock brauchte für seine metaphysisch inspirierte Theaterarchitektur andere Fenster (»Ochsenaugen«, »Birnenfenster«, »Geigenfenster«) mit klarer Lichtfülle aus verdeckten Öffnungen, keine farbigen Bildwände aus Glas. Der klassizistische Stil zog sich in die kühle Vornehmheit zurück und vergaß die alten Techniken der Glasmalerei. Im Industriezeitalter entstanden wieder bemalte Fenster, aber die künstlerische Kraft fehlte, wie wir jetzt sehen, für überzeugende Gestaltung.

In der Gegenwart brachen, wie beim Orgelbau von der theologischen Neubesinnung gefördert, die schlummernden Kräfte wieder auf: feurige Glasfarben und zarte Valeurs, konkrete Bilder und abstrakte Visionen, kleinteilige Additionen und großflächig konzipierte Lichtlandschaften. Künstler wie Hans Gottfried von Stockhausen schufen neben Arbeiten im Ausland allein in Bayern in über sechs Kirchen mit meistens mehreren Fenstern ein beachtliches Gesamtwerk. Es kann aber auch vorkommen, daß eine Gemeinde wie in Mitterteich/Oberpfalz ihre 1897 geschaffenen »bunten Fenster« wieder vom Dachboden holt und fortan ihren klaren Jugendstil bewundert, womit sie die Vorfahren ehrt und sich selbst erfreut.

Die evangelische Kirche kennt kein »Ewiges Licht« mehr, das in der katholischen seit dem 12. Jahrhundert beim Sakramentshaus brennen muß, doch weiß sie von dem darin verborgenen Sinngehalt. Sie kennt selbstverständlich das lebendige Kerzenlicht am Altar, dessen orthodoxes Verständnis als »stehengebliebene Gebete« durch Meditationsgrupppen weitergetragen wird. Elektrische Altarbeleuchtung ist, Gott sei Dank, ungebräuchlich, und auch die Lichter auf den Christbäumen sind oft noch lebendige. Kerzen als Weihegaben aufzustellen, ist ungewöhnlich, aber in der ohnehin durch ihre Helligkeit beeindruckenden Grafschaftskirche in Castell brennt auf dem Altar stets eine Kerze. Osterkerzen sind üblicher geworden, und in der Marktkirche vor Ortenburg wird sie seit 1982 an einem Leuchter entzündet, der aus dem Klöppel der großen, aus der Laurentiuskirche in Steinkirchen/Niederbayern überführten Glocke von 1525 geschmiedet wurde. Seit 1992 wird die »Nürnberger Taufkerze« angeboten, auf der goldene Medaillons die Symbole der Dreieinigkeit zeigen.

Natürlich gehören zum Licht in evangelischen Kirchen auch die gerade in Franken häufigen Hängeleuchter beim Altarraum oder in der Mitte der Gemeinde, ziervoll geschnitzt und bemalt oder vergoldet, aus Messing getrieben oder von Glas. Sie sind nach dem Bild des himmlischen Jerusalem konzipiert und tragen Christus als den Auferstandenen oder einen siegreichen Engel in der Bekrönung. Eichfeld/Unterfranken hat einen 1902 gestifteten schmiedeeisernen Kronleuchter mit 27 Kerzen aus drei ineinandergehenden Kreisen als Zeichen für den dreieinigen Gott sowie Ähren und Trauben als Symbol für das Abendmahl.

Bilder

Die Gedanken sind frei, aber gedacht wird in Bildern und die Bilder sprechen für sich. Wie Jesus gern in Gleichnissen sprach und die Bibel von Allegorien lebt, gelten in der lutherischen Kirche Bilder als Geschenke: die Sprachbilder, die figuralen und die gemalten. Sie erzählen auf eine über die alltägliche Realität hinausführende Weise von der Wirklichkeit, in die sich Gott und die Menschen teilen, vom Heil, von der frohen Botschaft. Das Material ist ebenso wichtig wie das Format oder der Ort eines Bildes, und dennoch ebenso bedingt wie der Stil, die Manier, das Verständnis beim betrachtenden Publikum. Auch die Bilder des Ewigen haben ihre Zeit.

Wandmalereien aus der vorreformatorischen Zeit sind in vielen evangelischen Kirchen erhalten, in manchen nach Übertünchung wiederaufgefunden und freigelegt oder vielleicht noch verborgen. Nach der Reformation wurden besonders in der Barockzeit viele geschaffen, die allerdings, wie auch die Bemalung von Kassettendecken, Kanzelkörben und Emporenbrüstungen, weniger dem dekorativen Schmuck als religiös informativen und belehrenden Zwecken dienten. Hier wirkte wieder der Wunsch nach Volksnähe mit, aber auch theologische Überzeugungen sollten zum Zug kommen, wie die Bemalung von Emporen mit dem Text der »Confessio Augustana« beweist. Es war aber auch noch 1608 möglich, in Sondheim v. d. Rhön an der Südwand ein großes Christophorus-Fresko zu schaffen, obwohl die Reformation schon lang eingezogen war.

Rothausen ließ 1658 und sein Nachbarort Golluntshausen etwa zur gleichen Zeit beim Wiederaufbau der Kirche nach dem Dreißigjährigen Krieg in der Mitte des Triumphbogens zum Chorraum das Bild des auferstehenden Christus mit einer Engelschar zur einen Seite und dem Höllenrachen zur anderen aufmalen, gleichsam um sich durch die Botschaft des Jüngsten Gerichts von den tiefen Schrecken zu befreien. Die Kanzel der Stadtkirche in Ortenburg, mit der sich so viel reformatorisches Bekenntnis verbindet, zeigt biblische Bilder und Verse von der Rettung durch den Glauben und das Vertrauen in Gott über den Tod hinaus. Auf dem Schalldeckel der Kanzel in der St.-Ulrichs-Kirche in Augsburg, deren Ausstattung 1710 während der hohen Barockzeit entstand, halten vergoldete Putten der lauschenden Gemeinde die Gesetzestafeln des Alten Testament, die Evangelien des Neuen Testaments, das Augsburger Bekenntnis und die lutherische Konkordie zum Schauen hin.

Die klassischen Kirchen der Protestanten in Augsburg, St. Anna, St. Ulrich, Heilig Kreuz und früher Zu den Barfüßern, sind mit Ölgemälden fast tapeziert, als wollte der Bürgerstolz seine Dankbarkeit für den Reichtum demonstrieren. In der Hl.-Kreuz-Kirche wurde 1980 das im Jahr 1730 geschaffene Confessio-Fresko rund um die barocke Wanduhr wieder freigelegt, so daß es mit den 18 Emporenbildern, 17 Predigerbildern und den Bildern der beiden Reformatoren Martin Luther und Melanchthon korrespondieren kann.

Bilder an den Emporen gibt es in der Kirche in Rügland mit 44 Darstellungen aus dem Leben Christi, in Pilgramsreuth mit über 100 mit biblischen Szenen aus dem Alten Testament (18. Jahrhundert), in der Bartholomäuskirche in Geyern/Mittelfranken mit Temperabildern der zwölf Apostel (1680), in der Emmeramskirche in Alesheim/Mittelfranken mit 17 volkstümlichen Darstellungen der Heilsgeschichte von der Opferung Isaaks bis zur Wiederkunft Christi am Jüngsten Tag, in der Marienkirche in Weißdorf/Oberfranken mit biblischen Szenen (1661), in der St.-Rochus-Kirche in Zirndorf/Mittelfranken mit 44 Gemälden (Barockzeit) sowie in der St.-Ägidius-Kirche in Regnitzlosau und in der Spitalkirche in Hof an den Holzdecken und den mehrgeschossigen Emporen. In Oberwaldbehrungen v. d. Rhön, Sondheim und anderen Rhönkirchen gehört die obere Brüstungsreihe der Szenen aus dem Alten, die untere denen aus dem Neuen Testament, wobei die jüdischen Tempelmusikanten besonders auffallen, weil sie eigentlich gar nicht dahin, sondern in die Rhön gehören. Und so geht es weiter mit den biblischen Szenen in der Nikolauskirche in Marktbreit (1600) oder der mit den Wappen fränkischer Adelsgeschlechter bemalten Holzdecke in der Kirche von Altenschönbach/Unterfranken (1604).

Zahllose evangelische Gemeinden haben in ihren Kirchen beim Altar die Portraits von Martin Luther und Philipp Melanchthon, dem ordinierten und dem studierten unter den reformatorischen Theologen, zur Ermutigung aufgehängt, seit in der Mitte des vorigen Jahrhunderts ein neues protestantisches Selbstbewußtsein entstanden war. Rund hundert Jahre später hatte sich die Ökumene so sehr weiterentwickelt, daß die Kirche in Warzfelden/Mittelfranken im Jahr 1981 zu ihrer 700-Jahr-Feier im Gotteshaus ein Wandgemälde seines Patrons Mauritius als Mann der Dritten Welt mit Siegeslanze, Kreuz und Ostersonne von der in ihrer Gemeinde lebenden Künstlerin Maria Beine-Hager malen lassen konnte. Schließlich war es wohl auch eine moderne bildnerische Gesamtidee, wenn Hubert Distler aus München sein Altargemälde in der Markuskirche in Weiden/Oberpfalz so anlegte, daß es mit den optischen Achsen aus Fensterband und Mittelgang der Sitzreihen ein Kreuz bildet, in dessen Schnittpunkt der Altar steht.

Türen

Die Kirchentüren spielen im evangelischen Gemeindeleben keine mit früheren Zeiten vergleichbare Rolle mehr. Bekannt sind und noch vorhanden, aber schwer verständlich, die kosmischen Theologien der Eingänge zu gotischen Kirchen, die Paradiespforten, Brauttore, Sakristeitüren. Wer zum Gottesdienst kam, ging unter dem Kreuz und Gericht durch und an den Erzeltern Adam und Eva vorbei, er sah am Fuß der Säulen und in den Regentraufen die unerlösbaren Kreaturen der Schöpfung sehnsüchtig auf einen Zugang harren.

Nur wenige spätere Kirchenbauten haben einen gestalteten Eingang: An den Türen der Stiftskirche St. Mang in Kempten haben Griffe die Form von Fischen und symbolisieren damit Christus mit einem Zeichen, das bis in die indische und mesopotamische Kultur des Altertums zurückreicht. Am Eingang der Dreifaltigkeitskirche in Kaufbeuren stehen in den oberen Ecken des Doppelportals die Symbolzeichen der vier Evangelisten und zeigen dem Besucher an, was in diesem Hause verkündet wird. Die Pfarrbeschreibung von Ehingen a. Ries erwähnt bewußt die schwere Kirchentüre von 1778 als wesentlichen Teil des Ganzen. Aus neuester Zeit kennt man fast nur die mit dem Text der Zehn Gebote belegten Bronzetüren am Eingang der Christuskirche in Stadeln-Fürth.

Es ist ein großer Jammer, daß die Türen zu evangelischen Kirchen so verschlossen sind. Daß man nicht wenigstens bis zur Grenze eines sichernden Gitters eintreten und sich niederlassen kann, um anzuschauen und zu beten. Und

Bettler sind willkommen: Die Bronzetüren von Wilhelm Schiller am Eingang zur Christuskirche in Fürth-Stadeln mit dem Text der Zehn Gebote

wenn auch verschlossene Türen nichts Endgültiges zu sagen haben, wendet man sich doch ab. Die Scheidung von weltlichem Alltag und geistlicher Welt entspricht nicht der evangelischen Aufgeschlossenheit für Zusammenhänge. Einige Gemeinden haben sich indessen zur Offenhaltung entschlossen, die Memminger organisieren schon ihren freiwilligen »Tempelwächterdienst«. Tragisch wirkt allerdings die Warnung von Experten, daß die Besucher in einer der schönsten evangelischen Kirchen Bayerns durch ihr Herumgehen zu viel Staub aufwirbeln.

Turm

Der Turm einer Kirche soll wie ein aufgerichteter Stein im Feld Gottes Anwesenheit markieren. Er dient als Zeichen der Verbindung zwischen Himmel und Erde, zur örtlichen Kennzeichnung, für die Glocken und das Angebot einer weithin sichtbaren Uhr. Im alten Nordwald des Dekanatsbezirks Münchberg in Oberfranken sagt man, die Kirchentürme hingen wie große Klöppel an der riesigen Himmelsglocke. Kirchtürme konstatieren über ihren Charakter als Denkmäler der Zeit und Architektur hinaus die Existenz einer christlichen Gemeinde individuell und kollektiv, auch konfessionell und historisch. Die Uhr am Turm dient ausdrücklich der ganzen Gemeinschaft, die sich stündlich orientieren will. Indem sich dieses riskante Gebäude an seinem Platz in der Erde behauptet, hält es auch die Hoffnung fest.

Einen eigentlich »evangelischen« Turm gibt es ebenso wenig wie eine evangelische Kirchturmspolitik. Einzig die Jahrzehnte der Erbauungszeit lassen Schlüsse zu. Landschaftlich und landsmannschaftlich werden bestimmte Turmtypen bevorzugt. Aus den Turmformen können Zusammenhänge einer Region, der kulturellen Entwicklung und der Baugeschichte erkannt werden. Sie bedeuten den Einwohnern gewohnte Bilder und Heimat. Daher die respektvolle Berücksichtigung bei Baumaßnahmen, deshalb die landläufigen Namen wie »Daniel« in Nördlingen.

Aus statischen Gründen wirken die frühen Türme durch ihre dicken Mauern gedrungen, viele bergen im Untergeschoß den Altarraum. Zahlreiche fränkische Kirchen verloren in der vitalen Kirchenbauepoche der Markgrafen ihre romanische oder gotische Substanz, doch blieben die Türme meistens erhalten. Erst die Erfindung des Stahlbetons ermöglichte die heute beliebte, gewagt wirkende Schlankheit von Kirchtürmen. Der neben der Kirche stehende Campanile wurde üblicher, doch kann die Reduzierung auf den Turm als bloßen Glockenträger nicht befriedigen.

Die Formen der Turmdächer haben keine prinzipielle Bedeutung, aber sie sind dauernd im Gespräch: der Zwiebelturm heißt in Nordbayern »welsche Haube«, das Pyramidendach der alten Dorfkirchen »Juliushelm«, der Fünfgradturm wird »Fünfknopfturm« und seine kleinen Ecktürme werden »Pfefferbüchsen« oder »Trabantentürme« genannt. Die erhabenen Formen an den berühmten Stadtkirchen der Gotik werden einfach »Turm« genannt, vielleicht aus purem Respekt.

Auf den Turmspitzen stehen häufig ein Kreuz, die Weltkugel oder eine Wetterfahne. Zeilitzheim hat wie Pfaffenhofen a. d. Ilm und viele andere Kirchen einen Hahn als Symbol der Zeit und Mahnung an die Menschen, im Glauben nicht umzufallen wie Petrus. Stetten v. d. Rhön und Fladungen haben auf der Kirchturmspitze als Denkmal der Grafen von Henneberg, ihrer Patrone. In Bimbach und mehreren Orten Unterfrankens weht auf den Türmen eine Blechfahne mit dem flüchtenden Fuchs zur Erinnerung an das Rittergeschlecht der gleichnamigen Barone. Auf dem Turm der Markuskirche in Ingolstadt steht der Markuslöwe als Wetterfahne unter dem Kreuz. Sondheim v. d. Rhön ist seit 1620 auf den St. Michael als Drachentöter stolz, den Pfarrer Magister Johannes Götz aufsetzen ließ, ehe er Generalsuperintendent in Eisenach wurde.

Uhren am Kirchturm dienen der Ortsgemeinde unparteiisch, wie die Zeit selbst ist, die man im wörtlichen Sinn teil-nahms-los nennen kann. Auch wenn der Stundenschlag nach Meinung des Bundesverfassungsgerichts während der Nacht nur mit einer eingeschränkten Lautstärke (65 Dezibel) zu hören sein darf, richten sich die Leute doch nach der Stunde der Kirche.

Immerhin hatte die Jakobskirche in Oettingen i. Ries seit 1496 eine Turmuhr, 1742 wurde schon die dritte und 1796 die vierte neue Uhr eingebaut. In Großhabersdorf/Mittelfranken gab es 1516 die erste Reparatur einer Turmuhr am Ort, dann 1595 eine neue Uhr, ab 1739 den Viertelstundenschlag und 1938 eine elektrische Turmuhr. Petersaurach erhielt 1561 die erste Kirchturmuhr, Unterschlauersbach 1591, Vincenzenbronn 1658. Der Zeit voraus war auch Sondheim v. d. Rhön mit seiner Uhr von 1616, die bis 1966 in Betrieb gehalten werden konnte.

Glocken

Das mag merkwürdig klingen: Ursprünglich war der Sinn von Glocken, Übel abzuwenden und abwehrend auf die Gottheit einzuwirken, den die Christen aber umkehrten, so daß die Glocken jetzt rufen, zu Gott zu kommen und seine gute Botschaft zu hören! Sie schaffen und genießen mehr Aufmerksamkeit als viele andere dienende Dinge der Kirche. Glocken verbreiteten sich seit etwa 500 nach Christus aus den nordafrikanischen Klöstern über das Abendland. Wenn die älteste deutsche Glocke, der »Saufang« in Köln, etwa 630 entstand und die älteste in Bayern, die Kirchenglocke in Iggenbach bei Deggendorf, im Jahr 1144, dann sind die ältesten »evangelischen« Glocken aus dem Jahr 1200 in Feuchtwangen und Heilsbronn in guter Gesellschaft, was die Tradition betrifft.

Glocken ordnen die Tagesstunden am Morgen zur Arbeit, um elf Uhr zur Mahlzeit, um zwölf Uhr zum Friedensgebet, am Abend zur Feier, sie rufen zum Gottesdienst, läuten die Feste ein und alarmieren bei äußerer Gefahr. Selten hängt eine einzelne Glocke im Turm, sondern ein Geläute teilt sich in die Funktionen, von den kleineren Tauf- und Sterbeglocken mit dem dünnen Klang bis zu den großen Betglocken und mächtigen Gottesdienstrufern, in Nürnberg bei St. Lorenz sogar in einer Familie von sechzehn Glocken, und alle geben immer auch miteinander Zeugnis vom äußeren und inneren Wohlstand einer Kirchengemeinde oder des ganzen Ortes.

Wo mehr als drei Glocken vorhanden sind, erlaubt ein Zusammenklingen der Glocken nach Tonfolgen und die Orientierung an bestimmten Choralmelodien oder Hymnen eine zusätzliche Glocken-»Widmung«, die mit Hilfe der Läuteordnung besondere Festlichkeit schafft. Solche größeren Geläute befinden sich nicht nur in Großstadtkirchen, sondern auch im Münster des Klosters Heidenheim mit neun Glocken, darunter von 1403 und 1422, deren Glockenschläge man also seit mehr als zwölfhundert Jahren im Heidenheimer Tal zu hören gewohnt ist; es gibt sie in kleineren Orten wie Bechhofen/Mittelfranken mit neun Glocken, Rüdenhausen und die Friedenskirche in Ansbach (seit 1967) mit fünf; Markt Erlbach hat mit seiner Taufglocke von 1380, der größten Glocke mit 30,5 Zentnern von 1510 und seiner Christusglocke aus dem 15. Jahrhundert insgesamt sieben im Turm hängen und sagt, dies sei weniger wegen des Ruhmes, sondern wegen des Rufens

Durchdringende Gedanken Gottes: Die Glocken der Marienkirche von Gunzenhausen

in die vielen entfernt liegenden Außenorte, deren Einwohner zum Gottesdienst kommen wollten.
Jede Glocke hat einen Namen, fast alle tragen einen Glockenspruch, viele nennen auch ihr Entstehungsjahr und den eventuellen Stifter. Die 1608 vom Grafen Gottfried für seine Kirche in Castell gestiftete Glocke trägt die Umschrift: »Gottes Wort bleibt ewig, glaub dem mit der that bist selig.« In der St.-Bartholomäus-Kirche in Unternbibert/Mittelfranken hängen vier Glocken von 1521 bis 1683, und eine trägt den Spruch: »Zur Andacht muß ich die Leute locken, drum nennt man mich die Betglocken.«
Sechs Glockensachverständige betreuen in der Landeskirche dieses Gebiet. Ein noch nicht abgeschlossener »Glocken-Atlas« dient grundbuchartig dem Nachweis und der Betreuung, an der natürlich auch die Kommunen und die Kunstwelt interessiert sind. Schließlich will jeder wissen, was es geschlagen hat und wie zum Fest geläutet wird.
Wann geläutet werden soll, mit welchen Glocken, für welche Gelegenheit und wie lang, wird in einer vom Kirchenvorstand zu beschließenden Läuteordnung festgelegt: Tagläuten, Gottesdienstläuten, Geläute bei Kasualien, Traditionsläuten. Mit Beharrlichkeit wird oft an den »reicheren Formen« festgehalten, wenn zum Beispiel beim zweimaligen Abendläuten immer noch das erste ein Gebetsruf und das zweite die Aufforderung zum Schließen der Stadttore bedeutet, oder wenn bei Beerdigungen nicht mit der kleinsten, sondern der größten und ernstesten Glocke geläutet werden soll.
Freundliche Orte wie Zeilitzheim/Unterfranken hatten noch nach dem Zweiten Weltkrieg ihre »Läutebuben«, und wer einmal das Glockenseil bewegen durfte, bis hoch über ihm die Glocke ihren tönenden Schwung selbst mitbestimmte, um sie dann nach gebotener Zeit wieder abzubremsen, der weiß, daß die Einführung der elektrischen Läutemaschinen vielleicht doch nicht nur einen Gewinn bedeutete. Zuletzt meinte sogar der Leiter der Bauhütte bei St. Lorenz in

Nürnberg, die mechanische Art zeitige nicht leicht zu nehmende statische Folgen an Türmen und Grundmauern. Es soll auch um 1800 in Bayern eine Welle von Glockenreparaturen gegeben haben, weil beim Ableben »höherer« Persönlichkeiten immer häufiger über eine Stunde lang Trauergeläute gegeben werden mußte und die Glocken dadurch überfordert wurden.

Glocken haben eine Persönlichkeit und ihre Lebensläufe. Wahrscheinlich sind die Glockengeschichten noch endloser, als die rund um die Orgeln. So denke man nur daran, was in Leerstetten südlich Nürnberg seit der Anschaffung der ältesten Glocke im Jahr 1398 alles geschehen sein mag. Oder was mag es bedeutet haben, als man am 24. Juni 1983 in Dürrnbuch/Mittelfranken bei Erdarbeiten zur Trockenlegung der Außenmauern der Kilianskirche eine 450 Jahre alte, voll funktionsfähige und klangreine Bronzeglocke fand, die im Unterschied zu mehreren anderen Glocken der gleichen Kirche in keinem der letzten Weltkriege ihr Leben einbüßte und nun wieder mit zwei Geschwistern die evangelische Gemeinde erfreut! Wie stolz waren und sind die Evangelischen in Filke v. d. Rhön, daß ihr Herr Carl von Stein 1732 in Meiningen durch Johann Melchior Dercke drei Glocken (14, 7,5 und 4,25 Zentner) aus »fein englisch Zinn und rein Kupfer« gießen ließ.

Eine der drei Glocken in der Kirche von Rappershausen in der Rhön wurde 1797 in Rudolstadt in Thüringen gegossen, als Friedrich von Schiller dort weilte, um den Glockenguß für sein berühmtes »Lied von der Glocke« kennenzulernen, könnte also dafür ein Vorbild gewesen sein.

In der Hl.-Kreuz-Kirche in Augsburg zerbrach im Jahr 1754 während des Trauergeläutes für Kaiser Karl VII. die Glocke und mußte umgegossen werden, wobei man das Gewicht der Nachfolgerin auf 1680 Pfund erhöhte. Von der großen Glocke des Geläutes der Vinzenzkirche in Vincenzenbronn/Mittelfranken sprang während des Trauergeläutes für den Märchenkönig Ludwig II. am 24. Juni 1886 ein achteinhalbpfündiges Stück ab, so daß man sich entschloß, aus der zerborstenen Glocke zwei neue zu gießen.

Zu den endlosen Glockengeschichten gehören die Stadtbrände, denen vor Einführung der Feuerwehren auch die Kirchen ausgesetzt waren. Nicht nur in Mantl/Oberpfalz (1801) stürzten die vermutlich sehr alten Glocken aus dem brennenden Glockenstuhl durch den Turm in die Tiefe, durchschlugen die Stockwerke, zerbarsten und schmolzen in der Gluthitze.

Schmerzlich war der große »Glockenabschied« in den Jahren 1942 und 1943, als durch Anordnung der deutschen Reichsregierung für Kriegszwecke alle bis auf die kleinste läutefähige und die wirklich historischen Glocken abgeliefert werden mußten; wenige verständige Beamte konnten den Vorgang verzögern und dadurch manches Kriegsopfer verhindern. Einige kehrten aus den Glockenlagern zurück, wo sie, wie vor allem in Hamburg, aufeinandergestapelt lagen. Andere konnten nicht zurückkehren, weil ihre Heimat in den deutschen Ostgebieten verloren war, so daß sie nach Bayern einwanderten.

Im Turm der 1952 erbauten evangelischen Kirche in Wemding im Ries hängen drei Glocken aus Grünhartau, Wischütz und Liebenow in Schlesien. Die Christuskirche in Trostberg/Oberbayern besitzt eine schlesische »Flüchtlingsglocke« von 1701 und eine Glocke aus Bochersdorf im Samland (Baltikum) mit der Schrift in gotischen Minuskeln »katharina maged zart/help uns uf de himmelfahrt«. In der Jakobuskirche in Wettstetten bei Ingolstadt wird eine 1720 in Breslau gegossene Glocke weiter benützt, in der Erlöserkirche in Wernberg-Unterköblitz bei Weiden seit 1953 eine »Schlesierglocke«. St. Matthäus in Passau besitzt eine aus Bad Diersdorf in Schlesien, die 1810 von Benjamin Krieger in Breslau gegossen worden war, in der Christuskirche von Fürstenzell bei Passau hängt die 1631 gegossene Glocke von Altkarbe im Kreis Friedeberg, und Pocking in Niederbayern erhielt 1951 für seine von den amerikanischen Lutheranern gestiftete Friedenskirche eine 1762 in Schlesien gegossene Glocke. Zu den glücklichen Gemeinden, die ihre abgelieferten zurückerhielten, gehört die Gemeinde in Neumarkt/Oberpfalz mit sieben Glocken.

Unzählige Glockengeschichten erzählen vom überzeitlichen Leben der Gemeinden!

In Töpen/Oberfranken wurden während des Ersten Weltkrieges 1917/1918 zwei Glocken für Rüstungszwecke entfernt, dann am Sonntag Rogate 1920 zwei Nachfolgerinnen geweiht, aber am 3. Januar 1942 wieder zwei entfernt. Diese 1942 abgelieferten Glocken stammten aus dem Jahr 1470, kehrten zurück, wurden überarbeitet und neu intoniert und 1953 zwei weitere hinzugekauft; dabei mußte der hölzerne Glockenstuhl aus dem Jahr 1712 durch einen eisernen ersetzt werden; im Nachbarort Isaar stammte der Glockenstuhl sogar aus dem Jahr 1659 und brauchte wegen Baufälligkeit einen Nachfolger. Sinnvollerweise tragen die zwei neuen Glocken in Töpen aus dem Jahr 1953 nicht nur das Signum »Martin Luther« und dessen Bild, sondern als Glockenspruch auch den Friedensgruß der Engel von Bethlehem.

In Kempten ging das Glockenschicksal einmal den umgekehrten Weg, indem die empörten Bürger 1363 die Burghalde über der Stadt eroberten und aus einer Kanone die große Glocke für St. Mang gossen, die ehemalige »Kindsglocke« und heutige »Vaterunserglocke« mit gotischen Minuskeln.

Die Kunigundenglocke der Stephanusgemeinde in Bamberg von 1491 wurde durch die königliche Säkularisationskommission im Jahr 1803 an die katholische Obere Pfarre samt Schlag- und Zeigeruhr verkauft.

Von den Glocken der ersten evangelischen Kirche in München, der alten, durch die Nazis abgebrochenen Matthäuskirche, hängen jetzt zwei im Geläute der neuen Matthäuskirche im fünfstimmigen Spiel und eine als Betglocke frei sichtbar im Campanile.

Ein Glockenspiel mit vierzehn Glocken wurde der Gemeinde Erlangen-Möhrendorf 1973 von einem Gemeindeglied in Erinnerung an Potsdam geschenkt, und daher läßt es neben evangelischen Chorälen auch die Melodie »Üb immer Treu und Redlichkeit« hören.

Die Gemeinde Immenreuth/Oberpfalz, nach dem Ende des Zweiten Weltkrieges plötzlich um zweitausend Flüchtlinge angewachsen, erhielt für ihre Gottesdienste eine amerikanische Holzbaracke, die durch einen Dachreiter mit der Glocke einer zerstörten Kleinbahnlokomotive zur Kirche ausgebaut und 1948 von Landesbischof Hans Meiser eingeweiht werden konnte.

In der Marktkirche von Ortenburg steht seit 1982 ein Osterleuchter, der aus dem Klöppel der großen, aus der Laurentiuskirche in Steinkirchen überführten Glocke von 1525 geschmiedet wurde.

Im oberfränkischen Markgrafenland erinnert man sich an das »Türkenläuten« und dreimalige »Nachschlagen« beim mittäglichen Friedensgeläute aus der Zeit, als Georg Ernst von Henneberg, das im gefürsteten Grafengeschlecht im bayerisch-thüringischen Grenzgebiet, das seit dem Reichstag von Worms (1521) die Reformation tatkräftig unterstützt hatte, im Jahr 1542 als Anführer des fränkischen Truppenkontingents beim Kampf gegen die Türken vor Wien besondere Tapferkeit gezeigt hatte; auf dem Dach seines Schlosses steht bis heute neben dem christlichen Kreuz der türkische Halbmond.

Bleibt zu erwähnen, daß es immer wieder Gegner des Glockenläutens gibt, doch fand sich noch kein bayerisches Gericht zu einem einschneidenden Verbot bereit. Indessen erfuhren Kirchengemeinden wie Obbach im Landkreis Schweinfurt, daß sich »Gott auch durch das Schweigen der Glocken zu Wort meldet«, nachdem sie nämlich einmal monatlich ihren Sonntagsgottesdienst auf den Abend verlegt und viele Leute das Läuten am Vormittag vermißt hatten; sie forderten die Rückkehr zum gewohnten Sonntagsrhythmus.

Friedhof

Weil der Tod im Widerspruch zu neuzeitlichen Auffassungen nicht nur ein Notausgang ist, sondern die Rückkehr von dieser Welt in die Ewigkeit, sind Friedhöfe trotz aller Trauer Plätze, an denen der christliche Glaube das Leben feiert. Jede lebendige Gemeinde hegt einen solchen Ruheplatz, wo ihre Toten auf die Auferstehung warten. Sie liegen dort als die Abgeschiedenen, von denen Abschied genommen werden mußte bis zur Wiederbegegnung vor dem Richterstuhl Gottes am Jüngsten Tag.

Die Beerdigung ist nach evangelischer Auffassung ein Gottesdienst für die Gemeinde und die Hinterbliebenen, indem sie einen Abgeschiedenen der Ewigkeit übergeben. Beerdigt werden nach evangelischer Agende alle Personen, die evangelisch sind und dies in ihrem Leben bewußt waren, unbeschadet der Art ihres Todes. Ungetaufte, Unbekannte oder unkenntliche Unfallopfer und Verschollene können durch den Geistlichen den altchristlichen »Valet-Segen« und das »Vaterunser« erhalten. Jedenfalls wird jeder Tote von der Kirche ausgesegnet und mit Gebeten dem Schöpfer empfohlen.

Noch gibt es Dorffriedhöfe, in denen die Toten mit dem Gesicht nach Osten liegen, von wo die Auferstehung kommen soll. Die Gräber werden von christlichen Zeichen geziert und dauernd, am Totensonntag besonders geschmückt. Seit Anerkennung der Feuerbestattung gibt es auch die Verwahrung von Aschenurnen im Friedhof. Eine Besonderheit kennen seit 1607 sieben unterfränkische Gemeinden mit ihren Predigtkanzeln auf dem Friedhof, unter deren Schutz die Trauerfeiern und der österliche »Auferstehungsgottesdienst« gehalten werden.

Seit der Reformation wollten die auseinanderstrebenden Konfessionen immer ihre eigenen Friedhöfe haben. Die Augsburger Protestanten hatten schon 1534 an dem Friedhof »Vor dem Roten Tore« größten Anteil; er war ihnen durch

Rückkehr zur Ewigkeit: Der Protestantische Friedhof in Augsburg mit der klassizistischen Kirche von 1826

den Westfälischen Frieden zugesprochen worden, doch erhielten sie ihn erst 1837 als ihren »Protestantischen Friedhof«. Der Friedhof der Bartholomäuskirche in Nürnberg diente von 1632 bis 1634 vor allem als Begräbnisstätte für Offiziere aus dem Heer des Schwedenkönigs Gustav Adolf und für Exulanten aus den Habsburgerländern sowie der Oberpfalz. Der Johannesfriedhof in Nürnberg, der Rochusfriedhof in Nürnberg, der Hl.-Kreuz-Friedhof in Ansbach und der Altstädter Friedhof in Bayreuth gelten als die berühmtesten evangelischen Friedhöfe. In Rotthalmünster wurde 1963 der erste evangelische Friedhof in der niederbayerischen Diaspora geweiht. Der Rexrothfriedhof am Heimbuchenthaler Höllhammer in Unterfranken, ein Privatfriedhof auf evangelischem Grund im Besitz des Freiherrn Reitzenstein, wurde 1992 wegen seiner Einmaligkeit in die bayerische Denkmalliste aufgenommen.

Nachdem am 22. Dezember 1803 durch Verordnung des bayerischen Königs Max I. Joseph alle Beerdigungen innerhalb der Ringmauern der Städte untersagt wurden, bahnte sich, wenn auch nur langsam, eine Änderung in der Friedhofskultur an. Heute haben das Recht, einen Friedhof anzulegen, kirchliche ebenso wie politische Gemeinden, die dann auch das Hausrecht ausüben. Sie müssen, wo kein allgemeiner Friedhof vorhanden ist, auch die würdige Bestattung Andersgläubiger zulassen.

Friedhofsordnungen für die kirchlichen Begräbnisplätze werden von den Kirchenvorständen erlassen. Als sie einmal auf die offensichtlichen Unterschiede der Gräber und Kosten der Grabsteine angesprochen wurde, soll die ortsbekannte Friedhofspflegerin von Siedmannsdorf bei Coburg ihrer Meinung durch den Satz Ausdruck gegeben haben: »Ob er in den Himmel oder in die Hölle kommt, weiß keiner, aber in den Friedhof hinein kommt jeder!«

Denkmäler

Evangelische Kirchen in Bayern sind in der Regel mit Zeichen und Symbolen eher zurückhaltend ausgestattet: Bilder, Tücher, Farben, Formen, alte Buchstaben und gemalte Worte bezeugen vor allem die Vergangenheit, sie helfen den »verständigten« Gemeindemitgliedern zur Orientierung und geistlichen Information. Auf Menschen ohne Gemeindenähe können sie verschlossen wirken wie Rätsel. Wenn aber Information eigentlich »Einprägung in die Seele« heißt und das Wissen von einem wesentlichen Ziel ausspricht, das allen Menschen mitgegeben wird, dann informieren die evangelischen Versammlungsräume vor allem über die Perspektiven zur Begegnung mit Gott. Das Ankommen in einer solchen Umgebung soll Denkanstöße erhalten, das Dasein zum Anbeten und Empfangen führen.

Weil es ein gläubiges Denken und Gedächtnis gibt, haben die Denkmäler im Leben der Gemeinde einen notwendigen Platz: Grabsteine im Kreuzgang, Zunftzeichen der Handwerke, Wappenschilde der Patrizier, Kriegerdenkmäler, Totentafeln, Erinnerungsstücke. Sie dem Gedächtnis zu verweigern, wäre ein Widerspruch zum Leben. Wer nachdenkt, wundert sich nicht über unsere Vorfahren, deren ganzes Leben so innig in die Kirchlichkeit einer gegliederten Gesellschaft eingebunden war.

Denkmäler der Reformationsgeschichte und Bilder einer Zeit vor Einführung eigener Kirchenvorstände sind die ehemaligen Sitzplätze der Patronatsherren in evangelischen Gotteshäusern. Einmal heißen sie »Fürstenloge«, dann »Herrschaftsemporstuhl«, »Adelsstand« und »Patronatssitz«. Sie wurden üblicherweise beim Altarraum eingebaut, in der klassischen Markgrafen-Hofkirche in Gut Triesdorf bei Ansbach aber gerade gegenüber vom Altar über dem Eingang und in der Kirche von Weißendorf/Oberfranken und Weimarschieden v. d. Rhön sogar rechts und links des Altares doppelt, weil die zur Gemeinde gehörenden Orte Weißdorf und Bug unterschiedlicher »Cuius regio – eius religio« waren. Auch wenn diese Herrschaften die Verantwortung für das Gemeindeleben mit dem Ortspfarrer teilen wollten, unterwarfen sie sich doch zugleich dessen Aufsicht.

Dem Gedenken des Leidens Christi gewidmet sind die gar nicht so seltenen »Ölberge«, die meistens um die Wende zur Reformation errichtet wurden und den Glaubensernst jener Jahre

Erbe verpflichtet: Renovierungsarbeiten in der Ansbacher Friedhofskirche Hl. Kreuz

BILDER VOM GOTTESHAUS

Welche Schmerzen auch Kirchen und ihre Kunstwerke erleiden müssen und wie sie dennoch wieder gesunden dürfen, weiß die Georgskirche in Nördlingen zu berichten, die als größte Hallenkirche der Spätgotik im Jahr 1505 errichtet und immer weiter ausgestattet worden war, dann aber 1647 durch eine einschlagende Granate den Deckel ihres Taufsteines verlor und in der Karfreitagsnacht 1945 durch eine Fliegerbombe so schwer getroffen wurde, daß aus dem Schutt nur noch die Siegesfahne des Osterchristus ragte.

Zwischen gestern und morgen: Denkmäler im Kreuzgang der Augsburger St.-Anna-Kirche

bis heute vor Augen führen. Der um 1500 geschaffene Ölberg an der Außenseite der Walburgakirche in Großhabersdorf/Mittelfranken mußte im Jahr 1768 auf Anordnung des Pfarrers für einen direkten Zugang zur Sakristei durchbrochen werden, doch hat man diese Wunde 1909 wieder geschlossen und das Kunstwerk restauriert. Evangelische Kalvarienberge sind allerdings nirgends vorhanden, denn das Stufengebet nach Stationen ist trotz der Hochachtung vor der Passion verlorengegangen.

Der Vergegenwärtigung der Geburt des Gottessohnes dienen aber noch und wieder häufiger die Weihnachtskrippen in evangelischen Kirchen durch das ganze Bayernland. Sie leben als Brauchtum in den Häusern und Kirchen, geschaffen von heimischen Schnitzern und Krippenmachern oder örtlichen Gemeindegliedern und Jugendgruppen, aber auch aus dem Ausland: Israel, Lateinamerika, von der Partnerkirche in Tansania, deren Christen das schwarze Holz bevorzugen. Es geht dabei nicht um Gemütlichkeit, sondern um die reale Vorstellung dessen, was Gott für die Menschen getan hat, um die Vergegenwärtigung des Heils.

Lauter Denkmäler im lutherischen Gotteshaus! Ausdruck der »Philosophia cordis« (Philosophie des Herzens), die Blaise Pascal lehrte, Anlässe zur Besinnung und Buße, zur Erneuerung des Glaubens und zur Freude.

Patrozinium und Patronat

Nomen est omen. Der Name sagt alles, er bedeutet mehr als nur eine rufbare Benennung. Seit altkirchlicher Zeit läßt man christliche Kirchen nicht namenlos; ein geistlicher Pate würdigt sie mit seinem Patronat. Die Achtung vor der Vergangenheit gebietet, dies nicht zu vergessen. Der gemeinchristliche Stolz erlaubt die Fortführung der Tradition. Und mancher fragt sich vielleicht im stillen, was der Schöpfer wohl mit diesem Geheimnis gemeint haben mag, daß man sich auf Namen berufen und verlassen kann.

Patrozinien lassen vielfache Schlüsse zu auf die Kirchengründung, die gleichzeitigen Herrschaftsverhältnisse, die Theologie und Frömmigkeit der Zeit. Da sie im früheren Mittelalter wie Reliquien erworben werden konnten, haben manche Kirchen mehrere, einige bis zu vier, wenige wurden später umgewidmet. Der Wunsch nach Kontinuität hat die Patrozinien in Mittelfranken und Oberfranken geschützt, während die Entwicklung im ritterschaftlich bestimmten Teil Unterfrankens anders verlief. Was erhalten blieb und wie die Geringschätzung der Patrozinien um die Wende zu unserem Jahrhundert manches versinken ließ, haben Karl Schornbaum und Dieter Voll nachgewiesen.

Eine Durchsicht von 833 gesicherten Patrozinien, vorwiegend im evangelischen Nordbayern, ergab mit weitem Abstand die Namenswahl »Maria« (71) und »Zu unserer lieben Frau« (14). Der gütige Glücksbringer Nikolaus mit den drei goldenen Kugeln steht an zweiter Stelle (49), danach Georg, der siegreiche Drachentöter und Heilige der Deutschen (48), dann Michael, der »Engel des Volkes« und Kirchenpatron früher heidnischer Kultplätze (46), Martin, der Schutzheilige des merowingisch-fränkischen Reiches, der als Bischof von Tours Chlodwig getauft hatte (40). Weitere beliebte Patrone sind Jakobus (37), der »wahre Jakob« mit den Kirchen am Pilgerweg zu seinem Grab in Santiago de Compostela, Laurentius (35), der Kirchenpfleger der frühen Christengemeinde in Rom und Märtyrer der Diakonie, Bartholomäus (33), der Apostel Armeniens und Heilige »eines guten Lebens«, danach Peter und Paul (25), Kilian (19), Andreas und Johannes (je 18) und Johannes der Täufer (26). Seltener sind die Leonhard (16), Margarethe (14) und Stephanus (14), Mauritius (13) und andere. Ganz selten fungieren als Patrone die großen Gestalten der Christianisierung oder theologische Persönlichkeiten.

Jedenfalls läßt die Zahl der Patronate durch Georg, Michael, Martin, Laurentius, Mauritius, Remigius und Bartholomäus Rückschlüsse auf die früheste Christianisierung zu; sie sprechen durchwegs von sehr alten Kirchen, die seit der Reformation in evangelischer Hand sind. Bei der reformatorischen Reinigung des Kirchenwesens wurden die Heiligen und ihre Patrozinien nicht in Frage gestellt. Viel tiefer drang die Säkularisation mit der Abschaffung vieler Feiertage. Der Rationalismus kam um das Namensproblem nicht herum, widmete aber manche Kirchen um, wie beispielsweise vom personalen »Johannes« zur abstrakten »Dreifaltigkeit«. Heute ist man sich dieser Dinge und der Zusam-

menhänge wieder bewußter geworden. Kirchen werden von ihren Gemeinden nach Christus benannt oder nach Evangelisten und Aposteln. Seit den fünfziger Jahren kommen Kirchennamen aus den Hoffnungen der Heilsgeschichte wie »Heiliger Geist«, »Dreieinigkeit«, »Auferstehung«, »Ewigkeit« oder auch »Emmaus« und »Nazareth«. Auch Gestalten der Kirchengeschichte wie Martin Luther, Philipp Melanchthon, Paul Gerhardt oder einfach das Reformationsgedächtnis leihen ihre Namen zur Widmung. Die Hagiographie geht weiter mit Gustav Adolf, Martin Niemöller, Dietrich Bonhoeffer. In Oberbayern suchte man gern einen Weg mit Hilfe der Introiten des Kirchenjahres wie Kantate, Rogate, Jubilate. Da seit 1945 mehr evangelische Kirchen errichtet wurden als in den vier Jahrhunderten seit der Reformation, wird eines Tages eine neue Analyse vielleicht ganz interessante Aufschlüsse über den Glauben, die Gemeinden und die Theologie bringen.
Gratulieren darf man einer Gemeinde wie in Neumarkt/Oberpfalz, die sich der Tradition des Kirchweihfestes erinnerte und ihrer damals schon über 130 Jahre alten Pfarrkirche am 20. Oktober 1985 den Namen »Christuskirche« gab, damit sie auch ein echtes Patrozinium feiern kann. Im Jahr 1992 erhielt die bis dahin namenlose Kirche in Dillingen nach Martin Luthers Gattin Katharina von Bora den Namen »Katharinenkirche«; der Platz vor der Kirche heißt Martin-Luther-Platz. Über dieses Ergebnis einer jahrelangen Debatte im Kirchenvorstand freuen sich die Frauen der Gemeinde, aber auch die Katholiken fühlen sich geehrt, doch bei ihnen stammen die Katharinen von Alexandria, von Genua und von Siena.
Daß Patrozinien auch in neuester Zeit in der evangelischen Kirche eine Rolle spielen, zeigt die Kirchengemeinde von Warzfelden/Mittelfranken, die anläßlich ihrer 700-Jahr-Feier von der im Ort ansässigen Künstlerin Maria Beine-Hager das Bild des Patrons Mauritius als Mann der Dritten Welt mit Siegeslanze, Kreuz und Ostersonne als Wandgemälde im Gotteshaus anbringen ließ.
Übrigens, in der evangelischen Kirche in Rudelstetten im Ries stehen an einer Seitenwand des Mittelschiffs die vier Figuren von Wunibald, Ulrich, Luther und Löhe. Sie sollen »zeigen, durch wen Rudelstetten in der Vergangenheit wesentlich beeinflußt wurde und die Lebenden an wichtige Aufgaben der heutigen Kirche erinnern: Mission und Kirchentreue, Standhaftigkeit im Glauben und Diakonie und Liturgie als Ausdruck des Glaubens« (Dekanatsführer). Das ist eine vornehme Gesinnung!
Mit dem Patrozinium nicht zu verwechseln ist das Patronat, der »Besitz« eines Kirchenwesens am Ort. Dieses Recht wurde im Mittelalter klärungsbedürftig, als sich eine allgemeine kirchliche Organisation durchsetzte und ihr Verhältnis zur weltlichen Macht geregelt werden mußte, eine bis zur Aufklärung vor hundert Jahren relevante Frage. Seit dem 12. Jahrhundert hielt meistens derjenige weltliche Herrscher das Patronatsrecht, der für einen Kirchenbau den Boden gab. Baute oder finanzierte er auch noch das Gotteshaus, so erhielt er dafür die Rechte eines »geistlichen Lehens«: Vorschlagsrecht für die Besetzung der Pfarrstelle, bestimmte Ehrenrechte, aber auch gewisse Pflichten zur Bestandserhaltung und nicht selten die Gewinne, die »Reichnisse«.
Diese Regel ging auf den Investiturstreit zwischen Kirche und Kaiser (1075-1120) zurück und führte beim Augsburger Religionsfrieden (1555) in das erweiterte Prinzip über »Wem das Gebiet gehört, der bestimmt die Religion«. Indessen brachte die Kirche der Reformation auch Differenzierungen. So hatten zum Beispiel die Grafen von Stein v. d. Rhön das Recht, dem herzoglichen Hause für eine Pfarrstellenbesetzung »zwei schickliche Subjekte« zu präsentieren, die ganze Bürgerschaft durfte ein Votum über deren »Gabe, Lehre und Wandel« abgeben, und das Konsistorium hatte zu bestätigen.
Seit 1818 konnten keine neuen Patronate begründet werden. Seit 1968 wurden entsprechend einem Beschluß der Landessynode in der bayerischen Landeskirche rund 150 Patronate abgelöst. So entfielen die Rechte vieler Jahrhunderte einschließlich des repräsentativen Sitzplatzes in der Kirche oder gar, wie es den Freiherren von Thüngen seit der frühesten Zeit der Reformation zustand, der Anspruch, daß nach dem Ableben eines Patronatsherrn in seinen Kirchengemeinden während zwei Wochen täglich eine Stunde lang zu seinem Gedächtnis mit den Kirchenglocken geläutet wird.
Bis heute bestehen noch 18 Patronate, davon 11 zugunsten adeliger Familien und eines für die Hospitalstiftung in Dinkelsbühl. Sie üben ihre Rechte und Pflichten auf eigenen Wunsch weiter aus oder konnten wegen anstehender Rechts- und Finanzprobleme der Ablösung noch nicht zustimmen.

Simultaneum

Das Wort bedeutet »für zwei zugleich« und wird sonst nur in der Krippenkunst gebraucht, wenn zeitlich verschiedene Ereignisse in einer Szene gemeinsam gezeigt werden, so daß die Grenzen sich verändern, aber die Ganzheit bleibt. Simultaneum ist der organisierte Kompromiß zwischen toleranzwilligen Konfessionen, um das Eigene zu erhalten und Gemeinsames zu gestalten. Es meint den gleichzeitigen und gleichberechtigten Besitz und die gemeinsame Benutzung von Gotteshäusern, Friedhöfen, Pfarrhäusern und Kirchenschulen, einschließlich einer geregelten Parität bis in die öffentlichen Ämter der Rathäuser, der Ratszeiten und Amtszeiten von Bürgermeistern, den Diensten von Hebammen und Totengräbern und so weiter. Reste sind bis heute erhalten, nicht nur bei der simultanen Verwaltung von Anwesen und Einrichtungen, sondern auch im Bewußtsein, so vorgehen, miteinander so umgehen zu können. Das Simultaneum läßt beide Konfessionen den Grundbestand christlicher Gemeinsamkeiten erfahren durch den Friedensschluß im Alltag, beim Begräbnis, in der Schule. An die Stelle völligen Unverständnisses tritt wechselseitige Anerkennung, und der Mut zur Minderheit hilft das Leben ertragen.
Der Modellfall des Simultaneums entstand in der bayerischen Oberpfalz, die 1542 durch das Bekenntnis ihres Herzogs Ottheinrich von Sulzbach evangelisch geworden war, dann aber durch die Heirat des Herzogs Wolfgang Wilhelm und seinen Glaubenswechsel 1627 wieder katholisch. Die streitenden Herren entschieden sich 1663 im »Kölner Vergleich« gegen die Prinzipien des »Westfälischen Friedens« von 1648 zu einem Kompromiß, dem Simultaneum, für ihre Orte gemischter Konfession. Er galt offiziell bis 1806, wurde bis 1935 schrittweise abgewickelt und wirkt in Resten bis heute fort.
In der Stadt Weiden galt das Simultaneum von 1663 bis 1818: Protestanten und Katholiken waren gleichberechtigte Besitzer der Michaelskirche, bis sie 1900 den Protestanten allein gehörte, weil die Katholiken sich eine eigene Jugendstilkirche gebaut hatten. Ab 1654 galt das Simultaneum auch im Amt Floß. In Sulzbach-Rosenberg verwehrten die Katholiken Anfang des 19. Jahrhunderts den Evangelischen die Benutzung des Taufsteins in der sonst gemeinsamen Kirche, »weil die Protestanten kein Weihwasser brauchen«. Der Taufstein wurde mit Holzdeckel und Vorhängeschloß gesichert. Aus

BILDER VOM GOTTESHAUS

Vom Missionswerk der angelsächsischen Mönche, die im 8. Jahrhundert am Limessaum die fränkischen Urklöster gründeten, blieb Willibalds Eichstätt im Altmühltal katholisch, und Wunibalds Heidenheim in einer tiefen Falte des Juragebirges, wo auch beider Schwester Walburga begraben liegt, wurde 1528 evangelisch, blieb es und bewahrte seine archaische Identität.

BILDER VOM GOTTESHAUS

In seinem Wesen romanisch geblieben, obwohl durch die Jahrhunderte hindurch immer wieder erweitert, wertvoll bereichert und neu geschmückt, ist das 1132–1139 errichtete Münster des Zisterzienserordens in Heilsbronn, das die Gräber der Hohenzollern aufnahm und heute der Ortsgemeinde und einem Zentrum evangelischer Schulverantwortung in der bayerischen Landeskirche die geistliche Ortung gibt.

Rache brachten die Protestanten ein zweites Schloß an. So fand mehr als hundert Jahre in der »simultanen« Pfarrkirche keine Taufe mehr statt. In Altenstadt bei Vohenstrauß dauert das Simultaneum der Kirchenbenützung bis heute an.

Schwieriger waren die Verhältnisse, wenn nach dem Aussterben einer Herrschaftslinie oder einem Konfessionswechsel ganze Ortschaften »simultanisiert« wurden. In einem Dorf wie Deiningen im Ries zerschnitt die Erbteilung der Fürsten von Oettingen den Ort in zwei Konfessionsteile, so daß jeder seine eigene Schule besaß und trotz gemeinsamer Nutzung der Kirche die Spannungen nicht nachließen, im Gegenteil sogar jemand beim Umzug innerhalb des Dorfes die Konfession wechseln mußte. Und dennoch erwachte gerade in solchen Orten während der letzten Jahre vor allem unter der Jugend ein besonders ökumenischer Geist, der allen größere innere Freiheit beschert.

In einer Gemeinde wie Sachsen bei Ansbach fielen die Landeshoheit und die Kirchenhoheit, bis heute noch spürbar, so auseinander, daß das Dorf in seiner teilweisen Zugehörigkeit zu Ansbach oder Nürnberg unter katholischem Patronat von evangelischen Pfarrern versorgt wurde, daß aber auch Feiertage wie »Mariä Himmelfahrt« den einen Teil der Einwohner zur Einhaltung des Feiertages, einen anderen zur Arbeit anhielten und auf dem Friedhof konkurrierende Kirchenchöre gegeneinander schreiend sangen. Nicht nur die Schrecken des Dreißigjährigen Krieges und die neuen Verhältnisse im Königreich Bayern, sondern auch das moderne Toleranzdenken haben zu einem »permanenten Simultaneum« beider Konfessionen geführt.

In Bullenheim am Steigerwald gehören als Konsequenz langer Verhandlungen nach der Gegenreformation seit 1664 zwei Drittel des Pfarrvermögens und der Baulast der evangelischen Pfarrei und ein Drittel der katholischen Gemeinde, die von einem Nachbarort aus betreut wird; obendrein ist der Kirchturm, der früher ein Wehrturm war, im Besitz der politischen Gemeinde. Im unweit entfernten Herrnsheim erstritten sich die protestantischen Einwohner 1664 durch den »Kitzinger Rezeß« die Rückkehr des vertriebenen evangelischen Pfarrers, dessen Unterhaltskosten die Gemeindemitglieder übernahmen, wobei sie auf den Pfarreibesitz zu verzichten hatten. Dieses Simultaneum besteht bis heute, und jedes Jahr wird zum Markt und an der Kirchweih in der evangelischen Kirche eine katholische Messe gefeiert.

In Regensburg ging 1627 ein beachtliches Simultaneum zu Ende: Nachdem über hundert Jahre lang beide Konfessionen in der Dominikanerkirche vereint waren, reagierten die Evangelischen auf Mißhelligkeiten mitten im Dreißigjährigen Krieg mit dem Bau eines eigenen, großen, zeitgemäßen Gotteshauses in der Innenstadt, der 1631 geweihten glanzvollen Dreieinigkeitskirche. Es waren eben am Sitz des »Immerwährenden Reichstages«, eines Vorläufers des heutigen Deutschen Bundestages, zu viele protestantische Botschafter und Beamte, ansässige Lutherische und nicht bodenständige Bewohner, die zueinander drängten.

Bei der Auflösung des Simultaneums wurde in Thansüß im Jahr 1935 zwischen beiden Konfessionen redlich geteilt: bis hin zu den Altären, Orgeln, Glocken, Sakristeischränken, Vortragekreuzen, Uhren und den Gebäudeteilen mußte ausgezahlt werden, was man an Wert festgestellt hatte. Aber die Evangelischen in Rothenstadt/Oberpfalz sagten nach ihrem Kirchenbau, sie seien froh, daß sich ihr Pfarrer nicht mehr, wie während des Simultaneums, hinter dem Altar umkleiden und seine Bücher in einer Mauernische aufbewahren muß, weil die Sakristei dem katholischen Teil vorbehalten war.

Simultaneum praktisch: Straßengottesdienst in Nürnberg

In Ehingen a. Ries, wo in der 1180 geweihten St.-Stephanus-und-Ulrichs-Kirche 1539 die Reformation eingeführt wurde, sind Gotteshaus und Friedhof immer gemeinsamer Besitz beider Konfessionen geblieben. Es gibt einen simultanen Kirchenvorstand, der Vorsitz in der Simultanverwaltung wechselt alle sechs Jahre zwischen den Geistlichen beider Seiten. Eine eigene evangelische Pfarrei wurde 1908 errichtet, und erst nach dem Zweiten Weltkrieg kam es zu den ersten konfessionsverschiedenen Ehen. In der katholischen Kirche in Nördlingen gibt es evangelische Gottesdienste, in der evangelischen von Baldheim ist es umgekehrt, in Deiningen geht die wechselweise Nutzung weiter.

In Ansbach-Schalkhausen wird die evangelische Kirche regelmäßig von der katholischen Gemeinde mitbenutzt. Ähnlich ist es in Ernsgaden, und an hohen Feiertagen können die Evangelischen in Hitzhofen bei Ingolstadt ihren Gottesdienst in der katholischen Kirche halten.

Während die St.-Veits-Kirche in Illschwang/Oberpfalz seit dem Dreißigjährigen Krieg Simultankirche geblieben ist, sind in Türkheim in Schwaben, Thurmannsbang im Bayerischen Wald, in Tittling/Niederbayern und in Fürstenstein die Evangelischen Gäste bei den katholischen Gemeinden. Umgekehrt stellte die evangelische Gemeinde in Leopoldsgrün/Oberfranken von 1945 bis 1962 ihre Kirche katholischen Flüchtlingen zur Verfügung, bis sie eine eigene errichten konnten. In Heideck/Mittelfranken öffneten sich die Tore der katholischen Frauenkirche erst 1960, in Kupferberg/Oberfranken die der Spitalkirche. In Königshofen am Grabfeld können bei evangelischen Beerdigungen katholische Kirchen benützt werden. Viele Kindergärten werden selbstverständlich von Kindern beider Konfessionen besucht und inzwischen nicht mehr zu Bekehrungsversuchen benützt.

Die 1685 errichtete und von 1894 bis 1945 verlassene Kirche von Bonnland am Truppenübungsplatz Hammelburg dient seit 1979 wieder beiden Konfessionen für Gottesdienste der Militärseelsorge. Nicht nur in Arlesried im Unterallgäu singen im evangelischen Frauenchor auch katholische Kehlen. Es geht weiter: die Stadtgemeinde St. Martin in Memmingen bietet syrisch-orthodoxen Christen Gastrecht für eine sonntägliche Kinderlehre in der Kirche. Die evangelische Gemeinde in Ingolstadt stellte ihren Gemeindesaal von 1979 bis 1983 sogar den türkischen Moslems für ihre Gottesdienste zur Verfügung und setzte damit ein Zeichen, das den unterdrückten Christen in der Türkei helfen könnte.

IN GUTER VERFASSUNG
Die Grundordnung der Landeskirche und wie sie funktionieren kann

Alles in Ordnung – das heißt nicht, daß alles geregelt sein muß. Denn Kirche bedeutet doch vor allem Leben, lebendiges Dasein in dieser Welt, wie sie ist! Auch wenn Menschen, die sich mehr als andere mit den ewigen Dingen beschäftigen, dazu neigen, die Welt in feste Vorstellungen zu zwängen, und ganz andere, vor allem junge und jugendliche Leute lieber in den Tag hinein leben und den Dingen ihren Augenblick gönnen wollen, benötigt die Kirche einen festen Rahmen, eine Ordnung. Ohne das geht es nicht oder nur drunter und drüber.

Schon die erste Christengemeinde in Jerusalem gab sich eine Generation nach dem Kreuzestod ihres Herrn eine Ordnung, die »Didachae« (Zwölfapostellehre), deren Geist und Sinn bis heute gelten. Martin Luther sagte aus seiner Erfahrung, jede menschliche Ordnung sei nur eine Notordnung. In einem zusätzlichen Sinn des Wortes ist auch die bayerische Kirchenordnung aus der Not, der Bedrängnis und dem Bekenntnis hervorgegangen, mußte immer wieder erstritten werden. Den Ordnungsrahmen auszufüllen, daraus Vitalität für das kirchliche Leben zu schöpfen und immer wieder kontrollierend zu korrigieren ist in der ordentlichen Kirche eine fortlaufende Aufgabe. Nicht selten sind die Abläufe umstritten, werden die Resultate hinterfragt, die Kompromisse nicht durchgehalten. Aber immer wieder wird auch die Bitte im Vaterunser erhört »Dein Wille geschehe«, wenn nur von den Menschen erkannt wird, wie das geschieht, damit sie den gemeinten Weg Gottes gehen.

Organisation

Die bayerische Landeskirche genießt einen im Vergleich mit anderen Kirchen in Deutschland schier unschätzbaren Vorteil: ihr Gebiet deckt sich mit dem Gebiet des Freistaates Bayern. Damit ist sie in vielen Fällen identisch mit den weltlichen Organisationen der Regierung und Regierungsbezirke, der Gebietskörperschaften und kommunalen Bereiche, der Wirtschaft, Gewerkschaft, Verbände und Vereine, ob für Bauern, Journalisten, Sportler oder Autofahrer. Auch Verantwortungsbereiche des Bundes decken sich ähnlich leicht, und das Kirchensteuergebiet ist mit dem staatlichen Rechtsgebiet und Steuerbereich identisch.
Wer in solchen Beziehungsfeldern leitend tätig oder verantwortlich ist, weiß, was dieses für viele Einwohner Bayerns selbstverständliche Zusammenfallen bedeutet. Zudem ist man hier seit alters gewohnt, zwischen dem kirchlichen und dem weltlichen Leben eine offene Identität zu sehen. Das paßt sehr gut zu den Vorstellungen der Reformation über die Gewaltenteilung zwischen Kirche und Welt, zu der Lehre von den zwei Reichen zur rechten und linken Hand Gottes, der alles regiert. Die andere Kirche in Bayern hat manchmal andere Vorstellungen. Aber vom Wunsch nach einem die Kirche und die Welt vereinenden Gottesstaat kann keine Rede mehr sein. In diesem Land und in seiner evangelischen Volkskirche soll die Kirche zwar beim Dorf gelassen, aber der Pfarrer nicht zum indirekten Bürgermeister gemacht werden, geschweige der Landesbischof zum Landesvater aller Protestanten.
Die einzelnen kirchlichen Organisationen geben sich selbst ihre Ordnungen und Verfahrensregeln, die den kirchlichen Grundbedingungen nicht zuwiderlaufen dürfen und im Einzelfall dem allgemeinen Vereinsrecht, Stiftungsrecht und so weiter unterliegen. Kirchliche Werke fassen solche individuellen Organisationen zu Dachverbänden oder größeren Arbeitseinheiten zusammen.
Wenn gesagt wird, die Protestanten verstünden sich auf das Organisieren und liebten es über alles, so mag das möglicherweise im Wesen dieser Konfession begründet sein, das sich von der Zukunft leicht faszinieren läßt. Man könnte diesen Zustand loben, gäbe es nicht auch hier, wie überall im menschlichen Bereich, Unzulänglichkeiten, Mißverständnisse und Fehler. Um so wichtiger die Bitte an den Heiligen Geist, er möge genug gesunden Menschenverstand geben.

Organe

Die Verfassung der bayerischen Landeskirche bestimmt vier sich gegenseitig bedingende Organe. Sie verantworten gemeinsam das formelle Leben. Sie unternehmen im Zusammenspiel alles, was dem gemeinsamen Ziel dienen kann, Kirche zu sein; sie handeln auch bei verschiedener Sicht der Glaubens- oder Lebensfragen miteinander. Die vier, in eigenen Kapiteln näher beschriebenen Verfassungsorgane sind: der Landesbischof, als das »geistliche Oberhaupt« der Garant der Kontinuität; die Landessynode, als »Kirchenparlament« die Legislative; der Landessynodalausschuß, als »Kleines Kirchenparlament« zwischen Legislative und Exekutive vermittelnd tätig; der Landeskirchenrat, der als »Regierung« für die Exekutive zuständig ist und für die Kirchenverwaltung das Landeskirchenamt im Hintergrund hat.
Alle Mitarbeiter sind im Rahmen der beschlossenen Ordnungen gleich, nach Rang, nach Wert, nach Wichtigkeit. Ämter und Dienste werden definiert.
Für die zentralen Aufgaben sagt die Kirchenverfassung: »Der Auftrag zur öffentlichen Wortverkündigung und Sakramentsverwaltung wird durch die Ordination erteilt« (Art. 12); andere Evangelische können dasselbe in einem bestimmten Dienstbereich nach besonderer Berufung und Lehrverpflichtung tun, in Notfällen sogar jedes Kirchenmitglied (Art. 12,2).
So gut wie nicht vorhanden ist eine eigene kirchliche Gerichtsbarkeit, von den »Amtszuchtverfahren« und Schiedsstellen abgesehen, die rein innerkirchlich tätig werden. Darin erweist sich der Unterschied zwischen Kirchenverfassung und weltlicher Ordnung deutlich, aber auch die evangelisch-lutherische Kirche von anderen christlichen Kirchen.

Grundrechte

Mit dem Ende des Ersten Weltkrieges endete die Monarchie in Bayern. Die erste republikanische Verfassung vom 14. August 1919 ermächtigte alle Religionsgemeinschaften zur selbständigen Verwaltung. Der neue Staat entließ im Jahr 1920 das »Oberkonsistorium«, die Leitung der evangelischen Kirche, aus dem Verband der bayerischen Behörden. Darauf antwortete die Landeskirche wenig später mit einer Übergangsverfassung und beschloß dann durch eine Generalsynode in Ansbach mit Wirkung vom 1. Januar 1921 die erste »Verfassung für die evangelisch-lutherische Kirche in Bayern rechts des Rheins«. Die oberste Verantwortung wurde dem Präsidenten des Oberkonsistoriums, Friedrich Veit, übertragen; die oberste Behörde hieß Landeskirchenrat.
Nach dem Zweiten Weltkrieg war das »Dritte

BILDER AUS FRANKEN

Die Stadt Ansbach, aus einem schon 752 gegründeten Benediktinerkloster hervorgegangen, schloß sich sehr früh der lutherischen Reformation an und wuchs durch das Markgrafentum zur Metropole des evangelischen Mittelfranken, mit der die Geschichte der Landessynode besonders eng verbunden ist.

BILDER DES GLAUBENS

Das evangelische Erlangen mit seinem hugenottischen Geist prägte nicht zuletzt durch die vom Bayreuther Landbauinspektor Johann David Räntz 1720–1737 geschaffene Neustädter Pfarr- und Universitätskirche viele Pfarrer auf dem Weg durch das Theologiestudium in die kirchliche Praxis.

Reich« Adolf Hitlers am Ende. Die neue Bundesrepublik Deutschland gab sich eine Verfassung. Nach diesem Grundgesetz gehören die »Glaubens-, Bekenntnis- und Gewissensfreiheit« (Art. 4, Abs. 1,2) ebenso zu den Grundrechten wie das Verbot der Benachteiligung wegen des Glaubens oder religiöser Anschauungen (Art. 3, Abs. 3). Das Grundgesetz garantiert Freiheit der Meinungsäußerung (Art. 5), staatliche Ordnung von Schule und Religionsunterricht (Art. 7), Versammlungsfreiheit (Art. 8) und Vereinigungsfreiheit (Art. 9) und nicht zuletzt, sondern ganz am Anfang seiner Regelungen, die persönliche Freiheit der Bürger, das heißt die freie Entfaltung der Persönlichkeit und die Freiheit der Religion (Art. 2, Abs. 1 und Art. 104). Art. 140 sagt: »Es besteht keine Staatskirche.«

Die Verfassung des Freistaates Bayern hat insbesondere in den Artikeln 107 und 127 ähnliche Festlegungen getroffen. Dabei wurde ganz demokratisch, aber für Protestanten etwas schwer verständlich gesagt: »Niemand ist verpflichtet, seine religiöse Überzeugung zu offenbaren.«

DIE VERTEILUNG DER PROTESTANTEN IN BAYERN

Entsprechend ihrer Bevölkerung in den Bereichen der evangelischen Kirchenkreise und Dekanate nach der Volkszählung von 1987

Personen
- bis unter 10 000
- 10 000 bis unter 20 000
- 20 000 bis unter 30 000
- 30 000 bis unter 40 000
- 40 000 bis unter 50 000
- 50 000 bis unter 100 000
- 100 000 oder mehr

— Landesgrenze
— Grenzen der Dekanate
München Dekanatsname

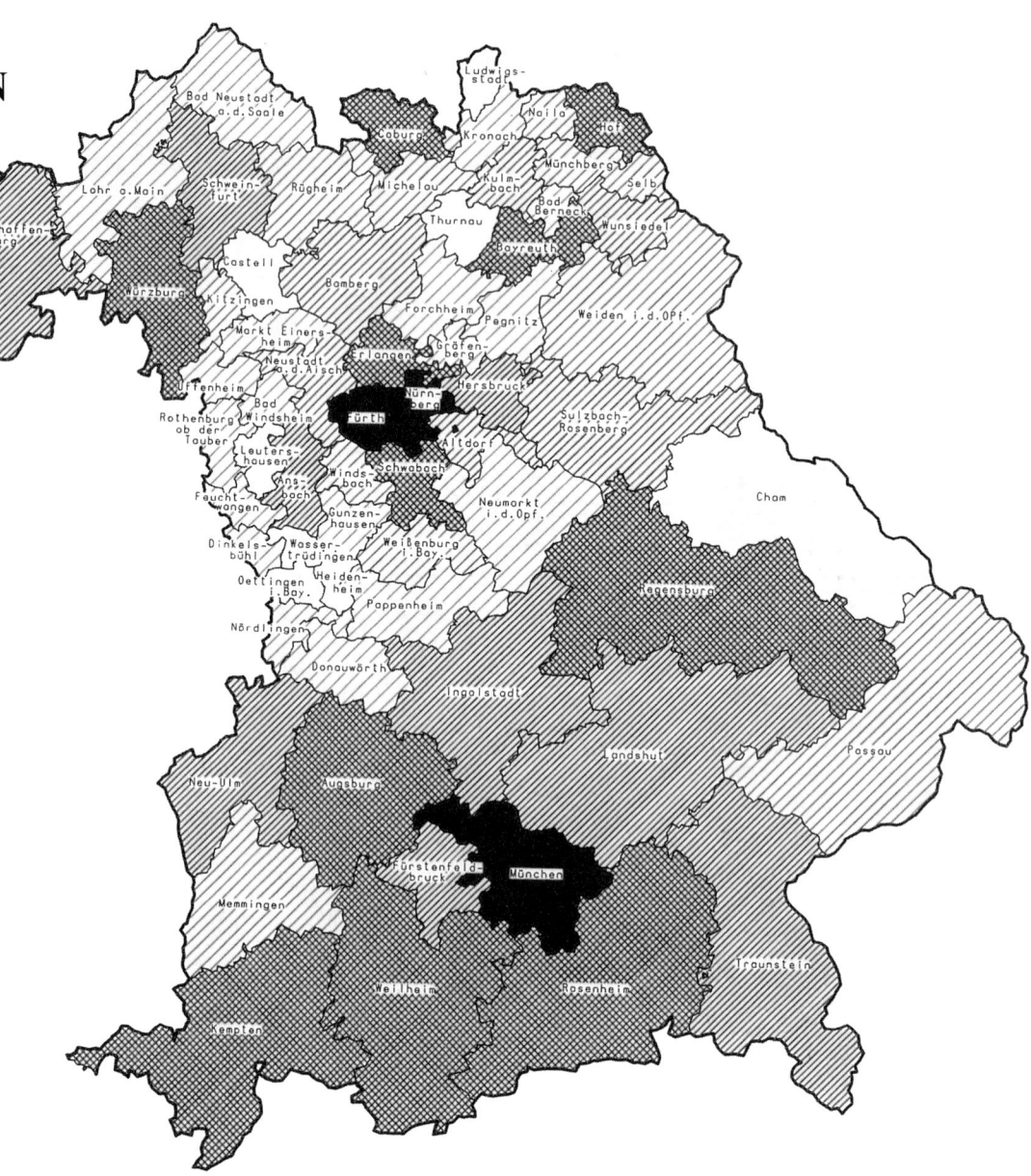

Maßstab
0 12,5 25 37,5 50 km

WO SIND DIE PROTESTANTEN?
Wohnung und Wanderung der evangelischen Bevölkerung Bayerns

Ein verbreitetes Vorurteil sagt: »In Bayern ist man katholisch« oder »In Franken ist man evangelisch«; aber beides stimmt nicht. Wo die Menschen der einen oder der anderen Konfession sind, kann die Statistik sagen, aber am jeweiligen Ort »weiß« man es, denn dort bedeutet es mehr als nur Quantität. Wäre es möglich, daß »jedermann sich schätzen ließe, ein jeglicher an seinem Ort«, wie Martin Luther den Befehl zur Volkszählung am Anfang der Weihnachtsgeschichte übersetzte, dann käme vielleicht sogar eine Wert-Schätzung zustande. Die Evangelischen sind mit ihrem Bevölkerungsviertel über ganz Bayern verteilt, seit der große Flüchtlingsstrom des Zweiten Weltkriegs den Besitzstand der Gegenreformation hinwegschwemmte. Der einzige ernste Schluß, der daraus gezogen werden muß, ist die Beachtung des Wunsches dieser Menschen, »ihres Glaubens leben« und Kirche sein zu können.

Das geographische Gebiet der bayerischen Landeskirche entspricht dem »Bayern rechts des Rheins«, das seit 1918 ohne die linksrheinische Pfalz Staatsgebiet ist. Hinzu kam zuletzt, nachdem 1921 das alte Herzogtum Coburg eingegliedert worden war, die Enklave der »Diocese Ostheim« vor der Rhön, bestehend aus den Gemeinden Ostheim, Urspringen, Sondheim, Stetten sowie Melpers, Frankenheim und Birx. Sie waren nach dem Zweiten Weltkrieg durch den Eisernen Vorhang von ihrer thüringischen Landeskirche abgeschnitten und 1954 durch ein Verwaltungsabkommen an Bayern angeschlossen, dann aber 1972 endgültig eingegliedert worden. Seit dem Bau einer Kirche in Oberviechtach im Jahr 1964 gibt es in Bayern keinen Landkreis ohne eine evangelische Kirche mehr.

Bayern hat nach der Volkszählung von 1987 insgesamt 10 902 643 Einwohner, von denen 67,2 Prozent katholisch und 23,9 Prozent evangelisch sind. Die übrigen Einwohner leben entweder in kleineren Religionsgemeinschaften (3,6 Prozent = 1,5 Prozent mehr als 1970) oder in evangelischen Freikirchen (0,2 Prozent = 1,1 Prozent weniger) oder ohne Zugehörigkeit zu einer anerkannten Religionsgemeinschaft (5,1 Prozent = 2,8 Prozent mehr).

Die Verteilung der Evangelischen auf die Landesteile Bayerns entspricht nicht mehr den gewohnten Vorstellungen. Prozentual die wenigsten Protestanten gibt es in Cham (4,5 Prozent), Passau (6,2 Prozent), Regensburg (9,2 Prozent) und Landshut (9,8 Prozent). Die meisten finden sich in Wassertrüdingen (80,9 Prozent), Naila (79,7 Prozent) und danach in Rothenburg o. d. Tauber, Neustadt a. d. Aisch, Bad Windsheim, Bad Berneck, Feuchtwangen, Coburg, Leutershausen, Hof, Uffenheim und Münchberg, alle über 70 Prozent der gesamten Einwohnerschaft.

In der Statistik folgen mit zwischen zwei Dritteln und der Hälfte evangelischer Bevölkerung die Gebiete in einem breiten Band von Ansbach bis Bayreuth, also das »gut evangelische« Franken. Indessen gehören Unterfranken, das Gebiet um Bamberg und um Feuchtwangen, ebenso wie die Oberpfalz, zu jenem gemischten Konfessionsgebiet, in dem die Protestanten durchschnittlich nicht über ein Viertel der Bevölkerung ausmachen; dasselbe gilt, was nicht überraschen mag, für Schwaben und Oberbayern. Nur Niederbayern, von Freising bis zum Bayerischen Wald, verzeichnet in der Bevölkerungsstatistik unter 10 Prozent Protestanten.

Das Dekanat Cham im Bayerischen Wald ist nicht der Fläche nach, aber mit 4,3 Prozent Anteil das am dünnsten evangelisch besiedelte Kirchengebiet. Umgekehrt hat das Dekanat Wassertrüdingen mit ganzen 6 Orten nur 156 Evangelische weniger und dennoch die größte Dichte mit 80,9 Prozent. Die »Voralpen-Dekanate« Kempten, Weilheim, Rosenheim und Traunstein haben bei annähernd gleichen Flächengrößen etwa gleich viele evangelische Bürger; sie leben in einer beachteten Minderheit, wo früher extreme Diaspora war.

Überraschen muß, daß das erst seit 150 Jahren für protestantische Einwohner »geöffnete« München, inzwischen nur 10 Prozent weniger Evangelische hat als die »klassischen« Städte Nürnberg und Fürth zusammen. Die Reformationsstadt Augsburg zählt doppelt so viele Evangelische wie Ansbach oder Aschaffenburg, Schweinfurt oder Traunstein. Weißenburg i. Bay. hat wiederum nur rund halb so viele Evangelische wie Ansbach.

Die meisten Wohnorte in seinem geographischen Bereich hat übrigens der Kirchenkreis Regensburg mit 125 Kommunen, von denen jede evangelischen Einwohnern als Heimat dienen, aber nicht jede eine eigene Gemeinde anbieten kann, während es in ganz Bayern keine rein evangelische Wohngemeinde gibt. So »katholisch« ist Bayern am Ende dann doch, dem zitierten Sprichwort gemäß.

Ziemlich unbeachtet blieb bisher die Binnenwanderung im Bayern der letzten zwanzig Jahre: die Mehrzahl der Protestanten lebt jetzt im Süden. Nach der Landflucht die Stadtflucht an den Rand der lästigen Ballungsräume und der erwachenden Mittelstädte, der Rückzug ins Mittelfeld zwischen Arbeit und Freizeit, dazu ein starker Zuzug aus anderen Bundesländern und aus dem Ausland. Zwischen 1970 und 1987 verließen rund 10 Prozent der Einwohner die Großräume München und Nürnberg und ließen sich in den nahen, billigeren und nachbarschaftlicheren neuen Wohnbereichen nieder, wo freilich oft erst die notwendige Infrastruktur geschaffen werden mußte. Gleichzeitig trieb es bis zur Wiedervereinigung viele aus Nordbayern, vor allem dem Nordosten, weg von den in ihrer Wirtschaftsstruktur geschwächten Gebieten. Diese Abwanderungsbewegung aus Nordschwaben, Westmittelfranken und Teilen Altbayerns, die sich in so gegensätzlichen Konfessionsbereichen wie Regensburg oder Bayreuth ebenfalls bemerkbar machte, kann nicht allein auf religiöse Gründe zurückgehen und erklärt vielleicht einen Teil der viel beklagten kirchlichen Entwurzelung. Die weltpolitischen Ereignisse der jüngsten Zeit mit der Wiedervereinigung Deutschlands und Öffnung Europas in das von der Sowjetherrschaft entlastete Osteuropa verändern auch Bayern, insbesondere seine früheren »Zonenrandgebiete«. Stillschweigend nahmen aber seit der Volkszählung einzelne Dekanatsbezirke durch Wanderbewegungen und Geburtenüberschuß zahlenmäßig zu: Rosenheim im Voralpenland um fast 6000 Evangelische, die Großstadt Augsburg um 8000. Man weiß noch nicht, was über die Tausende täglicher Pendler bedeuten und was darüber hinaus an Bevölkerungsverschiebungen noch stattfinden wird. Die »mobile Gesellschaft« treibt diese Entwicklungen vielleicht weiter, die Menschen könnten sie aber auch ins Gegenteil umkehren. Wo die Protestanten sind, wird man jedoch immer merken.

BILDER AUS BAYERN

Die Stadt Gunzenhausen entstand bei der mitteleuropäischen Wasserscheide am nördlichsten Punkt des römischen Limes in Bayern, ihre evangelische Marienkirche und das Pfarrhaus stehen im alten Römerkastell; hier konnte die Reformation früh Fuß fassen und das moderne Leben pulst weiter.

KIRCHE ALS HEIMAT
Wo die Protestanten leben, und wie die Religion die Regionen bestimmt

»Heimat entsteht da, wo Menschen Bäume pflanzen, von denen sie selbst nicht ernten werden« (Michael Hochstaedter). Wo man geboren und getauft wird, in einer Gemeinde eingelebt, von der Kirche begleitet, gehütet, getröstet wurde und am Ende sogar begraben werden wird, ist man mehr als dem Leib zu Hause. Heimat und Herkunft hängen so eng zusammen wie Kindheit und Glauben. Das evangelische Bewußtsein des »Herkommens«, das Wissen von Vergangenheit und Vertrauen in die Zukunft, drückt auch den Dank für das Dasein aus. So erfüllt die religio, die »Rückbindung«, die regio, den Raum, in dem wir leben.

»Heimatkirche« klingt gut, »Kirchenheimat« für viele Leute weniger. Aber auch wenn die Flüchtlinge aus verständlichen Gründen und die Rationalisten aus mangelndem Verständnis für Hintergründiges mit dem Begriff »Heimat« ihre Schwierigkeiten haben, wenn die Traditionalisten zu Übertreibungen neigen und Intolerante hochmütig darüber lachen, bleibt die Kirche der Kindheit im Notfall die Zuflucht der Heimatlosen, ein Hort der Geborgenheit, der Garant für die ewige Himmelsheimat. Insofern könnte man die gewagte Überlegung anstellen, ob der Grundsatz des Augsburger Religionsfriedens von 1555 bei aller machtpolitischen Motivation nicht auch dem Interesse folgte, die bestehenden Regionen und ihre Heimatstrukturen durch die Religionseinheit zu erhalten.

Alle Gemeindebeschreibungen in den Dekanatsbüchern, viele Nachrufe und das Feiern örtlicher Feste tragen die Erinnerungen der frühesten Zeit der Christianisierung über die Reformation der Kirche durch die Jahrhunderte bis zur Gegenwart treu weiter und sehen darin den Sinn ihres gegenwärtigen Daseins als Gemeinde. Oft sprechen daraus Dankbarkeit und Freude, weil man gern sieht, wie weit wir es gebracht haben mit den protestantischen Prinzipien und der bayerischen Weltläufigkeit. Das kollektive Gedächtnis jeder Region bewahrt seine Sicht der Wahrheit; es will auch in unserem Fall nicht vergessen lassen, daß von den vielen Generationen der Vergangenheit als »evangelische Sache« oder als »Sache des Evangeliums« für alle erworben wurde.

Beiderseits des Limes

Gäbe es einen Atlas der Protestanten in Bayern mit Landkarten der Frömmigkeit, Angabe der wichtigsten Glaubensorte und ihrer Verbindungswege einschließlich einer Darstellung der evangelischen Wasserscheiden, dann liefe eine Grenze schräg durch Bayern, die sich mit dem römischen Limes deckt: von Passau über Regensburg halb bis Ingolstadt, dann nach Weißenburg und entlang dem Altmühltal zum nördlichsten Punkt in Gunzenhausen, hinunter an den Riesrand und hinüber nach Württemberg! Alles Christliche im Süden erwuchs aus der Kultur des Mittelmeers, bis der Sturm der Völkerwanderung darüber hinwegfegte; alles im Norden erhielt seine Impulse aus dem Westen, vom Frankenreich, freilich entzündet an der dauernden Auseinandersetzung mit den Ansässigen und Anrainern. Und das brodelt noch immer auf dem bayerischen Herd!

Die Augsburger, Regensburger und Kemptener wissen von ihren Römerkastellen, daß dort schon vor der Anerkennung des Christentums als Staatsreligion durch Kaiser Konstantin Soldaten und Kaufleute den Glauben an Jesus bekannten. Afra, die erste bayerische Märtyrerin aus dem Jahr 304, wurde am Platz der beiden Ulrichskirchen in Augsburg beigesetzt. In der Augusta Vindelicorum (Augsburg) und in Cambodunum (Kempten) sind früheste christliche Kirchen nachgewiesen. Die evangelische Marienkirche in Gunzenhausen steht inmitten eines Römerkastells und das Dekanatsgebäude daneben mit seinen Fundamenten gerade auf dem Osttor, beides äußerste Vorposten Roms! Wie ein Scharnier in den Angeln drehen sich hier die Türflügel des bayerischen Hauses auf der Schwelle zwischen Bayern und Schwaben einerseits und Altfranken andererseits.

Als die Alemannen im Jahr 233 den rätischen Limes durchstießen, brach Dunkelheit herein, bis um 400 wieder das Licht des Wanderbischofs Valentius im Passauer Gebiet aufleuchtete, 470 der Römer Severin dort das Kloster Bojotro gründete und die südbayerischen Klöster allmählich Grund fanden. Und während dreihundert Jahre später die St. Gallener Mönche im Allgäu missionierten und St. Mang hinterließen, strömten die iro-schottischen Mönche mit Bonifatius nach Franken; die Zeit des christlichen Kaisers Karl des Großen bahnte sich an. Damals gab es schon so viele, im Grundstock bis heute erhaltenen fränkischen Kirchen unter den Namen von Georg, Martin, Mauritius, Laurentius, daß das Gebiet entlang des Mains später den Spottnamen »Pfaffengasse« erhielt. Im Jahr 600 stand die Johanniskirche in Emetzheim, 650 begann die Kirchengeschichte rund um Thalmässing, Trommetsheim ist 750 nachgewiesen, Gersdorf erhielt 800 seine Dorfkirche. 734 begann die Klostergeschichte vom Amorbach im Odenwald, 752 in Heidenheim am Hahnenkamm, 782 gründete Karl der Große das Benediktinerkloster auf der Wülzburg bei Weißenburg, Weiboltshausen und Höttingen waren beim Limes durch den Heiligen Sola gegründet. Die Dörfer der fränkischen Landnahme blieben Urkräfte der Kirche in Bayern.

Dann siedelte Kaiser Karl nach seinen mühsamen Siegen über die heidnischen Ostvölker im Frankengau fremde Familien »zu Tausenden mit Weib und Kind« an, die Vorläufer späterer Emigranten: Abtswind, Brodswinden, Gutenstetten, Schauerheim, Thebertendorf, Zautendorf stammen von Sorben und Wenden; Roßtal und die Orte mit »Sachsen« wurden mit Niedersachsen begründet. Sie bewahrten bis zur Reformationszeit heidnische Bräuche und Reste ihrer Bestattungsriten.

Sage niemand, das bedeute heute nichts mehr! Die Menschen leben gern mit ihrer Geschichte und wissen, was sie ihrer Vergangenheit schulden. Vergangenheit hat einen Sinn. Je näher man beim Limes lebt, um so stärker das Bewußtsein: der »Teufelsgraben« ist kein Grenzwall mehr, sondern eine historische Linie, die mehr verbindet als trennt, sowohl mit Zeitgenossen beiderseits des Limes wie mit den Vorfahren. Bei so viel Historie empfindet man keine großen Schwierigkeiten, die vorreformatorische Kirchengeschichte mit der nachreformatorischen zu verbinden. So viele Kirchenplätze aus alter Zeit, Gebäude der Gotik, Fresken und Friese, Turmfundamente, älteste Glocken und frühe Orgeln haben auch die Reformation zu tragen verstanden. Im Grunde ist alles nur Wachstum am Baum der bayerischen Christenheit, dessen starker Stamm nach mehrfacher Teilung in der Krone wieder zusammenfindet und in den weißblauen Himmel strebt.

Übrigens hat das Grenzbewußtsein vom »beiderseits« noch eine reizvolle Nuance: mitten durch das Limesland läuft auch die europäische

Wasserscheide, aus der das neue fränkische Seensystem seinen Nutzen zieht. Vor dem Pfarrhaus der Gemeinde Eltersdorf bei Ansbach befindet sich ein Brunnen mit einem Quellstein, von dem das Wasser auf der einen Seite über die Rezat und den Main in die Nordsee und auf der anderen Seite über die Altmühl zur Donau und ins Schwarze Meer fließt. Früher trafen hier auch die Konfessionsgrenzen zwischen der Markgrafenschaft Ansbach und dem Bistum Eichstätt so hart aufeinander, daß bei der berühmten Wirtshausrauferei von Dautenwinden (1598) katholische Gäste den evangelischen Wirt aus seiner Gaststube hinauswarfen, worauf die markgräfliche Obrigkeit demonstrativ einen eigenen evangelischen Pfarrer einsetzte.

Im neuen Europa wird der bayerische Protestantismus seine Erfahrungen einbringen können: das römisch-gelassene Grundgefühl der Bauernchristen, die innige Glaubensfrömmigkeit von Neuendettelsau, Hensoltshöhe und Alt-Windsbach, den markgräflichen Geist und die modernen Formen des Daseins in einer gewandelten Welt.

Die Reichsstädte

»Reichsfrei« – das hieß jahrhundertelang bis zur Auflösung des Heiligen Römischen Reiches Deutscher Nation und Gründung des bayerischen Königreiches im Frieden von Preßburg am 4. März 1806, niemandem etwas schuldig sein außer dem Kaiser allein. Augsburg, Kaufbeuren, Kempten, Lindau, Memmingen, Donauwörth, Nördlingen, Dinkelsbühl, Bad Windsheim, Rothenburg o. d. Tauber, Nürnberg, Regensburg waren die Städte; zu ihnen standen die Reichsdörfer und die Reichsgüter, im Steigerwald »unter den Bergen« aus der Zeit der fränkischen Landnahme im 6. Jahrhundert hervorgegangen. Sie waren gewohnt, ihr Geschick aus eigenem Recht zu bestimmen und handelten frühdemokratisch. Augsburg und Regensburg, die alten Römerstädte, kamen zur Ehre der Reichstagssitzungen und der Religionsgespräche; Nürnberg bewahrte die Reichskleinodien in seinen Mauern.

Vollgestopft mit Klöstern und bedrängt von einer kirchenunwürdigen Klerisei begrüßten die Reichsstädte aus Vertrauen in die selbst verantworteten Verhältnisse und ihre besonderen Beziehungen »nach oben« die lutherische Reformation. Mit den Kurfürsten und Reichsgrafen unterzeichneten sie die »Confessio Augustana« und die Reichsdörfer Bullenheim, Wasserndorf,

Reichtum der Reichsstadt: Die Kirchen St. Sebald und St. Lorenz in der Nürnberger Altstadt

Hüttenheim, Nenzenheim, Ippesheim schlossen sich unabdingbar der Entwicklung an. Regensburg mußte es mit einem schmerzlichen Wirtschaftsboykott der bayerischen Herzöge büßen. Um zu überleben, entwickelten die Bürger das Prinzip der Toleranz und die Verfahrensregel der Parität, die bis heute gelten. Der Name Augsburgs wurde zur weltweiten Marke des neuen Glaubens; immer noch nennen sich lutherische Kirchen in fernen Kontinenten nach ihr. Selbst eine kurfürstlich-bayerische Stadt wie Straubing segelte in diesem Wind mit, bis die Obrigkeit das Steuer gewaltsam herumriß. Als nach dem Westfälischen Frieden von 1648 die Regel »Cuius regio – eius religio« realisiert wurde, mußten die Reichsstädte spezifische Wege finden, denn sie waren ihre eigenen Herren.

Jede dieser Städte hat ihre Eigenart behalten, pflegt ihre Geschichte, bewahrt Traditionen, hat Grund zur Treue zu sich selbst. Jede geht ganz gern ihren eigenen Weg. Das Bewußtsein lebt fort, daß die Städter ihre Freiheit selbst verdienten, daß sie über ihr historisches Erbe wachen und den Besitz bewahren sollen, ihren Reichtum und seine Quellen. Sie sind offen für Fremdes, aber vorsichtig, sind großzügig und dennoch sparsam, rivalisieren und streben nach Ausgleich im demokratischen Stadtregiment. Eigentlich komplizierte Leute und nicht leicht durchschaubare Verhältnisse.

Evangelisch sein in einer ehemaligen Reichsstadt entspricht dem von Stadtmauern bewehrten Lebensgefühl. Im konfessionellen Nebeneinander von Haustüre zu Haustüre gruppiert man sich selbstverständlich um die eigene Kirchengemeinde, meidet Mischungen und Verwischungen und möchte dennoch Ökumene. Das Glaubensbekenntnis wirkt immer etwas demonstrativ, als wäre es eine Eidesformel im Zusammenstehen beim Reichstag. Die Gemeinden sind wie die alten Stadtviertel »gesprengelt«, die Prediger sammeln Zuhörerparteien, Neulinge müssen sich erst bewähren und der Gemeinsamkeit dienen, wofür es nicht zuletzt diakonische Werke und Sozialarbeit gibt. Wie die res publica so die res ecclesia. Von hier, aus den Reichsstädten, kommt der Mut zur »Kirche von unten«, das Konzept der rangfreien Synoden, das Wissen, daß Einigkeit stark macht, vielleicht sogar reich, kluge Verwaltung zufrieden und ein fester Glauben die eigene Sache glaubwürdig.

Zum Beispiel Ortenburg

Wie wechselnd es gehen kann mit dem Religionsprinzip der Landesherrlichkeit, zeigen viele bayerische Fälle. Wie es aber auch gut gehen kann während über vier schwierigen Jahrhunderten, beweist das Beispiel Ortenburg. Mitten im erzkatholischen Niederbayern des strengen Wittelsbacher Herzogtums als Enklave gelegen, öffnete sich die nur 800 Hektar große Grafschaft sehr früh dem neuen Glauben, blieb dabei und blieb offen für alle Verfolgten, obwohl sie selbst schlimme Verfolgung erlitt und Bedrängnis abwehren mußte. Graf Joachim von Ortenburg wagte an der Seite seiner Frau Ursula, einer geborenen Fugger, das »wahnwitzige Unternehmen«, unter Berufung auf den Westfälischen Frieden und ohne Rücksicht auf Kosten und Ansehen, treu zur lutherischen Konfession zu stehen. Und die Grafschaft hielt durch.

Am 3. Oktober 1563 wurde in der Kapelle des Schloßes von Neuortenburg der erste evangelische Gottesdienst mit Abendmahl in beiderlei Gestalt gehalten. Zwei Wochen später war die 1381 errichtete Kirche »Zu unserer lieben Frau« als »Marktkirche« nach calvinistischer Idee mit einem einfachen Altartisch ohne Kreuz und Leuchter an diese Stelle getreten. Am 27. Oktober 1563 wurde die »Augsburgische Konfession« offiziell eingeführt, und der Tanz ging los: Absperrung der Stadt mit Eisenketten, Wirtschaftsboykott, Verhandlung vor dem Reichsgericht. Der Graf gewann den Prozeß, nachdem er in seiner Not fast beigegeben hätte. 1573 stiftete er aus Dank für die Reformation und die glückliche Bestätigung der Reichsunmittelbarkeit seiner Grafschaft der Marktkirche einen Abendmahlskelch, in dem Teile eines frühgotischen Kelches verarbeitet sind.

Das Symbol Ortenburgs ist eine zweibändige Bibel von 1535, für deren 700 Pergamentblätter eine ganze Herde Lämmer ihr Leben lassen mußte, ein »Glaubensbuch« des Grafen mit 300 gemalten Initialen und 77 Holzschnitten, aber auch »Arbeitsbuch« für viele handschriftliche Eintragungen und die Kopie eines Briefes von Luther, von Melanchthon und dem Humanisten Erasmus von Rotterdam. Es gab eine Kirchenordnung, Katechismus, Gesangbuch. Das Altarsakrament erhielt nur, wer am Tag zuvor beim Prediger ein Examen über die Zehn Gebote, den christlichen Glauben und seine wichtigsten reformatorischen Artikel abgelegt und die Absolution erhalten hatte. Entgegen allen Gepflogenheiten der Zeit und dem Konfessionsstreit gewährte der Graf Glaubensfreiheit für alle Bürger; als er sie später zugunsten des Calvinismus einengen wollte, wehrten sich seine Untertanen mit Kirchen- und Schulstreik bis zu ihrem Sieg. Ortenburg diente den Protestanten der weiteren Umgebung bis Passau, Aidenbach, Eggenfelden, dem Rottal und dem Vilstal als Zuflucht, den aus dem »Landl« fliehenden Protestanten aus Oberösterreich als Durchzugsstation. In Kirchenbüchern der Ansbacher Gegend werden nach dem Dreißigjährigen Krieg immer wieder auch einmal zugewanderte Ortenburger »aus dem Bayerischen« erwähnt. In Lehrberg bei Ansbach verstarb 1708 der Bauer Georg Castner, der 1621 in Liegling im Landl o. d. Enns geboren worden war: Er »mußte in seiner Jugend viele Drangsale erleiden, reiste oft mit Lebensgefahr nach Ortenburg, um dort das evangelische Abendmahl zu empfangen. Im 30. Jahr seines Alters wanderte er aus, später folgte ihm sein Vater, beide ließen sich in Gräfenbuch/Mittelfranken nieder.«

Nach dem Toleranzedikt Kaiser Josefs II. diente Ortenburg als Brücke für den Aufbau neuer evangelischer Gemeinden im alten österreichischen Gebiet. 1703 wurde schon die allgemeine Schulpflicht eingeführt, 1852 der erste Kindergarten gegründet. Seit 1893 gibt es wieder eine katholische Kirche am Ort, aber sie hat einen spitzen Turm, der Zwiebelturm krönt die evangelische. Heute werden von beiden Konfessionen gemeinsame Bibelabende veranstaltet, und der frühere »Krieg auf der Straße« ist allmählich vergessen.

Ortenburg ist zu klein, um im bekanntesten Lexikon erwähnt zu werden, und ist dennoch ein »evangelisches Liechtenstein«, an dem sich alle ein Beispiel nehmen können. Man war immer vom mächtigen Passau, von großen Klöstern und landesbeherrschenden Herzog von Bayern bedrängt, legal und illegal zur Preisgabe der Konfession verlockt. Ortenburg blieb standhaft dabei, ohne stur zu sein, verhielt sich klug und überstand bis heute alles. Glück in der Geschichte oder Geschenk eines guten Herrschers? Kraft der Geduld oder Erhörung der Gebete? Jedenfalls ein Beweis, daß man mit dem Bekenntnis Staat machen und zufrieden sein kann. Noch geht der Satz um, wenn man etwas als außerordentlich zuverlässig bezeichnen möchte: »Das hält wie der lutherische Glauben.«

Emigranten – Hugenotten – Exulanten

Keine hundert Jahre nach dem Beginn der Reformation und fünfzig Jahre nach dem Augsburger Religionsfrieden setzte, durch das Konzil von Trient (1545–1563) in Bewegung gebracht, die Rekatholisierungsbewegung ein. Sie trieb unzählige Menschen in die Flucht, als einen der frühesten zum Beispiel den prominenten Botaniker Leonhard Fuchs (1533), nach dem die »Fuchsien« benannt sind, und später den hochgelobten Kartographen Bayerns Philipp Apian (1568), beide von ihren Lehrstühlen an der Universität Ingolstadt. Ähnlich erging es zahlreichen Familien aus dem Amt Weiden-Parkstein, aus dem Gebiet von Grafenwöhr, aus Floß im Fürstentum Sulzbach und anderen Orten der Intoleranz, Böhmen und Schlesien nicht zu vergessen.

Bischof Julius Echter von Würzburg ließ die ersten evangelischen Pfarrer, vor allem in der Rhön und im Grabfeld, immer wieder verhaften oder trieb sie außer Landes auf andere Pfarrstellen. Zur Rekatholisierung von Städten wie Münnerstadt stellte er der Bevölkerung Ultimaten des Übertritts oder der Auswanderung, so daß im Jahr 1587 aus der Stadt 80 Familien mit etwa 400 Personen Richtung Coburg, Hammelburg, Schweinfurt und nach Thüringen abwanderten. Nachdem 1586 von 450 Familien in Neustadt a.d. Saale 90 gegangen waren, gab es dort 1591 keine Protestanten mehr, aber »einen gewaltigen Verlust« im Wirtschaftsleben von Stadt und Umland. 1585 verließen 40 evangelische Familien Mellrichstadt aus Glaubensgründen.

Die Grafschaft Rieneck mit der Stadt Lohr am Main mußte nach dem Tod des letzten Grafen 1559 wieder katholisch werden, erhielt dafür bis 1604 Aufschub, dann wanderten jedoch die letzten Protestantenfamilien freiwillig lieber aus. Im nahen Burgsinn wurden Pfarrer und Lehrer vertrieben und »die evangelische Religion beseitigt«, die letzten Widerstehenden wurden nach Mainz abgeführt und starben nach Mißhandlungen. Aus Hammelburg wanderten 1604 insgesamt 120 Familien aus, um nicht katholisch werden zu müssen. In Ebenried/Oberpfalz wogten die Konfessionskämpfe mit Kirchensperre, Schlüsseldiebstahl, Glockendemontage, Fahnendemonstrationen und Schlägereien. 1617 wanderten 11 Protestantenfamilien aus Manching bei Ingolstadt aus, und wie viele weitere einzelne oder Familien Altbayern verlassen mußten, findet sich verstreut in den Kirchenbüchern Schwabens und Frankens geschrieben. Ihnen allen war zwar Gott, aber nicht das Schicksal gnädig. Weil sie »sich nicht getrauten, im Papsttum selig zu werden« (Pfarrbericht Landersdorf), suchten sie »den edlen Schutz des Evangeliums« in einem anderen Land.

Dreimal im Lauf von einhundertfünfzig Jahren mußten in den Nachbarländern große Gruppen von Protestanten ihre Heimat verlassen und in Bayern eine neue suchen. Die erste Welle kam aus Ober- und Niederösterreich! Dort hatten sich bis zum Tod des Habsburgerkaisers Maximilian II. im Jahr 1576 der ganze Adel, die Städte und die Bauernschaft nahezu geschlossen dem neuen Glauben angeschlossen. Warum auch immer, waren schon 1540 der Kaplan Johann Mittenhuber aus Watzenkirchen o. d. Enns als Pfarrer nach Gunzenhausen und Pfarrer Sebastian Stiller aus Oberösterreich nach Heilsbronn, vier Jahre später ebenfalls nach Gunzenhausen gekommen. Kaiser Ferdinand II. wollte als Nachfolger seines toleranten Vaters durch das »Reformationspatent« von 1625 die Entwicklung umkehren. Das »Landl« (Waldviertel, Mühlviertel, Ennsgebiet) erhielt eine Frist bis Oktober 1626, die auch vom Westfälischen Frieden von 1648 nicht aufgehoben wurde.

Also wanderten Zehntausende über Ortenburg und Regensburg ins Wolfsteinische Gebiet (heute westliche Oberpfalz), nach Mittelfranken und in den Steigerwald. Und obwohl man aus einem Brief eines Pfarrers aus der Weißenburger Gegend vom 16. Juli 1628 weiß, »daß ich selbsten der zeit nit weiß wohin« vor lauter Kriegsvolk und Not, waren auch die Emigranten aus Kärnten, Steiermark und Krain willkommen. Die vom Dreißigjährigen Krieg und der Pest entleerten Dörfer füllten sich wieder mit Leben.

In Flachslanden bei Ansbach waren um 1660 über die Hälfte aller Einwohner österreichische Einwanderer. Von 1646 bis 1682 wurden in Bauden im Aischgrund dreißig Paare getraut, bei denen der Bräutigam ein Emigrant war. Überall treten in den Kirchenbüchern »massiert« Namen und Herkunft aus dem »Landl« auf. In Dietenhofen/Mittelfranken stehen hinter »Namen aus einem Gebiet zwischen Linz und St. Pölten« vor allem Handwerker und Landwirte.

In Wernsbach bei Ansbach weisen die häufig vorkommenden Familiennamen der Enser, Enßner und Enzner auf die Herkunft aus dem »Landl« hin. Sprachliches Mißverständnis machte aus »Vöcklabruck« ein fränkisches »Ferckelsbrugk« und »Ferckelabrugk«, aus »Kärnten« ein »Kerndten«, aus »Krems« ein »Cremhs« und andere Bereicherungen der Umgangssprache mit Scheinfremdwörtern.

In Gleisenberg am Steigerwald liegen allein acht Angehörige des aus Oberösterreich emigrierten Adelsgeschlechts derer von Danngrieß begraben. In Mühlfeld v. d. Rhön ließ sich der österreichische Edelmann von Wolzogen nieder, kaufte das Schloßgut und errichtete 1725 ein Schloß mit evangelischer Kirche; Deckengemälde, Grabmäler und eine Inschrift über dem Seiteneingang erinnern an die alte Heimat.

Die Zugewanderten werden in den Sterbebüchern ausdrücklich als fromm und tugendsam aufgeführt, es heißt: »Er war ein Mensch voller Religion« oder »ein frommer und andächtiger Mann«. Mehrfach hatten die treuen Emigranten ihre Abendmahlsgeräte mitgebracht und weiter benützt. In Stoibach a. d. Aisch stiftete 1688 der Österreicher Ferdinand Taglauer einen Kelch, der noch in Gebrauch ist. Auch im überaus reichen Kirchenschatz der 1627 errichteten Dreieinigkeitskirche in Regensburg befinden sich ein von Exulanten um 1600 gestifteter und weitere fünf in den Jahren vor 1627 gestiftete Abendmahlskelche, die von den aus dem »Landl« gekommenen Protestanten mitgebracht worden waren. So entleerte sich das Bistum Linz unter Schmerzen von seinen Lutheranern, die Bayern bis heute bereichern.

Die zweite Welle waren die französischen Hugenotten! Schockiert vom Blutbad der »Bartholomäusnacht« des 23. zum 24. August 1572, in der rund 22000 adelige und bürgerliche Protestanten hinterhältig niedergemetzelt worden waren, dann zwar durch das Edikt von Nantes (1589) zur Hoffnung auf religiöse Freiheit berechtigt, aber von Kardinal Richelieu durch das Edikt von Fontainebleau (1685) erneut mit Vernichtung bedroht, flohen zwischen zweihundertfünfzig- und vierhunderttausend Protestanten aus Frankreich nach Osten, auch ins Allgäu und nach Franken. Trotz fremder Sprache (in Wachstein wurde aus dem »Elsaß« ein »Ölsaß«) und calvinistischer Theologie erhielten sie eine neue Heimat und durch Bartholomäuskirchen wie in Brodswinden bei Ansbach einen Solidaritätsbeweis.

Markgraf Christian Ernst von Bayreuth ordnete im Edikt vom 27. November 1685 an, man müsse den calvinistischen Hugenotten aus christlicher Nächstenliebe eine Niederlassung gewähren, sie würden Handel und Gewerbe beleben und die Steuerkraft stärken. Sie gründeten die Stadt Erlangen und siedelten, niederländische Glaubensflüchtlinge eingeschlossen, von Gunzenhausen im Westen über Eichfeld bei Volkach/Unterfranken und die Rhön über Fürth bis Naila/Oberfranken, wo sie in einem Privathaus Gottesdienste hielten, 1760 einen eigenen Prediger anstellten und bis 1815 ihre reformierte Kirche aufrecht hielten. In der Oettinger St.-Jakobs-Kirche befindet sich das Grab des 1693 in Nördlingen verstorbenen Danièle Le Suire aus Toire im Poitou, der fürstlich-oettingischer Kastner in Nördlingen gewesen war. Dieser hugenottische Geist und Glauben, die französischen Namen und die Tradition ihrer Handwerke leben weiter in ganz Bayern.

Eine dritte Welle entstand im Jahr 1731 durch den Salzburger Fürstbischof Freiherr von Firmian, der seine Protestanten auf der Veste Hohensalzburg bei Wasser und Brot darben ließ, es sei denn, sie schworen der neuen Lehre ab. Zwanzigtausend »Salzburger Exulanten« verzichteten auf die Heimat, ein Fünftel der ganzen Bevölkerung verließ die Stadt, den Pongau, das Defereggental, die Reichenhaller Gegend. Mit Erlaubnis der bayerischen Kurfürsten zogen sie unter herzlicher Anteilnahme der Bevölkerung über Traunstein und Bad Aibling, Holzkirchen, Wolfratshausen und Schongau durch das Allgäu nach Ravensburg und weiter über Ulm nach Norden, ein größerer Teil aber über Augsburg und Donauwörth durch das Ries und Franken. Von ihnen suchten die einen über Eisenach in Ostpreußen eine Zukunft, die anderen über Holland in Georgia/USA. In evangelischen Orten »liebevoll aufgenommen und versorgt«, beeindruckten sie durch ihren Glaubenseifer, die Gebete und Gesänge; im Unterallgäu veranlaßten sie sogar mehrere Katholiken zu Glaubensübertritten. 1732 zogen 8000 Salzburger durch Großheirath bei Coburg »mit Singen und dreimaligem Zusammenschlagen mit allen Glocken, von der Gemeinde mit feierlicher Prozession durch den Ort geleitet«. Wo immer Platz war, blieben einige Familien und sind bis heute bekannt. »Die Impulse, die für das kirchliche Leben gerade von diesen Familien ausgingen, können nicht hoch genug veranschlagt werden« (Gerhard Hausmann).

Welcher tiefe Ernst diese Emigranten und Exulanten bestimmt und wie er sich vor allem in das mittelfränkische Wesen eingeprägt haben muß, geht aus vielen Anekdoten hervor und aus einem Bußgebet, das heute noch im Advent, in der Passionszeit und an Bußtagen in den drei Dörfern Ettenstadt, Reuth und Unterneuhaus nordöstlich Weißenburg i. Bay. im Anschluß an das Sündenbekenntnis im Gottesdienst gesprochen wird. Wenn man sich überhaupt vorstellen kann, was das Verlassen der Heimat um des Glaubens willen bedeutet, wo doch andere wegen Macht oder Geld den Glauben willig wechselten, können gegenwärtige Christen daraus nur einen Anspruch unserer Ahnen auf ein reines Gewissen ableiten und ihnen bewundernd danken.

Das Ries

Wer es nicht kennt, könnte hinfahren: in das fast kreisrunde »Ländle ob der Donau«, das in einem Jahrmillionen alten Meteoritenkrater liegt! Dort weiß man, daß es in der großen, nicht immer freundlichen Welt eine kleinere eigene geben kann. Zuerst war es Hinterland des römischen Grenzbereichs, dann strömten ab 233 die Alemannen herein und ab 500 die Franken, was die eigenartige Mischung im Menschlichen ergab. Von den iro-schottischen Mönchen unter dem Einfluß des Bonifatius missioniert und durch die irischen Geschwister Willibald, Wunibald und Walburga im Glauben gefestigt (730), erlebten sie bereits 916 eine Reichssynode der deutschen Bischöfe in Hohenaltheim. Die Klöster von Fulda, Solnhofen, Augsburg, Heilsbronn, Kaisheim und Bamberg drängten sich ins Ries, kultivierten, setzten Kirchen und Kapellen; Kaiser und Päpste mischten sich ein. Man beteiligte sich intensiv an der Reformation, befürwortete im nahen Augsburg die »Confessio Augustana« (1530) und dann das »Concordienbuch« mit den Bekenntnisschriften (1580). »Störungen des Gemeindelebens durch Kriegsnöte reihten sich pausenlos aneinander« (Untermagerbeiner Gemeindebericht): Dreißigjähriger Krieg (Schlacht bei Nördlingen), Spanischer und Österreichischer Erbfolgekrieg, Napoleons Heerzüge, immer wieder Plünderungen, Brandschatzungen, Einquartierungen, Drangsale, Kontributionen, Hungersnöte.

Seit über sechshundert Jahren dreht sich alles um den »Daniel«, den höchsten Kirchturm der freien und reichsunmittelbaren Stadt Nördlingen, seit 1522 evangelisch geworden. Er macht das Land und seine Verhältnisse überschaubar, man sieht und kann den Nachbarn sehen. Kirchengemeinde und politische Gemeinde sind hier näher beisammen als anderswo. Das Ries ist sich seines Luthertums bewußt geblieben. Es preist immer noch die Ansiedlung der Glaubensflüchtlinge aus Österreich und erinnert sich seines mutigen Auftretens gegen die kirchenfeindlichen Nazis, als die Rieser 1934 sowohl bei der Reichsregierung in Berlin protestierten wie auf der Straße in München demonstrierten. Im »Wechsel der Zeiten« fromm, treu und tüchtig zu bleiben, hieß für sie, 1708 in Untermagerbein die Konfirmation einzuführen, 1889 in Wörtnitzostheim einen der ersten Posaunenchöre zu gründen, in Alerheim die erste Dorfhelferin zu installieren.

Unter den Fittichen der Oettinger Fürstenfamilie entwickelte sich eine strenge und innige Frömmigkeit, geprägt von der Reformation und den Exulanten, aber auch vom Erweckungsgeist eines Spener und Franke, dem Halle'schen Pietismus mit seinen Erbauungsschriften und Gebetbüchern; und dennoch fand auch der Rationalismus als Gegenbewegung seinen Nährboden und verstärkte die alemannische Neigung zur Nüchternheit. Das Interesse an Tradition und kirchlichem Brauchtum, besonders an Feier und Musik, belebt die Familien und Ortschaften. Der Dienst an der Gemeinschaft war und ist das hervortretende Motiv.

Aber immer noch neigen die Rieser zur Feststellung: »Man lebt hier gelassen und zufrieden, verbunden mit der Natur und den Nachbarn. Wohlstand und Lebensfreude schaffen sich einen breiten Raum« (Unterringingen). In ihrer kraterrunden Welt suchen die Rieser eine zuverlässige Übereinstimmung mit Gott und Geschichte, für das die tausendjährige Linde in Mönchsdeggingen ein Symbol bietet. In diesem freundlichen Bauernland änderten viele Dörfer erst nach dem Zweiten Weltkrieg ihr Gesicht, weil Mobilität und Technik auch nach ihnen griffen. Trotz der zugezogenen Heimatvertriebenen entstand wieder Mangel an Arbeitskräften, die Industrie verbesserte die Lebensmöglichkeiten, ländliche Handwerkerbetriebe starben aus, das soziale Gefüge wandelte sich. Dabei verinnerlichte sich das evangelische Gemeindeleben, und heute wohnen die beiden Konfessionen im guten beieinander, wohl wissend, wie das Land in wechselnden Zeiten sein Glaubensschicksal erkämpfen mußte.

Und dabei erheitert es nur noch, zu wissen, daß der typische »Rieser Kittel«, das blaue Arbeitshemd aus schwerem Leinen, durch viele Generationen auf den Schultern und am Kragen absichtlich verschieden bestickt wurde: weiß für Protestanten und rot für die Katholiken, damit man weiß, woran man ist. Im Ries brennt nichts an. Man regelt Kirchenfragen simultan und läßt dem Leben seinen Lauf nach Gottes Willen, nicht ohne mitzureden, wenn er einmal schlafen sollte.

Franken

Die Burggrafen und die Markgrafen sind die historischen Patrone des Protestantismus in Franken! Die Burg von Nürnberg steht als Wiege zwischen Ansbach, Bayreuth, Kulmbach und Erlangen, denn die hohenzollerischen Herren kamen von diesem befestigten Platz in der späteren Reichsstadt und kehrten als brandenburgisch-preußische Herrscher, sei es mit Kirchenordnungen oder weltlichem Regiment, wieder. Auch wenn heute nicht mehr alles zusammengehört, weil das Burggrafentum und das Markgrafentum auseinanderliefen, weil die zerrissenen Teile im Königreich Bayern zum Ganzen gefügt wurden und dann die Industrialisierung darüberkam, bilden die Regierungsbezirke und Ballungsräume bei allem Regionalbewußtsein eine heimliche Einheit. Das evangelische Franken, von katholischen Besitzständen Bambergs und Würzburgs durchlöchert, ist eine Sache in sich.

Nürnberg stand zur Zeit der anbrechenden Reformation auf dem Höhepunkt seiner Entwicklung, hatte rund 50000 Einwohner, die Reichsfreiheit und eine blühende Wirtschaft. Martin Luther reiste mehrmals durch die Stadt, blieb aber auf der Romreise 1510 und 1511 ebenso wie auf dem Weg zum Disput in Augsburg 1518 bei seinen Freunden in Schwabach auf Station. Indessen führten die Nürnberger schon am 5. Juni 1514 bei St. Lorenz und St. Sebald eine reformatorische Gottesdienstordnung ein. Ab 1528 wurde die Reformation in den markgräfischen Landen offiziell betrieben. Der interessierte und aufrechte Markgraf Georg der Fromme von Kulmbach (1484–1543) unterzeichnete die Speyerer Protestation von 1529 und die Augsburger Konfession von 1530; das weiß man im Markgrafenland heute noch und versteht sich als erz-reformatorisch. Der »unvergleichliche und höchstsorgfältige Landesvater« Markgraf Georg Friedrich von Ansbach ließ 1564 sein evangelisches Land schon in zwölf »Capitel« (Dekanate) unterteilen, die mit einem Überbau von 1679 bis 1810 bestanden.

Im Gebiet der Markgrafenschaften entstand die Reformation durch Fürstengunst, aber auch aus echter Überzeugung der geistlichen Amtsträger, daß eine Reform der Kirche nötig sei, manchmal auch durch Veranlassung der Gemeinden gegen die widerstrebende oder zurückhaltende Herrschaft am Ort. Dahinter stand nicht nur das animierende Vorbild Nürnbergs, sondern vor allem die persönliche Überzeugung jenes Markgrafen Georg, der Martin Luther beim Reichstag in Worms (1521) erlebt, ihn in Wittenberg (1524) besucht und beim Reichstag in Augsburg (1530) als Wortführer der »Confessio«-Partei erfolgreich unterstützt hatte; er brachte die Nürnberg-Brandenburgische Kirchenordnung ins Land (1533).

Bei so viel historischem Hintergrund kann es heißen, Markgrafenländer pflegten »ein Staatskirchentum mit großer konfessioneller und kirchlicher Einheit, in dem die Geistlichen eine äußerlich hervorragende Position einnehmen«. Als verlängerter Arm der Herrschaft hatten sie lange Zeit sogar im Gottesdienst die herrschaftlichen Weisungen abzukündigen und beanspruchten dafür oft mehr Zeit als für ihre Predigt (Kulmbacher Dekanatsbuch). Von allen Formen evangelischer Frömmigkeit in Franken zeigt die markgräflich geprägte das deutlichste Profil und hält selbst jene Menschen in ihrem Bann, die sich dessen gar nicht bewußt, sondern darin einfach zu Hause sind wie unter dem Walmdach der Markgrafenregion. Die Markgrafenkirchen mit dem typischen Kanzelaltar, vom Ansbacher Hofbaumeister Johann David Steingruber maßgeblich beeinflußt und in Ketteldorf bei Ansbach wahrscheinlich erstmals freistehend ausgeführt, sind ein unverkennbares Spiegelbild der Anschauungen, wie die von Johann Georg Hofmann geschaffene Spitalkirche (1738) in Kulmbach als erste in Oberfranken. Daß dann der preußische König als Landesherr dem um 1800 einsetzenden Rationalismus so viel Geltung verschaffen konnte und der Inhalt des Christentums auf die Formel »Gott, Tugend, Unsterblichkeit« reduziert wurde, ist

Mehrzweckbau in der Diaspora: Die Kolonistenkirche in Feldkirchen vor München, erbaut in fünf Sommermonaten des Jahres 1837

an den rigorosen Kirchenumbauten und der »fränkischen Nüchternheit« noch deutlich zu erkennen. Gegenbewegungen sind Wilhelm Löhes Lebenswerk, hinter dem wohl auch der Geist der Exulanten stand, und die neuzeitliche Rückverwandlung der Kirchen durch Restaurierungen.
Ansbach und Bayreuth blieben evangelische Zentren und häufige Tagungsorte der Synoden. Erlangen hat mit seiner langen Geschichte seit der Gründung durch Hugenotten und dank seiner theologischen Fakultät für die Landeskirche und die evangelische Theologie schlechthin eine hohe Bedeutung gewonnen. Nürnberg, sagen die Nürnberger, ist nicht dasselbe wie Franken, auch wenn sie selbst Franken sind. Die Großstädter geben sich gern liberal, die Städter halten zur Kirche, das fränkische Land bewahrt den Glauben. Aber was in Franken wirklich los ist, wissen nur die, die dort leben.

Die Kolonisten

Ausgerechnet 1789, im Jahr der Französischen Revolution, die in Europa alles umkehren sollte, setzte der aus der Pfalz stammende bayerische Kurfürst Karl Theodor eine »Donaumoos-Kommission« zur Ansiedlung von Kolonisten ein. Ob es ein politisches Kalkül war oder ein ehrliches Projekt aufgeklärter Landwirtschaft zur Urbarmachung brachliegender Natur mit der Hilfe billiger und williger Einwanderer oder sogar ein stilles Konzept zur Auflockerung der katholischen Kirchenmacht in Altbayern? Das Projekt schien gut zu laufen. Hunderte protestantischer Einwanderer aus der Rheinpfalz, Südwürttemberg, der Schweiz und Mainfranken kamen, um sich eine eigene Heimat zu schaffen. Auch das neue bayerische Königreich mit dem Universalminister Graf Montgelas schätzte die Energie, Tüchtigkeit und Zuverlässigkeit der Immigranten, die den äußerst harten Bedingungen trotzten. Um die konfessionellen Konflikte zu beheben, wurde in der »Königlichen Pastoralkonstitution« von 1806 ausdrücklich eine Integration der Kolonisten angeordnet. Die junge evangelische Königin Karoline handelte offenbar nach dem Grundsatz »Cuius regina – eius religio« und schützte die Evangelischen persönlich und tatkräftig, so daß es hieß: »Steht Dir die Not bis obenhin, so gehst Du zu der Karolin!« Sie wurde mit dem Namen der neuen Siedlung »Großkarolinenfeld« bei Bad Aibling geehrt; die Donaumoos-Orte hießen nach den Herren Karl und Max. Eine neue Zeit bahnte sich in Bayern an, politisch, wirtschaftlich, kirchlich, menschlich.

Im Donaumoos, dem Sumpfland südlich der Donau bei Neuburg, entstand 1790 durch die Kultivierungspläne des Kurfürsten Karl Theodor der Ort Karlshuld, in dem ein katholischer Pfarrer mit lutherischen Neigungen in unglaublichem Kolonistenelend den Grundstock einer evangelischen Gemeinde schuf. Ludwigsmoos und Klingsmoos, 1831 durch dieselbe Initiative des Kurfürsten entstanden, belebten sich durch die zweite Besiedelungswelle aus der Pfalz von 1801 bis 1802. Friedrichshofen entstand durch den königlich-bayerischen Regimentsquartiermeister Friedrich Schultheiß aus Ingolstadt im Jahr 1832 mit Siedlern aus der Rheinpfalz und Mainfranken. Untermaxfeld und Obermaxfeld nannten sich nach dem ersten bayerischen König Maximilian. Der Ortsname Neuschwetzingen erinnert an die Herkunft der Siedler aus der Nähe von Heidelberg. 1804 wurde ein Pfarrer installiert, 1812 das Pfarrhaus bezogen, 1828 die Kirche geweiht, dann folgten zwei Schulhäuser mit Unterstützung landeskirchlicher Kollekten und schließlich außerhalb des Ortes in freier Landschaft ein evangelischer Friedhof.

Unter dem bedeutungsvollen Namen »Großkarolinenfeld« wurden ab 1800 im Aiblinger Moor bei Rosenheim Kolonisten angesiedelt, die zu einem Drittel aus der Pfalz zugewandert waren. Sie erlitten anfangs erbärmliche Hungerzeiten und enorme Rückschläge, so daß viele aufgaben und die übrigen sich zu einem harten Menschenschlag entwickeln mußten. Doch lag dem König so viel daran, daß er ihnen 1804 einen evangelischen Pfarrer gab, 1805 ein Pfarrhaus und 1822 eine eigene Kirche errichten ließ, zu denen 1934 eine abgebrannte Scheune kam, das heutige Gemeindehaus. Vieles hat sich inzwischen verflüchtigt, es bestehen nur noch wenige evangelische Bauernhöfe, die eigene Sprache wurde eine Rarität; indessen trägt die Hauptstraße weiterhin den Namen der Pfalz. Der einstmalige Brückenkopf des Protestantismus, der bis Bad Tölz, Berchtesgaden und Ebersberg ausgestrahlt hatte, ist zu einer eigenen Diasporagemeinde herangewachsen.

Auch im Hinterland von Dachau und Freising kamen kurz nach 1800 Kolonisten aus der Rheinpfalz und dem Elsaß in ein rein katholisches Land zur Urbarmachung brachliegender Ländereien. Sie wurden allgemein »die Rheiner« genannt, pflegten ihre religiösen Traditionen weiter, leiteten auch dort nach zwanzig Jahren zügig einen Kirchenbau ein und erhielten schließlich von einem Mennoniten einen Baugrund geschenkt und von einem Wirt den Platz für einen Friedhof. Gebaut wurde einfach, solide, zweistöckig: unten Wohnkammern, Küche und Schulzimmer, oben der Betsaal für den Gottesdienst, darüber ein bescheidener Turm mit Spitzhaube und großer Uhr, alles allmählich errichtet und eingerichtet, durch Sammlungen und Spenden zu Ende bezahlt. Meist kamen erst später die Glocken, Kanzel und Taufstein dazu. Die geistliche Versorgung geschah nur selten schon durch einen eigenen, örtlichen Pfarrer, sondern durch Gastprediger und Pfarrer benachbarter Gemeinden, die wegen der weiten Wege selten kamen, so daß Kinder im fortgeschrittenen Alter, an einem anderen Ort oder sogar vom katholischen Pfarrer getauft wurden.

Manche Siedler verließen die unwirtliche Gegend und schwere Arbeit, andere kehrten zurück, es kamen Protestanten aus dem südwestlichen Deutschland hinzu. So entstanden zwischen 1829 und 1839 weitere Kolonien in mindestens siebzehn Orten im Dachauer und Freisinger Hinterland, ferner Feldkirchen und Perlach bei München, 1819 bis 1820 in Kemmoden durch sieben Familien und dann bis 1835 über einhundert Menschen.

Die Protestanten in Feldkirchen bei München produzierten auf den ungeliebten Steinäckern der Münchner Schotterebene jene berühmte Braugerste, die dem Münchner Bier zu seinem Ruhm verhalf. Als 1837 die erste evangelische Kirche in Feldkirchen errichtet wurde, gab man dem Erdgeschoß den Schulsaal und dem ersten Stock den Betsaal, während die Wohnung des Pfarrers und Lehrers in einer Person ebenfalls im Erdgeschoß integriert wurde. Daß dieser Bau ein Beispiel klassizistischer Architektur wurde, liegt in der Zeit und gehört zum nüchternen Sinn der Bauherren, doch galt die Schule in diesem bis heute erhaltenen Haus lange Zeit auch für katholische Kinder als Attraktion.

Eine Siedlung evangelischer Kolonisten mit dem heutigen Namen Brunnenreuth entstand südlich Ingolstadt, nachdem der Neuburger Advokat Dr. Brunner im Jahr 1816 den ehemaligen Spitalwald erworben und die gerodeten Parzellen an Siedler aus dem nahen Donaumoos verkauft hatte, die nach ihrer Übersiedlung aus der Pfalz und Württemberg bessere Lebensumstände suchten. Ein Bericht aus dem Jahr 1819 schildert die Zustände: »Nur notdürftige, halb unter der Erde aus Flechten und Lehm gefügte Hütten – nicht Wohnungen der Menschen, sondern Wolfsgruben! – schützen die Kolonisten gegen Wind und Wetter.« Dementsprechend waren die kirchlichen Anfänge, als der Pfarrer zugleich Lehrer war und seine Wohnung auch Betsaal und Schulzimmer. Das Pfarramt Ingolstadt, das selbst längere Zeit von Pfarrern aus dem Donaumoos betreut worden war, übernahm die seelsorgerliche Betreuung dieser Siedler und entsandte dafür 1857 bis 1908 insgesamt sechzehn Vikare, bis endlich eine selbständige Pfarrei errichtet wurde, die heute zur Gesamtgemeinde Ingolstadt zählt.

Warum dies so ausführlich beschrieben wird? Weil der lautlose Erfolg immer auf den Nachruhm verzichten muß! Der Pioniergeist der zugewanderten Protestanten mag dem König imponiert und dem Königreich geholfen haben, die Kultivierung Bayerns durch ihre Leistung unvergeßlich sein, doch wurden die billigen Arbeitskräfte der evangelischen Kirche teuer. Sie säten Glauben und ernteten Segen. Ihr Gemeindeverständnis und Gemeinschaftsbewußtsein bleiben Vorbild. Man muß verstehen, daß solche Gemeinden nach den mühseligen Jahren der Sammlung und aus Freude über das Erreichte für stürmische Neuerungen weniger aufgeschlossen waren und über Verbesserungen selbst entscheiden wollten. Wo lange Wege und seltene Gelegenheiten das Beisammensein besonders wertvoll machten, genoß man Gottesdienst und Zusammenhalt, und weltliches Feiern war ebenso wichtig. Und da sich unter ihnen Lutheraner, Reformierte und Mennoniten befanden, mußten notwendigerweise die Gottesdienstformen, Liturgie, Sakrament und Gemeindekultur erst ausgestritten werden, bis sich nach vielen Mischformen doch alles zum Evangelisch-Lutherischen wendete.

Evangelische Diaspora

In der Diaspora leben, das ist wie Untermiete im Elternhaus! Die »Zerstreuung« als Minderheit inmitten einer selbstbewußten anderskonfessionellen Mehrheit mit allen daraus hervorgehenden, nicht immer logischen oder leicht faßlichen Folgen wird als Schicksal der Fremdheit empfunden. Da hilft es wenig, wenn der Satz Ludwig Thomas »Die Preußen sind auch Lutherische, wodurch man jetzt alles weiß« nur zur Belustigung und ohne die lässige Betonung des »Luderischen« hingesagt wird, als ob alles Verlotterte nur von der Reformation gekommen sei. Diese scharfe Polemik zahlt sich in einem Freistaat, dessen evangelische Geistliche bei rund der Hälfte aller Eheschließungen die Partner verschiedener Konfession zu trauen haben, nicht mehr aus.

Bayern, das Schicksalsland der lutherischen Reformation, kennt verschiedene Diasporagebiete, die sich untereinander nur wenig kennen. Schlaglichter sollen diese Szene beleuchten!

Da ist die Diaspora in Schwaben, vom Ries im Norden über Mittelschwaben bis ins Allgäu von ganz verschiedenen Gesichtern gekennzeichnet, obwohl alles zusammengenommen altes christliches Siedlungsland ist: seit der rätischen Römerzeit vom Süden her und durch den Zustrom der Alemannen über den Limes, deren Sprache und Wesen die Einwohner bestimmt. Waren es in Nordschwaben die konfessionsverschiedenen Zweige des Fürstenhauses von Öttingen, dessen Haltung zu Diasporaverhältnissen drängte, so wollten im übrigen Schwaben die Bischöfe und die Klöster das Heft in der Hand behalten, während die freien Städte ihre Glaubenssachen unter sich ausmachen mußten. Zwischen freundlich und abweisend gaben sich die Herrschaften, aber das Landvolk hatte den stummen Streit und die schrillen Töne zu ertragen. Was Wunder, wenn die schwäbischen Protestanten ihr Gewissen auch am Gemeinwohl orientierten? Doch gehört Beharrlichkeit jedenfalls zum allgemeinen Charakter dieses Landesteiles. Das gilt auch für die durch die Reformationsgeschichte im katholischen Unterallgäu eingesprengten Dörfer und die »hart-lutherischen« Protestanten sowie ihre nach dem letzten Weltkrieg hereingeströmten Glaubensgenossen, die diversen Flüchtlinge und die jüngsten Zuwanderer. Sie unterscheiden sich in der geistlichen Situation, haben wenig Tradition, sind aber deswegen auf eine besondere Weise kirchlich. Ihre Beteiligung am Gottesdienst und Gemeindeleben liegt teilweise weit über der in der Großstadt, zumal sie in bescheideneren Einrichtungen oder sogar in katholischen Räumen Kirche bilden müssen.

In Franken greifen die alten Besitzverhältnisse der Bistümer von Bamberg, Fulda und Würzburg bis heute. Obwohl sich viele Orte der frühesten Christianisierung sehr bald der Reformation zugewandt hatten, selbstbewußt für den neuen Glauben eintraten und sich gegen viele Widerstände wehren mußten, hatten sie im Glaubenskrieg die Wechselfälle überstanden. Und so verständlich es war, daß die »alte« Kirche alles zurückhaben wollte, was sich verselbständigt hatte, wurde doch vor allem aus Unter- und Oberfranken das Diaspora-Domino, in dem die Steine nicht leicht zueinander passen wollen. Indessen haben das freudig begrüßte Industriezeitalter, die besseren Verkehrsmittel, die territorialen Veränderungen durch die Gründung des Königreiches Bayern und zuletzt die neue Völkerwanderung vieles verändert, manches erleichtert und weniges in trennender Fremdheit gelassen. Die Menschen bleiben beharrlich bei ihren Überlieferungen und wissen sich der Tradition Frankens von Ort zu Ort treu verbunden. Nicht wenige Diasporaprobleme werden hier durch schlichtes Nicht-zur-Kenntnis-Nehmen gelöst, andere durch Ertragen gemildert. Das fränkische Fachwerkhaus, bei dem die sinnvoll konstruierten Balken ineinandergreifen, mag ein Symbol für die konfessionelle Symbiose sein, denn die Erkenntnis wirkt immer mehr, daß ein gemeinsames Dach wichtiger ist als lauter gleiche Ziegel darauf.

In Altbayern, dem langen Herrschaftsbereich der Wittelsbacherherzöge und Land mit den bedeutenden Klöstern und starken Städten, blühte immer ein liberales Bewußtsein von Sprache, Brauchtum und Kunst vor dem Hintergrund eines umfassend katholischen Lebensgefühls, aber bis König Ludwig I. gab es keine konfessionelle Toleranz. Dann durften sich die »Wüstgläubigen« zu erkennen geben, an den Universitäten wurden »Nordlichter« gerufen, »geldige« Industrielle und Intellektuelle oder künstlerische Individualisten wurden Leitbilder, der ganze Föhngürtel von Berchtesgaden bis zu den oberbayerischen Seen füllte sich mit Protestanten. Beamte, Kurgäste, Rentner kamen hinzu und schließlich zog München als »heimliche Hauptstadt der (alten) Bundesrepublik« auch viele Unkirchliche an. Im Gegensatz zu den ganz alteingesessenen Evangelischen mit ihrem soliden Selbstbewußtsein geben sich nicht alle Diasporaprotestanten leicht zu erkennen, aber spätestens in einer persönlichen Krise und unter der Gefahr der Vereinsamung lernen sie Kirche kennen. Protestanten sind heute auch in Oberammergau und Altötting zu Hause, und der 1848 mit Erlaß Nr. 13030 bestellte Hilfsgeistliche in München, »welcher zur Pastorisierung der in Oberbayern zerstreut lebenden Protestanten zu verwenden ist«, stellt sich nachträglich als Pionier einer dynamischen Entwicklung heraus.

Anders in anderen Teilen Altbayerns! Der Bayerische Wald ist evangelische Diaspora, aber die Pfarrer sehen keinen Grund zum Zagen, es sei denn über einen Rückgang des Gemeindelebens unter den Einwohnern, den aber die vielen Touristen jahreszeitlich ausgleichen. Die Seelsorger müssen viel unterwegs sein, das Verhältnis zur katholischen Seite ist durchwegs gut, die Kommunen haben eine positive Einstellung, die Gegenreformation liegt weit dahinten. Soll man also auf »schlechtere« Zeiten hoffen, um eine bessere Kirchlichkeit zu erhalten? Da denkt wohl mancher an die überaus schwierige, aber vitale Nachkriegszeit zurück, wo zum Beispiel die Pfarrei Pfarrkirchen in Niederbayern von Gangkofen im Westen bis zur österreichischen Grenze im Osten reichte. Tausende hierher geflohener Protestanten waren plötzlich in über hundert Ortschaften von drei Landkreisen (Eggenfelden, Pfarrkirchen, Griesbach) aufgetaucht. Es wurde an fünfzig Orten Gottesdienst gehalten, an etwa achtzig Schulen evangelischer Religionsunterricht. Der zuständige Kreisdekan Koller aus Regensburg sagte zum Ortspfarrer Hans Luther bei einem Besuch: »Über dieser Gemeinde steht der Himmel offen.«

Die Diaspora in der Oberpfalz, dem Land zwischen Regensburg und Waldsassen, das in sechzig Jahren viermal das Bekenntnis wechseln und zudem zwischen den Lehren Luthers und Calvins hatte pendeln müssen, bis es durch die bayerischen Kurfürsten wieder strikt katholisiert wurde, redet nicht viel und lebt einfach. Das entspricht dem alten Grundgesetz des Oberpfälzer Lebens, wie es Hans Mayr formulierte: »Tag und Nacht arbeiten, schlecht sich nähren und dabei zufrieden sein!« Bis heute spricht man von evangelischen und katholischen Bauernhöfen, und im Westen gibt es Ortschaften mit nur 3 Prozent Protestanten, so daß ein einziger evangelischer Pfarrer neben siebzehn römisch-katholischen Kollegen arbeitet. In solchen Gebieten haben sie zur »Konkurrenz« notwendigerweise mehr Kontakt als zu den eigenen Kollegen. Zuletzt wurden in Orten wie Neumarkt, Velburg und Freystadt, wie auch anderswo, ursprünglich katholische Gotteshäuser den Evangelischen überlassen. Die immer zahlreicheren Urlauber aus dem Rheinland und Berlin und die Pensionisten in den Neubaugebieten reagieren auf diese Diaspora manchmal verwundert, manchmal begeistert, und viele sind wieder in ihre Kirche eingetreten.

Die Minderheitensituation erfordert Selbstbewußtsein und Anpassungsfähigkeit, fördert aber auch ein enges Gemeindeleben und selbständiges Handeln. Waren es im letzten Jahrhundert die Vereine (»Johannes-Zweigverein« in Ortenburg, Leseverein »Konkordia« und »Ferien-Kolonie-Verein« in Passau und andere), die »das konfessionelle Interesse der Mitglieder zu wahren und die religiösen Bedürfnisse zu erfüllen« versuchten, so sind es heute Gemeindebriefe, Sammlungen, Hausbesuche, musikalische Zusammenarbeit, Feste und natürlich der Religionsunterricht, für den aus Sulzbürg/Oberpfalz seit 1986 eigene Unterrichtsblätter versandt werden.

Die Evangelischen haben sich in der Diaspora überall ihren Platz geschaffen, wirken in Wirtschaft und Gesellschaft häufig wie das Salz im Brot, sammeln sich immer noch sehr bewußt und sammeln auch ihre finanziellen Kräfte für Gotteshäuser, Kindergärten und Gemeindezentren. Sie müssen sich in vielem etwas mehr anstrengen: die Wege zueinander sind weit, die Pfarrer haben keine ganz leichte Aufgabe für Predigt, Unterricht, Seelsorge und die Kasualien. Auch wenn die demokratische Parität nicht immer beachtet und konfessionelle Priorität geltend gemacht wird, ist die Glaubensfreiheit heutzutage gesichert.

Dort, wo Reformation und Gegenreformation besonders hart aufeinander gestoßen waren, macht sich die Verhärtung der Standpunkte bis heute bemerkbar. Man weiß, was die eigene Position wert ist, genießt stolz, ein Protestant zu sein, und empfindet in der Glaubensfreiheit und Mündigkeit des Denkens eine beinahe unverdiente Bevorzugung durch das Schicksal. Evangelische Bürger mußten in der Diaspora Toleranz lernen und durch Vorbild lehren, auch wenn es oft ans Zurückstehen und Verzichten ging. Insofern ist es gut, wenn viele junge Menschen gar nicht mehr wissen, warum man in bestimmten Geschäften einkaufen und bei diesem Fest oder jenem Brauchtum nicht mithalten sollte. Auch wenn immer noch unbewußt oder unbedacht »bayerisch« und »katholisch« gleichgesetzt werden, ist man sich spätestens seit dem unterschiedslosen Kampf der Nazis gegen die Kirchen nähergerückt, so daß Landesbischof Johannes Hanselmann das Reformationsgedenken 1992 in Sulzbach-Rosenberg ökumenisch feiern und feststellen konnte, das »Ende der Frontstellungen« sei gekommen.

Diaspora bedeutet heute nicht mehr, sich gegenüber einer anderen Gruppe von Christen profilieren zu müssen, sondern sich im Bewußtsein ihrer gemeinsamen geistlichen Grundlage zur Aktivität herausfordern zu lassen, und einer Welt zu dienen, in der die christliche Botschaft nicht selbstverständlich weiterlebt.

Das »Landl«

Mitten in Bayern, genauer gesagt in der westlichen Oberpfalz, herrscht ein protestantisches Selbstbewußtsein, das über alle Selbstzweifel einer Minderheit und die Sorgen der Diasporasituation erhaben ist und auf seine Sache richtig stolz ist: das »Landl« im Dekanat Neumarkt. Dort wird gegen sonstige Erfahrung fröhlich festgestellt, daß der Grundsatz des Westfälischen Friedens, wonach die Herrschaft über den Glauben bestimmen soll, »nicht unbedingt ein Fluch sein mußte, sondern auch zum Segen gereichen konnte«.

Hier, wo sich die heutigen drei Regierungsbezirke von Oberpfalz, Mittelfranken und Oberbayern treffen, verläuft auch die mitteleuropäische Wasserscheide zwischen dem Rhein und der Donau. Durch einen Gedenkstein beim Markt Breitenbrunn wird der geographische Mittelpunkt des Freistaates Bayern markiert. Die Bezeichnung »Landl« für ein Gebiet westlich und südwestlich von Neumarkt wurde von den protestantischen Exulanten aus dem Land um Linz an der Donau, dem sogenannten »Landl ob der Enns«, mitgebracht, die zwischen 1650 und 1654 über Ortenburg und Regensburg hierher flohen und, wie auch im Ries und in Mittelfranken, die vom Dreißigjährigen Krieg entleerten Dörfer wieder belebten: 34 Personen in Oberndorf, 30 in Ebenried, andere rundherum, mit bis heute bekannten Familiennamen. In einem Ort sind fast alle evangelisch, in einem anderen ganz wenige, in der Stadt Neumarkt eine gute Mischung, fast wie wenn die bayerische Situation überhaupt gespiegelt werden sollte.

Unvergessen sind hier aber auch die historischen Gründe der Christianisierung, die auf den Heiligen Emmeram zurückreichen, den vor allem in Regensburg tätigen Wanderbischof um 700 nach Christus. Diese eingeborene Frömmigkeit wandte sich mit der Reformation gegen ihre unglaublich veräußerlichte alte Kirche, wobei der Reformwillen einer zögernden Herrschaft geradezu aufgedrängt werden mußte. So entstand 1561 im Gebiet der Wolfsteiner Grafen die erste eigenständige Kirchenordnung mit einer Superintendentur, einer »Christlichen Instructio« als Verfassungsrahmen, einer Ordnung für Ordination und Installation der Pfarrer, eigenem Katechismus und Gesangbuch, alles vor allem durch den Reformator Magister Thomas Stieber.

Wie die Geschichte es wollte, fiel die Grafschaft

Wolfstein nach dem Tod ihres letzten Erben Christian Albrecht im Jahr 1740 an das katholische Kurfürstentum Bayern. Doch blieben die Einwohner konsequent bei ihrer lutherischen Konfession und bildeten als das »Konsistorium Wolfstein« die erste geschlossen evangelische Zelle in Altbayern. Neun Pfarreien mit elf Gotteshäusern formten die Urzelle der bayerischen Landeskirche, zu der 1777 das Gebiet von Sulzbach hinzukam und dann bei Gründung des Königreiches die übrigen Gebiete wie Ansbach-Bayreuth, die Reichsstädte und die Grafschaft Ortenburg. Das haben die Menschen dieser Heimatregion niemals vergessen. Als sie 1955 in Berching die neue evangelische Kirche einweihten, erklärten sie öffentlich: »Ohne das Landl in der Oberpfalz und seinen Landlbischof, den Dekan, gäbe es keine Landeskirche und keinen Landesbischof!«

Die historischen Erfahrungen der Sozialgeschichte (»Oben die Grafen, unten die Sklaven«) im weltlichen und im kirchlichen Leben sind ebenso wenig vergessen wie die Bewegungen der Religionsgeschichte und das mühevolle Festhalten am evangelischen Bekenntnis gegen die bedrängende Macht eines katholischen Herrscherhauses. Die »Landler« halten sich zugute, mit diesem historischen Bewußtsein die Wurzeln für Stärke, Tradition und Frömmigkeit des evangelischen Glaubens zu bewahren und bemühen sich in diesem Geist um den Fortschritt bei der Verbesserung eines ökumenischen Klimas. »Vernarbungen sind unübersehbar und schmerzen mitunter, aber Kraft und Heilung ist am Werk« (Peter Smolka).

Das Kirchentum Coburg

Ein Land, wo man lachend sagt, »bei uns sind alle evangelisch«, ist das Coburger Land. Die Einwohner sind in aller Stille stolz auf ihre besondere Vergangenheit und verlassen sich darauf, daß sie weiter trägt. Denn bisher ist alles gutgegangen. Die Bekehrung zum Christentum begann schon um 500 durch die fränkische Besiedlung. Die christlichen Urgemeinden gehen über tausend Jahre zurück, die Kirchenbildung auf die Zeit von Bonifatius, die protestantischen Gemeinden entstanden in der frühesten Zeit der Reformation.

Als Martin Luthers Landesherr, damals der sächsische Kurfürst Johann der Beständige, bei fortgeschrittener Reformation 1530 zum Reichstag nach Augsburg zog, nahm er seinen prominenten, durch die Reichsacht mit dem Tod bedrohten Untertan von Wittenberg nach Coburg mit. Das Coburger Land hatte sich längst schon der neuen Lehre angeschlossen, ohne abzuwarten, bis sie »von oben« angeordnet wird, hatte Kirchenvisitationen und Glaubensermahnungen eingeführt und widerstrebende Geistliche ausgewechselt. Auf dem Weg nach Süden predigte Professor Luther am Karfreitag 1530 (15. April) in der Kirche von Neustadt bei Coburg, doch mußte die ortsansässige Gemeinde wegen des großen Gefolges draußen bleiben, und das kritisiert man bis heute. Martin Luther wurde von Karfreitag bis Anfang Oktober auf der Veste hoch über Coburg festgesetzt, schrieb dort fast einhundertzwanzig persönliche Briefe und mehrere öffentliche Sendschreiben zu Sachthemen, verfaßte Auslegungen der Psalmen des Alten Testaments, konferierte mit vielen Besuchern, definierte in einer Beschreibung die »Lutherrose«, seine geistliche Petschaft (Siegel), und predigte siebenmal in der gotischen St.-Moriz-Kirche in der Stadt.

Coburgs Einwohner wissen, warum gerade hier Johann Matthäus Meyfarts berühmter Choral »Jerusalem, Du hochgebaute Stadt« entstehen konnte. Hier hält man sich hochgemut und bleibt dennoch wachsam, als ob das Gelingen der Reformation immer noch gesichert werden müßte. Der Durchzug von 8000 Salzburger Exulanten im Jahr 1732 »mit Singen und Glockenläuten« ist genausowenig vergessen wie der Zustrom der Flüchtlinge nach 1945, durch den sich die Dörfer rundum verdoppelt, das Dorf Dörfles sogar vervierfacht hat. Meeder feiert den historischen Konfessionsfrieden wie Augsburg und führt jedes Weihnachten zur Erinnerung an die diversen Notzeiten ein eigenes »Friedensspiel« auf und stellt die Bilder der Reformatoren dazu.

Seit der Eingliederung des Herzogtums Coburg nach Bayern (1920) durch einen Staatsvertrag heißt es zwar spöttisch, »nach Bayern gehen wir nicht«, aber man ist auch stolz darauf, mit rund 94 000 Seelen in 50 Kirchengemeinden, zahlreichen Religionslehrern, Krankenhausseelsorgern, Diakonen und einer großen Gesamtkirchenverwaltung das zweitgrößte Dekanat der Landeskirche zu sein. Die Neigung zur Aufklärung und einer liberalen Theologie wirkt weiter in Gemeindeleben, Diakonie und Mission; weltliches und kirchliches Leben sind eng verzahnt in der allgemeinen »Mildtätigkeit« eines nach einer Herzogin benannten »Marien-Vereins«. Die gewohnte Weltoffenheit erlaubt kirchliche Beziehungen zu Neapel, Polen, Ungarn, Tansania, Südindien und Kolumbien.

In dieser selbstbewußten Region gibt es keine anonymen Großgemeinden; Flüchtlinge, Gastarbeiter und neuerdings die Pendler wurden, alter Erfahrungen eingedenk, integriert. Vom Reichtum ist nicht viel die Rede, Armut ist fast vergessen, die Devise heißt: »Selbstbewußtsein ja, Auffallen nein!« Und wenn die Neustädter sagen, bei ihnen sind alle evangelisch, vergessen sie natürlich weder die zweitausend Katholiken, noch die fünfhundert Muslime und tausendfünfhundert »anderen«. Aber die Verantwortung der Protestanten ist groß, denn ein evangelischer Seelsorger weiß aus Erfahrung: »Was sich hier tut an Gutem und Bösem, was hier im Polizeibericht steht und was die Zeitung bringt, immer sind es unsere Leute gewesen!«

Neuland München

So unerwartet, wie das »Millionendorf« München zur heimlichen Hauptstadt der Bundesrepublik heranwuchs, entwickelte es sich zu einer evangelischen Metropole. Wo noch vor einhundertachtzig Jahren die junge Königin eines zum Katholizismus konvertierten Gatten ihre lutherischen Glaubensrechte im Ehevertrag festschreiben lassen, ihre ersten Gottesdienste im Sommerschloß Nymphenburg verstecken und der König die Einbürgerung des lutherischen Weinhändlers Michel aus der Pfalz in der eigenen Residenzstadt erzwingen mußte, leben heute fast so viele Protestanten wie im altreformatorischen Nürnberg: 312 000!

Noch 1841 entfachten Unversöhnliche ausgerechnet an Weihnachten und in einer Bürgersaalkirche eine Kampagne zur Rückführung der »verirrten« Protestanten zum »uralten achtzehnhundertjährigen« Mütterchen katholische Kirche. Heute hat der Ballungsraum von 2,3 Millionen Menschen andere Sorgen. 10 Prozent sind als Pendler täglich rund eine Stunde unterwegs im Niemandsland zwischen Haus und Arbeit; 52 Prozent aller Münchner Haushalte sind Singles. Die polyzentrale Großstadtgemeinde in der mobilen Massengesellschaft, das Gegenbild zur gewachsenen Tradition und heimatbewußten Beständigkeit, lebt inzwischen vom permanenten Vorgriff auf Zukunft. Ein Ort, der sich seit seiner Vorbereitung auf die Olympischen Spiele von 1972 die »Weltstadt mit Herz« nennt, hat Gott sei Dank vergessen, daß er bis knapp vor fünfzig Jahren die »Hauptstadt der Bewegung« und davor ein Platz der revolutionären Republikaner gegen das Königtum war.

Coburger Konfession: Alabasterepitaph für Herzog Johann Friedrich II. von Nikolaus Bergner (1595) am Hauptaltar der Morizkirche in Coburg

Vergessen die heimliche Freundschaft Martin Luthers mit dem bayerischen Hofmusikus Ludwig Senfl, verziehen die evangelischen Prinzessinnen und Königinnen bei Hofe in neuerer Zeit! München hat eine plötzlich fast zu groß gewordene evangelische Großstadtgemeinde mit dem größten Dekanat, das als erstes der Landeskirche in vier Prodekanate untergliedert werden mußte. Wie es der Zufall will, haben sich hier dann die kirchlichen Einrichtungen geradezu gestapelt: zum Großdekanat der Kreisdekan für Oberbayern, der Landeskirchenrat mit Landeskirchenamt, der Sitz des Landesbischofs und das Büro der Landessynode sowie des Landessynodalausschusses, dazu eine theologische Fakultät an der Universität, zwei Predigerseminare und weitere Lehrstätten, Schulen, diakonische Einrichtungen, zwei Mutterhäuser der Diakonie, das großartige Sozialwerk des »Collegium Augustinum«. Hier setzte Karl Richter weltweite Maßstäbe für eine neue Aufführungspraxis evangelischer Kirchenmusik. Evangelische Publizistik, Verlage und Medienproduzenten tragen zur Kultur des Glaubens bei. Auch wenn der einzelne Protestant von diesen Umständen seiner Heimatregion vielleicht weniger weiß, die Lebensstile der Großstadtbürger übertragen sich auf ihre Kirchenzugehörigkeit, so daß sich eine sehr vielfältige Mischung ergibt: nebeneinander florieren die alten Innenstadtgemeinden mit den Evangelisten-Namen, traditionelle und neue Randgemeinden, Bildungsgemeinden, Studentengemeinden, Lichter und Farben der Akademiker, Industriellen, Künstler, Journalisten und Beamten, der Angestellten und Unternehmer.

Das Schicksal, eine Wachstumsregion zu sein, bestätigt sich für den Großraum München erneut durch den Flughafen im Norden, der unter anderem einen Zuwachs von dreißigtausend Protestanten erwarten läßt. Dafür sind die kirchlichen Infrastrukturen ungenügend vorbereitet, insbesondere, weil viele Menschen berufsbedingt kaum Wurzeln schlagen können, also unter den angestammten Evangelischen auf eine neuartige Weise anwesend sein werden. Hier lebt man in einem vernetzten System der Hochzivilisation ein vielschichtiges Leben mit wechselnden Rollen und Umgebungen, bei dem ständig gewählt werden muß zwischen den Möglichkeiten. Es gibt viel Niemandsland und Abstand zu den Nachbarn, zu viele sind sich selbst der Nächste, und die Seelen stehen im Streß. In der Anonymität der Großstadt wird auf vielfache Weise nach Nähe gesucht, von der die christliche Gemeinde einiges anzubieten hätte. Aber alles braucht einen Entschluß, bindet, droht mit Fremdbestimmung und beeinflußt natürlich auch das Verhältnis zu Gott, Glauben und Kirchengemeinschaft.

Es gibt in dieser Region viele schweigende Protestanten in oft sehr hohen Positionen oder Ämtern, die sich ihrer Konfession bewußt, aber der Kirche fern sind, ferner als sie oft wissen, und dennoch häufig anlehnungsbedürftig. Da naht Gott noch am ehesten durch das Erlebnis persönlicher Betroffenheit, seinem modernen Verfahren der Bekehrung.

Die neue Völkerwanderung

Die Heimat verloren und eine neue gesucht haben in den letzten fünfzig Jahren viele Millionen Männer, Frauen und Kinder. Bayern wurde dabei von Vertreibungen verschont, aber von Vertriebenen überschwemmt. Da zeigte sich viele tausend Male, was Kirche bedeutet und wie die Konfession eine Region verändern kann. Da gewann die biblische Geschichte von der Flucht nach Ägypten eine neue Dimension und die Erinnerung an frühere Glaubensvertriebene wieder Geltung.

Alte und neue Heimat: Die Hausschlüssel der heimatvertriebenen Schlesier am Ziegeltaufstein in der von amerikanischen Lutheranern gespendeten Friedenskirche in Ergoldsbach

BILDER DER GEMEINDE

Die 1951 gegründete Evangelische Landvolkshochschule auf dem weit vorgeschobenen Hesselberg in der Fränkischen Alb bei Wassertrüdingen wuchs im Laufe der Jahre zu einer für viele Menschen unvergeßlichen Kleinstadt auf der Höhe heran, zu deren Kirchentagen am Pfingstmontag Tausende pilgern.

Daß man dieses Jahrhundert nicht ohne Grund ein »Jahrhundert der Flüchtlinge« nannte, beweisen auch die lokalen Entwicklungen in Bayern, wo einzelne Ortschaften und Gegenden beinahe explodierten. Passaus Einwohnerzahl, zum Beispiel, schnellte von 25 000 auf 52 000 hoch, die evangelische Gemeinde von 4395 (1945) auf eine unbekannte Zahl, von der trotz der verständlichen Abwanderungswelle im Jahr 1954 noch 41 883 geblieben waren. »Evangelische gab es nun in zahlreichen Orten, in denen man vorher nie auch nur einen Evangelischen gesehen hatte, es war die Stunde der Bewährung für schlichte Hilfsbereitschaft von Mensch zu Mensch, aber auch von Kirche zu Kirche« (Albert Strohm). Im bierbewußten Niederbayern bezeichnet man heute die alteingesessenen Protestanten als die »Stammwürze«, respektiert aber auch den wieder aufgelösten »Evangelischen Bauernverein« der Flüchtlinge im Rottal und hat sich an die verbliebenen »Evangelischen Bauerntage« als Veranstaltung gewöhnt.

Der Pfarrer von Vilshofen/Niederbayern sah sich beim Ende des Zweiten Weltkrieges durch das Einströmen der Heimatvertriebenen nicht mehr vor 500, sondern vor 15 000 Seelen seiner Gemeinde. Er hielt an einem Sonntag durchschnittlich fünf bis sechs Gottesdienste, dazu oft noch Taufen, Trauungen, Beerdigungen, mit einem Verkehr auf dem Fahrrad über 90 bis 110 Kilometer Entfernung. Vom Gründonnerstag bis Ostermontag waren 17 Gottesdienste zu halten, je fünf am Karfreitag und den beiden Osterfesttagen mit Abendmahl, alle mit voller gesungener Liturgie. An fünfundzwanzig Orten konnte nur alle vierzehn Tage Gottesdienst gehalten werden, an vielen Orten fanden die abendlichen Bibelstunden in Privathäusern oder Wirtssälen ganz besonders starken Zulauf mit bis zu hundert Teilnehmern. Der Pfarrer erinnert sich, daß die Flüchtlinge offener waren als je zuvor in ihrer alten Heimat, »wo sie es viel bequemer hätten haben können«.

Ähnlich ging es in ganz Bayern! Dazu kamen auch evangelische Pfarrer aus den Ostgebieten bis vom Baltikum und Balkan, die segensreich und aufopfernd wirkten, wie die vielen Glocken aus Schlesien, die im Westen wieder erklingen konnten. Sicher haben auch sie zur Eingewöhnung und Versöhnung mit den katholischen Mitbürgern wesentlich beigetragen.

Keine ganze Generation später setzte eine endlose Binnenwanderung ein: staatliche Strukturmaßnahmen bestimmten neue Schwerpunkte, die Ballungsräume lockten Menschen an den

Versöhnung statt Vergessen: Ökumenischer Gottesdienst im Oktober 1991 beim Gedenkkreuz am ehemaligen Todesstreifen zwischen Bayern und Sachsen in Nentschau (Landkreis Hof)

Rand des Randes der Großstädte, Erholungssuchende schufen sich Zweitwohnungen, der Fremdenverkehr veränderte ganze Regionen jahreszeitlich bis in die Wurzeln. Wieder das Beispiel Passau: zehn neue Gymnasien, drei Wirtschafts- und zwei Fachoberschulen, eine Universität mit achtzig Professoren und entsprechenden Studentenzahlen, alles auch eine Herausforderung an die Kirchengemeinden. In der Stadt Coburg gab es von 1545 bis 1952 eine einzige Kirchengemeinde, aus der dann fünf weitere hervorgingen. Ein gleiches Erwachsenwerden erlebten viele Tochtergemeinden in den wachsenden Großstädten.

Nicht ohne weiteres käme man auf die Idee, daß aus der Gründung eines Nationalparks im Bayerischen Wald und der Erschließung von Thermalquellen im Flachland Konsequenzen für die Seelsorge an Kurgästen und Touristen entstehen, wo noch einige Jahrzehnte zuvor die wenigen Pfarrer zu den spärlichen Kleinstgemeinden mit Skiern, dem Fahrrad oder per Eisenbahn reisen mußten. Da lernten auch die Berlinflüchtlinge und Urlauber aus dem Ruhrgebiet die bayerische Diaspora und den lutherischen Gottesdienst staunend kennen.

Die »evangelische Völkerwanderung« geht weiter. Während mit einem Großprojekt wie dem neuen Flughafen München II für die bestehenden Ortsgemeinden völlig neue Probleme entstehen und die erwarteten 30000 Glaubensgenossen Anschluß suchen, kommen neue Flüchtlingsströme aus Rumänien, Ungarn, Jugoslawien, Nachkommen der »Siebenbürger Sachsen« und »Banater Schwaben«. Noch mehr: Seit der Wiedervereinigung Deutschlands und der Grenzöffnung nach Böhmen melden sich in der Oberpfalz und Oberfranken konfessionslose Schüler zum Religionsunterricht, und Erwachsene begehren die Taufe. Auf dem Truppenübungsplatz Grafenwöhr kamen Rußlanddeutsche an. Woher werden die nächsten kommen? Ein bedrückendes und beglückendes Beispiel für die christliche Erfahrung, daß das ganze Leben eine Wanderschaft zur Ewigkeit und Suche nach der »neuen Heimat« ist, kann man in der von Amerikanern gestifteten Friedenskirche in Ergoldsbach bei Landshut sehen: Dort haben Flüchtlinge, nachdem sie die Unmöglichkeit ihrer Rückkehr in die Heimat erkannten, ihre alten Hausschlüssel an eine um den Taufstein gewundene Eisenstange gehängt, damit sie weiter unter ihnen sind, den Nachkommen vor Augen bleiben und den Zugang zum Himmel durch die Taufe symbolisieren!

Geistliche Inseln

Es muß etwas mit der Heimat des Herzens auf sich haben, denn vierhundert Jahre nach der Auflösung der Klöster durch die lutherische Reformation haben sich in einer Welt der rationalen Enträtselung aller Geheimnisse wieder geistliche Inseln unter uns gebildet. Es sind Eilande mit Leuchtfeuern, die sich um den sensationellen Gang der Dinge weniger kümmern als um die stille Nachfolge Christi. Seltsam genug die Entwicklung: gerade während die Säkularisation ab 1803 vielen katholischen Klöstern den Garaus machte, begann durch Wilhelm Löhe mit der Gründung des Zentrums Neuendettelsau im Jahr 1841 eine evangelische Neuentwicklung, bescheiden zunächst, aber im Glaubensausdruck so überzeugend, daß ihm die Herzen zuflogen und bald die Frommen aus der weiten Umgebung in Tageswallfahrten zu seinen Sonntagspredigten liefen, daß die Liturgie wieder ein Leitfaden des Lebens wurde und die Missionsbotschaft in mehrere Kontinente fortgetragen. Augsburg folgte mit der Gründung eines Diakonissen-Mutterhauses 1855 und behielt seine Rolle als Insel innersten Christentums mit tiefer Wirkung nach außen. Das Mutterhaus auf der Hensoltshöhe über Gunzenhausen entstand 1905 im Zuge der Erweckungsbewegung mit großer, anhaltender Strahlkraft, und es folgten einige mehr solcher Zentren.

Auf die Unterdrückung der Kirchen von 1933 bis 1945 antwortete die evangelische Kirche Bayerns mit der Gründung einer Evangelischen Akademie in Tutzing und der Volkshochschulen auf dem Hesselberg, in Pappenheim und Bad Alexandersbad, die geistlich orientierte, weltoffene Inseln im Getriebe der Zeit sein wollen. Demselben Impuls folgten mehrere »Gemeinden durch Gelöbnis«, Communitaeten und Bruderschaften in Castell, Falkenstein, Marktheidenfeld, Ottmaring, Puschendorf, Selbitz, Simonshofen und Stockdorf. Von der dynamischen Zivilisation nur nebenbei wahrgenommen, zeugen diese besonderen Lebensregionen durch ihre Vitalität davon, daß es in der reformatorischen Kirche Luthers solche Ausnahmen geben kann und gibt, in denen die religio die regio bestimmt. Diese geistlichen Inseln bedeuten für ihre freiwilligen Bewohner eine Heimat in der Kirche. Sie leben dafür und die Welt davon. Denn ohne diese Möglichkeit, Mensch zu sein, wäre vieles verloren und manchem Mitmenschen auf der Schattenseite des Lebens die Humanität versagt. Wer solchen geistlich geleiteten Menschen begegnet, könnte manchmal meinen, sie lebten auf dem eigentlichen Festland in einem guten Zuhause.

Gemeinsam glauben und leben: Die Communität »Casteller Ring« auf dem Schwanberg in Unterfranken

BILDER DES GLAUBENS

In der 1518 geweihten Marktkirche von Ortenburg in Niederbayern beten seit der Reformationszeit die Protestanten, dort sangen die durchziehenden Exulanten ihre Glaubenslieder, aufrechte Christen von weither suchten die Teilnahme an den Sakramenten, und bis heute ruhen hinter dem schlichten Altar die tapferen Grafen in ihren Hochgräbern wie die Wächter der evangelischen Wahrheit.

BILDER DES GLAUBENS

Auf der Veste Coburg mußte Martin Luther, seiner Sicherheit zuliebe, den Ausgang des Augsburger Reichstages von 1530 abwarten, bei dem die »Confessio Augustana« beschlossen wurde; die Stadt und das Herzogtum Coburg schlossen sich 1921 der bayerischen Landeskirche an und bilden heute das zweitgrößte Dekanat.

DIE KIRCHE DER GEMEINDEN

DAS, WAS CHRISTUS MEINTE
Die Gemeinde

Seit fast zweitausend Jahren gibt es das, was Christus wirklich meinte: die Gemeinde. Seit der Ausgießung des Heiligen Geistes, dem Pfingstwunder in der ersten Gemeinde der Jünger in Jerusalem, bewährte sich diese Lebensform um Predigt und Sakramente. Eine solche Vorstellung von Gemeinschaft unter Menschen gibt es außerhalb der christlichen Gemeinde nicht, aber sie nimmt nicht überall die gleichen Formen an, denn auch sie wird von weltlichen Bedingungen mitbestimmt. Es gilt, was der Kirchenpfleger Hermann Heß aus Plößberg schreibt: »Überall da, wo Christen zum Gebet, zu Lob und Dank zusammenkommen, ist Gottes Reich sichtbar und der Herr der Kirche mitten unter uns mit seinem Geist, seinem Segen und seinen Gaben.«

Das christliche Verständnis lebt von der Vorstellung, Gemeinde sei nur durch die personale Beteiligung ihrer Mitglieder möglich. Diese Gemeinde wurde zum großen Vorbild der weltlichen Kommunen und prägte viele Gemeinschaften. Überall, wo die Kultur christliche Wurzeln hat, ist der einzelne Mensch kein verlorenes Sandkorn in der Düne am Meer des Lebens, kein glimmender Lichtstrahl aus der göttlichen Sonne im All, nicht die kleine Speiche am Rad der Geschichte, ein bloßer Gedanke des Allmächtigen oder das Resultat einer Wiedergeburt aus früherer Existenz.

Die Hausgemeinde ist unverändert die kleinste, in sich schlüssige Gemeinde: Gebet, Losungen für den Tag, Bibellesung und Auslegung durch Andachtsbücher, Tischgebet, Abendgebet, Haussegen sind die Grundformen für viele Variationen. »Hausgemeinden bieten Geborgenheit und können als geistliche Familie zur Heimat werden, und das ist für die Kirche wie für die Welt von großer, hilfreicher Bedeutung« (Georg Güntsch).

Den Hausgemeinden vergleichbar und das Leben vieler Christen bestimmend, tragen die zahlreichen und verschiedenartigen Gemeinschaften zum Leben der bayerischen Kirche bei. Da sie auf Organisation und Öffentlichkeit weniger Wert legen als auf Innerlichkeit, wird ihre Lebensäußerung vielleicht nicht immer richtig verstanden, sei sie »evangelikal« oder liturgisch, pietistisch oder intellektuell gefärbt.

Überwiegend in den Großstädten und Ballungsräumen bildeten sich in jüngerer Zeit charismatische Bewegungen der geistlichen Erneuerung als Gegenüber zu der üblichen Gemeinde der Volkskirche, wobei häufig ein Pfarrer mit besonderer theologischer Prägung voranging. Solche Sonderformen geraten gelegentlich in Widerspruch mit dem Grundsatz, daß nach Christi Wort »In meines Vaters Haus sind viele Wohnungen« die Einheit der Kirche »zu wahren und zu fördern« (Verfassung Art. 15) sei.

Gottesdienst und Gotteshaus bilden den wahren Mittelpunkt des Gemeindelebens mit der Liturgie, dem gemeinsamen Glaubensbekenntnis und der Predigt. Gottes Wort vermittelt die Anwesenheit Gottes, die Sakramente bestätigen sie. Dieses gottesdienstliche Ereignis ist nicht einfach eine Veranstaltung »der Kirche«, sondern der Menschen, die durch ihre Gemeinde Kirche werden wollen. Der evangelische Gemeindegottesdienst ist die Messe auf Deutsch, verständlich im Ablauf, in der Sprache und in seinem theologischen Sinn. Es bedarf nicht unbedingt eines geweihten Altars oder einer ordinierten Person, wenngleich der »berufene Diener am Wort« die Gemeinde ausmacht. Nicht ohne Grund schreiben Pfarrer die Gemeindegeschichte, und manche Gemeinden notieren ihre Predigtgeschichte, wie zum Beispiel St. Anna in Augsburg, wo man seit 1648 ein Predigerbuch führt über alle, die jemals die berühmte Kanzel bestiegen.

In 90 Prozent der evangelischen Gemeinden Bayerns finden jeden Sonntag Kindergottesdienste statt, die von 27000 Kindern besucht werden, das sind pro Jahr 52000 Kindergottesdienste in der Betreuung von rund 8400 ehrenamtlichen Helferinnen und Helfern, zu 80 Prozent jungen Frauen. Diese Zahlen gehen zwar zurück infolge der Bevölkerungsentwicklung, des Sonntagstourismus und des sich ändernden Verhältnisses zur Kirche, aber nicht bei den Mitarbeitern.

Glücklicherweise spricht man beim Gemeindepfarramt immer noch von »Seelsorgestellen«, zu denen neben dem Geistlichen auch Pfarrer in Ausbildung, Pfarrverwalter, Lektoren und Gemeindeassistenten oder Kindergottesdiensthelfer gehören. Gemeindemodelle wie bei den unterfränkischen Pietisten versuchen ausdrücklich, allen Mitgliedern die Entfaltung ihrer Begabungen zu ermöglichen und sich gegenseitig zu dienen, bis hin zu der Möglichkeit, nach einem Gottesdienst im Betsaal über kirchliche und kommunale Fragen sozusagen parlamentarisch zu entscheiden. Deshalb sind auch Gemeindefeste ebenso Teil christlicher Gemeinschaft wie die rund 740 Ausgaben von Gemeindebriefen und Kirchenboten, die oft selbst hergestellt und an etwa die Hälfte aller Gemeindeglieder händisch verteilt werden, als wären sie eine andere Form des gemeinsamen Brotes.

Zu den Gemeinden gehören, ihrer unterschiedlichen Art entsprechend, die vernetzten Einrichtungen der Diakonie, des Jugendwerks, des Frauenbundes, des Männerwerks, der Beratungsstellen, eigene Häuser und Heime, besondere Stiftungen oder Gemeinschaftseinrichtungen bis hin zum Weinkeller und Schrebergarten. Sie entsprechen historisch gewachsenen Strukturen oder aktuellen Bedürfnissen, hängen nicht selten mit dem Engagement einzelner Pfarramtsführer oder Gemeindeglieder zusammen und machen in hohem Maß das eigentliche Profil, den Pulsschlag oder die Individualität einer Gemeinde aus.

Kann man die Variationen aller Ereignisse im Gemeindeleben überhaupt aufzählen? Die 2180 Bibelkreise, 578 Gottesdienstbesprechungen, 511 ökumenischen Arbeitskreise, 4067 Kinder- und Jugendkreise, 1990 Frauenkreise, 146 Männerkreise, 298 Ehepaarkreise, 593 Besuchsdienstkreise, 1537 Alten- und Seniorenkreise, 1413 Kirchenchöre, 997 Posaunenchöre, 590 sonstigen Kreise in der Statistik von 1990! Oft genug werden die Gemeindehäuser besser besucht als die Gotteshäuser und die Gruppen einer Gemeinde wichtiger genommen als die Vollversammlung.

Die vielen Pfarrbibliotheken gehen auf das Bildungsverständnis der Reformation zurück, wonach in der »Kirche des Wortes« mit dem alleinigen Vertrauen auf die Heilige Schrift und ihre bekenntnisgemäße Auslegung das Studium der Quellen, Dokumente und Berichte, wenn möglich auch in fremden Sprachen (Hebräisch, Lateinisch, Griechisch), geschehen sollte. Heutige Pfarrbüchereien dienen dem Pfarrkapitel als Bibliothek, den Mitarbeitern als Handbücherei und den Gemeindemitgliedern aller Altersgruppen und Bildungsschichten als Lesebüchereien, ihre Räume sind Treffpunkte und Kommunikationsorte. Die »Zentralstelle der evangelischen Büchereien« in Nürnberg hat selbst 50000 Bücher und vermittelt das jeweils Neue-

BILDER VOM GOTTESHAUS

Große Kirchen haben häufig einen großen Kirchenschatz an heiligen Geräten, sei es als herrschaftliches Stiftungsgut oder als Ausdruck des reichsstädtischen Reichtums, um durch den Wert des Materials, die Kunst der Gestaltung, zweckmäßige Form und schöne Formulierung der Symbole zur Verherrlichung Gottes beizutragen.

BILDER VOM GOTTESHAUS

Kleine Kirchen, vor allem in den Dorfgemeinden, halten ihren kleinen Kirchenschatz in hohen Ehren und gutem Gebrauch, denn nicht selten befinden sich darunter heilige Geräte aus der vorreformatorischen Vergangenheit und häufig ehrenvolle Stiftungen aus der eigenen Gemeinschaft, die mit Namen, Bibelspruch und Jahreszahl den Weg zur Ewigkeit markieren.

Urform der Gemeinde: Ein Hauskreis in München

ste. Bayernweit haben im Jahr 1990 über 52 000 Personen 770 000mal auf eines der 520 000 Angebote zurückgegriffen.

Daß aber auch die Kirchenanzeiger, Gemeindeboten und Sonntagsblätter, in eigener Verantwortung der Gemeinden oder mit Hilfe zentraler Stellen hergestellt, einen hohen Wert haben, weiß man letztlich, seit der NS-Staat im Jahr 1941 von 735 kirchlichen Blättern alle bis auf 35 verboten hatte. Lesen ist und bleibt gegenüber den elektronischen Medienangeboten kein Stiefkind und wird von den Gemeinden einer »Kirche des Wortes« wertgeschätzt.

Zur Förderung des vielfältigen Gemeindelebens hat die Landeskirche mehrere Einrichtungen geschaffen. Als Antwort auf die immer deutlichere Herausforderung durch den Nationalsozialismus wurde am 1. August 1935 ein »Volksmissionarisches Amt der Evangelisch-Lutherischen Landeskirche in Bayern rechts des Rheins« gegründet, mit der Aufgabe, »alle Möglichkeiten der Verlebendigung der Gemeinden wahrzunehmen. Hierzu dienen insbesondere Volksmissionswochen, Freizeiten, Schulungskurse für Pfarrer und Gemeindeglieder, Herausgabe von Flugschriften und dergleichen«. Der erste Leiter des neuen Amtes war der temperamentvolle und tapfere Pfarrer Helmut Kern.

Das heutige, am 26. März 1974 durch Kirchengesetz geschaffene »Amt für Gemeindedienst« folgt denselben Zielen. Was einmal mit drei Mitarbeitern begonnen hatte, geschieht heute durch einen ordinierten Leiter, vier Pfarrerinnen und Pfarrer, einundzwanzig Referenten und Referentinnen und die dazugehörigen über zweiunddreißig Fachmitarbeiter. Ihre Themen sind Mitarbeiterfortbildung, Evangelisation, Besuchsdienst, Bibelwochenarbeit, Glaubensseminare, Kinderkirche, Kirchenvorstandsarbeit, Kirchnerdienst, Lektoren und Prädikanten, kirchliche Werbung, Büchereiarbeit und Schriftentisch, »Kirche unterwegs«, Familienerholung, alleinstehende und berufstätige Frauen, offene Behindertenarbeit und so weiter. Angeschlossen sind auch das Evangelische Männerwerk, der Zentralbibelverein und der Landesausschuß des Kirchentages.

Die »Evangelische Gemeindeakademie« in Rummelsberg wurde gleichzeitig geschaffen und soll unter einem ordinierten Leiter, zwei Pfarrern, einem Diakon und weiteren Mitarbeitern die Gemeinden und ihre Mitarbeiter beraten, in der Arbeit fortbilden und mit ihnen nach neuen Formen suchen. In Studienkursen, Gemeindewochenenden und Ausbildungsveranstaltungen werden Seelsorgeerfahrungen umgesetzt, Kommunikationsstrukturen überdacht und die Weltverantwortung der Christen in der Gemeinde thematisiert. Neuester Schwerpunkt ist die Konfliktberatung.

Eine eigene »Landeskirchliche Beauftragte für Gemeindehelferinnen und Gemeindereferentinnen« ist dem Landeskirchenamt beigeordnet. Außerdem arbeitet in Nürnberg eine »Materialstelle für Gottesdienst«. Ein 1992 gegründeter »Arbeitskreis für evangelistische Gemeindearbeit« vereint bayerische Pfarrer als Forum und zu Studientagen, um das »Evangelium zeitgemäß ins Gespräch« zu bringen.

Wenn über die Krise der Gemeinden geklagt wird, vergißt man nur zu leicht einige wesentliche Faktoren der modernen Entwicklung: die »Verdünnung« der Kirchengemeinden durch die zahlreichen Kirchenneubauten; die Medienkirche mit ihren Möglichkeiten, nicht mehr zu einem Gottesdienst in der Kirche zu erscheinen; die besonderen Gemeindeformen der mobilen Gesellschaft; die Binnenwanderung und den Bevölkerungsrückgang. Umgekehrt beweisen die steigenden Spenden das Maß an Anteilnahme, die Beratung und die besondere Seelsorge der Kirche wird zunehmend beansprucht. Freilich, es kommen auch immer mehr Kinder alleinstehender Frauen oder Männer zur Taufe, über 15 Prozent aller Getrauten gehen aus geschiedenen Ehen zum Altar, die Kirchenaustrittsbewegung gibt zu denken. Da zur Zeit jährlich eine mittlere Kleinstadt die evangelische Kirche verläßt und nur ein Pfarrsprengel durch Kircheneintritte hinzukommt, meint der Finanzreferent Helmut Kamm, mehr Seelsorge und Hausbesuche, Ehe- und Erziehungsberatung und mehr Solidarität seien in Zukunft nötig. Andere plädieren für mehr Freiheit, auch wenn sie auf Kosten der Einheit geht (Werner Hofmann). Um »mehr Anlegestellen für die Menschen bei der Kirche« (Rudolf Freudenberger) zu bieten, könnten die Gemeinden offener werden oder in der pluralen Gesellschaft Gemeinden mit »Richtungssprengeln« statt »Reviersprengeln« entstehen. Einem neuen Selbstverständnis entsprechen auch Veranstaltungen wie eine »Stadtsynode« und die Bereichskirchentage. Landesbischof Hanselmann äußerte schon 1990 vor der Landessynode: »Die Lebensformen der Kirche werden sich in Zukunft noch mehr in Pfarreien, Projektgruppen, Basisgemeinden und spirituell geprägten Gemeinschaften auffächern. Unter dem Dach der Kirche kann und darf mehr wachsen und gedeihen, als bisher der Fall ist!«

DIE KLEINSTE EINHEIT IN DER GEMEINSCHAFT
Die Ortsgemeinde

Jede Kirchengemeinde ist »Kirche vor Ort«. Es kommt auf den Ort im allgemeinen an, seine historisch gewachsenen und gegenwärtig geltenden Bedingungen, die kommunale Zusammengehörigkeit unter einem gleichen Ortsnamen und den dazu gehörenden Dingen. Dabei kann der Ort ein ganzes Gebirgstal sein, aber auch nur der Vorort in einer Großstadt oder einer ihrer Teile. Was »Ort« heißt, ist am besten am Ort selbst bekannt. Bei allem Sinn für Kirche wird spätestens am Rand zur Nachbargemeinde der Eigen-Sinn geweckt. Gerade nach den Jahren einer explosiven Entwicklung fast aller Wohnorte, die ein immer diffuseres Lebensgefühl zur Folge hat, finden die Ortsgemeinden wieder mehr Zuspruch; aber nicht jeder, der sie bejaht, muß sie als einzig sinnvollen Ort verstehen, eher als eine Möglichkeit von Paradies.

Auf Bayerns 41994 amtliche Gemeindeteile von der Einöde über das Pfarrdorf bis zur großen Stadt mit jeweils eigenem Namen, Postleitzahl, Telefonvorwahl und Geschichte kommen 1523 eigenständige evangelische Kirchengemeinden. Die größten sind St. Martin in Schwabach (12352 Gemeindemitglieder), St. Johannis in Nürnberg (11907) und Zirndorf (11247); die kleinsten sind Düren bei Dinkelsbühl und Baiersdorf-Erlangen (35), Hohnsberg/Unterfranken (37) und Thundorf bei Schweinfurt (47). Die geographischen Größenordnungen variieren allerdings nicht weniger. So erstreckt sich die Kirchengemeinde Neustadt a. Kulm/Oberpfalz über zwei Regierungsbezirke (Oberfranken und Oberpfalz), drei Landkreise (Neustadt a. d. Waldnaab, Tirschenreuth und Bayreuth) und über acht politische Gemeinden, für die sie die Drehscheibe der Konfession, Schulen, Kindergarten, Friedhof, für Feste und Veranstaltungen bildet.

Die Gemeinde Mainburg in der Hallertau umfaßt etwa 300 Quadratkilometer mit fast 100 Ortschaften und hat nur 1617 Evangelische. Zur Gemeinde Elpersdorf bei Ansbach gehören 15 Ortschaften verschiedener Größe, zu Herrieden 19, die Gemeinde Sulzdorf an der Lederhecke erstreckt sich über 7 verschiedene Ortschaften oder Ortsteile, Bad Königshofen über 17 Dörfer, und alle leben natürlich von der Arbeit vieler Ehrenamtlicher.

Die Pfarrei von Bachhausen und Oberndorf in der westlichen Oberpfalz war seit 1648 für die Evangelischen in 36 Orten zuständig, ihre Pfarrer waren bis zur Gründung der Gemeinde Beilngries im Jahr 1949 vermutlich mehr unterwegs als tätig. Bischofsheim v. d. Rhön hatte 1984 in 15 verschiedenen Orten etwa 500 Seelen, für die vier Prädikanten oder Lektoren amtierten, und dennoch entsandte man eine Missionarsfamilie nach Tansania.

Riedenburg, erst 1955 als Pfarrei eingerichtet, hat 130 Ortschaften auf einer Fläche von 700 Quadratkilometer mit etwas mehr als 800 evangelischen Christen, davon die Hälfte allein in Altmannstein, der Rest ist also sehr dünn verteilt. Dasselbe Riedenburg hatte bis 1945 nur wenige protestantische Familien, dann kamen plötzlich 1600 Flüchtlinge und Pfarrer Peter aus der Batschka, aber bis 1969 war die Zahl der Gemeindeglieder wieder auf 570 gesunken, um dann erneut durch die Industrialisierung auf 1117 zu steigen.

Die Gemeinde Vohburg bei Ingolstadt mit den Untergemeinden Geisenfeld und Münchsmünster im nördlichen Oberbayern hatte im Auf und Ab der Zeit im Jahr 1807 für kurze Zeit als einzigen Evangelischen einen Kaufmann, der bald weiterzog, 1936 aber 30 Evangelische in Münchsmünster, dann 1500 Kriegsflüchtlinge, deren Zahl bis 1955 auf 750 zurückging und 1973 durch die Industrieentwicklung erneut auf 1500 anstieg.

Wo die evangelischen Ortsgemeinden nicht im Zuge der Reformation aus bestehenden Kirchengemeinden hervorgingen, entstanden sie an vielen Orten nach der Sammlung von Protestanten durch einen »Evangelischen Verein«, der dann die weitere Kirchengeschichte in die Hand nahm. Passau, lange Zeit mit über 100 Kilometern Radius im Extrem bis nach Prachatitz in Böhmen und Winterberg im Sudetenland zuständig, gründete sich 1834 als evangelische Gemeinde. 1847 entstand die Protestantengesellschaft »Habt Acht!«, 1854 der diakonische »Johannis-Zweigverein«, 1889 der »Gustav-Adolf-Zweigverein«, 1870 der Leseverein »Konkordia«, 1889 der »Evangelische Arbeiterverein«, 1881 der »Freundinnenverein für junge Mädchen«, der »Evangelische Bund« und als erster in Deutschland ein Ferien-Kolonie-Verein; dann 1904 der »Verein für Gemeindediakonie«, 1921 ein Evangelischer Frauenverein, 1902 die Schwesternstation, 1903 der Kirchenchor, 1907 der Kindergarten und 1980 verselbständigte sich die vierte Tochterkirchengemeinde, aber dennoch blieb die Muttergemeinde mit 4500 Seelen immer noch die größte. Welche jüngere Gemeinde wüßte nicht Ähnliches zu berichten?

Seit der staatlichen Gebiets- und Gemeindereform mit dem häufigen Verlust kommunaler Eigenständigkeit scharen sich die Menschen vielerorts noch mehr um die Kirchengemeinden als einzig verbliebene Kommunikationszentren. Dazu gehören dann die Identifikationsbeweise wie Kirche und Patrozinium, Turm mit Uhr und Glocken, die Feste des Kirchenjahres und sein Brauchtum, Nachbarschaftshilfe und soziale Dienste.

Bei der Gestaltung ihrer Verhältnisse genießen die Gemeinden große Selbständigkeit. Aus der Sicht der Kirchenverfassung ist eine Gemeinde das ein und alles: theologisch die Glaubensgemeinde, juristisch die Kirchengemeinde und praktisch die so oder so lebendige Gemeinde. Sie ist für sich verantwortlich und zugleich von der Gesamtkirche bestimmt, allgemein und öffentlich, sie entscheidet ihre Sachen, hat die Wahl und kennt dennoch ihre Grenzen.

Seit einer Verordnung vom 7. Oktober 1850 gibt es in der bayerischen Landeskirche die Einrichtung des Kirchenvorstands in den Gemeinden, der »nichts anderes sein soll, als eine mit christlichem Bewußtsein und Willen aus der Mitte der Gemeinde hervorgehende Vertretung derselben in denjenigen kirchlichen Angelegenheiten, in welchen sie als ein ganzes beteiligt ist«. Die Mitglieder des Kirchenvorstandes werden von der Gemeinde gewählt und im Gottesdienst in ihr Amt eingeführt. Dabei sprechen sie: »Ich gelobe vor Gott und dieser Gemeinde, das mir anvertraute Amt als Kirchenvorsteher in der Bindung an das Wort Gottes, wie es in der Heiligen Schrift gegeben und im Bekenntnis der evangelisch-lutherischen Kirche bezeugt ist, nach den Ordnungen unserer Kirche gewissenhaft auszurichten, Verantwortung für den Gottesdienst und die Lehre, für die diakonischen und missionarischen Aufgaben der Gemeinde zu übernehmen und allezeit ihr Bestes zu suchen.«

BILDER DER GEMEINDE

Gemeinde heißt heute die reale und die mediale Gemeinschaft der Gläubigen, wo immer sie sein und wie sie sich beteiligen mögen, und gibt dem alten Kirchenlied »Wie soll ich dich empfangen und wie begegne ich dir?« eine neue Bedeutung; hier ein Fernsehgottesdienst in der Johanniskirche in Olching.

Der Kirchenvorstand entscheidet über Gottesdienstordnung (Agende), Läuteordnung der Glocken und entsprechende Ordnungen, er verwaltet das gemeindeeigene Geld und hat ein wesentliches Mitspracherecht bei erweiterten Finanzfragen, in Bausachen, Personalangelegenheiten und dem »allgemeinen Betrieb«. Er trägt die umfassende Verantwortung dafür, daß die Gemeinde ihre genuine Aufgabe erfüllt, und nimmt sie weder als Geschäft noch als schiere Verwaltung wahr.

Die Mitglieder des Kirchenvorstandes sind ehrenamtlich tätig. Den Vorsitz haben der jeweils erste Pfarrer oder die Pfarrerin der Gemeinde, die Laien stellen eine »Vertrauensfrau« oder einen »Vertrauensmann«. In den durch die staatliche Gebietsreform zusammengefaßten Orten haben die übergreifenden Kirchengemeinden üblicherweise Ortsteilvertreter im Kirchenvorstand, um den natürlichen kommunalen Strukturen zu entsprechen. Für einzelne Gemeindefragen oder Sachbereiche werden eigene Vertrauensleute gewählt. Dies alles führte den Dekan im »Landl« rund um Neumarkt i. d. Oberpfalz zu dem Urteil: »Für ihren Glauben sich einsetzende wache Laien, die Bereitschaft unzähliger Kirchenvorsteher und Mitarbeiter ist ein Ruhmesblatt der Gemeinde, das in vielen Epochen ihrer Geschichte deutlich wird« (Peter Smolka).

Für die Verkündigung, Seelsorge und Sakramentsverwaltung ist in der Ortsgemeinde grundsätzlich die ordinierte Pfarrerin oder der ordinierte Pfarrer zuständig. Ihre Aufgaben und Tätigkeiten sind so vielfältig wie in keinem anderen Beruf: Prediger, Liturg, Seelsorger, Lehrer, Amticrender bei Kasualien, Sozialarbeiter, Veranstalter, Manager, Hausbesitzer und anderes in einem! Es können in einer Pfarrei mehrere Gemeinden zusammengefaßt, aber auch eine Großgemeinde mit mehreren Pfarrstellen versehen oder eine verwaiste Pfarrstelle einer anderen zugeordnet sein. Als Predigtstationen werden die Kirchenorte bezeichnet, an denen regelmäßig sonntäglicher Gottesdienst gehalten wird. Vikariate werden durch einen »Pfarrer z. A.« (zur Ausbildung) versehen.

Nicht nur wegen Pfarrermangels, sondern auch aus grundevangelischer Überzeugung wirken rund 160 Laien im Verkündigungsdienst von Kirchengemeinden, Krankenhäusern und Strafvollzugsanstalten. Das Amt der Lektoren und Prädikanten (Laienprediger), eine Einrichtung der frühen Christenheit, entspricht dem evangelischen Verständnis vom allgemeinen Priestertum. Menschen aus allen Berufen und Altersschichten halten Wortgottesdienste mit Beachtung der Agende, sie tragen eigene oder Lesepredigten vor, manche lesen nur die sonntäglichen Evangelien und Epistel. Ihre Bevollmächtigung durch das Prädikantengesetz vom 1. Januar 1986 und die Fortbildung durch Dekanate und das Amt für Gemeindedienst bereichert die Gemeinden, weil sie ihre eigene Lebenserfahrung einbringen. Mit ihrem Ehrenamt schenken sie der Kirche Ansehen und Zeit, haben häufig große Entfernungen zu überwinden und gelegentlich auch Ablehnung zu gewärtigen, wo man die Gewohnheit eines Pfarrers nicht missen will.

Nicht gering zu schätzen sind die unverzichtbaren Dienste der »Kirchner« in der Ortsgemeinde, von denen zu wenig die Rede ist: die Mesner, Organisten, Diakone und Jugendleiter, die Mitarbeiter in den Diakonie- und Sozialstationen mit Dienst in mehreren Gemeinden, der Besuchsdienst und die Gemeindehelferinnen, die Gemeindebriefe austragen, Geld einsammeln und für menschliche Beziehungen sorgen. Die Verwaltung des Pfarramtes durch dienstwillige und verständnisvolle Menschen an ihrem jeweiligen Platz ist lebenswichtig, auch wenn wesentliche Vorgänge durch Gesamtkirchenverwaltungen oder zentrale Verwaltungsstellen erledigt werden.

Ohne das Pfarrsekretariat »geht nichts« an Telefon, Post, Terminen, Dokumentation und Archivarbeit, Geldverkehr, Veranstaltungen, ökumenischen Kontakten, Festen und Jubiläen, und dies vorwiegend für einzelne Menschen, die Zuwendung und Einführung erwarten, wenn sie ein Kind zur Taufe anmelden, ein Paar getraut werden will oder jemand Beratung braucht, wenn ein Unfall eintrat oder eine Beerdigung ansteht. Dazu gehört auch die Zusammenarbeit in Finanzfragen, denn nach der neuen landeskirchlichen Finanzordnung können Kirchengemeinden bei klugem Wirtschaften ihre Überschüsse im Folgehaushalt weiterverwenden und die Vorteile der Selbstverwaltung ausnützen.

Das Fazit eines demütigen Pfarrers aus der Oberpfälzer Diaspora heißt: »In vielen Erfahrungen der Vergangenheit und unserer Zeit kann der gläubige Betrachter die Führung Gottes wahrnehmen und die Antwort dieser Gemeinde darauf finden: Gehorsam und Verfehlung, Dankbarkeit und Blindheit. Wir sind keine besondere Gemeinde« (Rainer Holl, Vohenstrauß).

Gemeinde unterwegs: Die Dreieinigkeitskirche von München-Bogenhausen als Abschiedsgeschenk für ihren Pfarrer Theodor Glaser von der Bildhauerin Ruth Speidel

DER GEIST WEHT, WO ER WILL
Die Mediengemeinden

Nur der Begriff ist neu, die Sache nicht. Begonnen hat der Gemeindeaufbau mit Medienhilfe schon mit den Briefen der Apostel an Glaubensbrüder und frühchristliche Gemeinden, die wir im Neuen Testament als das Wort verstehen, mit dem sich Gott offenbart. Vom Medium des Briefes zum Buch, das der Reformation als entscheidendes Transportmittel diente, und weiter zur Zeitung war es nur zeitlich ein weiter Weg, aber logisch ein ganz klarer. Wir sind in einem von Medien beherrschten Zeitalter angekommen und wissen: Medien sind Mittel, Mittler des Lebens und daher Lebensmittel. Ganz offensichtlich befindet sich die christliche Gemeinde nicht außerhalb der Medienwelt und der Heilige Geist weht auch hier, wo er will. Da die evangelische Kirche von ihrem Wesen her frei und offen ist, erhält ihre Gemeindewirklichkeit durch Zeitungen, Radio und Fernsehen weitere Dimensionen, und dennoch bleibt dem inneren Schauen genug Raum, um der Wahrheit zu begegnen. Manche Christen finden heute durch die Medien zur Kirchengemeinde und bereichern sie.

Zeitungen

Das älteste Massenmedium, dessen ursprünglich italienischer Name »gazettino« (Blättchen) auf eine schnelle Mitteilung im kleinen Format hinweist, ist heute in jedermanns Hand. Im Jahreslauf versäumt keine profane Zeitung, auf die christlichen Feste einzugehen und vom kirchlichen Leben zu berichten, weil die Leser das erwarten. Die kirchlichen Zeitungen, die »Gemeindeblätter« und »Sonntagsblätter«, werden von den Interessierten wie eine Fachpresse gelesen und sind daher in ihrer Grundhaltung affirmativ. Gemeindebildend dienen sie der Information durch Nachrichten und Gottesdienstanzeiger ebenso wie der Animation durch Andachten, biblische und freie Verkündigungstexte, Bilder, Geschichten und alle Angebote zur seelischen Erbauung. So bilden sich Lesergemeinden, deren Mitglieder zwar nicht körperlich beieinander sind, so daß sie die Sakramente vollziehen könnten. Sie wissen sich aber untereinander medial verbunden und reagieren konkret, sei es mit Gesprächen, Briefen an die Redaktion oder durch Antwort auf Spendenaufrufe. Es hat sich bewährt, wenn Gemeindepfarrer in den verschiedensten Zeitungen auch durch das gedruckte Wort sprechen, weil es sie mit mehr Menschen zusammenbringt und die Verkündigung verbessert, aber auch Gemeindegliedern eine ehrenamtliche Aufgabe stellt.

Hörfunk und Fernsehen

Seit den Anfängen des Rundfunks in Deutschland im Jahr 1924 ist die bayerische Kirche am Programm der elektronischen Medien, der damaligen »Deutschen Stunde in Bayern« und dem jetzigen »Bayerischen Rundfunk« aktiv beteiligt, hat es kritisch begleitet und theoretisch zu durchdringen versucht. Mit der Unterbrechung während des kirchenfeindlichen »Dritten Reiches« gibt es schon fast siebzig Jahre lang dieses Angebot an Unbekannt, sich vor dem Lautsprecher und dann auch vor dem Fernsehempfänger zu versammeln.

Früher war es selbstverständlich, die Choräle mitzusingen, heute werden nicht selten noch das Glaubensbekenntnis und das Vaterunser im Wohnzimmer laut mitgesprochen. Zu den regelmäßigen Kirchensendungen gehören die tägliche Morgenandacht oder das »Wort zum Tag«, wöchentlich der Krankengottesdienst und das »Wort zum Sonntag«, am Sonntag die »Evangelische Morgenfeier« oder Gottesdienstübertragung an Festtagen und die entsprechenden Parallelen im Fernsehen.

Wie intensiv die Rundfunkgemeinde lebt, beweisen auch die Publikationen »Kirche im Rundfunk« mit den Predigttexten zum Nachlesen. Nach einer Studie der Deutschen Bibelgesellschaft vom Jahr 1992 haben die Andachten im Rundfunk »einen hohen Stellenwert bei der Vermittlung biblischer Themen«, und in der Tat hören an einem Sonntagvormittag mehr Men-

Der Rundfunkbeauftragte Thomas Breit im Studio

Zweimal »Sonntagsblatt« aus und für Bayern

Gottesdienstregie im Fernsehübertragungswagen

schen die »Morgenfeiern«, als gleichzeitig in allen evangelischen Kirchen Bayerns einen Sitzplatz finden könnten.

Seit Einführung des »privat« genannten kommerziellen Rundfunks hat die evangelische Kirche auch im Lokalfunk, dem landesweiten Privatfunk und dem überregionalen Fernsehen Sendeplätze für Lebenshilfe und geistlichen Zuspruch eingenommen, für die sie zum Teil die Inhalte selbst liefert; die unterschiedliche Verantwortungsstruktur und der Wettbewerbsdruck führen zu neuartigen Programmformen.

Audio-visuelle Medien

Noch hat unsere deutsche Sprache keinen zusammenfassenden Ausdruck gefunden für Foto, Dia, Film, Video, Bildplatte und Schallplatte, Kassette, Compact Disc. Die hörbare und sehbare Vermittlung christlicher Inhalte hat aber einen ähnlichen Aufschwung genommen wie das Angebot der Unterhaltungsindustrie. Die »Evangelische Medienzentrale« in Nürnberg und ihre Außenstellen tragen im Kirchenbereich seit vielen Jahren nicht nur zur Unterhaltung, sondern auch zur Verkündigung und Gemeindebildung durch alle technisch interessanten Medien wesentlich bei.

Beim »Collegium Augustinum« mit seinen vielen Seniorenstiften ist der Videoeinsatz im Dienst der internen Kommunikation selbstverständlich geworden. Jugendgruppen in Gemeinden greifen nach unbenützten Videokameras der Eltern und gestalten Kirche im Bild. Das Bibeljahr 1992 brachte einen eigenen »Bibelfilm« auf den Markt. Und niemand kann beurteilen, welche Wirkung Fernsehserien wie »O Gott, Herr Pfarrer« auf die Menschen haben und wie sie Kirchenferne dem Glauben und der Gemeinde näherbringen.

Buch

In der »Kirche des Wortes«, die auf der deutschen Übersetzung des »Buches der Bücher« fußt, gibt es seit jeher eine Lesegemeinde, die auch vom Fernsehen nicht wesentlich geschmälert werden konnte. Eher fehlt es in jüngerer Zeit an Autoren, um über die Andachtsliteratur hinaus gemeindefreundlichen Lesestoff zu schaffen. Allein die Nutzung der Pfarrbibliotheken und ihre Funktion als Kommunikationsstelle lohnt deren Fortführung im Interesse der Gemeinde. Neben privaten Unternehmen, wie dem bekannten »Christian-Kaiser-Verlag« in München, bieten auch der kircheneigene »Claudius-Verlag« und die Missionsverlage in Neuendettelsau (»Freimund-Verlag«) und Erlangen eine breite Palette von Büchern für den individuellen Gebrauch und für Unterrichtszwecke an, die einen guten Absatz finden.

Rolle der Kirche

Wenn zur Zeit über ein Nachlassen des Gottesdienstbesuches gesprochen wird, so hat er unter anderem seine Ursache darin, daß man jetzt nicht mehr nur personal und zeitlich fixiert Gemeinde sein muß, sondern immer und überall kirchliche Sendungen im Rundfunk empfangen und sich in eine geistliche Kommunikation einschalten kann. Davon machen zunehmend mehr Menschen Gebrauch, die »Morgenfeiern« gehören zu den meist gehörten und die Fernsehgottesdienste und das »Wort zum Sonntag« zu den beliebten Sendungen, wenngleich die Statistiker niemandem ins Herz schauen können. Außerdem bietet die evangelische Kirche im Medienfeld immer noch das prägende Modell einer offenen und solidarischen Gesellschaft an, dem weltlicherseits stillschweigend gefolgt wird. Bei der Ausbildung und Fortbildung der Pfarrer wird in verstärktem Maß die Tätigkeit in der Mediengemeinde berücksichtigt, indem auf der Universität und den Hochschulen wie im Predigerseminar diese Weisen der praktischen Theologie vermittelt werden. Die technische Kommunikation der Gemeinden untereinander, der Mediengebrauch in der Gemeindearbeit, die Nutzung der Angebote von Medienzentralen für Gemeindeveranstaltungen, entsprechende ökumenische und Auslandsverbindungen sowie der Gemeindeaufbau unter Alten, Kranken und Touristen sind heute Weisen der praktischen Theologie.

Niemand sollte die anonyme Arbeit vieler Pfarrer und Laien vergessen, und jedermann könnte Gott für das Geschenk an unser Jahrhundert danken, das der Schöpfer mit den Medien für alle gegeben hat, um unser Leben zu bereichern.

Der Geist macht lebendig: Am Bücherstand eines regionalen Kirchentages

AUCH BERGSTEIGER BETEN
Die besonderen Gemeinden

Wenn das Leben in der modernen Welt schon nicht mehr einheitlich ist und die Lebensstile nicht eindeutig, können es auch die evangelischen Gemeinden nicht sein. Viele besondere Gemeinden entspringen einer Situation, vielleicht sogar einem schieren Bedarf, denn es geht überall um das Dasein von Menschen. Die versammeln sich heute lieber nach anderen Voraussetzungen, als nur der lokalen Zugehörigkeit zu einer Kirchengemeinde unter einem überwiegend von der Landwirtschaft geprägten traditionellen Zeitschema. An diesen besonderen Gemeinden zeigt sich unwillkürlich, was eine christliche Gemeinde nach evangelischem Verständnis eigentlich sei: »die im Glauben an Jesus Christus als ihren Herrn und Erlöser Verbundenen« (dtv-Lexikon).

Studentengemeinden

An bayerischen Universitäten, Hochschulen und anderen Ausbildungseinrichtungen studieren von einem Semester zum anderen wechselnde, generationenweise unterschiedliche junge Protestanten, die aus ganz verschiedenen Gründen Gemeinschaft und Gemeinde suchen. Hier herrscht wirkliche Freiwilligkeit und nur die Studentenpfarrer und -pfarrerinnen garantieren Dauer im ständigen Wandel der öffentlichen Moden und privaten Meinungen aus vielfachen Quellen.

Viele Studierende behalten ihre geistliche Heimat am Herkunftsort, vor allem wenn sie zum Studienort pendeln. Andere halten sich auch während ihres Studiums zu einer Ortsgemeinde. Viele evangelische Studiker erleben ihre erste eigenständige Lebensphase auch geistlich als eine Erprobung der Freiheit. Neulinge suchen in der Studentengemeinde Kontakt zu Gleichaltrigen, Hilfe bei der Selbsterfahrung, Orientierung für das Leben oder auch eine geistige Alternative zur Wissenschaftswelt des distanzierten Denkens.

Ihnen allen bieten die Studentengemeinden an den 15 Studienorten in Bayern mit 15 hauptamtlichen und 7 nebenamtlichen Studentenpfarrern Gottesdienste, Andachten und Bibelarbeit, ökumenische Kontakte und Verbindung zur Dritten Welt, daneben Veranstaltungen aller Art für Sport, Musik, Literatur, Kunst, Diskussionen, Exkursionen und soziale Ereignisse vom Semesterball bis zum Umweltbasar. Die Mitarbeit der Studentengemeinde in den Gremien der studentischen Selbstverwaltung ist selbstverständlich, doch enthält sich die Kirche auch im Hochschulbereich eigentlicher Parteinahme, um für alle gleich offen zu bleiben.

Gemeinden unter einem Dach

Umständehalber bilden sich eigene Gemeinden in allen Krankenhäusern, Kliniken, Rekreationszentren, Behindertenheimen, in den Altersheimen und Seniorenstiften, wo meistens auch eigene Kirchen oder Kapellen für den Gottesdienst eingerichtet sind. Sie entwickeln ihren eigenen Charakter und kommen häufig einer überkonfessionellen Ökumene sehr nahe, weil der Alltag direkt erfahren wird und das Leben dicht beieinander verläuft. Ähnliches gilt in entsprechender Weise für die Soldaten der Bundeswehr in ihren Kasernen. Für die Gehörlosengemeinden in Bayern wirken mehrere eigene Pfarrer in einem sehr verzweigten Dienst oder auch die Pfarrer und Pfarrerinnen in den Taubstummenanstalten, wie der 1846 gegründeten »wohl bedeutendsten Gehörlosenschule Deutschlands« in Bayreuth. Dabei ist die Erfahrung, daß eine solche Gemeinde mit einhundert Mitgliedern für den Seelsorger so viel Arbeit macht, wie eine Vierhundert-Seelen-Gemeinde in der Diaspora.

Freiluft-Gemeinden

Nicht unter dem schützenden Dach eines Heimes, sondern im Freiraum der modernen Freizeitwelt entstand durch kirchliches Angebot die Camping-Gemeinde, für die das Amt für Gemeindedienst seit zwanzig Jahren die »Kirche unterwegs« mit mobilem Einsatz entwickelt hat. Touristen im In- und Ausland werden in den Sommer-, Weihnachts- und Osterferien auf ihren Ferienplätzen mit speziellen Container-Kirchen aufgesucht und durch Aktivitäten vom Gottesdienst über gemeinsame Unternehmungen im Stil der offenen Gemeindearbeit bis zum persönlichen Gespräch um Glaubensfragen beschäftigt. »Da diese Menschen nicht mehr am Wohn- und Arbeitsort zu erreichen sind, muß die Kirche sie dort ansprechen, wo sie sich in der Freizeit aufhalten« (Gunter Niederlich).

Sinngemäß bietet die evangelische Kirche den Kurgästen und Erholungssuchenden an vielen Orten im schönen Bayern Gelegenheit zum Besuch der bestehenden Gemeinde am Ort oder fordert sie zur spontanen Gemeindebildung in ihrem Freizeitraum auf. Weil Menschen im Urlaub »andere« Menschen sind, sich öffnen und entspannen, nehmen sie die Botschaft vom anderen Leben oft für sie selbst überraschend positiv auf. 40 Prozent solcher Gottesdienstbesucher im Urlaub sind eigentlich »kirchenfern«, unzählige mit einem »gelockerten« Verhältnis haben diese Gottesdienste besucht und überraschend viele gewinnen im Urlaub dadurch Besinnung.

Daß auch Bergsteiger beten oder zum Beten auf die Berge steigen, mag mancher Bewohner der Ebene nicht verstehen. Es ist aber so. Von Anfang Mai bis Mitte Oktober halten Bergfreunde beider Konfessionen von Berchtesgaden bis Oberstaufen weit über einhundert Berggottesdienste und Waldgottesdienste oder die »Almkirta« (Almkirchweih) mit evangelischem Abendmahl oder ökumenischer Messe. Zu ihnen kommen Kirchenchöre und Posaunenbläser, Wanderer und mit Hilfe der öffentlichen Bergbahnen auch Gehbehinderte und Rollstuhlfahrer. Die Gottesdienste unter freiem Himmel werden als »religiöse Gipfeltreffen« immer beliebter und mußten auch schon erleben, daß ein Gipfel von einer nicht angemeldeten kirchlichen Gruppe besetzt war, als die Teilnehmer des offiziellen Berggottesdienstes den Altar aufbauen wollten.

Die bayerische Landeskirche will ihr Angebot an Gottesdiensten im Grünen weiter ausbauen und hat beim »Arbeitskreis für Freizeit und Erholung« einen Ausschuß »Kirche unter freiem Himmel« gebildet; er wird für diese Gottesdienste werben und auf Grund bisheriger Erfahrungen neue Modelle entwickeln.

Ganz andere Gemeinden

Seit fünfundzwanzig Jahren lockt die Schwabinger Ladenkirche in Münchens Innenstadt als einzige Einrichtung ihrer Art in Bayern die mobilen Menschen der Großstadt zur Begegnung mit Gott und bietet ihnen den Dienst der christlichen Gemeinde an. Dieser Ableger der Erlösergemeinde in Schwabing wird in einem gemieteten Geschäftsraum zur ebenen Erde,

Dem Himmel etwas näher: Berggottesdienst auf dem Hochfelln im Chiemgau

mitten im Trubel der Großstadt zwischen Läden und Supermärkten, den Menschen offengehalten, ohne daß sie beim Übertreten der Schwelle Angst haben müßten, etwas falsch zu machen oder nicht verstanden zu werden. Ohne ständigen Altar sitzen Pfarrer oder Pfarrerin mit den Besuchern zusammen und bauen eine Predigt ins Gespräch ein. Neben Gottesdiensten und Bibelkreisen gibt es »Ladenbrotzeiten«, Diavorträge und Diskussionen, und »man kann auch sagen, woran man nicht glaubt«.

In der vor fünfundzwanzig Jahren auf dem ehemaligen Gelände des Konzentrationslagers Dachau errichteten Versöhnungskirche sind ein evangelischer Pfarrer, ein Diakon, Freiwillige der »Aktion Sühnezeichen« und ehrenamtliche Helfer zum Kern einer einmaligen und außerordentlichen Gemeinde ohne Parochie geworden, die einen »Gegenort zu all den Einrichtungen des Terrors« bilden will. Für alle Betroffenen und erschütterten Besucher muß der Seelsorger

»seine Seele hinhalten« (Waldemar Pisarski) und eine »Theologie von unten« suchen, die auch die Opfer im Blick hat, denn die Konzentrationslager waren »auch eine Katastrophe des Christseins«, wenngleich auch Christen darin umkamen.

Eine internationale Motorradgemeinde hat sich in der Münchner St.-Matthäus-Gemeinde gebildet, seit den heimatlosen Anhängern des Zweiradfahrens im Untergeschoß der modernen Kirche am Sendlinger Torplatz ein Versammlungsraum zur Verfügung gestellt worden war. Einmal jährlich treffen sich über tausend Motorradfahrer mit Frauen und Kindern auf der Theresienwiese und fahren in einem großen Corso zum Familiengottesdienst in der Kirche. Sie achten in allem auf weitgehende Selbständigkeit, organisieren alles allein und lassen sich durch die verständlicherweise große Beachtung in der Öffentlichkeit wenig beeindrucken.

Kulturgemeinden

Allen Bedenken gegen einen oberflächlichen »Kulturprotestantismus« zum Trotz kann die geistliche Versammlung gebildeter Menschen, die Kunst und Kultur als ein wesentliches Lebenselement verstehen, nicht übersehen werden. Wenn die Kirchenmusik, vor allem die großen Passionen von Johann Sebastian Bach, mit alten oder modernen Werken Hunderte in die Kirchen holt oder an die Medien fesselt, findet ebenso eine Form der Gemeinde ihre Verwirklichung wie bei den Reisen zu historischen Orten und Kunstwerken oder beim ständigen Umgang mit Bildern und Zeichen des Glaubens.

Ähnlich die Krippengemeinde unter Evangelischen! Die Wirkung von Paul Gerhardts Choral »Ich steh' an Deiner Krippen hier, o Jesu, Du mein Leben« hält bis heute herzlich an und versammelt die Menschen, auch wenn Martin Luthers Empfehlung aus den Tischreden »Wer Gott erkennen und ohne Gefahr von Gott spekulieren will, der schaue in die Krippe, hebe unten an und lerne ernstlich erkennen, wer Gott sei« während der Gegenreformation und durch den Rationalismus litt und für längere Zeit verloren ging. Nichtsdestoweniger pflegen heute wieder einzelne »Krippler« und Gemeinden auch im evangelischen Raum die Weihnachtskrippe. Der stellvertretende Landesbischof, Theodor Glaser, ist einer der zwei Ehrenvorsitzenden des »Bayerischen Krippenvereins«. Die Krippe dient zur Vergegenwärtigung der Gottesgeburt unter uns Menschen; sie ist mehr als ein bloßes Brauchtum und ihre Pflege gehört zur »Liturgie der gläubigen Herzen«.

Partnergemeinden

Viele Ortsgemeinden pflegen eine intensive Beziehung zu bestimmten Partnergemeinden in Neuguinea, Brasilien, Tansania und neuerdings auch zu osteuropäischen Christen, seien sie die Nachkommen deutscher Auswanderer oder alte Missionsgebiete bayerischer Anstalten. Sie beten füreinander, besuchen sich, sammeln Geld für Gemeindeaufbau und Diakonie in den Entwicklungsländern bis zu Finanzhilfen zum Ausbau der UKW-Sender, die in Brasilien das Evangelium verbreiten. Bayern entsendet Pfarrer, Diakone, Lehrer und Techniker; Gastpfarrer mit anderer Hautfarbe sind in bayerischen Gemeinden selbstverständlich geworden. Es werden Bibeln und geistliche Literatur exportiert, und in Tansania hat auch schon einmal ein bayerischer Posaunenchor vor der Heimreise seine Blasinstrumente als Dankgeschenk zurückgelassen. Dank der modernen Nachrichtentechnik und Verkehrsmittel sowie des polyzentralen Denkens wächst hier ein weltweites Gemeindebewußtsein, das sich nicht mehr nur von phantastischen Vorstellungen nähren muß, sondern neue spirituelle Erfahrungen realisieren kann.

»Helm ab zum Gebet«: Gottesdienst der Motorradfreunde in der Matthäuskirche in München

GEMEINDE DURCH GELÖBNIS
Evangelische Gemeinschaften

Natürlich weiß man vom ehemaligen Augustinermönch Martin Luther, daß ein Gelöbnis nicht zur Erlösung beitragen und das Klosterleben nicht auf dem kürzesten Weg in den Himmel führen kann. Aber die Kirchen der Reformation verneinen nicht den Sinn solcher in allen Religionen beheimateten Traditionen und wollen durch eine zunehmende Zahl von Kommunitäten die »mehr als vierhundertjährige protestantische Klostervergessenheit« überwinden. Die geistliche Gemeinschaft von Menschen, die durch eine feste Beziehung zueinander stehen und sich gegenseitig Geborgenheit bieten, kann ein guter Ausdruck des Glaubens sein und sich lebenslang bewähren.

Abgesehen von den Bruderschaften und Schwesternschaften aus dem letzten Jahrhundert und Aufbrüchen zum gemeinsamen Leben während des Zweiten Weltkrieges ist als ein beeindruckendes Vorbild das evangelische Kloster Taizé in Südfrankreich unvergessen. In Bayern bildeten sich mehrere ordensähnliche Gemeinschaften, die eine ihnen eigene Form von Gemeinde anstreben, ohne sich auf ein biblisches Amt zu berufen. Sie wollen auch »Laboratorien der Einheit« (Johannes Halkenhäuser) in der ökumenischen Bewegung und für die Volkskirche ein unverzichtbares Wesenselement sein. Ihre Mitglieder sind nicht durchwegs zur Wohngemeinschaft verpflichtet, geben sich nicht alle durch besondere Kleidung zu erkennen und gehen oft weltlichen Berufen nach, um nicht von Almosen leben zu müssen.

Einige, wie der »Johannisring« beim Lehmgrubener Diakonissenhaus in Marktheidenfeld, die »Christusträger-Bruderschaft« in Triefenstein a. Main, die bayerischen Niederlassungen der »Liebenzeller Gemeinschaft« aus Südwürttemberg und weitere, die im folgenden nicht aufgeführt werden, sollen den gewünschten Schutz der Diskretion genießen. Sieben der evangelischen Kommunitäten in Bayern haben im Sommer 1992 erstmals durch ein gemeinsames Positionspapier ihre »Verankerung in der verfaßten Kirche« betont.

Bruderkreis Burgambach

Der »Bruderkreis e. V. Burgambach« entstand im Februar 1963 durch den Evangelisten Karl Wagner und die beiden Pfarrer Eberhard Krauß und Fritz Niedermaier im Gemeindesaal von Schnodsenbach bei Scheinfeld. Seine 120 über ganz Deutschland verstreuten Mitglieder haben keine festen Verpflichtungen, halten sich aber zum missionarischen Dienst und zu brüderlicher Gemeinschaft unter dem Wort Gottes in der »Notwendigkeit biblischer Heiligung«. Sie widmen sich der erwecklichen, seelsorgerlichen, aber nüchternen Verkündigung, möchten in Volk und Kirche durch Bibelwochen und Evangelisationen dienen und haben dafür als Zentrum das »Haus Friede« in Burgambach gebaut. Der Bruderkreis »steht in der Landeskirche, ist aber selbständig« und Mitglied des Gnadauer Gemeinschaftsverbandes.

Christusbruderschaft Falkenstein

Aus denselben Wurzeln wie die »Christusbruderschaft Selbitz« entstand im Jahr 1949 ein neuer Zweig, der sich dem ursprünglichen Weg und Auftrag seit 1948 als »evangelischer Laienorden« enger verpflichtet fühlte. Seit der Gründung eines Mutterhauses in Falkenstein im vorderen Bayerischen Wald führen Frauen und Männer (derzeit 17 Schwestern und 10 Brüder) nach den mönchischen Regeln von Armut, Keuschheit und Gehorsam ein gemeinsames Leben. »Junggeschwister« werden nach einer Selbsterprobungszeit von ein bis zwei Jahren durch die »Einkleidungsfeier« in die Christusbruderschaft aufgenommen und erhalten nach etwa zehn Jahren die Einsegnung. Neben dem Leben im Mutterhaus werden Dienste in der Verkündigung, im Bereich von Gemeinden und Diakonie, bei Freizeitarbeit und weiteren einzelnen Tätigkeiten nach jeweils persönlicher Begabung ausgeübt.

Christusbruderschaft Selbitz

Auf der Suche nach einem im Glauben vertieften Leben entstand durch Pfarrer Walter Hümmer (1909–1972), einem »geistlichen Vater unserer Landeskirche« (Heinrich Hermanns), und seine Frau Hanna im alten zweiten Pfarrhaus von Martinlamitz/Oberfranken eine Gemeinschaft, aus der im Jahr 1949 auf dem Wildenberg in Selbitz ein eigenes Haus hervorging. Sie erhielt den Namen »Christusbruderschaft Selbitz«. Diese evangelische Kommunität versteht sich, nicht zuletzt durch die pietistische Frömmigkeit des Grafen Nikolaus von Zinzendorf angeregt und seinem Jahrestag am 13. August immer noch verpflichtet, als »ein Kloster in der Welt« für Frauen und Männer zur Hingabe des Lebens durch den Ruf Gottes. Derzeit 120 Mitglieder in zwei Kommunitäten für Brüder und Schwestern sind in Bayern, in Sternberg/Mecklenburg, Magdeburg/Sachsen und in einer Klinik in Sehitwa/Botswana (Afrika) in ihren Berufen und teilweise auch in Familien als Christen tätig. Die Mitglieder pflegen in einem »Ring der Freundschaft« Gütergemeinschaft, Armut, Keuschheit und Gehorsam und suchen das gemeinsame Leben. Zur Leitung werden jeweils ein Bruder und eine Schwester gewählt, ein Rat unterstützt sie namens der Gesamtgemeinschaft, ein Pfarrer steht begleitend zur Seite. In Selbitz wurden inzwischen ein Gästehaus und ein Pflegeheim für alte Menschen eröffnet. 1991 vereinte ein erster »Wildenbergtag« Christen aus Franken, Thüringen und Sachsen zu einer größeren Begegnung, die zur Regel werden soll.

Communitaet Casteller Ring

Die »Communitaet Casteller Ring« (CCR) geht auf eine kleine Gruppe evangelischer Mädchen um Christel Schmid aus Nürnberg zurück, die unter dem Nationalsozialismus zwischen 1938 und 1942 im Schlößchen Castell eine Bekenntnisgruppe mit Gottesdienst, Liturgie und Sakrament bildeten. Mit Maria Pfister begann die Gründerin am 15. Februar 1950 das gemeinsame Leben einer neueren evangelischen Ordensgemeinschaft, die seit 1957 auf Schloß Schwanberg angesiedelt und für die dortige Tagungs- und Bildungsstätte verantwortlich ist. 1981/82 wurden in München und Nürnberg, 1988 in Augsburg und 1991 in Hildesheim Stadtstationen gegründet. Aus den Wurzeln des Benediktinertums und dem geistlichen Erbe Wilhelm Löhes wollen die Mitglieder dieser Gemeinschaft »frei für Gott und das Kommen seines Reiches in der Gemeinschaft der Communitaet zum Dienst in der Welt« sein. Gütergemeinschaft, Eheverzicht und Unterordnung unter den Willen Gottes sind die wichtigsten Grundsätze für die Lebenserfüllung in der geistlichen Familie des CCR. Sie will »ihre Glieder in das moderne Leben senden als Frauen, die in der Welt, aber nicht von der Welt sind«.

Communitaet Simonshofen

Entstanden im Jahr 1970 in München-Schwabing anläßlich einer Straßenmission, haben sich die derzeit drei Mitglieder zusammengetan, um in einer Lebensgemeinschaft im Alltag »Christsein zu praktizieren und sich für Gott und Menschen Zeit zu nehmen«. Ihre Vorbilder sind das französische Protestantenkloster in Taizé, die Benediktiner in München und Niederaltaich, die Karmelgemeinschaft Heilig Blut in Dachau und die Evangelische Michaelsbruderschaft. Gütergemeinschaft, Anspruchslosigkeit und Stundengebete (dreimal täglich) gehören zur Ordnung. Die »Christliche Initiative für Strafgefangene und Strafentlassene« (CISS e. V.), ein Mitglied des Diakonischen Werks, ist seit 1976 durch die Communitaet tätig; angekoppelt ist das »Creativbüro in der Communitaet Simonshofen« zur Beratung kirchlicher und sozialer Einrichtungen.

Landeskirchliche Gemeinschaft

Die landeskirchliche Gemeinschaftsbewegung läßt sich in die Erweckungszeit des vorigen Jahrhunderts zurückverfolgen und entstand vor allem aus Kreisen des einfacheren Volkes, wie 1835 in Abtswind/Unterfranken durch den Schneidermeister Wolfgang Mümpfer und seinen Ortspfarrer Dr. Carl Eichhorn, der mit dem eigentlichen Begründer Pfarrer Herbst in Ansbach zusammenarbeitete. Dieses freie Glaubenswerk innerhalb der evangelisch-lutherischen Landeskirche steht »für Menschen, die mehr von Gott wissen, ihm dienen und gehorchen und sein Lob vermehren« wollen.
Seit Juni 1925 haben sich die Teilverbände zum »Landeskirchlichen Gemeinschaftsverband in Bayern« zusammengeschlossen; von 1933 bis 1945 wurde die Arbeit wie alles Kirchliche sehr bedrängt, konnte sich aber wieder sammeln. Der Verband ist mit anderen Gemeinschaften und Werken im »Gnadauer Verband für Gemeinschaftspflege und Evangelisation e. V.« zusammengeschlossen und hat 350 Ortsgemeinschaften oder Hauskreise in der Größe von wenigen bis zu 80 Mitgliedern; die lokalen Initiativen gliedern sich in 21 Bezirke mit jeweils zwei bis zweiundzwanzig Außenstationen. In den 150 Kinder- und Jungscharkreisen treffen sich jährlich rund 2000 Gemeinschaftsangehörige, in den 40 Gruppen des Jugendbundes mit seinen Untergruppen für junge Erwachsene oder Familienkreise sowie den zugehörigen rund 30 Hauskreisen treffen sich jährlich rund 1200 Teilnehmer regelmäßig.

Michaelsbruderschaft

»Wir können an der Kirche nur bauen, wenn wir selber Kirche sind«, ist ein Leitsatz der im Jahr 1931 durch Urkunde gestifteten »Michaelsbruderschaft«, die aus regelmäßigen Treffen evangelischer Laien und Theologen von 1923 bis 1928 im Rittergut Berneuchen (Ostmark jenseits der Oder) hervorging. Ihre Gründer waren auf der Suche nach neuen Wegen der Verkündigung und für den Dienst an Kirche und Menschen durch Verbindlichkeit der Lebensführung und Offenheit für andere. Ohne bestimmte Theologie oder Konfession soll die geistliche Erfahrung der Einheit von Martyria (Zeugnis), Leiturgia (Gottesdienst) und Diakonia (Dienst am Menschen) miteinander verbinden. Mit der Ordnung durch eine feste Regel und wechselseitige Begleitung durch einen Helfer für jeden Bruder wird die Bruderschaft von einem Rat mit einem Ältesten geführt. Im deutschsprachigen Gebiet sind in zwanzig Einzelkonventen fünfhundert Mitglieder, über die Hälfte Theologen, zusammengefaßt, davon sechsundzwanzig in dem seit 1937 bestehenden bayerischen Konvent. Regelmäßige örtliche Konvente mit Gottesdienst, Tischgemeinschaft und Gesprächen gehören zum »Michaelsfest« am 29. September als Jahreshaupttreffen. Ein Zentrum ist das Kloster Kirchberg bei Sulz am Neckar, die Vierteljahreszeitschrift »Quatember« dient der Kommunikation.

Missionsdienst für Christus

Aus einer Großstadt-Arbeitergemeinde in Berlin-Neukölln während der zwanziger Jahre als eine volksmissionarische Gemeinde um Pfarrer Schutzka hervorgegangen, sammelte sich nach dem Zweiten Weltkrieg in Stockdorf bei München eine besondere »Dienstgemeinde«, die sich »Missionsdienst für Christus« nannte. Ihre Mitglieder werden eingesegnet, tragen aber keine besondere Tracht, sind Frauen, Männer, Kinder und Alte, Verheiratete und Unverheiratete, mit festem Gehalt angestellt oder ohne Verdienstentgelt in der gemeinsamen Arbeit tätig. Der Missionsdienst nimmt mit seinen Hausgemeinden am Leben der evangelischen Ortsgemeinden teil, widmet sich aber vor allem der erzieherischen und pflegerischen Arbeit und Ausbildung durch »Vorseminare für soziale Berufe« und »Förderungslehrgänge für noch nicht berufsreife Jugendliche«. Seit 1965 ist der Missionsdienst auch in Weißenburg in Bayern tätig und seit 1968 mit einem zweiten Schwerpunkt auf der Wülzburg ansässig.

Lebenszentrum Ottmaring

Nachdem sie sich im Jahr 1960 beim Kirchentag in der Schweiz erstmals begegnet waren, schlossen sich fünf Jahre später die evangelische »Bruderschaft vom gemeinsamen Leben« und die »Bruderschaft vom Kreuz« mit der katholischen »Fokolar-Bewegung« zusammen und gründeten im Jahr 1968 in Ottmaring bei Friedberg nahe Augsburg das »Ökumenische Lebenszentrum Ottmaring e. V.«. Heute gehören dazu etwa 170 Personen, die als Familien oder Alleinstehende in eigenen Häusern oder bei der Gemeinschaft in Miete lebenslang oder auch zeitlich befristet zwar einzeln ihr Leben verantworten, aber in der Gruppe den Sinn suchen. Es gibt innerhalb der Gruppen verschiedene Arten von Bindungen, die Lebensgemeinschaft drückt sich im täglichen gemeinsamen ökumenischen Abendgebet, gemeinsamen Gottesdiensten, aber getrenntem Abendmahl und Messe sowie im diakonischen Dienst aus; wirtschaftlich sind Familien und Gruppen selbständig, jedoch ist gegenseitige Hilfe selbstverständlich. Das »Lebenszentrum Ottmaring« betreibt eine Tagungs- und Bildungsstätte in gemeinsamer Verwaltung.

Tagungsstätte »Hohe Rhön«

Auf der programmatischen Grundlage von Dietrich Bonhoeffers Schrift »Gemeinsames Leben« entstand als Nachfolge eines Heimatlosenlagerdienstes für Opfer des Zweiten Weltkrigs mitten im Naturschutzgebiet der bayerischen Rhön die »Christliche Tagungsstätte Hohe Rhön«. Mit dem, was der Landesverband Bayern des CVJM geschaffen hatte, begann das neue Werk im Vereinsstatus und als Mitglied des Diakonischen Werks sowie der Evangelischen Jugend Deutschlands eine Arbeit mit jungen Menschen »im Rahmen eines bruderschaftlichen Lebens auf Zeit«. Nach dem Grundsatz »nicht verteidigen, nicht angreifen, sondern bezeugen!« schaffen die derzeit 30 Mitglieder der Bruderschaft und ihre Mitarbeiter den äußeren und den geistig-geistlichen Rahmen für viele Gäste, Freizeiten und Tagungen, Konfirmandentreffen und Familienveranstaltungen. Höhepunkt ist einmal jährlich das offene missionarische »Missio-Camp« für Hunderte von Jugendlichen.

KIRCHE UNTERWEGS
Der Kirchentag als Übergemeinde

Die Idee ist klar, der Name weniger: Kirchentag ist, wenn viele Menschen von ihrer gewohnten Gemeinde Urlaub nehmen, um sich in einer kurz lebenden Übergemeinde ohne die üblichen Ordnungen des kirchlichen Alltags geistlich zu erfrischen. Es sind Laientreffen, aus dem ganzen deutschen Sprachgebiet unter einem herausfordernden Leitwort zusammengerufen, damit die jeweilige »Lage der evangelischen Nation« diskutiert wird, Antworten auf Zeitfragen gesucht, neue Ideen vorgestellt, Zeitströmungen durchleuchtet, Überzeugungen geklärt, Profile bestätigt und deutlich in das öffentliche Leben hineingewirkt wird. Entscheidend ist die persönliche Begegnung der hunderttausend Unbekannten untereinander und mit Prominenten. Kirchentagsbesucher kennen mehr, manchmal verwirrend mehr Möglichkeiten des kirchlichen und des Gemeindelebens. Früher nahmen einmal überwiegend erwachsene Besucher teil, um für einige Tage den Ausstieg aus der gewohnten Kirche zu riskieren; heute sind es überwiegend junge Menschen, die den Einstieg in die Kirche proben wollen.

Deutscher Evangelischer Kirchentag

Der von Reinold von Thadden-Trieglaff gegründete »Deutsche Evangelische Kirchentag« (DEKT), die Laienbewegung mit Großveranstaltungen im Zweijahresrhythmus an wechselnden Orten, hat auch in der bayerischen Landeskirche einen Landesausschuß und eine zuständige Geschäftsstelle im Amt für Gemeindedienst. Immer nahmen viele bayerische Protestanten an den Kirchentagen teil und wirkten im Präsidium, in der Präsidialversammlung, in allen anderen Gremien oder Arbeitsausschüssen und an der praktischen Gestaltung aktiv mit. Der erste Kirchentag in Bayern fand im Herbst 1959 in München unter dem Motto »Ihr sollt mein Volk sein« mit 40000 Dauerteilnehmern statt und brachte unter anderem das Kirchentagscabaret »K(l)eine Experimente« auf seine erfolgreiche Laufbahn. Zum zweiten Mal kam der Kirchentag 1979 unter dem Leitwort »Zur Hoffnung berufen« mit fast 80 000 Teilnehmern nach Nürnberg. Der dritte Kirchentag in Bayern ist für Juni 1993 unter dem Ruf »Nehmet einander an« wieder nach München eingeladen. Nach dem Beschluß der EKD-Synode vom November 1991 in Hofgeismar wird er nach über dreißig Jahren der erste sein, der wieder von Menschen aus beiden Teilen Deutschlands gemeinsam vorbereitet und verantwortet wird. Er soll einen Beitrag gegen die »wachsende politische Unkultur in Deutschland leisten«. Die katholische Kirche erweist sich als sehr freundlicher Partner bei der Absicht, zugleich einen stark ökumenischen Kirchentag zu veranstalten.

Pfingstkirchentag auf dem Hesselberg

Seit 1950 versammeln sich an jedem Pfingstmontag über zehntausend Evangelische zu einem Kirchentag bei der Evangelischen Landvolkshochschule auf dem Hesselberg im geographischen Schnittpunkt von Schwaben, Franken und dem benachbarten Württemberg. Diese Veranstaltung unter freiem Himmel war immer ebenso deutlich von bayerischer Kirchlichkeit wie vom Interesse am öffentlichen, vor allem politischen Leben bestimmt und hatte stets prominente Redner und den Landesbischof zu Gast. Der Kinderkirchentag gehört zur Tradition dieser Pfingstveranstaltung und strahlt ebenso wie das ganze Ereignis weit in das evangelische Umland hinaus. Auch hier sind persönliche Begegnung, freie Aussprache im »Aktuellen Gesprächsforum« und gemeinsames Feiern in einer außerordentlichen Situation die eigentlichen Erlebnisse.

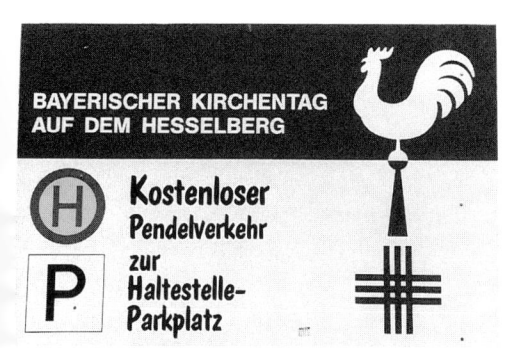

Bayerisches Kirchenfest: Jedes Jahr am Pfingstmontag Begegnung und Entscheidung

Lokale Kirchentage

Die Dekanatskirchentage suchen als Regionaltreffen eine Mittlerfunktion zwischen dem Deutschen Evangelischen Kirchentag mit dem überregionalen Charakter und den Ortsgemeinden. Man will zusammenkommen, um miteinander Gottes Wort zu hören, gemeinsam zu beten und zu singen, sich zum Nachdenken anregen zu lassen, das Bewußtsein der Zusammengehörigkeit vertiefen und sich als evangelische Kirche darstellen.

Schon im Jahr 1925 fand ein »Erster protestantischer niederbayerischer Kirchentag« in Ortenburg statt, dessen Tradition bis heute fortgesetzt wird. Alle zwei Jahre gibt es einen internationalen »Bodensee-Kirchentag« mit mehreren tausend Besuchern aus den drei Ländern Deutschland, Österreich und Schweiz und aus den Kirchen der evangelisch-lutherischen, der reformierten, der römisch-katholischen und der altkatholischen Konfession; das Motto von 1992 »Aus den Wurzeln leben« zeigte, daß Sensibilität für das nötig ist, was dem anderen in seinem Glauben viel bedeutet.

Auf der Luisenburg bei Wunsiedel ist seit 1971 der »Evangelische Tag« für Nordostbayern, Thüringen, Sachsen und Westböhmen der Treffpunkt, mit seinen über dreitausend Besuchern die »meist frequentierte Kirchenveranstaltung in Oberfranken«. Im September 1992 fand erstmals ein »Euroregionaler Kirchentag« mit über 3000 bayerischen, sächsischen und böhmischen Christen in Plauen statt, der die »Riesenchance einer Stärkung des Zusammengehörigkeitsgefühls« (Bischof Johannes Hempel) wahrnahm. In Haag bei Geiselwind fand im August 1992 zum 43. Mal der »Steigerwaldtag« statt, bei dem sich ein großer Besucherstrom aus der ganzen Gegend zur Rüststunde am Samstag und einem Festgottesdienst mit gemeinsamen Nachmittagsveranstaltungen zusammenfand.

Im Oktober 1991 wurde zum ersten Mal ein »Kirchentag der Ostpreußen« in Oberschleißheim bei München durchgeführt, wo diese Landsmannschaft ihr ständiges »Haus der Ost- und Westpreußen in Bayern« erhalten hat. Die »Gemeinschaft Evangelischer Ostpreußen« hat sich aus den etwa 82000 Ostpreußen gebildet, die nach dem Zweiten Weltkrieg nach Bayern gekommen waren. Dabei spielt die Erinnerung an die Reformation und die Einwanderung der Salzburger Exulanten im 18. Jahrhundert eine Rolle, aber auch Verbindungen während des Kirchenkampfes im Dritten Reich.

In vielen Dekanaten gibt es regionale Kirchentage, so den Allgäuer Dekanatskirchentag in verschiedenen Städten seit 1965, in Neumarkt i. d. Oberpfalz alle zwei Jahre an wechselnden Orten, in Passau mit großer Beteiligung seit 1980, im Donaumoos regelmäßig seit 1982, den grenzübergreifenden Dekanatskirchentag in Weißdorf/Oberfranken seit 1988 mit Teilnehmern aus dem Vogtland.

Viele Dekanatsmissionsfeste haben gleichzeitig die Rolle eines Regionalkirchentages. Eine große Rolle spielt der vom CVJM seit 1963 veranstaltete »Rhöntag« und der »Kleine Kirchentag im Frankenwald« seit 1946; er war im Jahr 1910 als Versammlung bei einem Schwerkranken in Haueisen entstanden und mit der Unterbrechung durch das Verbot des Nazi-Regimes von 1936 bis 1945 im Jahr 1990 bereits zum fünfundvierzigsten Mal gehalten worden.

Kinderkirchentag

An zahlreichen Orten der Landeskirche werden Kinderkirchentage veranstaltet, um viele tausend Teilnehmer pro Jahr auf eine besondere Weise mit der biblischen Botschaft vertraut zu machen. Im Mittelpunkt steht eine Geschichte aus der Bibel, die im Wortlaut nahegebracht und durch Pantomime, Spiel, Tanz und andere Weisen dargestellt wird, um die Kinder daran auf eine ihnen eigene Weise zu beteiligen. Beim Singen, Spielen, Beten und gemeinsamen Feiern wird der Glaube in kindergerechter Weise erlebbar gemacht, und sie mögen das gern. Der Landesmissionstag der Gemeinden in der Rhön und im Grabfeld ist unvergessen, bei dem rund 1200 Kinder im Gottesdienst die von einer Nürnberger Gruppe aufgeführte Josephsgeschichte und viel Unterhaltung am Nachmittag erlebten. Andere Dekanate boten und bieten Ähnliches, die »Kinderkirche« im Amt für Gemeindedienst unterstützt diese Veranstaltung in vielfacher Weise.

Einladung nach Bayern: Schlußkundgebung des Deutschen Evangelischen Kirchentages 1991 in Dortmund

DIE KIRCHE DER ÄMTER

AMTSKIRCHE UND AMTSTRÄGER
Aufgaben im Dienst anderer

Ein gängiger Satz sagt: »Wem Gott ein Amt gibt, dem gibt er auch Verstand.« Daraus spricht Zuversicht. Doch soll Martin Luther gesagt haben: »Wen Gott zum Märtyrer machen will, den setzt er in ein Regieramt.« Das drückt nicht nur Mitleid aus, sondern auch Respekt für die Mächtigen; denn ein Märtyrerschicksal war zu seinen Zeiten noch kein verlorenes Verdienst, sondern Gewinn. Nach dem Kirchenverständnis der »Confessio Augustana« soll »niemand öffentlich lehren, predigen oder die Sakramente verwalten, ohne ordnungsgemäß berufen zu sein« (CA 16). Nach der Verfassung der bayerischen Landeskirche ist die Kirche insgesamt ein »anvertrautes Amt« (Art. 11).

Amt – das ist der Ausdruck dafür, daß es in der Kirche Christi nach evangelischem Verständnis keine Herrschaft von Menschen über Menschen geben darf und dennoch Verantwortung wahrgenommen werden muß, um des einzelnen und Ganzen und um der anvertrauten Wahrheit willen. Ämter sind Behelfe, Amtsträger sollen sie erträglich machen.

Es geht weder um einen mystisch verstandenen Kirchenkörper, noch um eine Behörde, sondern um ein Mandat, ein »Ministerium« der organisierbaren Amtskirche. Die daraus entstehende Macht braucht Regeln, Ordnungen und Verordnungen und Einrichtungen zu ihrem Vollzug. Nicht alle kirchlichen Ämter haben auch ein Büro mit Adresse und Telefonnummer, manche sind überhaupt ehrenamtlich ausgeübte und deshalb nicht selten die freiesten. In diesem Sinne tragen auch evangelische Einrichtungen den Titel »Amt« und werden als »ein dauernd bestimmter Aufgabenkreis im Dienst anderer« verstanden. Neuerdings wurde festgestellt, die Begegnung der Menschen mit der Bibel finde häufiger über kirchliche Amtshandlungen statt; Pfarrer und Pfarrerinnen müßten sich nicht länger als »Zeremonienmeister« empfinden. Das erinnert an den unvergeßlichen Landesbischof von Hannover, Hanns Lilje, der auch der einzige evangelische Abt eines Klosters war, und von Pfarrern und Bischöfen als dem »Bodenpersonal Gottes auf Erden« sprach. In Bayern hätte er nur das Wort »Amtsdiener« benützen müssen. Dann wäre auch hier alles klar gewesen.

Das Amt am Altar: Abendmahlsfeier in der St.-Johannis-Kirche in Schweinfurt zu Beginn der Landessynode im Herbst 1992

BILDER AUS BAYERN

Den Kolonisten in Großkarolinenfeld am Aiblinger Moor baute König Ludwig I. im Jahr 1822 eine klassizistische Kirche evangelischer Prägung, um sie in der Konfession ihrer protestantischen Königin Karoline zu bestätigen und für ihren Beitrag zur Entwicklung Bayerns zu belohnen.

EIN PRIMUS INTER PARES
Der Landesbischof

Er ist der Oberste, aber nicht Hochwürden. Er ist für alle in der Kirche da, aber im einsamsten Amt tätig. Was er sagt, gilt, doch darf ihm die Geltung nicht zur Gewohnheit werden. Von allen Ämtern der evangelisch-lutherischen Landeskirche in Bayern ist das des Landesbischofs das umfassendste und übergreifende, das in sich vielfältigste und in der Kirche wirksamste. Kaum ein anderes ist so sehr personal bestimmt und zugleich von der Gesamtgemeinde abhängig, zentral begründet und durch seine komplexen Inhalte vielfach facettiert. Niemand hat so viel Autorität und bleibt dabei dennoch immer Gemeindeglied und Pfarrer, Diener und Herr, Bruder und Vorgesetzter und ein Mensch mit Familie. Für seine Wahl und Berufung gilt seit der ältesten Kirchenordnung aus der Zeit um das Jahr 100 immer noch, er solle »mild sein, niemandem nach dem Munde reden und sich bewährt haben«.

Nach evangelischer Auffassung ist der Landesbischof ein Pfarrer in besonderer Stellung der Kirche, ein sozusagen höchster »Primus inter pares«, ein Erster unter Gleichen. Freilich bedeutet »primus« im Lateinischen sowohl »erster« wie auch »bester«, und so sind zwei Forderungen an die Person im Amt geknüpft, wenngleich wiederum nicht der Erstbeste zum Bischof gewählt werden wird.

Als direkte Verbindung zwischen ganz unten und ganz oben bestimmt die Verfassung das Recht des Landesbischofs zur Wortverkündigung und Sakramentsverwaltung in allen Gemeinden, auch sich in Kundgebungen an die Gemeinden zu wenden oder sogar deren Verlesung im Gottesdienst anzuordnen (Art. 59,2). Das ist eine königliche Regelung und eine Bestätigung des kirchenleitenden Primats.

Der Landesbischof wird von der Landessynode durch Abstimmung mit Mehrheitsentscheid gewählt, kann die Synode aber laut Verfassung in einem äußersten Fall auch auflösen. Als Bischof stellt er juristisch ein eigenes kirchenleitendes Organ dar, im geistlichen Sinn und gemeinchristlich leitet er die Kirche. Dazu sitzt er den Beratungen des Landeskirchenrates vor, entscheidet über die Verwaltung und unterzeichnet Gesetze sowie Urkunden. Er hat das ausdrückliche Wächteramt über die ordentliche Sakramentsverwaltung, Wortverkündigung, Gottesdienst und Seelsorge. Er berät, wo eigenständige Verantwortungen zu beachten sind, und vollzieht, wo es um reale Kirchenpraxis geht.

Äußerlich gehört zum Amt des Landesbischofs kein besonders hervorgehobenes Zeichen, wie ein Stab, eine Kopfbedeckung, Ring, Kleidung oder für ihn bezeichnende Farbe, auch kein körperliches Ausdrucksmittel wie die Barttracht in der orthodoxen Kirche des Ostens. Abgesehen von einem etwas größeren Kreuz unterscheidet er sich in der Erscheinung von keinem Pfarrer seiner Landeskirche.

Bis zum Ende der Monarchie in Bayern im November 1918 waren die bayerischen Könige durch ihr Summepiskopat (»Oberste Bischöflichkeit«) die Inhaber des Kirchenregiments auch über die protestantische Bevölkerung, so daß sich die Landeskirche in der neuen Republik eine Verfassung mit einem »Präsidenten des Oberkonsistoriums« geben mußte. Die Republik führte zum Bischofsamt. Als Adolf Hitler die Macht übernahm, kehrte Bayern zum apostolischen Amtsverständnis zurück. Von der Amtseinführung des ersten Landesbischofs Hans Meiser am 4. Mai 1933 in der St.-Lorenz-Kirche in Nürnberg wird berichtet, ein vom historischen Geschehen hingerissener Pfarrer habe als Radioreporter im Augenblick feierlicher Stille überlaut in sein Mikrophon gerufen »Habemus Episcopum!« Als das Nazi-Regime denselben Bischof ein Jahr später seines Amtes enthob, standen die Protestanten im Land auf, protestierten mit den Katholiken gemeinsam in Gottesdiensten, bei der Reichsregierung in Berlin und auf der Straße vor dem Landeskirchenamt in München, bis der Bischof in seinem Amt gesichert war. Das hinderte den tapferen Pfarrer Karl Steinbauer in Penzberg, einen vorübergehenden KZ-Häftling, nicht, allzu konziliant erscheinendes Verhalten des Landesbischofs im weiteren Kirchenkampf zu kritisieren und öffentlich zu erklären: »Der Bischof von Penzberg bin ich!« Er erinnerte damit nur daran, wie im biblischen Sinn jeder »locus ecclesiae« (Ort der Kirche) seinen »episcopus« (Vorsteher) haben solle. Und weil die Begründung dieses Amtes in der urchristlichen Gemeinde liegt, deren Segen von einer Person zur anderen durch Handauflegen weitergegeben wird, ließ sich Johannes Hanselmann im Jahr 1975 ausdrücklich unter Assistenz des schwedischen Bischofs Sungkler und des afrikanischen Bischofs Stefano Moshi aus Tansania von seinem Vorgänger, Altbischof Hermann Dietzfelbinger, zum Bischofsdienst in Bayern einsegnen.

Kirchenpräsidenten in Bayern waren:

1818–1828
Karl August Freiherr von Seckendorff

1828–1848
Karl Johann Friedrich von Roth

1848–1852
Friedrich Christian von Arnold

1852–1878
Dr. Dr. Gottlieb Christoph Adolf von Harleß

1879–1882
Dr. Dr. Matthias von Meyer

1883–1897
Dr. Adolf von Stählin

1879–1909
Alexander von Schneider

1909–1917
Dr. Dr. Hermann von Bezzel

1917–1933
Dr. Friedrich Veit

Landesbischöfe in Bayern waren:

1933–1955
Dr. Hans Meiser

1955–1975
Dr. Dr. Hermann Dietzfelbinger

Ein Erster unter Gleichen: Landesbischof Dr. Johannes Hanselmann DD an seinem Arbeitstisch im Landeskirchenamt

BILDER AUS FRANKEN

Das fruchtbare und reich besiedelte Altmühltal am Rand des römischen Limes erinnert mit seinen vielen Ortsnamen auf »-heim« und »-hausen« an eine frühe Besiedelung, bei der sich die Dörfer selbstbewußt um ihre festen Kirchen scharten.

BILDER AUS FRANKEN

Die Michaelskirche in Ostheim v. d. Rhön erinnert mit ihrem doppelten Bering, sechs starken Türmen und einem Wehrgang an die Zeit vor vielen Jahrhunderten, als die Franken zwischen dem Rangau und dem Steigerwald zum Schutz vor äußerer Not und einem inneren Bedürfnis entsprechend jene Wehrkirchenburgen errichteten, die weiter als ein Glaubenssymbol gelten.

LEGISLATIVE KIRCHENLEITUNG
Die Landessynode

Die Synode, deren Namen »Weggemeinschaft« bedeutet, ist eine der ältesten Formen kirchlichen Handelns in Sachen, die alle Gemeinden betreffen. Ihr Sinn ist die Feststellung von Übereinstimmung. Dafür gilt die Grundidee des »magnus consensus« (Große Übereinstimmung) als Mindestziel auch dort, wo unterschiedliche Meinungen bestehen bleiben, um nicht auf Kosten der erkannten Mehrheit schädliche Kompromisse zu machen. »Die Synode ist dafür da, daß alle Meinungen geäußert werden können und dabei dennoch Gemeinschaft gesucht, daß evangelische Freiheit geübt wird« (Karlheinz Schwab).

Die Landessynode ist die legislative Kirchenleitung. Ihre Aufgabe ist im Rahmen der Selbstverwaltung der Landeskirche und gemäß ihrer Verfassung der Beschluß von Kirchengesetzen, die Wahl des Landesbischofs und Berufung in leitende Ämter wie die der Oberkirchenräte sowie die Entscheidung über den Haushalt.

Die Landessynode befindet sich seit der Wiederaufnahme ihrer regelmäßigen Arbeit im Juli 1946 in der 9. Amtsperiode von jeweils sechs Jahren; sie hatte in dieser Zeit einschließlich der außerordentlichen Tagungen bis zum Herbst 1992 insgesamt neunundachtzig Sitzungen. Die ersten Generalsynoden trafen sich ab 1823 getrennt in Ansbach und in Bayreuth, ab 1849 gemeinsam im Wechsel beider Orte und seit Frühjahr 1958 an wechselnden Orten in ganz Bayern jeweils auf Einladung einer Gesamtgemeinde. Die derzeit einhundertzwei Mitglieder setzen sich aus drei Kategorien zusammen: gewählt werden achtundfünfzig Laien und achtundzwanzig Ordinierte von den zwölftausend Kirchenvorstehern in achtzehn Wahlkreisen aus rund dreihundertzwanzig Kandidaten; berufen werden vom Landeskirchenrat und Landessynodalausschuß dreizehn Synodale aus Kirche und Gesellschaft; entsandt werden von den Universitäten mit theologischen Fakultäten und der Augustana-Hochschule in Neuendettelsau je ein ordinierter Lehrstuhlinhaber.

Die Mitglieder einer Landessynode legen in der konstituierenden Sitzung vor dem Landesbischof, nachrückende Synodale oder Vertreter vor dem Präsidenten der Synode ein Gelöbnis ab, indem sie auf die Frage antworten: »Ich frage Sie, wollen Sie Ihr Amt als Synodale führen in der Bindung an das Evangelium Jesu Christi, wie es in der Heiligen Schrift gegeben und im Bekenntnis der Evangelisch-Lutherischen Kirche bezeugt ist, und sind Sie bereit, Verantwortung zu übernehmen für den Gottesdienst, für die diakonischen und missionarischen Aufgaben, für Lehre, Leben und Ordnung der Kirche? Wenn Sie bereit sind, das Gelöbnis abzulegen, so reichen Sie mir bitte die Hand und sprechen: Ja, mit Gottes Hilfe.«

Die Mitglieder der Landessynode wählen einen Präsidenten, der in der Regel ein Laie ist, und jeweils einen ordinierten und einen nichtordinierten Stellvertreter, dazu zwei Schriftführer als Präsidium. Sie bilden Ausschüsse für Grundfragen des kirchlichen Lebens, Organisation, Finanzen, Recht und Verfassung, Gesellschaft und Diakonie, für Bildung, Erziehung und Jugend, für Weltmission und Ökumene und einen Vertrauensausschuß. Die Sitzungen des Plenums der Landessynode sind öffentlich, die der Ausschüsse nicht öffentlich. Es gibt keine Fraktionen, jedoch benützt dieses Gremium, ohne ein Parlament sein zu wollen, weithin parlamentarische Verfahrensweisen in der Geschäftsordnung, bei den Wahlen, der öffentlichen Aussprache, dem Beschlußverfahren und den Mehrheitsabstimmungen.

Zur Verständigung im Vorfeld der Synode und einer sozusagen außer-parlamentarischen Meinungsbildung dienen die zwei »Arbeitskreise«, die für jeden Synodalen offen zugänglich sind.

Bürger fragen die Kirche: Öffentliche Podiumsdiskussion während der Landessynode in Erlangen 1991

Der »Arbeitskreis Synode« vertritt dabei mehr die Kirchlichkeit und konservative Auffassungen mit der Tendenz zum übergreifenden Ausgleich. Der »Arbeitskreis Offene Kirche« versteht sich eher weltzugewandt, sozial orientiert und von individuellen Auffassungen getragen. Parallelen zur Ideologie politischer Parteien in der Bundesrepublik bestehen aber nicht.

Wenn die Synodalen aus allen Landesteilen und Lebensbereichen im Geist des Evangeliums Gesetze schaffen, den einzelnen Kirchenmitgliedern und den Gemeinden Recht verschaffen, dabei die Gemeinschaft fördern, indem sie für alle Frömmigkeitsrichtungen, Ämter, Dienste und Werke Freiheit gestalten, betreiben sie eine friedvolle und auf Gerechtigkeit angelegte Aufgabe. Kirchenleitung hat hier gleichzeitig geistliche und weltliche Chancen wahrzunehmen; sie bleibt Menschenwerk und steht in der langen Traditionskette christlicher Synoden.

Zusammenarbeit: Die Landessynode in der Ansbacher Orangerie im April 1992 mit ihrem Präsidenten Dr. Dieter Haack und der Vizepräsidentin Heidi Schülke

BILDER VOM GOTTESHAUS

BILDER VOM GOTTESHAUS

Die Orgel bestimmt den Gottesdienst und war auch die musikalische Mitte für Johann Sebastian Bach, einen der größten Musiker, den Vollender der deutschen Barockmusik und bedeutendsten evangelischen Komponisten, dem die »Ansbacher Bachwoche« seit 1943 mit vorbildlichen Aufführungen huldigt.

Eine der großartigsten, theologisch tiefsinnigen »Moseskanzeln« mit dem Patriarchen der Zehn Gebote als Träger des ganzen Gebäudes, den vier Evangelisten am Kanzelkorb, den Aposteln Andreas, Bartholomäus, Paulus und Petrus auf dem Schalldeckel und dem triumphierenden Osterchristus an der Spitze beherrscht seit der Stiftung durch das Nürnberger Kaufmannsehepaar Tauber im Jahr 1694 die St.-Johannis-Kirche in Schweinfurt.

KOORDINATIVE KIRCHENLEITUNG
Der Landessynodalausschuß

Weil jedes große Gremium für die Kleinarbeit und einen guten Geschäftsgang geeignete Hilfe braucht, berief die Landessynode schon sehr früh einen Landessynodalausschuß ins Leben. Ursprünglich als ein üblicher geschäftsführender Ausschuß tätig, mußte der Landessynodalausschuß die Geschäfte der Landessynode ganz übernehmen, als die nationalsozialistische Regierung die Synode sabotierte. Also behielten ihn die Urheber der Verfassung von 1972 als viertes kirchenleitendes Organ und ständige Vertretung der Landessynode bei. Der Landessynodalausschuß ist keine zweite Kammer im Sinne des Parlamentarismus, aber eine weitere Instanz über die in der Demokratie übliche Dreiteilung der Macht hinaus, von der die Landeskirche als zusätzliche Sicherung des synodalen Systems den Nutzen hat.

Von den zwölf Mitgliedern des Landessynodalausschusses werden neun von der Landessynode gewählt, hinzu kommen die zwei Vizepräsidenten und der Präsident der Landessynode, der den Vorsitz innehat; er steht damit, wie der Landesbischof als Vorsitzender des Landeskirchenrates, zwei Verfassungsorganen vor. Zur Aufgabe des Landessynodalausschusses gehört alles, was mit der Arbeit der Landessynode zusammenhängt, die Entgegennahme von Berichten und die Mitwirkung bei Kirchengesetzen und Verordnungen. Bei seinen Sitzungen ist ein Vertreter des Landeskirchenrates anwesend, so daß die Brücke zwischen Legislative und Exekutive zum Tragen kommen kann.

Eine bekannte Adresse: Bischofssitz und Landeskirchenamt in der Meiserstraße 11–13 in München

EXEKUTIVE KIRCHENLEITUNG
Landeskirchenrat und Landeskirchenamt

Zu oft und zu Unrecht wird der Landeskirchenrat als »die Kirchenleitung« bezeichnet, denn das kirchenleitende Handeln wird bei diesem Verfassungsorgan und seinen verschiedenen Ämtern und Dienststellen besonders deutlich erkennbar. Vor allem hier wird konkretisiert, was evangelische Kirche in Bayern insgesamt bedeutet. Der Landeskirchenrat ist ständig präsent, er arbeitet nicht ehrenamtlich und »hat das Sagen«. Ohne zu behaupten, diese Einrichtung sei unvergleichlich, ist sie doch typisch kirchlich: die Dienstleistungsfunktion dominiert, die Macht kommt aus dem notwendigen Machen. Jemand nannte die verantwortlichen Oberkirchenräte »Scharniere« (Claus-Jürgen Roepke) und meinte, sie sollten zugleich sich selbst und etwas in der Kirche bewegen.

Landeskirchenrat

Den Landeskirchenrat bilden die Oberkirchenräte des Innendienstes (Theologen und Juristen als Leiter der Fachabteilungen im Landeskirchenamt) und des Außendienstes (Kreisdekane der Kirchenkreise). Den Vorsitz führt der Landesbischof, der dadurch in einer doppelten Funktion tätig wird: als selbständiges Verfassungsorgan und als Erster im Landeskirchenrat, ähnlich wie der Präsident der Landessynode zugleich Vorsitzender des Landessynodalausschusses ist. »Die Mitglieder des Landeskirchenrates sind einander gleichgestellt und handeln in gemeinsamer Verantwortung« (Art. 65). Ihre Hauptaufgabe ist, die Landeskirche zusammenzuhalten und vorwärts zu bringen. Dies geschieht im kollegialen Verfahren durch regelmäßige Sitzungen (»Vollsitzungen«) und den Umlauf aller wesentlichen Vorgänge, so daß prinzipiell jedes Mitglied des Landeskirchenrates an allen Entscheidungen beteiligt wird und sie mitträgt.

Die Aufgaben der Oberkirchenräte werden in der Verfassung vor allem durch Wahrnehmen, Mitverantworten, Helfen und Wirken beschrieben. Natürlich sind Personalfragen, Finanzen, Rechtsangelegenheiten, Unterricht und Diakonie vorrangige Themen. Im übrigen wird die Aufgabe des Landeskirchenrates in der Formulierung zusammengefaßt, er nehme »die Aufgaben wahr, die nicht anderen kirchenleitenden Organen vorbehalten sind«. Daß es davon eine Fülle gibt, zeigen die Terminkalender und die Berichte des »Evangelischen Pressedienstes« (epd).

Alle Oberkirchenräte werden durch einen eigenen, in der Verfassung verankerten »Berufungsausschuß« ernannt, dem unter dem Vorsitz des Präsidenten der Landessynode der Landesbischof, fünf Mitglieder des Landessynodalausschusses und drei Mitglieder des Landeskirchenrates angehören. Wieder sind in einem klar geregelten Verfahren so viele Institutionen und Personen an der Entscheidung beteiligt, daß man von einer breiten Repräsentation der ganzen Landeskirche sprechen kann. Die Oberkirchenräte werden vom Landesbischof in ihr Amt eingeführt und sind wie die Dekane und Pfarrer in der Regel bis zur Erreichung des Pensionsalters tätig.

Landeskirchenamt

Damit der Landesbischof und der Landeskirchenrat, aber auch die Synode und der Landessynodalausschuß ihre Aufgaben erfüllen können, dient das »Landeskirchenamt« als Arbeitszentrum. Sein Leiter ist ein Oberkirchenrat, üblicherweise Jurist und Chef der ersten weltlichen Abteilung im Landeskirchenrat. Es gibt eine nach Aufgaben und Bedarf differenzierte Organisation mit nachgeordneten Ämtern und Dienststellen. Die Arbeitsverfahren entsprechen weithin denen einer üblichen Behörde, doch machen sich auch hier das Selbstverständnis und das Selbstverwaltungsrecht der Kirche deutlich bemerkbar.

Die leitenden Oberkirchenräte: Der Theologe und Ständige Stellvertreter des Landesbischofs, Dr. Theodor Glaser, und der Jurist und Chef des Landeskirchenamtes, Dr. Werner Hofmann

BILDER AUS FRANKEN

Zum evangelischen Erbe gehört im äußersten Nordwesten Bayerns die ehemalige Benediktinerabtei St. Maria in Amorbach im Odenwald, mit Kirche und Klostergebäuden ein Juwel, das seit dem 10. Jahrhundert immer reicher ausgebaut und von namhaften Künstlern geschmückt wurde.

Die Beauftragten

Zur Wahrnehmung besonderer Aufgaben, die der Kirche wichtig erscheinen, aber spezielle Kenntnisse erfordern, sind nach jeweiliger Zustimmung der kirchenleitenden Gremien im Landeskirchenamt »Landeskirchliche Beauftragte« hauptamtlich oder nebenamtlich tätig. Durch sie möchte die Landeskirche auf Zeitströmungen flexibel reagieren, kirchliche Kompetenz in Sachfragen schaffen und Entwicklungen beratend begleiten. Diese »Einzelkämpfer in einem nicht erklärten Krieg um die Wahrheit« müssen ihr Aufgabenfeld weithin selbst auskundschaften und die Ziele für sinnvolles Handeln setzen oder auch selbst verfolgen, ohne das Evangelium und den kirchlichen Auftrag im Sog der profanen Umwelt zu kurz kommen zu lassen. Gäben Bibel und Bekenntnisschriften für alle Lebenslagen und Zeitfragen konkrete Antworten, wären die Beauftragten kaum nötig.

Derzeit gibt es Landeskirchliche Beauftragte für Baulastfragen; Blindenseelsorge; Datenschutz; Diakoninnen; Fragen ausländischer Arbeitnehmer; Gehörlosenseelsorge; Gemeindehelferinnen und Gemeindereferentinnen; Homiletik und Fortbildung; Hörfunk und Fernsehen beim Bayerischen Rundfunk; Kabelrundfunk; Kirche und Handwerk; Kirche und Sport; Kirchliche Vertriebenenarbeit; Klinische Seelsorgeausbildung; Kriegsdienstverweigerer und Zivildienstleistende; Kunst; Lateinamerika; Naturwissenschaft und Technik; Polizeiseelsorge; Religiöse und geistige Strömungen; Schwerhörigenseelsorge; Sekten und Weltanschauungsfragen; Umweltschutz.

Die Sachverständigen

Weil Glocken und Orgeln spezifische Angelegenheiten der Kirchen sind, für die es im weltlichen Bereich kaum Spezialisten gibt, unterhält die evangelische Landeskirche in Bayern drei Glockensachverständige und vierzehn allgemeine Orgelsachverständige sowie zwei weitere für grundsätzliche Fragen. Leider ist für den Bereich der Vasa Sacra (Sakramentsgeräte) bisher nur in der Person von Gertrud Voll eine allerdings überall anerkannte Fachkraft am Werk.

Weitere Dienststellen

Dem Landeskirchenamt sind für seine Verwaltungsaufgaben weitere Dienststellen zugeordnet, deren Aufgaben sich aus ihrer Bezeichnung ergeben. Dazu gehören die Kirchenkasse, das

Im Münchner Landeskirchenamt: Der Platz vieler Entscheidungen

Die Rechtssammlung der Landeskirche

Rechenzentrum, das Rechnungsprüfungsamt, die elf Kirchensteuerämter, der Pfründestiftungsverband und der Beauftragte für den Datenschutz. Teile dieser Einrichtung gehören zum Unterzentrum »Landeskirchenstelle« in Ansbach. Sie nimmt für rund eintausendzweihundert ländliche und mittelständische Kirchengemeinden, die keiner Gesamtkirchenverwaltung angehören, einen Großteil der »Alltagsverwaltung« treuhänderisch wahr, wie Rechnungsvorgänge und Haushaltsführung, Finanzwesen, Personalverwaltung, Baufragen, Rechtsangelegenheiten; dadurch soll die örtliche Gemeindeverantwortung ebenso gestützt werden wie die übergreifende Gesamtverantwortung. Zu den Aufgaben der rund fünfzig Mitarbeiter in der »Landeskirchenstelle« gehört auch die zentrale Gehaltsabrechnung für rund zehntausend kirchengemeindliche Mitarbeiter in ganz Bayern.

Einrichtungen der Landeskirche

Weitere Einrichtungen der Landeskirche gehen aus ihrem Status als öffentlich-rechtliche Körperschaft hervor und geben ihrer Existenz in verschiedenartigen Formen der Selbständigkeit Ausdruck. Sie werden entsprechend ihrem inhaltlichen Auftrag in den folgenden Kapiteln näher beschrieben und sind im Überblick: Amt für Industrie und Sozialarbeit, Nürnberg; Amt für Jugendarbeit, Nürnberg; Augustana-Gesamthochschule Neuendettelsau; Evangelische Akademie Tutzing; Fachakademie für evangelische Kirchenmusik, Bayreuth; Gemeindeakademie Rummelsberg; Katechetisches Amt Heilsbronn; Missionswerk Neuendettelsau; Pastoralkolleg Neuendettelsau; Pfarrseminar für Spätberufene; Predigerseminare Bayreuth, Neuendettelsau, Nürnberg und München; Religionspädagogische Arbeitsstelle München.

Landeskirchliches Archiv

Seit 1955 betreibt die bayerische Landeskirche in Nürnberg das »Landeskirchliche Archiv« mit einer Außenstelle für Kirchenbücher in Regensburg. Dieses größte kirchliche Dokumentationszentrum im deutschsprachigen Raum bewahrt über neun Regalkilometer Urkunden von Kirchengemeinden aus mehreren Jahrhunderten, Kirchenbücher, Pfarrarchive, Personalakten und Büroablagen, Siegel, Plakate, Filmrollen und Dias, Tonbänder, Schallplatten, Münzen. Eine Bibliothek mit 130000 Bänden, darunter bibliophile Kostbarkeiten, gehört dazu wie Dokumente und Zeugnisse der Kirchengeschichte und Leihgaben zur fachgerechten Aufbewahrung. Der Schriftverkehr beträgt über 5000 Vorgänge im Jahr, insbesondere für Familien- und Personalforschung; der Besucherverkehr übersteigt die Kapazität der Nutzertage. Zu den Aufgaben des Landeskirchlichen Archivs gehören zusätzlich Denkmalpflege, kirchliche Kunst und Ausstellungswesen, von der ganz regulären Archivpflege nicht zu sprechen. Ein fertig geplanter Neubau mußte aus finanziellen Gründen vorerst zurückgestellt werden.

In der Hauskapelle

Das Rechenzentrum

Ein Hausbote im Erdgeschoß

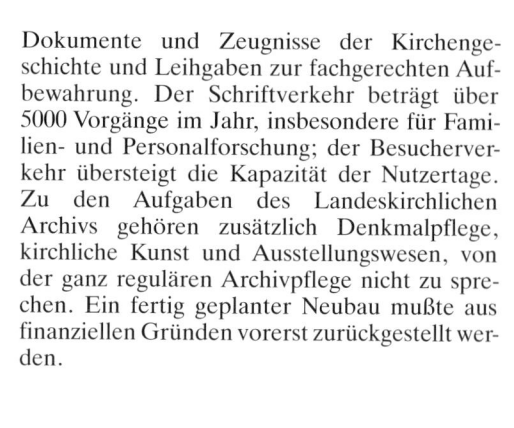

Das Landeskirchliche Archiv in Nürnberg

SECHSMAL BAYERN
Die Kirchenkreise

Was für den Staat die Regierungsbezirke sind und für die katholische Kirche die Bistümer, sind im großen Bereich der evangelischen Landeskirche die Kirchenkreise. Sie korrespondieren mit historischen und landschaftlichen oder landsmannschaftlichen Gegebenheiten und natürlich mit der evangelischen Bevölkerungszahl. Als obere Ebene der Organisationsstruktur in der Landeskirche dienen sie der überregionalen Zusammenfassung des Kirchenlebens. Ihre Bezeichnung richtet sich zwar nach den Orten, an denen der Oberkirchenrat des Kirchenkreises seinen Amtssitz hat, aber immer wieder dringt statt dessen der heimatliche Name durch.

Der »unvergleichliche und höchstsorgfältige Landesvater« Markgraf Georg Friedrich von Ansbach ließ schon 1564 sein evangelisches Land in zwölf »Capitel« einteilen und 1679 in »Superintendenturen« zusammenfassen, die bis 1810 bestanden. Am Markgrafensitz Kulmbach gab es ab 1566 das Amt eines Generalsuperintendenten, das 1656 nach Bayreuth verlegt wurde. Bei der Neuordnung der evangelisch-lutherischen Landeskirche im Jahr 1809 kamen zu diesen »Ur-Kirchenkreisen« unter der neuen Bezeichnung »Generaldiakonate« auch München und Nürnberg hinzu, später Regensburg und im Jahr 1971 als sechster Kirchenkreis Schwaben mit Sitz in Augsburg.

Nürnberg, obwohl flächenmäßig der kleinste, ist nach der Seelenzahl der größte Kirchenkreis. Bayreuth, obwohl geographisch etwa halb so groß wie München, hat fast zehntausend weniger Evangelische als dieser Kirchenkreis. Regensburg, flächenmäßig am ausgedehntesten, steht infolge der dünneren Besiedelung und der geringen Dichte protestantischer Bevölkerung, zahlenmäßig knapp hinter dem in seiner Ausdehnung kleinsten Kirchenkreis Augsburg. Ansbach hat die meisten Gemeinden und Dekanate und steht zahlenmäßig in der Mitte.

Im Vergleich der Konfessionen innerhalb der Kirchenkreise hat Nürnberg mit 48,8 Prozent vor Bayreuth mit 46,9 Prozent die größte Dichte, Ansbach liegt mit 28,8 Prozent etwas über dem Gesamtdurchschnitt Bayerns (23,9 Prozent), München (17,6 Prozent) und Augsburg (16,6 Prozent) liegen etwa gleich, am geringsten ist der Prozentsatz der Protestanten im Kirchenkreis Regensburg mit 9,9 Prozent. Man muß aber wohl auch berücksichtigen, wer keiner Religionsgemeinschaft angehört: am meisten im Kirchenkreis München 10,0 Prozent, Nürnberg immerhin noch 6,5 Prozent, Augsburg 3,5 Prozent und nahezu gleich Ansbach Würzburg 2,5 Prozent, Regensburg 2,4 Prozent und Bayreuth 2,0 Prozent.

Für die Kirchenkreise verantwortlich sind die Kreisdekane. Als Oberkirchenräte nach dem Rang sollten sie, sechzig Jahre nach Einführung des Bischofstitels, eigentlich »Regionalbischof« heißen. Bischöflich ist dieses Amt, weil sein Inhaber Gemeinden visitieren, Pfarrer ordinieren und installieren, die Reinheit der Lehre bewahren und den Ausgleich zwischen gegensätzlichen Positionen bewirken soll. Zugleich erfordert dieses Amt Persönlichkeit und soll Menschlichkeit unmittelbar spüren lassen. Daß Kreisdekane von ihrem ortsgebundenen Amtssitz ausgehend sowohl für die eigene Region wie für die ganze Landeskirche im »Landeskirchenrat« wirken, ist ein bestimmendes Element ihrer Aufgabe; dafür steht ihnen im Unterschied zur landesweiten Synode und den regionalen Synoden kein parlamentarisches Gremium oder repräsentatives Beratungsorgan zur Seite.

Somit hat dieser »geistliche Oberhirte mit räumlich abgegrenzter Zuständigkeit seines Kirchenkreises« (Gottfried Naether) vor allem folgende konkrete Aufgaben: Er repräsentiert die Landeskirche, ist Seelsorger und hat das Recht, überall im Kirchenkreis zu predigen und die Sakramente zu verwalten. Neben der Ordination der Pfarrer und Pfarrerinnen stehen die Visitation der Gemeinden, die Dienstaufsicht, das Gespräch mit allen Gemeindegliedern und kirchlichen Mitarbeitern. Dazu dienen Sitzungen, Vorträge, Predigten, Besuche, Verhandlungen, Einweihungen und alle Arten weltlicher Veranstaltungen oder kirchlicher Ereignisse. Kreisdekane sind »Überflieger« mit möglichst viel Bodenberührung, den frühchristlichen Wanderbischöfen vergleichbar, doch hinken am Ende fast alle Vergleiche.

Kirchenkreise

Ansbach:
457 Gemeinden
19 Dekanate
429433 Seelen

Augsburg:
157 Gemeinden
7 Dekanate
285569 Seelen

Bayreuth:
338 Gemeinden
17 Dekanate
545894 Seelen

München:
135 Gemeinden
1 Dekanat mit
4 Prodekanaten
553475 Seelen

Nürnberg:
280 Gemeinden
1 Dekanat mit
3 Prodekanaten
663345 Seelen

Regensburg:
156 Gemeinden
8 Dekanate
283335 Seelen

ZWISCHEN OBEN UND UNTEN
Die Dekanatsbezirke

Als mittlere Ebene der Organisationsstruktur der Landeskirche, ziemlich in der Mitte zwischen oben und unten, dienen dem kirchlichen Leben die Dekanatsbezirke. Jeweils ein Dekanat ist die Zusammenfassung mehrerer Kirchengemeinden zu einer regionalen Einheit mit bedingter Selbständigkeit; sie gilt sowohl gegenüber den Gemeinden und der innerkirchlichen Welt wie nach außen zu den weltlichen Institutionen. Dem Dekanatsbezirk dienen synodale Körperschaften; zum Dekanat gehören die in seinem Bereich angesiedelten kirchlichen Werke und Dienste, die nötigen Einrichtungen für das Gemeindeleben, für die Verwaltung und für besondere Aktivitäten.

Schon die erste »Nürnberg-Brandenburgische Kirchenordnung« von 1533 brachte für Bayreuth den Superintendenten und in Ansbach den Dekan als frühes Kirchenregiment. Das wahrscheinlich älteste Dekanat entstand vor über vierhundertdreißig Jahren als eine Superintendentur von neun Gemeinden im Oberpfälzer »Landl« der Reichsgrafen von Wolfstein, heute rund um Neumarkt i. d. Oberpfalz. Im Ries wurde schon im Jahr 1564 aus dem »Spezialsuperintendenten« ein »Dekan«. Im Markgrafentum Kulmbach gab es seit der Konsistorialverfassung von 1594 ein »Kapitel« mit einem »Dekan«. In Wunsiedel werden in der Gottesackerkirche zur Heiligen Dreifaltigkeit die Bildnisse der Superintendenten und Dekane seit 1658 aufbewahrt. Erst seit der Neuordnung der Landeskirche im Jahr 1809 gilt überall der Amtstitel »Dekan«.
Heute hat die bayerische Landeskirche sechsundsechzig Dekanatsbezirke mit sieben Prodekanaten in München (vier) und Nürnberg (drei). Das kleinste Dekanat ist Oettingen i. Ries mit dreizehn Gemeinden und 6071 Seelen; das größte ist München mit fünfundsechzig Gemeinden und 313146 Seelen, aufgeteilt in vier Prodekanate mit jeweils zwölf bis dreizehn Gemeinden von 68000 bis 90000 Seelen. Danach kommen Coburg (fünfzig Gemeinden), Nürnberg (siebenundvierzig), Würzburg (einundvierzig). Der Seelenzahl gemäß wäre die Reihenfolge aber Nürnberg (97061), Fürth (72966), Coburg (59177), Erlangen (55686), Augsburg (56047) und so weiter; umgekehrt sind die kleinsten Dekanate Cham (3676), Ludwigstadt (4238), Thurnau (5432), Castell (5655) und weiter aufwärts. Ein Diasporadekanat wie Ingolstadt vereint mit seinen rund 47000 Seelen in vier Regierungsbezirken evangelische Kirchengemeinden und lebt mit Katholiken aus vier Diözesen in Städten, Märkten und Dörfern zusammen, wobei die Prozentverhältnisse der Konfessionen sehr schwanken.

Bayerischem Brauch gemäß bemüht sich jedes Dekanat um sein Spezifikum. So nennt sich Neumarkt i. d. Oberpfalz die »Urzelle der Landeskirche«, Windsbach/Mittelfranken die »Brunnenstube der Landeskirche«, Naila das »Frankenwald-Dekanat«, Nördlingen das »Ries-Dekanat«, Kempten das »Allgäu-Dekanat«, Castell zählt sich zu den »Wein-Dekanaten«, Neu-Ulm ist ein »Grenzland-Dekanat«, Neumarkt i. d. Oberpfalz ein »Dreiländerdekanat« in drei Regierungsbezirken, Bad Neustadt a. d. Saale ist das »Nordlicht« der Landeskirche und der kleinste Dekanatsbezirk Oettingen im Ries hält sich unter Berufung auf seine Tradition für »klein, aber fein«.
Der Dekanatsbezirk hat eine Bezirksordnung und wird durch eine Dekanatssynode begleitet, die mehrmals im Jahr zusammentritt und analog der Landessynode alle gemeinsamen Angelegenheiten, die Geldfragen, Personalstrukturen, Bauangelegenheiten, Arbeitsmethoden und Öffentlichkeitsangelegenheiten behandelt. Laufende Dinge werden vom Dekanatsausschuß wahrgenommen, den die Dekanatssynode aus ihren Mitgliedern wählt. Er kümmert sich insbesondere mitverantwortlich um den Einsatz der Mitarbeiter, unterstützt den Dekan und die Gemeindepfarrer beim Haushaltsplan, in Bauangelegenheiten und Rechtsfragen.
Der Dekan ist immer zugleich Pfarrer in einer Kirchengemeinde, und daher wird verständlich, warum bis vor nicht allzulanger Zeit die Funktion des Dekans und die Stelle des Dekanats von einer Gemeinde zu einer anderen wandern konnten bis man aus guten und vielleicht verständlichen Gründen zu einer beständigeren Regelung fand. Der Dekan wird vom Landeskirchenrat ernannt, nachdem die Dekanatssynode, der Dekanatsausschuß und der Kirchenvorstand der zuständigen Gemeinde darüber beraten und zugestimmt haben. Seine Aufgaben sind im wesentlichen zu leiten, zu beraten, Beschlüsse durchzuführen und die kirchliche Arbeit zu beaufsichtigen, Pfarrer in ihr Amt einzuführen und dem ganzen Pfarrkapitel in jeder geeigneten Weise bei der Ausübung des kirchlichen Dienstes zu helfen. Dabei ist der von allen Theologen eines Dekanatsbezirkes gewählte Senior sowohl der Vertrauensmann dieser Pfarrerinnen, Pfarrer, Religionslehrer und Vikare, sondern in der Regel auch der Stellvertreter des Dekans.
Der Dekan hält als der Dienstvorgesetzte der Pfarrer seines Bereiches und »pastor pastorum« (Hirte der Hirten) monatlich Pfarrkonferenzen, in denen das »Pfarrkapitel« als Versammlung aller Ordinierten die gemeinsamen Angelegenheiten bespricht. Einmal jährlich gibt es einen mehrtägigen »Pfarrkonvent«, an dem auch Ehegatten teilnehmen, in einigen Dekanaten zusätzlich regelmäßige Versammlungen der Pfarrfrauen. In Münchberg/Oberfranken amtiert seit dem 1. Oktober 1990 Frau Susanne Kasch als erste Dekanin der bayerischen Landeskirche.
Da der Dekanatsbezirk auch für den Religionsunterricht zuständig ist, ihn organisieren und kontrollieren muß, wird häufig ein eigener Schulbeauftragter bestellt. Ein Dekanatsjugendpfarrer ist allein oder mit anderen Kollegen für die Jugendarbeit besonders verantwortlich. Ähnlich haben einzelne Pfarrer oder Pfarrerinnen spezielle Verantwortungen für Mission, Diaspora, Kinder, Senioren, Religionsunterricht, besondere Seelsorgebereiche, Erwachsenenbildung, Medien und so weiter. Für die Kirchenmusik sind Bezirkskantoren, nicht selten mit dem Rang eines Kirchenmusikdirektors ausgestattet, zuständig. Je nach örtlicher Situation des Schulwesens gehören zum Dekanatsbezirk auch hauptamtliche, ordinierte Religionslehrer und nebenamtliche, nicht-ordinierte im kirchlichen Dienst.

Die Dekanate der bayerischen Landeskirche:
1 Altdorf   *7 Bad Windsheim*
2 Ansbach   *8 Bamberg*
3 Aschaffenburg   *9 Bayreuth*
4 Augsburg   *10 Castell*
5 Bad Berneck   *11 Cham*
6 Bad Neustadt/Saale *12 Coburg*

KIRCHENKREISE UND DEKANATSBEZIRKE

13 Dinkelsbühl
14 Donauwörth
15 Erlangen
16 Feuchtwangen
17 Forchheim
18 Fürstenfeldbruck
19 Fürth
20 Gräfenberg
21 Gunzenhausen
22 Heidenheim
23 Hersbruck
24 Hof
25 Ingolstadt
26 Kempten
27 Kitzingen
28 Kronach
29 Kulmbach
30 Landshut
31 Leutershausen
32 Lohr a. Main
33 Ludwigstadt
34 Markt Einersheim
35 Memmingen
36 Michelau
37 Münchberg
38 München
39 Naila
40 Neumarkt
41 Neustadt a. d. Aisch
42 Neu-Ulm
43 Nördlingen
44 Nürnberg
45 Oettingen
46 Pappenheim
47 Passau
48 Pegnitz
49 Regensburg
50 Rosenheim
51 Rothenburg o. d. Tauber
52 Rügheim
53 Schwabach
54 Schweinfurt
55 Selb
56 Sulzbach-Rosenberg
57 Thurnau
58 Traunstein
59 Uffenheim
60 Wassertrüdingen
61 Weiden
62 Weilheim
63 Weißenburg
64 Windsbach
65 Würzburg
66 Wunsiedel

Dekanatsbezirke
Kirchenkreise

NICHTS LIEBER ALS DAS
Das Pfarramt

Von allen Ämtern, die die Kirche zu vergeben hat, ist das Pfarramt das älteste und originellste, das umfassendste und schönste und wohl kaum das schwerste; da ist wie bei einem Bauernhof alles beisammen, zum Wohl der Mitmenschen und für einen wirklichen Sinn. Der Pfarrer gehört zu den Urberufen und ist unter allen Berufen mit einer inneren Berufung der freieste. Er hat einen bestimmten Auftrag und ein unabhängiges »Geschäft«, ist vom Erwerb freigestellt und durch die Ordination nur seiner Vocatio zum Wort Gottes verpflichtet. Ein Pfarrer ist zugleich Diener und Herr seiner Sache, Person und Beruf gehen mit dem Amt bis zur Verwechslung ineinander. Dieser vielseitigste Beruf ist dank seiner Sieben-Tage-Arbeitszeit zugleich der »dauerhafteste« mit speziellen Forderungen an den einzelnen, die über Predigen, Singen, Eheberaten, Autofahren und Geldbewirtschaftung hinausgehen. Der Pfarrer ist ein Schlüsselverwalter der Kirche, nach Landesbischof Hanselmann ein »Agent der Güte Gottes« und nach Meinung eines Regionalbischofs »gleichermaßen nahe bei Christus und bei den Menschen« (Johannes Merz). Bayern hat nicht vergessen, daß der erste evangelische Pfarrer, von Martin Luther am 14. Mai 1525 in Wittenberg ordiniert, aus Deggendorf in Niederbayern kam: Diakonus Georg Rörer war nach dem Studium in Leipzig Luthers Korrektor bei der Bibelübersetzung, er überlieferte dank eines guten Gedächtnisses und seines Schreibfleißes der Nachwelt die Predigten, viele Vorträge und Tischreden des Reformators.

Im Jahr 1995 werden in Bayern über 2600 Pfarrer im Dienst der evangelischen Kirche stehen, bald danach dürften es aber 200 weniger sein. Ist dem Pfarrer einmal eine Pfarrstelle zugeteilt, so kann er nicht versetzt werden. Der »Personalstand« der Landeskirche verzeichnet auf rund achtzig Seiten die verschiedensten Funktionen in Seelsorge, Schule, Diakonie und Sozialdienst, Öffentlichkeitsarbeit und allgemeinkirchlichen Aufgaben.

Für alle diese Tätigkeiten setzt der theologische Werdegang Abitur und ein Universitätsstudium voraus, das mindestens die Fächer Altes und Neues Testament, Kirchen- und Dogmengeschichte, Dogmatik und Ethik, Praktische Theologie (Homiletik, Liturgik, Seelsorge, Religionspädagogik) und Philosophie umfaßt. Weitere Studienfächer sind erwünscht, Latein und Griechisch als Fremdsprachen unabdingbar. Dafür stehen als Studienorte in Deutschland dreizehn Universitäten oder Hochschulen zur Verfügung, im europäischen Ausland mindestens sieben und weitere auch in den USA. Seit 1992 müssen evangelische Prüfungskandidaten auch ihre publizistischen Kenntnisse nachweisen und mediengerechte Verkündigung verstehen.

Nach dieser Universitätsausbildung folgen fünf Jahre Probedienst und Tätigkeit als Pfarrer oder Pfarrerin z. A. (zur Ausbildung) auf einer Pfarrstelle, während der die Ordination erfolgt und schließlich die offizielle Ernennung zum Pfarrer oder zur Pfarrerin mit Verleihung einer entsprechenden Urkunde. Seit dem »Erprobungsgesetz« vom Frühjahr 1980, das »neue Formen des Dienst- und Haushaltsrechts« regelt, ist ein Teilzeitbeschäftigungsverhältnis und die gemeinsame Wahrnehmung einer Pfarrstelle durch ein Theologenpaar möglich. Die Fälle, in denen Menschen im fortgeschrittenen Lebensalter als »Spätberufene« Pfarrer werden, sind zurückgegangen; Übertritte von Amtsträgern aus anderen Kirchen sind selten, aber in aller Stille durchaus üblich geworden.

Wirkliche Pfarrer und Pfarrerinnen werden die ausgebildeten und examinierten Theologen durch die Ordination, eine urkundlich gesicherte Ernennung auf Lebenszeit, die von Ordinierten im Beisein der Gemeinde in einem Gottesdienst vollzogen wird. Dabei erhalten die zukünftigen Pfarrer und Pfarrerinnen die vollen Rechte und Pflichten des geistlichen Amtes übertragen und verpflichten sich auf das Evangelium, das lutherische Bekenntnis, die ordentliche Verwaltung der Sakramente, die Wahrung des Beichtgeheimnisses und ein Leben in der Nachfolge Christi. Sie versprechen, in einer Kirche zu wirken, die »aus dem Wort Gottes lebt, das in Jesus Christus Mensch geworden ist und in der Heiligen Schrift Alten und Neuen Testaments bezeugt wird«. Danach gibt es keine zwingende Laufbahn, man kann lebenslang im Gemeindedienst bleiben oder bis zum Landesbischof aufrücken. Seit dem Beschluß der Landessynode vom 28. November 1975 können auch Frauen ordiniert werden und uneingeschränkt den Pfarrdienst ausüben und das Leben der Kirche bereichern; so wurde im April 1976 Käthe Rohleder die erste Pfarrerin. Inzwischen gibt es dadurch nicht nur für viele Menschen einen neuen Zugang zur evangelischen Kirche und die Rückkehr mancher verloren geglaubter Themen, sondern auch »Pfarrerinnen im Ehrenamt«, die halbtags in der Familie oder einem Beruf arbeiten, daneben aber Amtsbrüdern aushelfen, für erkrankte Pfarrer predigen, Brautleute einsegnen und Seelsorge ausüben. Diese Entwicklung verlief nicht problemlos, jedoch belohnt sie auch Ilse Hartmann, die als eine der frühesten Theologiestudentinnen aus Bayern jahrzehntelang nur inoffiziell in der Kirche mitarbeiten konnte, bis sie 1952 den Titel einer »Pfarrvikarin« erhielt. Übrigens muß auch ein katholischer Priester nach dem Übertritt zur evangelischen Kirche für ein Pfarramt die Ordination erwerben.

Zur Wahrnehmung der beruflichen Interessen und Gestaltung gemeinsamer Probleme dienen eine Reihe von Einrichtungen. Im Rahmen des Pfarrervertretungsgesetzes der Landeskirche wirken eine »Pfarrerkommission« und ihr »Pfarrerausschuß« in paritätischer Besetzung mit kirchenleitenden Organen zur Klärung berufsspezifischer Fragen. Während des Studiums bietet sich seit 1970 der »Landeskonvent der bayerischen evangelischen Theologiestudierenden« (LabeT) zur Meinungsbildung und Interessenvertretung an. Daneben stehen die »Vereinigung evangelischer Theologiestudierender« (VeTh) und die »Konferenz theologischer Fachschaften« (KthF). Die Jungtheologen im Pfarramt halten sich zur »Vereinigung bayerischer Vikare und Vikarinnen« (VBV) oder seit 1991 auch zum »Arbeitskreis evangelischer Vikare« (AKEV).

Eine gewichtige Kraft ist der »Verein der Pfarrer und Pfarrerinnen in der Evang.-Luth. Kirche in Bayern e. V.«, der am 21. September 1891 auf Anregung der »Pastoralkonferenz« zunächst als lose Vereinigung zur gemeinsamen Behandlung kirchlich-theologischer Fragen gegründet worden war. Der Pfarrerverein ist theologisch offen für alle Richtungen, um eine breite Basis bemüht, sucht in theologisch strittigen Fragen nach den besten Lösungen und informiert durch seine Publikationsorgane die Öffentlichkeit. Er beteiligt sich an der Gestaltung allgemeiner Regelungen, der Dienstverhältnisse, der Besoldungs- und Versorgungsfragen, der Aus- und Fortbildung und Wahrung sozialer Belange, sofern sie die Theologen in Bayern betreffen. Mitglieder sind über 2300 Personen. Der Verein hat in jedem Pfarrkapitel einen Vertrauenspfarrer, der neben Dekan und Senior für persönliche oder dienstliche Fragen zur Verfügung steht. Mit anderen Pfarrervereinen in Deutschland und dem Ausland sowie mit VELKD und EKD wird selbstverständlich zusammengearbeitet.

Zu den Aktivitäten gehören sowohl Publikationen wie »Korrespondenzblatt«, »Deutsches Pfarrerblatt« (als Mitherausgeber) und seit 1913 der »Pfarramtskalender«, aber auch die »Studienhilfe« für Pfarrerskinder in Universitätsausbildung (Darlehen oder Beihilfen), seit 1922 die »Pfarrtöchterkasse« mit finanziellen Beihilfen für unversorgte Pfarrerstöchter, der »Wirtschaftsverband« als Einkaufsorganisation für berufsspezifische Waren (1922 gegründet, 1992 an das Verlagshaus des »Rothenburger Sonntagsblatts« übereignet) und die aus der früheren »Spar- und Darlehenskasse« hervorgegangene »Spar- und Kreditbank der evangelischen Kirche in Bayern« (Hauptträgerschaft). Besonders anerkennenswert ist die seit 1979 laufende Solidaraktion »Pfarrer helfen Pfarrern«, mit der durch Spenden und teilweisen Gehaltsverzicht Strukturprobleme kompensiert werden; hier zeigt sich, daß im Verein und durch den Pfarrerverein manches ansonsten Unmögliche möglich wird.

Darüber hinaus gibt es für Theologen mit besonderen Anliegen die »Bayerische Pfarrbruderschaft« als Erbe aus dem Kirchenkampf während der NS-Zeit, die »Bayerische Pfarrgebetsbruderschaft«, den »Konvent der Evangelischen Theologinnen in Bayern« mit einem Leitungsteam an seiner Spitze, den »Pfarrfrauenbund« und das »Team für Pfarrfrauenarbeit in Bayern«.

Das persönliche Leben der Pfarrer und Pfarrerinnen ist selbstverständlich vom Beruf geprägt. Wohnung, Einkommen, Alterssicherung und weitere Lebensbedingungen sind kirchlich geregelt. Evangelische Pfarrer und Pfarrerinnen können ihren Ehepartner frei wählen, müssen aber die Verlobung dem Landeskirchenrat anzeigen und zur Heirat eine Zustimmung einfordern. Die Verehelichung mit Nichtchristen ist nicht möglich, Ehegatten einer anderen als der evangelisch-lutherischen Konfession müssen ihre Bereitschaft nachweisen, in der evangelischen Kirche zu leben oder sollten lieber zu ihr übertreten. Von der Möglichkeit einer Ehescheidung, die auch Ordinierten wie anderen Bürgern offensteht, wird mit leicht steigender Tendenz Gebrauch gemacht. Der Kindersegen im evangelischen Pfarrhaus liegt immer noch über dem Durchschnitt; jede dritte Pfarrfamilie hat drei oder mehr Kinder.

Kirche ohne Nachwuchssorgen: Pfarrer Klaus Haeffner beim Abschied von seiner Gemeinde in Mainstockheim mit dem achtjährigen Laiendarsteller Stefan Schömig

AMTS-
HAND-
LUNGEN

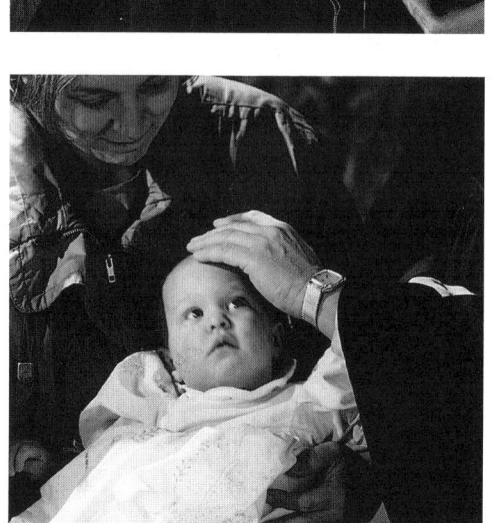

Das vom Reformator Martin Luther und seiner Ehefrau Katharina von Bora begründete, in seiner Geschichte für viele Menschen und die deutsche Kultur wichtige evangelische Pfarrhaus behält seinen Rang als ein Ort öffentlicher Mitverantwortung, geistiger Arbeit und musischer Betätigung. Immerhin gilt das 1329 erbaute Pfarrhaus bei St. Mang in Kempten als das älteste evangelische in Bayern, das Pfarrhaus in Urspringen v. d. Rhön erhielt schon 1591 eine Badestube, und die Verantwortung für die eigenen Leute führte 1837 den Pfarrer Philipp Christian Heinrich Brandt dazu, in Windsbach bei Ansbach ein evangelisches Pfarrwaisenhaus ins Leben zu rufen.

Die Bezahlung der Pfarrer geschieht im Rahmen der von der Landessynode beschlossenen »Pfarrerbesoldungsordnung« und ergänzenden Gesetzen oder Verordnungen so gut wie nur noch in Geld und nicht mehr, wie früher einmal vor allem auf dem Land, in Naturalien und unbaren Leistungen. Der Monatsverdienst eines Gemeindepfarrers entspricht dabei in etwa dem eines Gymnasiallehrers. »Die Pfarrgehälter in der alten Bundesrepublik sind die besten in der Christenheit; um reich zu werden, braucht man allerdings einen anderen Beruf« (Dieter Voll).

Die Lebenserwartung war schon immer durch das Pfarramt geprägt und früher mit Treue zum immer gleichen Ort verbunden. Heute wechseln die Pfarrer ihre Stellen weit öfter und werden nicht mehr so alt: durchschnittlich 73 Jahre, wie andere Männer in Bayern auch. Jedenfalls können Pfarrer ab dem 65. Lebensjahr in Ruhestand gehen, müssen aber nicht unbedingt »Ruhe geben«, denn sie bleiben ordiniert.

Da auch Pfarrer und Pfarrerinnen Menschen sind und vom täglichen Umgang mit dem Allzu-Menschlichen in persönliche oder dienstliche Problemsituationen geraten können, stehen ihnen ausgewählte Beraterpfarrer mit besonderer Berufserfahrung zur Verfügung. Sie üben ihre vertrauensvolle Tätigkeit in völliger Unabhängigkeit von Vorgesetzten oder irgendwelchen anderen Autoritäten aus. Für ernsthafte Probleme gibt es durch eine Schlichtungsstelle des Landeskirchenrates oder ein »Amtszuchtverfahren« geregelte Instanzen und Abläufe. Seit einigen Jahren wirkt auch die Aktion »Pfarrfrau hilft Pfarrfrau« auf freiwilliger Basis für getrennt lebende oder geschiedene Menschen.

Eigentlich sind diesem Beruf und seinem Amt kaum Grenzen gesetzt. In Universitätsstädten werden Pfarrämter zu Immobilienbüros, in Flugplatznähe zu Krisenmanagern, bei Interesse können Fußballmannschaften gebildet werden; Motorrad, Jazz-Tanz, Karate, Kabarett, Aktienberatung, Kunstschlosserei ist alles kein Problem, mit Ausnahme des Bier- und Weinausschanks mit Braurecht, die mindestens in Cadolzburg lange Zeit Sache des Pfarrers waren. Ein Fachmann meinte: »Nichts brauchen Pfarrer/Innen mehr als Frustrationstoleranz, die Fähigkeit, unangenehme Gefühle auszuhalten, eine priesterliche Tugend, befreiend und rar. Das ist ein Plädoyer für einen flexiblen, christologisch ausgerichteten und ökumenisch kompatiblen Amtsbegriff, voll Sehnsucht nach der Urkirche« (Dieter Voll).

Die Zukunft hat schon begonnen: Arbeitsteilung im Pfarramt Unterschleißheim durch das Ehepaar Susanne und Hans-Joachim Scharrer

EIN URCHRISTLICHES AMT
Diakone und Diakonissen

Noch weiß niemand, warum es in der Welt, in der wir leben, neben Glück und Macht so viel Ohnmacht und Leiden gibt. Aber seit der Auferstehung Gottes von den Toten wissen die Christen, daß die Bejahung des Lebens zum Glauben gehört. Jemand muß sich um die Krisen kümmern, muß das Elend meistern. Nächstenliebe als Dank für Gottes Zuwendung an den Menschen war schon vor dem eigentlichen Predigtamt ein Ausdruck des christlichen Glaubens. Vom Dienst des »Diakonus«, dem Armen- und Krankenpfleger in der frühesten Christengemeinde, bis zu Diakonissen und Diakonen in unserer Zeit wurde Helfen zur Passion.

Bis zur königlich-bayerischen Verordnung vom 27. November 1827 wurden in weiten Teilen Bayerns die Namen »Archidiakonus« für den zweiten und »Diakon« für jeden weiteren Pfarrer gebraucht; im Herzogtum Coburg reichte das bis in die Zeit seines Beitritts zur bayerischen Landeskirche (1920). Die evangelisch-reformierte Kirche kennt den Diakon als Ehrenamt im Presbyterium (Gemeindeleitung) und die katholische und die morgenländischen Kirchen als selbständige Weihestufe vor dem Priesteramt.

In der evangelischen Kirche kam das Amt der Diakonie mit dem Industriezeitalter vor einhundertfünfzig Jahren wieder zur Wirksamkeit. Seitdem gelten seine Inhaber generell als kirchliche Mitarbeiter, die der Gemeinde dienen, Pflegedienste leisten, als Erzieher wirken und ihren Begabungen gemäße Beiträge leisten. Urheber der Erneuerung waren vor allem der Hamburger Pastor Hinrich Wichern, der Nassauer Pfarrer Theodor Fliedner und der fränkische Pfarrer Wilhelm Löhe.

Für Bayerns evangelische Kirche kamen besondere Impulse aus dem mittelfränkischen Dorf Neuendettelsau, dessen Pfarrer Wilhelm Löhe junge Bauerntöchter zur Krankenpflege in Privathäusern ausbilden wollte und dazu natürlich zunächst ein Krankenhaus gründen mußte. Auch seine Initiative, für die nach Nordamerika und Brasilien ausgewanderten »Frankenkinder« und zur Begleitung der Heidenmission in Südostasien diakonische Hilfen zu entwickeln, gab der Diakonie insgesamt wesentliche Prägung und brachte ein neues Berufsbild hervor. An dieser Entwicklung war aber das Brüderhaus in Rummelsberg mit seiner zunächst nur von Männern getragenen Arbeit der Diakonie ähnlich wirksam beteiligt.

Diakone treten üblicherweise nach Erlernung eines Berufes im Alter von 19 bis 26 Jahren in ein Brüderhaus ein und werden dort für ihren eigentlichen Dienst ausgebildet. Nach ihrer Einsegnung gehören sie dieser Gemeinschaft zeitlebens an, auch wenn sie an einem weit entfernten Ort arbeiten. Sie können heiraten und eine Familie bilden sowie Krankheit und Alter im Bruderhaus verbringen. Diakone sichern den gemeindlichen Mittelbau und tragen zum Alltagsleben der Landeskirche auch in künstlerischen und technischen Bereichen Wesentliches bei. Die Aufzählung ihrer Tätigkeiten benötigt im Personalstand 51 Seiten und nennt dabei natürlich vor allem die klassischen Aufgaben als Gemeindediakon, Jugendleiter, Heimleiter, Krankenpfleger, Erzieher und Sozialarbeiter, vielfach sind es aber auch Verwaltungsaufgaben und leitende Verantwortung als Geschäftsführer, Ausbilder für Berufe und Religionsunterricht bis zum Dozenten in der Diakonenschule oder Fachschulen; einige wenige betätigen sich als Masseure und Bademeister, Zivildienstberater oder Werklehrer.

Seit Oktober 1982 gibt es in Bayern auch Diakoninnen, die überwiegend im Gemeindedienst, aber auch bei Beratung und Erziehung tätig sind. Sie arbeiten in den Gemeinden, als Regional-Jugendleiterinnen, im Beratungsdienst, für die Erziehung im Jugendhilfezentrum oder Institut für Hörgeschädigte und im Jugendwohnheim, als Leiterin im Berufsbildungswerk, im Verein zum Schutz mißhandelter Frauen und Kinder, aber auch in der Funktion einer Geschäftsführerin beim »Nürnberg-Forum«.

Die Diakonissen widmen sich hauptberuflich allen Zweigen der kirchlichen Diakonie im Gemeindedienst, der Anstaltspflege, Krankenpflege und Pflege von den Kleinstkindern bis zu den Alten, sie arbeiten aber auch in der Fürsorge aller Art. Auch die Diakonissen gehören zu ihrer Gemeinschaft, dem »Mutterhaus«, wo sie ausgebildet und bei Krankheit oder Alter versorgt werden, sie tragen dessen Tracht und bleiben ehelos. Diakonissen verstehen ihre Berufung als Lebensaufgabe, obwohl sie jederzeit austreten könnten. Ihr Verzicht auf ein beliebiges Privatleben und die Absage an modische Bedürfnisse erleichtern die Bereitschaft und Fähigkeit zum Dienen: »Auch wenn das nach sehr viel Opfer aussieht, ist es sehr bereichernd« (Schwester Christa in Kulmbach).

Als eine »Brücke der Neugier« von mindestens sechs Monaten Dauer wird jungen Menschen über siebzehn Jahren das »Diakonische Jahr« angeboten, mit dem sie in einem Diakonissen-Mutterhaus, einem Brüderhaus oder im Collegium Augustinum im »Philadelphischen Jahr« der Realität von Kranken, Behinderten, Pflegebedürftigen und alten Menschen begegnen und eine wesentliche Seite des Christentums kennenlernen. Seit das Diakoniewerk Neuendettelsau erstmals 1954 Jugendliche aufrief, haben über 50 000 Teilnehmer und Teilnehmerinnen bei freier Unterkunft und Verpflegung mit einem Taschengeld unter Führung durch eine Zentrale diese ganz andere Lebenserfahrung gesucht, um sich danach ihrer eigentlichen Berufsausbildung zu widmen. Die Einübung ins Leben anderer Menschen und der Einblick in verborgene Bereiche der Wirklichkeit wird auch von Menschen aus den neuen Bundesländern und dem Ausland geschätzt. Das »Diakonische Jahr« ist seit 1964 durch Bundesgesetz als »Freiwilliges soziales Jahr« förderungswürdig anerkannt.

Das »Evangelisch-Lutherische Diakoniewerk Neuendettelsau« entstand durch Pfarrer Wilhelm Löhe, der die Pfarrstelle dieser Dorfgemeinde 1837 übernommen, 1842 die ersten Nothelfer zu den Deutschen nach Nordamerika entsandt und 1852 in Neuendettelsau die »Gesellschaft für Innere Mission« gegründet hatte. 1854 schuf er die Diakonissenanstalt, aus der das heutige Diakoniewerk mit 4059 Beschäftigten hervorging, darunter 377 Diakonissen, 160 diakonische Schwestern und 55 Diakone; sie arbeiten am Ort und in 14 Filialen in ganz Bayern. Arbeitsgebiete sind Jugend und Schule, Behindertenhilfe, Altenheime, Krankenhäuser, Freizeiten und Erholungsheime, Kirchliche Werkstätten. Es gibt eine »Berufsfachschule für Sozialpflege«, und eine »Fachschule für Heilerziehungspflege« ist in Planung. Die Neuendettelsauer Schwestern backen seit dem 15. Mai 1858 aus reinem Weizenmehl und klarem Wasser die Hostien für das Abendmahl unzähliger Gemeinden in Bayern und der Welt (etwa 1,5 Millionen pro Jahr) und stellen Paramente für Altäre und Kanzeln her. Der Name »Neuendettelsau« steht an erster Stelle aller Diakonissen und Diakone, wenngleich niemand auf solche Ränge Wert legt.

Die »Diakonenanstalt Rummelsberg« geht zurück auf eine 1809 in Nürnberg gegründete Diakonenanstalt des Landesvereins für Innere Mission, damals mit acht Männern im unbezahlten Krankenpflegedienst. 1903 wurde das Landgut Rummelsberg erworben, eine Erziehungsanstalt gegründet und weitere diakonisch-soziale Einrichtungen errichtet. Heute gehören zur Rummelsberger Brüderschaft 960 Diakone, von denen über 700 in Bayern, Sachsen, Israel, Tansania und Brasilien ihren Dienst tun, ferner 33 Diakoninnen. Im Jahr 1992 wurden neunzehn Jungbrüder und sechs Jungdiakoninnen auf die geltende Ordnung verpflichtet, 113 waren in Ausbildung und zahlreiche Jubilare konnten für ihren Dienst zwischen 25 und 70 Jahren geehrt werden. Die Rummelsberger Diakone stehen innerhalb der bayerischen Landeskirche in einem besonderen, kirchenbeamtlichen Dienstverhältnis auf Lebenszeit. Die Arbeitsgebiete sind vor allem Gemeinde, diakonische und Sozialarbeit, Krankenpflege, Jugendarbeit, Erwachsenenbildung und kirchliche Verwaltung. Rummelsberg betreibt eine Diakonenschule und fünf Berufsfach- oder Fachschulen, Kliniken, Ausbildungswerkstätten, Jugendheimstätten, Körperbehindertenarbeit, Heime für geistig Behinderte, Krankenhäuser, Kinderkliniken und zahlreiche andere Einrichtungen dieser Art.

Die »Evangelische Diakonissenanstalt Augsburg« war seit 1850 geplant, wurde 1855 durch einen Johanniszweigverein mit Hilfe einer Diakonisse aus Straßburg gegründet und ab 1872 durch Inspektor Boeckh und die Oberin Pauline Fischer zur ersten Blüte gebracht. Mitten in Augsburg gelegen, vereinigt das Mutterhaus unter einer Oberin und einem Rektor heute 178 Schwestern und 7 diakonische Schwestern, von denen drei im Gemeindedienst tätig sind und einige in Sonderdiensten: bei der »Stadtmission« Nürnberg, beim Städtischen Pflegeamt in Nürnberg, als Professorin in Hamburg und zwei Schwestern im Diakonissenhaus Moshi am Kilimandscharo (Tansania), die dort mit 49 afrikanischen Schwestern arbeiten. Die Augsburger Diakonissen erhalten ihre Ausbildung in einem Konvent, in einer von ihnen selbst betriebenen Fachakademie für Sozialpädagogik und Schulen für Krankenpflege sowie Altenpflege. Ihre Arbeitsfelder sind das Altenpflegeheim »Pauline Fischer«, ein großes Krankenhaus, Kindergärten und die moderne Tagungsstätte beim Diakonissenhaus.

Das »Gemeinschafts-Diakonissen-Mutterhaus Hensoltshöhe« in Gunzenhausen wurde als eines der Mutterhäuser des Landeskirchlichen Gemeinschaftsverbandes im Jahr 1909 durch den damaligen Rektor Pfarrer Theophil Gravelitzky in einem seit 1905 bestehenden Erholungsheim gegründet. In einer bewegten Geschichte durch zwei Weltkriege und während der Nazi-Zeit entwickelte sich ein großes Arbeitsfeld in ganz Bayern und Deutschland, vier europäischen Ländern, den USA, China, Japan und Taiwan. Heute gehören dazu neben Oberin und Rektor als »Hauseltern« 750 Schwestern, die auf der Hensoltshöhe selbst oder auf verschiedenen Wegen ihre Ausbildung erhielten. Die Arbeitsfelder sind Kranken- und Altenpflege, Kindergärten, Schulen, Arbeit für die Jugend, Behinderte, Suchtgebundene, aber auch in der Gemeinschaft selbst, in Hauswirtschaft und Verwaltung. Zum Mutterhaus gehören Krankenhäuser und Kliniken, Kur- und Erholungsheime, Genesungsheime, Diakonissenheime, Tagungsstätten, Wohnheime und Tageskrippen, Blaukreuzstationen und andere soziale Einrichtungen.

Das »Diakonissenmutterhaus Puschendorf« bei Erlangen entstand 1926 aus der geistlichen Erweckungsbewegung durch die Landeskirchliche Gemeinschaft. Heute gehören dazu über 90 Schwestern, die unter einem Rektor, einem Schwesternbeirat und einem Verwaltungsrat in der Gemeindediakonie, in der Gemeinschaftsarbeit für Kinder und Jugendliche, im Alten- und Pflegedienst, weniger in der stationären Krankenpflege, vor allem aber im inneren Dienst des Mutterhauses tätig sind. Die Gründung dieser Einrichtung war 1926 auf Schloß Jägersburg in der Nähe von Bamberg, das im Jahr 1943 wegen einer drohenden Enteignung durch die Nazi-Regierung verkauft wurde. Nach 1950 konnte in einem ehemaligen Erholungsheim des Deutschen Evangelischen Frauenbundes ein neues Zentrum errichtet werden.

Das »Lehmgrubener Diakonissen-Mutterhaus Breslau« in Marktheidenfeld war 1869 durch Gräfin Wally Poninska zum Wohle von Kleinkindern gegründet worden, und schon 1912 zählte es 340 Diakonissen. Die bei Kriegsende 1945 aus Breslau geflohenen oder vertriebenen Schwestern sammelten sich in Triefenstein am Main und konnten 1950 in Marktheidenfeld eine neue Heimat schaffen. Unter den Rektoren Günther und Irmler wirkten zunächst 185 und heute noch 42 Diakonissen, aus denen der »Johannesring« als eine Art neuer Orden mit 350 über ganz Bayern verteilten Frauen hervorging. Die Arbeit gilt heute vor allem dem Angebot von Meditation und Einkehr für Menschen, die »Kraft tanken« möchten.

Der heiligste Dienst: In der Hostienbäckerei der Diakonissenanstalt Neuendettelsau

SIE GEBEN DEN TON AN
Kantoren und Organisten

Die lutherische Kirche lebte von Anfang an als Kirchengemeinde nicht nur durch Predigt und Abendmahl, sondern auch durch das gemeinsame Singen und Musizieren der am Gottesdienst beteiligten Christen, die ihren Glauben bekennen und Gott loben wollten. Gläubige aus allen Altersgruppen wurden von den Kantoren zur Liturgie angeleitet; die Organisten begleiteten den Gottesdienst nach jeweiligem Vermögen mit einfacher Bauernhand oder künstlerischem Verstand. Das gilt bis heute. Bayern liefert seit Menschengedenken zur Kirchenmusik in vielfacher Weise einen wesentlichen Beitrag und legt auf das Amt unter der Regierung der »Frau Musica« hohen Wert.

Das Amt der Organisten und Kantoren hängt mit dem Pfarramt und Amt der Kirchner im Leben der Gemeinde eng zusammen. In Bayern wirken hauptberufliche, nebenberufliche und fallweise auch ehrenamtliche Frauen und Männer bei den verschiedensten Gottesdiensten, bei Kasualien (Taufe, Trauung, Beerdigung) und anderen kirchlichen Veranstaltungen mit. In der Orgel haben sie das traditionelle Instrument des liturgischen Lebens in der Kirche und vielleicht das größte und mächtigste aller Musikinstrumente zu bespielen. Sie müssen in der sakralen Musikliteratur bewandert sein und die wie ein lebender Organismus wandelbare Gemeinde begleiten, oft auch den Kirchenchor leiten und manchmal mit dem Pfarrer allein singen, wenn die Teilnehmer einer kirchlichen Handlung verzagen.

An vielen Orten erweitert sich diese Aufgabe in Inhalt und Qualität vom Grundschema zur reicheren und hochgradigen Kirchenmusik bis zum Niveau eines international berühmt gewordenen Organisten wie Karl Richter, der sich zeitlebens auch als Kantor der Münchner Markusgemeinde verstand. Es kann aber auch geschehen, daß aus einem jugendlichen Organisten ein Pfarrer wird, den der Lebenslauf in hohe Ämter führt, bis er im Ruhestand auf die schmale Orgelbank zurückfindet.

Organisten erreichen oft ein hohes Alter, persönlich und im kirchlichen Amt. Margarete Roid sitzt mit 85 Jahren noch auf der Orgelbank der Auferstehungskirche in Pfronten und dürfte damit eine der ältesten in ganz Deutschland sein. 70 Jahre lang saß Ernst Nenninger in Saal a. d. Saale an der Orgel seiner Gemeinde, 60 Jahre lang Friedrich Knoll in der Michaelskirche von Oberasbach bei Gunzenhausen, der zeitweilig auch das Amt des Bürgermeisters versah. In Stammbach bei Münchberg hatte eine Organistin während ihrer 54 Jahre Orgeldienst über 8000 Einsätze zu leisten und dabei mit über 20 Pfarrern und Vikaren zusammengearbeitet. Christian Fuchs war in Ehingen a. Ries von 1944 bis 1981 Lektor und Leiter des Kinderchores und Posaunenchores.

In Bad Wörishofen amtierte ein aus dem Krieg zurückgekehrter Friseurmeister zugleich als Kirchenpfleger, Kantor und Gründer von drei Kirchenchören in den verschiedenen Orten der Gesamtgemeinde. Nicht wenige Gemeinden in Schwaben sorgten energisch dafür, daß Bauernbuben rechtzeitig Orgelspielen lernten, damit sie als Gemeinde nicht in Verlegenheit gerieten. Zuletzt engagierte die Michaelsgemeinde in Fürth einen Engländer, der aus Neuseeland kam und in Deutschland studiert hatte, als Kantor und Nachfolger des Kirchenmusikdirektors.

»Solang man mich braucht«: Die 85jährige Organistin Margarete Roid in Pfronten im Allgäu

BILDER AUS SCHWABEN

Wie sich für fromme Menschen über Jahrhunderte erfolgreich alles um die Kirche drehen kann, zeigt die freie Reichsstadt Nördlingen, im fruchtbaren Ries an wichtigen Handelsstraßen gelegen und von der Geschichte bevorzugt und gepeinigt, mit ihren ringförmigen Wohnquartieren und radialen Straßen rund um die herrliche St.-Georgs-Kirche mit dem aufragenden Turm »Daniel«.

DIE »KIRCHNER«
Mesner, Glöckner, Kirchenmeister

Früher hießen Frauen und Männer, die sich mit dem Geschehen rund um das Gotteshaus und den Gottesdienst befassen, ganz einfach die »Kirchner«; sie waren mit dieser treffenden Bezeichnung zugleich geehrt. In unserer Zeit der Spezialisten möchte mancher etwas anders heißen, doch hat sich kein besserer Name eingestellt. Dafür änderte sich anderes: heute gibt es elektrische Glockengeläute, Lichttechnik und Lautsprecheranlagen, Fernheizung, perfekten Feuerschutz. Es veränderte sich vieles am Kirchenstil zur Moderne, aber nach wie vor kommt es auf die innere Einstellung an, mit der die Kirchendiener ihrer Berufung folgen.

Ohne die zu ihrem Amt eingesegneten Kirchendiener geht nichts, wo es um Gottesdienst und kirchliche Handlungen geht. In den über 1500 Gemeinden Bayerns sind die rund 2000 »Kirchenmeister im Gotteshaus« die Vorbereiter sakramentaler Handlungen, Begleiter der Geistlichen, Glöckner von einer bis zu sechzehn Glocken, die sich wahrscheinlich schon mit einem elektrischen Schalter bewegen lassen, und die Kreuzträger auf dem Weg zum Friedhofsgrab.

Es sind die Männer, Frauen und Jugendlichen, die Blumen auf den Altar stellen, Kerzenleuchter bestücken, heilige Geräte pflegen, für Hochzeiten besonderen Schmuck besorgen oder bei Beerdigungen für einen würdigen Verlauf Verantwortung tragen; die eine Sakristei in Ordnung halten, das Gotteshaus reinigen, Schnee räumen, Reparaturen ausführen oder veranlassen. Von ihnen werden die Kirchenlieder zum Gemeindegesang auf die Tafeln gesteckt, Handzettel verteilt, Licht muß eingeschaltet werden und die Lüftung rechtzeitig ausgeschaltet, der Schriftentisch ist zu betreuen. Sie kümmern sich um den verschmutzten Boden und Staub auf Kunstwerken, verlorene Gegenstände, verlegte Gesangbücher, Abfälle auf dem Kirchplatz, zerborstene Fenster, ein unpassendes Vogelnest oder Taubenmist, die Kirchenfahne am Turm, die Weihnachtskrippe, den Erntedankschmuck und den Gang der Kollekte in die Kirchenkasse. Sie nehmen Anmeldungen für kirchliche Handlungen entgegen, tragen in Kirchenbücher ein, verfassen Kanzelabkündigungen, betreuen Besucher und geben Rat. Wer denkt schon an die schier endlose Reihe von Aufgaben der stillen Helfer, an Freizeit, Urlaub oder Krankheit der Gotteshausmeister? Und daß sie die Inhaber eines uralten Gemeindeamtes sind?

Das »kirchliche Bodenpersonal« wird vom Amt für Gemeindedienst in Grund- und Aufbaukursen ausgebildet. In einigen Gegenden gibt es »Mesnertage« mit Informationsaustausch, Besichtigungen und ökumenischen Begegnungen. Seit 1947 bildete sich eine »Bayerische Fachgruppe für Kirchner« als Standesvertretung und seit 1986 besteht eine eigene Dienstordnung für diesen Verantwortungskreis.

In Nennslingen am Jura versehen die Konfirmanden Gemeindedienste wie Klingelbeutel, Glockenläuten und Spendensammeln in den Ortsteilen. In Presseck/Oberfranken gibt es einen Mesnerdienst der »Kirchenbuben« und einen eigenen »Uhrenwart«. In Seenheim bei Uffenheim kümmert sich jeden Monat eine andere der zwölf Familien am Ort um das Amt beim Altar. Einen ähnlichen »Wettbewerb« gibt es in rund zwanzig Dörfern der bayerischen Landeskirche.

Eine Mesnerin nannte sich und ihre Kirchnerkollegen »die Lebenslänglichen«. Tatsächlich bringen es immer wieder Frauen und Männer zu beachtlichen Berufsjahren im Dienst der Gemeinde. Fast jede Woche feiern irgendwo in Bayern die Kirchgänger erstaunliche Jubiläen ihrer Kirchendiener: ein Vierteljahrhundert, ein halbes und mehr! In Vohenstrauß/Oberpfalz starb der Kirchner Ernst Wittmann einen Tag vor seinem 50. Jubiläum im Amt, das vorher schon sein Vater 45 Jahre lang ausgeübt hatte. In Parkstein/Oberpfalz übten die Mitglieder der Familie Kraus das Mesneramt von der Gegenreformation bis 1975 über mehrere Jahrhunderte aus und waren Mitte des 18. Jahrhunderts eine Zeitlang die einzige evangelische Familie am Ort.

Stille Freundschaft: Der Mesner Rolf Dennhardt im Glockenstuhl seiner Johanniskirche in München

MEIN LOHN IST, DASS ICH DARF
Die Ehrenamtlichen

Eigentlich sagt der Satz alles: »Ehrenamtlich ist, wenn man nichts dafür bekommt, ohne daß es umsonst ist.« Wäre die Dienstkirche eine Verdienstkirche, gäbe sie bald ihren Geist auf. Denn die Begeisterung durch den Heiligen Geist ist ihre Lebenskraft. Viele Ehrenamtliche wollen ihre Fähigkeiten zur Verfügung stellen, weil die Kirche eine Alternative zur Leistungsgesellschaft bietet: Freiraum der Betätigung ohne Reputation und Rentabilität! Die Ehre ist dabei eine Sache der Selbstachtung, ein zweckfreies Verhalten drückt den Dank für die eigene Existenz aus. Indessen darf auch der Dank der Kirche nicht fehlen und, wo wirklich gearbeitet wird oder Kosten entstehen, ohne Furcht vor falscher Entwertung das mehrfache Bibelwort nicht vergessen werden: »Du sollst dem Ochsen, der da drischt, nicht das Maul verbinden!« Denn wo unwürdig gespart wird, fehlt der Gewinn. Der bayerische Grußwechsel »Vergelt's Gott!« und »Segen's Gott!« ist nicht zuletzt ein Ausdruck der Hoffnung, die Werkgerechtigkeit auszuschließen und die Gnade Gottes anzurufen.

Die schätzungsweise 40 000 Ehrenamtlichen in der evangelisch-lutherischen Kirche Bayerns sind die Helfer im Gottesdienst, im Kindergottesdienst und im Gemeindeleben, bei der Gruppenarbeit für Jugend, Männer, Frauen, Senioren und Familien, im seelsorgerlichen Besuchsdienst; sie machen Hausbesuche, verteilen Gemeindeblätter und sammeln Spenden, singen in Kirchenchören und wirken in Posaunenchören sowie in anderen musischen und musikalischen Vereinigungen mit, helfen in der Bücherei oder bei einer Packaktion für Tansania. Ehrenamtlich sind auch die Mitglieder im Kirchenvorstand, in Synoden, Kammern, Ausschüssen, Aufsichtsräten, Vorständen und Kirchenverwaltungen, die Kuratoren und Ratsmitglieder kirchlicher Werke und Einrichtungen, Vorsitzende in Freundeskreisen und Vereinen – eine schwer feststellbare Zahl, die ihre Ämter ideell verstehen. Andere Ehrenämter werden honoriert, wenn sie es wünschen: die Lektoren, Mesner, Organisten, Choristen und Instrumentalisten, die Friedhofshelfer, Referenten in der Erwachsenenbildungsarbeit, Kirchenbuchführer und weitere »bewährte Laien«.

In letzter Zeit melden sich Mahner, die dem Ehrenamt mehr Geltung verschaffen möchten: mehr Verantwortung, Beachtung der Frauen, zusätzliche Fortbildungsmöglichkeiten, kein Mißbrauch als »Kostendämpfer«. Seit 1978 bemüht sich die Landeskirche um »Leitlinien für den Dienst, die Begleitung und die Fortbildung Ehrenamtlicher«, um in die Sache mehr Klarheit und Ordnung zu bringen. Dabei sollen der Auftrag geklärt werden, die Beauftragung und der Dienstbereich, Fortbildung und kirchliche Begleitung, Feststellung der Arbeitsziele, der Rahmenbedingungen, der Koordination und der Trägerschaft, Vertretungsfälle und Finanzierung. Die mutigste Devise einer Ehrenamtlichen lautet: »Früher waren wir selbstlos, jetzt gehen wir selbst los!« (Friedel Bär).

Ehrenamtlich unterwegs: Spendensammlung für die Diakonie in der Münchner Fußgängerzone

BILDER DER GEMEINDE

Vom blühenden Bildungswesen der lutherischen Reformation spricht immer noch das romantische Gebäude der von 1581 bis 1806 betriebenen Lateinschule in der vormaligen Katharinenkapelle von Weißenburg i. Bay., das heute am Martin-Luther-Platz als Mesnerhaus, Jugendbüro und für das Bildungswerk benützt wird.

BILDER DER GEMEINDE

Das Vorbild der christlichen Gemeinde für ein Leben in der alltäglichen Welt wirksam werden zu lassen, ist der Grundgedanke der Evangelischen Akademie Tutzing mit ihrem Arbeitszentrum in der bevorzugten Lage am Starnberger See, in dem sich seit 1947 unzählige Menschen begegneten und aus der wichtige Impulse und viel Segen für Bayern hervorgingen.

DER GLAUBE WILL GELERNT SEIN

Das Lehramt

Nach der Verfassung der bayerischen Landeskirche »tragen alle Kirchenglieder und die kirchlichen Rechtsträger die Verantwortung für die rechte Lehre« (Art. 1,2). Das trifft sich mit des gelehrten Doktor Martin Luthers Sendschreiben von 1542: »An die Ratsherren aller Städte deutschen Landes, daß sie christliche Schulen aufrichten und halten sollen ... Zu den vornehmsten aber sollten die Chroniken und Geschichtswerke gehören in allen erreichbaren Sprachen, denn sie sind wunderbar geeignet, den Lauf der Welt zu erkennen und zu regieren.« Da wird die Theorie der Lehre ganz praktisch verstanden. Die Lehre soll Leben vermitteln.

Der Glaube will gelehrt und gelernt sein, muß wie ein Handwerk erworben werden. Nach evangelischer Auffassung kommt die Lehre, der Maßstab und das Werkzeug für die Glaubenssubstanz der Kirche, aus dem Wort Gottes in der Heiligen Schrift des Alten und Neuen Testaments, dem gemeinchristlichen Glaubensbekenntnis und den lutherischen Bekenntnisschriften. Ergänzend gehören dazu die Schriften der Kirchenväter (»Patristik«), das Werk der Reformatoren, insbesondere Luthers und Melanchthons, und vieles, was sich seit der Reformation aus dem Leben und Glauben der in der Kirche versammelten Menschen an Schrifttum ergeben hat, auch der Bestand an wissenschaftlicher Arbeit. Es gibt aber keinen einheitlichen Codex oder »höchstes Lehramt« als Instanz. Am Ende gilt als Lehre, was sich im Glauben und Gebet unter Gewissensprüfung bewährte.

Die Lehre und die Lehrer bedingen sich gegenseitig, sie tragen miteinander die Tradition und setzen sie immer wieder von neuem ins Leben ihrer Zeit um. Die besten Lehrer sind die Menschen durch ihr Sein und Wirken: alle Christen in der Öffentlichkeit, die Eltern in der Familie, Pfarrer in Gemeinden, die Unterrichtenden in Schulen, die Personen der Wissenschaft und Autoren der Literatur sowie die Medienmacher, alle mit ihrer Hingabe und entsprechenden Fähigkeiten.

Die Formen im Lehramt sind verschieden, von der Verkündigung durch einen einzelnen über Bibelstunden im kleinen Kreis zum Religionsunterricht und Konfirmandenstunden mit Belehrungscharakter, es gehören verschiedenartige Veranstaltungsweisen der Evangelisten und der Mission dazu, die Einzelseelsorge ebenso wie die für spezielle Fälle und Gruppen und nicht zuletzt die wortlose Verkündigung durch die christliche Tat. In der offenen Gesellschaft unserer Tage haben die indirekten Lehrformen wie Medienangebote, Erwachsenenbildung, Akademiearbeit und das Wirken der Bildungszentren, auch Kino, Video und Telesysteme, eine bislang weniger bekannte Seite des Lehramts zu großer Geltung gebracht.

Zum Lehramt gehören auch Forschung und Ausbildung. Dies ist Sache nicht nur der systematisch arbeitenden Professoren, ihrer wissenschaftlichen Mitarbeiter und Institute, sondern auch des Bischofs und aller Pfarrer, der Gemeinde und einzelner begabter Christen. Kirchliche Einrichtungen verschiedener Art entsprechen dieser Aufgabe.

Für die theologische Forschung und öffentliche Lehre zuständig sind die einschlägigen Fakultäten der staatlichen Universitäten, deren Professoren im Einvernehmen mit der Landeskirche berufen werden. Die Universitäten Erlangen-Nürnberg und München haben volle Fachbereiche für evangelische Theologie und Professoren mit Zuordnung zu anderen Fakultäten. An den Universitäten Augsburg, Bamberg, Bayreuth, Passau, Regensburg und Würzburg bestehen einzelne Lehrstühle mit besonderem Auftrag.

Die kirchliche »Augustana-Hochschule« in Neuendettelsau entstand 1947 aus der Erfahrung des Kirchenkampfes zur Wahrung des Bekenntnisses und Vorbereitung auf das kirchliche Amt in alleiniger Verantwortung der Landeskirche. Die Hochschule hat sieben Lehrstühle, daneben acht Dozenten, Assistenten und Studentenpfarrer sowie dreizehn ständige Lehrbeauftragte. Diese »Hochschule auf dem Dorf« wurde schon von ihrem Gründungsrektor Georg Merz als Wagnis bezeichnet, doch bewährte sich das Konzept der engen Lebensgemeinschaft von Studenten untereinander wie mit den Professoren und der kirchlichen Arbeit von Diakonie und Mission am gleichen Ort. Eine »Gesellschaft der Freunde der Augustana-Hochschule« bestätigt die weitreichende Wirkung.

Eine »Augustana-Gesamthochschule« für Religionspädagogik und kirchliche Bildungsarbeit mit Fachhochschulqualität betreibt die Landeskirche in München. Dort sind sechs Professoren, zwei Fachstudienräte und -rätinnen und weitere Mitarbeiter tätig.

Nicht öffentlich zugänglich sind die Predigerseminare der bayerischen Landeskirche in Bayreuth, Neuendettelsau, Nürnberg und München-Pasing sowie das Predigerseminar der Vereinigten Evangelisch-Lutherischen Kirchen (VELKD) in Pullach bei München. Dort setzen die Theologiestudenten oder erfahrenen Pfarrer ihre Ausbildung für das Pfarramt fort, vertiefen ihre Studien und üben die vorhersehbare Praxis ein. Weitere »Lehrstellen« dieser Art bietet die Einrichtung »Praxisjahr für Theologie-Studierende« in Neuendettelsau mit drei hauptamtlichen Mitarbeitern, die Stelle »Fortbildung in den ersten Amtsjahren« (FEA) mit einem Pfarrer als Leiter, der »den Praxisschock ausbremsen« soll, und das 1945 ebenfalls in Neuendettelsau gegründete »Evangelisch-Lutherische Pastoralkolleg« mit einem Rektor und mehreren Lehrern, das älteste Fortbildungsinstitut für Pfarrer mit den zentralen Themen der Pfarrerexistenz.

Als Ausbildungsstätten für den Unterricht unterhält die Landeskirche die Gesamthochschule für Religionspädagogik in Neuendettelsau, die genannte »Augustana-Gesamthochschule« und besonders das »Katechetische Amt der evangelisch-lutherischen Landeskirche« in Heilsbronn mit einem Direktor, zwölf Mitarbeitern und je einem weiteren Mitarbeiter in den Außenstellen Nürnberg und München; dort befindet sich auch das »Institut für Lehrerfortbildung« zugunsten des Religionsunterrichts aller Schularten.

Der Religionsunterricht hat in allen Schulen einen festen Platz, ist aber keine »Veranstaltung der Kirche in den Schulen«. Er gilt auf Grund der Verfassung des Freistaates Bayern als ein ordentliches Lehrfach an allen staatlichen und städtischen öffentlichen Schulen, für das der Staat den Rahmen bietet und die Kirche den Inhalt gibt. Er wird ausgeübt von ordinierten Geistlichen mit einem regelmäßigen Pflichtteil an Unterrichtsstunden im Lehrplan sowie von Laien verschiedener Herkunft, denen der Landeskirchenrat eine »Vocatio« (Beauftragung) erteilte. Das Globalziel des Religionsunterrichts soll sein, über Glauben und Kirche zu informieren, Lebenshilfe zu bieten durch Antwort auf Fragen der Gegenwart und die Begegnung mit dem Anruf Gottes durch Bibel und Glaubenserfahrung zu gestalten.

Im Schuljahr 1991/92 waren an bayerischen Schulen 40635 Wochenstunden Religionsunterricht zu geben, von denen 19583 durch kirchliche und 21052 durch staatliche Lehrkräfte tatsächlich erteilt wurden; in 2452 Klassen mußte der Unterricht um jeweils eine Stunde gekürzt werden, in 659 Klassen mußte er wegen Lehrermangels ganz ausfallen; manchmal nehmen die Kinder einfach am Unterricht der anderen Konfessionen teil. Zu den 14174 evangelischen Religionslehrern gehören vor allem staatliche (4014) und kirchliche (3073) Lehrkräfte, Volksschullehrer (3553) und Pfarrer und Pfarrerinnen (1945) aus den Gemeinden. Geduld und Ideenreichtum sind in den unteren Klassen nötig, viel persönliches Engagement und Gesprächsbereitschaft in den oberen, und Berufsschüler erwarten vom »Reli« vor allem, daß Themen behandelt werden, über die sonst niemand spricht.

Die Ausbildung der Kirchenmusiker geschieht auf den staatlichen Hochschulen für Musik in München oder Würzburg oder auf der kirchlichen »Fachakademie der evangelischen Kirchenmusik« in Bayreuth, wo ein Leiter, fünf Dozenten und Lehrkräfte sowie weitere Mitarbeiter für das Amt des Kirchenmusikers ausbilden. Es gibt zwei Qualifikationsstufen: Das Studium an den Staatlichen Hochschulen und an der Fachakademie führt zur Prüfung A oder B für hauptamtliche Tätigkeit; die Ausbildung für das Nebenamt mit der Klassifikation C oder D geschieht unter der Aufsicht der Bezirkskantoren, die ihre Schüler prüfen, nachdem ein Praktikum im Kirchendienst geleistet wurde. Das »Kirchliche« wird beim Studium gelehrt, ein »Koordinierungsausschuß für Kirchenmusik« veranlaßt sinnvolles Vorgehen.

Für die Verkündigung durch Medien werden an den Universitäten Studienmöglichkeiten angeboten, in den Predigerseminaren Informationsveranstaltungen gehalten, Medienjahre für junge Pfarrer organisiert, vom »Gemeinschaftswerk für Evangelische Publizistik« vor allem durch die Medien-Akademie gezielte Ausbildungsformen angeboten, aber auch in Tagungen und durch Publikationen Wege gewiesen. Pfarrer für Morgenandachten, Krankengottesdienste und andere Verkündigungssendungen oder Übertragungen in Hörfunk und Fernsehen werden von der Landeskirche besonders geschult.

Seit 1992 müssen evangelische Pfarrer im Rahmen ihrer Anstellungsprüfungen auch ihre publizistischen Kenntnisse darlegen, um zu beweisen, daß sie eine mediengerechte Verkündigung in der Informationsgesellschaft verstanden haben. Da aber die Mediengesellschaft um ihr Selbstverständnis bemüht ist und die Kirche in ihrer Beziehung dazu noch unterwegs ist, ist dieser Bereich relativ offen für Entdeckungen und neues Lehren.

»Nicht als Konkurrenz, sondern als Ergänzung der staatlichen Angebote« (Hans Schwager) wird die seit den frühesten Tagen der Reformation (1528 Schulordnung durch Philipp Melanchthon und erstes Gymnasium mit seinem Namen in Nürnberg, 1528 Gymnasium Carolinum in Ansbach, 1536 Lateinschule in Weißenburg und so weiter) gepflegte Verantwortung weiterhin realisiert. Die bayerische Landeskirche betreibt in eigener Regie und bezahlt mit staatlichen Zuschüssen und individuellen Spenden drei private Grundschulen, sechs Fachschulen, zwei Fachhochschulen, zwei Realschulen (die einzige Ganztagsrealschule und die einzige für Schwerhörige), zwei Fachakademien, das Studienheim mit dem Windsbacher Knabenchor und weitere Einrichtungen spezieller Art für dieselben Lehrziele: Berufsausbildung und Fortbildung überwiegend für Religionsunterricht und Sozialwesen im weitesten Sinn.

Den Glauben lehren: Pfarrer Ernst Wörle beim Konfirmandenunterricht in München

BILDER VOM GOTTESHAUS

Die festliche Lichterkrone und das Vortragekreuz für liturgische Feiern außerhalb des Gotteshauses sprechen in vielen, vor allem ländlichen Kirchen, als verheißungsvolle Hoffnungszeichen zu der versammelten Gemeinde.

BILDER VOM GOTTESHAUS

Immer lebendiger wird in unserer Zeit die Tradition von Glasgemälden in den Fenstern evangelischer Kirchen alter oder neuer Art, wie im Chorturm der Wolfgangskirche in Oberasbach über dem Altmühltal, die Hans Gottfried von Stockhausen 1988 mit einer Münchner Werkstatt schuf.

EINE KIRCHE VON MENSCHEN
Das Personalwesen

So oder so sind alle kirchlichen Mitarbeiter, ob in der Verkündigung oder Verwaltung tätig, am Amt der Kirche beteiligt, und die Kirche hat als einziges Werkzeug für ihre Arbeit die Menschen. Alles, was geschieht, geschieht von Menschen für Menschen und in hohem Maß durch sie, nicht durch Maschinen oder irgendwelche Arbeitssysteme. Es heißt in der Verfassung, »sie sollen nach ihrer Haltung und Befähigung für die Aufgaben, die ihnen übertragen werden, geeignet sein und für ihren Dienst ausgebildet und fortgebildet werden« (Art. 14). Das moderne Job-Denken hat hier keinen Platz, weil die Aufgaben und der Auftrag dagegen sprechen, aber auch eine Mystifizierung oder Spiritualisierung ist nicht nötig. Nur einer christlichen Kirche angehören müssen sie, gemäß der Vereinbarung unter allen christlichen Kirchen in der »AcK-Klausel«.

Die kirchlichen Beamten, Angestellten, Teilzeitkräfte und ehrenamtlichen Mitarbeiter gehören zu einem »Tendenzbetrieb«; sie akzeptieren die daraus resultierenden Besonderheiten der Bezahlung, Arbeitsplatzgestaltung, Arbeitszeit, Personalvertretung gegenüber dem Arbeitgeber bis hin zur persönlichen Lebensführung. Umgekehrt betreibt die Kirche ihr Personalwesen dementsprechend, das Selbstverwaltungsrecht beachtet Gerechtigkeit und den Schutz der Persönlichkeit, die Überschaubarkeit und die Notwendigkeit einer ordentlichen Entlohnung.

Auch dort, wo kein Gewinn oder Erfolg gesucht wird, müssen die Personalangelegenheiten sachlich, gerecht und überzeugend sein.

Prinzipiell liegt die Personalverwaltung aller Ordinierten beim Landeskirchenrat in der Hand des Personalreferenten und Stellvertreters des Landesbischofs; sinngemäß gilt dies auch für die Theologen in Ausbildung, Wartestand und Ruhestand. Verwaltungsangestellte sind der Personalverwaltung ihres Dienstbereiches unterstellt, also dem Landeskirchenamt, dem Kirchenkreis, Dekanat, Pfarramt oder den Werken und Einrichtungen, Vereinigungen und Stiftungen.

Mitarbeiter der Diakonie werden von ihren Mutterhäusern, Brüderschaften und ähnlichen Rechtsträgern oder auch von den diakonischen Arbeitgebern Krankenhaus, Seniorenheim, Behindertenanstalt und so weiter personalrechtlich geführt.

Alle Tätigkeiten im Dienst der evangelischen Kirche unterliegen seit 1982 einem »Landesstellenplan«, der ständig fortgeschrieben wird und von den kirchenleitenden Organen genehmigt werden muß; er bietet laufend eine Momentaufnahme der »Kirchenmannschaft« als Übersicht und zur Steuerung.

Im Juli 1991 hatte die evangelische Landeskirche mit 2476 Theologen und Theologinnen die größte Pfarrerzahl aller Zeiten. 1736 waren im Gemeindedienst, davon dreiundsechzig Ehepaare und achtundvierzig im Teilzeit-Dienstverhältnis unter dem »Erprobungsgesetz«. 565 arbeiteten in kirchlichen Sonderdiensten, 62 in außerordentlichen Positionen, 30 in allgemeinkirchlichen Aufgaben. 80 Personen waren beurlaubt, darunter 33 für Tätigkeit in der Wissenschaft, und 3 befanden sich im Wartestand. 10 Prozent aller Ordinierten waren Frauen. Es gab wesentlich mehr Bewerbungen für die Ausbildung, als im Stellenplan vorhanden waren.

Die Mitbestimmung im Personalwesen der Landeskirche ist für die Pfarrer durch die »Pfarrerkommission« und im übrigen durch das Mitarbeitervertretungsgesetz im »Dritten Weg« für alle Dienststellen in Kirche und Diakonie geregelt. Es gibt einen »Verband kirchlicher Mitarbeiter Bayern e. V.«, jedoch wird im Blick auf die Besonderheit des kirchlichen Personalwesens eine gewerkschaftliche Organisation weder für nötig noch für möglich gehalten.

*Auch eine Personalfrage:
Talaranprobe beim Schneider in Nürnberg*

OHNE GELD GEHT NICHTS
Das Finanzwesen

Laurentius, der »Kirchenpfleger« der frühesten Christen in Rom, soll im Jahr 258, als er während der Christenverfolgung aufgefordert wurde, die Schätze der Gemeinde herauszugeben, die Armen vorgeführt und erklärt haben, dies sei der Reichtum der Kirche; er bezahlte dafür mit seinem Leben. Nicht nur zufällig nannte man früher die Pfarramtsbuchhaltung die »Heiligenrechnung« (Senckendorf in Mittelfranken 1529 eingeführt, seit 1577 bis heute lückenlos erhalten). Und der Finanzchef der bayerischen Landeskirche sagt: »Das Geld ist uns nur anvertraut, wir haben es einzusetzen, und deshalb muß die Kirchenkasse zwangsläufig leer sein« (Helmut Kamm). Es geht darum, mit den Menschen und Mitteln, die der Kirche gegeben sind, möglichst viele Menschen und Mittel für die frohe Botschaft in Bewegung zu setzen. Denn ohne Geld geht nichts, auch nicht in der Kirche, auch hier heißt es ganz bayerisch geradeheraus »Geld regiert die Welt«. Freilich weiß man auch: »An Gottes Segen ist alles gelegen.«

Wirtschaftlich gesehen ist die Kirche weder ein Unternehmen, das etwas herstellt, noch eine Firma mit einem Warenangebot, auch keine Interessenorganisation, am ehesten noch ein Dienstleistungsbereich. Sie muß rechnen, aber keinen Profit machen; sie muß etwas leisten, ohne daß sich dabei alles zu lohnen hat. Und dennoch ist alles da: ein nachweisliches Ergebnis, ein Gewinn für viele und ein eindeutiger Qualitätsstandard. Dabei teilen die Evangelischen nicht die Auffassung, daß wirtschaftliche Blüte und finanzieller Wohlstand ein besonderes Wohlgefallen Gottes anzeigen; der Wohlstand produziert seine eigenen Leiden. Sie glauben aber auch nicht, Gott wohne vorzugsweise bei Geldverächtern und finanziell Armen; er hat das Geld gegeben und wir sollen das Beste daraus machen.

Das Kapital der Kirche sind nicht nur die Notleidenden und Kranken, sondern auch die Gesunden als Kirchensteuerzahler und Spender. Zum Defizit gehören nicht nur fehlende Einnahmen, sondern auch Menschen für die Mitarbeit. Je offener die Kirche also (im doppelten Sinn des Wortes) ihren Beutel hält, desto mehr Vertrauen kann sie (im mehrfachen Sinn) erhalten, und beim Hineinschauen mag mancher erkennen, wie wenig er selbst beigetragen hat. Die Armutsideologie früherer Jahrhunderte ist heute überwunden, aber eine »Theologie des Geldes« hat im Zeitalter des modernen Merkantilismus die kirchliche Praxis noch nicht eingeholt. Immerhin tragen der innerkirchliche Finanzausgleich unter den evangelischen Gemeinden der Landeskirche und die einheitliche Bezahlung von Pfarrern und kirchlichen Mitarbeitern nach Tarifen zum sozialen Frieden wesentlich bei und stärken die Solidarität. Sie machen vergessen, welche Härten manche Pfarrfamilien in früherer Zeit auf ihren schlecht dotierten Stellen zu ertragen hatten.

Die Geldverwaltung der Landeskirche ist im Rahmen der Selbstverwaltung durch die Verfassung festgelegt, Einzelheiten bestimmen die Kirchengesetze. Grundsätzlich verantwortet jede Kirchengemeinde ihre Finanzen, die aus dem Anteil an Kirchensteuern und eigenen Einnahmen bestehen, durch ihren Kirchenvorstand selbst. Die Gesamtfinanzen der Landeskirche werden durch die kirchenleitenden Organe im landesweiten Haushaltsplan mit der »Kirchenrechnung« verantwortet. Ein innerkirchlicher Finanzausgleich (Schlüsselzuweisungen nach Seelenzahl und Einzelzuschüsse durch den Verteilungsausschuß) sorgt dafür, daß alle Gemeinden gleiche Chancen haben und gleichzeitig die nötigen übergreifenden Aufgaben finanziert werden können. Die regionalen Gesamtkirchenverwaltungen helfen beim Vollzug, eine eigene Rechnungsprüfungsinstanz kontrolliert. Kirchliche Werke und Einrichtungen folgen mit eigenen Wirtschaftsplänen sinngemäß derselben Wirtschaftsweise: klare Ordnung, Selbstverantwortung, Offenheit, Gemeinschaftsdenken in Solidarität.

Die Einnahmen der Landeskirche bestehen aus Kirchensteuern, die seit 1942 mit Hilfe der staatlichen Finanzämter (gegen eine entsprechende Vergütung) von den zehn Kirchensteuerämtern aus dem zu versteuernden Einkommen der evangelischen Bevölkerung eingezogen werden, sofern sie einkommensteuerpflichtig ist. Dazu kommt das Kirchgeld von DM 3 bis DM 30, eine staatlich genehmigte Abgabe, zu der die Kirchen aufrufen; seit infolge der Lohn- und Einkommensteuerpolitik die Bürger mit unterem Einkommen kaum oder keine Kirchensteuer zu zahlen haben, wurde das Kirchgeld für diesen Personenkreis eine Ersatzleistung. Die dritte Quelle sind Sammlungen, Vermächtnisse und Spenden. Schließlich kommen neutrale Einkünfte hinzu aus Vermietung und Verpachtung, Zinsen und Erlösen von Verkäufen. Naturalleistungen in Form eines »Zehnten« früherer Zeiten oder die »Pfarrscheffelpflicht« in der Hofer Gegend sind nur noch als freiwillige Traditionsgaben üblich. Alle Einnahmen werden verbucht und entweder für den bestimmten Zweck verwendet oder durch Etatisierung »im großen Topf neutralisiert« und verteilt.

Die bayerischen Protestanten spenden im Jahr rund DM 100 Millionen. Der Gesamterlös der Sammlungen für allgemein-kirchliche Zwecke betrug im Jahr 1990 knappe DM 34 Millionen

Die Realität verwalten: Der Finanzreferent der Landeskirche, Dr. Helmut Kamm, auf dem Weg zur Haushaltsrede in der Landessynode

BILDER VOM GOTTESHAUS

Die Glocken der Johanniskirche und der Stiftskirche in Feuchtwangen rufen seit dem Jahr 1200 die Christen zum Gottesdienst, ordnen den Tag und begleiten das Gebet; sie sind neben einer Glocke in der Neuen Abtei in Heilsbronn die ältesten in evangelischer Hand.

mit einer Steigerung von 9 Prozent gegenüber dem Vorjahr. Für ihre Ortsgemeinde spendeten die 2,7 Millionen Mitglieder zusätzlich zur Kirchensteuer DM 59 Millionen, so daß durchschnittlich zu DM 7 Kirchensteuer DM 1 Spenden hinzukamen. Das Ergebnis der sonntäglichen Kirchenkollekten lag im Jahr 1991 zwischen jeweils DM 50000 und DM 528500 mit einem Gesamtergebnis von DM 8,34 Millionen. Unter den großen Spendenaktionen erbrachte die »Opferwoche der Diakonie« DM 3,32 Millionen, die Sammlung »Brot für die Welt« DM 15,7 Millionen (DM 6 pro Kopf) und die »Weltmissions-Kollekte« an zwei Sonntagen im Januar und Oktober 1991 einschließlich direkter Spenden an das Missionswerk DM 2,70 Millionen, unter denen sich 992 »Geldgeschenke auf Zahlschein« eines Werbekalenders befanden.

Die Ausgaben der Landeskirche richten sich nach dem Bedarf und den Arbeitszielen. Verständlicherweise schlagen prozentual die Personalausgaben am stärksten zu Buche, danach das allgemeine kirchliche Leben, dann die Diakonie, die Organisationskosten, die Mission und die Ökumene und Kleineres. Viele Werke und Einrichtungen der Landeskirche sind Zuschußbetriebe, weil ihre Einnahmen die notwendigen Ausgaben niemals decken könnten, wenn der gemeinte Dienst geleistet werden soll. Willkür ist ausgeschlossen, der Spielraum für rasche Hilfen dennoch erhalten und nur in wirklich vertraulichen Fällen gilt der biblische Grundsatz, daß »die rechte Hand nicht wissen soll, was die linke tut«, um den Bedürftigen nicht bloßzustellen.

Im Gesamtbudget der Ausgaben machen die Personalkosten der Landeskirche etwa 70 Prozent des Haushalts aus, der 1992 erstmals die Milliardengrenze überschritt. Für die 20 000 Mitarbeiter müssen monatlich DM 60 Millionen an Löhnen und Gehältern ausgezahlt werden, allein für die Pfarrer und Pfarrerinnen im Jahr DM 180 Millionen. Für die 6500 Immobilien der Kirchen, Pfarrhäuser, Gemeindehäuser, Kindergärten, Schulen und so weiter im geschätzten Gesamtwert von rund DM 10 Milliarden müssen pro Jahr DM 150 Millionen Instandsetzungskosten und Investitionen gezahlt werden. An den Hilfsplänen der Evangelischen Kirche in Deutschland (EKD) für die neuen Bundesländer ist Bayern mit über DM 55 Millionen beteiligt.

Das Kirchenvermögen besteht zu erheblichen Teilen aus Schenkungen für festgelegte Verwendung, Spenden mit bestimmten Auflagen oder an gewisse Objekte gebundenem Geld, für die als Rechtsform häufig die »Stiftung« gilt. Dafür unterhält die Landeskirche eine eigene »Pfründestiftungsverwaltung«, in der mit getrennten Konten und unter Beachtung gesetzlicher Vorschriften nach kirchlichen Normen auch allgemeine Gelder einzelner Gemeinden verwaltet werden.

Da die staatlich anerkannten Kirchen und Religionsgemeinschaften im finanzrechtlichen Sinn als »gemeinnützige Einrichtungen« gelten, bezahlen sie keine üblichen Steuern und Abgaben. Das betrifft aber nicht die Mehrwertsteuer bei Einkäufen, die Sozialabgaben für kirchlich besoldete Personen, und selbstverständlich unterliegen die kirchlichen Beamten, Angestellten und Mitarbeiter wie alle Bürger den normalen Steuerpflichten und genießen diesbezüglich keine besonderen Vorzüge oder Freiheiten, wie dies in manchen anderen Ländern üblich ist; auch Pfarrer zahlen Kirchensteuer.

Das mit der Trennung von Kirche und Staat seit 1910 in Bayern eingeführte Verfahren der Kirchensteuererhebung befreite den Staat von vielen Verpflichtungen und entlohnt ihn dennoch für seine Hilfe beim Einzugsverfahren. Die Idee war insgesamt gut und weit über die Kirchen hinaus segensreich. Die neuere Diskussion läßt erkennen, wieviel die Kirche und ihre gesamtgesellschaftlichen Leistungen »wert« sind. Für den einzelnen geht es um den Wert einer Tasse Kaffee täglich! Psychologische und logische Schwierigkeiten bei der Einziehung der Kirchensteuern ergeben sich durch die grundsätzliche Ablehnung des gesetzlich verankerten Systems, aus konfessionsverschiedenen Ehen, aus Vorbehalten gegen die Kirche und aus persönlichen Notsituationen. Seit im Zuge der europäischen Vereinigung das Steuerwesen harmonisiert werden soll, wobei vielleicht auch die Kirchensteuer zur Debatte steht, wird deutlicher zur Kenntnis genommen, wie sehr »die Kirchen zu einem menschenfreundlicheren Leben beitragen, das Gott unseren Nächsten zugedacht hat« (Helmut Kamm). Kirchenaustritte aus Steuergründen führten sogar zum Vorschlag von Politikern, über eine Ersatzlösung (»Kultursteuer«) nachzudenken, damit die Kirchen ihre Sozialleistungen nicht reduzieren müssen.

Eine Sonderform des kirchlichen Finanzwesens und wegen ihrer Einmaligkeit beachtlich ist die Aktion »Pfarrer helfen Pfarrern« des bayerischen Pfarrer- und Pfarrerinnenvereins. Durch freiwillige Beiträge in Form eines regelmäßigen teilweisen Gehaltsverzichts und mit Hilfe von Zuschüssen der Landeskirche werden in einem Fonds Gelder angesammelt, um ausgebildeten Pfarrern und Pfarrerinnen ohne Anstellungsmöglichkeit einen Start im Beruf zu ermöglichen oder nach langer Arbeit amtsmüden Pfarrern und Pfarrerinnen einen vorzeitigen Ruhestand zu erlauben, der wiederum für jungen Nachwuchs Platz macht. So werden die zurückliegenden Zeiten des »Pfarrermangels« mit dem »Pfarrerberg« der Gegenwart auf ganz menschliche Weise gegeneinander ausgeglichen.

Zur Abwicklung ihrer Geldgeschäfte und für Finanzierungsvorgänge in Kirche und Diakonie, aber auch zur Sicherheit der Privatgelder von Pfarrern und kirchlichen Mitarbeitern richtete die evangelische Kirche auf den Fundamenten eines genossenschaftlichen »Wirtschaftsverbandes« für Warenbeschaffung die »Spar- und Kreditbank der evangelischen Kirche in Bayern« mit Sitz in Nürnberg ein. Nach dem Vorbild der Raiffeisenvereine verantworten die Pfarrerschaft und weltliche Mitglieder eine solidarische Selbsthilfeorganisation mit der beachtlichen Bilanzsumme von über 778 Millionen Mark bei 16 164 Kunden und 34 345 Konten im Jahr 1991. Alle Geschäftsvorgänge werden den Mitgliedern offengelegt, die Finanzen und Sachen fachmännisch verwaltet und neuerdings wird in Fortsetzung einer langjährigen Kirchenpartnerschaft auch das neue Bundesland Mecklenburg-Vorpommern mit einer Filiale einbezogen.

Kurzer Prozeß: Der neue Dekan von Gunzenhausen ließ die alten Klingelbeutelstangen aus Gründen der Zweckmäßigkeit absägen

ORDNUNG MUSS SEIN
Recht und Verwaltung

Mögen treue Christen über die Verrechtlichung der Kirche besorgt sein und überlastete Gemeindepfarrer ihre Büropflichten beklagen, ohne Gesetze, Verordnungen und Verwaltung kann auch die evangelische Kirche nicht leben. Dabei sollte die Verwaltung so geschehen, daß sich die Gemeinde freut; infolgedessen müßte sich die Kirchenverwaltung freuen, wenn es den Gemeinden gut geht. Allerdings ist die einzelne Gemeinde nicht mehr mit einem Handwerksbetrieb zu vergleichen, in dem der Meister selbst der tüchtigste Arbeiter und die Familie das Hilfspersonal ist oder in dem die Gemeinde als Großfamilie verstanden wurde. Auch die moderne Kirche ist ein vernetztes System. Alle Glieder des Ganzen und die verschiedenen Existenzformen sollen unter Wahrung ihrer Unterschiede miteinander Zukunft gestalten. Und wo die Rechtfertigung vor Gott eine so große Bedeutung hat, sollte die Gerechtigkeit unter den Menschen der Dank sein.

Recht

Rechtlich steht die Kirche als »Körperschaft des öffentlichen Rechts« mit eigener Gesetzgebung und Selbstverwaltung unter dem Schutz der Verfassung der Bundesrepublik Deutschland und des Freistaates Bayern, die beide die Religions- und Versammlungsfreiheit garantieren.

Die erste Verfassung, aus der das Eigenleben der bayerischen Landeskirche hervorging, war die »Konsistorialverordnung« des Königreiches Bayern vom 8. September 1808. Eine Verbesserung erbrachte das »Protestantenedikt« von 1818 mit seinen deutlicheren Strukturen, das über einhundert Jahre lang bis 1920 in Kraft blieb. Nach der Umwandlung des Königreiches Bayern in eine Republik mit Trennung von Kirche und Staat konnte sich die evangelische Landeskirche erstmals im Jahr 1920 selbst eine Verfassung geben, mit der sie über weitere fünfzig Jahre lang lebte. Die derzeit gültige vierte Verfassung resultiert aus den Erfahrungen mit dem Staat vor und während der Hitler-Zeit und wurde nach intensiven Verhandlungen von der Landessynode am 20. November 1971 beschlossen. In einem Grundartikel und vierundachtzig einzelnen Artikeln sind die rechtlichen Bedingungen der Kirchenexistenz festgeschrieben.

Die Verfassung bestimmt als Rechtspersönlichkeiten die Gesamtkirche, ihre Gemeinden, die Gesamtkirchengemeinden und Dekanatsbezirke, kirchengesetzliche Körperschaften, rechtlich selbständige Anstalten und Stiftungen. Sie definiert die Gesetze und Verfahren der Gesetzgebung, die Verordnungen und die damit zusammenhängenden Fragen. Sie legt als kirchenleitende Organe den Landesbischof, die Landessynode, den Landessynodalausschuß und den Landeskirchenrat mit jeweiligen Aufgaben, Rechten und Pflichten fest.

Recht zu schaffen ist die gemeinsame Aufgabe dieser vier Verfassungsorgane, indem die Landessynode nach Vorschlägen des Landeskirchenrates und unter Mitwirkung des Landessynodalausschusses Gesetze berät und beschließt (Art. 71 ff.). Das Ergebnis erscheint im kirchlichen »Amtsblatt«, sobald der Landesbischof unterschrieben hat, und wird in die Gesetzessammlung aufgenommen.

Bemerkenswert erscheint, daß das Arbeitsrecht in der Landeskirche nach den Prinzipien eines »Tendenzbetriebes« verstanden werden muß und analog zum Beamtenrecht kein Streikrecht besteht. Wie anders könnte kirchliches Personal in Gemeinden, Krankenhäusern, Kindergärten, Altenheimen und deren Verwaltung mit allen durchaus weltlichen Verwaltungsproblemen geführt werden? Um jedoch den Rechtsschutz der Mitarbeiter zu verbessern, wurde im November 1992 durch Kirchengesetz ein kirchliches Verwaltungsgericht geschaffen, das die bisherige »Schlichtungsstelle« ersetzt.

Die Besonderheit des deutschen Staatskirchenrechts ist »ein Teil der nationalen Kultur und Identität« (Trutz Rendtorff) und die historische Antwort auf die Säkularisation des 19. Jahrhunderts sowie die Kirchenfeindschaft des 20. Jahrhunderts mit ihrer faschistischen oder kommunistischen Religionskritik. Die Rechtsform der bayerischen Landeskirche gilt als ein positives Konzept für das konstruktive Verhältnis zwischen Kirche und Staat. Dabei sind die wesentlichen Elemente der öffentliche Religionsunterricht in staatlichen Schulen, die kirchliche Sozialarbeit nach dem Subsidiaritätsprinzip und die Kirchensteuer, alle unter dem Prinzip gegenseitiger Achtung.

Verwaltung

Gemäß der kirchlichen Grundordnung haben die jeweiligen Organisationseinheiten für ihren Bereich die Selbstverwaltung wahrzunehmen: Gemeinden, Dekanatsbezirke, Kirchenkreise, die Landeskirche ebenso wie die nachgeordneten Werke, Einrichtungen, Stiftungen, Vereine, insbesondere in der Diakonie. Sie haben dazu allein oder gemeinsam mit anderen ihre Verwaltungsstellen und nötigen Aufsichtspersonen, Leitungsgremien oder Verfahrensweisen gemäß der jeweiligen Rechtsform, nirgends aber nach dem Aktienrecht. Hier gehen kirchliche und weltliche Gesetzgebung beziehungsweise die entsprechenden Verordnungen zusammen, denn staatliches Recht greift nach dem allgemeinen Gleichheitsgrundsatz von Fall zu Fall und Sache zu Sache auch im kirchlichen Bereich.

Ohne das Selbstverwaltungsrecht der Gemeinden zu schmälern, arbeiten regionale Gesamtkirchenverwaltungen übergreifend in der Personalverwaltung (Arbeitsverträge, Gehaltszahlungen und so weiter), Vermögensverwaltung (Gebäude, Grundstücke, Stiftungen), im Haushalts-, Kassen- und Rechnungswesen (Finanzplanung, Steuern, Geldverkehr, Rechnungen, Umlagen, Kirchgeldsammlung, Verwaltung des Finanzbedarfs), Bauangelegenheiten (Bauherrenrolle, Planung, Ausführung, Überwachung, Reparaturen) und bei weiteren Aufgaben (Hausverwaltung, Friedhöfe, Betriebsabrechnung, Organisationsfragen, Rechtsangelegenheiten). In einer »ARGE Kirchenverwaltungen« sind einundzwanzig Gesamtkirchenverwaltungen, vierunddreißig Verwaltungsstellen der Landeskirche und die Administration des »Protestantischen Friedhofs in Augsburg« zur wechselseitigen Unterstützung zusammengeschlossen.

Ein wichtiges Instrument der landeskirchlichen Organisation und Verwaltung ist das »Amtsblatt für die evangelisch-lutherische Kirche in Bayern«, das vom Landeskirchenamt herausgegeben wird. Es bringt alle Kirchengesetze und Verordnungen im Text, fällige Bekanntmachungen, Stellenausschreibungen von Pfarrstellen und kirchlichen Diensten, Termine und Verwaltungsnachrichten, Preislisten, statistische Tabellen und ähnliche Informationen mit verbindlichem Charakter.

Zum Schutz und zur Kontrolle kirchlicher Verwaltung wirkt ein Rechnungsprüfungsamt. Ähnlich sind die Aufgabenstellungen des »Beauftragten für den Datenschutz« und eines »Beauftragten für Baulastfragen«.

DIE KIRCHE DER WERKE UND DIENSTE

ORA ET LABORA
Vom Handeln aus Glauben

Allseits unvergessen ist der bayerische Gruß nach einer erwiesenen Freundlichkeit »Vergelt's Gott!«, auf den der Geber gewöhnlich antwortet »Segen's Gott!« Gemeint ist, was gemeinhin als ein gutes Werk gilt, bei den Protestanten jedoch durch die theologischen Differenzen mit der Beimischung von Hoffnung statt Anspruch auf gnädige Anerkennung durch den Allerhöchsten verstanden wird. Segen wird allemal erbeten, für alles in der Welt und auch das eigene Dasein. Wenn der alte Grußwechsel heute vor allem in den Großstädten weniger gebraucht wird, dürfte daran die Scheu im Umgang mit dem Namen Gottes schuld sein. Die Verweigerung von guten Werken ist es bestimmt nicht, sonst wäre die unglaublich große Vielfalt kirchlicher Werke und Dienste nicht denkbar.

Die Kirchenzeit in Gang halten: Der Keim-Fritz am täglichen Werk

Der Begriff »Werke und Dienste« ist nur ein Behelf, um etwas auszudrücken, das der große Christ Benedikt von Nursia mit seinem Satz »ora et labora« als Weltzuwendung gebot. Die Welt braucht den Menschen, der seinerseits durch ihre Dinge bedingt, durch ihre Leiblichkeit belebt, von ihrer Not benötigt wird. Es hat aber die christliche Nächstenliebe ebenso etwas Unbedingtes, Zweckfreies in sich, wie alles andere, was den Glauben durch das Handeln bestätigt, bis hin zur Lehre auf Lehrstühlen und dem Gespräch in Akademietagungen.

Die Verfassung der evangelischen Kirche in Bayern stellt fest, »das der Kirche von Jesus Christus anvertraute Amt gliedert sich in verschiedene Dienste« (Art. 11) und fügt gleich hinzu, die in solche Dienste berufenen Menschen »arbeiten in der Erfüllung des kirchlichen Auftrages zusammen«. Es ist also nicht gleichgültig, wo jemand in der Kirche seinen Platz hat und was er dort ausrichtet, aber zugleich arbeitet niemand für sich allein oder zum Nutzen seines Bereiches, sondern alle folgen demselben Auftrag, Kirche zu sein. Die erstaunliche Vielfalt der Dienste, die man auch Arbeitszweige oder Einzelaufgaben nennen könnte, zeigt, welche schier grenzenlose Vielfalt die Kirche in sich birgt und aus der Welt spiegelt.

Auch wenn der Auftrag zur Wortverkündigung und Sakramentsverwaltung an die Ordination gebunden und nur in Notfällen, vor allem in Gefahr des Todes, jedem Kirchenmitglied möglich ist, haben nach evangelischer Auffassung und bayerischer Kirchenverfassung (Art. 13) alle kirchlichen Mitarbeiter am Amt der Kirche Anteil, insbesondere im Gottesdienst, in Diakonie und Mission, bei der christlichen Unterweisung, in der sonstigen Gemeindearbeit und in der kirchlichen Verwaltung.

Was bei einer Offenlegung der kirchlichen Werke und Dienste, allein im Freistaat Bayern und nur für die evangelisch-lutherische Kirche, wegen seiner enormen Vielfalt bestürzend und fast verwirrend erscheinen mag, ist in Wirklichkeit von Fall zu Fall ziemlich einfach. Immer wird versucht, der Sache zu genügen und Schematismus zu vermeiden. Man will den Menschen dienen und diese sind eben niemals gleich, sondern gerade noch irgendwie untereinander vergleichbar. Die Kirche riskiert die Komplexität, was vieles nicht gerade leicht macht, um der Wahrheit willen und weil sich die Logik des von Gott gegebenen, lebendigen Lebens walten läßt.

ANTWORTEN DES GLAUBENS
Diakonie

Der Satz »Wenn man sieht, was der liebe Gott auf der Erde alles zuläßt, hat man das Gefühl, daß er immer noch experimentiert« (Peter Ustinov) könnte aus der Diakonie kommen. Dort weiß man, wie die Welt wirklich ist. Ohne sie ändern zu können, wollen Christen dem Leid wehren, denn »Es gibt nichts Gutes, außer man tut es« (Erich Kästner). Der Glaube will sich betätigen, die Liebe muß sich bestätigen. Dienendes Handeln ist der breiteste Weg zum Nächsten, in dem wir uns selbst und Gott finden können. Deshalb gelten die Werke der Nächstenliebe seit der Urchristenheit mehr als das direkte Predigen und nähren die Welt mit den »Früchten des Glaubens«. Die guten Werke der Diakonie vermitteln zwar nicht die Seligkeit, machen aber glücklich.

Als die evangelische Kirche am Anfang der modernen Industriegesellschaft zu schwach war, die zunehmenden Probleme der Menschen zu lösen, trat der Hamburger Pfarrer Hinrich Wichern im Jahr 1848 bei der Vorbereitung eines Kirchentages mit einem Stegreifreferat hervor und forderte eine »Innere Mission« für Deutschland. Daraus entstand die Diakonie. Bayerns Bürger wissen, was sie an Innerer Mission und Caritas haben, die dem Ruf nach Barmherzigkeit folgen, und es scheint, daß nicht wenige deshalb ihre Kirchensteuern klaglos zahlen. Es heißt sogar: Wer so viel mit den Schwächen der Menschheit zu schaffen hat, darf selbst einmal Schwächen zeigen! Mit dem »Mut um der Menschen willen« (Markus Rückert) riskiert die Diakonie mehr als die Welt und prägt zu einem erheblichen Teil die Meinung der Allgemeinheit über Christen und die Kirche. Nach der »Unternehmenskultur« gefragt, kann die Antwort nur Nächstenliebe heißen. Die alten, einsamen, fremden, kranken, geängstigten und trostlosen Menschen wissen, was das bedeutet. Die Aufgaben liegen vor den Füßen, freie Initiative bedeutet das große Energiereservoir der Kirche, exemplarisches Handeln ist wichtiger als generelles Bemühen.

Unter dem bekannten Kronenkreuz, das sinnigerweise auch das »Kreuz mit Ohren für jedermann« genannt wird, reicht das Alphabet der Diakonie vom Arbeitslosen bis zur Zufluchtsstätte für Frauen in Not und kreist um die Worte Armut, Asyl, Alkohol, Abhängigkeit, Krankheit, Pflege, Hilfe, Beratung, Ansprache. Ohne Rücksicht auf Geschlecht, Alter, Konfession und Schuld muß die Diakonie versuchen, ein hochqualifiziertes »Angebot von Weggeleit« (Heimo Liebl) zu bieten, das den einzelnen Menschen ernst nimmt wie sich selbst.

Das Diakonische Werk Bayern

Alle, die irgendwie den Dienst der Nächstenliebe leisten, sind zum »Diakonischen Werk der evangelisch-lutherischen Kirche in Bayern e. V.« im Landesverband der Inneren Mission, mit Sitz in Nürnberg, zusammengeschlossen, um profitfreies, gemeinsames Handeln in individueller Freiheit zu ermöglichen. In dieser Dachorganisation sind 1222 rechtlich selbständige Mitglieder mit ihren vielfachen Einrichtungen und Diensten und rund 22000 Mitarbeitern zusammengeschlossen und durch die drei Organe »Mitgliederversammlung«, »Diakonische Konferenz« und »Diakonischer Rat« unter einem gewählten Präsidenten vertreten. Der »Rat« ist das eigentliche Exekutiv-Komitee, durch das die gemeinsamen Arbeitsziele bestimmt, die Gelder verteilt und Personalkapazitäten entschieden werden.

Die Diakonie strebt nach dem Grundprinzip der Subsidiarität (Verantwortung von unten nach oben) weder landesweit noch vor Ort nach Monopolen, ohne natürlich unzumutbare Nachteile zu riskieren oder arglos zu kapitulieren.

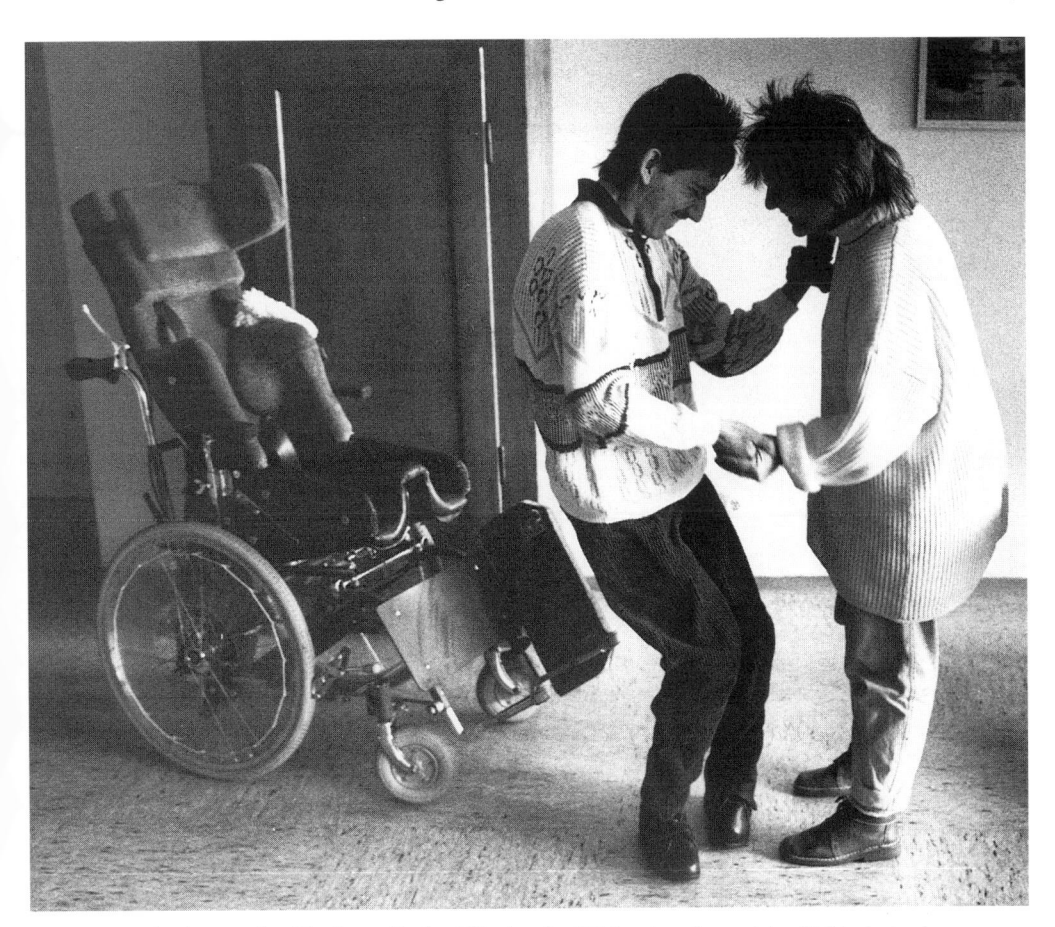

Herausforderung des Glaubens: In den Händen der Diakonie geht es vielen Behinderten besser

Durch ihre vielen Sparten der Erziehungsarbeit vom Kindergarten bis zur Behindertenausbildung, die Pflegedienste aller Art, die Betreuung von Schwerstbehinderten und das umfangreiche Krankenhauswesen ersetzt die Kirche staatliche Aktivitäten. Da die Arbeitsfelder in der Wohlfahrtsgesellschaft und die Anforderungen einer technisierten Welt immer höher werden, aber auch die Arbeitsbereitschaft unter geringerem Sozialprestige und mäßiger Bezahlung leidet, werden die Solidarität und der Einfallsreichtum immer weiter gefordert.

Das Finanzwesen der Diakonie steht im Rahmen der in der Evangelischen Landeskirche geltenden Grundsätze (Kirchengesetze, Haushalt, Rechnungswesen usw.) und des Wohlfahrtssystems der Bundesrepublik Deutschland (Grundgesetz Art. 20, »Sozialer Bundesstaat«). Als rechtlich »mildtätige« Einrichtungen genießen die Mitglieder des Diakonischen Werks den Status der Gemeinnützigkeit. Jede Einrichtung entscheidet innerhalb ihrer Rechtsform frei. Nach dem Prinzip der »dualen Finanzierung«, die immer häufiger eine »mehrdimensionale Mischfinanzierung« wird, übernehmen die diakonischen Träger als nichtstaatliche Organisationen die Arbeit und Verwaltung, so daß der Staat in der Sache und finanziell entlastet wird; er beteiligt sich durch Zuwendungen, doch ist überall ein erheblicher Kostenausgleich der Kirche durch Kirchensteuermittel und Spenden nötig. Das größte Finanzierungsproblem bedeuten die Personalkosten mit rund 60 Prozent der Gesamtkosten, bei den Schwerstpflegebedürftigen sogar bis zu 70 Prozent. Allein die Rummelsberger Anstalten mußten im Jahr 1990 für ihre 3452 Mitarbeiter bei einem Gesamtbudget von DM 250 Millionen Personalkostensteigerungen von über DM 13 Millionen hinnehmen, so daß sie seitdem mit DM 150 Millionen zu Buche schlagen. Der Zuschußbedarf des Diakonischen Werks Bayern aus Mitteln der Landeskirche beträgt für 1993 DM 89 Millionen und wird weiter steigen.

Ein Gesamtbudget des Diakonischen Werks in Bayern als Summe der Haushalte von 1222 Mitgliedseinrichtungen ist schwer feststellbar, und gerade in diesem Bereich sagt das Geld nicht alles über den Wert der Sache. Geldquellen sind jedenfalls Kirchensteuern, Spenden, Kostenersatz für Dienstleistungen, Staatszuschüsse und Einkommen aus neutralen Quellen wie Vermietungen, Erlösen, Verkäufen und so weiter.

Das diakonische Arbeitsrecht basiert auf dem besonderen Grundsatz der »Dienstgemeinschaft«, wonach gegen die Bezahlung einer bestimmten Vergütung vom mitarbeitenden Partner ein Dienst geleistet wird, der einer Verantwortung für den Nächsten und der Pflicht zur Fürsorge entspricht; dieser besondere arbeitsrechtliche Aspekt bestimmt die Arbeitsbedingungen generell. Im einzelnen gelten die »Arbeitsvertragsrichtlinien des Diakonischen Werkes« (AVR), zu denen sich alle dem Werk angeschlossenen Einrichtungen verpflichtet haben. Demnach sind die Mitarbeiter und Mitarbeiterinnen den Angestellten im öffentlichen Dienst weitgehend gleichgestellt.

Eine »Arbeitsrechtliche Kommission« des Diakonischen Werkes ist für die Ausgestaltung der Arbeitsbedingungen in ganz Deutschland zuständig. Hier sind, den Aufgaben der Diakonie entsprechend, viele »unbestimmte Rechtsbegriffe« im Spiel, wie Einigkeit über »schwierige Tätigkeiten«, »gründliche Fachkenntnisse«, »Maß der Verantwortung« und so weiter, bei denen Ermessen und beiderseitiges Vertrauen die größte Rolle spielen. In Bayern kann eine eigene Schlichtungsstelle beim Landeskirchenamt angerufen werden, wenn keine Einigung möglich erscheint, doch gelten der offene Konsens und die Gemeinsamkeit der an der diakonischen Aufgabe ausgerichteten Ziele als selbstverständlich.

Diakonie vor Ort

Die Arbeitsstrukturen des »Diakonischen Werks« können überschlägig in die Diakonie vor Ort und die Diakonie in Werken und Einrichtungen unterschieden werden. Vor Ort arbeiten in den Gemeinden oder zusammengefaßten Gemeindebereichen die Bezirksstellen mit den Sozialstationen, Beratungsstellen, der Stadtmission, Bahnhofsmission und Einzeldiensten. Die Bezirksstellen leiten und verantworten Verwaltung, Kassenführung, Abrechnungen, Verwendungsnachweise für Fremdgelder, Ausbildung und Fortbildung, Personalangelegenheiten und so weiter. Die Sozialstationen betreiben unter anderem die häusliche Krankenpflege, Behindertenhilfe, Verteilung von »Essen auf Rädern«. Die Beratungsdienste wirken unglaublich vielfältig: für Eltern, Erziehung, Familien, Alte, das Dorf, Schuldner, Arbeitslose, Süchtige, Sozialpsychiatrische Fälle. Die Betreuung widmet sich Nichtseßhaften, Strafentlassenen, Reisenden, Aussiedlern und Asylanten, ausländischen Arbeitnehmern, Blinden und Schwerhörigen, Kindern aus schwierigen Familien und Heimkindern und anderen Notfälligen.

Im Jahr 1990 bot das Diakonische Werk 5919 Beratungen in Schwangerschaftskonflikten (3434 mit Entscheidung für das ungeborene Kind), 12 685 Beratungen für Ehe, Familie und Erziehung, 45 613 Beratungen in der offenen Sozialarbeit, 60 206 allgemeine Beratungsgespräche, 46 774 Sach- und Geldhilfeleistungen, 11 279 Telefonkontakte mit Gläubigern für 1220 Klienten der Schuldnerberatung; es gab 2696 Hilfen für Nichtseßhafte, 168 für Alleinerziehende, 9229 für Alte, und in den 65 Beratungsstellen für Suchtkranke, in denen die evangelische Diakonie mitwirkt, waren 26 000 Menschen auf Hilfe angewiesen. Bei der schwierigen Aids-Beratung wurden 7000 Fälle bekannt, von denen sich 1116 auf Hilfsangebote einließen. Die Studentenberatung der Stadtmission in Nürnberg mußte Mitte 1992 aus finanziellen Gründen aufgegeben werden.

Intendant der Nächstenliebe: Heimo Liebl, seit 1993 Präsident des Diakonischen Werks in Bayern

Einrichtungen und Werke

Neben der ereignisnahen Diakoniearbeit stehen umfangreiche Einrichtungen, Werke und Aktionen verschiedener Art, darunter das große »Evangelische Siedlungswerk«, das viel kleinere »Bischof-Heckel-Hilfswerk«, die fast hundertjährige »Herzogsägmühle« bei Schongau, die Sammlungsaktion »Brot für die Welt« (in Bayern allein 1990/91 DM 17 873 530 Sammlungsergebnis), aber auch das der beruflichen Fortbildung und Vertiefung dienende »Diakonie-Kolleg« mit rund 300 Seminaren im Jahr.

Eine der großen Einrichtungen der Diakonie ist das 1954 von Pfarrer Georg Rückert mit seiner Frau Gertrud und Freunden begonnene »Collegium Augustinum« (Hauptsitz München). Es orientierte sich am Kirchenvater Augustinus und seinem Begriff der »Caritas ordinata«, der geordneten und beständigen Liebestätigkeit anstelle einer spontanen, die sich von der aktuellen Betroffenheit leiten läßt und daher leicht verzagt. Heute betreibt dieses Sozialwerk 43 Einrichtungen an 25 Standorten in ganz Deutschland, davon 8 in Bayern. Über 4000 Mitarbeiter betreuen 7000 Senioren in 20 Wohnstiften; in 3 Kliniken und weiteren Pflegeeinrichtungen stehen über 500 Plätze zur Verfügung. 7 Einrichtungen für geistig oder körperlich Behinderte beherbergen knapp 700 Menschen von der Frühförderung der Kinder bis zu den »Behüteten Werkstätten«. In 10 Schulen, zum Teil mit Wohnheimen, erhalten 810 Schüler ihre Ausbildung von der Berufsfachschule für Krankenpflege über die Fachoberschule für Sozialwesen, die Altenpflegeschule bis zur einzigen Realschule für Schwerhörige. Im »Philadelphischen Ring« leisten 130 Jugendliche an 25 Plätzen ein diakonisches Ausbildungsjahr, und Zivildienstleistende arbeiten in vielen Einrichtungen nach jeweiligem Bedarf.

Selbstverständlich gehören zum »Diakonischen Werk Bayern« auch die großen Diakonissenanstalten und Diakoniewerke in Neuendettelsau, Rummelsberg, Augsburg, Hensoltshöhe und so weiter, über die im Abschnitt »Diakone und Diakonissen« näheres ausgeführt wurde. Auch die Communitaeten von Schwanberg, Selbitz, Ottmaring und so weiter sind angeschlossen (siehe Kapitel »Gemeinden durch Gelöbnis«). Neben dem »Diakonie-Kolleg« bieten Einrichtungen wie das »Collegium Augustinum« (Philadelphischer Ring), die »Communitaet Casteller Ring« auf dem Schwanberg und das »Diakonische Tagungs- und Fortbildungszentrum Sonnenheim« in Neuendettelsau für die Mitarbeiter Fortbildung an.

Ein guter Weg: Täglicher Dienst am Nächsten als Lebensaufgabe

WEITERGABE DER BOTSCHAFT
Mission

Es heißt, eine Gemeinde, die nicht missioniert, wird missioniert. Jeder Christ ist, wenn er ein lebendiger Nachfolger Jesu Christi ist, von Natur aus ein Missionar. Er nimmt teil an der »missio dei«, der Werbung Gottes um die Menschen. Freilich dient die Religion nach evangelischer Auffassung nicht als Waffe zur Bekehrung, zur Durchsetzung der eigenen Kultur oder einer bestimmten Moral, sondern sie treibt zum Dialog. Das Glaubensgespräch findet mit Worten und Taten in der Umwelt und Gemeinde ebenso statt wie mit anderen Konfessionen, Religionen und Traditionen. Der interreligiöse Dialog ersetzt aber nicht die bewußte Verbreitung des christlichen Glaubens durch die Evangelisation. Und es gehört zur missionarischen Existenz, daß der Christ auch mit Gott und sich selbst im Gespräch bleibt.

Das Wort »Mission« meint »Sendung«. Menschen werden zum Medium der frohen Botschaft und folgen dem Auftrag Christi »Gehet hin in alle Welt und lehret alle Völker und taufet sie im Namen Gottes des Vaters und des Sohnes und des Heiligen Geistes und lehret sie halten alles, was ich befohlen habe« (Matthäus 28,18–20). Nach Jahrhunderten, in denen dieser »Missionsbefehl« mit aggressiver Strenge auf die nichtchristliche Menschheit angewendet und als »Heidenmission« verstanden wurde, erkannte schließlich die Volkskirche des vorigen Jahrhunderts die Notwendigkeit, in ihrer eigenen Umgebung missionarisch tätig zu werden und das christliche Zeugnis wieder mit der praktischen Hilfe für Menschen zu verbinden.

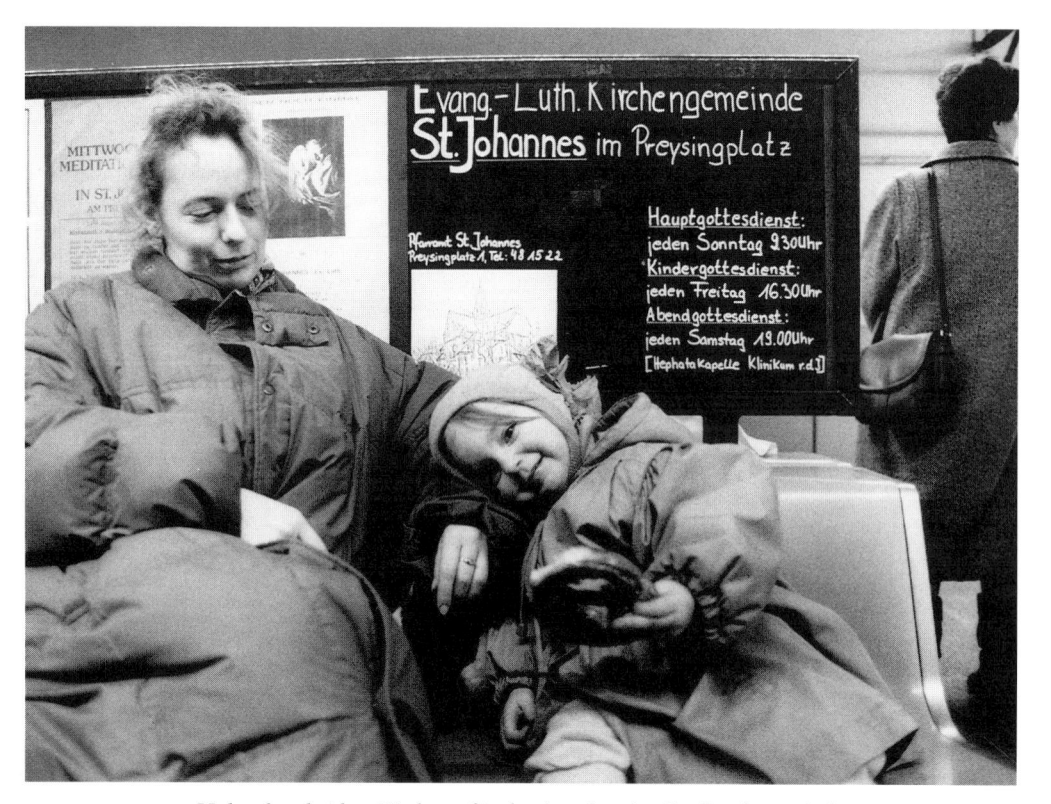

Viel zu bescheiden: Werbung für das Angebot der Großstadtgemeinde

Binnen-Mission

Durch Heinrich Wicherns Forderung nach der sozial ausgerichteten »Inneren Mission« teilte sich das deutsche Missionsverständnis in die lebensnahe Nächstenliebe einerseits und die »Heidenmission« im Ausland andererseits. Inzwischen wuchs das Heidentum im Inland und es bleibt für die fällige Binnen-Mission nur das Stichwort »Evangelisation«. Aus einem solchen Denken entstanden Arbeitskreise für Volksmission, Missionspädagogische Arbeitsgemeinschaften und die »Stadtmission«, in der Tätigkeiten wie die »Bahnhofsmission« mit der Ansprache und Betreuung von jährlich rund 200 000 Menschen oder die »Mitternachtsmission« enthalten sind, letztere seit 1935 auf Prostituierte und straffällig gewordene Frauen gerichtet und seit 1966 zu einem umfassenden Beratungsdienst weiterentwickelt. Auch die von ehrenamtlichen Mitarbeitern betriebene »Telefonseelsorge« ist letztlich aus einem missionarischen Bemühen zu verstehen.

Zur Binnen-Mission durch die Gemeinden gehören die Entsendung von Personen als Mitarbeiter, die Missionsfeste mit Gottesdiensten und offenen Veranstaltungen, aktive Beteiligung am Leben der Mitmenschen in allen Lebenslagen, die Informationsarbeit in lokalen und landesweiten, kirchlichen und weltlichen Organen der Publizistik, Bibelwerbekampagnen, Nutzung aller Reklameformen auf Plakatwänden, in Verkehrsmitteln und Veranstaltungsräumen und andere gute Einfälle.

Im Jahr 1990 fanden in der bayerischen Landeskirche 84 Evangelisationen, 1026 Bibelwochen, 2730 Veranstaltungen für Ökumene und Weltmission statt, und vielleicht dürfen die weit über 18 000 Veranstaltungen zur Erwachsenenbildung, die sich mit theologischen und kulturellen, sozialen, gesellschaftspolitischen und diakonischen Fragen befaßten, dazugerechnet werden. Die 511 Arbeitskreise für Ökumene und Weltmission wenden ihr Interesse zwar nach außen, dürften aber in der Wirkung nach innen missionarisch sein. Am bekanntesten sind wohl die traditionellen Missionsfeste und unter ihnen wiederum das in Gunzenhausen.

Was nur wenige wissen, ist die Betreuung der Gastarbeiter aus Griechenland, die ihren orthodoxen Glauben behalten sollen, aber von der »Inneren Mission« betreut werden. Darüber hinaus sollen die zahlreichen Muslime in Deutschland bei der Begegnung mit dem christlichen Glauben in Familien, Schulen, am

Arbeitsplatz und in der Freizeit nicht ohne christlichem Bekenntnis bleiben, denn »bei ihnen gehört das religiöse Leben unmittelbar zum Alltag und wenn man gar nicht darüber redet, begegnet man sich gar nicht richtig« (Horst Becker). Ein bewährter Verein »Evangeliumsdienst unter Israel« mit Sitz in Neuendettelsau will sich in »Verein für christlich-jüdische Begegnung« umbenennen, um die wechselseitige Lernbereitschaft zu unterstreichen, ohne die der christlich-jüdische Dialog nicht geführt werden kann.

Das Missionswerk

Vor einhundertfünfzig Jahren entsandte Wilhelm Löhe am 11. Juli 1842 den Schustergesellen Adam Ernst und den Webergehilfen Georg Burger zu den deutschen Auswanderern nach den USA. Achtzehn Jahre später wurde der Indianermissionar Moritz Bräuninger am Powder River jenseits der Rocky Mountains von den Sioux ermordet und 1865 die Indianermission aufgegeben. Die Missionsabsicht blieb bestehen. In der Neuendettelsauer Missionsanstalt wurde Friedrich Bauer von 1846 bis 1872 der erste »Inspektor«, schon der dritte in seinem Amt hieß ab 1897 »Direktor« und so blieb es, obwohl man 1972 vorübergehend von einem »Vorsitzenden des Kollegiums« sprechen wollte.

Durch das »Missionsgesetz« der bayerischen Landessynode vom 21. Oktober 1972 wurde das »Missionswerk Bayern« (MWB) gegründet, das einer mit keiner anderen Landeskirche vergleichbaren Integration dienen soll. Es betreibt die Ausbildung und betreut die laufende Arbeit, vermittelt Personal und versorgt mit Information und Material, finanziert die Arbeit und verwaltet. Von hier gehen auch einzelne Aktivitäten, fallweise im Verein mit anderen Landeskirchen und dem Lutherischen Weltbund aus. Unter dem Gründungsdirektor Horst Becker (1972–1991) leisteten fast zweihundert Frauen und Männer Missionsdienst in Übersee, und allein 1972 flossen DM 94 Millionen in Entwicklungsprojekte. Der neue Direktor Hermann Vorländer betont die Weltverantwortung der Christen und sieht in der Mission »nicht nur eine Sache der Nächstenliebe, sondern auch der politischen Vernunft«. Das Konzept heißt: Unterstützung durch Personal, Geld und Beratung, und dies nur insoweit, wie es von den Partnerkirchen in Lateinamerika, Afrika, Pazifik, Südostasien, Australien erbeten wird.

Derzeit arbeiten im »Missionswerk« sechzig Mitarbeiter, darunter theologische Referenten, Betriebswirte und Sachbearbeiter, und etwa achtzig in Übersee; 1991 bereiteten sich elf Familien und drei Alleinstehende auf ihren Einsatz in Kirchen der Dritten Welt vor. Mit Hilfe von vier Regionalstellen in Bayern, Beauftragten oder Missionspfarrern in den Dekanaten, Ökumene-Mitarbeitern für die Partnerschaften mit ausländischen Kirchen, einer eigenen Medienstelle und anderen Arbeitsmitteln bringt das Missionswerk seinen Auftrag zur Wirkung. In einer Tagungsstätte werden Seminare angeboten, Gastdozenten aus allen Kontinenten tragen bei und Stipendiaten werden aufgenommen, ausreisende Missionsmitarbeiter werden ausgebildet, eine Bibliothek und Ausstellungen unterstützen die Arbeit. Die Pressestelle des MWB verbreitet Nachrichten aus der Mission, erarbeitet Artikel, redigiert die Zeitschrift »Zeit für Mission« und die zweimonatliche Publikation »Wort und Sendung«, einen »Kinderbrief aus der Weltmission« und weitere Publikationen für die allgemeine Öffentlichkeit oder interne Kommunikation. Das Jahrbuch der Mission, ein Fürbittkalender und Filme in Koproduktion mit überseeischen Partnern bilden weitere Schwerpunkte.

Die Finanzierung dieser Missionsarbeit geschieht durch einen Etat von rund DM 25 Millionen jährlich aus Geldern der Landeskirche, einem Fünftel Spenden und Stiftungen, aber nicht alle der Mission gewidmeten Finanzmittel laufen über das »Missionswerk«, sondern vieles geht auch direkt von Personen, Gemeinden und Gremien an die Empfänger.

Partnerschaften

In den zwei Jahrzehnten seit Gründung des »Missionswerkes Bayern« haben sich die Dekanats-Partnerschaften als die beliebteste und wirksamste, nicht aber immer die einfachste Form der tätigen Teilnahme lutherischer Christen Bayerns an den weltmissionarischen Aufgaben ihrer Kirche erwiesen. Gegenwärtig bestehen vierundsechzig solcher besonderer, vom »Missionswerk« begleiteter Beziehungen nach Übersee. »Partnerschaft und Weltmission sind nicht das gleiche, aber anders als in Partnerschaft kann heute keine Kirche mehr missionarisch wirken« (Manfred Perlitz).

Noch immer bitten die Partnerkirchen um die Entsendung von Lehrern, Ärzten, Landwirten, Pfarrerinnen und Pfarrern. Von den rund achtzig Angestellten des Missionswerks in Übersee sind zweiunddreißig Pfarrer, die freiwillig in befreundete Kirchen gehen und ohne zu viel Idealismus oder falschen Ehrgeiz, aber mit viel Anpassungsvermögen »ungeahnt mehr Segnungen« (Werner Strauß nach zwanzig Jahren Papua-Mission in Neuguinea) erfahren. Der Übergang zu Partnerschaften zwischen den Kirchen anstelle der alten »Geber-Nehmer-Beziehung« brachte es aber auch mit sich, daß die Heimatgemeinden nicht mehr »ihren« Missionar und seine Arbeit unterstützten, sondern die Beziehung verallgemeinert und der Gemeinde oder Kirche in Übersee das Vertrauen für eigene Entscheidungen gegeben wurde. Und wiederum spricht es für die Kraft des Evangeliums und den Geist Europas, daß die Partnerkirchen der Missionsgebiete ihrerseits mit missionarischen Tätigkeiten begannen, insbesondere Tansania in seinen Nachbarländern Kenia, Zaire und Mosambik sowie unter den von dort kommenden Flüchtlingen.

Amerika war der erste Kontinent, in dem bayerische Missionare tätig wurden. In Nordamerika und Brasilien ging es dabei um die deutschen Auswanderer und die heidnischen Ureinwohner. Die Christen in den USA bildeten bald eigene Kirchen und Denominationen, die übrigen erst später, jedoch besteht seit 1980 zwischen der »Evangelischen Kirche Lutherischer Konfession in Brasilien« und der bayerischen Landeskirche ein eigener Kooperationsvertrag. Es gibt einen »Lateinamerika-Beauftragten« für diese Zusammenarbeit und weitere Länder wie Nicaragua, Guatemala und Ecuador.

Asien war der zweite Kontinent bayerischer Missionstätigkeit in Übersee. Im »Kaiser-Wilhelms-Land« auf der Insel Neuguinea nördlich von Australien landete 1886 das Missionspersonal der Neuendettelsauer »Papua-Neuguinea-Mission« mit dem berühmten Johann Flierl, dem später Georg Vicedom folgte. Die zum Christentum gelangten Papuas vereinigten sich zu einer selbständigen Kirche und unterhalten jetzt partnerschaftliche Beziehungen zur bayerischen Landeskirche auf vielen kirchlichen Gebieten. Daß sie auch eine Schiffahrtsgesellschaft mit dem Namen »Lutheran Shipping« und die Fluglinie »Luther Air« unterhalten, aber auch sonst viel Deutsches pflegen, verbindet Bayern mit ihnen auch in ganz weltlicher Weise. Die zahlreichen aus Bayern kommenden Mitarbeiter der Mission haben einen schwierigen Einstieg und müssen manches allein machen, indem sie sich vor allem um das Schulwesen, die Hochschulausbildung, die Medien, die Ökologie und natürlich um die Kirche, auch die missionarische Kooperation mit anderen Kirchen und Gemeinschaften aktiv kümmern.

Inzwischen baut ein bayerischer Pfarrer die Seemannsmission in Hongkong auf, und das bayerische »Missionswerk« bezuschußt das dortige Lutherische Theologische Seminar. Ein anderer hoher Zuschuß geht an die »Theologische Dreieinigkeits-Hochschule« in Singapur. Der erste Besuch eines bayerischen Oberkirchenrates, Gerhard Strauß, bei den lutherischen Christen in China ermöglichte einen Gegenbesuch der Kirchenleitung aus Nanjing im Jahr 1982 mit Empfang in der Evangelischen Akademie Tutzing; das »Missionwerk Bayern« hatte bis 1991 eine Sprachlehrerin nach China entsandt und im gleichen Jahr wurde die chinesische protestantische »Drei-Selbst-Kirche« wieder Mitglied im Ökumenischen Rat.

Afrika war der dritte Kontinent bayerischer Mission. Ein 1886 aus Hersbruck gekommener Versuch der »Gesellschaft für evangelisch-lutherische Mission in Ostafrika«, der sich nach sechs Jahren mit der »Leipziger Mission« vereinigte, scheiterte am Malariatod der zwei entsandten Missionare. Ab 1891 wurde die deutsche Kolonie Ostafrika von den Leipziger und Berliner Missionsanstalten christianisiert, mußte dann im britischen Mandatsgebiet von Tanganjika und Sansibar weiterleben und geriet in den Zweiten Weltkrieg. Danach verhinderte die kommunistische Regierung der DDR die Weiterarbeit, worauf die bayerische Landeskirche die Arbeit intensiv und partnerschaftlich fortsetzte. Nach der politischen Selbständigkeitserklärung beider Landesteile als »Tansania« entstand die »Evangelisch-Lutherische Kirche in Tansania«.

Die lutherische Kirche besitzt Bischöfe, Diözesen und eine Synodalversammlung, ordinierte 1991 die erste Frau und hat siebenundzwanzig vom bayerischen »Missionswerk« entsandte Mitarbeiter, darunter fünfzehn Theologen und zwei Diakonissen aus dem Augsburger Mutterhaus. Die Landeskirche steuert für den Haushalt der tansanischen Kirche und die laufenden Entwicklungsprogramme jährlich rund DM 1,9 Millionen und weitere Gelder für Einzelprojekte zu.

Den christlichen Gemeinden in Liberia (Westafrika) wird unter den wechselnden, vom Bürgerkrieg gekennzeichneten Bedingungen weiter nach Kräften geholfen und für ihre Flüchtlinge außerhalb des Landes gesorgt.

Der Evangelisch-Lutherischen Kirche in Zaire mit rund 100000 Seelen in 300 Gemeinden wird trotz der äußerst schwierigen Verhältnisse im zentralafrikanischen Land aus Bayern geistliche und materielle Hilfe gegeben; lutherische Pfarrer werden in Deutschland ausgebildet. Im Oktober 1992 wurde in Lubumbashi Ngoy Kasukuti zum Bischof berufen, der von 1985 bis 1990 in Neuendettelsau studiert und in Erlangen den Magister-Grad erworben hatte.

Mosambik in Südafrika hat in seiner Hauptstadt Maputo eine lutherische Gemeinde, die ein Zentrum aufbauen und im Umland diakonische Arbeit betreiben will; dabei und beim Wiederaufbau des leidenden Landes ist die bayerische Hilfe sehr willkommen.

Von Generation zu Generation:
Bischof Zephania Mgeyekwa, einst Gemeindepfarrer in Coburg, ordiniert in Njombe,
der Süddiözese der lutherischen Kirche von Tansania drei Frauen aus drei Ländern

VERMITTELN UND ÖFFENTLICH MACHEN
Medien

Um die Frohe Botschaft öffentlich zu machen, hatte es der Apostel Paulus nach dem erträumten Ruf »Komm herüber zu uns und hilf uns!« in Europa relativ leicht: er mußte sich nur auf den Areopag (Markt) von Athen stellen und wie ein Redner im Hyde Park mit Lautstärke das Wort ergreifen. Wo die Apostel aber nicht persönlich auftreten konnten, schrieben sie Briefe, die Bestandteil des Bibel-Buches und somit zum Wort Gottes wurden. Heute bedient sich die Massengesellschaft moderner Medien. Es geht um die Vermittlung von Wirklichkeit aus zweiter Hand durch professionelle Gestaltung und Darbietung mit technischer Hilfe. Medien sind »Lebensvermittler« und »Lebens-Mittel« geworden.

Da die evangelische Kirche von ihrem Wesen her offen und einladend ist, auf Dialog eingestellt und kommunikationsbewußt, kann sie sich der Medien mühelos bedienen. Sie begriff schon vor über hundert Jahren die Bedeutung der Druckmedien für Gemeinde, Pfarrerverein und Mission. Bis zum drastischen Eingriff der Nazis am 1. Juni 1941, als von 735 kirchlichen Blättern nur 35 weiter erscheinen durften, war »Kirchenpresse« selbstverständlich und erhielt fortan den Wert alles Entbehrten, doch wußten sich die Protestanten wie in der Gemeinde Mantl/Oberpfalz zu helfen, »denn in jedem Haus befindet sich neben dem Gesangbuch und der Bibel mindestens ein Gebetbuch«.

Unvergessen ist die Definition, die Kirchenrat Robert Geisendörfer als Direktor des Evangelischen Presseverbandes für Bayern und späterer Gründer des »Gemeinschaftswerks der Evangelischen Publizistik« (GEP) für die Aufgabe der kirchlichen Publizistik gegeben hatte: »Was evangelische Publizistik kann: etwas öffentlich machen, Fürsprache üben, Barmherzigkeit vermitteln und Stimme leihen für die Sprachlosen.« Jedenfalls versteht sich die evangelische Kirche im Medienfeld der modernen Gesellschaft in der Doppelrolle der Gemeinschaft der Gläubigen einerseits und einer gesellschaftlichen Großgruppe andererseits; daraus hat sie die Konsequenzen zu ziehen.

Arbeitsstrukturen

Der »Landesausschuß für Publizistik« (LfP) koordiniert seit 1989 im Auftrag der vier kirchenleitenden Organe die publizistische Arbeit der Landeskirche. Seine Mitglieder werden delegiert von der Landessynode (2), vom Landessynodalausschuß (1), vom Landeskirchenrat (1), der »mittleren kirchlichen Ebene« (Dekane, 1), dem Diakonischen Werk (1); ferner als »geborene Mitglieder« der Direktor des Evangelischen Presseverbandes, die Delegierten der evangelischen Kirche in Aufsichtsräten der Medien, die Medienreferenten im Landeskirchenamt und sechs weitere Mitglieder mit besonderer persönlicher Qualifikation.

Als Koordinationshilfe wurde der »Publizistische Gesamtplan« der bayerischen Landeskirche erarbeitet, der parallel zum »Publizistischen Gesamtplan der Evangelischen Kirche in Deutschland« Verbindlichkeit schaffen soll. Zum Informationsaustausch und zur landeskirchlichen Orientierung veranstaltet der LfP einmal jährlich die »Publizistische Konferenz«, an der alle in der Publizistik der Landeskirche Tätigen teilnehmen.

Weitere Arbeitshilfen sind die Zusammenarbeit mit den evangelischen Kirchen in Deutschland durch das »Gemeinschaftswerk für Evangelische Publizistik« (GEP), das von Robert Geisendörfer in Frankfurt geschaffen worden war und intensive Mitarbeit aus Bayern erfährt. Ähnliches gilt für die Zusammenarbeit in der »Vereinigten Evangelisch-Lutherischen Kirche in Deutschland« (VELKD) und dem »Lutherischen Weltbund«. In der »Weltvereinigung für Christliche Kommunikation« (WACC) und weiteren Ebenen christlicher Publizistik sind bayerische Personen ständig vertreten.

An der Universität Erlangen besteht in der Theologischen Fakultät seit einer Anregung der Landessynode im Jahr 1964 der einzige Studiengang für »Christliche Publizistik« in Deutschland, der seit 1992 einen ordentlichen Lehrstuhl besitzt; er steht auch Studierenden anderer Fachrichtungen als der Theologie mit Vorlesun-

Für die suchenden Menschen: Evangelische Buchhandlungen bieten allgemeinen und besonderen Lesestoff

gen und Seminaren zur Verfügung. Hier geht es auch um Forschung und kritische Beobachtung der Medienentwicklung, »weil Medien von Menschen gemacht werden und deshalb der Versuchung des Machtmißbrauchs ausgesetzt sind« (Paul Rieger).

Nahezu einmalig ist der seit Anfang der fünfziger Jahre tätige »Rundfunkdienst« des Deutschen Evangelischen Frauenbundes in Bayern, der durch ständige Programmbeobachtung und landesweite Zusammenarbeit eine wesentliche Stimme der bayerischen Protestantinnen und Protestanten und ihrer Familien zum Ausdruck bringt, so daß davon sowohl der Rundfunk selbst wie die Gremienmitglieder daraus guten Rat ziehen können.

Um herausragende Rundfunksendungen auszuzeichnen, die Menschlichkeit und christlichen Geist darstellen, haben die Evangelisch-Lutherische Landeskirche in Bayern und die Evangelische Akademie Tutzing zusammen mit der Evangelischen Kirche in Deutschland und dem »Gemeinschaftswerk für Evangelische Publizistik« im Jahr 1980 den »Robert-Geisendörfer-Preis« geschaffen. Eine Jury unter dem Vorsitz des bayerischen Landesbischofs vergibt im jährlichen Wechsel an Hörfunk und Fernsehen, seine Redaktionen oder die Autoren, drei Geldpreise. Die feierlichen Preisübergaben geben der evangelischen Kirche regelmäßig Gelegenheit, zu aktuellen Fragen der Medienentwicklung Stellung zu nehmen.

Eine ebenfalls außerordentliche Beteiligung an der Publizistik bedeutet der 1984 gestiftete »Wilhelm-Sebastian-Schmerl-Preis« des »Evangelischen Sonntagsblattes aus Bayern« in Rothenburg, der in einzigartiger Weise »hervorragendes Wirken in der evangelischen Publizistik des deutschsprachigen Raumes« durch eine unabhängige Jury auszeichnet und dabei an den früheren Schriftleiter dieser Zeitung erinnert.

Evangelischer Presseverband

Zur Wahrnehmung der überregionalen und der zentralen publizistischen Aufgaben der Landeskirche wurde im Zusammenwirken mit anderen evangelischen Kirchen in Deutschland, bei dem August Hinderer in Berlin die führende Rolle spielte, im Jahr 1926 der »Evangelische Presseverband in Bayern e.V.« geschaffen. Nach der Unterbrechung durch das Verbot kirchlicher Pressearbeit im »Dritten Reich« bauten Oberkirchenrat Wilhelm Bogner und die Pfarrer Gerhard Hildmann und Robert Geisendörfer diese Einrichtung wieder auf. Sie ist heute die wichtigste publizistische Kraft des evangelischen Bayern. Durch einen Vertrag mit dem Landeskirchenrat selbständig gemacht, von einer Mitgliederversammlung, einem Vorstand und einem Direktor geleitet, arbeiten unter diesem Dach zur Zeit rund einhundert Mitarbeiter, davon ein Viertel als Journalisten in München und den sieben Außenstellen im Freistaat.

Den Kern der Medienzentrale bildet der »Evangelische Pressedienst« (epd) mit einer Zentralredaktion und sieben Bezirksredaktionen, die gemeinsam Nachrichten aus dem kirchlichen Leben in Bayern sammeln, bearbeiten und als Agentur den Abnehmern in Presse, Rundfunk und anderen Nutzerkreisen zur Verfügung stellen; ein Teil der Meldungen fließt in die Zentralausgabe des epd in Frankfurt ein. Der »epd-Pressespiegel« erscheint einmal monatlich (Auflage 140) mit gewichteter Auswahl von Zeitungsartikeln.

Daneben wird im »Evangelischen Presseverband« das »Evangelische Sonntagsblatt für Bayern« mit einer Auflage von 60000 und rund 150000 ständigen Lesern herausgegeben; parallel dazu entsteht die landläufig »Rothenburger Sonntagsblatt« genannte Wochenzeitung in Rothenburg o. d. Tauber mit einer Auflage von 42000 und fast 100000 Lesern; beide Publikationen wirken eng zusammen. In diesen »Sonntagsblättern« sind laufend sieben regionale Gemeindeblätter mit Teilauflagen zwischen 3000 und 15000 Exemplaren und periodisch Sonderteile über Mission, Jugendarbeit, Evangelische Akademie Tutzing, die Landessynode, Kirchentag und andere Themen aus dem kirchlichen Leben enthalten.

Die »Evangelische Funk-Agentur« (efa) bedient vor allem privatrechtliche Radiostationen in Bayern mit Nachrichten, Manuskripten und vorproduzierten Tonbändern; sie vermittelt Programmaterial, berät in der Region die Kirche

Mittler der modernen Welt: Der Leiter der Landeskirchlichen Medienzentrale, Walter Bach, bei der Filmprüfung

BILDER DES GLAUBENS

»Noah« (1979), ein Werk von Walter Habdank aus Berg am Starnberger See, der mit seinen Holzschnitten, Aquarellen und Wandbildern in einem sehr persönlichen Stil der evangelischen Frömmigkeit Bayerns einen weithin anerkannten Ausdruck gegeben hat.

MEDIENARBEIT

Der Evangelische Presseverband in München

Kirchliche Hörfunkarbeit

Kirchliche Fernseharbeit

Die Redaktion »Sonntagsblatt«

Evangelische Funk-Agentur

Adresse für viele Funktionen

Die Nachrichtenredaktion des epd

Die Versandbuchhandlung des Claudius-Verlags

und die Radioredaktionen und erreicht über eine Million Menschen in jeder Woche durch die Kirchenmagazine. Das »Evangelische Fernsehen« arbeitet parallel dazu mit dem gleichen Ziel und produziert regelmäßig kirchliche Sendungen für Kabelprogramme.

Die Außenredaktionen (»epd-Büros«) des Evangelischen Presseverbandes sind in diese Arbeit auf allen Ebenen eingeschaltet und leisten für ihren Bereich zusätzlich Informationsarbeit, Anzeigenvermittlung, Hilfe beim Vertrieb, Bedienung der Telefonansage der Bundespost (Telecom) mit Gottesdienstterminen und so weiter. Größere Redaktionen wie in Nürnberg fassen ein erweitertes Berichtsgebiet zusammen, einzelne wie in Augsburg geben eigene Dienste »a-aktuelles aus dem kirchenkreis augsburg« für die Region oder den bundesweit interessierenden Nachrichtendienst »KIRCHE & NEUE MEDIEN« (Auflage 1200) heraus und fungieren zugleich als die Geschäftsstelle des Landesausschusses für Publizistik (LfP).

Ferner erscheinen im »Evangelischen Presseverband« regelmäßig die »NACHRICHTEN der Evangelisch-lutherischen Kirche in Bayern« (Auflage 5000), ein hochrangiges Informationsorgan für Insider, »Unser Auftrag« (6000) für Kirchenvorsteher und ehrenamtliche Mitarbeiter, »Kirche im Rundfunk« (4350) mit den Predigttexten aus der »Evangelischen Morgenfeier«, Meditationssendungen und zusätzlichen Informationen aus dem Bayerischen Rundfunk. In der sommerlichen Urlaubszeit erscheinen als Gruß der evangelischen Kirche an die Urlauber die Hefte »Gute Zeit« für Kurgäste und »Grüß Gott« für Touristen (Gesamtauflage 150000), die frei verteilt werden.

Der kircheneigene »Claudius-Verlag« beim »Evangelischen Presseverband« verlegt alle Arten von Broschüren, Büchern, Kalendern, Kassetten, Unterrichtsmaterial und Hilfen für das religiöse Leben bis hin zur dreiteiligen »Baldhamer Papierkrippe« der Malerin Inge Peitzsch.

Beim »Evangelischen Presseverband« hat auch der »Beauftragte der evangelisch-lutherischen Landeskirche für den Bayerischen Rundfunk« seinen Sitz, der in Hörfunk und Fernsehen für die der Kirche zustehenden Sendezeiten tätig ist, die Prediger auswählt und anleitet, beim »Wort zum Sonntag« für Bayern mitwirkt, außerbayerische Rundfunkanstalten wie das ZDF bei evangelischen Sendungen aus Bayern berät und die Zeitschrift »Kirche im Rundfunk« herausgibt.

Der Direktor des »Evangelischen Presseverbandes« ist seit langer Zeit der Vertreter der Evangelischen Kirche im Rundfunkrat des Bayerischen Rundfunks und nimmt die Rolle des »Kabelbeauftragten« der Kirche wahr; die evangelischen Frauen werden im Rundfunkrat von einer Delegierten des Evangelischen Frauenbundes vertreten. Im »Bayerischen Landesmedienrat« vertreten der Referent für Öffentlichkeitsarbeit im Landeskirchenrat und eine Delegierte der Evangelischen Frauenarbeit die bayerische Landeskirche.

Die »Evangelische Medienzentrale« wurde im Jahr 1965 zunächst als »Arbeitsgemeinschaft Landeskirchliche Werkstelle in Bayern« gegründet, um die audio-visuelle Medienarbeit unter eine gemeinsame Verantwortung aller beteiligten Organisationen und Werke zu schaffen und den Medienverleih zu koordinieren. Innere Mission, Jugendwerk, Landjugend und Presseverband legten ihre Initiativen zusammen, um in den folgenden fünfundzwanzig Jahren die bereitgestellten AV-Medien über 465000mal auszuleihen und vor weit über 20 Millionen Teilnehmern 81300 Vorführungen zu veranstalten. In den 72 Dekanaten der Landeskirche wurden 46 Dekanatsbildstellen aufgebaut, die zu den über 6000 Kunden der Zentrale in Nürnberg gehören oder dahin vermitteln. Medien-Arbeitskreise an den Schulen, das Katechetische Amt für den Religionsunterricht, das Landeskirchenamt und weitere kirchliche Stellen arbeiten mit der Medienzentrale eng zusammen. Der Verleih-Katalog bietet in 1500 Exemplaren auf rund 900 Seiten weit über 3000 Medien-Einheiten an, davon 9000 Filme, 4800 Ton-Bild-Reihen, 3800 Video-Kassetten, 950 Ton-Kassetten und 340 Folien-Sätze. Die Medienzentrale veranstaltet als Wochenendseminare die »Rothenburger Medientage« und alle drei Jahre an einem Ort in Bayern die »Evangelische Medienmesse«; dabei wird kirchlichen Mitarbeitern und der Öffentlichkeit umfassend vorgeführt, was angesichts der

Klassische Worte: Robert Geisendörfers Definition der publizistischen Aufgabe der Kirche

BILDER DES GLAUBENS

Auf dem 1903 erworbenen Landgut Rummelsberg entwickelte sich rund um ihre Philippuskirche die fast hundert Jahre früher in Nürnberg gegründete Diakonenanstalt, die heute mit rund tausend Mitgliedern und vielen Mitarbeitern in nahezu allen Zweigen der Diakonie von Bayern über Deutschland bis Israel, Afrika und Lateinamerika christliche Dienste leistet.

BILDER DES GLAUBENS

Das Herz des großen von Wilhelm Löhe begründeten Diakoniewerkes in Neuendettelsau schlägt in seiner Anstaltskirche St. Laurentius, die 1928–1929 von German Bestelmayer zu einer andachtsvollen Hallenkirche im romanisierenden Stil erweitert wurde und durch Gottesdienste das tägliche Leben im diakonischen Dienst geistlich erfüllt.

raschen Entwicklungen für die Medienarbeit von Interesse ist. Immerhin hat die Sache Tradition: in der kleinen Landgemeinde Appetshofen im Ries wurden schon 1926 Film und Dia bei der Gemeindearbeit eingesetzt!

Presse

In den hundert Jahren hat die evangelische Kirche Bayerns beim ältesten Massenmedium, der gedruckten Presse, kräftig dazugelernt: von den ersten Gemeindeblättern aus dem Schoß der »Inneren Mission«, die »auch dem Ärmsten seine Lektüre haben« lassen wollte, zum »Windsbacher Gemeindeboten« von 1925 und seinen vielen Namensgenossen bis zu den frechen Titeln »Landlbote« (Neumarkt/Oberpfalz), »Keller-Blädlla« (Fürth), »Allmächt« (Nürnberg) und dem »Kleeblatt« der Behinderten in Oberschleißheim ist ein deutlicher Bewußtseinswandel in Richtung Selbstverständlichkeit geschehen. Das »Sonntagsblatt für echte evangelische Gottes- und Christenverehrer« (Helmbrechts) ist einem ähnlich ernsten, aber weltzugewandteren Publikationsorgan gewichen.

An kirchlicher »Basis-Presse« in Form der zahllosen Kleinpublikationen von Mitteilungen, Kirchenboten, Gemeindebriefen, Nachrichtenblättern, die vielfach von Freiwilligen hergestellt und nicht immer regelmäßig ausgegeben werden, dürfte es nach zuverlässigen Schätzungen im Gebiet der bayerischen Landeskirche ungefähr 740 Ausgaben geben. Ihr direkter Bezug zum Interessenten bedeutet ihr Leben, ihr missionarisches Interesse gibt ihnen Schwung, wenn die Wirkung spürbar wird, kommen Freude und Befriedigung auf. Das »Amt für Gemeindedienst« in Nürnberg berät und hilft dabei ebenso wie das »Gemeinschaftswerk für Evangelische Publizistik« (GEP) der Evangelischen Kirche in Deutschland.

Weitere besondere Presseerzeugnisse der evangelischen Kirche in Bayern kommen aus den einzelnen Werken und Diensten, wie für die Jugend »Nachrichten der Evangelischen Jugend in Bayern«, für die Bewohner der Seniorenstifte des »Collegium Augustinum« das »Forum«; die diakonischen Anstalten und das Diakonische Werk veröffentlichen spezielle Publikationen, das Missionswerk die Zeitschrift »Zeit für Mission«, das Frauenreferat im Landeskirchenamt seit dem Dekade-Gottesdienst 1992 die »efi«, der Pfarrerverein seit über hundert Jahren das effektive »Korrespondenzblatt«.

Rundfunk

An den elektronischen Medien Bayerns ist die evangelische Kirche seit den ersten Schritten im Jahr 1923 beteiligt. Am zweiten Weihnachtsfeiertag 1928 sagte der damalige Oberkirchenrat und spätere Landesbischof Hans Meiser in der ersten »Evangelischen Morgenfeier«: »Die Stimme dessen, der den unendlichen Raum geschaffen und mit dem wellentragenden Äther erfüllt hat, hat das erste Anrecht, im Rundfunk gehört zu werden.« Schon damals waren solche Sendungen »ein ernst zu nehmendes Stück der gesamten Arbeit der Kirche, aber auch des Rundfunks geworden« (Julius Kelber, 1933).

Seit das 1948 in Kraft getretene Gesetz des bayerischen Landtags für den öffentlich-rechtlichen »Bayerischen Rundfunk« vorschreibt, daß »den Kirchen und staatlich anerkannten Religionsgemeinschaften auf Wunsch angemessene Sendezeiten einzuräumen« seien, ist die Landeskirche durch den Kirchenfunk für die Gestaltung der »Evangelischen Morgenfeier«, insbesondere die Prediger und die Kirchenmusik, und durch die Fernsehredaktion »Kirche und Welt« für die Gottesdienstübertragungen im Fernsehen verantwortlich. In beiden Fällen wird der Rundfunkbeauftragte tätig.

Die unter dem dualen Rundfunksystem neu entstandenen »privaten« Radiosender in Bayern, seien sie als Lokalstationen oder landesweit tätig, werden von der »Evangelischen Funk-Agentur« (efa) im Evangelischen Presseverband mit verschiedenartigen Angeboten (Nachrichten, vorproduzierte Bandsendungen, Manuskripte) bedient, für die sie nach dem Agenturprinzip und ihrer jeweiligen Finanzlage bezahlen müssen. Der vom »Gemeinschaftswerk für Evangelische Publizistik« (GEP) in Frankfurt angebotene Tonbanddienst arbeitet über die efa mit den Lokalsendern zusammen.

Obwohl jeden Sonntag rund siebenhunderttausend Menschen die »Evangelische Morgenfeier« hören und 61 Prozent derer, die nie in die Kirche gehen, das »Wort zum Sonntag« sehen, hat »die evangelische Kirche die Bedeutung moderner Massenmedien noch nicht begriffen« (Martin Bogdahn). Die kirchlichen Sendungen im neuartigen Privatfunk haben neue Wege finden müssen und damit auch die Theologen zum Nachdenken gezwungen. Beim 1992 neu eingerichteten deutsch-französischen »Fernseh-Kulturkanal« (ARTE) wurde der Direktor des Evangelischen Presseverbandes in Bayern, Paul Rieger, zum Vorsitzenden des deutschen Programmbeirats gewählt.

»O Gott, Herr Pfarrer!«: Nachschminken des Schauspielers Gottfried John bei der Fernsehproduktion

LEHRE UND DIALOG
Bildung

Unterwegs durch die Welt »das Leben und volles Genüge« zu haben (Johannes 10,11), ist eine christliche Sehnsucht, die sich auf die Verheißung der Bibel berufen kann. Unterwegs von Ewigkeit zu Ewigkeit soll sich die Persönlichkeit jedes einzelnen nicht nur religiös entfalten können. Durch die Begegnung mit Lehrern und durch die Auseinandersetzung mit Menschen, Dingen und Ereignissen wird die Person gebildet. Wenn das im Licht des Evangeliums geschieht, wird das Weltverständnis gründlich erhellt. Daher ist das christliche Bildungsangebot so begehrt: weil es Fachwissen bietet, sich aber auf das volle Menschsein konzentriert.

Bildung war in der personal orientierten evangelischen Reformationsbewegung von Anfang an ein großes Thema: Lesen, Schreiben, Singen, Rechnen und Latein, den Katechismus auswendig lernen und in den höheren Schularten der Religionsdialog. »Eine ziemliche Schul« (Stetten v. d. Rhön) gehörte zur Grundausstattung jedes selbstbewußten Ortes. Das berühmte evangelische Gymnasium bei St. Anna in Augsburg wurde 1531, nur ein Jahr nach der »Confessio Augustana«, im Geiste Philipp Melanchthons gegründet und erhielt von 1613 bis 1615 vom Stadtbaumeister Elias Holl seinen künstlerisch wie funktional vielbewunderten Bau im frühbarocken Stil.

Weiden bestellte 1539 den Pfarrer Kümmel zur Aufsicht über die deutsche Schule. 1552 wurde in Ansbach das »Contubernium pauperum« (Armenwohnheim), das spätere Alumneum, gegründet. Im Dreißigjährigen Krieg nahmen die plündernden Kroaten der kaiserlichen Liga mit Vorliebe Pfarrbüchereien als Ziel ihrer Gewalttaten und hätten in Rothausen beinahe den evangelischen Pfarrer auf dem Scheiterhaufen seiner Bücher verbrannt. In der evangelischen Grafschaft Ortenburg wurde schon 1703 die allgemeine Schulpflicht eingeführt. In Kaufbeuren erlangte die Lateinschule unter Magister Doktor Jakob Brucker (1722–1744) großen Ruhm. Die Diasporagemeinde in Passau gründete 1870 den Leseverein »Konkordia« zur geistigen Erbauung der Protestanten. Naila kannte bis zum 1. Januar 1919 die geistliche Schulaufsicht.

Die evangelische Kirche versteht unter Bildung nicht nur die Ausbildung in Schulen und Werkstätten, wobei sie sich vor allem jener annimmt, die aus unglücklichen Umständen keine normalen Bedingungen akzeptieren können. Sie versteht darunter auch Fortbildung auf der Basis von Lebenserfahrung und abgeschlossener Berufsausbildung durch spezielle Schulung, Umschulung, Selbststudium an Hand von Fachliteratur und Angeboten der Fernbildung. Bildung wird aber vor allem als ein Weg zur Entwicklung der Persönlichkeit, zu sinnerfülltem Leben und Befriedigung in einer oftmals unfriedlichen Welt verstanden; es soll der Zugang zur Schönheit der Schöpfung, zu Kunst und Natur vermittelt, persönliches Erleben an andere Menschen weitergegeben und Geschichte erfahrbar gemacht werden.

Religionsunterricht

Mindestens dies schuldet die Gemeinde ihren Schulkindern: daß sie Glauben kennen- und Kirche verstehen lernen, um sich und die Welt einschließlich der Menschen zu erkennen. Wie im Kapitel »Der Glaube will gelernt sein – Das Lehramt« dargestellt, bietet die evangelische Landeskirche an allen staatlichen und ihren privaten Schulen regelmäßigen Religionsunterricht, auch wenn im Einzelfall organisatorische Schwierigkeiten im Wege stehen. Der Religionsunterricht an Berufsschulen hat für die Persönlichkeitsbildung junger Menschen und ihr verantwortungsbewußtes Handeln am Arbeitsplatz und in der Gesellschaft eine wachsende Bedeutung, weil hier Normen angeboten werden und Verständnis möglich gemacht wird.

Evangelischer Religionsunterricht kann hauptberuflich in den öffentlichen Schulen ausgeübt werden, wo auch die Gemeindepfarrer lehren, oder in gemeindepädagogischen Arbeitsfeldern (lokal oder regional) oder im gemischten Auftrag aus beiden Tätigkeitsfeldern. Für die Ausbildung gilt ein Fachhochschulstudiengang mit Grundstudium und Hauptstudium an der Augustana-Hochschule in München. Nach einem zweijährigen Vorbereitungsdienst kann die Anstellungsprüfung zum Dienst in der Landeskirche abgelegt werden.

Evangelische Volkshochschulen

Die »Volkshochschule Hesselberg« in Mittelfranken, 1951 nach skandinavischem Modell von Bauern, Bürgermeistern und Pfarrern aus den Dörfern rund um den höchsten Berg Frankens gegründet, die »Landvolkshochschule Pappenheim« im Jura und die »Heimvolkshochschule Bad Alexandersbad« in Oberfranken sind durch Zusammenschluß in einem Verein zu zentralen Einrichtungen der ländlichen Erwachsenenbildung geworden. »Aus diesen Volkshochschulen sollen Menschen kommen, die sich nicht wie Wetterfahnen im Wind bewegen, sondern dafür sorgen, daß das Kreuz Christi niemals niedergeholt wird von unseren Kirchtürmen« (Hans Meiser, 1951). Tausende haben diese Zentren besucht, Tagungen miterlebt oder in Seminaren gelernt, an »Bauerntagen«, »Landfrauentagen« oder »Kirchentagen« teilgenommen oder diese Häuser bei Gelegenheit anderer Veranstaltungen als prägende Kräfte erlebt.

Schulwesen

Um die Tradition der reformatorischen Bildung aus evangelischem Glauben fortzuführen und um Alternativen zum staatlichen Schulangebot zu bieten, unterhält die evangelische Kirche in Bayern ein verschiedenartig organisiertes und vielfältiges ausgerichtetes Schulwesen. Die Trägerschaften reichen von privaten Vereinigungen über Diakonische Werke und Sozialwerke wie das »Collegium Augustinum« bis zu den landeskirchlich verantworteten Schulen und Hochschulen. Daraus ergeben sich auch Rechtsformen und Verantwortung.

Übergreifende Verantwortung wird vom Schul- und Bildungsreferat im Landeskirchenrat sowie vom »Evangelischen Schulbund« und der »Evangelischen Schulstiftung« wahrgenommen. Zum evangelischen Schulwesen in Bayern gehören auch der »Evangelische Erziehungsverband in Bayern«, dem rund 70 schulische Einrichtungen angeschlossen sind, und die bayerische Sektion der »Arbeitsgemeinschaft Evangelischer Schulbünde in Deutschland«, die ihre Aufgabe in der Pflege evangelischer Schultradition sieht.

Die hauptsächliche Förderung des Schulwesens liegt beim »Religionspädagogischen Zentrum« in Heilsbronn bei Ansbach mit dem »Katechetischen Amt« und dem »Institut für Lehrerfortbildung«. Dort geschieht die Grundsatzarbeit,

BILDER VOM GOTTESHAUS

Vom schwäbischen Luthertum ebenso wie vom böhmischen Pietismus bewegt, setzten die gefürsteten Grafen von Castell in Unterfranken auch mit ihrer 1784–1792 errichteten Schloßkirche nicht nur ein Zeichen regionaler Religiosität und besonderen evangelischen Gemeindelebens, sondern auch des vom Rokoko kommenden kühlen Klassizismus.

BILDER AUS FRANKEN

Bayreuths Berühmtheit begann bald nach dem Ausbau der Residenzstadt im barock inspirierten Markgrafenstil des 18. Jahrhunderts, und dazu gehört auch die vom Erbprinzen Georg Wilhelm erbaute Sophien- oder Ordenskirche im planmäßig angelegten Stadtteil St. Georgen, ein überaus heiterer Gemeindesaal für Christen aller Stände.

Lehrplanarbeit und Entwicklung von Modellen für den gesamten Religions- und Konfirmandenunterricht. Das Zentrum ist verantwortlich für die Ausbildung der kirchlichen Lehrkräfte und der staatlichen Lehrkräfte an den Grundschulen sowie für die Fortbildung von Lehrkräften aller Schularten, Lehrergruppen und Schulstufen von der Förderklasse bis zur Kollegstufe.

Zu den Schularten gehören 5 freie evangelische Grundschulen (Ansbach, Kahl, Memmingen, München, Nürnberg), 5 Gymnasien (Augsburg, Berchtesgaden, Neuendettelsau, Nürnberg, Uffenheim), 8 Realschulen (an denselben Orten und in Gefrees, Gunzenhausen, Ortenburg); mehrere Fachschulen, Fachoberschulen, 2 Fachhochschulen und 7 Fachakademien widmen sich mit unterschiedlichen Schwerpunkten und Qualifikationen der Ausbildung für alle Arten von Pflegeberufen, der Heilerziehung und der Hauswirtschaft; mehrere Sonderschulen unterrichten geistig, körperlich oder am Lernen behinderte Schüler; eine Europa-Schule ist in Planung.

Hinzu kommen 6 evangelische Internate (Augsburg, Elkofen, Gunzenhausen, Neuendettelsau, Windsbach, Uffenheim) und die Landschulheime (Berchtesgaden, Schloß Schwarzenberg). Unter kirchlicher Trägerschaft und mit Hilfe der nutznießenden Eltern, Kommunen und des Staates finanziert, bieten Sing- und Musikschulen in Bayreuth, Kitzingen und Nürnberg musikalische Früherziehung, Instrumentalunterricht und Chorarbeit; die Leitung haben dabei Kirchen- und Musikdirektoren, die mit Musikern und Laien den Unterricht von jeweils über 250 Kindern pro Jahr und Schule geben.

Evangelische Akademie Tutzing

Wer »eine Badekur für die Seele« sucht und eine Atmosphäre, in der man sich »aufgehoben fühlt, ohne gefesselt zu sein, angenommen, ohne sich preisgeben zu müssen, und verstanden, ohne alle Geheimnisse zu enthüllen« (Bayerische Staatszeitung), muß zur »Evangelischen Akademie Tutzing« (EAT) an den Starnberger See gehen. Dieses »Hospiz der Lebenskunst« ging als Einrichtung der evangelischen Landeskirche aus den Erfahrungen im Kirchenkampf des Dritten Reiches hervor und ist nach wie vor ein Quellort vieler Ideen und Sammelpunkt der Intelligenz. Verantwortung für das Allgemeinwohl und Teilnahme an der Gestaltung der öffentlichen Verhältnisse aus dem reformatorischen Glauben sind die Motive, ein faires Forum für die Fragen der Zeit in möglichst großer thematischer Breite auf kirchlich »freiem« Grund anzubieten soll das Verfahren sein; als »Stätte des Gesprächs mit Unvoreingenommenheit der Aussage« (Claus-Jürgen Roepke) will die EAT evangelisches Weltverständnis vermitteln.

Das Interesse an der Arbeit der EAT steigt ständig. Allein aus der Statistik geht hervor, daß im Jahr 1953 an dreiundsiebzig Tagungen insgesamt 4527 Personen teilnahmen, zwanzig Jahre später sich diese Zahl mehr als verdoppelte und im Jahr 1991 an einhundertneunundachtzig Tagungen, von denen die Akademie neunzig selbst veranstaltete, insgesamt 18366 Personen teilgenommen hatten, was einer durchschnittlichen Teilnehmerzahl von knapp einhundert pro Tagung entspricht und besondere Veranstaltungen wie Jahresempfänge, Konsultationen oder geschlossene Tagungen nicht einschließt.

Ein Direktor, ein Verwaltungsleiter, vier ordinierte und vier nichttheologische Studienleiter, ein Frankenreferent und ein Studienleiter für die Zusammenarbeit mit den neuen Bundesländern sowie freie Mitarbeiter und ein vergleichsweise kleiner Servicestamm bewältigen dieses Programm. Der Arbeit in Nordbayern wird zusätzliches Interesse gewidmet. In der weiteren Öffentlichkeit wurde die EAT mit dem »Politischen Club« bis Washington und Moskau bekannt, durch den »Bayerischen Hochschultag« und das »Forum für junge Erwachsene« konnte sie immer wieder in besonderen Bereichen überraschend wichtige Beiträge einbringen. Wesentliche Überlegungen zur Tourismusfrage in der mobilen Gesellschaft oder zur Schlagermusik kamen aus Tutzing.

Neben dem »Kuratorium der Evangelischen Akademie«, das Mitverantwortung trägt und berät, versteht sich der »Freundeskreis der Evangelischen Akademie Tutzing« mit einunddreißig autonomen Ortskreisen und rund 2500 Mitgliedern als ein »Network« (Claus-Jürgen Roepke), das die Akademie umschließt. Er setzt die Tagungsarbeit auf lokaler Ebene fort, veranstaltet Sommerfeste und den »Bayerntag«, Bil-

Bildung durch Begegnung: Bürgermeister Walter Hilpert begrüßt den Freundeskreis der Evangelischen Akademie in Gunzenhausen

dungsreisen und die Herausgabe einer intensiven Informationskorrespondenz. Mit ihrer Hauszeitschrift »Tutzinger Blätter« gibt die Akademie Einblick in die Arbeit und lädt zu weiteren Besuchen ein.

Erwachsenenbildung

Laut Gesetz des Bayerischen Landtags verfolgt die Erwachsenenbildung »das Ziel, zur Selbstverantwortung und Selbstbestimmung des Menschen beizutragen. Ihr Bildungsangebot erstreckt sich auf persönliche, gesellschaftliche, politische und berufliche Bereiche«. Da man nicht nur einmal für das ganze Leben, sondern sein Leben lang lernt und zunehmend nach den Hintergründen fragt, ist hier auch die Kirche gefragt, ihre Angebote zu machen.

Als Ergebnis einer konsequent betriebenen Entwicklung bestehen heute in allen größeren Regionen, meistens im Dekanatsbezirk, entsprechende »Evangelische Bildungswerke«. Sie heißen »Augustana-Forum« (Augsburg), »Evangelisches Forum« (München), »Stadtakademie« (Nürnberg), »Bildungszentrum« (Rothenburg o. d. Tauber) oder »Rudolf-Alexander-Schröder-Haus« (Würzburg) und fassen häufig wie beim »Evangelischen Forum Westmittelfranken« (Ansbach) mehrere Dekanatsbildungswerke zusammen. Sie wollen sich »aus christlich-humanitärer Sicht in den modernen Dialog der Gesellschaft einschalten« (Walter Pisarsky). Nachdem sich am normalen Gemeindeleben nicht viel mehr als ein knappes Viertel der Getauften beteiligt, können die 46 Bildungswerke Grenzen überschreiten, Wissen anbieten und Orientierung vermitteln. Im Jahr 1990 haben an den Veranstaltungen der evangelischen Erwachsenenbildung in Bayern 6530 Menschen bei theologischen Themenstellungen, 1383 bei diakonischen Fragen, 5951 an Veranstaltungen über soziale, gesellschaftspolitische oder kulturelle Probleme und 4363 über sonstige Themen teilgenommen. Insgesamt erreicht das Angebot im Schnitt weit über eine Million Teilnehmer pro Jahr. Der Finanzaufwand dafür liegt bei einem Prozent des kirchlichen Haushalts, zu dem staatliche Zuwendungen kommen.

Als Dachorganisation und Plattform für die solidarische Zusammenarbeit nach dem Vereinsprinzip wurde im Jahr 1974 die »Arbeitsgemeinschaft für Evangelische Erwachsenenbildung« (AEEB) geschaffen, die mit ihrer Geschäftsstelle in Tutzing 78 Einrichtungen mit über 2400 ehrenamtlichen, nebenberuflichen und pädagogischen Mitarbeitern dient. Der jährliche Gesamtaufwand von über DM 31,7 Millionen wird je zu einem Viertel von der Landeskirche, den Teilnehmern, Zuschüssen der öffentlichen Hand und sonstigen Quellen, auch Spenden, bestritten; staatliche Zuschüsse betragen durchschnittlich DM 6 pro Bildungsplatz.

Im Jahr 1990 nahmen an den 32 780 Veranstaltungen der AEEB 896 597 Menschen teil. Die meisten Programmthemen befaßten sich mit Philosophie und Religion (7924 Veranstaltungen mit 228 047 Teilnehmern), Lebensfragen (6670 Veranstaltungen mit 144 378 Teilnehmern), Kultur und Muse (6670 Veranstaltungen mit 191 370 Teilnehmern), Länderkunde und internationale Begegnungen (3652 Veranstaltungen mit 131 740 Teilnehmern), Gesundheitsfragen (3091 Veranstaltungen mit 62 264 Teilnehmern) und Gesellschaftspolitik und Wirtschaft (2701 Veranstaltungen mit 89 589 Teilnehmern); am wenigsten gefragt waren Vorbereitung auf den Schulabschluß (5 Veranstaltungen mit 189 Teilnehmern) und berufliche Fortbildung und Umschulung (12 Veranstaltungen mit 306 Teilnehmern). Da wird deutlich, daß die kirchliche Erwachsenenbildung Besonderes zu bieten und Vertrauen gefunden hat.

Tagungsstätten

Im Konzert mit der »Evangelischen Akademie Tutzing« und den regionalen Bildungswerken der »Arbeitsgemeinschaft für Evangelische Erwachsenenbildung« spielen einige besondere Bildungsstätten eine herausgehobene Rolle. Dazu gehören die »Evangelische Tagungsstätte Wildbad Rothenburg«, die »Tagungs- und Bildungsstätte Schloß Schwanberg«, die »Bildungs- und Erholungsstätte Langau« das »Diakonische Tagungs- und Fortbildungszentrum Sonnenheim« in Neuendettelsau, die »Christliche Tagungsstätte Hohe Rhön« in Bischofsheim, mehrere Jugendtagungsstätten und in ihrer spezifischen Weise auch die »Evangelisch-Lutherische Gemeindeakademie« in Rummelsberg sowie das »Diakonie-Kolleg«.

Erwachsenenbildung in Westmittelfranken: Die evangelische Tagungsstätte Wildbad Rothenburg o. d. Tauber, seit 1983 immer beliebter

BILDER DER GEMEINDE

Unter dem Zeichen des energischen Nashorns entwickelte das 1954 von Pfarrer Georg Rückert begründete »Collegium Augustinum« im diakonischen Geist ein heute selbstverständliches Modell des selbständigen Seniorendaseins und schuf von München aus ein großes Sozialwerk mit Wohnstiften, Schulen und Kliniken in ganz Deutschland.

WER GLAUBT, LEBT BESSER
Die musische Kirche

Muse ist das, was nicht sein muß. »Das Wesentliche fängt erst an, wo das Notwendige aufhört und wo das Überflüssige, das Übernotwendige, erzeugt wird« (Carl Zuckmayer). In einer »Kirche des Wortes«, weniger des Kultes, haben es die Musen und die Kultur nicht immer leicht, zumal nach dem Lust-Verlust durch den moralisierenden Rationalismus. Kirche und Kunst gehen schwerer zusammen in einer Zeit, die die Künste durch Leistung bedrängt, so daß sie sich verrätseln müssen, um sich zu retten, und auch bei der Kirche kaum mehr Erlösung suchen. Da glauben viele Künstler, dem »Urphänomen Religion« ohne geistlichen Bezug näher zu sein und werfen der Kirche Unverständnis für die Moderne vor. Wer aber Gott nicht dienen darf, muß ihm Konkurrenz machen. Und es ist die allerchristlichste Erfahrung: wer glaubt, lebt besser, umfassender und tiefgründiger.

Bayerns evangelische Kirche war niemals unmusisch: Poesie und Kirchenmusik, Malerei, Plastik, Goldschmiedekunst, Gemeindeleben und Pfarrhauskultur zeugen davon ebenso wie die ganz einfachen Formen der Bastelkurse für Jugendliche und Nähkurse in Volkshochschulen. Abgesehen von der jahrhundertelangen Pflege der Orgeln, Glocken, Bilder und Fenster, Kirchenbücher und anderer Wertgegenstände, die in der Hand von Gemeinden lag, haben sich in der bayerischen Landeskirche um Kunstfragen seit 1884 der »Verein für Christliche Kunst« bemüht, seit 1950 das neu eingerichtete »Technische Referat« im Landeskirchenamt und seit 1990 der »Kirchliche Beauftragte für Kunst«, Andreas Hildmann, der auch die Publikation »Annäherung – Die schönen Künste und die Evangelisch-Lutherische Kirche in Bayern« herausgibt. An der Universität Erlangen-Nürnberg existiert ein Lehrstuhl für Christliche Archäologie und Kunstgeschichte.

Der »Verein für Christliche Kunst in der Evangelisch-Lutherischen Kirche in Bayern e.V.« entstand 1884 am Rande eines Missionsfestes in Nürnberg durch Pfarrer und Künstler. Seine Mitglieder, Pfarrerinnen und Pfarrer, Hochschullehrer, bildende Künstler, Architekten und engagierte Laien, versuchen, durch intensive fachliche Beratungen Grundsatzfragen zu behandeln, Gemeinden zu beraten, Hilfe beim Umgang mit alten Kunstwerken zu geben, Unterricht und Erwachsenenbildung zu beeinflussen und sich in besonderer Weise um Form und Gestalt des Glaubens zu bemühen. Der Verein publiziert seit 1909 die Zeitschrift »Kirche und Kunst« mit Themenheften, er wirkt in die Öffentlichkeit durch Ausstellungen, Fortbildungsangebote und Vortragsveranstaltungen.

Literatur

Martin Luther forderte 1524 in einem Sendbrief dazu auf, »daß man Fleiß und die Kosten nicht spare, gute Libreyen oder Bücherhäuser zu verschaffen« und erreichte damit nicht zuletzt im Übergang von der alten zur neuen Kirche das Überleben der alten Klosterbibliotheken, von denen dreihundert Jahre später so viele in der Säkularisation untergingen.

Die bayerische Landeskirche unterhält, nicht zuletzt in der Solidarität zu ihren eigenen Literaten wie Rudolf Alexander Schröder, Heinz Flügel, Helmut Zöpfl und manch anderen, im Amt für Gemeindedienst eine Arbeitsstelle für Büchereiarbeit und den »Bayerischen Verband evangelischer Büchereien«. An »Evangelischen Buchhandlungen« bestehen nach wie vor mehrere. Der »Christian-Kaiser-Verlag« und der »Claudius-Verlag« besorgen die Herausgabe evangelischer Literatur. Kirchliche Einrichtungen wie die Evangelische Akademie Tutzing und die »Arbeitsgemeinschaft für evangelische Erwachsenenbildung« bemühen sich auf ihren Wegen um die Förderung von Literatur und Lesekultur.

Künstler in der Kirche: Olla Magnus in der Münchner Markuskirche bei einer Ausstellung ihrer surrealen Laserdruck-Collagen

Bildkunst

Eine »zweihundertjährige Kunstvergessenheit im Protestantismus, bei der evangelische Gemeinden oft Elektrikern und Heizungsbauern aufgeschlossener gegenüberstehen als Kirchenmalern und Bildhauern« (Peter Porscharsky) hat weithin vergessen lassen, daß ein Bild mehr sagen kann als viele Worte und daß »die Kirche auf die Künstler als Vermittler gar nicht verzichten kann« (Rainer Volp). Gegenbeispiele sind die Aufgeschlossenheit vieler evangelischer Dorfgemeinden, die trotz ihrer kulturellen Abgeschiedenheit vom großen Weltgetriebe die hochrangigsten Abendmahlsgeräte, Fresken, Bauten und Friedhöfe erhalten oder in der Gemeindebeschreibung fröhlich festhalten.

Um Kunstgüter in evangelischer Hand zu schützen, haben Gertrud Voll in Neuendettelsau für ganz Bayern und Dagmar Thormann in Bad Windsheim für Franken den Kampf um Rettung und Erhaltung christlicher Schätze aufgenommen. Es geht Gertrud Voll vor allem um die Vasa Sacra und edles Kirchengut; sie erhielt für ihre bewundernswerte Leistung 1991 die Ehrenmedaille des Landesdenkmalamtes. Das Interesse von Kirche und Gemeinden wird noch mehr erwachen, wenn sie erst das Ergebnis dieser Arbeiten zur Kenntnis nehmen können.

In Bayern sind zahlreiche evangelische Künstler am Werk. Zu ihnen gehören Glasbildmaler wie Arno Bromberger, Rudolf Büder, Adolf Kleemann und Hans Gottfried von Stockhausen, Bildhauer wie Helmut Amann, Heinz Heiber, Karlheinz Hoffmann und Fritz König, Freskanten wie Walther Senf, Günther Danco und Hubert Distler, Goldschmiede wie Georg Engelhardt, Hermann Jünger, Fritz Rickert und Anne Schütz-Miller. Einer der bekanntesten Maler ist Walter Habdank, der in seinen kraftvollen Holzschnitten die biblischen Themen durch sprechende Bilder mit leuchtenden Farben in die Gegenwart stellt; sein umfangreiches graphisches Werk, das auch in katholischen Kreisen anerkannt wird, deutet die Fülle des menschlichen Lebens in Gottes unendlicher Schöpfung. Zu den evangelischen Künstlern gehört aber auch der aus Pommern stammende »Herrgottsschnitzer von Bodenmais«, Joachim von Zülow; er stellt sich in die volkstümliche Tradition, schnitzt Kruzifixe, Krippen, Heiligenfiguren und setzt die alte Art einer religiösen Werkstatt fort.

Architektur

Trotz der fränkischen Sandsteingotik, die manche Zeitgenossen für »typisch evangelisch« halten, und auch ohne Rücksicht auf die barocke Bauperiode im Markgrafenstil, glückliche Leistungen der Jugendstilepoche und die modernen Bestrebungen einer als »nackt« empfundenen Nüchternheit im Betonbau muß man sagen: es gibt keine ausgesprochen evangelische Architektur des Kirchenbaus. Das einzig typische ist die Freiheit der Gestaltung aus der persönlichen Überzeugung des Architekten oder der Gemeinde.

Waren in der Vergangenheit seit 1945 mehr Kirchen gebaut worden als seit der Reformation, so sagen immer mehr Brautpaare, sie wollten »in einer richtigen Kirche« heiraten, fromme Gemeindeglieder wenden sich gegen die »Kirche als Wohnstube«, der Sakralraum mit Orientierung zum Altar und sinnlich erfahrbarer Transzendenz wird eingefordert; doch rufen andere nach der »Kirche als öffentlicher Raum« und plädieren für eine bedingungslose Entgrenzung kirchlicher Gebäude.

Denkt man an die vielen evangelischen Gemeindehäuser, Kindergärten, Amtsräume und diakonischen Anstalten, erscheinen die Fragen einer kirchlich begründeten Architektur um so wichtiger. Denn sie hat keine andere Aufgabe als die aller Altvorderen, der einfachen Maurermeister wie der fürstlichen Hofbauingenieure: Gotteshäuser zu errichten, die dem Gericht Gottes standhalten können, indem sie der christlichen Gemeinde den Raum für den Gottesdienst schaffen. Aber die Gemeinde ist dafür verantwortlicher als die von ihr bestellten Künstler.

Kirchenmusik

In Bayern begann die evangelische Kirchenmusik, genauer besehen, bei der Freundschaft des Reformators Martin Luther mit dem Münchner Hofmusikus Ludwig Senfl aus Zürich (1488 bis 1543). Vor dem Dreißigjährigen Krieg notierte man schon bei St. Michael in Fürth eine gut funktionierende Kirchenmusik, Orgelbauten und die Honorare von Solisten in den Kirchenbüchern. Nach dem Dreißigjährigen Krieg entstanden in Franken die »Adjuvantenchöre« oder »Adstantenchöre« aus Musikschulen mit einem behördlich-konsistorialen »Regulativ« (Ordnung). Sie traten bei Kindstaufen, Hochzeiten, Begräbnissen und im Gottesdienst auf, übten sich aber auch in weltlicher Musik, woraus sich später der Ausdruck »Kirchspiel« oder »Pfarrspiel« ergab.

Im engeren Sinn der musikalischen Entwicklung seit dem Zweiten Weltkrieg darf man für Menschen wie Karl Richter und sein Werk oder Klangkörper wie den »Windsbacher Knabenchor« und Einrichtungen wie die »Nürnberger Orgelwoche«, die »Erlanger Orgeltage«, die »Bachwoche Ansbach« und einzelne Veranstaltungen nur dankbar sein. Als habe diese Kirche den Aufbruch nach 1945 sicherheitshalber kaum mitgemacht, sieht man jetzt mit Interesse, wie die Avantgarde zu den alten Ufern zurückschaut. Neben Komponisten wie Distler, Micheelsen, Reda, Pepping und Kaminski gewinnen Meister wie Messiaen, Hindemith, Penderezky an Gewicht, und in Südbayern behauptet sich die sinnlichere Linie der »alpenländischen Dreiklangharmonik«.

Im Jahr 1990 gab es in der Landeskirche 1413 Kirchenchöre und 590 sonstige Instrumentalkreise neben den 997 Posaunenchören. 1991 zählte man allein in München rund 2500 Sängerinnen und Sänger und 500 Kinderchöre, darunter der von Karl Richter gegründete »Bach-Chor«, der seit 1961 im »Würzburger Bach-Chor« durch den Richter-Schüler Günther Jena einen Nachfolger fand. Zur klassischen Kirchenmusik kamen aber auch ganz neue Töne, die sich schon beim Dortmunder Kirchentag 1963 in der aus Bayern beigetragenen Veranstaltung »Choräle, Songs und neue Lieder« die Bahn gebrochen hatten. Bekannt wurde die Pop-Gruppe »Jericho« in Schweinfurt, die Gruppe »Zebaoth« von Peter Bubmann mit ihren Stilsynthesen, die Gospel-Chöre in Neumarkt in der Oberpfalz und Fürstenfeldbruck oder die Combo der Johanneskirche in Ansbach. Der beim Jugendwerk in Nürnberg tätige Diakon Friedrich Rößner gilt als »Pop-Diakon« und bemüht sich um Förderung der Musik dieser Art in der Kirche.

Im Jahr 1990 gab es in der bayerischen Landeskirche 4409 kirchenmusikalische Veranstaltungen, 10 Prozent mehr als im Vorjahr. Es gibt derzeit 110 hauptamtliche und etwa 2500 nebenamtliche Kirchenmusiker und zusätzlich etwa 2000 Organisten, die bei kirchlichen Handlungen tätig werden; 1250 Kantoren gehören dem »Verband der Kirchenmusiker« an, von denen jeder zehnte an einer jährlichen Fortbildungswoche teilnimmt. Im Lande verantwortlich sind je ein Landeskirchenmusikdirektor für Nordbayern und Südbayern und sechs Beauftragte in den einzelnen Kirchenkreisen, dazu hat jeder Deka-

Musische Kirche: Chorprobe in der Christuskirche in München

Posaunenspiel

Die Laienmusik ist eine Eigenheit in der evangelischen Kirche und dabei insbesondere das Spielen im Posaunenchor, der allerdings mehr Blechblasinstrumente vereinigt als nur die allseits beliebte Zugposaune und die Ventilposaune. Aus dem »Beerdigungsblasen« hervorgegangen, wird der Posaunenchor nicht zuletzt wegen seiner akustischen Durchsetzungskraft als besonders wirksamer Beitrag zum Gottesdienst und übrigen Gemeindeleben geschätzt.

In einem mittleren Dekanat wie Ingolstadt gibt es in neunzehn Gemeinden sechzehn Posaunenchöre mit rund zweihundert Bläsern und ebenso viele Kirchenchöre mit rund dreihundert Sängern und Sängerinnen, dazu einzelne Kindergruppen und Instrumentalgruppen. Fünfundsiebzig ehrenamtliche Mitarbeiter wirken als Leiter dieser Chöre und Ensembles oder sind als Organisten tätig. Der evangelischen Kirche ist auf diese Weise ein großer Reichtum anvertraut, dessen liebevolle Pflege allen obliegt.

Der »Verband Evangelischer Posaunenchöre« wurde 1921 gegründet. Der Verband umfaßt derzeit 991 Posaunenchöre mit fast 18 000 Frauen und Männern, die Gottesdienste ausgestalten, Vereinsfeiern bespielen und bei Hochzeiten oder Beerdigungen mitwirken. Mehr als die Hälfte sind junge Menschen, die auch nach neuen Formen wie modernen Liedern, Jazz- und Big-Band-Klängen streben. Bei Landesposaunentagen und Kirchentagen versammeln sich bis zu über tausend Bläser zum gemeinsamen Spiel. Nachdem schon der siebte »Landesposaunentag« im Jahr 1932 mit 1200 Bläsern vom Bayerischen Rundfunk übertragen und dann die Zusammenarbeit vom NS-Regime unterbunden worden war, vereinigte die große evangelische Laienbewegung im Sommer 1991 in Nürnberg 10 000 Bläserinnen und Bläser aus ganz Bayern und zog 20 000 Besucher zu seinen Veranstaltungen an.

Unter den vielen regionalen Treffen nahm seit 1983 der »Grenzland-Posaunentag« in Simbach am Inn durch die Teilnehmer aus Franken, Bayern und Österreich einen internationalen Charakter an. Bleibt zum Thema Laienmusik zu berichten, daß sich in der Diasporagemeinde Vilshofen/Niederbayern mangels eines Posaunenchores, doch dank der tätigen Pfarrfrau eine Flötengruppe bildete, die auch schon Mozarts »Kindersymphonie« oder Ragtime-Musik spielte.

natsbezirk einen bestellten Bezirkskantor. Sie arbeiten selbstverständlich mit dem 1992 erstmals ernannten hauptamtlichen Orgelsachverständigen in Nürnberg, mit den vierzehn nebenamtlichen Orgelsachverständigen und zwei Glockensachverständigen zusammen. Der Titel »Kirchenmusikdirektor« wird vom Landeskirchenrat verliehen und gehört zur Zeit mehr als einem Drittel aller hauptamtlichen Kirchenmusiker.

Zur Sammlung der Kräfte dienen der »Verband Evangelischer Kirchenmusiker in Bayern e. V.«, der »Landesverband Evangelischer Kirchenchöre in Bayern e. V.«, der auch die »Soli-Deo-Gloria-Plakette« verleiht, und der mitgliederstarke »Verband Evangelischer Posaunenchöre in Bayern e. V.«, der schon seit 1921 existiert. Ein »Arbeitskreis für Neue Musik in der Evangelischen Kirche« widmet sich seit 1990 der Avantgarde und brachte als Börse für Entwicklungen die »Tage für Neue Musik in der Kirche« in Ansbach hervor.

Wegen seiner hohen Musikalität und kirchentreuen Qualität in Bayern seit langem geschätzt, aber auch international bekannt geworden ist der »Windsbacher Knabenchor«. Vom Dresdner »Kruzianer« Hans Thamm seit 1946 aus dem Schülerfundus des Gymnasiums am »Pfarrwaisenhaus« in Windsbach gegen alle Schwierigkeiten entwickelt, hat der »im fränkischen Hinterland« lebende Chor trotz seiner erheblichen Standortnachteile und des naturbedingten Wechsels von bis zu zwanzig Sängern an jedem Schuljahresende mit den rund 125 Chorstimmen im Alter zwischen zehn und achtzehn Jahren einen bedeutenden Ruf erworben. Viele Kirchenkonzerte, die Mitwirkung bei Festspielen und Opernaufführungen, Rundfunksendungen, Schallplattenaufnahmen und Konzertreisen in alle Kontinente zeugen davon.

Humor in der Kirche?

Wer die Menschen kennt, weiß, daß ihr Schöpfer enorm viel Humor haben muß, denn seine Ebenbilder sind lachfähig und zuweilen lächerlich; wer offen durch die Welt geht, weiß auch, daß »Humor ist, wenn man trotzdem glaubt«. Zweiflern hilft die Botschaft der Engel von der »großen Freude« in der Geburtsnacht Christi. Obwohl oder weil die Protestanten im Lauf der letzten vier Jahrhunderte wenig zu lachen hatten und manche Beobachter meinen, dies entspreche auch der lutherischen Theologie, entwickelte sich nach dem »1000jährigen Reich« Hitlers mit zunehmender Souveränität der Humor in der Kirche.

Zuerst: Sechs Jahre nach dem Kriegsende in der Evangelischen Akademie Tutzing die Tagung »Das verlorene Lachen« mit Hans Albers, Werner Finck, Walter Kiaulehn, Horst Krüger und Pfarrer Adolf Sommerauer als Leiter.

Dann: 1959 zum Münchner Kirchentag das allererste Kirchentagscabaret »K(l)eine Experimente« mit dem Titel »Was bleibt, muß uns doch reichen«, auf Anregung von Heinrich Giesen durch Walter Netzsch, Ulrich Fick und Gerhard Bogner mit Beistand von Theodor Glaser realisiert, oft nachgeahmt, tief in der Wirkung.

Daraus: Das »Weißblaue Beffchen« und »Die Avantgardinen«, Laien-Kabaretts von Pfarrfrauen und ihren Gatten, und Gemeindekabaretts wie »Das lustige Zwiebeltürmchen« in Neustadt a. d. Saale, in der ursprünglichen Form der Äußerung bis heute tätig.

Die Arbeiten des linkshändigen Pfarrers Werner »Tiki« Küstenmacher sind zur Institution einer alternativen Aussageweise von Verkündigung und Quelle unzähliger (auch unerlaubter) Nachdrucke geworden: der »Karikaturen-Kalender für das Jahr des Herrn«, »Von Adam bis Zachäus – Ein biblisches ABC«, »Die fromme Geisterbahn – Der himmlische Bilderbogen« in der fünften Folge, »Ich lese die Bibel, weil ...« mit sechzig guten Gründen für das Buch der Bücher, »Das Rätselbild von Babylon – Noch ein geheimnisvolles Bibel-Bilder-Rate-Buch« und seine weiteren, verschmitzten Werke und die nicht davon trennbare Computerfreude.

Der »Humor-Pfarrer« Ebermut Rudolph hielt in St. Mang in Kempten Tiergottesdienste, schuf einen »Tag des himmlischen Humors« mit den Namenspatronen St. Martin und Martin Luther für jeden 11. November eines Jahres und einer Humor-Preisverleihung von DM 11,11, gründete humorvollerweise eine »Erfassungsstelle für Humor in der Kirche« und verlieh 1978 als Pfarrer von Rain a. Lech postum an Papst Johannes Paul I. die Würde eines »Doctor theologiae humoris causa«.

Die Sammlung von Kinderwitzen »Als Papa noch ein Affe war« des Pfarrers Hartmut Preß, aus einem Wettbewerb seiner Kinderzeitung hervorgegangen, ehrt den Claudius-Verlag und zeugt vom Humus, der sie hervorbrachte.

Kabarettisten wie der »Scheibenwischer« Dieter Hildebrandt nehmen ihre Kirche ohne Poltergeist auf den Arm und ernst, damit die Protestanten wissen, »wes (freien) Geistes Kind sie sind«.

Der Karikaturenmacher:
Werner »Tiki« Küstenmacher

Verkündigung mit Biß:
Das Kirchen-Kabarett »Das weißblaue Beffchen«

TROTZ ALLEM
Männer in der Kirche

Viele moderne Männer haben ein Problem mit der Kirche, weil dort nicht ohne weiteres gilt, was sie selbst geschaffen haben und verantworten wollen. Da sie aber weder eine vollkommene Welt herstellen, noch die bestehende von ihren Schwächen erlösen können und dennoch danach streben, geraten sie mit dem Schöpfer in einen heillosen Konflikt. Gott soll schuld sein, daß sie nicht an ihn glauben können. Sie haben Schwierigkeiten mit der Kirche, weil sie zu wenig verstehen, daß sie vom Evangelium nicht aus ihrer Rolle gedrängt, sondern zum personalen Sinn geführt werden. Beim dramatischen Wandel der traditionellen Männer-Rolle in der Welt und in der Kirche sollte eine theologische Orientierung für die Zukunft sinnvoll sein. Ob sie endlich gesucht wird und gelingt?

Die evangelische »Männerarbeit« muß an ihren Ausgangspunkt zurückdenken, um vorwärts zu kommen: es war die diakonische Zuwendung zu jenen familienlosen Arbeitern, Angestellten und Handwerkern, die im frühen Industriezeitalter in die Städte drängten, um dort ein besseres Leben zu finden. Nachdem viele in persönliche Schwierigkeiten gerieten und unter dem Einfluß säkularer Ideologien das Proletariat bildeten, und es den Intellektuellen bei ihrer Auswanderung in das verführerische Dickicht der Naturwissenschaften kaum anders erging, wurden die ersten Christen wach. So entwickelte sich ein neues Kapitel der Kirchengeschichte, das auch nach dem Niedergang des Sozialismus und dem Erschrecken über die Atombombe noch nicht beendet ist. Noch kompensieren viele Männer ihre Gefühlsdefizite mit der Technik und verwandeln ihre Kommunikationsarmut in die Devise »Männer haben keine Probleme«; aber es wird immer deutlicher, daß der Glaube an die Macht der Objektivität eine Falle für die Menschlichkeit bedeutet.

Stillschweigend halten sich Männer zur evangelischen Kirche, suchen die Verbindung zwischen Kirche und Arbeitswelt, zwischen Glauben und Wissen, zwischen modernem Leben und Rechtfertigung aus Gnade. Sie unterscheiden sich in den Berufen, aber nicht in der Berufung zum Glauben. Im Jahr 1990 existierten im evangelischen Bayern 146 Männerkreise mit durchschnittlich 2254 Teilnehmern. Was sich aber hinter den Veranstaltungen des »Amtes für Sozialarbeit«, des »Christlichen Vereins Junger Männer«, der Arbeit des »Männerwerks« im Amt für Gemeindedienst oder den freien Gemeindeaktivitäten verbirgt, wer in Kirchenchören mitsingt oder in Posaunenchören bläst, ist nicht erfaßbar.

Einzelne Dekanate veranstalten unverdrossen eigene »Männertage«, andere »Männersonntage«, das »Evangelische Forum München« organisiert vorausgreifend eine »Männerakademie« mit sehr nachdenklichen Vortragsveranstaltungen; in der Landeshauptstadt existiert eine übergemeindliche »Münchner Männerrunde«, die darauf hofft, mit den emanzipierten Frauen »diese Welt vielleicht doch noch zu retten« (Artur Ziegenhagen).

Fromme Arbeit: Der Herrgottsschnitzer Karl Rappl in Oberammergau

VOR ALLEM
Frauen in der Kirche

Obwohl sie den Sinn der Kirche zu kennen meinten, sind den Evangelischen in den letzten Jahrzehnten zwei weitere Lichter aufgegangen: daß vor Gott alle Menschen gleich sind, aber in seiner irdischen Gemeinde Ungleichheit herrscht. Es heißt, die Frauen dienen, während die Männer predigen und den Segen erteilen. Da aber die Gleichberechtigung vor dem weltlichen Gesetz nicht verwechselt werden darf mit der gleichen Rechtfertigung vor Gott, formulierte die bayerische Landessynode 1988 in Passau das Ziel: »Eine geschwisterliche Kirche ist eine Gemeinschaft, in der Männer und Frauen ohne Diskriminierung und Unterdrückung einander begegnen können und den Lebensraum gewinnen, den sie brauchen.« Frauen wollen am kirchlichen Gespräch aktiv teilnehmen und dabei nicht nur die Fragenden sein.

Die Entwicklung

Die Frauen haben unter Jesu Jüngern und seit seiner Auferstehung in der christlichen Gemeinde immer eine wesentliche Rolle gespielt, auch wenn Jahrhunderte der Kirchengeschichte einen anderen Eindruck entstehen ließen. Gehörten im Gemeindeleben der letzten fünfzig Jahre vielerorts die Frauen zahlenmäßig zu den treuen Gottesdienstbesuchern und in der Treue zur evangelischen Kirche zu den tragenden Kräften, so wurden sie zuletzt im allgemeinen Kirchenleben, in Kirchenvorständen und Synoden mit Forderungen und Vorschlägen immer aktiver. Sie brachten die von innen kommenden Bewegungen auf bayerische Art ins Rollen: nicht stürmisch, kaum revolutionär, sondern überzeugend und konsequent, fraulich und nicht feministisch.

Markante Etappen der bayerischen Entwicklung waren: im Jahr 1975 nach zweijähriger Diskussion die Entscheidung der Landessynode zur kirchengesetzlichen Gleichstellung der Geschlechter im Pfarrdienst; im Jahr 1980 das »Erprobungsgesetz« zur versuchsweisen Wahrnehmung einer gemeinsamen Pfarrstelle durch zwei ordinierte Ehegatten; im Jahr 1989 die Einrichtung eines »Frauenreferats« im Landeskirchenamt; im Jahr 1990 die Wahl einer Frau zur Vizepräsidentin der Landessynode und erstmals die Berufung einer Frau zur Dekanin in Münchberg/Oberfranken. Das »Amt für Evangelische Jugendarbeit« schuf 1991 einen eigenen Arbeitsbereich für Frauen und Mädchen und stellte eine Sozialpädagogin als Referentin ein. 1991 übernahm eine Frau die Leitung der zentralen Fortbildungsstätte für evangelische Jugendarbeit in Josefstal bei Schliersee, eine andere wurde in Bayreuth die erste Vorständin eines Kirchensteueramtes; in der Rummelsberger Diakoniegemeinschaft gab es bereits dreiunddreißig Diakoninnen für Gemeindedienst, Jugendarbeit, Erwachsenenbildung und diakonische Einrichtungen; und in Veitlahm konnte die Chefin des Posaunenchores für zwanzigjährigen Dienst mit einer Urkunde ausgezeichnet und gefeiert werden. Schließlich übernahmen im Jahr 1992 erstmals eine Pfarrerin die Leitung im landeskirchlichen »Amt für Jugendarbeit« in Nürnberg und eine Diakonin die Verantwortung für das große Erholungsheim »Rektor-Nicol-Haus« in Rummelsberg. Indessen sollten die ungenannten Oberinnen der Diakonissen-Mutterhäuser, die Vorsitzenden der Frauenverbände, die Frauen in Kuratorien und Rundfunkratsgremien, die Synodalinnen in Bayern, der VELKD und der EKD sowie die zahllosen Mitarbeiterinnen mit der »stillen Macht« in Büro und Verwaltung nicht vergessen werden.

Da es in der Landeskirche im Jahr 1990 insgesamt fast zweitausend Frauen- und Mütterkreise mit nahezu 32 000 Teilnehmern gab und die entsprechenden Zahlen der Männerarbeit keine 10 Prozent davon erreichen, aber auch die Mädchen in den sozialen Diensten und Ausbildungsgängen die große Mehrheit bilden, können die Frauen auf ihre Aktivität mit Recht pochen. Sie haben schließlich auch »Landfrauentage«, die »Weltgebetstage der Frauen« und Instanzen wie die Kabaretts »Das weißblaue Beffchen« und »Die Avantgardinen« geschaffen.

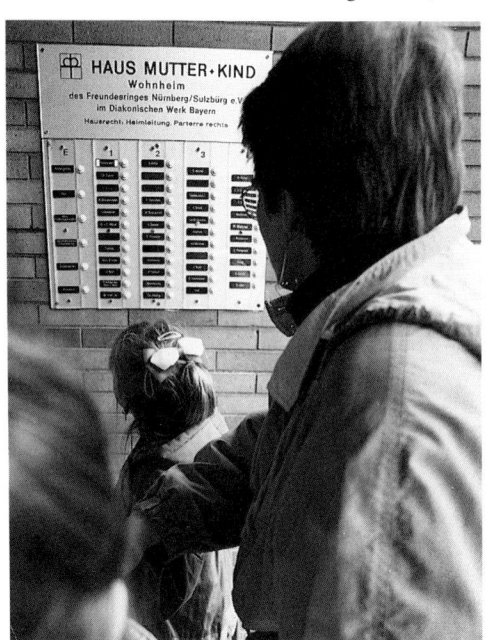

Solidarischer Dienst der Nächstenliebe: Das »Haus Mutter + Kind« in Fürth

Frauenwerk

Als Dachorganisation repräsentiert die »Evangelische Frauenarbeit in Bayern« (EFB) die gesamte organisierte »Kirche der Frauen«. Zu ihren 25 Mitgliedsorganisationen gehören der »Deutsche Evangelische Frauenbund« mit seinem Landesverband Bayern, der »Bayerische Mütterdienst«, der »Evangelische Rundfunkdienst«, die berufsständischen Organisationen und Gemeinschaften wie die der Pfarrfrauen, aber auch die Mutterhäuser der Diakonissen, soziale Einrichtungen und die »Internationale Jugendarbeit«.

Der größte Mitgliederverband ist der aus der anfangs bürgerlichen und proletarischen, dann aber auch kirchlichen Frauenbewegung des vorigen Jahrhunderts hervorgegangene, seit 1945 neu organisierte »Deutsche Evangelische Frauenbund« in Bayern. Er ist mit 7000 Frauen in zweiundfünfzig Ortsverbänden und sechsundzwanzig Anschlußvereinen vor allem durch über Fünfzigjährige repräsentiert. »Viele jüngere Frauen sind zwar bereit, sich sozial zu engagieren, wollen jedoch keine dauerhafte Bindung an eine Organisation eingehen« (Hannelore Laufenberg). Das Spektrum des Verbandes reicht vom »Haus für Mutter und Kind« in Fürth über Altenclubs, Beratungsstellen, Aussiedlerhilfe, Telefonseelsorge, Bahnhofsmission, Besuchsdienst in Krankenhäusern und Gremienmitarbeit bis zum »Evangelischen Rundfunkdienst«; in dieser für Deutschland einmaligen Organisation beobachten 300 Frauen in 10 Mitgliedsorganisationen in ganz Bayern ständig die Programme von Hörfunk und Fernsehen, um daraus in »kommunikativer Medienarbeit von unten nach oben untereinander, in ihrer Um-

gebung und mit Medienleuten konstruktive Medienkritik zu erarbeiten« (Anke Geiger).
Antonie Nopitsch gründete im Jahr 1932 in Stein bei Nürnberg den »Bayerischen Mütterdienst« und trotz der zwölf Jahre Nazi-Zeit entwickelte sich aus kleinen Anfängen ein breit gefächertes Hilfswerk für Frauen und Familien. Von »Mütterkursen« im Pfarrhaus St. Lorenz in Nürnberg mit wenig Aufwand führte die Entwicklung zu einer Zentrale mit rund 200 Mitarbeitern, 2 Familienbildungsstätten, 4 Regionalstellen, 4 Kurheimen mit 3000 Besuchern pro Jahr und einer »offenen Frauenarbeit«, an deren Veranstaltungen rund 21 000 Kursanten teilnahmen. Der Jahresetat von rund DM 20 Millionen finanziert sich aus Teilnehmerbeiträgen, Zuschüssen der Landeskirche, Leistungen der öffentlichen Hand und Spenden. Besonders beliebt ist der »Mutterkalender«, im Jahr 1935 mit einer Startauflage von 25 000 Exemplaren begonnen und heute 33 000fach verbreitet. Aus dem »Bayerischen Mütterdienst« ging auch das von Theodor und Elly Heuss geförderte, deutschlandweite säkulare »Müttergenesungswerk« hervor.
Im Jahr 1989 wurde auf Beschluß der bayerischen Landessynode beim Landeskirchenrat ein »Arbeitsbereich Frauen in der Kirche« (AFK) mit drei Referentinnen eingerichtet, zu denen über einhundertdreißig ehrenamtliche Mitarbeiterinnen und die 1992 geschaffene Zeitschrift »efi« gehören. Dieses Referat soll im Zusammenspiel der Kompetenzfelder von Theologie, Soziologie, Pädagogik und Volkswirtschaft vielfältige Schritte zur Förderung der Kirchengemeinschaft von Frauen und Männern bewirken, denn »Frauen brauchen einen Freiraum in der Kirche, um sich mit Kritik und eigenen Erfahrungen auseinandersetzen zu können« (Barbara Hauck).
Der »Weltgebetstag der Frauen«, vor hundert Jahren eingeführt und heute in über einhundertachtzig Ländern der Erde verbreitet, findet auch in bayerischen Gemeinden an jedem ersten Freitag im März statt. Da Frauen aller Konfessionen daran teilnehmen, gilt er als das eindrucksvollste Signal gelebter Ökumene.

Bereicherung von Kirche und Gemeinde: Pfarrerin Claudia Wieland beim Gottesdienst in Dießen am Ammersee

ALLEM VORAN
Jugend in der Kirche

Es ist eine uralte Erfahrung, daß man in jungen Jahren leichter erkennt und lernt. Während die alten Griechen meinten, »Wen die Götter lieben, der stirbt jung«, sagt der Prediger Salomo: »Denke an Deinen Schöpfer in Deiner Jugend!« (Sprüche 12,1). Es mag aber für die Erwachsenen noch so schwierig sein, sich zu vermitteln und einen Weg zur Erkenntnis der Wahrheit zu weisen. »Eine Kirche, die Kinder tauft, muß sich später um die Heranwachsenden kümmern« (Edgar Meyer, Weiden). Die evangelische Kirche will der Jugend auf der Suche nach dem persönlichen Lebensweg einen Sinn anzeigen, dabei Phantasie und Mut beweisen, offen sein für Gefühle und neue Gedanken, zuversichtlich und zugleich selbstkritisch eine »Welt unter Gott« möglich machen, das Evangelium und die Sakramente anbieten.

Von den 2,6 Millionen evangelischer Bayern waren 1992 fast 12 Prozent zwischen sechs und achtzehn Jahren alt. Die Landeshauptstadt München gilt mit ihren 130 000 Jugendlichen zwischen zehn und einundzwanzig Jahren als die Stadt in Deutschland mit den meisten neu-religiösen Organisationen. Sie suchen »eine Religion, an die ich glauben kann, in jeder steckt ja etwas Wahrheit« (Julia Lossie), man will »Konflikte klären, Zweifel lösen, den besseren Weg wählen« (Orakelbuch »I Ging«), aber »Heute ist Religion weniger Gottsuche als Mittel zur Selbstfindung« (Hans Waldenfels). Die »Kuschelreligiosität« ist in. Indessen war kirchliche Jugendarbeit immer irgendwie in der Krise, denn Jugend ist im Übergang und auf der Suche nach Lebenswirklichkeit.

Ein eigener Weg: Evangelische Pfadfinderinnen im Sommerlager in Breitenbrunn in der Oberpfalz

Gemeindejugend

Der Herzschlag der Jugendarbeit kommt aus der Gemeinde. Schon immer will die »Evangelische Gemeindejugend« ein mündiges Christsein vermitteln und Freiraum bieten, um sich zu erproben und zu bewähren. Dazu dienen die Treffs mit Andacht, Bibellesen, Themendiskussion, Spiel, Sport, Musik und gemeinsamen Feiern, Wandern und Abenteuer. In den Gemeinden gibt es Pfarrer und Diakone als Jugendleiter. Im regionalen Bereich sind Dekanatsjugendpfarrer, Referenten und Helfer tätig.

Als »Parlament« für die Zusammenarbeit besteht die Dekanats-Jugendkammer. Die »Jugendkonvente« vereinen in größeren Abständen alle Aktiven zu bestimmten Arbeitsthemen. Der »Jungschartag« kümmert sich auf Dekanatsebene um Jugendliche im Konfirmandenalter. Seminare, Freizeiten und Evangelisationsveranstaltungen sowie Mitarbeiterausbildung gehören zum laufenden Programm, das die Hauptberuflichen mit den Ehrenamtlichen zusammenführt. Außerordentliche Ereignisse sind übergemeindliche und ökumenische Veranstaltungen, Straßenfeste, Festivals, Musikabende, Basare für die Dritte Welt und was es sonst gibt, wo Originalität zum Zuge kommt.

Der Dekanatsjugendleiter sieht seine Hauptaufgabe in der Begleitung, Beratung und Schulung der ehrenamtlichen Mitarbeiter in den einzelnen Gemeinden, er fördert die Zusammenarbeit bei übergemeindlichen Unternehmungen, bei missionarischen Jugendveranstaltungen, Sportturnieren. Natürlich arbeitet er auch mit dem Dekanatsjugendpfarrer und den Jugendgremien vor Ort und auf Landesebene zusammen. In München bestellte die Gesamtgemeinde 1991 einen Diakon als »Dekanatsbeauftragten für Jugendreligionen«, weil mehr als die Hälfte der evangelischen Gottesdienstbesucher auf der Suche nach neuen Formen von Religiosität sind.

Kirchliche Jugendarbeit vor Ort rechnet mit zweierlei Gruppen: Jahrgangsgruppen und Dienstgruppen, die einen als Gemeinschaft Gleichaltriger nach der Konfirmation, von denen schon manche aus der »Jungschar« kamen, die anderen mit unterschiedlichem Alter zur Erfüllung gemeinsamer Gemeindeaufgaben: Gottesdienst, Kindergottesdienst, Altenbetreuung und so weiter. Immerhin gab es 1990 im Bereich der Landeskirche 4067 Kinder- und Jugendkreise mit über 47 100 Teilnehmern und 6265 Schülergottesdienste an Werktagen. In

Kirchleus/Oberfranken heißt es: »Manchmal war die Jugendarbeit wie ein kräftiger Fluß, manchmal wie ein Rinnsal, aber es ging immer weiter.«

Das Evangelische Jugendwerk

Der Dachverband »Evangelische Jugend in Bayern« umfaßt heute rund 100 000 Mitglieder der »Evangelischen Jugend in Bayern«, des »Christlichen Vereins Junger Männer« (CVJM), der »Evangelischen Landjugend in Bayern« (EJB), des »Verbandes Christlicher Pfadfinder und Pfadfinderinnen« (VCP), des »Jugendbundes für Entschiedenes Christentum« (EC), des »Christlichen Jugendbundes in Bayern« (CJB) und der »Evangelischen Jugendsozialarbeit« (EJSA). Die »Ordnung« der Evangelischen Jugend in Bayern aus dem Jahr 1974 beginnt mit der Feststellung: »Das gemeinsame Ziel ihrer Arbeit besteht darin, als mündige und tätige Gemeinde Jesu Christi das Evangelium von Jesus Christus den jungen Menschen in ihrer Lebenswirklichkeit zu bezeugen.«

Das Parlament dieser großen Vereinigung ist der bereits 1948 als Versammlung von Ehrenamtlichen der evangelischen Jugendarbeit entstandene »Landesjugendkonvent«, eingerichtet, »um der Jugend zu richtigem Selbstverständnis zu helfen« (Thusnelde Schmidt). Er wurde durch seine verschiedenartigen Aktivitäten, Beiträge zur kirchlichen Arbeit und Forderungen an die Gesellschaft immer wieder einmal zum öffentlichen Stein des Anstoßes und »Wadlbeißer« der etablierten Kirche, aber auch zu einem Impulsgeber für innerkirchliche Entwicklungen. Hier haben sich jede einzelne Gruppe und jeder Verband ihre Eigenständigkeit und den Spielraum für unterschiedliche Arbeitsweise bewahrt: die eine mehr für missionarische Wortverkündigung, der andere mehr für Betätigung in Kirche und Gemeinde und Gesellschaft, dritte durch praktisches Handeln im aktuellen Feld, jedoch wollen alle sich im mündigen Christsein erproben und bewähren.

In der höchsten Entscheidungsinstanz »Landesjugendkammer« versammeln sich unter einem gewählten Vorsitzenden 13 Ehrenamtliche aus dem »Landesjugendkonvent«, 3 Vertreter der hauptberuflichen Jugendleiter und -leiterinnen, 3 Dekanatspfarrer und -pfarrerinnen, 6 Vertreter der Verbände und 1 Landesjugendpfarrer oder -pfarrerin. Zu den Aufgaben der »Landesjugendkammer« gehört die Beratung und Beschlußfassung über Grundlinien und Arbeits-

Bezeichnendes Bekenntnis: Jugendliche aus Hof formieren das Abzeichen ihrer Gemeinschaft

schwerpunkte, Anregung und Planung gemeinsamer Veranstaltungen und Arbeitsvorhaben, die gesamte übergreifende Jugendarbeit einschließlich der Zusammenarbeit mit anderen kirchlichen Werken und Institutionen sowie die Steuerung von Finanzmitteln der Jugendarbeit. Die kirchenleitenden Organe bestellen einen »Landesjugendpfarrer«, seit April 1992 erstmals eine Pfarrfrau. Sie ist gleichzeitig die Leiterin des »Landeskirchlichen Amtes für Jugendarbeit« in Nürnberg mit der berühmten Adresse »Hummelsteiner Weg 100«. Ihr zur Seite stehen ein Schülerpfarrer, ein Pfarrer für Jugendevangelisation, ein weiterer Pfarrer, sechzehn Referenten und Referentinnen mit weiteren Mitarbeitern, unter ihnen auch der »Pop-Diakon« Friedrich Rößner mit dem besonderen Interesse am zeitgemäßen Musikleben. Sie bestimmen die

Arbeitsschwerpunkte, halten die Kontinuität auf Landesebene und fördern die gemeindliche und spezifische Jugendarbeit, an der sich insgesamt 300 haupt- und nebenberufliche sowie rund 5000 ehrenamtliche Mitarbeiter beteiligen. Dazu gehört auch die Zeitschrift »Nachrichten der Evangelischen Jugend in Bayern«. Einzelne »Evangelische Jugendwerke« auf regionaler Ebene tragen den Namen ihres kirchlichen Lebensraumes und bilden in der Praxis eine mittlere Ebene zwischen der Gemeinde und den übergreifenden Einrichtungen.

Zum »Landeskirchlichen Amt für evangelische Jugendarbeit« gehört das »Studienzentrum für evangelische Jugendarbeit« in Josefstal bei Schliersee, das Jugendleiter ausbildet und als ökumenisches Zentrum dient. Diese Denkwerkstatt entwickelt neue Formen der Arbeit und transportiert sie in rund fünfzig Kursen pro Jahr zur Praxisebene.

Vereine, Verbände, Alternativen

Um nach den Jahren des schulischen Lernens sich selbst zu erfahren und in der Realität des Alltags die Solidarität mit anderen zu üben, erfand das »Diakoniewerk Neuendettelsau« im Jahr 1954 für junge Menschen das »Diakonische Jahr«. Diese »Brücke der Neugier« wird inzwischen von allen Kirchen angeboten und durch ein Bundesgesetz als »Freiwilliges Soziales Jahr« gefördert. Diakonie und Jugendwerk bieten Jugendlichen mit entsprechender Begleitung und einem Taschengeld befristete Beschäftigung bei Kranken, Behinderten, Alten, auf Sozialstationen und in kirchlichen Einrichtungen an sozialen Brennpunkten. Im Jahr 1990 haben davon 85 Prozent Jugendliche direkt nach dem Schulabschluß, unter ihnen 59 Prozent Gymnasiasten und 15 Prozent aus dem Erwerbsleben, Gebrauch gemacht. Zuletzt nahmen auch Jugendliche aus den neuen Bundesländern und Ausländer daran teil.

Für viele Menschen lebensentscheidend und auf eigene Weise, wenngleich in Stadt und Land verschieden, kirchlich wirkt der »Christliche Verein Junger Männer« (CVJM), im Jahr 1855 nur für junge Männer gegründet und seit 1886 auch in München beheimatet, sammelt Menschen, die »Jesus nach der Heiligen Schrift als ihren Herrn anerkennen, im Glauben und Leben seine Jünger sein und gemeinsam danach trachten wollen, das Reich ihres Meisters unter den jungen Menschen auszubreiten« (Dekanatsbuch Erlangen). Dazu dienen Bibelarbeit, Gruppentreffen in allen Altersstufen, Sport und Spiel, Freizeiten an Wochenenden und in den Ferien, Veranstaltungen einzelner Interessengruppen, offene Abende, Feste, Feiern im Kirchenjahr und missionarische Aktionen bis in die Dritte Welt. Das dreieckige Abzeichen des CVJM soll die Einheit von Leib, Seele und Geist ausdrücken. Eingeweihte berichten stolz, daß das Basketball-Spiel vor hundert Jahren vom CVJM in Amerika »ganz gezielt erfunden worden« sei und heute weltweit 250 Millionen »Korbjäger« vereine.

Der »Verband Christlicher Pfadfinderinnen und Pfadfinder« (VCP) hat in Bayern 60 »Stämme« für 3200 Mitglieder, aufgeteilt in Kleingruppen von jeweils sechs bis zehn Jugendlichen beiderlei Geschlechts. Sie streben ein Leben unter christlicher Orientierung an und verpflichten sich zu einer guten Tat an jedem Tag. Im täglichen Denken und Handeln, beim Umgang mit Menschen und der Schöpfung kommt das breit gefächerte Interesse ökumenisch zum Ausdruck. In der Gemeinschaft wird besonderer Wert auf geistige, musische und handwerklich-kreative Elemente, Tanz, Spiel, Singen und Gestalten gelegt; Gottesdienste, Meditation, Gespräche und Ausdruck der Verbundenheit gehören zum religiösen Teil der Gemeinschaft. In Bayern existieren mehrere Zentren und Schulungsheime, am Bucher Berg bei Breitenbrunn im Oberpfälzer Jura wird zur Zeit ein internationales Pfadfinderzentrum vorbereitet.

Weitere evangelische Jugendvereinigungen sind der »Jugendbund für entschiedenes Christentum« (EC), der Anstöße zur Änderung des Lebens vermitteln und jungen Menschen den Weg zu Jesus Christus zeigen möchte. Der »Christliche Jugendbund Bayerns« (CJB) ist eine dem landeskirchlichen Gemeinschaftsverband angeschlossene Organisation, zu deren Pfingsttreffen weit über tausend Mitglieder nach Puschendorf bei Fürth kommen. Der schon 1841 zur Rettung verwahrloster Kinder gegründete »Jean-Paul-Verein« in Bayreuth unterhält ein Stift, in dem 142 Mädchen und Jungen während ihrer Ausbildung betreut werden. Ähnlichen sozialen Zielen widmen sich die »Evangelische Jugendsozialarbeit Bayern e. V.« und der »Evangelische Verein für Jugend- und Wohlfahrtsheim e. V.« mit vier Häusern. Schließlich hat auch der »Verein für Internationale Jugendarbeit« einen Landesverein Bayern mit mehreren Ortsvereinen.

HERR,

laß unsere Wälder nicht sterben,
daß Kind und Kindeskinder
sie erben.

Laß Wolken mit saurem Regen
weichen!

Schütze Buchen,
Fichten, Tannen, Eichen!

Was sonst noch im Walde wächst,
laß wachsen,
bei uns im Land,
auch jenseits von Sachsen.

Schick uns Ärzte für Gras,
Blume und Blatt!

Fliegen, Vögel und Fische
mach satt!

Die Füchse laß
zur Schluckimpfung gehen,
daß wir sie auch in Zukunft
noch sehen.

Hilf, daß wir deinen Garten
bewahren,
und so deine Güte erfahren.

Denk an deinen Regenbogenbund,
und mach das Leben
wieder gesund.

So wollen wir dich als
Schöpfer preisen,
ob wir daheim sind oder
verreisen.

AMEN

KNUT WENZEL BACKE

DEN HIMMEL OFFEN HALTEN
Kirche für die Kinder

Das Christentum ist die Religion des Kindes, durch das der allmächtige Gott zur Erde kam. Überall ist Bethlehem, wo ein Mensch geboren wird; jeder hat Gottesebenbildlichkeit. Auch wenn unser »Jahrhundert des Kindes« mit der Geburtenregelung, dem freien Namensrecht und manchen wirren Theorien das Feld der menschlichen Beziehungen umgepflügt hat, gelten die Kinder in der Kirche nicht als »unschuldige Erwachsene«, sondern als eigenständige Wesen im Übergang vom Paradies zur Erde. Daß die Kirche mit den Kindern weithin still und selbstverständlich umgeht, daß sie dabei eher Geld verliert als es zu verdienen, und daß sie dabei Risiko trägt, entspricht dem Auftrag zur Nächstenliebe. Diese Arbeit ist frei; hier wird nicht erwartet, daß die Hingabe etwas »hergibt«.

Was evangelische Verantwortung und Liebe zu den Kindern zustande bringt, kann überall in Bayern gesehen werden. Vom einfachen Kindergarten bis zum Kinderdorf mit Krippe, Hort, Lernstube für Behinderte, Sondergruppen und Familienberatung wird alles Erdenkliche angeboten, durch hauptamtliche Fachkräfte oder ehrenamtliche Mitarbeiter betreut und solide finanziert. Niemand wird missioniert oder zum Konvertieren gedrängt, wenn er anderen Glaubens ist. Wenn sich im Jahr 1990 alle dreizehn Minuten ein Verkehrsunfall mit einem Kind ereignete und dabei rund 43 000 Kinder unter fünfzehn Jahren verunglückten (355 getötet, 11 000 schwer verletzt) und rund vierzig Kinder täglich einen Selbstmordversuch machen, von denen vier gelingen, sind alle auf das christliche Menschenbild herausgefordert. Geschwistermangel, Lernzwang, Freizeitproblem, Unterhaltungsdiktatur und Leistungsdrang prägen die Menschen von morgen mit.

Das fängt gut an: Krabbelgottesdienst mit Pfarrer Hans-Jörg Koeppen in der Andreaskirche in München

Kindergottesdienst

Nachdem in den Gemeinden St. Gumbertus in Ansbach und Hl. Kreuz in Augsburg schon im Jahr 1873 mit regelmäßigen Kindergottesdiensten begonnen worden war, finden heute in 90 Prozent aller evangelischen Gemeinden Bayerns jeden Sonntag Kindergottesdienste statt, zu denen jeweils rund 27000 Kinder kommen. Diese 51000 Gottesdienste in jedem Jahr werden von rund 8700 ehrenamtlichen Helferinnen und Helfern, weit überwiegend jungen Frauen, betreut.

Beliebt wurden die »Mini-Gottesdienste« oder auch »Krabbel-Gottesdienste« für ein- bis vierjährige Kinder, von denen sich bis zu fünfzehn Jungen und Mädchen nicht länger als zwanzig Minuten lang mit dem Pfarrer vor dem Altar zu Liturgie, Gebet und Verkündigung treffen. Im Kirchenraum erkennen sie durch Altar, Kerzen, Kruzifix, Taufstein, Kanzel und Orgel die Symbole, und oft überwinden dabei auch die begleitenden Erwachsenen ihre uneingestandene Hilflosigkeit.

Seit die Kindergottesdienstarbeit nicht mehr nur eine Sache von Pfarrer, Pfarrfrau und Lehrer, sondern der ganzen Gemeinde geworden ist, haben sich auch im Rahmen des Pfingstkirchentages auf dem Hesselberg, bei Landesmissionstagen in der Rhön und in regionalen Dekanatsbereichen »Kinderkirchentage« ergeben. Andere Formen des Gemeindeaufbaus für Kinder sind Taufgedächtnis- und Kindergottesdienste für die Größeren, Geburtstagsbriefe, Feste, Ausflüge und der Kindergarten. Die Kinder müssen sich verstanden und angenommen fühlen, vor allem wenn sie im Alltag zu wenig zu sich kommen können.

Die Kindergottesdiensthelfer treffen sich einmal jährlich zu einer »Landestagung«. Sie sind im »Landesverband für Evangelische Kindergottesdienstarbeit in Bayern« zusammengefaßt und haben im Amt für Gemeindedienst durch ständige Referenten für Kindergottesdienstarbeit, Kinderkirche und Kinderbibelwochenarbeit fachgerechte Helfer.

Kindergarten

Die Kindergärten entstanden auf dem Land, um den Erwachsenen in den Hochsommerwochen die Arbeit auf dem Feld zu erleichtern. In Ortenburg wurde 1852 einer der ersten Kindergärten geschaffen, nach dessen Vorbild in Niederbayern weitere folgten. Heute betreiben viele evangelische Kirchengemeinden einen oder mehrere Kindergärten, dazu die Diakonissenhäuser und Stationen der Diakonie, und Wilhermsdorf in Mittelfranken sagt immer noch »Kinderschule«. Nur jede zweite bayerische Familie hat ein Kind, 36 Prozent sind Einzelkinder, 52 Prozent der Mütter von Kindern zwischen sechs und fünfzehn Jahren sind erwerbstätig. Von Bayerns 2900 Kindergärten der Kirchen sind 900 mit rund 5200 pädagogischen Mitarbeitern in evangelischer Hand, aber 30 Prozent aller Plätze doppelt belegt; die Plätze in den 523 Horten reichen gerade für 2 Prozent aller Kinder. Ein Kindergartenplatz kostete im Jahr 1992 mindestens DM 30000, wovon maximal DM 21000 staatlich anerkannt und mit DM 14000 bezuschußt werden; die Betriebskosten sind also in hohem Maß Kirchenpflicht. Die evangelische Kirche in Bayern hat 1990 zehn neue Kindergärten errichtet, für 1991 waren über einhundert weitere beantragt und deshalb wurde der Haushalt für 1993 um 12 Prozent auf DM 36 Millionen aufgestockt. Was der durch Bundesgesetz geschaffene neuartige Anspruch auf einen eventuellen Kindergartenplatz in diesem Zusammenhang bedeutet, ist noch ganz unklar.

Um Ängste und Vorurteile abzubauen und miteinander auf natürliche Weise umzugehen, werden »integrative Kindergärten« für nichtbehinderte Kinder und körperbehinderte, geistig behinderte oder entwicklungsverzögerte Kinder gebildet; dort lernen die Kinder voneinander und können nach Bedarf auch gezielte therapeutische Hilfe erhalten. Allerdings kommt dies bei weitem nicht für alle rund 12000 behinderten Kinder im Freistaat Bayern praktisch in Frage und erfordert von den kirchlichen Mitarbeitern besonders viel persönlichen Einsatz. Dies gilt aber noch bedrängender für die Kinderseelsorge auf den Krebsstationen der Krankenhäuser, wo ein schwerer Weg zu gehen ist und dennoch Freude geschenkt werden kann.

Auf unser Wohl: Seniorenkreis der Andreasgemeinde in München-Fürstenried

ZEIT HABEN
Kirche im Alter

Altsein ist keine Krankheit. Die steigende Lebenserwartung beschert vielen Menschen das Vergnügen, einen dritten Lebensabschnitt in Freiheit zu verbringen. Nachdem sie im Berufsleben der modernen Welt keine Zeit hatten und als von den Pflichten befreite Zeitgenossen auf die Ewigkeit zugehen, kann dies Befreiung und Bedrohung bedeuten. Die evangelische Kirche bietet Hilfen an, damit der Mensch auch dann als Person bestehen kann, in Würde alt werden und sich auf ein neues Leben im Angesicht Gottes vorbereiten. Unzählige Christen im Altenpflegedienst wissen: »Die Achtung, die dem Alter gegeben wird, ist ein Maßstab für die Kultur eines Volkes« (Cicero, De senectude).

Die Prognose einer bevorstehenden »Seniorengesellschaft« lautet: In den nächsten vierzig Jahren wird sich der Anteil der über Sechzigjährigen verdoppeln, im Jahr 2030 werden 30 Prozent der Bevölkerung über fünfundsechzig Jahre alt sein; immer weniger junge Menschen werden immer mehr ältere ernähren und versorgen müssen. Bis zum Jahr 2000 stehen von den heute über Fünfundsechzigjährigen Bürgern rund DM 1,5 Billionen Erbmasse zur Übernahme an.

Im Jahr 1992 waren von den 2,7 Millionen evangelischen Bürgern in Bayern über 620000 (24 Prozent) über sechzig Jahre alt, doppelt soviele wie zwischen sechs und achtzehn Jahren. Die evangelische Kirche in Bayern betreute rund 100000 alte Menschen. Für die 75000 zu Hause Lebenden gab es 300 Diakonie- und Sozialstationen, 25000 wurden in 145 Heimen und Häusern diakonischer Träger von 5700 Mitarbeiterinnen und Mitarbeitern versorgt, darunter 5900 auf Pflegewohnplätzen. Am Gesamtangebot der stationären Altenhilfe hatte die Diakonie einen Anteil von 17 Prozent, am ambulanten von 24 Prozent. Die Landeskirche rechnet für die nächsten fünf Jahre mit einem Bedarf an 7000 Altenheim- und Altenpflegeplätzen; der Pflegepersonalbedarf wird sich in zwanzig Jahren verdoppeln, der ambulante Dienst um 84 Prozent steigern müssen.

Die Finanzaufwendungen der bayerischen Landeskirche können kaum umfassend errechnet werden, weil vielen Ausgaben auch indirekte Kosten zugerechnet werden müßten. Trotz aller finanziellen Zuschüsse des Staates, der Gebietsverwaltungen, Kommunen und Versicherungsträger, der Geschenke aus Lotterien und privater Spenden muß die Landeskirche erhebliche Beträge aufbringen und dennoch riskieren, daß Personal fehlt und der technische Standard zu wünschen übrig läßt.

Der »Fachverband Evangelische Altenpflege im Diakonischen Werk Bayern« organisiert die landesweite Zusammenarbeit. Mehrere Altenpflegeschulen, Fachhochschulen und individuelle Ausbildungswege wie zum Beispiel für Diakonissen und Diakone sorgen für fachlichen Pflegenachwuchs. Die »Evangelische Akademie Tutzing« bemüht sich in Tagungen um die Klärung der Seniorenproblematik, und das »Evangelische Forum« in München hat eine eigene »Seniorenakademie« geschaffen, um mit zahlreichen Kursen einen Beitrag zur Lebensgestaltung in der Großstadt anzubieten. In mehreren Dekanatsbereichen wird unter der Devise »Diakonische Zeit für Ältere« ein neuer Weg angegangen, um Senioren zu Tätigkeiten für andere anzuleiten und ihnen neue Aufgaben zu vermitteln. Die fünfmal jährlich erscheinende Fachzeitschrift des Diakonischen Werks der EKD »Evangelische Impulse« und weitere Publikationen einschließlich des »Forum« vom »Collegium Augustinum« bemühen sich um Publizistik und Kommunikation.

Da Leibsorge immer zugleich Seelsorge ist und die alten Menschen mindestens durch ihren Glauben und Gebet zur Gemeinde gehören, steht die evangelische Kirche vor Zukunftserwartungen: die über 1500 Alten- und Seniorenkreise mit ihren 47000 Teilnehmern des Jahres 1990 müßten zahlenmäßig zunehmen, wären die kommenden Altengenerationen an der Kirche gleich interessiert. Der veränderte Altersaufbau, individuelle Lebenserwartungen, Differenzierung der Wohnsituation und die Vielzahl von Kliniken und Kureinrichtungen richten sich an die Gemeinden mit veränderten Wünschen, die auch durch Medien oder engere ökumenische Zusammenarbeit nicht leicht zu erfüllen sein werden. Die Landessynode befaßte sich damit im Frühjahr 1992 unter dem Motto »Älter werden – Alt sein – Verantwortung der Kirche«, und versucht, Konsequenzen zu ziehen.

Übrigens sollte nicht vergessen werden, daß die Idee von einem eigenständigen »dritten Leben« im Alter aus dem evangelischen »Collegium Augustinum« kam, wie später auch das Konzept einer Pflegeversicherung; beides gilt heute als selbstverständlich.

BILDER AUS SCHWABEN

Die Stadt Kempten, auf keltischem Grund von den Römern gegründet und seit 730 eine Missionszelle der Christen, bewahrt in der bis 869 zurückreichenden St.-Mang-Kirche die Kraft der Jahrhunderte; nach der schon 1527 angenommenen lutherischen Reformation wurde das Gotteshaus 1767 grundlegend umgestaltet und bis in die Gegenwart weiterentwickelt, zudem unmittelbar daneben das älteste evangelische Pfarrhaus Bayerns in Gebrauch behalten.

BILDER VOM GOTTESHAUS

Aus den vorreformatorischen Predigtkirchen hervorgegangen und der reformatorischen Theologie in Geist, Formen und Gestaltung angepaßt, stellen die verschiedenartigen Betsäle einen idealen Typus des evangelischen Gotteshauses dar, unter ihnen beispielhaft die im ersten Jahrhundert nach der Glaubenswende von namhaften Künstlern ausgestattete St.-Ulrichs-Kirche in Augsburg.

ZWEI ODER DREI ODER MEHR
Die Kirche für die Familie

Aus Liebe zum Leben hält die evangelische Kirche an der Erfahrung fest, daß es »nicht gut sei, wenn der Mensch allein lebt«, auch wenn schon Martin Luther meinte, daß »die Ehe ein hart' Stücklein Arbeit« sei. Trotz des Scheiterns jeder dritten Ehe und vieler Lebensgemeinschaften bleibt die Familie der beste Platz zur Entfaltung einer ganzen Persönlichkeit. Der ärgerliche Begriff der »Familienplanung« mit seinem Bemühen, Logistik in die menschliche Natur zu bringen, wird das menschliche Wesen nur variieren, nicht ändern können, denn wir sind Geschöpfe Gottes.

Heute gilt nicht mehr überall »Jung gefreit hat nie gereut«; die Familie als Urzelle des Daseins ist umstritten. Von den jung Verheirateten wollen zwar rund 90 Prozent mehrere Kinder haben, aber nur 45 Prozent sind erst nach zweieinhalb Jahren einmal Eltern geworden (Umfrage Familienministerium 1992). 30 Prozent der bayerischen Bevölkerung leben als »Single«. Jedes zehnte Kind wächst bei nur einem Elternteil auf. Von den Alleinstehenden sind 42 Prozent geschieden, 30 Prozent ledig und die übrigen verwitwet. Daß 30 Prozent aller Ehen geschieden werden, spricht nicht gegen diese Institution, sondern von der Unfähigkeit der Menschen, aus einem Leben mit Trauschein etwas Gutes zu machen. Da die Ehe in der evangelischen Kirche nicht als Sakrament gilt, genießt sie von der »Freiheit eines Christenmenschen«, ohne aus der Verantwortung des christlichen Gewissens entlassen zu sein.

Nach zwölf Jahren aktiver Pionierarbeit wurde im November 1990 die »Evangelische Arbeitsgemeinschaft alleinlebender Mütter und Väter mit ihren Kindern (AG)« als Zusammenschluß von 73 Partnern (53 evangelisch-ökumenische Treffpunkte, 11 Diakonische Werke, 4 Erwachsenenbildungswerke, 2 sonstige Träger, 3 hauptamtliche Fachkräfte) geschaffen. Dazu gehören Vereinigungen wie die »Evangelische Frauenarbeit in Bayern« (EFB), die »Evangelische Aktionsgemeinschaft für Familienfragen« (EAF), der »Arbeitsbereich Frauen in der Kirche« (AFK) und die »Arbeitsgemeinschaft für alleinerziehende Mütter und Väter in der EKD«. Zu den Aufgaben und Ziele gehören, »neue Akzente zu setzen mit verstärkter sozialpolitischer Einmischung, die ökonomischen Benachteiligungen von Frauen zu verringern, Vorurteile gegenüber anderen Lebensformen als der ›Normalfamilie‹ abzubauen« und dennoch »Bewährtes zu erhalten und weiterhin zu fördern«. Dazu dienen vor allem Wochenendseminare, Fortbildungskurse, die Schulung von Fachpersonal und die offizielle Vertretung dieser Interessen in allen Gremien und Nachbarorganisationen.

Um das Leben der Familie zu schützen, den Ehepartnern zu helfen und Gemeinde zu üben, bot die Landeskirche im Jahr 1990 für fast viertausend Teilnehmer knapp dreihundert Ehepaarkreise. Die »Evangelische Aktionsgemeinschaft für Familienfragen« (EAF) vermittelt Hilfe in der Not von Ehen, Familien, Erziehungsproblemen und Erholung. Das »Amt für Gemeindedienst« unterhält ein Referat »Familienerholung«. Der Landeskirchenrat veröffentlichte mit der Freisinger Bischofskonferenz eine »Arbeitshilfe für konfessionsverschiedene Ehepaare«. Es gibt bei der Volkshochschule auf dem Hesselberg einen »Evangelischen Familienpflegedienst« und die »Evangelische Fachschule für Familienpflege«.

An die Wurzel des Familienverständnisses griff die evangelische Landeskirche mit ihrer intensiven Diskussion des Schwangerschaftsabbruchs unter dem § 218, aus der die Erklärungen der Landessynoden von Memmingen, Rosenheim und Kulmbach hervorgingen. Zum Schutz des Lebens Ungeborener wurden nicht nur Grundsätze festgelegt, sondern auch praktische Maßnahmen eingeleitet, die dafür notwendigen personellen und finanziellen Bedingungen geschaffen und zusätzlich außerkirchliche Aktivitäten bis zur staatlichen Gesetzgebung in Bewegung gesetzt. Die Landeskirche bemüht sich ernsthaft um verbesserte Angebote an Beratung, Sozialhilfe, Kindergarteneinrichtungen, Adoption, Wohnraumbeschaffung, Ausbildung von Fachkräften und weitere Maßnahmen. Die teilweise sehr ernste theologische Auseinandersetzung wird weitergehen und erhält durch die Forderung von Homosexuellen nach kirchlicher Trauung zusätzliche Fragestellungen an das Familienverständnis.

Eintritt ins Leben: Taufe in der Münchner Kreuzkirche durch Pfarrer Rudolf Ruf

KIRCHE UND WELT
Politik, Wirtschaft und Gesellschaft

Als Christ kann man die Welt nicht einfach anderen überlassen, da man sie als Gottes geliehene Schöpfung versteht und selbst »Salz der Erde« sein soll; man muß für das Dasein danken und sich beteiligen. Nicht Weltverachtung, sondern Weltüberwindung ist die Devise. Zudem kann das Evangelium seinem Nächsten nur mitteilen, wer sein Leben mit ihm teilt, mit ihm lacht und leidet. Was für die Urchristenheit im römischen Weltreich, für die Reformatoren am Beginn der Neuzeit oder die Bekenner unter modernen Diktatoren seine jeweiligen Schwierigkeiten hatte, scheint in der pluralistischen Massengesellschaft leichter zu sein, doch sind die Umstände diffuser und der Bedarf an Froher Botschaft hält sich bedeckt.

Da die Kirchen nicht nur die Gemeinschaft der Gläubigen, sondern auch eine gesellschaftlich relevante Großgruppe der Bürger sind, haben sie eine doppelte Verantwortung. »Sie sind eine der wenigen Institutionen, die noch die Kraft haben, politische Themen auf die Tagesordnung zu setzen« (Carl Friedrich von Weizsäcker). So lang sich aber immer mehr Politiker weigern, »überhaupt wahrzunehmen, was in der Welt los ist« (Otto Kreye, Starnberg), muß von den Christen auf »mehr und bessere Politik« gedrängt werden. Die Kirche muß politisch, aber parteipolitisch frei sein.

Als lutherische Kirche ist die bayerische Landeskirche an Martin Luthers »Lehre von den zwei Reichen« verwiesen, wonach Gott die Welt zusammenhält, indem er mit seiner linken Hand die weltlichen und mit der rechten die geistlichen Dinge regelt, und gelehrt wird: »Man muß Gott mehr gehorchen, als den Menschen« (Apostelgeschichte 5,29). Wenn also die Uhren an den Kirchtürmen der Welt die Zeit anzeigen, die Kirchen als Kommunikationszentren dienen, und wenn im Kalenderjahr 1990 allein in der evangelischen Erwachsenenbildung fast 6000 Veranstaltungen zu gesellschaftspolitischen Themen stattfinden konnten, ist »die Kirche« über die Maßen im Spiel.

Daß die Landeskirche die Verantwortung für das Allgemeinwohl mittragen soll, bestimmt die bayerische Verfassung. In diesem Zusammenhang entsendet sie in den Bayerischen Senat, die Zweite Kammer des Freistaates, für zwei der fünf Sitze von »Vertretern der Religionsgemeinschaften« (Art. 35) Personen, die von den kirchenleitenden Organen gewählt werden. Ähnliches gilt für den Rundfunkrat des Bayerischen Rundfunks und den Medienrat in der Bayerischen Landesmedienanstalt mit jeweils einem Sitz für die Kirche und einem weiteren für evangelische Frauenverbände. Die Wertschätzung dieser Mitarbeit führt seit vielen Jahren immer wieder zur Wahl von Kirchenvertretern als Ausschußvorsitzende oder stellvertretende Vorsitzende der Gremien.

Für die Zusammenarbeit mit allen Ebenen öffentlicher Verantwortung bestehen bewährte Verfahrensweisen. Der »Politische Club« der Evangelischen Akademie Tutzing leistet einen international anerkannten Beitrag zur politischen Kultur. In Nürnberg tragen die »Kommentar-Gottesdienste« bei St. Lorenz und in München die »Zeitfragen-Gottesdienste« der Kreuzkirche zur öffentlichen Meinungsbildung bei. Für das Verhalten kirchlicher Amtsträger in politischen Fragen haben die kirchenleitenden Organe im Jahr 1989 Leitlinien herausgegeben, in deren Mittelpunkt die Neutralität des geistlichen Amtes steht.

Weitere politische Aktivitäten der evangelischen Landeskirche richten sich auf eine enge Zusammenarbeit mit der Wirtschaft und dem Handwerk im Sinne einer gemeinsamen Verantwortung, auf den Umweltschutz, Verkehr, Tourismus und Sport, für die fallweise eigene Beauftragte eingesetzt wurden. Gesellschaftspolitische Aktivitäten befassen sich mit den Asylanten, den ausländischen Arbeitnehmern und den Vertriebenen. Plötzlich auftretende Probleme der Öffentlichkeit wie der Bau und die Einweihung des Flughafens München II schaffen innerkirchliche Turbulenzen und rücken die evangelische Kirche in das scharfe Licht der Öffentlichkeit. Daß sie aber permanent in aller Stille auch an der Allgemeinheit Seelsorge betreibt, zur Ethik ruft, Mißstände aufdeckt, die Mediendefizite anklagt, ungescheut auch heiße Tagungsthemen aufgreift und nebenbei mit dem »Evangelischen Siedlungswerk« Wohnraum schafft, wissen nur diejenigen, die es wissen wollen, wenngleich alle davon profitieren.

Die Kirche brachte sie zusammen: Erste Podiumsdiskussion der vier höchsten Repräsentanten der Bundesrepublik in der Evangelischen Akademie Tutzing im Jahr 1978 mit Bundespräsident Walter Scheel, Bundestagspräsident Karl Carstens, Bundeskanzler Helmut Schmidt und Bundesverfassungsgerichtspräsident Ernst Benda

BILDER AUS ALTBAYERN

Die 1856 vom Münchner Architekten Friedrich Bürklein geschaffene St.-Matthäus-Kirche inmitten der Passauer Altstadt hat in kaum einhundertfünfzig Jahren ihre Mutterpfarre Ortenburg überflügelt und als Schwerpunkt der ostbayerischen Diaspora immer wieder neue Gemeinden hervorgebracht.

BILDER AUS ALTBAYERN

*Das Pfarrzentrum der Erlöserkirche in
Rosenheim, 1885–1886 vom Leipziger August
Hartel im neugotischen »Fabrikstil« errichtet,
bezeugt mit einem stolzen Turm die evangelische
Diaspora im südöstlichen Oberbayern
als eine immer weiter wachsende Gemeinschaft
von Christen.*

RAT UND TAT
Die Kirche in der Arbeitswelt

Handwerker waren Mitte des vorigen Jahrhunderts die erste evangelische Berufsgruppe, die sich im Geist des gemeinsamen Glaubens zusammenschloß. 1873 gründeten im Industriestandort Fürth junge Menschen einen »Evangelischen Arbeiterverein«, um sich gegenseitig Rat, Halt und Unterstützung zu geben. Nach der Anmaßung des Nazi-Regimes, eine Arbeiterpartei zu sein, und dem auf den Zweiten Weltkrieg folgenden dramatischen Wirtschaftsaufstieg steht die evangelische Kirche vor der nicht ganz verstandenen Aufgabe, sich den Menschen in der Arbeitswelt zu stellen. Diakonisches Denken und Handeln allein genügen nicht, es müssen auch arbeitspolitische und ganz menschliche Dienste geleistet werden.

Beten, arbeiten, danken: Erntedankfest der »Arbeitsgemeinschaft für Arbeitnehmer« (afa) in der Maxhütte

Die Lohnabhängigkeit der Arbeitnehmer, die Firmenbindung und alle Bewegungen in wirtschaftlicher oder industrieller Entwicklung haben Konsequenzen für den einzelnen Arbeiter oder Angestellten, für seine Familie und das Alter, die er selbst kaum beeinflussen kann. Die immer stärker hervortretende Stadtkultur der Massengesellschaft und moderne Produktionsverhältnisse drohen mit einer anderen, aber nicht weniger gefährlichen Entpersönlichung als vor hundert Jahren. Hier haben mutige Christen zur Selbsthilfe gegriffen.

Aus dem »Arbeiterinnenwerk Nürnberg« und dem »Arbeiterseminar Schweinfurt« entstand 1954 das »Amt für Industrie- und Sozialarbeit der Evangelisch-Lutherischen Landeskirche in Bayern«. In seiner Nürnberger Zentrale arbeiten ein Pfarrer als Leiter, der wissenschaftliche Dienst und die Verwaltung; an elf Orten in ganz Bayern sind Außenstellen tätig. Zu den 41 Mitarbeitern der 10 Regionen gehören derzeit 6 Sozialpfarrer und -pfarrerinnen, 4 wissenschaftliche Referentinnen und Referenten, 16 Sozialsekretärinnen und -sekretäre mit doppelter Qualifikation in Kirche und Arbeitswelt, 14 Verwaltungskräfte und 1 Mitarbeiter für die Arbeitslosen, mehrere davon in Teilzeitarbeit. Das Amt für Sozialarbeit soll Geist und Botschaft des Evangeliums in gesellschaftliche Bereiche tragen, in denen die überlieferten Formen von Kirche heute wenig Gehör finden, aber auch der Kirche zum Verständnis für die Industriegesellschaft und ihre Menschen helfen. Dazu gehören Kontaktarbeit in Betrieben und bei Verbänden, Bildungsarbeit, Aktionen und Grundlagenarbeit der Theologie und Sozialwissenschaft. Das Amt kümmert sich insbesondere um die Situation der Frauen, seit jede zweite berufstätig ist und neben den arbeitsbedingten Problemen (Lohn, Wochenarbeitszeit, Schichtarbeit, Aufstiegschancen) auch besondere personale und familiäre kommen.

Die »Aktionsgemeinschaft für Arbeitnehmerfragen in der Evangelisch-Lutherischen Kirche in Bayern« (afa) entstand 1953 durch Initiative an verschiedenen Orten Bayerns als eine selbständige Laienorganisation in Zusammenarbeit mit dem »Amt für Industrie- und Sozialarbeit«. Die Vollversammlung der Vertrauensleute aus zirka sechzig afa-Kreisen in ganz Bayern bestimmt die Richtlinien, der Landesvorstand und die sechs Bereichsvorstände auf Kirchenkreisebene lenken die Arbeit, die Geschäftsführung liegt bei einem nebenamtlichen Mitarbeiter, einem Sozialsekretär. Die Arbeitsformen sind Abend- und Wochenendseminare, gesellige Veranstaltungen, Aktionen zu sozialpolitischen Themen, Studienreisen und Urlaubsgemeinschaften. Alles geschieht ehrenamtlich, es gibt keine formelle Mitgliedschaft mit Beitragspflicht, die Landeskirche stellt die erforderlichen Mittel zur Verfügung und wird über die Arbeit laufend unterrichtet. Das Ergebnis sind Erfahrungsaustausch, Abbau von Vorurteilen, Vertiefung von Einsichten in Gesellschaft, Arbeit, Freizeit, Familie und Glauben sowie Solidarität untereinander im evangelischen Geist.

Die Landessynode hat im April 1988 in Passau einen »Solidaritätsfond für Arbeitslose« eingerichtet, der mit DM 3 Millionen mehr als einhundert Langzeitarbeitslose auf ABM-Stellen fördert. Zu ihnen gehören schwerstvermittelbare Arbeiter, die in einem Werkhof als Schreiner, Maler, Spengler und Schweißer eine sinnvolle Tätigkeit erhalten.

Weitere Hilfen für Arbeitslose bietet das Diakonische Werk beim Verkehr mit Ämtern, Bewerbungen, Arbeitsplatzsuche, Gerichtsverfahren und so weiter durch seine zahlreichen örtlichen Beratungsstellen und durch die Organisation von Arbeitslosentreffen.

Für ausländische Arbeitnehmer hat das Diakonische Werk in München eine eigene Dienststelle eingerichtet, die sich auf Grund einer Vereinbarung mit den Staatsbehörden vor allem um die Griechen kümmert, die durchwegs orthodoxen Glaubens sind und zu Bayern eine historisch enge Beziehung haben.

EINE EINIGENDE KRAFT
Die Kirche auf dem Land

In Bayern haben weit über sechstausend Bauern ihren Hof aufgeben müssen. Kaum 40 Prozent sind übrig geblieben. In zwanzig Jahren ging eine in Jahrhunderten gewachsene und bewährte Kultur in die Krise, deren Menschen im besten Sinn fromm waren und Christen blieben. Unverschuldet preisgeben zu müssen, was man an Besitz und Tradition von vielen Generationen ererbte, wirkt wie Verrat oder Versagen. Schuld und Schicksal stehen hier ohne Erklärung nebeneinander. Auch wenn Visionäre meinen, die Bauern seien »nicht die letzten von gestern, sondern die ersten von morgen« (Wolfgang Baaske), da die Industriegesellschaft zum natürlichen Leben umkehren werde und weil der Wert eines Menschen nicht an seinem Landbesitz bemessen wird, suchen die evangelischen Bauern bei ihrer Kirche die einigende Kraft für ihre Zukunft.

In Bayern, wo nur jeder fünfte Bürger in einem Ort mit über hunderttausend Einwohnern lebt, wo die kulturellen Wurzeln vor allem im einfachen Land ruhen, wo die Kirche schon immer beim Dorf bleiben soll und das kirchliche Leben vom Gottesdienst bis zur Spendenbereitschaft auf diesen gewachsenen Strukturen fußt, betrifft das Thema »Kirche auf dem Land« nicht nur das Bauernleben und die Landwirtschaft im engeren Sinn. Auch Gewerbe, Handel und Industrie sind betroffen, wenn die verbliebenen 220000 landwirtschaftlichen Betriebe, die zur Hälfte im Nebenerwerb geführt werden, und mit ihnen jeder sechste Arbeitsplatz mit Menschen und Werten in den Sog der europäischen Modernisierung geraten.

Finden die Männer noch eher eine Lösung für ihre Probleme, so sehen sich die Bäuerinnen überfordert, mit Arbeit überlastet, vom Generationenkonflikt bedrängt, von Urlaub und Freizeit ausgegrenzt. Sie fühlen sich aber auch für die Lebensqualität auf dem Land unwillkürlich besonders verantwortlich.

Die evangelische Kirche handelt von Gemeinde zu Gemeinde, hat regionale »Bauernpfarrer« eingesetzt, die drei Landvolkshochschulen veranstalten Seminare und Kurse für Jugend, Frauen, Männer, sie fördern das im Brauchtum und Kirchenmusik verankerte Leben und bieten Informationen zum Selbststudium der Probleme. Wo durch Tourismus und Zuzug von Städtern oder sogar die Rückwanderung neue Situationen entstehen, muß ebenso reagiert werden, wie in den durch Überalterung und Entleerung bedrohten Dörfern. Vieles können die »Dorfhelferinnen« erreichen, die mit Hilfe des Diakonischen Werks Familien helfen, Mütter vertreten, bei Unfällen und Krankheiten einspringen. Neuerdings ist für die »Aushilfsbäuerinnen« ein zweiter Bildungsweg eröffnet worden, der zur staatlich geprüften Dorfhelferin führt.

Die »Evangelische Volkshochschule auf dem Hesselberg« richtete 1990 mit großem Erfolg ein Sorgentelefon für Landwirte ein, das in kurzer Zeit unter der Vielzahl von Anrufen fast zusammenbrach. Der »Bauernnotruf« wurde inzwischen verdoppelt und mit zwei beauftragten Pfarrern besetzt. Im Jahr 1992 werden in Franken zwei weitere Dorfpfarrämter bei der Wiederbesetzung Pfarrer erhalten, die neben ihrer Gemeindearbeit halbtags die regionale Aufgabe eines Seelsorgers für Bauernfamilien in Not übernehmen; sie werden ihre Kollegen informieren und mit Fachbehörden und dem Bauernverband zusammenarbeiten. Mit der Zeitschrift »Land und Leute«, herausgegeben vom Verein Evangelisch-Lutherischer Heimvolkshochschulen durch den Landjugendpfarrer (Freimund-Verlag, Neuendettelsau), gibt die evangelische Kirche den Menschen und Themen eine Stimme.

Die »Evangelische Landjugend in Bayern« (ELJ) zählt in 220 Gruppen über 2500 Mitglieder und erreicht rund 5000 junge Menschen regelmäßig. Eine Frau als Landesvorsitzende und ein Kuratorium verantworten die Arbeit, die Gesamtleitung hat der Landjugendpfarrer mit seinem Amtssitz im Haus der Evangelischen Landjugend in Leutershausen bei Ansbach.

Das Landvolk muß zusammenstehen: Die Oberweihersbucher mit ihrem Pfarrer Karl-Heinz Klose

BILDER VOM GOTTESHAUS

Der erfindungsreiche, in einer Umbruchzeit um die Jahrhundertwende einflußreiche Jugendstil bescherte Bayern einige besondere Kirchenneubauten, zu denen die Lutherkirche im Staatsbad Steben in Oberfranken zählt; 1910 vom jungen Bauassessor Richard Neidhardt aus Hof entworfen, in zwei Jahren aus Eisenbeton errichtet und bis heute stilrein erhalten.

BILDER AUS FRANKEN

Die Stadt Hof, »in Bayern ganz oben«, schloß sich schon 1529 der lutherischen Reformation an und bewahrt mit wertvollen alten Kirchen die christliche Tradition in Oberfranken in einem geschichtsträchtigen Grenzland, das seit der deutschen Wiedervereinigung auch kirchlich wieder neue Bedeutung erhielt.

KEIN MENSCH IST EINE MASCHINE
Seelsorgerliche Dienste

Die Menschen in der modernen Zivilisation machen sich glauben, sie könnten alles erreichen, sonst erreichten sie nichts. Selbstvertrauen ist alles. Nur keine Schwäche zeigen, keine Rücksicht nehmen! Wenn aber eine Krise kommt und das innere Räderwerk zu knarren beginnt, wissen sie oft nicht weiter. Da steht dann das schreckliche Signal einer trost-losen Zivilisation: mehr vollzogene Selbstmorde als Verkehrstote! Niemand, außer die Kirchen, wagt zu sagen, daß der Mensch eine Seele hat. Seelsorge aus eigener Kraft oder mit fremder Hilfe ist eines der größten Probleme dieser lebens-süchtigen Gesellschaft. Lebenshilfe wird immer wichtiger. Die Wirklichkeit zeigt, daß Seelsorge immer auch Leibsorge sein soll; durch Beratung und konkrete Hilfe kann Glauben vermittelt werden und auch den Helfenden die Erfahrung, daß das Wort Gottes trägt.

Wer im kirchlichen Bereich mit Menschen umgeht, ist in seiner Person ein Instrument der Seelsorge, er muß sich seines Glaubens einigermaßen gewiß sein und andere Menschen wirklichkeitsnah wahrnehmen können. Dazu gehört die Fähigkeit zum Gespräch, der »Einflugschneise jeder Begegnung«. Wenn dann die Ur-Sachen des Lebens sprechen, muß der Seelsorger antworten. Und dann darf es nicht im Unverbindlichen stecken bleiben. Von den immer komplexeren Formen besonderer Seelsorge und ihrer Organisation spezialisierter Beratung können auch hier nur noch betroffene Personen oder Situationen ausgewählt kurz beschrieben werden.

Aids

»Daß Kirche sich in etwas reinwagt« (Münchner Pfarrerin), fordert und beweist die seit 1981 auch in Deutschland bekannte und seit 1985 offiziell wahrgenommene Immunschwächekrankheit durch HIV-Infizierung. Wegen ihrer medizinischen Problematik und personalen Tragik sind die Betroffenen und ihre Angehörigen auf ganz neue Weisen seelischer Hilfe angewiesen. Das Diakonische Werk entwickelte Beratungsstellen und zweckmäßige Einrichtungen, die im Verbund mit anderskirchlichen und staatlichen Stellen arbeiten.

Bahnhof

In sechzehn Einsatzstellen betreuen rund 30 hauptberufliche und 115 ehrenamtliche Mitarbeiter rund um die Uhr und an den Feiertagen pro Jahr etwa 490 000 Menschen beim Umsteigen, Schwangere und Kleinkinder auf der Reise, in Not Geratene bei der Bewältigung ihrer Probleme, ernsthaft Entgleiste mit Suchthilfe, Vermittlung von Obdach und Schutz. Sie finden Verlorenes, helfen Verirrten und Verwirrten, sprechen mit Ausländern und gehen auch den weltlichen Ordnungskräften auf ihre Weise zur Hand. Im Jahr 1991 wurden 82 000 Hilfen am Reisezug, 290 000 Verpflegungsausgaben, 26 000 Übernachtungshilfen und 46 000 gezielte soziale Hilfen geleistet. Die Arbeit wird organisatorisch getragen vom Diakonischen Werk.

Binnenschiffer

Für die rund 8000 Männer, Frauen und Kinder der Binnenschiffahrt, die auf Deutschlands Wasserstraßen wochenlang unterwegs sind und oft nur für kurze Zeit zum Löschen und Laden in einem Hafen anlegen können, sind achtundzwanzig evangelische Seelsorgestationen eingerichtet worden, vier davon in Bayern: Würzburg, Schweinfurt, Bamberg und Nürnberg. Nach der Eröffnung des Europakanals zwischen Main und Donau wurde ein hauptamtlicher Diakon für die Seelsorge auf den Wasserwegen von Aschaffenburg bis Passau mit Dienstsitz in Nürnberg angestellt. Die »Schifferseelsorge« wird im übrigen auch von örtlichen Pfarrern betreut.

Blinde

Damit auch Menschen mit untüchtigen Augen das Licht des Evangeliums sehen und einen Sinn des Lebens erkennen können, bietet die »Evangelische Blinden- und Sehbehindertenseelsorge in Bayern« für rund 1400 unter den insgesamt 4000 Blinden und 12 000 Sehbehinderten in Bayern mit einem wirksamen Netz Hilfen und Dienste an. In der »Arbeitsgemeinschaft für Blindenseelsorge in Bayern« sind unter der Leitung des Landeskirchlichen Beauftragten mit einer Referentin und der Geschäftsstelle in Nürnberg 7 Regionalbeauftragte dafür tätig, daß die ehrenamtlichen und nebenamtlichen Mitarbeiter in den Regionen auftragsgemäß arbeiten können. Zu den Angeboten gehört neben örtlichen Treffen auch ein »Freizeit-Katalog« mit dem Angebot von Begegnungen mit der Bibel, Wanderungen im Gebirge und Urlaubsgemeinschaften.

Brief

Die von Werner Jentsch im Jahr 1976 geschaffene evangelische »Briefseelsorge« (Adresse: 8000 München 60, Dachstraße 19) ist eine Antwort auf die Anonymität der gegenwärtigen Zivilisation und dient Menschen, die sonst keine Gesprächspartner finden, um ihre Sorgen und Nöte einem neutralen, aber verständnisvollen Menschen anzuvertrauen. Eine überkonfessionelle Gruppe besonders geschulter Fachleute beantwortet unter strikter Wahrung des Briefgeheimnisses innerhalb einer Woche die Anfragen, von denen Tausende aus ganz Bayern und Europa bis von den USA kommen.

Camping

Die Chance einer Begegnung mit kirchenfremden Menschen am außerordentlichen Urlaubsort eines Campingplatzes im Inland oder Ausland wahrzunehmen, ist die Absicht der »Camping-Seelsorge«. Ohne den Charakter eines kirchlichen Dienstleistungsunternehmens oder bloßer Betreuung und ohne kirchenspezifische Rituale sollen christliche Glaubensinhalte und geistliche Verhaltensweisen vermittelt werden, so daß die Menschen zu sich selbst und zu Gott finden können. Das »Amt für Gemeindedienst« fährt mit einem großen Container der Aktion »Kirche unterwegs« in den Haupturlaubszeiten zu über fünfundzwanzig Einsätzen. Andere Teams begeben sich als Pfarrfamilie mit Mitarbeitern, darunter auch Theologiestudenten, zu den Campingplätzen. Erwachsene und Kinder werden ins Gespräch gezogen, mit Spielen und Wanderungen beschäftigt, zu Gottesdiensten herangeführt und mit der Bibel bekannt gemacht, wobei die Kinder eine Schlüsselrolle spielen. Auf dem Campingplatz Lackenhäuser im Bayerischen Wald steht seit 1972 als Stiftung des Platzgründers Helmut Knaus die einzige deutsche Campingkirche und dient dem simultanen Gebrauch.

Flughafen

Mit dem neuen Flughafen München II wurde endgültig eine ökumenische Präsenz der Kirchen für die täglich 30000 bis 45000 Luftpassagiere nötig. Der evangelische Flughafenpfarrer hält Andachten und Gottesdienste, kann in der Flughafenkapelle taufen, trauen und das Abendmahl halten, er erteilt den Reisesegen. Mit seinen Mitarbeitern betreut er Reisegruppen, kümmert sich um Ratlose und Verirrte, vermittelt Hilfe in Streßsituationen oder bei Unglücksfällen. Er betreibt die Seelsorge unter den evangelischen der im Flughafen beschäftigten 12000 Personen und den Bewohnern der Sammelunterkünfte von Polizei und Zoll. Er hat die Dienstaufsicht über den evangelischen Sozialdienst am Platz und alle Mitarbeiter der Kirche. Alles geschieht in Zusammenarbeit mit der römisch-katholischen Kirche, dem Flughafenbetrieb und den Fluggesellschaften. Selbst fliegen können muß er nicht, aber Fremdsprachen sprechen und in einem hochtechnisierten Massenbetrieb an einem »theologischen Ort auf der Grenze« (Helmut Leipold) für den Menschen mit Evangelium und Diakonie präsent sein.

Gefängnis

Zu den schwersten pastoralen Diensten, der viel Mut und Menschenliebe erfordert, gehört die Seelsorge an rund 10000 Strafgefangenen, unter ihnen 4500 nicht-evangelische und Ausländer, in den verschiedenen Vollzugsanstalten, wo sich hinter der Gemeinsamkeit des Gefängnislebens bei den Strafgefangenen und dem Aufsichtspersonal unendlich viele Einzelschicksale, Lebenserfahrungen und Stimmungen verbergen. Die »Kirche im Gefängnis« hält Gottesdienste in Kapellen, organisiert Musik und Unterhaltung, sie betreibt Einzelseelsorge, veranstaltet Eheseminare, fördert Familienkontakte und steht in ernsten Krisenfällen allen Beteiligten bei. Unter einem Dekan als Leiter der »Konferenz der evangelisch-lutherischen Pfarrer an den Justizvollzugsanstalten in Bayern« arbeiten 11 hauptamtlich Pfarrer und Pfarrerinnen und 2 Diakone, ferner 23 Pfarrer und Pfarrerinnen sowie 1 Diakon nebenamtlich in der Gefängnisseel-

»Ich war gefangen und ihr habt mich besucht«: Seelsorge in der Strafanstalt

sorge. Um die Wiedereingliederung ehemaliger Gefangener in das freie Leben, ihre Familienbeziehungen und Arbeitsmöglichkeiten kümmern sich die freiwilligen Mitarbeiter der Inneren Mission durch die »Hilfe für Straffällige und Strafentlassene« mit einzelnen »Betreuungsverhältnissen«. Seit 1986 gibt es dafür Ausbildungskurse, bei denen die Bildungswerke mitwirken, damit die ehrenamtlichen Helfer seelisch und fachlich befähigt werden, den Strafentlassenen optimale Orientierungshilfen zu geben.

Hörbehinderte

Den von der Alltagswelt tragisch getrennten Gehörlosen und Schwerhörigen mit ihrer nach außen unsichtbaren Behinderung dienen zwei Seelsorgezweige: seit 1933 sorgen sich um die derzeit rund 8000 Gehörlosen in 22 evangelischen Gehörlosengemeinden von unter 100 bis über 450 Seelen 19 eigene Pfarrer und nebenamtlich Beauftragte in den Dekanatsbezirken und der Landeskirchliche Beauftragte mit drei Mitarbeitern in seiner Dienststelle in Nürnberg; für die zahlreichen Schwerhörigen (schätzungsweise 10 bis 15 Prozent der Gemeindeglieder leiden unter Gehörproblemen) wirkt die »Arbeitsgemeinschaft für Schwerhörigenseelsorge«, die ebenfalls von einem Landeskirchlichen Beauftragten, kirchlichen Mitarbeitern und Beauftragten in 14 Dekanatsbezirken verantwortet wird. Die Arbeit erstreckt sich auch auf soziale Hilfen und ist »ungeheuer zeitaufwendig« (Volker Sauermann). Als einziges Gehörlosen-Gymnasium versieht die »Samuel-Heinicke-Schule« des »Collegium Augustinum« in München-Pasing einen besonderen seelsorgerlichen Dienst an jungen Menschen.

Homosexuelle

Nicht erst seit dem öffentlichen Bewußtseinswandel meinen viele evangelische Pfarrer und Krankenhausseelsorger, es sei »eine theologische Überheblichkeit, gar Lieblosigkeit, homosexuellem Leben den Segen Gottes abzusprechen« (Peter Ammon); andere meinen, »eine homosexuelle Verbindung in maximaler Entfernung von der Ehe (sei) wertwidrig« (Günther R. Schmidt). Die evangelischen Kirchen bemühen sich seit langem um die betroffenen Personen, die rund 5 Prozent der Bevölkerung ausmachen. Ein »Landeskirchlicher Beauftragter für die Seelsorge an Homosexuellen« ist tätig, die Landessynode und ein Arbeitskreis befassen sich mit den damit verbundenen personalen, gesellschaftlichen und theologischen Problemen.

Krankenhaus

An den über 400 staatlichen, kommunalen und kirchlichen Krankenhäusern und Kliniken Bayerns mit rund 90000 Betten ist die seelsorgerliche Betreuung der Patienten, der Ärzte und des Pflegepersonals von der Erfahrung mitbestimmt, daß körperliche Leiden mit tiefer liegenden Nöten der menschlichen Existenz zusammenhängen und bei ihrer Gesundung die Botschaft des Evangeliums entscheidend helfen kann. Menschen am Ende ihres Lebensweges brauchen letzte Tröstung, Gebet und Abendmahl, die Genesenden nehmen in der Ausgesetztheit vor unaussprechbaren Wirklichkeiten der Angst und der Hoffnung insbesondere an Sonntagen und in Festzeiten echten Zuspruch an. Hauptamtlich arbeiten 40 Pfarrer und Pfarrerinnen, 1 Pfarrvikarin, 3 Diakone und nebenamtlich über 30 Männer und Frauen unterschiedlicher Vorbildung sowie 5 Ruheständler und Ehrenamtliche mit; rund 360 Gemeindepfarrer und -pfarrerinnen betreuen nach Kräften die in ihrem Bereich liegenden Krankenhäuser, und die 120 allein aus Rummelsberg kommenden Diakone in der Krankenpflege dienen auch der Seelsorge. Für sie alle gilt als Voraussetzung, daß ihre eigene Seele geistlich gesund ist. Die »Arbeitsgemeinschaft evangelischer Krankenhauspfarrer in Bayern« und die Landeskirchlichen Beauftragten für klinische Seelsorgeausbildung betreuen die Arbeit professionell. Die Krankenhausseelsorge muß ebenso unauffällig und einfühlsam, wie engagiert und hingebungsvoll geschehen, wenn sie Angst überwinden und Hoffnung spenden will.

Kriegsdienstverweigerer

Um junge Männer, die aus Gewissensgründen keinen Kriegsdienst leisten wollen, nicht im Stich zu lassen, hat die evangelische Kirche eine weit verzweigte seelsorgerliche Beratung eingerichtet. Zwei hauptamtliche Landeskirchliche Beauftragte mit je einem Mitarbeiter in Nürnberg und München und über 130 nebenamtlich beratende Ortspfarrer und kirchliche Mitarbeiter in allen Regionen Bayerns stehen zur Verfügung für Einzelberatung, Gruppengespräche, Beistand vor den Prüfungsausschüssen und weiteren Entscheidungen nach der Anerkennung für den Zivildienst. Die »Evangelische Arbeitsgemeinschaft zur Betreuung der Kriegsdienstverweigerer und Zivildienstleistenden« mit einem Pfarrer als Vorsitzenden und einem Diakon als Geschäftsführer koordiniert und informiert. Allein im Jahre 1992 haben 1215 Zivildienstleistende in den Einrichtungen der bayerischen Diakonie ihre Wehrersatzdienstzeit geleistet.

Kur

Im Unterschied zum frei gewählten Urlaub sind die Kuren in Heilbädern und Aufenthalte in Kurkliniken und Rehabilitationszentren von einer anderen Art Schwellenangst, von Begegnungen mit Leidensgenossen und tiefgründigerer Herausforderung des Glaubens bestimmt. Die seelsorgerliche Betreuung solcher Patienten, die in den verschiedenen bayerischen Bädern jährlich in die Zehntausende gehen, trifft überwiegend auf ältere, von der Schwere ihrer Krankheit belastete und längere Zeit von der gewohnten Umgebung getrennte Menschen, die Lebensorientierung suchen. Für diese Seelsorge stehen zwei hauptamtliche Pfarrer, sonst die Ortspfarrer, Diakone, Religionspädagogen und ehrenamtliche Helfer zur Verfügung. Die Formen ihres Dienstes sind Gottesdienst, persönliche Aussprache, offene Treffen, Musikveranstaltungen, kreative Beschäftigungen und andere Veranstaltungen.

Trompeten statt Glocken: Missionsveranstaltung unter Urlaubern am Riegsee bei Murnau

Leser

Nach den immer beliebteren Leserberatungen in den Illustrierten und den erfolgreichen Beratungssendungen der Kirchenfunkredaktionen in Hörfunk und Fernsehen sind auch die kirchlichen »Sonntagsblätter« in die regelmäßige Beantwortung seelsorgerlicher Anfragen von Lesern eingetreten. In der Münchner evangelischen Wochenzeitung für Bayern, dem »Sonntagsblatt«, bieten unter der Rubrik »Sprechstunde« zwei namentlich genannte und regelmäßig mit Foto abgebildete Protestanten, ein Pfarrer und eine Hausfrau, die Beantwortung von Lebensfragen an.

Militär

Weil die evangelischen Christen im Dienst der Bundeswehr nicht ohne weiteres zur Kirche kommen können, muß die Kirche zu ihnen kommen, wie und wo immer sie sein mögen. Da die Betreuung der Soldaten durch Gemeindepfarrer am jeweiligen Standort praktisch kaum möglich, fachlich schwierig und der Mobilität der Bundeswehr ungemäß wäre, wurde im Jahr 1957 von der damals noch gesamtdeutschen EKD ein »Militärseelsorgevertrag« mit dem Staat geschlossen, um den Anspruch der Soldaten auf Seelsorge und ungestörte Religionsausübung (Soldatengesetz § 36) zu erfüllen. Unter dem Militärbischof und Generaldekan in Bonn sind in den Wehrbereichen Bayerns derzeit an 26 Standorten 32 Militärpfarrer mit hauptamtlichen Pfarrhelfern und 4 weitere im Ausland als »Bundes-Kirchenbeamte« tätig, seit 1991 auch ein Rummelsberger Diakon an der Bundeswehr-Universität. Jeweils 1500 Bundeswehrangehörige einer Konfession erhalten so das Angebot von Gottesdiensten, Abendmahl, Taufen, Trauungen und Beerdigung, Rüstzeiten für Soldaten aller Dienstgrade und mit Familien, Einzelseelsorge, lebenskundlichem Unterricht über Gewissensfragen und Hilfe beim militärischen Alltag. In der Ausübung ihres Amtes sind sie an keine Weisungen der Bundeswehr, sondern nur an den kirchlichen Auftrag gebunden, stehen also »in einer kritischen Solidarität«.

Obdachlose

Wenn in München 1200 Menschen die Nacht unter einer Brücke oder auf der Straße verbringen müssen und es ihnen »so hundsmiserabel geht, daß sie sich im Überlebenskampf kaum artikulieren können« (Florian Sattler), ist nicht nur die Kommune, sondern auch die Christengemeinde gefordert. Um den über 20000 nichtseßhaften Menschen in ganz Bayern Unterkunft, Beratung und Mindestbetreuung, Hilfe, um wieder Fuß zu fassen, und einen Glaubenszuspruch zu bieten, wurde überall die Innere Mission tätig; das Diakonische Werk in Nürnberg übernahm die Koordination aller Maßnahmen für Nordbayern. Ambulante und stationäre Einrichtungen helfen in Großstädten und einigen Mittelstädten. In München öffnete die St.-Lukas-Gemeinde den Kirchenkeller für die »Brückenmücken«, bildete einen »Gemeindearbeitskreis Armut« und förderte die Selbsthilfe unter den Betroffenen; sie wagen allmählich auch den Gottesdienstbesuch, und einer ließ sich taufen.

Polizei

Für die Staatsorgane der Polizei, Bereitschaftspolizei, Grenzschutz und Zoll, die beruflich oft bis zur Grenze des Menschenmöglichen geforderten »Freunde und Helfer« des Bürgers, bestehen seit 1979 eigene Seelsorgeeinrichtungen. Zwei hauptamtliche und fünf nebenamtliche »Polizeipfarrer« dienen den rund 12000 evangelischen Polizeibeamten der »Gemeinde in Uniform«, 3 Pfarrer arbeiten nebenamtlich mit 1 Diakon ständig für die Bereitschaftspolizei und vier beim Bundesgrenzschutz. Sie stehen außerhalb der Befehlshierarchie, aber nahe bei der Wirklichkeit, wenn sie Einsätze begleiten, am Unfall- und Tatort die Betroffenen, Helfer und Täter trösten, Todesnachrichten überbringen, aber auch persönliche Seelsorge für die Beamten und ihren Privatbereich betreiben. Sie behandeln in Seminaren und bei Einkehrtagen die berufsethischen Fragestellungen, sind Ansprechpartner für Gerichte, Staatsbehörden und die Polizeiführung, werben darüber hinaus in der Kirche für Verständnis und Offenheit. Der Landeskirchliche Beauftragte koordiniert in Bayern die

Auge Gottes und Auge des Gesetzes: Polizeipfarrer Detlev Habke bei der Bereitschaftspolizei in Nürnberg

Seelsorge für die Gastronomie: Kindertaufe im Bierzelt des Augsburger Volksfestes »Plärrer« durch Schaustellerpfarrer Wolfgang Leuschner

Zusammenarbeit und leitet die »Konferenz Evangelischer Polizeipfarrer in Deutschland« mit einer Reisetätigkeit von über 50 000 Kilometer pro Jahr. In Nürnberg wurde im Jahr 1992 ein »Pfarrer-Notdienst« eingerichtet, der über Funktelefon im Notfall Gemeindepfarrer an einen Einsatzort ruft. Diese Seelsorgearbeit wird vom Staat finanziert, ohne daß dadurch eine kirchliche Abhängigkeit entstünde.

Prostituierte

Nach der im Jahr 1935 begonnenen »Mitternachtsmission«, die sich im Milieu des »ältesten Gewerbes der Welt« um die Verbreitung des Evangeliums und menschliche Fürsorge bemühte, betreibt die Stadtmission der Inneren Mission mit Sozialpädagoginnen in aller Stille eine »parteiliche Arbeit ohne Heuchelei« (Michael Goepfert), um »im Auftrag der Kirche Außenseitern vorurteilsfrei zu begegnen und die Gesellschaft auf mehr Offenheit hin zu verändern« (Angelika Schmidhuber). Den Prostituierten und solchen, die es nicht mehr sein wollen, wird mit Beratung, Begleitung bei Behördengängen, Wohnungssuche, Familienproblemen und seelsorglich geholfen. Dazu dienen örtliche Zentren und Besuche auf dem Straßenstrich sowie die Herausgabe einer kleinen Zeitung neben einer weiteren für Barfrauen. Das »Cafe Mimikry« der Inneren Mission dient den über 850 registrierten Prostituierten Münchens für Gespräche, Flohmarkt und gemeinsame Reisen. Die Finanzierung geschieht vorwiegend durch die Innere Mission mit geringen Zuschüssen der Kommunen für Ausstiegswillige.

Rettungswesen

Seit für die Defizite der durchorganisierten Zivilisation ein hochqualifiziertes Rettungssystem nötig wurde, das aber die menschliche Not nicht bewältigen kann, mobilisieren die derzeit über dreißig Mitarbeiter der »Arbeitsgemeinschaft Seelsorge in Feuerwehr und Rettungsdienst« seit 1990, von Kronach/Oberfranken ausgehend, ein flächendeckendes Netz, um europaweit einmalig einer Christenpflicht nachzukommen: Einrichtung eines gut funktionierenden Unfallnotdienstes, Zusammenarbeit mit Rettungspersonal zur Bewältigung des Streß-Syndroms, Ausbildung im zwischenmenschlichen Verhalten, Betreuung von Krankentransporten und Verletzten, Umgang mit Verstorbenen und deren Angehörigen, Seelsorge für die Seelsorger. Die Landeskirche hat einen hauptamtlichen Seelsorger bestellt.

Schwangere

Mit der zunehmenden Bedeutung der Familienplanung und kirchlichem Eintreten für das ungeborene Leben, das allmählich auch von der breiteren Öffentlichkeit als eine Überlebensfrage der Gesellschaft erkannt wird, haben die Gemeindepfarrer im Alltag und die Beratungsstellen der diakonischen Einrichtungen im besonderen, aber auch die Krankenhauspfarrer und Mitarbeiter des Jugendwerks eine laufende seelsorgerliche Arbeit übernommen. Sie hängt mit existentiellen Grundfragen, mit Ehe, Erziehung und Arbeitswelt aufs engste zusammen und hat für das Allgemeinwohl eine unausgesprochen hohe Bedeutung. Im Jahr 1991 gab die Diakonie 5 995 Beratungen, bei denen 3546 für das Kind und 2 449 für einen Abbruch nach § 218 des Gesetzes ausfielen.

Schuldner

Nachdem von den rund 4,9 Millionen Haushalten im Freistaat Bayern im Jahr 1992 rund 190000 durch Kredite, Ratenzahlungen, Arbeitslosigkeit, Unfälle, Scheidungsfolgen, Suchterkrankungen und auch Unfähigkeit zur geregelten Haushaltsführung verschuldet sind, errichtete auch das Diakonische Werk »Schuldnerberatung« an zweiundzwanzig Orten, die von 1300 Klienten mit ernsthaften und zahlreichen weiteren zur Kurzberatung bei Kleinschulden in Anspruch genommen wurde. Die Mitarbeiter benötigen ein hohes Fachwissen, um die juristischen, finanziellen, administrativen und psychologischen Probleme einer Lösung zuzuführen. Aber auch wenn drei Viertel der Betroffenen nicht ohne weiteres verantwortlich sind, suchen doch alle Betroffenen auch seelischen Zuspruch, Vertrauen und Hoffnung für eine bessere Zukunft gerade bei der Kirche.

Gesundheit für Körper und Seele: Jugendliche beim »Weltweiten Fackellauf für Jesus« in München

Sport

Für den Sport, die »schönste Nebensache der Welt« (Robert Lembke), gibt es bei vielen Pfarrern und Gemeindegliedern ein so großes persönliches Interesse, daß über eine ausdrückliche Aktivität der Landeskirche mit gezielten Seelsorgemaßnahmen bisher keine Beschlüsse gefaßt werden mußten; es gibt gelegentlich Beauftragte und besonders Interessierte. Eigene »Sportpfarrer« begleiten die Hochleistungssportler bei internationalen Großveranstaltungen in ökumenischer Zusammenarbeit. Bei den Olympischen Winterspielen 1992 in Albertville standen zehn Seelsorger verschiedener Konfessionen allein für die deutsche Mannschaft als »mitmenschliche Anlaufstelle« zur Verfügung, die von den Sportlern aus allen Bundesländern und Disziplinen in den angespannten Situationen zwischen den Wettkämpfen und während der Ruhezeiten vielfach in Anspruch genommen wurden, und sei es nur für wenige wichtige Minuten.

Sterbende

Obwohl der Tod als älteste Herausforderung des Lebens seit Menschengedenken zu den Glaubensproben gehört, die auch von der christlichen Gemeinde bestanden werden müssen, ist das Sterben im eigenen Haus oder im Krankenhaus zum Problem geworden. Alle Seelsorger haben damit zu tun und antworten auf ihre Weise. Inzwischen wirken über acht »Hospizvereine« zur ehrenamtlichen Betreuung Schwerstkranker und Sterbender nach der Devise »Nächstenliebe ist schwer stundenweise zu erledigen« (Erik von Fritsch) im evangelischen Sinn, und die evangelische Kirche sieht darin keine Konkurrenz. Die Landessynode veröffentlichte im Frühjahr 1992 den Text einer »Patientenverfügung« als Formular, mit dem jeder erklären kann, wie er im Fall einer tödlichen Erkrankung behandelt werden will, um ohne sinnlosen Einsatz lebensverlängernder Maßnahmen in Ruhe sterben zu können.

Suchtkranke

Für die wachsende Zahl der verschiedenartigen Suchtkranken in Bayern hält die Diakonie ein flächendeckendes Netz ambulanter und stationärer Einrichtungen bereit. 16 Psychosoziale Beratungsstellen (PSB) und zusätzlich 26 Außenstellen sowie Selbsthilfegruppen an 194 Standorten betreuten im Jahr 1991 rund 26 500 Suchtmittelabhängige (durchschnittlich 1650 pro Beratungsstelle); Helfer sind dabei 82 Mitarbeiter und Mitarbeiterinnen in den PSB, 147 Ehrenamtliche in Beratungsstellen, 930 Gruppenleiter in den Selbsthilfegruppen und 52 Mitarbeiter und Mitarbeiterinnen in den stationären und teilstationären Einrichtungen. Die Finanzierung der Arbeit geschieht durch das Diakonische Werk mit Zuschüssen von Staat und Kommunen. Diese diakonische Arbeit ist mit dem »Blauen Kreuz« verzahnt. Geboten werden Gesprächskontakte, Hilfe zur Selbsthilfe, Therapie und Vorsorge, wobei sich auch hier soziale, medizinische und seelsorgerliche Hilfe für die Betroffenen und ihre Angehörigen kaum voneinander trennen lassen.

Im Kontakt mit der mobilen Gesellschaft: »Kirche unterwegs« in der Hersbrucker Schweiz

Telefon

Nach internationalem Vorbild gegründet, bietet die »Telefonseelsorge« (Telefon 1 10 01 oder 1 10 02) in zehn bayerischen Städten rund um die Uhr unter Wahrung absoluter Anonymität Hilfe für Menschen in einer akuten Lebenskrise, für Gesprächsbedürftige zur Entlastung und Stabilisierung oder für Ratsuchende. Die Ursachen für rund 100 000 Anrufe pro Jahr sind vor allem Partnerschaftsprobleme, Krankheit, Arbeitslosigkeit, Einsamkeit, Depressionen, Kriegsangst und Todesnähe. Über 1000 ehrenamtliche, gründlich geschulte Mitarbeiter, zu zwei Dritteln Frauen, sprechen vor allem abends und an Feiertagen zwischen einer Viertelstunde und mehreren Stunden mit immer mehr Unbekannten, darunter einem Drittel Männern; jedem Anrufer gilt dieselbe Aufmerksamkeit und Geduld mit seelsorgerlichem Bemühen. Die Fortsetzung des Telefonkontakts kann durch die »Briefseelsorge« geschehen oder persönliche Gespräche nach Verabredung, Fachberatung für spezielle Notlagen (Sucht, Aids, Suizid) und Kontaktvermittlung zu Kirchengemeinden für persönlichen Anschluß und Gottesdienstteilnahme. Die Finanzierung des Dienstes geschieht fast ausschließlich aus Kirchengeldern.

Urlauber

Von den über 22 Millionen Deutschen, die sich jährlich in das »personale Niemandsland« eines Urlaubs begeben, sind rund 10 Prozent während dieser Zeit an Gottesdiensten interessiert, darüber hinaus sehr viele für die Begegnung mit Glauben und Kirche offener, auch wenn ihr Verhältnis dazu sonst gelockert oder distanziert bleibt. Im Ganzheitsverständnis des Menschen begründet und aus dem Bemühen, Menschen dort zu suchen, wo sie sich gerade befinden, betreiben der »Evangelische Arbeitskreis für Freizeit und Erholung« und das Referat im Landeskirchenrat für solche Dienste die Urlauberseelsorge in Bayern. An 15 Orten wirken auf fast 120 befristeten Pfarrstellen und 40 Kirchenmusikerstellen mit einem Jahresaufwand von DM 600000 Pfarrer, Pfarrerinnen und Diakone in einem »mehrdimensionalen Programm« mit dem Angebot von Gottesdiensten, Konzerten, Vorträgen, Führungen und Wanderungen, Lesestoff und elementarer Glaubensinformation. Mit dem Flugblatt »Gute Zeit« wendet sich der Landesbischof an die Urlauber und übermittelt dabei auch Hinweise auf Seelsorgeangebote der evangelischen Landeskirche. Um deutlich zu machen, daß ihre Kirche nicht nur ein Museum ist, und um mit den über 350000 schaulustigen Besuchern der kulturgeschichtlich bedeutenden Gotteshäuser ins Gespräch zu kommen, berief die Nürnberger Gemeinde St. Sebald 1988 und dann auch St. Lorenz 1992 einen Touristenpfarrer mit Seelsorgeauftrag.

Zirkus

Einem »Kulturbereich, der zu den ältesten der Welt gehört« und in dem »die große Nummer immer ein Traum ist« (EKD-Jahresbericht), widmet sich die »Zirkus- und Schaustellerseelsorge der EKD«, deren Südregion von einem bayerischen Pfarrer in Feuchtwangen/Mittelfranken betreut wird. Die von der modernen Funktionsgesellschaft und dem Fernsehen bedrängten Artisten, Gaukler, Clowns und ihre gelehrigen Tiere, aber auch die Schausteller mit

Der Sonntag der Artisten: Gottesdienst mit Pfarrer Otto Pangritz in der Manege des Zirkus Hagenbeck

ihren Fahrgeschäften und Schießbuden auf den Volksfesten haben durch ihre besonderen Lebensumstände nicht-alltägliche Probleme, bei denen ein verständnisvoller Seelsorger willkommen ist. »Zirkuspfarrer« müssen auch taufen, Ehen einsegnen und Tote begraben, für Schulprobleme der Kinder und ihre religiöse Erziehung Lösungen suchen und die Schausteller gegenüber Behörden helfend vertreten. Dem Moskauer Staatszirkus wurden im Jahr 1992 bei seinem Besuch in München auf Wunsch des Ensembles fünfzig Bibeln in einer modernen Übersetzung ins Russische geschenkt.

FREIHEIT VIELER CHRISTENMENSCHEN
Vereine, Verbände, Arbeitskreise

Ohne schon an die heutige Demokratie zu denken, definierte Martin Luther mit seiner reformatorischen Schrift »Von der Freiheit eines Christenmenschen« unwillkürlich auch die Versammlungsfreiheit in der evangelischen Kirche. Es dauerte freilich bis zur Mitte des vorigen Jahrhunderts und hätte nicht der brutalen Unterbrechung durch das nationalsozialistische Regime bedurft, ehe die Evangelischen ganz begriffen, welche Kraft und Chance in organisierten Zusammenschlüssen für sie liegen. Nicht nur dabeisein will man, sondern auch mit seinem Fachwissen dienen und das Gemeindeleben intensivieren. Hier werden in Auswahl solche Zusammenschlüsse aufgeführt, die sich in bewußter Bindung an die evangelische Kirche frei organisieren.

Arbeitsgemeinschaft Erziehung

Die »Arbeitsgemeinschaft für Erziehung« (AfE) in Naila ist ein gemeinnütziger Verein im Diakonischen Werk der Evangelisch-Lutherischen Kirche in Bayern. Zu ihr gehören Frauen und Männer, die als Lehrer, Erzieher, Väter und Mütter versuchen, engagiertes Christsein zu praktizieren. In der Ausrichtung auf Gottes Wort, durch Erfahrungsaustausch und gemeinsames Leben wollen sie einen biblisch begründeten Weg im Pluralismus der Erziehungskonzepte finden. Dazu dient auch ein eigenes »Haus der Begegnung« in Naila, in dem sich einzelne und Gemeindegruppen sowie ehrenamtliche Mitarbeiter der Kirche, Theologiestudenten, Mitarbeiter des CVJM und der Landeskirchlichen Gemeinschaft treffen.

Bekenntnisgruppen

Als freie Zusammenschlüsse gleichgesinnter Christen, die für die Zukunft der Kirche eine Vertiefung des Glaubens in ganz bestimmter Weise für nötig halten und daher beieinanderstehen wollen, gibt es den »Arbeitskreis Bekennender Christen« (ABC), den »Arbeitskreis Evangelische Erneuerung« (AEE), die »Arbeitsgemeinschaft Kirchliche Erneuerung e. V.« (AKE), die »Arbeitsgemeinschaft Lebendige Gemeinde in Bayern«, die »Evangelische Notgemeinschaft in Deutschland e. V.«, die »Geistliche Gemeinde-Erneuerung in der Evangelischen Kirche, Region Bayern« und die »Kirchliche Sammlung um Bibel und Bekenntnis in Bayern e. V.«. Sie versammeln sich, halten Tagungen, veröffentlichen Informationsbriefe oder Rundschreiben und nehmen nicht selten zu aktuellen Kirchenfragen deutlich Stellung.

Blaues Kreuz

Um der Alkoholsucht zu begegnen und ihren Opfern zu helfen, ist der Landesverband Bayern vom »Blauen Kreuz in Deutschland e. V.« mit seiner Geschäftsstelle in Gunzenhausen landesweit tätig. Seine 19 hauptamtlichen und 1197 ehrenamtlichen Mitarbeiter unterhalten mit den Mitgliedern, die sich zur Enthaltsamkeit von Alkohol schriftlich verpflichtet haben, 11 Beratungsstellen, davon 2 mit psychosozialem Dienst. Durch Aufklärungsarbeit in Schulen und Firmen, Besinnungswochen für Kinder, Jugendliche, Erwachsene, Ehepaare und Familien, sowie durch Beratung für einzelne, Familien und Gruppen bis zur Kurvorbereitung und Nacharbeit wird praktische Seelsorge betrieben und Lebenshilfe angeboten. Das »Blaue Kreuz« veranstaltet auch Seminare für freiwillige Suchtkrankenhelfer und weiterführende Bibelseminare.

Bibelverein

Der »Bayerische Zentralbibelverein« entstand im Jahr 1822 durch königliches Statut mit dem Auftrag, unter den Evangelischen des Landes die Bibel zu verbreiten. Er tut dies immer noch, direkt oder mit den Gemeinden und überregionalen Einrichtungen, und ist heute beim »Amt für Gemeindedienst« in Nürnberg angesiedelt.

Bischof-Heckel-Werk

Als Leiter des Kirchlichen Außenamtes der Deutschen Evangelischen Kirche in Berlin gründete der aus Bayern stammende »Auslandsbischof« Theodor Heckel am 4. Oktober 1939 das »Evangelische Hilfswerk für Internierte und Kriegsgefangene« (EHIK), um die vom Zweiten Weltkrieg Betroffenen mit Paketen aus der Heimat zu versorgen. Daraus entstand nach 1947 die Versorgung deutscher Kriegsgefangener in aller Welt ohne Ansehen der Person und Konfession mit Nahrung, Kleidung und Medikamenten, durchschnittlich 8000 Sendungen pro Monat; der Suchdienst des Deutschen Roten Kreuzes und über 25000 Angehörige in Deutschland profitierten davon ebenfalls. Heute betreut das Theodor-Heckel-Werk aus seiner Münchner Zentrale die im Osten verbliebenen Deutschen mit gezielten Hilfssendungen der gewohnten Art, die durch ihre direkte Adressierung zum wirklich nötigen Lebensunterhalt dienen. Im Jahr 1990 waren dies 9525 Pakete mit einem Finanzaufwand von mehr als DM 2 Millionen.

Diasporadienste

Nachdem am 31. Oktober 1832 in Leipzig das »Gustav-Adolf-Werk« zum Gedenken an den schwedischen König, den »Retter der evangelischen Kirche und der deutschen Freiheit«, gegründet worden war, um hilfsbedürftige evangelische Gemeinden zu unterstützen, erhielt noch im Gründungsjahr die junge bayerische Gemeinde in Karlshuld im Donaumoos zum Kirchenbau die erste Barzuwendung. Bis zum Ende des vorigen Jahrhunderts gingen über 33 Millionen Mark an 4518 Gemeinden. Etwa zur gleichen Zeit veranlaßte ein Hilferuf der nach Nordamerika ausgewanderten Lutheraner die Pfarrer Wilhelm Löhe in Neuendettelsau und Friedrich Wucherer in Nördlingen zur Gründung des »Gotteskastens«, aus dem im Jahr 1932 der »Martin-Luther-Verein«, die bayerische Variante des »Martin-Luther-Bundes«, hervorging. Heute vereint die »Arbeitsgemeinschaft der Diasporadienste in der Evangelisch-Lutherischen Kirche in Bayern e. V.« die beiden selbständig gebliebenen Werke mit einer Zentralstelle in Neuendettelsau und regionalen Untergliederungen in allen, auch der bayerischen Landeskirchen. Dazu gehören Partner aus Österreich, der Schweiz, Schweden und Brasilien. Ihre Arbeitsziele sind die Hilfe für Gemeindebildung und Gemeindeleben, Ausbildung von Pfarrern und Mitarbeitern, materielle Hilfe von der Literatur bis zu Gebäuden und für persönliche Notlagen. Eigene Verlage und Publikationen sowie Versammlungen und Vortragsveranstaltungen dienen dem guten Zweck. Der »Martin-Luther-Verein« zählte 1992 rund

4500 Mitglieder und Förderer und unterhält neben seinen Unterstützungsaktionen im Ausland in Bayern vorwiegend für Ausländer Studentenheime, wie das St.-Thomas-Haus in Erlangen und das »Collegium Oekumenikum« in München. Das »Gustav-Adolf-Werk« konnte sich im 160. Jahr seines Bestehens bei einer Generalversammlung in Herrnhut in Sachsen wieder vereinigen und seinen Hauptsitz nach Leipzig zurückverlegen. Seine Hilfen für die »Evangelische Kirche in Kroatien, Bosnien-Herzegowina und Wojwodina« wird durch den Krieg erneut nötig werden. Zuletzt machte die Restaurierung der evangelischen Kirche in Arco am Gardasee vielen Urlaubern besondere Freude.

Evangelische Allianz

Bibeltreue, evangelikal gesonnene Christen aus Landeskirchen und Freikirchen, die mit einem vorbildlichen persönlichen Leben die Proklamation des Evangeliums verbinden, halten sich zu der 1886 in Bad Blankenburg in Thüringen gegründeten »Evangelischen Allianz«. Sie veranstaltet jährlich die »Allianzgebetswoche«, deren Beteiligung den Kirchengemeinden empfohlen wird, einen »Gemeindetag unter dem Wort« und im Jahr 1993 die Aktion »ProChrist 93«, bei der auch der amerikanische Prediger Billy Graham wieder auftreten wird. Diese Vereinigung ist kirchennah und lädt regelmäßig Landesbischöfe ein, will aber ihren theologischen Weg selbst bestimmen.

Lebendige Kirchengeschichte: Die Augsburger gedenken ihres evangelischen Baumeisters Elias Holl

Evangelischer Bund

Um »evangelisch und ökumenisch« zu sein, entstand im Jahre 1886 der »Evangelische Bund zur Wahrung der deutsch-protestantischen Interessen«. Nach seiner wechselvollen Vergangenheit versteht sich der Bund heute als ein »Arbeitswerk der Evangelischen Kirche in Deutschland« mit Landesverbänden (in Bayern Sitz Nürnberg), zu denen persönliche und korporative Mitglieder gehören. Er veranstaltet Versammlungen, Vorträge, Arbeitsgemeinschaften, ökumenische Studienreisen. Sein bekanntestes Instrument ist das »Konfessionskundliche Institut« in Bensheim/Baden, das den »Materialdienst«, die »Bensheimer Hefte«, aktuelle Arbeitsmappen und Bücher veröffentlicht. Der Bund fördert ökumenisches Engagement und unterstützt protestantische Minderheitenkirchen in Europa.

Evangelische Schlesier

Unter den mehreren hunderttausend Flüchtlingen, die am Ende des Zweiten Weltkrieges in Bayern eine neue Heimat suchen mußten und auch die evangelische Landeskirche bereichern, entstand die »Gemeinschaft evangelischer Schlesier« mit einer »Landesarbeitsgemeinschaft Bayern«. Ihre Mitglieder und Landsleute finden sich auf allen Ebenen der Landeskirche von den Kirchnern bis zu Oberkirchenräten, doch ist die Mitgliederzahl naturgemäß rückläufig und derzeit bei einem Stand von rund 200 Aktiven. Die Gemeinschaft betreibt Seniorenseelsorge und organisiert private Treffen, ältere Ortspfarrer betreuen ihre früheren Gemeindeglieder, die Publikation »Der schlesische Gottesfreund« und Rundbriefe halten die Verbindung untereinander aufrecht.

Hospizvereine

Nach englischem Vorbild und der Erfahrung, daß weitaus die meisten Menschen zu Hause sterben möchten, bildeten sich in Bayern seit 1986 inzwischen acht örtliche »Hospizvereine«, die beiden christlichen Kirchen nahestehen. Ihre für die ehrenamtliche Aufgabe geschulten »Sterbebegleiter« wollen in Zusammenarbeit mit Ärzten und Beratungsstellen unheilbar Kranke in ihren Wohnungen betreuen, damit sie nicht die letzten Stunden ihres Lebens zwischen den hochtechnisierten Apparaturen eines Krankenhauses verbringen müssen. Dazu gehört auch, dem »schrecklichen Spiel« der Verstellung unter den Angehörigen entgegenzuwirken, aktive Sterbehilfe zu verhindern und bei juristischen und finanziellen Problemen beratend beizustehen. Die Vereine finanzieren sich aus Mitgliederbeiträgen und Spenden; Kirchen und Wohlfahrtsverbände unterstützen sie.

Johanniterorden

Aus der fast neunhundertjährigen Tradition der mittelalterlichen St.-Johannis-Kreuzfahrer mit dem achtspitzigen »Malteserkreuz« als Zeichen und der zum Protestantismus übergetretenen »Balley Brandenburg« entwickelte sich seit 1854 der selbständige evangelische »Johanniterorden«, der sich 1891 förmlich gründete. Er schuf auch die bayerische »Genossenschaft«, die unter anderem das historische Johannis-Hospital in Jerusalem verwaltet. Zum Orden gehören heute »Männer aller Stände«, die bereit sind, sich der Schwachen anzunehmen und Kranke zu pflegen. Die »Ordenswerke« sind vor allem die 1953 gegründete »Johanniter-Unfallhilfe« mit fast 100000 Mitgliedern, fast 2000 aktiven und über 14000 ehrenamtlichen Mitarbeitern im Sanitäts- und Rettungsdienst, der Sanitätsausbildung, karitativer Arbeit für Schwerbehinderte, in Sozialstationen und beim Katastrophenschutz. Die »Johanniter-Hilfsgemeinschaft« unterstützt neuerdings das Johanniter-Krankenhaus in Heidenau bei Dresden und richtete nach der Wiedervereinigung in Sachsen 20 Sozialstationen ein.

Kirchengeschichte

Die »einzige kirchliche Einrichtung, die noch Kirchengeschichtsforschung treibt« (Helmut Baier), ist der 1925 gegründete »Verein für Bayerische Kirchengeschichte« mit derzeit fast 700 Mitgliedern und dem Direktor des Landeskirchlichen Archivs als Vorsitzendem. Der Verein befaßt sich mit der Vergangenheit der Landeskirche und des Protestantismus in Europa. Er veröffentlicht als traditionelle Jahrespublikation die »Zeitschrift für bayerische Kirchengeschichte« und laufend Arbeiten zu historischen Themen. Der Verein will »der Geschichte der Kirche nicht nur nachspüren, fest- und fortschreiben, sondern in den Führungslinien in Gegenwart und Zukunft auch für heute durchsichtig und effizient machen«, wünscht sich aber mehr Interesse der Pfarrerschaft und Gemeinden. Denn der Verlust alter evangelischer Gemeinden mit deutscher Sprache im Osten, die Wiedervereinigung Deutschlands, das zusammenwachsende Europa und die Partnerschaften mit überseeischen Kirchen fordern die Arbeit heraus.

Die Bibel auf Abruf: Der »Computer-Pfarrer« Detlef Rose in Nürnberg bei der Predigtarbeit

Pfarrer & PC

Mit einem Mitgliederpotential bis zu 100000 Kirchenmitarbeitern in der ganzen Bundesrepublik rechnet der Verein »Pfarrer & PC« unter seinem Vorsitzenden, dem Nürnberger Pfarrer Detlef Rose. Für derzeit 300 Mitglieder (1992) in der Bundesrepublik und der Schweiz gibt der Verein eine Fachzeitschrift »Pfarrer & PC« heraus und veranstaltete Anfang 1992 den ersten Fachkongreß für Computeranwendung in Theologie und Kirche »Credo-Bit '92« in Friedberg (Hessen). Interessiert sind vor allem Pfarrer unter 40 und über 58 Jahren, um ihre Sonntagspredigt über Computer zu verfassen, über Diskette in der Bibel zu studieren, Gemeindeblätter zu redigieren, Adressen zu verwalten und Geschäftsvorgänge des Pfarramtes zu erledigen. Seit 10 bis 15 Prozent der Pfarrer einen PC benutzen, sieht die Industrie im »Marktsegment Kirche etwas erfrischend Neues« und in den Theologen nicht mehr reine Technologiefeinde. Inzwischen erhielt einer der Pioniere einen Sonderpreis des Marketing-Verbandes für eine kirchliche Briefwerbung via Computer, durch die die Zahl der Kirchgänger deutlich zugenommen haben soll.

NEBENEINANDER – MITEINANDER – FÜREINANDER

Die Ökumene der Kirchen

Das griechische Wort »Oikumene« meint die Gesamtheit aller Christen im bekannten Erdkreis. Aus bayerischer Sicht ist Ökumene alles, was nicht zur bayerischen Landeskirche gehört, sich aber zu ihren Freunden hält. Die mehrfache Rede Christi vom Einssein aller Christen läßt den Kirchen keine Ruhe, und doch finden sie nicht die unstrittige Gemeinschaft, von der immer wieder gepredigt wird. Alle ökumenischen Bestrebungen sind christliche Fleißübungen, Verwandtenbesuche, manchmal auch der Ausdruck von Illusionen. Indessen spart die evangelische Landeskirche nicht mit Anläufen zum Brückenschlag und trägt in weltweiten Führungspositionen die Verantwortung mit. »Es geht darum, daß wir zusammenwachsen, aber auch, daß wir zusammen wachsen« (Johannes Hanselmann).

Miteinander: Weihbischof Engelbert Siebler und Dekan Heimo Liebl am Bibelstand in München, 1992

Die zwölf Jünger Jesu waren nicht alle gleich und bezeugten damit die Vielfalt der Nachfolge Christi. Einig sind sich alle durch die Bibel, das Vaterunser und das Apostolische Glaubensbekenntnis. Uneinigkeit besteht bei der Eucharistie, dem »hohen« Gottesdienst, der Gültigkeit der Ehe und dem Amtsverständnis. Über Weihwasser, Ewiges Licht und Kreuzeszeichen denken sogar schon prominente Pfarrer positiver, als ihre Lehrer es wagen konnten. Im Alltag, in den Medien, bei der Begegnung mit Ausländern und in den immer häufigeren Ehen gemischter Konfession, dem »Sauerteig für die ökumenische Entwicklung« (Prälat Gerhard Boß), denken und leben die meisten schon, als wäre die Trennung die letztwichtige. Oder anders gesagt: »Um den See der Offenbarung Gottes gibt es nur ein gemeinsames Ufer für alle Konfessionen und Kirchen« (Franz Henrich). Man muß nur seinen Platz kennen, die Eigenheit nicht gering schätzen und die wesentlichen Unterschiede zur Einheit beitragen.

In Bad Griesbach in Niederbayern entstand 1992 ein hoffnungsvolles Zeichen der ökumenischen Zukunft: ein kleines Kirchenzentrum, von drei Architekten entworfen, von zwei Bischöfen geweiht, mit dem gemeinsamen Altar von einem Maler gestaltet, um den halbrunden Kirchenraum mit einer katholischen »Sakramentskapelle« und einer evangelischen »Vater-Unser-Kapelle« bereichert und durch ein universales Seelsorgezentrum ergänzt.

Bayern

»Ökumene sollte nicht etwas sein, was man sich mühsam abringt, sondern etwas, was aus Freude und Überzeugung geschieht« (Siegfried Hofmann, Ingolstadt). Dafür sprechen nicht nur die 511 ökumenischen Arbeitskreise in der bayerischen Landeskirche, sondern auch über 11000 Kindertaufen aus konfessionsverschiedenen Ehen und 408 evangelische Beerdigungen katholischer Christen im Jahr 1990. In Schweinfurt lebt das einzige Theologenpaar der bayerischen Kirche, bei dem der Mann evangelischer Religionslehrer und die Frau katholische Diplomtheologin ist. Alle 72 Dekanate der Landeskirche haben einen Ökumenebeauftragten; die Sektenbeauftragten wollen nicht Abgrenzung, sondern offenen Dialog und Schutz vor Mißbrauch der Menschen im Namen Gottes. Kirchliche Basisgruppen versammeln sich zum Engagement im konziliaren Prozeß. Und nicht nur im Münchner »Collegium Oecumenicum«

des Martin-Luther-Vereins wird ausländischen Studenten zu leben geholfen.

Die konkreten Beispiele ökumenischer Gemeinsamkeit in Bayern sind schier unendlich: 1968 nach vierhundertfünfzig Jahren der erste gemeinsame Gottesdienst in Passau; 1971 das unvergeßliche Ökumenische Pfingsttreffen im Rosenaustadion in Augsburg mit seiner Signalwirkung; dann die Mai-Andachten im Münster von Ingolstadt, wo Luthers Gegner Johann Eck Pfarrherr gewesen war; die Marienpredigten von Theodor Glaser, die gemeinsame Feier des Heiligen Sebald in Fürth, bikonfessionelle Bibelwochen in Castell und die Teilnahme von Protestanten an der Wemdinger Bußprozession, die seit 1832 alle fünf Jahre zum Gedenken an den Dreißigjährigen Krieg gegangen wird. Es gibt offene oder heimliche katholische Wallfahrten zu evangelischen Kirchen (Heidenheim, Veitsbronn, Untermagerbein), überkonfessionelle Diakonievereine (in Ostheim v. d. Rhön seit 1950), gemeinsame Sitzungen von Kirchenvorständen und Pfarrgemeinderäten im Unterallgäu, miteinander abgestimmte Glockengeläute der großen Kirchen und in Sauerlach vor München seit 1991 das vertraglich vereinbarte Gastrecht der Katholiken mit Tabernakel und Weihwasserkessel in der evangelischen Kirche, nachdem die katholische durch Brandstiftung verloren gegangen war; die Protestanten erhielten dafür einen neuen Abendmahlskelch in einem gemeinsamen Gottesdienst geschenkt.

Gemeinsam genutzt werden Gemeindehäuser und Jugendheime, Kindergärten (der erste ausdrücklich ökumenische seit 1991 in Rödelsee/Unterfranken), es gibt »zweifarbige« Kirchen-

Ökumene unter der Haube: Schwestern beider Konfessionen beim Gottesdienst in Augsburg

BILDER AUS ALTBAYERN

Die dominante Matthäuskirche am Münchner Sendlinger-Tor-Platz, 1953–1955 nach Plänen von Gustav Gsaenger auf einem herzförmigen Grundriß errichtet, ist eine Wiedergutmachung für die auf Befehl Adolf Hitlers im Jahr 1938 willkürlich abgerissene alte Matthäuskirche in der nahen Sonnenstraße, die als erste evangelische Kirche in der Residenzstadt von 1827–1829 durch König Ludwig I. für seine Gattin Karoline errichtet worden war.

chöre (in Nennslingen am Jura singen die Pfarrer jeweils im anderen mit), Altenclubs, Wanderungen (in Münchberg an Himmelfahrt), man begeht den »Weltgebetstag der Frauen«, trifft sich in »Ökumenischen Arbeitskreisen«, die wiederum seit 1969 in einer eigenen Arbeitsgemeinschaft »AÖK« zusammengefaßt sind, und hält auch gemeinsam Kirchweih. Einer tatkräftigen Phantasie sind kaum mehr Grenzen gesetzt. Memmingen bietet in St. Martin auch den syrisch-orthodoxen Christen Gastrecht für die Kinderlehre am Sonntag.

Offiziell und konkret versteht sich die »Arbeitsgemeinschaft christlicher Kirchen in Bayern« (AcK), zu der die evangelische Landeskirche seit der Gründung im Jahr 1973 gehört, als Zusammenschluß von Kirchen und Kirchengemeinschaften im Sinne der Verfassung des Ökumenischen Rates zum gemeinsamen Zeugnis und Dienst. Dazu gehören auch die Altkatholische Kirche, die Evangelisch-methodistische Kirche, die Evangelisch-reformierte Kirche, die Griechisch-orthodoxe Metropolie und die Römisch-katholischen Bistümer in Bayern; im Gaststatus sind angeschlossen der Bund Evangelisch-Freikirchlicher Gemeinden, die Mennonitengemeinden und die Gesellschaft der Freunde (Quäker). »Keine Gegenkirche, sondern ein großes Stück Lebendigkeit in der Kirche« sein will die »Ökumenische Versammlung« der AcK. Nach dem Treffen in München (1986) fanden Versammlungen in Nürnberg (1988) und Regensburg (1992) mit Bibelarbeit, Themengruppen, Kulturveranstaltungen und einem Abschlußplenum statt; sie sollen weitergehen.

Mit den Christen der »Evangelisch-reformierten Kirche in Bayern«, die für ihre neun Gemeinden mit fast 10000 Seelen als Kirchenversammlung das »Moderamen« (Präses, Assessor, Rechner und ein achtköpfiger Landessynodalausschuß) und in allen Gemeinden eigene »Gemeindeversammlungen« haben, verbindet die bayerische Landeskirche eine nahe, gutnachbarschaftliche Verbindung. Von der Abendmahlsgemeinschaft im Rahmen der »Leuenberger Concordie« bis zur Verwaltungsgemeinschaft in Alltagsangelegenheiten wirkt nicht nur die reformatorische Verwandtschaft nach, sondern auch das Erbe der Einwanderer aus der Pfalz, der Schweiz und von Frankreich.

Ähnliches gilt, wenngleich nicht als innerbayerische Ökumene, für die besonderen Beziehungen zu der grenznahen »Evangelischen Kirche Augsburgischen Bekenntnisses in Österreich«, dort auch einfach »Die lutherische Kirche« genannt, denn offiziell gehört sie zu der »Evangelischen Kirche Augsburgischen und Helvetischen Bekenntnisses in Österreich«. Nach ihrer Verfolgung, Vertreibung und Behinderung bis in das vorige Jahrhundert hat diese Kirche heute 200 Gemeinden mit 353000 Seelen und 400 Pfarrern im ganzen Land, wobei bis auf wenige im Burgenland, der Steiermark und Kärnten alle in der Diaspora leben. In einem »Evangelischen Oberkirchenrat« leitet der Bischof mit drei ordinierten Oberkirchenräten, einem Kirchenkanzler und dem Landeskirchenkurator die Geschicke. Das Verhältnis zum Staat ist durch ein »Protestantengesetz« von 1961 gut geregelt, Seelsorge und Religionsunterricht gedeihen, die »Kirche von unten« nimmt ihre Aufgaben vor allem durch ein ausgeprägtes Vereinswesen wahr.

Deutschland

Daß die bayerischen Protestanten sich dem gesamtdeutschen Kirchenwesen verbunden fühlen, haben sie seit der Reformation hinreichend bewiesen und durch die lange Partnerschaft mit der Lutherischen Kirche in Mecklenburg-Vorpommern gezeigt. Seit der Wiedervereinigung gingen Pfarrer, Diakonissen, Juristen, Fachberater für die Seelsorge und Bauberater nach »drüben«; allein die bayerische Landeskirche zahlte im Jahr 1992 DM 6,2 Millionen an die Partnerkirche und DM 63 Millionen in den entsprechenden Haushalt der EKD.

In der »Evangelischen Kirche in Deutschland« (EKD) mit dem Zusammenschluß von über 30 Millionen Evangelischen in 24 lutherischen, reformierten und unierten Landeskirchen ist Bayern zahlenmäßig das viertgrößte Mitglied. Der Satzung entsprechend ist Bayern in allen Organen der Synode, des Rates und der Kirchenkonferenz vertreten; seine Delegierten wirken in vielen Ausschüssen, aber auch in den Organen der nachgeordneten Arbeitsebenen, der Kammern, Konferenzen und Gemeinschaftswerke mit. Landesbischof Hermann Dietzfelbinger war von 1967 bis 1973 der Ratsvorsitzende.

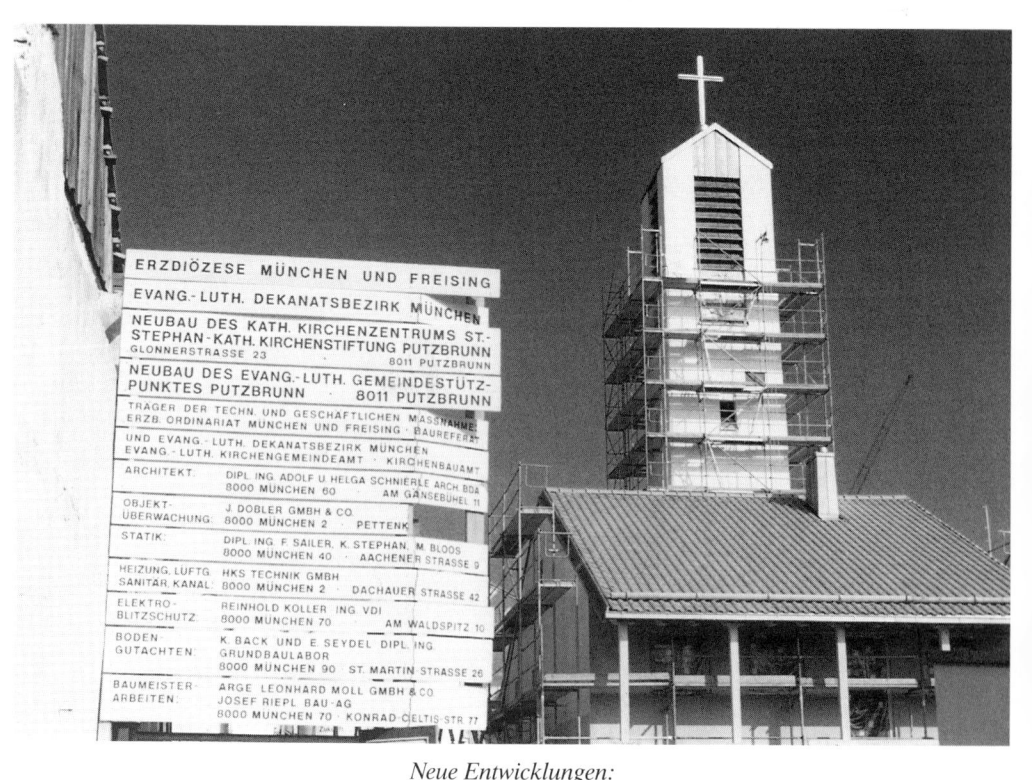

Neue Entwicklungen:
Erzdiözese und Dekanatsbezirk bauen gemeinsam das Kirchenzentrum Putzbrunn bei München

DIE EVANGELISCHE KIRCHE IN DEUTSCHLAND

nach ihrer Wiedervereinigung im Jahr 1992

Lutherische Kirchen:
Bayern
Braunschweig
Hannover
Mecklenburg
Nordelbien
Oldenburg
Sachsen
Schaumburg-Lippe
Thüringen
Württemberg

Unierte Kirchen:
Anhalt
Baden
Berlin-Brandenburg
Bremen
Görlitz
Hessen und Nassau
Kurhessen-Waldeck
Pfalz
Pommern
Rheinland
Sachsen (Kirchenprovinz)
Westfalen

Reformierte Kirchen:
Lippe
Reformierte Kirche

BILDER AUS ALTBAYERN

Einer großzügigen Gründerzeitgesinnung entsprang der erhabene Backsteinbau der St.-Lukas-Gemeinde am Münchner Isarufer in den Jahren 1893–1897, die heute einer vitalen Großstadtgemeinde als Mittelpunkt vielfältiger Aktivitäten dient.

BILDER AUS ALTBAYERN

In den beschwingten Jahren um die Jahrhundertwende schuf Theodor Fischer für die Erlösergemeinde in München-Schwabing seine erste Kirche in einer eigenwilligen, aus mittelalterlichen Formen und Elementen des Jugendstils entwickelten Bauweise, bei der malerische Ideen und vielfältige Einzelformen zu einem weit sichtbaren Stadtakzent und bergenden Gemeindebau führten.

Neben der Dachorganisation »EKD« ohne eigenen Kirchencharakter strebten die bayerischen Lutheraner nach dem Zweiten Weltkrieg einen engeren Zusammenschluß der Kirchen gleichen Bekenntnisses an. Dieser »Vereinigten Evangelisch-Lutherischen Kirche Deutschlands« (VELKD) war die bayerische Landeskirche nach intensiver Beteiligung an den Vorbereitungsverhandlungen bereits am 4. November 1947 beigetreten und wirkte an der Ausarbeitung einer Verfassung mit, die dann am 8. Juli 1948 bei einer Vollversammlung in Eisenach angenommen wurde. Seit der Wiedervereinigung gehören zur VELKD die Landeskirchen von Bayern, Braunschweig, Hannover, Mecklenburg, Nordelbien, Sachsen, Schaumburg-Lippe und Thüringen mit insgesamt 12,32 Millionen Mitgliedern in 7400 Gemeinden. Die fehlenden Kirchen von Oldenburg und Württemberg halten sich freundlich nahe. Auch in den Organen der VELKD (Generalsynode, Bischofskonferenz und Kirchenleitung) sind die Vertreter Bayerns überall aktiv beteiligt. Der Präsident der Generalsynode war von 1979 bis 1985 Dr. Christian Blendinger aus Nennslingen in Mittelfranken. Landesbischof Johannes Hanselmann ist seit September 1991 der »Catholica-Beauftragte« der VELKD.

Europa

Europäische Beziehungen um Bayern gab es immer. Bayerische Gemeinden haben Patenschaften mit einzelnen Partnern, wie München mit den Protestanten in Paris oder Nürnberg mit Hereford in Nordengland. Angesichts der Europaentwicklung ist aber eine neue Einstellung nötig, die von der traditionellen Idee Europas als einer kulturellen Einheit ausgeht. Aus dem Zusammenrücken der Staaten, den Prinzipien von Freizügigkeit und Gemeinnützigkeit sowie der Rechtsangleichung ergeben sich Konsequenzen bis in Diakonie, Arbeitsrecht und Kirchensteuer. Nicht zuletzt nach der Entwicklung in Osteuropa wird es eine zunehmende Rolle spielen, daß die deutsche Sprache die in Europa am meisten gesprochene Muttersprache und »das Englisch des Ostens« geworden ist.

Im April 1992 fand in Budapest eine »Europäische Evangelische Versammlung« von 200 Delegierten aus 80 evangelischen Kirchen des Kontinents statt, die ohne Beteiligung der römisch-katholischen Kirche gemeinsames Handeln anstrebten. Die europäischen Lutheraner aus 21 Kirchen begannen Ähnliches bei einer Konferenz von 32 Bischöfen und Repräsentanten der lutherischen Kirchen auf dem Liebfrauenberg nahe Straßburg, die den Aufruf des Papstes zur Evangelisation Europas positiv aufnahm. Im Januar 1991 schlossen Lutheraner und Anglikaner eine »Meißner Erklärung« für Abendmahlsgemeinschaft, aus der weitere Begegnungen und die gemeinsame Feier des Reformationsfestes hervorgingen. In der europäischen Sektion des »Weltverbandes Christlicher Kommunikation« (WACC) arbeiten auch bayerische Vertreter zugunsten der christlichen Publizistik mit.

Bei der seit 1978 bestehenden »Konferenz Europäischer Kirchen« (KEK) ist die bayerische Landeskirche ein Mitglied und im Zentralausschuß von 35 stimmberechtigten Mitgliedern durch Jutta Boysen vom Diakoniewerk Neuendettelsau vertreten. Diese europäisch-ökumenische Organisation aus 120 protestantischen, anglikanischen, orthodoxen und altkatholischen Kirchen in 26 Staaten des Kontinents mit der Repräsentation von 250 Millionen Christen hat keinen eigenen Verfassungsstatus, sondern wirkt unmittelbar durch die bestehenden Kirchen und will auf europäischer Ebene gemeinsam handeln.

Weltchristentum

Nicht zuletzt auf Grund deutscher Initiativen entstand der »Lutherische Weltbund« (LWB) als eine »freie Vereinigung von lutherischen Kirchen, die nicht befugt ist, für die ihr angehörenden Kirchen Gesetze zu erlassen oder sonst die Selbständigkeit irgendeiner Gliedkirche zu beschränken«. Er gab sich im Jahr 1947 auf einer Vollversammlung in Lund (Schweden) eine eigene Verfassung. Die bayerische Landeskirche trat ihm am 30. September 1948 durch Beschluß der Landessynode bei und hat dies in der Verfassung (Art. 6) verankert. Derzeit gehören dem Bund 140 Gliedkirchen in 80 Ländern aller Erdteile mit 58,7 Millionen Menschen an, darunter 15,1 Millionen in Deutschland, 8,3 Millionen in den USA, 7,6 Millionen in Schweden, 1,5 Millionen in Indonesien und 1 Million in Äthiopien. Der bayerische Landesbischof Johannes Hanselmann war von 1978 bis 1987 Vizepräsident und von 1987 bis 1990 Präsident des Lutherischen Weltbundes. Im Exekutivkomitee des LWB ist aus Bayern zur Zeit Schwester Annemarie aus der Wiesche aus Selbitz vertreten. Der »Landesausschuß für Publizistik« in Bayern forderte den Weltbund auf, die deutsche Sprache Martin Luthers nicht weiter zu vernachlässigen.

Kraft Verfassung (Art. 6) ist die bayerische Landeskirche auch Mitglied im »Ökumenischen Rat der Kirchen« (ÖRK), oft auch »Weltkirchenrat« genannt. Im Jahr 1948 gegründet, versteht er sich durch seine Vollversammlung als eine »Gemeinschaft von Kirchen, die gemäß der Heiligen Schrift Jesus Christus als Gott und Heiland bekennen und darum gemeinsam zu erfüllen trachten, wozu sie berufen sind«. Der ÖRK besitzt keine gesetzgebende Gewalt über die 322 Mitgliedskirchen der protestantischen, anglikanischen und orthodoxen Bekenntnisse in mehr als 100 Staaten der Erde mit 400 Millionen gläubigen Menschen. Die römisch-katholische Kirche gehört nur als Beobachter dazu; die Einigung mit Rom stagniert, da der Vatikan seinen Führungsanspruch gegenüber allen anderen christlichen Kirchen aufrecht erhält. Eines der wichtigsten Ergebnisse ist die 1982 veröffentlichte »Erklärung des Ökumenischen Rates zu Taufe, Eucharistie und Amt«, das aus der Weltkirchenkonferenz für Glauben und Kirchenverfassung hervorgegangene »Lima-Papier«, dem die bayerische Landessynode offiziell zustimmte. Eine weitere, bekannter gewordene Initiative ist die weltweite Bewegung »Frieden, Gerechtigkeit und Bewahrung der Schöpfung«, an deren erstem Kongreß in Basel im Jahr 1989 der Starnberger Wissenschaftler Carl Friedrich von Weizsäcker besonders beteiligt war.

Im August 1991 wurde in Rothenburg o. d. Tauber das »Ernst-Lange-Institut für ökumenische Studien« gegründet, das für ganz Deutschland

Ökumenische Begegnung in Augsburg 1987: Landesbischof Johannes Hanselmann, Metropolit Labardakis Augoustinos, Oberkirchenrat Johannes Merz, EKD-Ratsvorsitzender Bischof Martin Kruse, Kardinal Joseph Höffner und Papst Johannes Paul II.

die Verbindung zwischen ökumenischer Praxis und wissenschaftlicher Theologie sucht, um sie durch Diskussion und Publikationen allen Interessierten für weitere Praxis zugänglich zu machen.

An der internationalen und überkonfessionellen »Fokolar-Bewegung« (focolare = Feuerstelle), die 1943 von der Katholikin Chiara Lubich in Trient (Italien) gegründet worden war und unter ihren 87000 Mitgliedern rund 1400 Protestanten zählt, nimmt aus Bayern auch Landesbischof Dr. Johannes Hanselmann teil. Mit über 1,7 Millionen Sympathisanten in 180 Ländern der Erde will die Bewegung in Familien, Schulen, Büros, Fabriken und Parlamenten Evangelisation betreiben, die Bibel als Richtschnur des Alltags verbreiten und sowohl die Einheit der Christen wie den Dialog mit anderen Weltreligionen fördern.

Partnerkirchen

Rückblickend sieht man einen ökumenischen Fortschritt: aus der »Heidenmission« unserer stolzen Großväter entstanden Partnerkirchen, die mit den Enkeln gleichwertig verbunden bleiben und gegenseitige Unterstützung erwarten; es gab ohne schmerzliche Entkolonisierung einen Übergang in Freundschaft.

Die »Evangelisch-Lutherische Kirche von

BILDER VOM GOTTESHAUS

In der 1912 vom Münchner Architekten Ulrich Lang im späten Jugendstil geschaffenen Dreifaltigkeitskirche in Göggingen bei Augsburg malte Hubert Distler aus Wildenreuth im Jahr 1965 in die Chorapsis, dem Formgefühl einer modernen Zeit entsprechend, anstelle des ursprünglichen nachtblauen Sternenhimmels ein neues Altarbild mit dem auferstehenden Christus.

BILDER AUS ALTBAYERN

Kleine Kirchen, ohne Pathos künstlerisch gestaltet, praktisch für ein vielfältiges Gemeindeleben und korrekt – das sind Elemente eines modernen Bauwillens, zu dem auch Olaf Andreas Gulbransson wesentlich beitrug; im Friedhof bei seiner Auferstehungskirche in Rottach-Egern vom Jahr 1957 liegt er, im Leben früh vollendet, neben seinem berühmten Vater beerdigt.

Alte Freundschaft: Landesbischof Johannes Hanselmann unterzeichnet mit Kirchenpräsident Gottfried Brakemeier während der Vollversammlung des Lutherischen Weltbundes in Curitiba im Jahr 1990 die erneuerte Partnerschaftsvereinbarung zwischen Bayern und Brasilien

Papua-Neuguinea« (ELC-PNG) in Südostasien ging aus der Neuendettelsauer Mission des Melanesien-Missionars Johann Flierl (1858 bis 1947) und seiner Nachfolger hervor. 1956 offiziell gegründet hat sie heute rund 800000 Mitglieder, führt drei Pastorenseminare, Schulen und Krankenhäuser; aus dem Missionswerk Bayern gehören dazu 67 deutsche Mitarbeiter als Pfarrer, Lehrer, Ärzte, Techniker und mit anderen Berufen. Die Kirche durchläuft einen Umbruch in Organisation, Finanzen und Führung, vor allem aber ringt sie um neue lutherische Glaubensformen mit mehr Spiritualität.

Daß sich die Missionsarbeit immer wieder erneuert, beweist der Fall des aus Bayern stammenden lutherischen Missionars Werner Strauß und seiner Frau Liesel aus Regensburg. Nachdem sie seit 1971 in Neuguinea tätig gewesen waren, begannen sie ab Frühjahr 1992 in Singapur, der größten Hafenstadt der Welt, im Auftrag der Lutherischen Kirchen von Neuguinea, Malaysia und Singapur mit dem Aufbau einer Seemannsmission für die Matrosen der täglich rund 500 verkehrenden Schiffe, wobei die Religionsunterschiede keine Rolle spielen werden.

Einen förmlichen Partnerschaftsvertrag schlossen die bayerische Landeskirche und die »Evangelische Kirche lutherischen Bekenntnisses in Brasilien« (IECLB) im Jahr 1980 anläßlich der 450-Jahr-Feier der »Confessio Augustana«. Aus den Gemeindeursprüngen der ersten Einwanderer von 1824 entstanden, gehören zu dieser Kirche heute rund eine Million weit verstreuter Menschen aus deutscher, Schweizer und finnischer Abstammung; sie suchen sich wie Stecknadeln im Heuhaufen, um sich zu versammeln und zu missionieren, auch wenn die traditionell eher introvertierte Haltung das gesellschaftliche Engagement behindert. Diese brasilianische Kirche mit portugiesischer Sprache pflegt weiter Deutsch, hat eine theologische Hochschule in Sao Leopoldo, betreibt mit bayerischer Hilfe in Blumenau (Staat Santa Catarina) die »Livraria Martin Luther« mit Büchern, Schreibwaren und Material zur Schriftenmission, ferner mehrere regionale Rundfunksender für rund sechs Millionen Hörer mit einem kulturell-religiösen Programm, die sich aus Werbung finanzieren müssen. Siebzehn Pfarrer und zwei Rummelsberger Diakone aus Bayern helfen beim Gemeindeleben, in der Erwachsenenbildung, beim Gemeinde-Neugründungsprogramm »Mission Nullpunkt« entlang der Transamazônica-Straße und bei der Behindertenarbeit. Die bayerische Landeskirche überweist jährlich DM 1 Million Förderungsgeld und zahlt Beihilfen für die entsandten Mitarbeiter. Das »Rothenburger Sonntagsblatt« schickt regelmäßig Geschenk-Abonnements seiner Leser nach Brasilien.

Bayerns Partnerschaft zur »Evangelisch-Lutherischen Kirche in Tansania« (ELCT) mit ihrer altbayerischen Kirchenordnung, florierendem Kirchenwesen und Diakonie sowie einem »Lutherischen Theologischen College« in Makurima, Krankenhäusern und einer Radiostation »Stimme des Evangeliums« in Moshi drückt sich durch viele direkte Verbindungen mit Gemeinden aus; sie besuchen sich, sammeln Geldspenden und Sachwerte (Glocken, Posauneninstrumente, medizinische und technische Geräte, Gemeindematerial). In Tansania arbeiten 42 Pfarrer und Fachleute aus Bayern, dazu 2 Augsburger Diakonissen und 2 Rummelsberger Diakone. In Ostafrika sind darüber hinaus 6 Pfarrer und Kirchenboten in Kenia sowie einer in Zaire tätig.

Die jüngste Partnerschaftsvereinbarung wurde während der Tagung der Landessynode im November 1992 mit der »Magyarorszagi Evanglikus Egyhaz« (Evangelisch-Lutherische Kirche in Ungarn) geschlossen. Diese erste Partnerschaft mit einer lutherischen Kirche in Europa dient der Zusammenarbeit durch Informationsaustausch, Besuche und Teilnahme an Synodaltagungen oder kirchlichen Versammlungen, Unterstützung beim Gemeindeaufbau, Ausbildung und Fortbildung sowie beim Aufbau neuer Arbeitsgebiete. Die »Lutherische Kirche in Ungarn« kann mit 430000 Mitgliedern und 260 Pfarrern in 300 Gemeinden seit der Befreiung von der Staatskontrolle ihre großen Chancen kaum aus eigener Kraft wahrnehmen, um die Gemeinden, Kindergärten, Gefangenenseelsorge, Erziehungswesen und die Fortbildung der Mitarbeiter wieder aufzubauen.

Neue Freundschaft: Unterzeichnung des Partnerschaftsvertrages zwischen Bayern und Ungarn durch die Bischöfe Bela Harmati und Johannes Hanselmann in Gegenwart der Synodalpräsidenten Dr. Dieter Haack und Johannes Opp während der Tagung der Landessynode in Schweinfurt im November 1992

Lateinamerika

Ökumenische Zusammenarbeit aus Bayern mit mehreren lateinamerikanischen Kirchen geschieht durch das Lateinamerikareferat im Landeskirchenrat und den »Kirchlichen Entwicklungsdienst« (KED), aktiv begleitet von vielen Gemeinden und den zuständigen Gremien in der Landessynode und im Missionswerk. Bayerische Pfarrer arbeiten in Chile, Argentinien, Ecuador und Venezuela.

Vor einigen Jahren entstand von der kleinen lutherischen Kirche in El Salvador, dem »Land des Erlösers«, eine Verbindung zur bayerischen Landeskirche. Die dortige »Kirche für die Armen« hatte im Bürgerkrieg durch das tödliche Martyrium mehrerer Mitglieder Zeugnis dafür abgelegt, daß sie in der christlichen Nächstenliebe einen Ausweg aus Chaos, Mord, Entführungen und Gefangennahme sieht. Inzwischen wandten sich auch ganze katholische Dörfer ihr zu, so daß sie rund 40000 Mitglieder umfaßt. Der zur Symbolfigur gewordene Bischof Dr. Medardo Gomez sieht inmitten des Kampfes Zeichen einer tiefgehenden Spiritualität und sucht Solidarität für ein neues seelsorgerliches Modell mit Hilfe für die Landwirtschaft durch Kooperativen, für die Stadtbevölkerung durch Sanierung ihrer Elendsviertel, für die Flüchtlinge durch Unterkunft und die Analphabeten durch Bildungsangebot.

Die kleine lutherische Kirche in Nicaragua, der die bayerische Landeskirche hilft, entstand in der Hauptstadt Managua durch zwei aus San Salvador geflohene Frauen. Sie bewiesen, »welche Öffentlichkeitswirkung einige tausend lutherische Christen haben können« (Gerhard Strauß) und wie sich intensives geistliches Leben mit der Freiheit eines Christenmenschen wirksam vereinen läßt, um ein menschenwürdiges Leben zu finden. Es wäre sehr zu begrüßen, wenn die Bemühungen der kleinen lutherischen Kirchen in Zentralamerika (El Salvador, Nicaragua, Honduras, Guatemala und Costa Rica) für einen engeren Zusammenschluß zum Erfolg führten.

In dreiunddreißig Jahren aus deutschen und skandinavischen Einwanderern, anderen Europäern und Nordamerikanern verschiedener Religion »auf kleinem Raum zusammengerauft« hat sich die Gemeinde »El Adviento« in Ecuador, der die bayerische Pfarrerin Christa Salinas siebeneinhalb Jahre lang diente, ehe sie nach München-Bogenhausen zurückkehrte. Die weitere ökumenische Hilfe zeigt, wie sich der christliche Glaube in anderen Kulturen und Traditionen entwickeln und daß Sozialdiakonie mit gehöriger Toleranz konkrete Erfolge haben kann.

Osteuropa

In der ehemaligen UdSSR bildet sich wieder eine »Deutsche Evangelisch-Lutherische Kirche des Ostens« als lockerer Zusammenschluß der Regionalkirche vom Baltikum bis zur Krim und ins Innere Rußlands. In der westsibirischen Millionenstadt Omsk konnte im Mai 1992 der Grundstein für den ersten lutherischen Kirchenneubau in Rußland seit der Revolution von 1917 gelegt werden. Im Dimitrijkloster in Rostow am Norosee heißt es nach Hilfsmaßnahmen heute »Der Heilige und die Bayern – seitdem geht es aufwärts mit dem Kloster!«

Seit der Auflösung der UdSSR wurde die Auferstehungsgemeinde in Riga, die nach dem Einmarsch der Sowjet-Armee 1941 aufgelöst worden war, wieder ins Leben gerufen. Sie erhielt als Gotteshaus von den neuen Behörden die Friedhofskirche der früheren deutschen Jakobigemeinde zugesprochen. Zum Wiederaufbau wurde aus Bayern Geld gegeben und ein Abendmahls- und Taufgerät, das seit 1893 der evangelischen Gemeinde Herischdorf-Bad Warmbrunn im Riesengebirge (Schlesien) gehört hatte, nach dem Zweiten Weltkrieg von einem polnischen Priester im Pfarrgarten wieder ausgegraben und an den letzten evangelischen Pfarrer F. Hohmeier in Neuendettelsau zurückgegeben worden war.

Als kirchengeschichtliches Ereignis und »Wunder des Herrn« wurde die Neugründung einer Gemeinde in Kiew im Jahr 1990 gefeiert, die das 1856 errichtete und durch die Bolschewisten zweckentfremdete Gotteshaus zurückerhielt

BILDER AUS FRANKEN

Für Eckenhaid, ein Neubaugebiet der Nachkriegszeit nördlich von Nürnberg, dessen Straßen die Namen der verlorenen Heimatgebiete im Osten tragen, schuf der Münchner Architekt Hans Jürgen Zeitler die kleine Friedenskirche in Formen und Farben der himmlischen Hoffnung, ein heiteres Jerusalem auf Erden, noch ohne den üblichen Glockenturm.

und im deutschen Stadtviertel den Namen »Martin-Luther-Straße« wiederherstellen konnte. Nachdem die vom Zaren ins Land gerufenen, ehemals etwa 400000 Deutschen sich wieder sammeln und aus ihrer Deportierung zurückkehren können, verstehen die derzeit etwa 40000 potentiellen Gemeindeglieder das lutherische Bekenntnis und ihre deutsche Abstammung als Elemente ihres neuen Lebens. Mit wesentlicher Hilfe aus Bayern, insbesondere durch den emeritierten Theologieprofessor Georg Kretzschmar aus München, entstanden eine neue Verfassung, eine Synode, die Wahl eines Superintendenten, Predigerausbildung und Gemeindeleben; als weitere Hilfen werden Pfarrer, Reiseprediger, Bibeln, religiöse Literatur und Bauhilfen erwartet. An Ostern 1992 konnte der Münchner Prodekan Helmut Ruhwandl in Kiew mehrere Gottesdienste halten und 48 Menschen taufen. Noch sind unter den 50000 Deutschen mit 6 evangelischen Gemeinden in Kiew, Odessa, Dnjepropetrowsk, Charkow und Lemberg nur einige hundert ausdrücklich als lutherische registriert, doch wird die Rückbesinnung auf die Vorfahren und die Rücksiedlung aus Sibirien diese Gemeinden bald vergrößern.

Das »neue Feld kirchlicher Beziehungen in der europäischen Nachbarschaft« (Claus-Jürgen Roepke) hat auch wieder aktive Verbindungen zu den 326000 lutherischen Christen in der Slowakei, zu den in Siebenbürgen verbliebenen Deutschen und zu den evangelischen Christen in Jugoslawien eröffnet. Ein »Arbeitskreis für Siebenbürgische Landeskunde« bemüht sich um die Rettung wichtigen Kulturgutes, darunter vor allem die wichtigen evangelischen Pfarrarchive der verwaisten Gemeinden.

Außerchristliche Beziehungen

Obwohl nach einer ausdrücklichen Feststellung des Landeskirchenrates vom November 1991 ein gemeinsames Gebet von Christen mit Angehörigen anderer Religionen »nach dem Selbstverständnis des christlichen Glaubens nicht möglich« ist, weil Kirchen, Synagogen, Moscheen und Tempel nicht nur Räume, sondern Symbole der jeweiligen Religion sind, wird zu interreligiösen Gesprächen und Begegnungen »im Hinblick auf unsere multireligiöse und multikulturelle Gesellschaft« aufgefordert; am 1. September 1992 gab der Landeskirchenrat eine eigene Handreichung für »Multireligiöses Beten« heraus.

Aufbruch im Osten: Der Münchner Prodekan Helmut Ruhwandl taufte an Ostern 1992 in der lutherischen Kirche von Kiew ukrainische Bürger

Die in der gemeinsamen Religionsgeschichte »grundlegende Bedeutung des jüdischen Glaubens für Christen« (Johannes Friedrich) wird seit vielen Jahren in Kirchengemeinden, auf Kirchentagen und durch die Initiative »Begegnung von Christen und Juden – Verein zur Förderung des christlich-jüdischen Gesprächs in der evangelisch-lutherischen Kirche in Bayern« (früher »Evangeliumsdienst unter Israel«) ernst genommen. Auch nach der Denkschrift der EKD (1992) sollen aus dem jahrelangen Dialog Konsequenzen gezogen werden durch kritische Überprüfung der Auslegung biblischer Texte, der theologischen Tradition, der Geschichtsschreibung und überkommener antijüdischer Haltungen unter Christen.

Das Verhältnis zu den 1,7 Millionen Moslems in Deutschland wird zur Herausforderung der Christen, seit in einigen Schulen neben den katholischen Kindern mehr moslemische als evangelische am Unterricht teilnehmen und viele Ortschaften von der Begegnung mit dieser anderen Kultur bestimmt werden. Aus christlicher Toleranz hat die evangelische Gemeinde in Ingolstadt von 1979 bis 1983 ihren großen Gemeindesaal den türkischen Mitbürgern für islamische Gottesdienste zur Verfügung gestellt. Nach dem Golfkrieg forderte der Lutherische Weltbund auf, die verschärften Spannungen zwischen Christen und Moslems ernst zu nehmen. Nur Gott weiß, was diese Zukunft bringen und wie sie zum christlichen Bekenntnis zwingen wird.

*Auf Bayerns ältestem Missionsfeld:
Festgottesdienst der hundertjährigen lutherischen Kirche in Papua-Neuguinea
mit Vertretern aus aller Welt, darunter
Oberkirchenrat Gerhard Strauß, aus Bayern,
im Juli 1986 in Laë*

»Und ich wette: Irgendetwas haben wir doch gemeinsam!«

WAS ES ALLES GIBT UND GAB
Kuriosa aus dem kirchlichen Leben

Affenliebe
Der Würzburger Pfarrer Schindelin erließ einen Aufruf an alle Menschen mit Liebe zu Menschenaffen, per Urkunde Patenschaftsanteile am zentralafrikanischen Regenwald zu erwerben, und kaufte mit dem Erlös im Dreiländereck Uganda/Zaire/Ruanda große Landpartien des Nationalparks sowie ein ganzes Flußbett nahe einem Vulkangebiet für DM 364 pro Quadratkilometer, entschädigte die heimischen Siedler und setzte Prämien an Waldhüter für das Auffinden von Gorillafallen aus.

Ahnenforschung
Neueren Forschungen zufolge kam Martin Luthers Mutter, eine geborene Lindemann, aus der »Neustadt an der Rhene«, dem heutigen Neustadt a. d. Saale, wo auch deren Vater Johann Lindemann und schon dessen Vater ansässig gewesen waren, so daß man in dem großen Reformator (nach heutigen Verhältnissen) einen halben Bayern sehen kann.

Allerheiligentag
Das in Bayern von den katholischen Christen mit großer Anteilnahme begangene Fest Allerheiligen wird im Ries rund um Nördlingen als Bußtag, mancherorts mit Abendmahlsfeier, begangen, um der schrecklichen Glaubenskämpfe im Dreißigjährigen Krieg und ihres endlichen Abschlusses durch den Westfälischen Frieden von 1648 zu gedenken.

Allmächt
Um auch gemeindefernere Landsleute wieder für ihre Kirche zu interessieren und »die heudiche Juchend« anzusprechen, übersetzte Pfarrer Hartmut Press in Hallstadt »bei Bambärch« (Bamberg) Teile der Bibel ins Fränkische und predigt regelmäßig in fränkischer Mundart, wobei er die Erfahrung machte, daß sich dann auch Konfirmanden erinnern, worüber am Sonntag von der Kanzel gesprochen worden war.

Altbau
Weil sich eine Kirchenvorsteherin aus Etting an ihre Kindheit erinnerte, konnte die Johannesgemeinde in Ingolstadt im nahen Wettstetten den Dachstuhl eines alten Bauernhauses, ein »kaum noch zu übertreffendes Beispiel archaisch-bajuwarischer Zimmermannskunst«, kostenlos erwerben und daraus das Gemeindezentrum St. Jakob bauen, in dem dann auch das Lazarus-Glasfenster von Hubert Distler aus der evangelischen Kapelle im alten Ingolstädter Krankenhaus, eine 1720 in Breslau gegossene Glocke und eine neue Orgel ihre Heimat fanden.

Altmaterial
Gut 30 Tonnen Altpapier und 6 Tonnen Kleider im Wert von DM 3000, aufgestockt um DM 4000 aus ihrer Vereinskasse, sammelte die katholische Kolpingsfamilie in Unterhaching bei München unter Karl-Heinz Hausner bei einer zweiten Hilfsaktion für den Erweiterungsbau des evangelischen Gemeindezentrums, wobei der protestantische Pfarrer Waldemar Fischer mit 15 Konfirmanden beim Einsammeln tatkräftig mitwirkte. Der Bürgermeister und Diplomvolkswirt Nikolaus Aidelsburger spendete für die vierzigköpfige Mannschaft aus der Gemeindekasse eine Brotzeit und privat DM 500, will aber bei der nächsten Aktion zugunsten eines neuen Gemeindekindergartens auch noch mit seinem Bulldog helfen.

Alumneum
Das Ansbacher Alumneum wurde 1552 als erstes »Contubernium pauperum« (Heim armer Schüler) nach der Reformation aus dem Vermögen von elf säkularisierten Stiftungen und aufgelösten Klöstern sowie durch mildtätige Spenden gegründet, 1737 mit der Heilsbronner Fürstenschule vereinigt, 1807 aufgelöst, aber 1841 als »Königlich-bayerische Erziehungsanstalt« wiederhergestellt, 1936 durch die nationalsozialistische Kirche enteignet, 1947 der Kirche zurückgegeben, 1955 in eine staatlich verwaltete Stiftung umgewandelt und 1961 in einem Neubau am Stadtrand verlegt. Das für beide Konfessionen und Geschlechter offene Alumneum will ein Inbegriff guter Schulbildung und gediegener Erziehung in Westfranken bleiben.

Aufmerksamkeit
Die Krumbacher Protestantin Eleonore Benz erinnert sich, daß in ihrer Jugendzeit ein hoher Beamter regelmäßig in einer vorderen Bankreihe am Sonntagsgottesdienst teilgenommen und mit seinem Schlüsselbund kräftig gerasselt habe, wenn ihm die Predigt zu lang dauerte.

Ausgezeichneter Altar
Der nach verschiedenen Vorbildern Tilman Riemenschneiders geschaffene Altar des Memminger Künstlers Vogt in der Kirche St. Mang in Kempten wurde 1894 auf der Weltausstellung in Chicago preisgekrönt und 1896 von dem Kemptener Fabrikanten August Heinrich Gyr für die evangelische Gemeinde erworben.

Ausgrabung
In Dürrnbuch/Mittelfranken wurde am 24. Juni 1983 bei Erdarbeiten zur Trockenlegung der Außenmauern der St. Kilians-Kirche eine 450 Jahre alte, noch voll funktionsfähige und klangreine Bronzeglocke gefunden, die alle Kriege überdauert hatte und mit zwei neuen Glocken nun wieder das Leben der Gemeinde bestimmt.

Auto-Mobilität
Nachdem der Vikar von Passau die Gemeinde in Freyung im oberen Bayerischen Wald gelegentlich nur mit Skiern erreichen konnte und zu seinem »Revier« auch noch die Predigt- und Unterrichtsstation Prachatitz in der Tschechoslowakei in 100 Kilometern Entfernung sowie Winterberg im Sudetenland hinzugekommen waren, erhielt die größte Diasporagemeinde Bayerns schließlich im Jahr 1939 den ersten Dienstwagen, doch hatte der Pfarrer selbst (noch) keinen Führerschein.

Bankgeheimnis
In der 1970 errichteten zeltförmigen Christuskirche in Memmingen gibt es nur eine einzige Bank, nämlich für den Organisten, während die Gottesdienstbesucher auf leicht beweglichen Stühlen Platz nehmen.

Basketball
Das inzwischen mit rund 250 Millionen Anhängern um den ganzen Erdball verbreitete Basketballspiel wurde vor 100 Jahren vom CVJM in den USA als Erziehungsmittel für junge Männer erfunden und kam in Deutschland erst nach dem Zweiten Weltkrieg unter dem Einfluß von Amerikanern und Exilsportlern aus dem Baltikum in Mode, wobei die CVJM-Vereine von Erlangen, Würzburg, Schwabach und Bamberg eine Pionierrolle spielten.

Bayern in Singapur
Für drei lutherische Kirchen (Papua-Neuguinea, Malaysia und Singapur) gleichzeitig baut der bayerische Missionar Werner Strauß mit seiner aus Regensburg stammenden Frau Liesel ab Frühjahr 1992 in Singapur, der größten Hafenstadt der Welt, die Missionsarbeit für Seeleute der täglich rund 500 an- und ablegenden Schiffe »ohne Ansehen von Religion und Konfession« auf.

Bettelkönig
Den preußischen Kronenorden III. Klasse erhielt 1876 der Nürnberger Landgerichtsassessor Schöninger für seine Bettelaktion zugunsten des Kirchenbaus in Neumarkt/Oberpfalz, nachdem er, von der Heilung seiner Frau im dortigen Wildbad angeregt, durch Spendenaufrufe an 65 Dekanate, 850 Pfarreien in ganz Deutschland, an 998 Vereine, viele Lehrer, Protestanten in Amerika und in der Schweiz sowie an die Königinnen von Bayern und England und an die Könige von Belgien, Dänemark, Hannover und Schweden das Geld für einen ganzen Kirch-

turm samt drei Glocken und eine Orgel zusammengebracht hatte. Danach sammelte er aus ganz Deutschland die besten Predigten für ein 700 Seiten starkes Buch, das mit Hilfe zweier Nürnberger Geistlicher im Verlag Jakob Zeiser in Nürnberg erschien und »zum Besten der jungen evangelischen Gemeinde Neumarkt« weitere Gelder einbrachte.

Bibeldrucker
Der in Saal an der Saale/Oberfranken geborene Simon Lurtz arbeitete als Buchdrucker bei jenem Georg Rhaw (Rau) in Wittenberg, der Martin Luthers Schriften als Drucker verlegte, und wurde (vielleicht deshalb?) am 1. November 1542 in Wittenberg ordiniert und in das Pfarramt nach Poltersleben berufen, wo er bis heute unvergessen blieb.

Bible time
Die Jugendlichen ab 15 Jahren in Geroldsgrün versammelten sich seit 1968 auf dem Dachboden des Pfarrhauses, seit 1969 in dessen romantischem Kellergewölbe und inzwischen auch noch im früheren Rübenkeller zur »Bible time« mit Erweckungsliedern und einem Gebetskreis.

Blasebalg
Als eine hervorragende handwerkliche Leistung von Nichtfachleuten bezeichnete ein Orgelfachmann die Reparatur des großen Blasebalgs auf dem Dachboden der Kemmodener Kirche, den Übereifrige einige Jahre vorher in zwei Teile zerschnitten hatten, weil er ihnen beim Aufräumen im Wege war, ohne zu bedenken, daß daraufhin die Orgel verstummen würde.

Blumendienst
In Großgarnstadt im Coburger Land gibt es einen Kirchenkreis der »Blumenfrauen«, dessen Mitglieder im monatlichen Turnus die Verantwortung für den Schmuck der Kirche übernehmen.

Börsenbotschaft
Der Leipheimer Pfarrer Uwe Lang veröffentlicht vierzehntägig »Börsensignale« mit Anlegerinformationen für Aktienkäufer, nachdem er als junger Theologe zu der Überzeugung gekommen war, es gebe keine »unerwarteten« Kursstürze; er vertreibt ferner ein Buch »Der Anlagenberater« in der siebten Auflage, so daß er aus beiden Einnahmequellen feste Prozentanteile für karitative Zwecke spenden und seine Ansicht beweisen kann, auch das Geld für die Armen müsse erst einmal verdient werden.

Brandgottesdienst
Die St.-Oswald-Gemeinde in Untersteinach in Oberfranken begeht seit 1749 alljährlich am 10. August einen Bußtag mit einem »Brandgottesdienst« um 12 Uhr mittags zur Erinnerung an ein von Kindern verursachtes verheerendes Feuer im Jahr 1706, bei dem vier Menschen starben und nur zwei Häuser des großen Dorfes verschont wurden, aber auch zum Dank für den nach Jahrzehnten erfolgreichen Wiederaufbau von Ortschaft und Kirche.

Brauchtumsinsel
Irmelshausen und Höchheim in Unterfranken gelten als »Brauchtumsinseln in Franken«, wo es an Fasching als eigenes Frauenfest den »Weiberkietz« gibt, am Pfingstsonntag das »Spitzenreiten« im Wettbewerb um eine von den Konfirmandinnen hergestellte Fahne und am zweitägigen Kirchweihfest die weltliche »Kirmespredigt«, das »Gögerschlogn« und das »Ständlesblasen«.

Bravo!
Um für Schleiereulen, Mauersegler und Fledermäuse Brutplätze zu schaffen, ließen die Protestanten in Mönchsroth bei Dinkelsbühl anläßlich einer durch Blitzschlag nötigen Reparatur des Kirchturms in den Schalläden beim Glockenstuhl Öffnungen frei, so daß die bedrohten Vögel im Kirchenasyl nisten können.

Bräupfarrer
Im Jahr 1701 übernahm die weltliche Gemeinde in Sondheim v. d. Rhön von ihrem Pfarrer das Braurecht und die Brauwerkzeuge, »so daß dieser damit nicht mehr behelligt war« und seitdem der Kirchengemeinde ausschließlich geistlich dienen konnte.

Brot statt Böller
Mit einer spektakulären, auf Plakatwänden an Straßen und in U-Bahnhöfen durchgeführten ökumenischen Aktion »Brot statt Böller« sammelten die Evangelische Jugend und der Bund der Deutschen Katholischen Jugend in München an Silvester 1991 rund DM 14 000, die einem Alphabetisierungsprogramm in der brasilianischen Diözese Coroata und der Jugendhilfe der lutherischen Kirche in El Salvador zuflossen.

Der Nürnberger »Suppenprediger« Fitzgerald Kusz beim Talarschneider Albrecht zur Anprobe seines Ehrengewandes

Buchführung
In der vermutlich zur Zeit Karls des Großen gegründeten Gemeinde der Bartholomäuskirche von Unternbibert sind seit dem Jahr 1482 die Namen von 47 Pfarrern und 47 Schulmeistern sowie seit 1610 die aller Lehrer und Lehrerinnen in Pfarrbüchern festgehalten, doch müssen seit 1980 die Pfarrer mit der Nachbargemeinde Rügland geteilt werden.

Buchhaltung
Die Pfarrbibliothek bei St. Mang in Kempten entstand im Jahr 1437 mit der Stiftung von sechs Büchern durch einen Hans der Rot und seine Erben. Inzwischen enthält diese »Liberej« auch reformatorische Flugschriften, 95 Wiegendrucke und 47 Handschriften, darunter eine Pergamenthandschrift des »Willehalm« von Ulrich von Türheim, dem Vollender des gleichnamigen Romans von Wolfram von Eschenbach, eine fünfbändige Hans-Sachs-Ausgabe (1612–1626) und eine achtbändige Augustinus-Ausgabe (1529 Basel).

Büttenprediger
Weil er meint, »wenn in der Kirche nicht gesungen und gelacht wird, stimmt etwas nicht«, bestieg der Schwabacher Dekan im Februar 1992 die Kanzel seiner Spitalkirche mit Papierhelm und Gitarre und sang 13 Verse einer gereimten Predigt, die seine Gemeinde mit jeweils gesungenem »Lala« beantwortete; der außergewöhnliche Hirte verteilte die Narrenpredigt persönlich an seine Herde zum Mitnach-Hause-nehmen.

Christlicher Kredit
Weil die normale Finanzierung eines dringend nötigen Kirchenbaus mit Gemeindezentrum in Diedorf bei Augsburg wegen der allgemeinen Geldnot nicht möglich war, sammelten 1992 Pfarrer, Kirchenvorstand und Bauverein in den 40 Orten des Gemeindegebietes private Kreditzusagen in beachtlicher Höhe mit einer Laufzeit von 1994 bis 1999 und einer Verzinsung durch Spendenquittungen, wobei auch Katholiken ihre Zusage zur Hilfe beim Kirchenbau gaben, so daß seitdem mit einer Ablehnung durch die eigenen Kirchenbehörden nicht mehr ohne weiteres gerechnet werden muß.

Coburger Walzer
Der berühmte Wiener Walzerkönig Johann Strauß trat im fortgeschrittenen Alter mit seiner jungen Lebensgefährtin Adele zum Protestantismus über und zog mit Zustimmung des Kaisers Franz Joseph von Österreich unter Belassung seines Titels »K. K. Hofball-Musikdirektor« nach Coburg, wo er am 28. Januar 1887 durch Herzog Ernst II. eingebürgert und von seiner untreuen Ehefrau Angelika Dittrich geschieden wurde, zum dritten Mal heiraten und seinen Lebensabend im Herzogtum verbringen konnte, ohne jemals nach Wien zurückzukehren.

Dahinab
»Dahinab« heißt immer noch ein abschüssiger Weg hinter einer kleinen Türe in der Augsburger Stadtmauer, durch die Martin Luthers Freunde den von der Festnahme bedrohten Augustinermönch nächtens auf die Flucht sandten, nachdem er sich beim Verhör durch den römischen Kardinal Cajetan als unbeugsamer Verfechter des Prinzips »sola scriptura« (allein die Heilige Schrift soll entscheiden) und kommender Reformator bewährt hatte.

Dämpferpfarrer
Erwin Kolb aus Pfofeld in Mittelfranken ist Vollerwerbslandwirt, Manager und Mitspieler einer Blaskapelle mit Fernsehqualität, Volksmusikbeauftragter für Altmühlfranken, Mitglied der bayerischen Landessynode und häufig tätiger Prädikant, betreibt aber im Hauptberuf eine mobile Kartoffeldämpfanlage zur Herstellung von Schweinefutter, weshalb ihn der Volksmund scherzhaft den »Dämpferpfarrer« nennt.

Donner und Blitz
In Dietenhofen in Mittelfranken begeht man jeden Freitag vor Himmelfahrt den »Schauerfreitag« als Erinnerung an frühere Unwetter, indem frühmorgens um 6 Uhr alle Glocken läuten und dann die alten Leute zu einem Abendmahl kommen, bei dem die Liturgie nur gesprochen wird. Ähnlich begeht man in der Gegend um Burghaslach am Steigerwald seit einem schweren Hagelunwetter vor 1700 an jedem Fronleichnamsfest einen »Hagelfeiertag«, dem aber 1738 und 1934 ähnlich verheerende Unwetter folgten. In Vestenbergsgreuth versuchte der Ortspfarrer Streun im Alter, auch schweren mit Kirchenzuchtmitteln, einen solchen Brauch zu unterbinden, doch widersetzte sich die Gemeinde mit der Androhung ihres Austritts aus der Pfarrei, bis schließlich die Superintendentur in Neustadt a. d. Aisch den Streit gütlich regelte.

Eigenbau
Die Diasporagemeinde Ellingen bei Weißenburg/Mittelfranken begann nach dem Verlust ihres Kirchenbauvermögens durch die Inflation von 1923 mit einem Kapital von 10 Zentnern Weizen und 10,09 Rentenmark einen neuen Anlauf zum Kirchenbau am alten Deutschherrenort, erhielt durch den Weißenburger Pfarrer Friedrich Veit einen Bauplan des bekannten Münchner Baumeisters Professor German Bestelmeyer und sammelte, nicht ohne die Hilfe katholischer Bauern aus Nachbarorten, 200 Klafter Bruchsteine, Sand und Kalk sowie das nötige Bauholz. Beim Bau des achteckigen Kirchengebäudes, zu dem täglich zehn Bauhelfer gewonnen werden mußten, stürzte in der Mittagspause des 4. Oktober 1924 der bereits 13,5 Meter hoch gemauerte Kirchturm ein, ohne weiteren Schaden anzufügen, wodurch die Hilfsbereitschaft vieler Nachbargemeinden erst recht angespornt und schließlich am 1. Adventssonntag 1924 die Kirchweih möglich wurde.

Eigensinn
Um jeden Preis eine eigene Kirche im Dorf und einen eigenen Gottesdienst ohne weite Wege wünschten sich die Einwohner von Unterrottmannsdorf bei Lichtenau/Mittelfranken und errichteten daher nach dem Zweiten Weltkrieg aus eigener Kraft und ohne Genehmigung ein stattliches Gotteshaus im mittelfränkischen Stil, für das sie bei den kirchlichen Einrichtungen in Neuendettelsau Pfarrer, Studenten und Professoren ausliehen. Als der markante Schwarzbau samt kleinem Friedhof im Jahr 1991 abgerissen werden sollte, gelang seine Rettung gerade noch, indem man ihn wegen der kirchenbaulichen Besonderheit unter Denkmalschutz stellte.

Eile mit Weile
Die Bürger der ehemals nürnbergischen Stadt Lichtenau bei Ansbach mußten im Jahr 1688 auf Befehl der französischen Besatzungstruppen eigenhändig ihre Kirche abreißen, damit diese von der Festung aus ein besseres Schußfeld erhielten, und hatten die 36 Jahre bis 1724 zu warten, ehe ihnen vom Landesherrn in nur sieben Wochen eine neue Kirche errichtet wurde, die ihnen bis heute zum Gottesdienst dient.

Einmalige Kapelle
Auf der Burg Rieneck im Spessart, der heutigen Tagungsstätte der Christlichen Pfadfinder, ist die einmalige Kostbarkeit einer romanischen Mauerkapelle in Kleeblattform aus dem 11. Jahrhundert in Gebrauch, die nur noch in Schottland eine bereits zerfallende Parallele hat.

Eisenbahnkirchen
Die evangelische Kirche in Donauwörth wurde 1862/63 mangels eines anderen Bauplatzes auf einem nicht mehr benützten, aber bis heute zugänglichen Eisenbahntunnel errichtet. Die Kirche der Gemeinde in Pleinfeld/Mittelfranken wurde 1883/84 vom Eisenbahnmeister Peter Schmidt im neugotischen Stil entworfen und mit Gemeindegliedern erbaut. Die 1926 eingeweihte »Eisenbahnerkirche« in Neumarkt/Oberpfalz an der berühmten »Schiefen Ebene« der Bahnstrecke nach Hessen wurde mit Billigung des Reichsverkehrsministeriums von Beamten der Hochbauabteilung der Reichsbahndirektion Nürnberg entworfen und mit Spenden finanziert, die durch einen Aufruf des Ortspfarrers im »Sonntagsblatt« erbeten worden waren.

Elektrodiakonie
Zum Beweis ihrer Umweltverantwortung und um die Entwicklung einer autofreundlichen Stadt zu fördern, ließen sich die kirchlichen Sozialstationen in Memmingen im Frühjahr 1992 von einem bayerisch-schwäbischen Elektrizitätsunternehmen zwei Elektroautos stiften, mit denen sie für Diakonie und Caritas zu den Menschen fahren.

Elektronische Überwachung
Um das Pfarrhaus und die Mitarbeiter im Pfarramt in der »manchmal zu explosiven Lage« vor alkoholisierten oder aggressiven Bittstellern besser zu schützen, mußte der Pfarrer von St. Jakob in Nürnberg im Frühjahr 1992 eine elektronische Teleüberwachungsanlage installieren lassen, die Besucher vor der Haustüre optisch und akustisch erfassen kann, bevor für sie die Pforten geöffnet werden.

Englische Protestanten
In Wemding im Ries wurden um 1330 zehn Männer und Frauen als Anhänger des englischen (!) Reformators John Wiclif öffentlich verbrannt.

Enklavenglück
Die evangelischen Dörfer vor der Rhön, die bereits vor der Krönung Kaiser Karls des Großen (800) an das Kloster Fulda geschenkt oder unter dessen Lehensherrschaft gestellt worden waren, entgingen der Gegenreformation mehr oder weniger dadurch, daß sie zwar 1366 vom Abt von Fulda an den Landgrafen von Thüringen verkauft, doch über diesen Vorgang bis zur Einverleibung in das Königreich Bayern (1803) Prozesse geführt wurden, so daß die kleine Enklave des Amtes Lichtenberg praktisch über 1000 Jahre lang zugleich fuldisch und thüringisch war.

Eselei
Der Pfarrer von Sommersdorf in Mittelfranken legte sich vor dem Ersten Weltkrieg, um die Mühe weiter Wege zu erleichtern, eines Tages ein Gespann von zwei Eseln samt Wagen zu, für die er im Jahr 1910 beim königlich-bayerischen Konsistorium in Ansbach einen Unterhaltszuschuß beantragte. Nach der Ablehnung mit dem Argument, Zulagen seien nur für Dienstpferde vorgesehen, vermerkte er in der Pfarrchronik bissig: »Die Länge der Ohren scheint an allerhöchster Stelle doch eine ziemliche Rolle gespielt zu haben.« Im Jahr 1918 wurden die Sommersdorfer Pfarresel durch ein zuschußwürdiges Dienstpferd ersetzt.

Ewigkeitsmusik
Die 1975 hinter einem 200 Jahre alten Prospekt eingerichtete Orgel der Stadtpfarrkirche St. Stephan in Lindau hat drei Manuale und 48 Register für rund 3700 Pfeifen, von denen die größte etwa 7 Meter und die kleinste nur 1,5 Zentimeter lang ist. Wollte man alle Klangkombinationen einmal ausführen, bräuchte man dafür 90 Millionen Jahre.

Explosives Uhrwerk
47 Jahre nach dem Ende des Zweiten Weltkrieges fanden ehrenamtliche Gemeindeglieder von Kleinlangheim beim Beseitigen von altem Taubendreck im Uhrwerk des Kirchturms eine scharfe amerikanische Handgranate, die in einem mit Sand gefüllten Zylinder jahrzehntelang als Uhrwerksgewicht gedient hatte, bis sie beim Einrichten eines elektrischen Antriebs im Jahr 1990 einfach zur Seite gelegt worden war.

Exulantenerbe
In den drei Dörfern Ettenstatt, Reuth und Unterneuhaus nordöstlich von Weißenburg i. Bay. wird noch heute während der Bußzeiten (Advent, Passion und Bußtag) im Gottesdienst nach dem Sündenbekenntnis ein von den Exulanten aus dem österreichischen »Landl« überliefertes Bußgebet gesprochen.

Falkners Dank
Die aus dem Anfang des 15. Jahrhunderts stammende Stephanuskirche in Fessenheim im Ries soll von einem Ritter aus Dankbarkeit dafür gestiftet worden sein, daß er seinen entflogenen Falken zurückerhalten hatte.

Frankenbibel
»So wörtlich wie möglich und so fränkisch wie möglich« sollte die Übersetzung des Markusevangeliums aus dem Urtext sein, mit der Pfarrer Hartmut Preß in Hallstadt bei Bamberg seinen Landsleuten nach bestem Vermögen eine wahrhaft biblische Freude machen wollte. Problemstellen wie ». . . und die Jünger gerieten außer sich« übersetzte er mit »Und die Jünger worn ganz aus dem Häusle«; Jesu Aufforderung »Stehe auf, nimm Dein Bett und wandle« heißt jetzt »Steh auf, nimm dei Pritschn und ge haam«; die Stillung des Sturms auf dem See Genezareth wird mit der Wendung »Es hot si ka Lüftla mehr geregt« beschrieben. Das einzige unlösbare Problem war ausgerechnet die Übertragung des Wortes »Evangelium«, aus dem am Ende »Die scheenste Geschicht überhaupt« wurde.

Freundschaft
Nachdem einer Delegation aus Dietenhofen bei Neustadt a. d. Aisch beim Partnerschaftsbesuch in Flavignac (Limousin) von Jesuiten ein kleines Madonnenbild zum Geschenk gemacht und im barocken Altarrahmen der Heimatkirche eingepaßt worden war, überbrachten die Evangelischen des Ortes ihren katholischen Partnern in Frankreich ein Madonnenbildchen, in dessen Rosenkranzrahmen die Lutherrose eingefügt wurde. Daraufhin schenkten wiederum die Franzosen den Unterfranken ein Lutherbild (nach dem Vorbild von Lucas Cranach) aus Emaille, das in einem Benediktinerkloster bei Portiers hergestellt worden war und jetzt zusammen mit den Namen der ersten reformatorischen Prediger den Kanzelaufgang in Dietenhofen schmückt.

Friedensfest
Einen eigenen gesetzlichen Feiertag im Stadtbereich begehen die Augsburger alljährlich am 8. August mit dem »Hohen Friedensfest« zur Erinnerung an die Vertreibung der lutherischen Pfarrer aus ihren Kirchen am 8. August 1622; damals mußten die Evangelischen 14 Jahre lang Gottesdienste im Freien halten, bis der schwedische König Gustav Adolf sie befreite. Ähnlich gedenken die Protestanten des Coburger Landes in Meeder des durch den Westfälischen Frieden von 1648 gesicherten Bestandes der lutherischen Konfession mit jährlichen Friedensfeiern.

Friedhofsgemeinde
Während fast überall und in vielen Jahrhunderten zuerst eine Kirche gebaut und dann in ihrem unmittelbaren Umkreis der Friedhof angelegt wurde, ging die Filialgemeinde Beerbach im Aischgrund den umgekehrten Weg, indem sie 1934 zuerst einen eigenen Friedhof anlegte und dann bei entsprechender Gelegenheit die Friedhofskapelle durch Eigenarbeit in eine richtige Kirche für den regelmäßigen Gottesdienst verwandelte.

Fromme Familie
Die Familie Eckart in Emskirchen/Mittelfranken verwaltet seit 1757 die Posthalterei im Gasthof »Zum Goldenen Hirschen« an der seit 1615 angelegten Poststrecke Prag–Nürnberg–Würzburg–Frankfurt und hielt in der örtlichen Pfarrkirche wiederholt eigene Familiengottesdienste mit bis zu 120 Verwandten, von denen einmal sogar 30 aus Hawaii angereist waren.

Fund
Während der letzten Kirchenrenovierung in Ahornberg/Oberfranken fand man beim Abbruch der gemauerten Altarmensa eine vermutlich in den Wirren der Reformationszeit dort verborgene, vergoldete Monstranz aus gotischer Zeit, die dem Landeskirchlichen Archiv als Leihgabe übergeben wurde.

Fürstenstreit
Als der Frankfurter Hauptverein des Gustav-Adolf-Werkes der jungen Protestantengemeinde in Passau im Jahr 1839 eine Spende von 500 Gulden für den Kirchenbau zukommen ließ, wurde sie vom bayerischen König Ludwig I. konfisziert und zurückgeschickt, doch konnte er dasselbe nicht wiederholen, als sein Schwager, König Friedrich Wilhelm IV. von Preußen, der Gemeinde 300 Taler überwies.

Fußballpredigt
Ein dreizehnjähriger Münchner Konfirmand löste seine Aufgabe, nach Art Johannes' des Täufers eine moderne Bußpredigt zu verfassen, indem er sie an seinen Fußballclub FC Bayern München adressierte: »Eure Bälle rollen voll ins Tor, wenn Ihr bestärkt durch Euren Glauben festen Fußes schießt! Jesus wird bei Euch sein! So geht hin und spielet in Frieden!« Sein Pfarrer lobte die Arbeit und vom FC Bayern erhielt er für das nächste Bundesligaspiel zwei Freikarten.

Gartengemeinde
Die Christusgemeinde in Memmingen freut sich so sehr über ihren Garten, daß sie schon einmal vier Buben im Freien über einem Mostfaß und ein anderes Mal während eines hereinbrechenden Wolkenbruchs zwei indonesische Kinder über einem Holzbrunnen mit »wirklich lebendigem« Wasser taufte; im gleichen Kirchengarten nahm ein Hochzeitspaar bei strahlendem Wetter unter einer schattenspendenden Kiefer sein Mahl ein.

Gärtnerstolz

Pfarrer Strack hat nachdenklich ausgerechnet, daß im Kindergarten von St. Johannes in Ingolstadt in den dreißig Jahren seines Bestehens von 1958 bis 1988 rund 2250 »Kinderjahre« unter dem Schutz der evangelischen Gemeinde verbracht wurden.

Gasthof zur Goldenen Bibel

Seit sich im evangelischen Pfarrhaus von Waltershausen im Grabfeld so bedeutende deutsche Poeten wie Friedrich Hölderlin, Jean Paul und Freunde aus dem Kreis der Charlotte von Kalb trafen, trägt es den Beinamen »Gasthof zur Goldenen Bibel«.

Gebetbuch für Kranke

Eine schwere Krankheit veranlaßte den Augsburger Journalisten Peter K. Köhler, in einem kleinen Buch »Heilgebete für viele Krankheitsbilder und gegen den Streß des Alltags« zu veröffentlichen, das Krebskranken, Unfallverletzten, Augenkranken, Herzkranken und Stoffwechselgestörten, aber auch bei Zahnschmerzen, Infektionen und seelischen Störungen Mut machen soll, sich selbst durch Glauben und Gebet in den aktiven Heilungsprozeß einzuschalten.

Gedächtnislöwe

Pfarrer Friedrich Schöfthaler aus Weißenburg i. Bay., der sich seit seiner Schulzeit mit Bibel und Gesangbuch beschäftigte und bereits in russischer Gefangenschaft möglichst viel auswendig lernte, verwirklichte seinen Vorsatz, bis zum 80. Geburtstag das Markusevangelium mit seinen 700 Textversen im Gedächtnis zu behalten und wie viele früher memorierte Psalmen frei vorzutragen; er stolperte dann nur über die Stelle bei der Heilung des Besessenen »Und er schäumt und knirscht mit den Zähnen und verdorrt« (Markus 9,18).

Geduldsprobe

Das Dorf Creidlitz bei der Veste Coburg wurde unter König Ludwig dem Deutschen (843–876) erstmals urkundlich genannt und erhielt dennoch erst 1100 Jahre später, im Jahr 1956, durch die Doktor-Martin-Luther-Kirche sein erstes Gotteshaus.

Gegenreformation

Der katholische Pfarrer Johann Wilhelm Dettighofen kam 1630 in die Gemeinde Erkheim im Unterallgäu und bemühte sich sein Leben lang eifrig darum, das Dorf zur katholischen Lehre zurückzuführen, wurde aber 1651 umständshalber in der evangelischen Kirche begraben, woran ein schönes Epitaph im Chor der Kirche erinnert.

Gemeindeleben

In der Erlanger Thomasgemeinde wird in einem traditionellen Familiengottesdienst am 1. Advent das Adventslicht entzündet und nach Hause getragen; am Erntedankfest bringen Kinder den alten und kranken Menschen der Gemeinde Blumen aus der Kirche ins Haus.

Gevatterwerk

Im Frankenwald war (ist) es üblich, beim Aufbruch einer Familie zur Taufe des Kindes über ein auf der Türschwelle des Hauses liegendes Gesangbuch zu gehen; bei der Rückkehr von der Kirche übergibt der »Gevatter« den Täufling seinen Eltern mit den Worten: »Einen kleinen Heiden haben wir fortgetragen, einen kleinen Christen bringen wir heim.«

Gewohnheit

Der Pfarrer von Frickenhausen im Unterallgäu klagte 1613 in der Pfarrchronik »über das Fluchen und Schwören, das man für keine Sünde halte«, und einer seiner Nachfolger setzte im Jahr 1937 als Randbemerkung dazu: »Ist heute noch so.«

Glockenfehler

Weil der Sonntagsgottesdienst einmal im Monat auf den Abend verlegt und deshalb am Morgen nicht mehr geläutet wurde, protestierten in der Gemeinde Obbach im Landkreis Schweinfurt überwiegend Bewohner, die nicht zu den treuesten Kirchenbesuchern gehörten, gegen das fehlende Geläute; ebenso in Hallstadt bei Bamberg, wo der evangelische Pfarrer gutmeinend das Frühläuten abgeschafft hatte, weil er glaubte, das Läuten der katholischen Kirche genüge.

Goßner

Der katholische Geistliche Johann Evangeliste Goßner in der Gemeinde Dirlewang bei Mindelheim wollte als »Mann der Erweckung« die Bibel unter sein Kirchenvolk bringen, geriet aber deshalb mit seinen Kirchenoberen in Konflikt, verließ die Pfarrstelle, kam auf Umwegen nach Berlin, konvertierte zum evangelischen Glauben und gründete 1836 die nach ihm benannte, weltweit segensreich wirkende »Goßner'sche Missionsgesellschaft« sowie das Berliner Elisabethkrankenhaus und mehrere Schulen.

Gottsuche

Der Pfarrer von Vilshofen/Niederbayern sah sich nach Ende des Zweiten Weltkrieges durch das Einströmen der Heimatvertriebenen nicht mehr vor 500, sondern vor 15 000 Seelen seiner Gemeinde. Er hielt an einem Sonntag durchschnittlich fünf bis sechs Gottesdienste, dazu noch Taufen, Trauungen, Beerdigungen, wobei er zwischendurch auf dem Fahrrad über 90 bis 110 Kilometer Entfernung bewältigen mußte. Vom Gründonnerstag bis Ostermontag waren 17 Gottesdienste zu halten, je fünf am Karfreitag und den beiden Osterfesttagen mit Abendmahl, alle mit voller gesungener Liturgie. An 25 Orten konnte nur alle vierzehn Tage Gottesdienst gehalten werden, an vielen Orten fanden die abendlichen Bibelstunden in Privathäusern oder Wirtssälen ganz besonders starken Zulauf mit bis zu hundert Teilnehmern. Der Pfarrer erinnert sich, daß die Flüchtlinge offener waren als je zuvor in ihrer alten Heimat, »wo sie es viel bequemer hätten haben können«.

Grenzerfahrungen

Die evangelischen Einwohner von Marxgrün im Frankenwald gehörten bis zur Errichtung ihrer Christuskirche im Jahr 1939 durch die grenzziehenden Gewässer Selbitz und Froschbach zu drei verschiedenen Pfarrgemeinden, obwohl sie sich mühelos gegenseitig auf die Dächer schauen konnten.

Grenzöffnung

Im Dietrich-Bonhoeffer-Haus in Naila wurden vom Tag der Grenzöffnung zur ehemaligen DDR (9. November 1989) bis zum Weihnachtsfest täglich 300 bis 1000 Gäste von freiwilligen Helfern mit Kaffee und Kuchen betreut und Hunderte spontan zur Übernachtung aufgenommen, damit sie die Befreiung aus der langen Eingeschlossenheit im Sozialismus genießen konnten.

Gutes Neujahr

In der gotischen Kirche von Woringen (Unterallgäu) löste sich am Neujahrsmorgen 1972 der Deckenputz und stürzte auf die Kirchenbänke, doch kam glücklicherweise niemand zu Schaden, denn der Gottesdienstbeginn war an diesem Tag um eine Stunde verschoben worden.

Hahnenschrei

Bis heute begeht Rennhofen/Mittelfranken alljährlich am 13. Juli mit einem Gottesdienst das »Margarethenfest«, zu dem früher die Leute aus der Gegend weitum wallfahrteten und an die Armen Brot verteilt wurde, als Gedenken an die Stifterin ihrer Kirche, der Äbtissin Margarethe von Seckendorf (1429–1449), die sich im Wald verirrt und nach dem Gelöbnis für den Fall ihrer Errettung wunderbarerweise aus dem nahen Rennhofen einen Hahn krähen gehört hatte.

Harsdorfs Christkind

Als »Harsdorfer Christkindlein« bezeichnet man im Bayreuther Umland jede auffallend gekleidete Person, und in der Vorweihnachtszeit wird jemandem, der beim Fest leer ausgehen könnte, gedroht: »Zu Dir kommt das Harsdorfer Christkind!« Dies geht auf eine volkstümliche Deutung der goldüberladenen Holzfigur des Heiligen Laurentius zurück, die seit der Mitte des 19. Jahrhunderts auf der Empore der Harsdorfer Kirche stand und natürlich niemandem etwas bescheren konnte.

Heimatsuche

Der letzte Pfarrer der evangelischen Gemeinde in Herischdorf-Bad Warmbrunn im Riesengebirge (Schlesien) vergrub bei Kriegsende 1945 vor der Flucht nach dem Westen die Tauf- und Abendmahlsgeräte seiner Kirche im Pfarrgarten, wo sie später der Priester der polnischen Nachfolgegemeinde wieder ausgrub und seinem Vorgänger in die Bundesrepublik brachte. Der Wiederbesitzer spendete die Vasa Sacra im Jahr 1990 der wieder ins Leben gerufenen Auferstehungsgemeinde in Riga (Lettland), die nach dem Zerfall der UdSSR die Friedhofskirche der früheren deutschen Jakobigemeinde von den neuen Behörden zurückerhalten hatte.

Heimliche Anbetung

In der evangelischen Kirche von Untermagerbein im Ries steht beim Altarkruzifix eine alte Holzfigur der Jungfrau Maria mit Kind, die von den Katholiken der Gegend »Maria der Verlassenheit« genannt und (angeblich) bei offen stehender Kirchentüre durch Frauen aus dem Nachbardorf heimlich angefleht wird.

Heiratsparadies

Leider nur bis 1811 sahen sich die Ortspfarrer von Niederfüllbach im Coburger Land mit stiller Zustimmung ihres Schloßherrn in der Lage, auch solche Ehewilligen zu trauen, die nicht ganz vollständige und zuverlässige Papiere vorlegen konnten, so daß sich sowohl die Kirchenkasse mit Gebühren wie das Kirchenbuch mit einer großen Zahl von Eheschließungen mit Personen aus ganz Deutschland füllten und Niederfüllbach einen Ruf wie das schottische Gretna Green erhielt.

Heiße Öfen

Seit 1979 rollen von Mai bis Oktober an jedem ersten Sonntag im Monat rund 1500 »heiße Öfen« aus ganz Deutschland und der Schweiz zum Gottesdienst in einer Maschinenhalle auf dem Trautenhof bei Jagsthausen, die Motorradfans sitzen auf Bierbänken, singen fromme Lieder von Liedermachern oder Rockbands und hören lutherischen Pfarrern, einem Heilsarmee-Kapitän, einer evangelischen Ordensfrau oder einem engagierten Laien zu, die von einer aus Strohballen errichteten Kanzel predigen. Die »Christen unter Motorradfahrern« tragen als Abzeichen einen Motocrossfahrer mit der Bibel auf dem Rücken und »bringen Leute mit, die sonst nichts vom Glauben wissen wollen«. In ähnlicher Weise fand eine große Motorradfahrer-Gemeinde bei St. Matthäus in München ihre Heimat.

Herberge zum Lieben Gott

In der aus romanischer Zeit stammenden Ulrichskirche in Wilchenreuth bei Weiden und in der Michaelskirche in Schönkirch bei Plößberg befindet sich über der Flachdecke des Kirchenschiffes ein heute unbenütztes großes Obergeschoß, das früher als Übernachtungsmöglichkeit für Pilger, Wallfahrer und von weit her kommende Kirchenbesucher diente.

Hinter Gittern

Die ersten evangelischen Gottesdienste in Schrobenhausen fanden ab September 1888 in drei zusammengelegten Räumen im zweiten Stockwerk des Amtsgerichtsgefängnisses statt, wobei die Eingangstüre mit Rücksicht auf die Besonderheit des Gebäudes hinter den ein- und ausgehenden Protestanten sorgfältig abgesperrt werden mußte; auch Ehen wurden im Gefängnis geschlossen und die Kinder hinter Gittern getauft.

Hubertushirsch

Der Hubertushirsch im Park des unterfränkischen Schlosses Schwanberg, zu dessen Hufen sich alljährlich die Posaunenbläser beim »Schwanbergtag« niederlassen, erhielt im Jahr 1992 endlich wieder sein goldenes Gehörn mit dem Strahlenkreuz aufgesetzt und steht da, wie vom Nürnberger Bildhauer Göschl im Jahr 1921 für Graf Alexander Castell-Rüdenhausen geschaffen; das christliche Symbol war 1969 plötzlich verschwunden und zwei Jahre später in einem anonymen Paket aus dem Staat Iowa in den USA zurückgekehrt, überstand also den Ausflug durch einen Souvenirjäger klaglos, wenn auch lang beklagt.

Indio-Lutheraner

Die seit November 1991 in München-Bogenhausen tätige lutherische Pfarrerin Christa Salinas erlebte in lutherischen Gemeinden von Ecuador über sieben Jahre lang mit besonderer Bewegung, wie Indianer in bunter Tracht und mit zu Zöpfen geflochtenen Haaren voll Inbrunst ihren Choral »Ein feste Burg ist unser Gott« sangen.

Der Kirchner von Sommerhausen pflegt in aller Stille Zeit und Ewigkeit

Ironie der Geschichte

Der erste evangelische Gottesdienst in Ingolstadt fand am ersten Sonntag des Jahres 1823 im dafür bestens ausgestatteten Refektorium des ehemaligen Jesuitenkollegs statt, das seit seiner Auflösung ein Teil des »Militär-Aerars« war, in dem seit Jahrzehnten Offiziere und Soldaten vom »lutherischen Regiment« gedient hatten. In denselben Gebäuden wohnte wenig später auch der erste protestantische Pfarrer, dessen regelmäßige Gottesdienste offiziell »Kirchenparaden« genannt wurden. Zum Ausgleich dafür war dann der Architekt der ersten evangelischen Kirche von Ingolstadt, Professor Karl Heideloff aus Nürnberg, katholischer Konfession, was viele Gemeindeglieder an seinem Bau positiv zu spüren meinten.

Isartaufe

Unter der Reichenbachbrücke in München taufte die Pfarrerin Ulrike Aldebert von der St.-Lukas-Gemeinde mit Isarwasser den »Ostfriesen-Manni« von den obdachlosen »Brückenmücken« an seinem vierzigsten Geburtstag in Gegenwart vieler Freunde und Bekannter sowie von Sonntagsspaziergängern mit dem Taufspruch »Segen soll über jeden kommen, der auf Gott, den Herrn, sein Vertrauen setzt. Er ist wie ein Baum, der am Wasser steht und seine Wurzeln zum Bach hin ausstreckt.«

Jakobiwallfahrt

Der Heilsbronner Pfarrer Paul Geisendörfer rief im Sommer 1992 mit einem Wanderführer dazu auf, den alten Wallfahrtsweg des »Wahren Jakob« von Nürnberg über sechs evangelische Jakobskirchen nach Rothenburg o. d. Tauber als geistlichen Wanderpfad wieder in Gebrauch zu nehmen, nachdem die »St.-Jakobs-Straß« seit dem Niedergang dieser Wallfahrt um 1500 in Vergessenheit geraten war.

Jubiläumsglück

Zweihundert Jahre nach ihrem Guß im Jahr 1792 in Breslau entdeckte der neugierige Gemeindepfarrer Reinhard Roth in München-Ludwigsfeld bei einer Inventur zum 25. Jubiläum seiner Golgathakirche, daß in dem 1967 fertiggestellten Dachreiter eine von Johann Koschanke gestiftete Glocke hängt, die nach Aussagen einer in Sachsen-Anhalt lebenden Nachfahren ursprünglich in die evangelische Gemeinde von Großhammer, Kreis Trebnitz, in Niederschlesien gehörte und wie viele andere das Kriegsende im Hamburger Glockenlager überlebt hatte.

Jungbayern

Die jüngsten Gemeinden der bayerischen Landeskirche sind die der ehemaligen »Diocese Ostheim« vor der Rhön, deren sieben Orte nach dem Zweiten Weltkrieg durch den Eisernen Vorhang von ihrer thüringischen Landeskirche abgeschnitten, danach zwar weiter von Pfarrern beschickt und visitiert, aber seit 1954 von der bayerischen Landeskirche verwaltet und bezahlt wurden, bis sie 1972 endgültig in die bayerische Landeskirche eingegliedert wurden.

Kaisers Gesundheit

Schwester Babette Meister vom Mutterhaus auf der Hensoltshöhe feierte im Februar 1992 ihren hundertsten Geburtstag und erinnert sich mit Vergnügen daran, daß sie als Krankenschwester in Berchtesgaden den Preußenprinzen August Wilhelm (»Auwi«) als Masernkranken in seinem dreißigsten Lebensjahr gepflegt und Kaiser Wilhelm II. in seinem Exil in Holland besucht hatte.

Kanalpfarre

Die Pfarrerin Christa Langer schlug vor, am Europa-Kanal, der bei der evangelischen Gemeinde Mühlhausen/Oberpfalz vorbeiführt, eine Predigerstelle für Schiffsleute, Wanderer und Radler einzurichten, nachdem dort bereits seit 1446 ein Frühmeßbenefizium für »Fuhr- und Wandersleut« bestanden hatte, das aber die Reformation nicht überdauerte.

Kanzeltausch

Zur Belebung des kirchlichen Lebens in der »Ephorie« Rodach im Coburger Land entwickelten die 17 Kirchengemeinden den »Kanzeltausch«, bei dem die Pfarrer ähnlich wie beim Spiel »Die Reise nach Jerusalem« abwechselnd in einer anderen Kirche predigen und so der Gewöhnung entgegenwirken, gemäß der Erkenntnis: »Für sich allein kann einer kein Christ sein, für sich allein ist keine Gemeinde lebendig.«

Kettenreaktion

Weil der Pfarrer von Niederfüllbach im Coburger Land aus Ärger über den ungenügenden Gottesdienstbesuch und den etappenweisen Diebstahl seiner neun fetten Gänse seinen Wohnsitz in das benachbarte Ahorn verlegte, verkaufte man das 1886 errichtete Pfarrhaus bald nach seiner Einweihung, baute jedoch, um wieder einen Pfarrer ins Dorf zu bekommen, 1890 ein neues Pfarrhaus, das allerdings zu klein geriet, so daß im Jahr 1969 endgültig ein großes Pfarrhaus mit anliegendem Gemeindehaus errichtet werden mußte.

Klangbildhauer

Pfarrer Günther Niekel in Weiltingen bei Dinkelsbühl hat sich mit seinem Praktikanten Michael Granzin darauf spezialisiert, für den Glockenguß Beschriftungen und Bilder zu entwerfen, wie sie seit jeher auf dem Glockenmantel angebracht worden waren. Nach dreiundzwanzig Aufträgen für Kirchenglocken von Franken bis Uganda arbeitete er 1991 den Schmuck für die Olympiaglocke von Barcelona aus: die olympischen Ringe, die »Gnadenreiche Madonna«, den Dom von Barcelona, das Papstwappen, das Kolumbusdenkmal, den stilisierten Fisch als Christuszeichen und das Wort »Frieden« in dreißig Sprachen; für die Kirche im olympischen Athletendorf schmückte er eine Glocke mit Picassos Friedenstaube, der Madonna von Montserrat, den Symbolen der großen Weltreligionen, Wappen von Barcelona und Katalonien sowie meterlangen Schriftbändern.

Kleinbahnläuten

Die Gemeinde Immenreuth/Oberpfalz, die nach dem Ende des Zweiten Weltkrieges plötzlich um zweitausend Flüchtlinge angewachsen war, erhielt für ihre Gottesdienste eine amerikanische Holzbaracke, die durch einen Dachreiter mit der Glocke einer zerstörten Kleinbahnlokomotive zur Kirche ausgebaut und 1948 von Landesbischof Hans Meiser eingeweiht werden konnte.

Kleiner Grenzverkehr

Der Fuggerchor im Westteil der berühmten St.-Anna-Kirche in Augsburg, kunstgeschichtlich ein Zeugnis der Renaissance in einer barockisierten Kirchenanlage der Gotik, befindet sich im Besitz der katholischen »Fürstlich und Gräflich-Fugger'schen St.-Anna-Stiftung«. Dort halten die Geistlichen den protestantischen Gottesdienst am Hauptaltar über der Grablege Jakob Fuggers des Reichen und gehen zur Predigt auf die Kanzel im evangelischen Teil der Kirche. Einmal jährlich wird für Jakob Fugger eine katholische Seelenmesse gehalten, an der der evangelische Dekan satzungsgemäß teilnimmt.

Knieküchla

Zum Feinsten, was die fränkische Küche aus feierlichem Anlaß von Taufe, Konfirmation, Hochzeit und anderen Festen zu bieten hat, gehört das Traditionsgebäck der »Knieküchla«, dem über das Knie gezogenen und dann im heißen Schmalz ausgebackenen Hefeteig, für das sich aber nach Volksmeinung die Knie katholischer Mädchen weniger eignen, weil sie vom vielen Knien in der Kirche »verdrückt« seien; neuerdings hat sich das ökumenische Problem durch die Einführung von Holzformen erledigt.

Kochbucherfolg

Um zur Finanzierung einer Kirchenorgel in ihrem Dorf beizutragen, stellten vierhundert evangelische Frauen von Rohr in Mittelfranken unter Leitung ihrer Pfarrfrau Gerdi Sander im Eigenverlag ein handgeschriebenes Kochbuch mit dem Titel »Wos gout is und schmeckt« her, das unerwartet zum Bestseller wurde und inzwischen rund um die Welt geht; aus den Einnahmen von fast einer Million Mark erhielten Menschen in Ungarn, Siebenbürgen, Tansania und Mexiko Spenden, und vielleicht wirft der Ruhm des Dorfes weitere Zinsen ab.

Kollekten

Die Kirche von Oberwaldbehrungen v. d. Rhön hat einen Opferstock von 1677 in Gebrauch, die Kirche in Wernsbach/Mittelfranken einen eisenbeschlagenen von 1713. In Berg/Oberfranken wurde 1936 der Klingelbeutel eingeführt und 1937 das Kirchgeld, weil der Staat den Einzug der Kirchensteuer behinderte. Die vom Calvinismus angehauchten evangelischen Gemeinden in Südschwaben lehnen die Klingelbeutel ab. Zuletzt ließ der neue Dekan von Gunzenhausen im Herbst 1991 die langen Stangen am Klingelbeutel absägen, um einen leichteren Umlauf zu garantieren.

Konfessionspraxis

Als unter den aus der Rheinpfalz und Württemberg zugewanderten Kolonisten im Dachauer und Freisinger Hinterland infolge ihrer lutherischen, reformierten oder mennonitischen Herkunft konfessionelle Schwierigkeiten deutlich wurden, einigte man sich stillschweigend auf eine inner-evangelische Ökumene, indem die Söhne dem Vater und die Töchter der Mutter folgten, der Pfarrer aber das Abendmahl abwechselnd nach dem lutherischen oder reformierten Ritus reichte.

Konradstag

Der »Konradstag« in Götteldorf/Mittelfranken verdankt seine Entstehung als örtliches Brauchtum dem Gelübde des Bauern Conrad Moser nach seiner Errettung vor marodierenden Soldaten im Dreißigjährigen Krieg, daß jedes Jahr an seinem Namenstag eine Gedächtnispredigt gehalten werden sollte, was bis heute geschieht.

Konsequent

Zum Landestreffen 1992 der Evangelischen Landjugend in Creußen, wo er der Kirche »ungezügelte Phantasie junger Menschen als heilsame Unruhe« wünschte, kam der neu ernannte Kreisdekan von Bayreuth Wilfried Beyhl nicht mit dem Dienstwagen, sondern auf einem Tandem, das sein Fahrer Günther Kolb steuerte.

Kostbare Freiheit

Der Bürgermeister Gordian Seuter erkaufte 1527 für Kempten die Rechte einer freien Reichsstadt vom letzten Abt des Stiftes St. Mang für 26 100 rheinische Gulden, indem er nach dem Übergang zum lutherischen Glauben die alten Kirchengeräte einschmelzen ließ.

Köstliche Kirche

Zur Feier ihres zehnjährigen Bestehens verteilte die Christusgemeinde in Memmingen im Jahr 1980 beim Festgottesdienst süße Plätzchen in Form ihres Gotteshauses und stellte freudig fest: »Die Gemeindeglieder finden unsere Kirche köstlich, geschmackvoll und gut verdaulich.«

Kreuz und Halbmond

Georg Ernst von Henneberg aus dem gefürsteten Grafengeschlecht, das seit dem Reichstag in Worms die Reformation tatkräftig unterstützte, war 1542 im Kampf gegen die Türken der Anführer der Truppen des fränkischen Kreises und zeigte besondere Tapferkeit, weshalb auf dem Dach seines Schlosses bis heute neben dem christlichen Kreuz der türkische Halbmond steht.

Kreuzweg

Die Selbitzer Schwester Christa Maria malte für die Andreaskirche von Wassermungenau einen evangelischen Kreuzweg in 13 Bildern, die das Passions- und Ostergeschehen im modernen Stil darstellen, und weckte damit bei vielen Menschen Bewunderung.

Kriegserlebnisse

Die mittelalterliche Wehrkirche St. Magdalena in Seubersdorf/Mittelfranken, die 1705 durch den Markgrafen von Ansbach barockisiert worden war, entging im Zweiten Weltkrieg infolge ihrer Lage in der Einflugschneise eines Militärflugplatzes nur knapp dem Abbruch, wurde aber in den letzten Kriegstagen noch von einer Fliegerbombe getroffen, die das Dach und die Empore durchschlug und dann als Blindgänger im Kirchenschiff liegen blieb, ohne weitere Schäden anzurichten.

Kruzifix

Als der Kreisleiter von Passau, Oberbürgermeister Moosbauer, nach Abschaffung der christlichen Bekenntnisschulen im Jahr 1938, die eine 87jährige Geschichte abbrach, aus der Altstadtschule die Kruzifixe entfernen lassen wollte, zogen die Hausfrauen mit Milchkannen vor das Schulhaus und klapperten so lang, bis man sich anders entschied; auch der evangelische Hauptlehrer, der als Organist bisweilen in SA-Uniform auf der Orgelbank saß, lehnte das Entfernen der Kruzifixe kategorisch ab.

Kulturwandel

An der Hauptschule von Parsberg/Oberpfalz gab es 1989 neben der katholischen Mehrheit weniger evangelische als moslemische Schüler.

Kümmernis

In der evangelischen Karmeliterkirche in Weißenburg i. Bay. und in der ehemaligen Benediktinerklosterkirche Auhausen sind gotische Fresken und in den Kirchen von Eltersdorf bei Erlangen, Rehau und Pilgrammsreuth sind Bilder erhalten, die alle die legendäre Geschichte der Heiligen Wilgefortis aus Portugal (oder Sizilien) darstellen; diese um 130 gekreuzigte Königstochter mußte nach ihrer Bekehrung zum Christentum um ihrer Jungfräulichkeit willen gegen den eigenen Vater die wundersame Hilfe des Himmels erflehen und gilt für das einfache Volk, ähnlich wie der Heilige Nikolaus von Bari, als spendable Helferin in der Not der Armen.

Kunigundenläuten

In Bullenheim am Steigerwald wird seit Jahrhunderten von Martini (11. November) bis Petri Stuhlfeier (22. Februar) jeweils am späten Abend das »Kunigundenläuten« gehalten, es erinnert an die Kaiserin Kunigunde, Gemahlin Heinrichs II. (1002–1024), die sich während einer Reise durch die großen Wälder am Frankenberg verirrt hatte und mit Hilfe der Glocken von Bullenheim zu einer menschlichen Siedlung zurückgefunden haben soll.

Kunstschlaf

Elf Bischöfe, Propheten und Apostel in mannshohen Steinplastiken aus dem Mittelalter, die 450 Jahre lang die Strebepfeiler des gotischen Chores in der Ansbacher St.-Johannis-Kirche geschmückt hatten, kehrten bei der Renovierung des Jahres 1989 auf ihre angestammten Plätze zurück, nachdem sie seit 1904 in einer Art »Dunkelhaft« in der Krypta eingelagert und fast vergessen worden waren.

Laienmut

Der Bauer und Mühlenbesitzer Philipp Meyer aus dem Ries war ein Jahr nach der Machtübernahme Adolf Hitlers mutig genug, an der Spitze einer Abordnung evangelischer Christen aus dem Ries nach Berlin zu fahren und vom NS-Reichsleiter Martin Bormann die Aufhebung des Hausarrests für Landesbischof Hans Meiser zu fordern, während andere Gläubige aus ganz Bayern gleichzeitig auf der Straße vor dem Landeskirchenamt in München demonstrierten oder in ihren Kirchen Protestgottesdienste hielten.

Landlbischof

Weil der heutige Dekanatsbezirk Neumarkt/Oberpfalz mit dem evangelischen »Landl« der Reichsgrafen von Wolfstein noch vor der Gründung des bayerischen Königreiches im Jahr 1740 als geschlossen evangelisches Gebiet in das katholische Kurfürstentum Bayern einging und damit die »Urzelle der bayerischen Landeskirche« bildete, wird der Dekan gern der »Landlbischof« genannt.

Lebenslauf

Der Bauernsohn Georg Vicedom, aus dessen Heimatdorf Kirchrimbach im Steigerwald im Jahr 1903 eine kleine Glocke an die Gemeinde Deinzerhöhe in Papua-Neuguinea geschenkt worden war, erhielt bei einem Missionsfest in seiner Heimatkirche am 16. Oktober 1921 den letzten Anstoß für den Entschluß, Heidenmissionar zu werden, trat 1922 in die Missionsanstalt Neuendettelsau ein und fuhr nach sechs Jahren Ausbildung auf das Missionsfeld in Südostasien, kehrte 1939 zurück, lehrte seit 1956 als Missionsprofessor an der »Augustana-Hochschule« und erhielt 1950 zweimal die Ehrendoktorwürde.

Leibarzt

Martin Luthers Leibarzt stammte aus dem einsamen Kleinschmitten-Hammerwerk bei Schauenstein im Frankenwald und nannte sich nach der Stadt Hof »Curio«, um wohl zugleich auf die Kunst des Kurierens anzuspielen.

Lektion

In der oberfränkischen Gemeinde Ahornis mußte der Pfarrer erleben, daß der in seinem Garten angepflanzte Salat trotz mehrfacher Ermahnungen von den Hühnern seines Nachbarn zerstört wurde, bis er eines Tages am Gartenzaun ein weithin lesbares Schild mit dem Text »Für Hühner Zutritt verboten!« anbrachte; seitdem wird diskutiert, ob der Pfarrer den Hühnern das Lesen oder dem Nachbarn das Fürchten beibringen wollte.

Licht der Welt

Durch die 1969 in einen Anbau der Kirche von Wohringen im Unterallgäu eingesetzten Glasfenster aus dem Jahr 1897 fällt ausgerechnet an den Tagen um die Wintersonnenwende das Licht der tiefstehenden Sonne so herein, daß es zu Beginn des Gottesdienstes auf das Kind in der Krippe von Bethlehem liegt und dieses erleuchtet.

Lutherischer Wirt

Am 2. Dezember 1869 veröffentlichte das »Ingolstädter Tagblatt« eine Anzeige des Gastwirts Carl Schäffer, der seiner »verehrlichen Nachbarschaft sowie dem geehrten Publikum vom Militär- und Civilstande« die ergebenste Anzeige machte, daß er die »Wirthschaft zum Lutherischen Wirth« durch Kauf erworben habe und sie mit einer Schlachtpartie eröffnen werde, denn sein Bestreben werde stets dahin gerichtet sein, durch Vergabe guter Speisen und Getränke sowohl im Lokale als über die Gasse das Zutrauen des geehrten Publikums zu erwerben.

Marienanbetung

Nach entsprechender Ankündigung im Amtsblatt ziehen zum Marienaltar mit der Mondsichelmadonna in der evangelischen Kirche von Veitsbronn in Mittelfranken noch heute zweimal im Jahr die katholischen Beter aus der ganzen Gegend um Herzogenaurach und halten dort ihre Andacht.

Maximöbel

Gutgemeinte Möbelspenden stellen das Diakonische Werk in Rosenheim mit seinem Lager von rund eintausend Gebrauchtmöbeln und Haushaltsgegenständen zunehmend vor Probleme, weil die Spender nicht verstehen wollen, daß die sozial schwachen Empfänger in ihren kleinen Wohnungen keine großen Schrankwände, hochtürigen Kleiderschränke, ausladende Sitzgelegenheiten und überdimensionierten Betten aufstellen können.

Menschliche Feuerwehr

Nachdem sich der Taufkirchner Pfarrer Harro Renner um Asylbewerber aus Balkanländern gekümmert, ihnen im Landgasthaus »Jagdhof« Unterkunft verschafft, Deutschkurse vermittelt und eine breit unterstützte Fahrrad-Sammelaktion durchgeführt hatte, erhielt er 1992 unmittelbar nach einem Brandanschlag auf die Unterkunft seiner Schützlinge einen Drohbrief: »Abfackeln von Asylanten ist Notwehr des deutschen Volkes«; er entschloß sich dennoch zum Weitermachen.

Militärgottesdienst

Als die 1685 erbaute, von 1894 bis 1945 wegen des Truppenübungsplatzes Hammelburg verlassene Kirche von Bonnland im Jahr 1979 für Militärgottesdienste beider Konfessionen wieder geöffnet wurde, läuteten zum ersten Gottesdienst anstelle von Glocken leere Kartuschen ehemaliger Kanonenmunition, und die Gemeinde saß auf Munitionskisten.

Missionsfreunde

Aus dem Dekanatsbereich von Passau gingen nach einem Missionsfest im September 1971, bei dem das Missionsehepaar Schuster im Mittelpunkt gestanden war, nacheinander ein Missionspfarrer, drei Missionsvikare und ein Entwicklungshelfer hervor, die nach Papua-Neuguinea entsandt werden konnten, woraus sich wiederum eine Partnerschaft zwischen Passau und dem Dekanat Ponampa im schwer zugänglichen Hochland der südostasiatischen Insel ergab.

Mißverständnis
Daß die Einwohner von Dachsbach im Aischgrund bis heute von den Nachbardörfern »die Herrgottsköpfe« genannt werden, geht nicht auf den Schöpfer Himmels und der Erden zurück, sondern auf den besonders eigenwilligen Kastenamtmann Johann Ferdinand Herrgott, der als Steuer- und Zolleinnehmer bis zu seiner Amtsenthebung ein völlig willkürliches Regiment geführt hatte.

Mobile Kirche
Der Altar und die Kanzel der 1969 eingeweihten Kirche von St. Lukas in Coburg sind so konstruiert, daß sie fortgeschoben werden können, wenn der für 190 normale Sitzplätze ausgelegte Gottesdienstraum für größere Anlässe benützt werden soll und die zentralen Einrichtungen dabei im Wege stehen.

Modernes Leben
Die Pfarrerin Ingrid Weber in Bad Neustadt a. d. Saale benützt für ihre Amtstätigkeit ein Herrenfahrrad, in der Freizeit aber gern schwere Motorräder, hat die Orgelprüfung abgelegt und ging nach fünf Jahren klassischer Ballettschule auf einen Rock-and-Roll-Kurs über, während ihr Mann Harald nebenberuflich als Stuntman bei Film und Fernsehen tätig ist und Frauen durch Karatestunden in der Selbstverteidigung unterrichtet.

Moral
Bei der Gemeindevisitation in Vincenzenbronn/Mittelfranken im Jahr 1883 und 1885 beklagten die königlichen Bezirksamtmänner Lehrmann und Schwendtner, daß auf dem Deckel des Taufsteins ein nackter, ziemlich unförmiger Täufling Jesus bei seinem Täufer Johannes stehe, worauf die Textilwerkstatt in Neuendettelsau eine rot bestickte, für die Fastenzeit schwarz gefütterte Decke aus weißen Leinen für den Taufstein liefern mußte, die nur zur heiligen Handlung abgenommen wird.

Nachkriegsnot
Als in das Gebiet der heutigen Gemeinde Gangkofen/Niederbayern, wo es bis zum Jahr 1945 nur 22 Protestanten gab, fast 2000 schlesische Flüchtlinge einströmten und die Kirchenleitung ihnen einen Pfarrer sandte, mußte dieser in einem seiner ersten Gottesdienste die versammelte Gemeinde um Briefpapier und Couverts bitten, damit er seine schriftlichen Arbeiten erledigen könne.

Nachschlag
Der Markgraf Georg Albrecht von Bayreuth ordnete 1594 aus Dankbarkeit für die abgewendete Türkengefahr an, nach dem Zwölfuhrläuten jeweils dreimal drei Nachschläge mit dem Klöppel per Hand auszuführen, was in Bayreuth, in der Kulmbacher Gegend und in Döbra im Frankenwald bis zur Einführung elektrischer Glockengeläute vor wenigen Jahren brav eingehalten wurde.

Nächstenhilfe
Als die evangelische Gemeinde von Gerolzhofen/Unterfranken unmittelbar nach Ende des Zweiten Weltkrieges von 180 Seelen auf über 1000 anschwoll und den Flüchtlingen das Nötigste fehlte, sammelte die Pfarrfrau mit Tochter, Hausgehilfin und einem Flüchtlingsmädchen per Handwagen Kleider, die in der Kirche anprobiert und mitgenommen werden konnten, während der Pfarrer weitere Kleidung im Rucksack auf dem Motorrad zu den in den Dörfern untergebrachten Flüchtlingen transportierte.

Nadelöhr
In der kleinen Kirche von Brünnau/Unterfranken führt die Treppe zur Kanzel durch einen sehr engen Mauerdurchbruch in der Chorwand, und die Gemeinde beobachtet jedesmal mit Neugier, wie sich der Pfarrer durch dieses Nadelöhr zu drängen versteht, um das Wort Gottes zu predigen.

Namen
Der große Botaniker Leonhard Fuchs, nach dem die »Fuchsien« benannt sind, verließ 1533 wegen seiner lutherischen Gesinnung den Lehrstuhl an der Universität Ingolstadt, ebenso der berühmte Geograph und Kartograph Phillip Apian im Jahr 1568; beide begaben sich in evangelische Gegenden.

Namensglück
In Volkratshofen bei Memmingen war es bis nicht vor langer Zeit Brauch, nach dem Aufzug eines neuen Pfarrers dem ersten Täufling dessen Vornamen oder den seiner Frau zu geben, wodurch auch ganz ortsunübliche Namen gebräuchlich und die Pfarrer zu heimlichen Namenstag-Heiligen befördert wurden.

Nazizeit
In Ansbach trat Pfarrer Sauerteig schon vor 1933 für die Nationalsozialisten ein, und der 1933 gewählte Kirchenvorstand bestand fast nur aus NSDAP-Mitgliedern, doch bildete sich bald unter Pfarrerschaft und Gemeinde eine starke Gegengruppe, deren Bekenntnis zur lutherischen Kirche sich bewährte und lohnte.

Nebenaltar
Bis zum Bau einer eigenen Kirche im Jahr 1955 hatten die Protestanten von Burgsinn im Spessart auf Grund des sogenannten »Mainzer Receß« von 1697 das Recht auf einen eigenen evangelischen Altar im rechten Seitenschiff der katholischen Kirche St. Michael, den sie jeweils von 7 bis 9 und 12 bis 13 Uhr benützen durften.

Nomen est omen
Die Gemeindeglieder von Elsa im Coburger Land nennen die Anhöhe im Westen ihres Dorfes, auf der innerhalb einer teilweise erhaltenen Wehrmauer die Kirche, das Pfarrhaus, die alte Schule und der Kindergarten stehen, den »Kulturhügel«.

Nüchternheit
Hundert Jahre nach ihrer Einweihung wurde die Matthäuskirche in Passau im Jahr 1959 »renoviert« und dabei »aus geschmacklichen und theologischen Gründen«, ein großes Auferstehungsbild, der neugotische Altar und das alte Gestühl »durch eine wesentlich nüchterne und strengere Ausstattung ersetzt«, freilich dadurch auch der letzte Rest an bayerischer Gemütlichkeit verdrängt.

Ökumenische Kapelle
Als die Flurbereinigung am Ortsausgang von Massenbach bei Ellingen/Mittelfranken den Abriß einer Feldkapelle mit Marienbild nötig machte, die der Landwirt Koller aus Dank für seine glückliche Rückkehr von Napoleons unglücklichem Rußlandfeldzug gestiftet hatte, gründeten die Einwohner beider Konfessionen 1968 einen »Kapellenausschuß« und errichteten mit Hilfe des Kunsterziehers Josef Lidl aus Weißenburg in freiwilliger Arbeit und mit vielen Spenden eine neue, künstlerisch reich ausgestattete ökumenische Kapelle mit dem Motto an der Giebelseite »Auf daß sie alle eins seien.«

Orgelfinanzierung
Um zum hundertsten Kirchweihjubiläum eine neue Orgel anschaffen zu können, spielte die Organistin der Erlöserkirche in Cham/Oberpfalz auf Wunsch bestimmte Choräle, die im Abendgottesdienst DM 20, im Hauptgottesdienst DM 30 und bei Mehrfachbestellungen mit Rabatt etwas weniger kosteten.

Pappenheimer
»Unsere Pappenheimer« nennen die Gemeindeglieder von St. Johannes/Ingolstadt die geistig behinderten Menschen im »Haus Altmühltal« in Pappenheim, mit denen sie eine Patenschaft pflegen, sich gegenseitig besuchen, Feste feiern und Erfahrungen aus dem verschiedenen Lebensalltag austauschen.

Papstkirche
Die um 1007 vom deutschen Kaiser Heinrich und seiner Gemahlin Kunigunde gleichzeitig mit dem Dom gegründete, kreuzförmige Stephanuskirche in Bamberg wurde durch Papst Benedikt VIII. in Gegenwart von 72 Bischöfen, darunter 5 Erzbischöfen und dem Patriarchen von Aquileja, geweiht und blieb die einzige durch einen Papst geweihte Kirche auf deutschem Boden; nach ihrem Neubau auf den alten Grundmauern im Jahr 1680 wurde sie 1803 säkularisiert und in ein Obstmagazin umgewandelt, dann aber 1808 der kleinen evangelischen Gemeinde geschenkt und 1843 für einen längeren Aufenthalt des Kronprinzen Maximilian von Bayern und seiner evangelischen Gattin Marie von Preußen durch den bayerischen Staat mit einer Fürstenloge ausgestattet, damit die Hoheiten den Gottesdienst angemessen besuchen können.

Pfarrerfreiheit

Die Gemeinde Rossach bei Coburg besitzt zwar eine mächtige, zuletzt 1756 bis 1760 zum Besseren umgebaute Kirche, hatte aber noch nie einen eigenen Pfarrer, sondern immer nur Vertreter von den Nachbargemeinden Altenbanz, Scherneck und Großheirath. Ähnlich ist Wildenreuth bei Weiden eine selbständige Pfarrgemeinde mit Kirchenvorstand, Kassenverwaltung und Matrikelführung, aber seit 1972 ohne eigenen Pfarrer, obwohl ihr kleines Gotteshaus aus romanischer Zeit zu den ältesten Kirchen Bayerns gehört.

Pflichtbewußtsein

Schwer vorstellbar wäre in der heutigen Leistungsgesellschaft das Verhalten des Pfarrers Christoph Heinrich Friedrich Seufferheld in der mittelfränkischen Gemeinde Weißenbronn, der »sich für die geistliche Arbeit 21 Vikare hielt« und in den 33 Jahren seiner Amtszeit von 1839 bis 1872 nur dreimal in seiner Kirche gewesen sein soll: zu seiner Installation, bei der Beerdigung seiner ersten Frau und anläßlich der Wiederverheiratung; in dieser Zeit erstritt er allerdings durch jahrelange Gerichtsprozesse für seine Pfarre die subsidiäre Baupflicht des Staates über die »Kultusgebäude«.

Predigtpilger

Als der Freund Wilhelm Löhes, Pächtner, von 1847 bis 1868 in Trommetsheim westlich von Weißenburg Pfarrer war und durch die Gemeinde eine bis heute spürbare Erweckungsbewegung ging, sollen die Leute scharenweise vor Tagesanbruch zu Fuß nach Neuendettelsau aufgebrochen und nach dem Gottesdienstbesuch bei Löhe in der Nacht zurückgekommen sein; daraus gingen missionarische Hausgemeinschaften hervor, die Entsendung mehrerer Missionare und bis heute eine überdurchschnittliche Opferbereitschaft für die »Heidenmission«.

Preisblasen

Der durch seine Posaunenserenaden, das Turmblasen und kirchliches Musizieren bekannt gewordene Posaunenchor von Geroldsgrün/Oberfranken errang 1988 bei einem Wettbewerb des Bayerischen Musikrates den ersten Platz unter den Laienorchestern in Bayern.

Pillendreh

In Weiden/Oberpfalz führte das 1663 eingeführte Simultaneum unter anderem dazu, daß die Protestanten nur noch in der evangelischen Mohrenapotheke einkaufen sollten; um sich aber auch in der beliebteren Marienapotheke der katholischen Bevölkerung Salben rühren und Pillen drehen lassen zu können, brach deren kluger Inhaber in die Wand seines Ladens zur schmalen Seitengasse hin ein Fenster und konnte so die evangelische Kundschaft stillschweigend »über die Straße« bedienen.

Promotion

Unter der Devise »Erst leasen – dann lesen« verleiht Pfarrer Wolfgang Popp in Rödelsee und Frühstockheim mit Zustimmung seines Kirchenvorstandes 80 Bibeln in 30 verschiedenen Ausgaben gegen eine monatliche Gebühr, die jeden Ausleiher mindestens zur Nutzung, wenn nicht zum endgültigen Kauf der Heiligen Schrift anregen soll.

Protest

Nach der Verhaftung von Landesbischof Hans Meiser durch das NS-Regime hielt die Passauer Gemeinde am 14. Oktober 1934 einen Bekenntnisgottesdienst, in dem der Gastprediger Pfarrer Helmut Kern aus Göggingen bei Augsburg zum Zeichen der Trauer über die Schändung und Verfolgung der Kirche nach der Eingangsliturgie die Altarkerzen löschte; sie wurden drei weitere Sonntage lang bis zum Reformationsfest, an dem der Landesbischof wieder befreit war, nicht wieder entzündet.

Puppenweihnachten

Der am meisten besuchte Gottesdienst in der Puppenmacherstadt Neustadt b. Coburg findet traditionell am Morgen des 1. Weihnachtsfeiertags um 6 Uhr früh statt, weil die Arbeiter der Puppenfabriken früher mit Rücksicht auf die Produktion nicht eher Zeit, dann aber doch eine gewisse Festes-Eile hatten.

Rechtgläubigkeit

Als sich in der westlichen Oberpfalz vor der letzten Jahrhundertwende im Gegenzug zum kühlen Rationalismus die fromme Erweckungsbewegung ausbreitete und die Forderung nach »Bekehrung« sogar eine Art Mode wurde, gerieten die evangelischen Pfarrer untereinander so sehr in den Sog ideologischer Auseinandersetzungen, daß der Geistliche in Hofen-Kerkhofen seine Kinder aus dem Religionsunterricht seines Sulzbürger Kollegen entfernte, um sie für den »rechten« Glauben zu erhalten.

Reformationskirchweih

Ihre »Reformationskirchweih« begehen die Einwohner von Rugendorf in Oberfranken alljährlich am St.-Erhards-Tag (8. Januar) zur Erinnerung an die heftigen Auseinandersetzungen im Zuge der Gegenreformation, in deren Verlauf die evangelischen Bauern so weit gereizt worden sein sollen, daß sie versuchten, dem ihnen aufgezwungenen katholischen Priester die Kanzel unter den Füßen abzusägen.

Nach 650 Jahren Auf und Ab mit 2 PS zur Festkirchweih in Sachsbach

BILDER DES GLAUBENS

Mit ihren über zweieinhalbtausend farbigen Applikationen fand die aus Berlin stammende, in Bayern beheimatete Grafikerin Gisela Harupa einen neuen Weg der bewährten Stoffbildkunst, um die biblischen Geschichten überzeugend darzustellen; hier »Jesus und die Ehebrecherin« aus den zwölf Wandteppichen in der Friedenskirche in Ansbach.

Reichsglocke

Als die evangelische Gemeinde von Mellrichstadt, die im Jahr 1586 vertrieben worden war, 1933 wieder eine eigene Kirche erhalten hatte, wurden die Glocken unter dem Geläute der katholischen Stadtpfarrkirche eingeholt und auf dem Platz vor der Kirche gesegnet; eine dieser Glocken trug die stolze Inschrift »Gegossen im Jahr der nationalen Revolution unter Reichspräsident von Hindenburg und Reichskanzler Adolf Hitler« und läutet noch heute.

Rohbaumaßnahme

Als die Gemeinde von Burgsinn im Spessart im Jahr 1952 nach zweihundertfünfzig Jahren endlich ein eigenes Gotteshaus bauen konnte, brachen die Männer mit ihrem Pfarrer Sondermann dazu für das Mauerwerk nötigen Natursteine im Steinbruch an der Koppe und errichteten gemeinsam unter ihrem Maurermeister Wilhelm Siebenlist den Rohbau.

Romanisch

In der Kirche von Oberlaimbach wurde beim Bau des gotischen Chores im Jahr 1450, obwohl er nach Größe und Form dafür ungeeignet war, ein Schlußstein eingefügt, der wahrscheinlich aus den Resten des von 816 bis 877 bestehenden Benediktinerklosters stammte; die Darstellung Christi hat große Ähnlichkeit mit dem Bild auf dem berühmten Tassilokelch aus dem Jahr 777, der im Stift Kremsmünster in Niederösterreich noch in Gebrauch ist.

Säkularisation

Von der Säkularisation des Kirchenbesitzes im Jahr 1803, die für viele katholische Gotteshäuser und Klöster das Ende bedeutete und unersetzliche Werte vernichtete, wurde als einzige heute evangelische Kirche die Stephanuskirche in Bamberg betroffen: wertvolle »katholische« Einrichtungsgegenstände wurden verschleudert, die Kunigundenglocke von 1491 samt Schlaguhr und Zeigerwerk an die Obere Pfarre verkauft und das leere Gebäude als Obstmagazin zweckentfremdet, bis man es 1808 der kleinen evangelischen Gemeinde schenkte.

Sämannsgeschichten

In Steinheim bei Memmingen treffen sich alljährlich im Herbst die Landwirte zu einem »Aussaattreffen«, um mit mehreren Veranstaltungen ihr Leben und ihre Arbeit unter Gottes Wort zu betrachten.

Schießgericht

Die Pfarrbeschreibung von Untermaxfeld im Donaumoos berichtet aus dem Jahr 1846: Als sich Pfarrer Gottfried Friedrich Nagel weigerte, den Nachfahren der aus der Rheinpfalz eingewanderten Kolonisten weiterhin das Abendmahl auf reformierte Weise auszuteilen, sei nachts »in sein Schlafzimmer mit scharfer Ladung geschossen« worden.

Schillerglocke

Eine der drei Glocken in der Kirche von Rappertshausen i. d. Rhön wurde im Jahr 1797 in Rudolstadt in Thüringen gegossen, als Friedrich von Schiller dort weilte, um den Vorgang für sein berühmtes »Lied von der Glocke« kennenzulernen, könnte also das Vorbild für die berühmte Ballade gewesen sein.

Schlachtfest

Die Michaelsgemeinde in Weiden/Oberpfalz veranstaltet jedes Jahr im Januar mit einigen hundert geladenen Gästen ein »Schlachtfest« und serviert nach originellen Rezepten das Fleisch von einem Tier, über dessen Rolle in der Bibel im Stil einer Büttenrede gepredigt wird.

Schönheit

Zur Deutschen Schönheitskönigin 1992 wurde gegen fünfzehn Konkurrentinnen die in der oberfränkischen Diakonie als Sportpädagogin bei behinderten Kindern tätige Monika Resch aus Thüringen gewählt, die das zwar kaum fassen kann, ihre Berufsarbeit aber auch auf keinen Fall aufgeben will.

Schultreue

Hans Hiltner erhielt als Hauptlehrer der »Protestantischen Schule« in Neumarkt/Oberpfalz, an der er von 1873 bis 1919 tätig war, den Orden des Heiligen Michael und das Luitpoldkreuz; er wiederum stiftete 1909 für die alte Sakristei der heutigen Christuskirche ein Buntglasfenster mit dem Bild Jesu als Kinderfreund.

Schutzheilige

Die Pfarrfrau Gertrud Voll erkannte bei Besuchen in Pfarrhäusern und Kirchen, wie sorglos häufig mit den historischen Gegenständen der sakralen Kunst umgegangen wird, und begann durch Selbststudium und intensive Bemühungen ein Rettungswerk zugunsten vieler unwiederbringlicher Kirchenschätze, für das sie im Jahr 1991 vom Bayerischen Staatsminister für Unterricht, Kultus, Wissenschaft und Kunst die Medaille für besondere Verdienste um den Denkmalschutz erhielt.

Schwedische Reformation

Seit der schwedische König Gustav Adolf im Jahr 1631 das Bistum Würzburg besetzte und Fürstbischof Julius Echter floh, so daß die evangelischen Pfarrer und Lehrer wieder tätig werden und die Menschen in allen Lehen und Grundherrschaften zur lutherischen Konfession zurückkehren konnten, spricht man von der »schwedischen Reformation«.

Selbsthilfe

Nachdem den sechzig Evangelischen in der Gemeinde Obersteinbach von der katholischen Gemeinde im Februar 1925 das Totengeläute verweigert worden war, bildeten sie einen bis heute bestehenden Glockenstiftungsverein und kauften sich für die kleine Kriegergedächtniskapelle eine eigene Glocke, kümmerten sich um deren Unterhalt und schafften zuletzt auch noch eine eigene Kirchenfahne an.

Selbstmörderpforte

In Neustadt b. Coburg hat der Friedhof auch eine »Selbstmörderpforte« mit besonders niederem Durchgang, die nicht als Kompromittierung des Toten gemeint war, sondern die Teilnehmer des Leichenzuges zu einer Demutsgeste veranlassen sollte; sie ist aber zur Zeit vergittert.

Slowenenbibel

In dem 1329 erbauten Pfarrhaus bei St. Mang in Kempten wohnte 1553 bis 1561 Primus Truber, vorher Domherr in Laibach und Prediger in Triest, der 1582 das ganze Neue Testament ins Slowenische übertrug und damit zum Schöpfer einer slowenischen Schriftsprache wurde.

Späte Taufe

Von 1977 bis 1980 war in Mainburg/Niederbayern eine Sprachenschule für deutsche Spätaussiedler aus der Sowjetunion eingerichtet, von der viele junge Leute den Tauf- und Konfirmandenunterricht der evangelischen Kirche besuchten und 53 im Alter zwischen 17 und 33 Jahren in der Erlöserkirche getauft und konfirmiert wurden.

Spenderlohn

1947 wurde in der Georgskirche von Bertholdsdorf/Mittelfranken der Taufstein wieder aufgestellt, den der Müllermeister und Ortsvorsteher von Wollersdorf, Johann Konrad Ruttmann, in seinem eigenen Garten gebrochen und bearbeitet, den Deckel von Holz aus seinem Wald gefertigt und angestrichen und am 17. Juni 1836 Pfarrer Wilhelm Löhe als ein Geschenk für die Kirchengemeinde überreicht hatte.

Sprachregelung

In Niederbayern bezeichnet man heute die Protestanten, die schon vor der großen Flüchtlingsbewegung nach 1945 ansässig gewesen waren, als die »Stammwürze«, von der man sonst nur beim Bierbrauen spricht.

Sprichwort

Alte Einwohner der evangelischen Enklave Ortenburg in Niederbayern sagen noch heute, wenn ihnen etwas außerordentlich fest erscheint: »Das hält wie der lutherische Glaube.«

Stadtbrand

In der 1871 vollendeten Stadtkirche von Naila hängt im linken Seitenschiff ein altes Kruzifix, das der Kirchner beim großen Stadtbrand am Sonntag, dem 3. August 1862, als einziges Stück aus den lodernden Flammen retten konnte.

Strohfeuer
Der am 15. Oktober 1818 eingeweihte Neubau der Kirche in Wangen im Jura geht auf den Umstand zurück, daß am 26. Juli 1816 ein Schuster während des Sonntagsgottesdienstes ein Schwein schlachtete und beim Sengen der Sau Stroh entzündete, woraus sich ein verheerender Brand entwickelte und neben der Kirche 28 Gebäude des Ortes einschließlich der Kantorswohnung mit allen Habseligkeiten des Schullehrers vernichtet wurden; der Wiederaufbau in nur zwei kurzen Jahren bezeichnet die Wichtigkeit eines Gotteshauses im abgebrannten Ort.

Stuhlordnung
Nach einer traditionellen »Stuhlordnung« von 1858 sitzen in der Kirche von Woringen im Unterallgäu die Jugend auf der rechten Empore, die Männer der mittleren Lebensjahre links von der Orgel, die »Föhla« (konfirmierte Mädchen) in den Bänken vor der Kanzel, dahinter die Frauen und in den Ohrenstühlen die Männer, numeriert entsprechend der Zugehörigkeit zu den Bauernhöfen.

Taufengel
Der fast lebensgroße Taufengel der Kirche von Marlesreuth aus dem Jahr 1742 war 123 Jahre lang an einem Seil über dem Chorraum schwebend angebracht und konnte bei Bedarf herabgezogen werden, wie in den alpenländischen Kirchen die Weihnachtsengel und der Auferstehungschristus aus dem »Himmelsloch« im Gewölbe des Langhauses.

Tierliebe
Gottesdienste mit Tieren, die von Besitzern aller Konfessionen in die Kirche mitgebracht wurden, hielt Pfarrer Ebermut Rudolph in der Kirche St. Mang in Kempten mehrmals während der Adventszeit; er betätigte sich auch als Orchideenexperte und hielt Lichtbildvorträge mit Eintrittsgeldern zugunsten des Neubaus seiner Kirche in Rain am Lech; schließlich stiftete er einen kirchlichen Humorpreis, den als erster Papst Paul VI. erhielt.

Touristenpfarrer
Weil sie ihre berühmten Gotteshäuser nicht für Museen halten, aber mit den über 350 000 kulturbewußten Besuchern ins Gespräch kommen wollten, beriefen die Nürnberger Gemeinden St. Sebald 1988 und dann auch St. Lorenz 1992 einen Touristenpfarrer mit einem neuartigen Seelsorgeauftrag, der sich neben den vielsprachigen Besuchern aus aller Welt auch den Menschen aus den neuen Bundesländern und ehemaligen Ostblockstaaten zuwenden soll.

Traditionspredigt
Der Pfarrer der Gemeinde Obernzenn nahm zur Kirchweihpredigt 1981 eine dreihundert Jahre alte Zinnkanne, die zu Taufe und Abendmahl gehört, auf die Kanzel, um seiner Gemeinde durch Beschreibung ihrer Teile und der kunstvollen Gestaltung ein 2600 Jahre altes Wort des Propheten Jeremia und die Ehrfurcht vor der christlichen Tradition zu predigen.

Türkenschicksale
Auf dem Friedhof der Gemeinde Rügland in Mittelfranken steht das »Türkenkreuz« über dem Grab eines gefangenen Türken namens Mustafa aus Istanbul, den der Schloßherr, Oberstleutnant Albrecht von Crailsheim, im Jahr 1668 von der siegreichen Schlacht bei Belgrad mitgebracht und bis zu dessen Tod am 24. März 1753 als treuen Diener bei sich behalten hatte. Carolus-Mustafa schenkte bei seiner Taufe im Jahr 1727 der evangelischen Kirchengemeinde aus eigenen Ersparnissen zwei silberne Leuchter Augsburger Arbeit im Wert von 85 Gulden und dazu 25 Gulden in bar und versprach jedem, der ihn auf seinem letzten Weg begleiten werde, einen »guten Batzen« (5 Kreuzer), worauf bei seinem Beerdigungsgottesdienst die Kirche völlig überfüllt war und »etliche Hundert um die Kirche herum standen«, welches wohl niemals hier geschehen, auch nicht so leicht wieder geschehen wird«. Graf Hans Karl von Thüngen, unter Prinz Eugen der kaiserliche Generalfeldmarschall im Krieg gegen die Türken, verlor im Kampf bei Wien sein rechtes Auge und kehrte mit vierzig Jahren hochgeehrt in seine protestantische Heimat in Unterfranken zurück, wo er im Februar 1698 drei mitgebrachte Türkenknaben, vermutlich Mohren, von Pfarrer Nothnagel in Zeitlos taufen ließ.

Turmtreue
Als die Gemeinde von Langenfeld bei Neustadt a. d. Aisch 1488 errichtete Schloßkirche auf dem Kirchberg wegen Baufälligkeit abreißen und von 1969 bis 1972 weiter unten im Dorf eine neue Kirche bauen mußte, setzte man auf den mächtigen, viereckigen Turm die alte barocke Doppelzwiebel auf, »damit ehemalige Langenfelder ihren Ort wiederfinden«, und richtete im ersten Stockwerk dieses Turms gleich ein großes Gemeindezimmer mit darunterliegender Küche ein.

Umwege Gottes
Die Johanniskirche in Fürth-Burgfarrnbach entstand 1349 mit großzügiger Unterstützung des Ritters Rapoto von Külsheim, nachdem dessen Tochter während eines Bittgebets für ihre schwerkranke Mutter in der Martinskapelle im Rednitzgrund von einem Hochwasser getötet worden war.

Umweltschutz
Beim Kirchentag auf dem Hesselberg am Pfingstmontag 1991 wurde der Abfall von rund zehntausend Besuchern so konsequent getrennt und wiederverwertet, daß nur ein einziger größerer Müllsack für die Deponie übrigblieb.

Unfrömmigkeit
Gestohlen wird nach offiziellen Angaben der Polizei inzwischen weniger frommes Kunstgut (1972: 525 Kirchendiebstähle, 1991: 100 mit Aufklärungsquote von rund 40 Prozent), doch soll in einer nüchterner gewordenen Zeit die Wertschätzung von Heiligen und Engeln so sehr gesunken sein, daß sie auf den Flohmärkten oft weit unter Preis verhökert werden.

Vasa Sacra Remigrata
Die Gemeinde Obernzell bei Passau konnte in ihrem Jahresschlußgottesdienst 1952 vom letzten Pfarrer der deutschen evangelischen Gemeinde in Tsing-Tau, der dort für die Ostasienmission von 1922 bis 1951 tätig gewesen war, als Geschenk die Abendmahlsgeräte in Empfang nehmen, die vor der Jahrhundertwende dem deutschen Generalgouvernement für die Kapelle der Gemeinde von der preußischen Prinzessin Heinrich geschenkt worden waren. Nach der Schließung der Gemeinde durch die kommunistischen Behörden im Jahr 1951 sollten diese Vasa Sacra der Gemeinde in Shanghai übergeben werden, die sich jedoch ebenfalls auflösen mußte, so daß es Pfarrer Seufert nur mit größter Mühe gelang, das kostbare Gut mit einer Ausfuhrerlaubnis in seinem persönlichen Gepäck nach Deutschland zurückzubringen.

Verbundenheit
Bei der Aussendung des Pfarrers Hans Rösch aus Thiersheim/Oberpfalz an die Bibelschule Mwika am Kilimandscharo im Jahr 1975 zerbrach der Weidener Dekan Wenzel einen afrikanischen Kriegspfeil und übergab je eine Hälfte dem Missionar und dem Ortspfarrer als Zeichen bleibender Verbundenheit.

Verwechslung
Als der Pfarrer der evangelischen Christuskirche von Windischeschenbach/Oberpfalz seine Glockenfirma zu einer raschen Reparatur des Schwengels rief, wechselten die Handwerker in der Eile das beschädigte Teil an einer Glocke der katholischen Kirche aus, so daß deren Pfarrgemeinderatsvorsitzender anläßlich des 50. Jubiläums der Christuskirche in einem Mundartgedicht bekennen mußte, mit dem lutherischen Glockenschwengel könne man ganz gut ökumenisch läuten.

Wasserkraft
Von der Zeit der Alemannen-Christianisierung bis zum Jahr 1970 wurden die Kinder beider Konfessionen von Mönchsdeggingen im Ries mit Wasser aus dem »Kapellenbrunnen« getauft, der schon von alten Chronisten als Kleinod bezeichnet wurde, weil er während des ganzen Jahres ständig in jeder Minute 2000 Liter Wasser spendet.

Weiter Weg
Die Kirchengemeinde von Hammelburg besitzt seit 1927 eine Glocke aus dem 15. Jahrhundert, die ursprünglich im Zisterzienserkloster von Aachen hing und durch die Familie Creutzer von Schloß Saaleck hierher geschenkt wurde.

Werteskala
In Buxach im Unterallgäu geht in der Gemeinde die Scherzfrage um: »Was ist schöner als eine Freizeit?«, worauf geantwortet wird: »Zwei Freizeiten!«

BILDER AUS SCHWABEN

Der Glaubenseifer in der Reichsstadt Memmingen veranlaßte Martin Luther 1516 zu seinem frühesten Brief in das schwäbische Bayern; seitdem wurde rund um die sehr alte Martinskirche ein eigenes protestantisches Profil erstritten und mit Stolz gepflegt.

BILDER AUS SCHWABEN

Bayerns »fernste« Stadt Lindau am Bodensee, als sehr alte Siedlung und reiche Reichsstadt bereits 1518 dem neuen Glauben geöffnet, bewahrt nahe der reformierten Schweiz mit seiner Kirche St. Stephan ein weit ausstrahlendes Juwel des schwäbischen Protestantismus.

Wetteifer

Die Pfarrerin Ursula Butz-Will wettete als Gemeindepfarrerin von Rödental bei Coburg, daß sie am Kirchweihsonntag 1990 in die Stadthalle 2500 Gemeindeglieder bringen werde, und mußte, nachdem sie verloren hatte, ein Jahr lang in der Coburger Fußgängerzone einmal wöchentlich eine Stunde lang für den Gottesdienstbesuch werben, was vielleicht dazu beitrug, daß sie ein weiteres Jahr darauf zur Leiterin des landeskirchlichen Amtes für Jugendarbeit berufen wurde.

Wetten daß?

Gegen die Wette einer Tanzschule in Augsburg-Göggingen, daß die evangelische Kirchengemeinde keine 999 Paar Schuhe für Afrika aufbringen könne, sammelte der ganze Ort 6000 Paar Schuhe im Wert von rund DM 80 000 zum Versand nach Tansania; die Verlierer zahlten den Einsatz von DM 1000, der jedoch die Versandkosten bei weitem nicht decken konnte, so daß auch ökumenische Hilfe angenommen und ein Teil der Sammlung den Aussiedlerlagern in Schwaben übergeben werden mußte.

Wetter

Der Bürgermeister von Gunzenhausen, Wilhelm Hilpert, selbst Mitglied des Freundeskreises der Evangelischen Akademie Tutzing, stellte beim »Bayerntag« 1991 nach dem Nichteintreffen seiner positiven Wettervorhersage bei strömendem Regen fest: »Wissen Sie, am Sonntag ist der Dekan für das Wetter zuständig.«

Wetzrillen

An den Außenmauern geweihter Gebäude, insbesondere von Domen und Kirchen, darunter in Franken in Nürnberg (St. Sebald), Schweinfurt (St. Johannis), Dietenhofen, Gnötzheim, Roth, Windischeschenbach und anderen Orten sind bis heute im Mauerwerk »Wetzrillen« erhalten, in denen man früher Schwerter und neue Schneidewerkzeuge, wie zum Beispiel eine Axt, im Namen des Dreieinigen Gottes dreimal wetzte, damit der Besitzer vor Unheil bewahrt bleibe und er kein Blutvergießen verschulden möge.

Wiedersehen

Der kostbare »Kirchenschatz« der Gemeinde Weißenbronn bei Heilsbronn/Mittelfranken war lange Zeit vergessen und diente noch in den zwanziger Jahren als Kinderspielzeug, bis die von Pfarrer Caspar Heinrich Ihring gestiftete Abendmahlskanne aus dem Jahr 1639, ein silbervergoldeter Kelch von 1761 und ein silbervergoldetes Krankenkommunionsgefäß in einer gedrechselten Nußbaumdose in ihrem wahren Wert und Sinn wiedererkannt wurden.

Zöllnergüte

Die Protestantengemeinde im Osten Bayerns wuchs um die Jahrhundertwende allmählich an, weil der bayerische Staat planmäßig fränkische und damit meist evangelische Zöllner als Polizeibeamte an die Grenze versetzte, da man von ihnen »eine gewisse Unabhängigkeit beispielsweise gegenüber dem örtlichen Schmugglerwesen« erwartete.

Zuckerpreis

Um seine selbständig gewordene Gemeinde mit den Orten Eisingen, Kist und Waldbrunn in Unterfranken in Schwung zu bringen, läßt Pfarrer Peter Fuchs an den drei Predigtstationen durch die Konfirmanden nach dem Gottesdienst kleine Zuckertüten mit dreizehn verschiedenen Kirchenmotiven verteilen und belohnt jeden, der mindestens neun verschiedene aus der Serie durch den Besuch aller drei Gottesdienstorte zusammengetragen hat, mit dem »Silberpfeil«, einer Sammlung moderner Kirchenlieder; bis zum Bau einer eigenen Kirche finden diese »Zukker-Gottesdienste« in den katholischen Kirchen der drei Filialorte statt.

Zugabe

Das oberste, ursprünglich nicht geplante Stockwerk des 36 Meter hohen Kirchturms der Auferstehungskirche in Fürth wurde von dem Ehepaar Margarete und Leonhard Büttner nach einem Lottogewinn gestiftet und zum Dank am Geländer mit ihren Initialen geschmückt.

Zusammenarbeit

Aus der Partnerschaft zwischen den Evangelischen bei St. Mang in Kempten und denen in der Arusharegion in Tansania entstand 1979 die von jungen Christen beider Kirchen errichtete Asante-Christus-Kapelle bei Kranzegg am Grünten im Allgäu, die einzige evangelische Wegkapelle im weiten Umkreis.

Zuversicht

Die ortsbekannte Friedhofspflegerin in Siedmannsdorf bei Coburg soll in ihrer Sorge um den kircheneigenen Ort ausgerufen haben: »Ob er in den Himmel oder in die Hölle kommt, weiß keiner, aber in den Friedhof hinein kommt jeder!«

I.

Max. Joseph Churfürst ꝛc.

Wir haben bey verschiedenen Anlässen wahrgenommen, daß viele die irrige Meynung hegen, die katholische Religionseigenschaft sey eine wesentliche Bedingniß zur Ansässigmachung in Baiern, welches von den nachtheiligsten Folgen für die Beförderung der Industrie und Kultur in diesem Lande zeither gewesen ist. Gleichwie aber, weder in der Reichs- noch Landesverfassung einiger Grund für diese Meynung beruht; so wollen wir: daß bey der Ansässigmachung in unsern sämmtlich herobern Staaten die katholische Religionseigenschaft nicht ferner als eine wesentliche Bedingniß anzusehen sey und darnach andere Glaubensgenossen davon ausgeschlossen werden.

Auf diesem Grundsatze ist in Zukunft fest zu beharren und sämmtliche Landeskollegien sind darnach anzuweisen. Amberg, den 10. Nov. 1800.

Max. Joseph Churfürst.

DOKUMENTATION

BILDER DER GEMEINDE

Im rasch aufstrebenden Heilbad Griesbach im niederbayerischen Rottal errichteten die katholische und evangelische Kirche im Jahr 1992 durch die drei Architekten Alexander von Branca, Norbert Liebich und Otto Hoffmeister eine gemeinsame Rundkirche mit zwei getrennten Kapellen und dazugehörigen Gemeinderäumen, um ein konfessionsübergreifendes Christentum zu verwirklichen.

BILDER AUS ALTBAYERN

Unter Deutschlands höchstem Berg, der Zugspitze im Werdenfelser Land, wo heute ein Viertel der Einwohner evangelisch ist und viele Feriengäste verweilen, baute Albert Köhler, der Leiter des Baureferates im Landeskirchenamt, 1954 aus einem früheren Pferdestall die schlichte Christuskirche mit dem markanten Glockenturm.

CHRISTLICHE SCHÄTZE IN EVANGELISCHER HAND
Das Erbe aus zwei Jahrtausenden

Für den folgenden Überblick wurden die historischen Angaben nach bestem Vermögen geprüft. Zeugnisse mehrerer Jahrhunderte am gleichen Ort sind bei der frühesten Jahreszahl zusammengetragen. Objekte, deren Eigentümer Sicherheitsvorbehalte anmeldeten, wurden hier nicht aufgeführt.

KIRCHEN

Römische und romanische Zeit

734
Ehemalige Benediktinerabteikirche in Amorbach im Odenwald
Barocker Umbau 1742–1747 nach Plänen von Dientzenhofer durch Maximilian von Welsch, Stuckierung von Joh. Mich. Feichtmayr II. und Joh. Georg Üblher, Fresken und Altarbilder Matthäus Günther, Orgel (1774–1882)

752
Münsterkirche in Heidenheim am Hahnenkamm
Grablege des Hl. Wunibald und der Hl. Walburga, romanische Basilika (1182–1188), gotischer Chor (1484), barockes Holzepitaph (1697), zahlreiche Grabmäler und »Heidenbrunnen« im Klostergarten

760
St.-Martins-Kirche in Oberhochstadt am Jura
Sakristei und Altarraum der ursprünglichen Nebenkapelle des Benediktinerklosters Wülzburg, Kirchenweihe 1185 (Bischof Otto von Eichstätt)

961
Friedhofskirche St. Peter und Paul in Detwang bei Rothenburg
Wandmalereien (frühes 14. Jhdt.), Hochaltar Tilmann Riemenschneider (1510), Seitenaltäre (1440, 1550), Kanzel (1723)

985
Ehemalige Benediktinerklosterkirche in Auhausen
Reste vom Bau um 1120 mit gotischem Altar von Hans Schäufelein und Sakramentshäuschen von Loy Hering

10. Jahrhundert
Augustinerchorherrenstiftskirche in Langenzenn
Ausstattung durch bedeutende Künstler aus mehreren Jahrhunderten

1000
St.-Walburga-Kirche in Großhabersdorf/Mittelfranken
Ausbau 14. Jhdt., Glasmalereien (14. Jhdt.), Ölberg (1500), Glocken (1475–1525), Vortragekreuze (1700, 1726, 1870), Fresken (15. Jhdt.), barocke Ausstattung (1726–1728), Kirchturmuhr (seit 1516)

St.-Andreas-Kirche in Dietenhofen im Rangau
Langhaus und Sakramentsnische, spätgotischer Taufstein, Flügelaltar (1510)

St.-Johannes-Kirche in Hohenaltheim im Ries
Taufstein

Pfarrkirche in Lehmingen im Ries
Taufstein 1965 nach Fund bei einem Steinmetz in die Kirche zurückgebracht

1025
St.-Lorenz-Kirche in Roßtal
Karolingische Hallenkrypta, Stiftergrab der Hl. Irmingard und Herzog Ernsts von Bayern, Taufstein und Grabdenkmäler (14. Jhdt.), Laurentiusfigur, Bekenntnisbild vom Dürer-Schüler Hans Springinklee (Luther und Melanchthon reichen den protestantischen Fürsten das Abendmahl, 1524) und Konfessionsbild (nach 1530), Taufstein (1686)

1039/42
St.-Gumbertus-Kirche in Ansbach
Krypta unter dem gotischen Chor, Dreiturmfassade (1493–1594), Schwanenritterordenskapelle (1500), Glasgemälde der Dürer-Schule (1520 bis 1540) und weitere Kunstwerke

1057
»Zu unserer lieben Frau« in Nennslingen am Jura
Bau durch Bischof Gundekar II. von Eichstätt auf älterer Grundlage, romanische Steinköpfe, Fresken (1350), Epitaphien (16. Jhdt.)

11. Jahrhundert
Burg Rieneck am Spessart
Romanische Mauerkapelle in Kleeblattform (einzige ihrer Art neben einer verfallenen in Schottland), Taufort der Gräfin Agnes von Rieneck, Stammutter der bayerischen Herrscherfamilie durch ihre Ehe mit Pfalzgraf Otto von Wittelsbach

1124
Simultankirche St. Johannes der Täufer in Altenstadt bei Vohenstrauß/Oberpfalz
Ausstattung in seltener Ursprünglichkeit (17. bis 18. Jhdt.), Altar (1720), Grabdenkmäler (16. bis 17. Jhdt.), Altarbild von Rudolf Schäfer

1132
Zisterzienserklosterkirche in Heilsbronn
Mehrfache Erweiterungen (13.–15. Jhdt.), sehr zahlreiche bedeutende Kunstwerke der folgenden Jahrhunderte, Glasgemälde (1300), Grablegen des Hohenzollerngeschlechts (bis 1685), Klostergebäude (1230–1240), »Neue Abtei« (1263–1284), Dormitorium (1489), Katharinenbrunnen (14. Jhdt.)

1150
St.-Ägidien-Kirche (ehemaliges Schottenkloster) in Nürnberg
Mehrere Kapellen, barockisiert, nach dem Zweiten Weltkrieg wiederhergestellt

Gotische Zeit

Frühgotik
Gemeinde Rotthalmünster/Niederbayern
Fast lebensgroßer Christuscorpus vor dem Betsaal in der »Wochinger-Villa«

1158
St.-Kilians-Kirche in Dürrnbuch/Mittelfranken
Romanische Bauteile, gotischer Taufstein

1170–1180
St.-Nikolaus-Münster in Münchsteinach bei Neustadt a. d. Aisch
Spätromanische Farbornamentik, seltener Lettner, barocke Ausstattung

1180

St.-Stephanus-und-Ulrichs-Kirche in Ehingen a. Ries
Kruzifixus (13. Jhdt.), Osterchristus und Patroziniumsfiguren (15. Jhdt.), Holzreliefs vom ehemaligen Hochaltar (1513), Chorgestühl (1519), Gemälde (1525), Glasgemälde (1529), Hl. Familie (um 1718), Deckenfresken (18. Jhdt.), Orgel (1776), Kirchentüre (1778)

St.-Veit-Kirche in Kirchfembach
Romanischer Bau, gotisches Kruzifix

St.-Stephans-Kirche in Lindau am Bodensee
Skulpturenfragment (1200), Glasgemälde des Bischofs Benno von Meißen (1470), Ausstattung (1781–1783), Gemälde und Grabdenkmäler (17.–18. Jhdt.)

1190–1216

St.-Kilians-Kirche in Bad Windsheim
Neubau (nach 1400–1512), Wiederaufbau (1730) und Ausstattung (1734)

12. Jahrhundert

St.-Andreas-Kirche in Weißenburg i. Bay.
Eisernes Vortragekreuz mit »Christus Triumphans«

St.-Kilians-Kirche in Markt Erlbach/Mittelfranken
Romanisches Taufbecken zum Eintauchen des Täuflings

Marienkirche in Großhaslach
Taufstein und Bahrhaus (ehemalige Burgkapelle), »Eselsrücken«-Fensterbögen und Radkreuz (um 1500), Glasgemälde (Wappenscheibe, um 1500)

St.-Michaels-Kirche in Thalmässing
Taufstein (1978 bei Renovierungsarbeiten wiedergefunden), Kruzifixus (1500), Beichtstuhl (um 1712)

Schloßkapelle in Schönkirch
Chorturmkirche, barocke Ausstattung (1720)

St.-Ulrichs-Kirche in Wilchenreuth bei Weiden
Saalkirche mit profanem Obergeschoß, einzigartige Fragmente romanischer Apsismalerei und spätmittelalterliche Malereien

1200

St.-Vincentinus-Kirche in Segringen (Stadt Dinkelsbühl)
Reiche Ausstattung der folgenden Jahrhunderte

Friedhofskirche St. Martin in Obermögersheim (Stadt Wassertrüdingen)
Spätromanischer Chorturm, Flügelaltar (1500/1510)

Filialkirche St. Maria und Georg in Oberfeldbrecht bei Neuhof a. d. Zenn
Chorturmanlage

1230

St.-Sebald-Kirche in Nürnberg
Krypta, Glasmalereien (1380), Altäre, Kruzifixus von Veit Stoß (1520), Sebaldusgrab (1391 bis 1397), bedeutende Wandmalereien, Gemälde, Glasmalereien (1379–1386)

1235

St.-Stephanus-Kirche in Bamberg
Ehemaliges kaiserliches Kollegiatsstift mit Weihe durch Papst Benedikt VIII. (1020), Erneuerung (Chor 1628/29), kreuzförmiger Bau auf altem Grundriß 1677–1680, Orgel 1700 bis 1710, Innenausstattung 1717, Verarmung durch Säkularisation (1803–1807), Königsempore für Kronzprinz Maximilian und Gemahlin Marie von Bayern (1843)

1255

Ehemalige Basilika des Zisterzienserinnenklosters Hl. Kreuz und Maria in Klosterzimmern im Ries
Taufstein (13. Jhdt.), Grabdenkmäler, Kruzifixus von Michael Zink aus Neresheim (Geschenk der katholischen Gemeinde nach Renovierung des Klosterkomplexes)

St.-Oswald-Kirche in Hörlbach bei Ellingen/Mittelfranken
Schenkungsurkunde, bedeutende Wandmalereien (Mitte 14. Jhdt.)

1260

St.-Lorenz-Kirche in Nürnberg
Altäre, Kapellen, Glasgemälde (1390, 1476 bis 1480), Sakramentshaus (1493–1496), »Englischer Gruß« von Veit Stoß (1517/18), Figuren, Gemälde, größtes Glockengeläute (16 Glocken)

1270

St.-Jakobs-Kirche in Rothenburg o. d. Tauber
Glasgemälde (1330, 1380/90), Taufglocke (1380), Sakramentsnische (1390) Hochaltar (1466), Heiligblutkapelle (1453–1471) mit Heiligblutaltar von Tilmann Riemenschneider (1499–1502) und Heiligblutreliquiar (1270), Franziskusaltar (1490), Glasgemälde (1330)

1279

Zisterzienserklosterkirche in Himmelkron/Oberfranken
Spätmittelalterliche Malereien, Grabdenkmäler (14.–16. Jhdt.), hochbarocker Deckenstuck (1699)

1285

St.-Nikolaus-Kirche in Marktbreit
Allerheiligenglocke mit dem Alphabet in gotischen Majuskeln

Franziskanerkirche Unsere Liebe Frau in Rothenburg o. d. Tauber
Glocke (61 Zentimeter), Kruzifixus am Lettner (Mitte 13. Jhdt.), Stephanusfigur (1360), Grabdenkmäler der Patrizier (15.–18. Jhdt.)

1286–1334

Ehemalige Benediktinerklosterkirche Auhausen an der Wörnitz
Kelch (1350), Chor (1519), Renaissancedecke (1542), Orgel (1776), Glocken (1264, 1280, 1320, 1340), Grabdenkmäler

13. Jahrhundert

St.-Johann-Baptist-Kirche in Diespeck bei Neustadt a. d. Aisch
Taufstein in Kelchform

Spitalkirche Hl. Geist in Nördlingen
Wandbilder (15. Jhdt.), Holzkruzifixus (1500)

Wehrkirche St. Leonhard in Götteldorf/Mittelfranken
Spätgotische Wandgemälde, Nürnberger Lindenholzfiguren (1500)

Peterskirche in Weiltingen
Flügelaltar (1514), Fürstengruft der Württembergischen Herzogsfamilie (1675)

1300

Heiligkreuzkirche in Wiesenbronn/Unterfranken
Westturm, Kelch mit vier Evangelisten von Joh. Georg Ehemann aus Kitzingen

Wehrkirche Hl. Mauritius in Kästl im Aischgrund
Wandmalereien (1420)

1303

St.-Lorenz-Kirche in Großgründlach/Mittelfranken
Taufschüssel (Nürnberger Messing-Treibarbeit wie in Plech und Poppenreuth, 1500), Nürnberger Glasgemälde nach Hans Baldung Grien (1585), Felicitaskapelle mit Mauritius-Felicitas-Altar, Grabdenkmäler und Totenschilde (14. bis 18. Jhdt.)

1307

St.-Oswald-Kirche in Regensburg
Barockisiert (1708), Dekoration in protestantischem Programm, Ausstattung in reichsstädtischer Anordnung (1604–1708), Orgel (1750)

BILDER DES GLAUBENS

Evangelisch sein heißt, wie die St.-Veits-Kirche von Ottensoos im Nürnberger Land auf tiefsinnige Weise offen bekennt, von Ewigkeit zu Ewigkeit leben und sich dabei an der geschenkten Zeit erfreuen.

1312
St.-Jakobs-Kirche in Oettingen i. Bay.
Kreuzigungsgruppe (1500), Barockisierung durch Matthias Schmuzer aus Wessobrunn (1611), Kanzel (1677), Taufstein (1689), Orgel (1389–1904)

1318
Spitalkirche Hl. Geist in Bad Windsheim
Altar und Kanzel (1622), Stuckierung (1730), Holzfigur des sitzenden Hieronymus (1460)

1319
St.-Sigismund-Kirche in Zeilitzheim/Unterfranken
Chorturmkirche, Kassettendecke mit Bildern der zwölf Apostel (17. Jhdt.)

1321
St.-Anna-Kirche in Augsburg
Älteste Teile und Große Sakristei, Goldschmiedekapelle (1420–1425), Kreuzgang (1464), Heiliggrabkapelle (1508), Fuggerkapelle (»frühestes und vollkommenstes Denkmal der Renaissance auf deutschem Boden«, unter Mitarbeit von Albrecht Dürer, Hans Burgkmair, Jörg Breu d. Ä., 1509–1512) mit Altar von Hans Daucher (1512–1517), Orgel (1512), Predellabild von Lukas Granach (1531/40), Turm von Elias Holl (1602), Rokokoumgestaltung durch Andreas Schneidmann (1747–1749)

1323
St.-Johannis-Friedhof in Nürnberg
»Eine der künstlerisch wie kulturgeschichtlich bedeutendsten Begräbnisstätten« (Dehio)

1327
St.-Andreas-Kirche Weißenburg i. Bay.
Neubau im karolingischen Königshof, Apostelfiguren aus gebranntem Ton (1400), Altäre (15./16. Jhdt.), Reliquienschatz (15. Jhdt.), weitere Ausstattung (15./16. Jhdt.)

1329
St.-Mang-Kirche in Kempten
Ältestes evangelisches Pfarrhaus in Bayern, Stiftskirche (1427), Fresken (Apostelkreuze, Engel, Rankenwerk, Keckkapelle), Ausbau (18. Jhdt.), bedeutende Pfarrbibliothek (1437)

1340
Pfarrkirche in Deiningen im Ries
Kruzifixus, Terracotta-Muttergottes (1420), Altargemälde von Johann Michael Zink (1750/60)

1340/50
St.-Nikolaus-Kirche in Dornstadt im Ries
Wandmalereien

1349
St.-Michaels-Kirche in Fürth
Sakramentshaus (1500), Kruzifixus in der Sakristei, Kelchhalter (1626), Flügelaltar (1497, jetzt in der Salvatorkirche in Nördlingen im Ries)

1361
St.-Sebald-Kirche in Nürnberg
Pfarrhaus

1364
Marienkirche in Königshofen a. d. Heide/Mittelfranken
Fränkische Madonnenfigur (frühes 14. Jhdt., ehemaliges Wallfahrtsbild), Sakramentsnische

1370
St.-Jakobs-Kirche in Nürnberg
Hochaltar (frühester in Nürnberg erhaltener Tafelaltar), Apostelfiguren aus Ton (Anfang 15. Jhdt.) und weitere Kunstwerke

1379
Wehrkirche St. Martin in Rossendorf/Mittelfranken
Nürnberger Flügelaltar (1511)

1380
St.-Kilians-Kirche in Markt Erlbach/Mittelfranken
Glasmalereien, Kreuzgruppe (1440), Taufstein (1471), Kanzel (1621)

1381
Marktkirche Unsere Liebe Frau in Ortenburg/Niederbayern
Altar (1573), calvinistischer Tisch ohne Kreuz und Leuchter, Hochgrab des Grafen Joachim (1576/77), Glocken (1525, 1550), Osterleuchter aus Glockenschwengel (1982)

1383
Kloster St. Peter in Christgarten im Ries
Ehemaliges Karthäuserkloster »Hortus Christi« und ab 1557 Bildungsstätte für evangelische Geistliche, Glocke (1383), altes Gestühl und Marienaltar (etwa 1500)

1388
St.-Veits-Kirche in Veitsbronn/Mittelfranken
Unberührte Bausubstanz, spätgotisches Westportal und Türflügel, Marienaltar (1470/80), Barbara-Altar (1440/50), Katharinenaltar (1505/10), Veitsaltar (Figur 15. Jhdt.), Kanzel (1697), Kronleuchter (1768)

1380/90
St.-Andreas-Kirche in Kalchreuth
Einzigartig vollständige Ausstattung durch Nürnberger Künstler der Spätgotik, beachtenswerte Tonfiguren der sitzenden Apostel mit Christus (1380/1390, vermutlich in Niederbayern geschaffen)

1390
St.-Martha-Kirche in Nürnberg
Glasgemälde (1385, früheste erhaltene Zyklen Nürnberger Glasmalereien)

1394
St.-Nikolaus-Kirche in Schalkhausen (Stadt Ansbach)
Flügelaltar nach Vorlagen von Albrecht Dürer und Albrecht Altdorfer (1520)

1397–1432
St.-Kilian-und-Maria-Kirche in Königsberg i. Bay.
Eine »der ansehnlichsten fränkischen Pfarrkirchen«

14. Jahrhundert
St.-Andreas-Kirche in Unterschlauersbach/Mittelfranken
Flügelaltar (1500)

Marienkirche in Ostheim bei Weißenburg i. Bay.
Fresken (frühes 15. Jhdt.), Altarkruzifixus (1520), Holzepitaph mit Dreifaltigkeit (1608), zahlreiche Epitaphien (16. Jhdt.)

St.-Veits-Kirche in Kirchfembach/Mittelfranken
Kruzifixus in der im Kern romanischen Kirche

St.-Laurentius-Kirche in Unterringingen im Ries
Wandmalereien (1486 erstmals restauriert)

Pfarrkirche in Wetzhausen/Unterfranken
Neubau (1708), Grabdenkmäler der Truchsessen von Wetzhausen (ab 1461) und Totenschilde (16.–18. Jhdt.)

St.-Moriz-Kirche in Coburg
Rokokostukkaturen, Wandgemälde (15. Jhdt.), Skulpturen (1520), Taufstein (1539), Grabdenkmäler (15.–17. Jhdt.), Kirchenschatz (1607)

St.-Walburg-Kirche in Großhabersdorf/Mittelfranken
Nürnberger Glasgemälde im Chorfenster, Gewölbemalereien (2. Hälfte 15. Jhdt.) Ölberg (1500)

St.-Nikolaus-Kirche in Kaltenbuch/Mittelfranken

265

Taufschüssel (Nürnberger Beckenschlägerarbeit) und Taufstein (1716)

St.-Ulrichs-Kirche in Thalmannsfeld/Mittelfranken
Kruzifixus mit Akanthusschnitzwerk (1717)

St.-Katharinen-Kirche in Seukendorf/Mittelfranken
Flügelaltar vom »Meister des Martha-Altars« in St. Lorenz in Nürnberg (1510/15), Chorbogenkruzifixus (um 1500)

1400
St.-Lorenz-Kirche in Oberasbach bei Fürth
Steinaltar, Gewölbemalereien (spätes 15. Jhdt.)

St.-Sixtus-Kirche in Büchenbach bei Erlangen
Ölberg

Karmeliterkirche in Weißenburg i. Bay.
Wandgemälde der Apostel, Kirchenväter und der »Hl. Kümmernis« (Übertragung des Santo-Volto-Bildes im Dom von Lucca)

St.-Nikolaus-Kirche in Untermagerbein im Ries
Muttergottes-Holzfigur »Maria der Verlassenheit« und Hl. Barbara

1409
Augustinerchorherrenkloster in Langenzenn/Mittelfranken
Reich ausgestattete Stiftskirche und Klostergebäude, Heiligkreuzfriedhofskirche (1608)

1414
Dreifaltigkeitskirche in Neustadt a. Kulm
Barock wiederaufgebaut (1708–1720), Taufstein (1688), Grabdenkmäler (16.–17. Jhdt.)

1418
Marienkirche in Weißdorf/Oberfranken
Madonnenfigur (nach dem Zweiten Weltkrieg auf dem Kirchenboden wieder aufgefunden)

1419
St.-Vitus-Kirche in Weimersheim bei Weißenburg i. Bay.
Glocke, Taufstein mit Holzaufsatz (um 1600), Fresken im Altarraum (14. Jhdt.?)

1430
St.-Katharina-und-Marien-Kirche in Dorfkemmathen bei Ansbach
»Schöne Madonna« (Tonfigur einer stehenden Muttergottes, vermutlich aus Augsburg), »eines der wenigen Zeugnisse seiner Art, von großer kunsthistorischer Bedeutsamkeit« (Dehio) und Bildhauerarbeiten im Flügelaltar (1490)

Gottesruhkapelle in Windsbach/Mittelfranken
Reiche Fresken

1437
Stiftskirche St. Mang in Kempten
Stiftung des Grundstocks zur Pfarrbücherei (zahlreiche reformatorische Flugschriften, Wiegendrucke, Einblattdrucke, Handschriften, Pergamenthandschrift des »Willehalm« von Ulrich von Thürheim, Ausgaben der Werke von Augustinus und Hans Sachs)

1438
Kirche St. Nikolaus in Marktbreit
Taufstein (1565), Grabmäler (16./17. Jhdt.), Altargeräte (spätes 17. Jhdt.)

1440
St.-Kilians-Kirche in Markt Erlbach/Mittelfranken
Kreuzgruppe, Taufstein im Ölberg (1471), Kanzel (1718, ursprünglich für die Johanneskirche in Ansbach)

1442
St.-Bartholomäus-Kirche in Brodswinden (Stadt Ansbach)
Chor, fränkischer Holzkruzifixus (1500), Taufstein (1574)

1448
St.-Michaels-Kirche in Weiden/Oberpfalz
Nach Stadtbrand neu geweiht (1540), Simultankirche (1663–1899), Altar und Kanzel (1787), Ölbergkapelle (1448), Holzfiguren (18. Jhdt.), Grablegung und Ölbergrelief (nach 1450), Lichthäuschen am Friedhof, Orgel (erstmals 1564), Grabdenkmäler (16.–18. Jhdt.)

1450
St.-Johannis-Kirche in Burgfarrnbach/Mittelfranken
Fresken (2. Hälfte 15. Jhdt.) Ölberg (1518, nach dem Vorbild von Büchenbach bei Erlangen 1516), Orgelprospekt (1740)

1454
St.-Georgs-Kirche in Nördlingen im Ries
Altarfiguren aus der Vorläuferkirche (1460), heizbarer Taufstein (1492), Steinkanzel (1499), reiche Ausstattung folgender Jahrhunderte

1460
Pfarrkirche in Kirchgattendorf bei Hof
Kruzifixus mit Echthaar

Pfarrkirche St. Nikolaus in Ruffenhofen (Markt Weiltingen)
Altar mit Schnitzfiguren und Fresken in Chor und Langhaus (Ende 15. Jhdt.)

St.-Laurentius-Kirche in Schwimbach bei Thalmässing
Kruzifixus, Flügelaltar von Michael Wohlgemut (und Albrecht Dürer?) (1511)

1469
Pfarrkirche St. Johannis und Martin in Schwabach/Mittelfranken
Bedeutender Hochaltar (1506) und weitere Altäre, Gemälde und einzelne Kunstwerke

1470
Kirche St. Peter und Paul in Nürnberg
Rochusfriedhof (1517/18) und Rochuskapelle (1521)

Pfarrkirche in Wollmersreuth/Oberfranken
Goldener Kelch (jetzt Leihgabe im Landschaftsmuseum Obermain auf der Plassenburg)

1470/1500
St.-Cäcilien-Kirche in Cadolzburg
Kreuzigungsgruppe, Epitaphien (15. u. 16. Jhdt.)

1473
Pfarrkirche in Pilgramsreuth/Oberfranken
Reiche Ausstattung (Sakramentshaus, Altarfiguren, Wandmalereien), altdeutsche Altaraufbauten mit frühbarocken Teilen, Pfarrstuhl (1692), Taufstein (1721), Emporenbilder (über 100, 18. Jhdt.)

1475
St.-Wolfgangs-Kirche (Schäferkirche) in Rothenburg o. d. Tauber
Wolfgangsaltar (1514), Wendelinsaltar (1515)

1477
St.-Veits-Kirche in Sparneck/Oberfranken
Sakramentsnische, Stukkaturen von Quadri (1695)

1478
St.-Laurentius-Kirche in Steinkirchen bei Ortenburg
Wandmalereien (1482), Altar (1450–1530), Epitaphien (16.–17. Jhdt.)

1480
Pfarrkirche in Wegelsdorf
Katharinenaltar (Stiftung des Palästinawallfahrers Sebald Rieter d. J. aus Nürnberg in Erinnerung an seinen Besuch im Katharinenkloster im Sinai)

Pfarrkirche zu den Vierzehn Nothelfern in Osternohe/Mittelfranken
Flügelaltar (vermutlich Werkstatt Michael Wolgemut)

St.-Rupertus-Kirche in Reuth unter Neuhaus/ Mittelfranken
Sakramentshäuschen (wie Galluskirche in Pappenheim) (1486), darin Madonnenfigur (1500)

1483
Marienkirche in Weißdorf/Oberfranken
Wandmalereien und Säulenbemalungen (1483 bis 1497) Kruzifixus (15. Jhdt.), »Marienkelch« (1509) und Kelch (1651), Holzfiguren und Taufengel von Joh. Michael Doser (1714)

1484–1510
St.-Johannis-Baptist-und-Laurentius-Kirche in Gutenstetten bei Neustadt a. d. Aisch
Turm, Chor, Sakramentsnische und Taufstein mit bedeutendem Flügelaltar (1511) von Erhard Altdorfer (Bruder des Malers Albrecht Altdorfer)

1486
St.-Johannis-Friedens-Kirche in Nürnberg
Peringsdörfer Altar

1487
Wehrkirche Unterschlauersbach/Mittelfranken
Barockisiert (1720), Glocken (1400 und später), Flügelaltar (1500), Tafelbilder (1500), Taufstein (1752)

1489–1491
St.-Wolfgangs-Kirche in Puschendorf/Mittelfranken
Choraltar vom »Meister des Puschendorfer Altars« (1500), Marienaltar (vor 1370), Pestaltar (1500), Holzkruzifixus aus der Schule des Veit Stoß (1500), Glasmalereien mit 23 vorzüglichen Kabinettscheiben (1490), Tonrelief aus dem westfälischen Kartäuserkloster Wedderen (1500)

1490
Marienkirche in Woringen/Unterallgäu
Wandmalereien nach Art der »Biblia pauperum«, Bilder von Johann Sichelbein I. an Kanzel und Emporenbrüstungen (1660), Kreuzigungsbild von Johann Sichelbein III. und mehrere Wappensteine

Pfarrkirche in Eichfeld/Unterfranken
Marienglocke und Taufstein (1610)

1492
St.-Maria-Magdalena-Kirche in Münnerstadt
Ältester Altar von Tilmann Riemenschneider

1495
Pfarrkirche in Gollmuthhausen am Grabfeld
Marienglocke und gotischer Meßkelch mit Inschrift »Maria«

Kirche des Wortes – Kirche unter dem Kreuz

1498
Wehrkirche St. Walburga in Bad Steben
Sakramentshäuschen und Wandmalereien im Chorgewölbe (1515)

15. Jahrhundert
St.-Peter-und-Pauls-Kirche in Poppenreuth
»Eine der ältesten Kirchen des Landes« (Dehio, 1522 vollendet), Flügelaltar (1490) der Nürnberger Schule, Kreuzigungsgruppe (1510), Fresken (17. Jhdt.), Messingtaufschüssel in Nürnberger Treibarbeit (1500, wie in Großgründlach), im Chorfenster Fragmente von Scheiben des 16. Jhdts.

St.-Jakobs-Kirche in Appetshofen im Ries
Wandmalereien

St.-Johannes-Kirche in Hirschneuses/Mittelfranken
Kruzifixus

St.-Michaels-Kirche in Weißenbronn bei Heilsbronn
Altarkreuz, Abendmahlskanne (1639, gestiftet von Pfarrer Casper Heinrich Ihring), silbervergoldeter Kelch (1761, gestiftet von Philipp Meyer), silbervergoldetes Krankenkommuniongefäß in gedrechselter Nußbaumdose

St.-Katharinen-Kirche in Schauerheim im Aischgrund
Kruzifixus

St.-Kilians-Kirche in Dürrnbuch/Mittelfranken
Im Kern romanisch, Taufstein, hölzerner Opferstock (1733)

Wehrkirche St. Sebastian in Tennenlohe/Mittelfranken
Barockisiert und reich ausgestattet (1766–1768)

St.-Johannes-Kirche in Fürth-Burgfarrnbach
Fresken, Ölberg (1518), Grabdenkmäler (16. Jhdt.)

St.-Maria-Kirche in Schmähingen (Stadt Nördlingen)
Kruzifixus

Kirche in Füttersee/Unterfranken
Laurentiusflügelaltar der Nürnberger Schule

Renaissance und Reformation

1500
Pfarrkirche in Sondheim v. d. Rhön
Glasgemälde (rundes Medaillon mit Bild des Petrus), Taufbecken mit Zug der Israeliten durch das Schilfmeer

St.-Leonhards-Kirche in Götteldorf/Mittelfranken
Flügelaltarfiguren

St.-Vitus-Kirche in Hürnheim im Ries
Ungefaßte Holzfiguren der Zwölf Apostel und des »Salvator Mundi« (jetzt Museum Nördlingen)

Maria-Magdalena-Kirche in Buchschwabach/Mittelfranken
Zwei Altäre und Kanzelfiguren

Kirche in Abtswind/Unterfranken
Flügelaltar (Bamberger Meister nach Michael Wolgemut, 1500), Kanzel (1557), Kelch mit Schlangenmotiv (1575), Orgel (1705)

1510
St.-Andreas-Kirche in Dietenhofen/Mittelfranken
Nürnberger Flügelaltar, spätgotischer Taufstein, zahlreiche Epitaphien und Totenschilde

1510/1520
Pfarrkirchen St. Sebald in Nürnberg und St. Nikolaus und Ulrich in Nürnberg-Mögeldorf
Abendmahlskelche aus Siebenbürgen

1511
St.-Laurentius-Kirche in Gutenstetten im Aischgrund
Flügelaltar von Veit Wirsberger aus Nürnberg mit acht Tafelbildern vom Nürnberger Hans Beheim aus der »Donauschule«

1520
St.-Johannes-Kirche in Hirschneuses/Mittelfranken
Reste eines spätgotischen Flügelaltars

St.-Kilians-Kirche von Dürrnbuch/Mittelfranken
Flügelaltar mit Anbetung der Könige

St.-Egidien-Kirche von Beerbach/Mittelfranken
Taufstein, Flügelaltar und Glasmalereien (1510)

Filialkirche St. Maria und Georg in Oberfeldbrecht bei Neuhof a. d. Zenn
Taufstein und Marienaltar

St.-Bartholomäus-Kirche in Geyern/Mittelfranken
Marienfigur

1521
Neupfarrkirche in Regensburg
Unvollendete Wallfahrtskirche »Zur schönen Madonna«, evangelischer Reformationsaltar (1524, jetzt Stadtmuseum), zahlreiche Gemälde (17.–19. Jhdt.)

1529
Memmingen
Lutherbrief vom 31. Januar 1529 (gemeinsamer Besitz von Stadt und Kirchengemeinde seit 1960)

1530
Memmingen
Erstdruck der »Confessio Tetrapolitana« (Bekenntnisschrift der Reichsstädte Konstanz, Lindau, Memmingen, Straßburg bis 1536)

1535
Bad Windsheim
Lutherbibel (mit Portrait und Widmung des Reformators Martin Luther an den Kanzler der Stadt Windsheim Georg Vogler)

Ortenburg
»Ortenburger Bibel« des Grafen Joachim von Ortenburg (zwei Bände mit 700 Pergamentseiten, 300 großen Initialen, 77 Holzschnitten, einkopierten Abschriften von Briefen Luthers, Melanchthons und des Erasmus von Rotterdam sowie vielen handschriftlichen Eintragungen des Besitzers)

1551
Pfarrkirche St. Georg in Pyrbaum/Oberpfalz
Flügelaltar von Hans Baldung Grien, Grabdenkmäler

1555
Pfarrei St. Gotthard in Thalmässing/Mittelfranken
Lutherbibel (von Hans Lufft in Wittenberg gedruckt)

1578
Pfarrkirche in Bimbach/Unterfranken
Taufstein in der Mitte der Altarstufen im Chorraum (1708), Orgel mit prachtvollem Rokokoprospekt (1750)

1591
St.-Marien-und-Martins-Kirche in Wilhermsdorf
Handgemalte Bibel (Geschenk der Gräfin Franziska Barbara von Hohenlohe-Gleichen anläßlich der Übergabe der von ihr errichteten evangelischen Kirche, 1724)

1597
Pfarrkirche in Prichsenstadt/Unterfranken
Ölberg (2. Hälfte 15. Jhdt., außerhalb der Kirche), Predigtkanzel im Friedhof (1605)

16. Jahrhundert
St.-Jakobs-Kirche in Berg/Oberfranken
Holzkruzifixus

Pfarrkirche in Rüdenhausen/Unterfranken
Kirchengerät (16.–18. Jhdt.), zahlreiche Grabmäler des Grafengeschlechts zu Castell (13.–18. Jhdt.)

Pfarrkirche in Stetten v. d. Rhön
Pfarrbibliothek (mit einer alten Ausgabe der Werke Martin Luthers und Eintragung von der Hand seines Sohnes Paul sowie von Nikolaus Selnecker)

1601
St.-Nikolaus-und-Ulrichs-Kirche in Nürnberg-Mögeldorf
Ölgemälde »Die Augsburger Konfession« von Andreas Herneisen

1604
Dreifaltigkeitskirche in Kaufbeuren
Ursprünglich Wohnhaus (Quartier Kaiser Maximilians I.), neubarocke Fassade und Ausstattung (17.–18. Jhdt.), reicher Kirchenschatz (1771–1790, Augsburger Arbeiten), Orgeln (1605–1964)

1610
Pfarrkirche in Krautheim/Unterfranken
Taufstein und Kanzel (1791/94)

1614
Pfarrkirche St. Peter und Paul in Mantel/Oberpfalz
Durch protestantische Erweiterung stattlicher Bau in verschiedenen Stilformen (1908)

1619
Pfarrkirche St. Michael in Ostheim v. d. Rhön
Reich verzierter frühbarocker Taufstein, Orgel (1738)

1620
Ehemalige Zisterzienserklosterkirche Campus Solis in Sonnefeld bei Coburg
Sakristei, Grabsteine (14. Jhdt.), einheitliche neugotische Ausstattung (1856)

1627
Dreieinigkeitskirche in Regensburg
»Prototyp eines evangelischen Sakralbaues im Dreißigjährigen Krieg«, Grabdenkmäler von Reichstagsgesandten, Kirchenschatz (1448 bis 1640), Abendmahlstafeln (1620–1639), Bronzerelief »Heilsbrunnen« (1640)

1629
Pfarrkirche St. Peter und Paul in Fürth
Silbervergoldetes Hausabendmahlsgerät (Kelch, Patene, Hostienbüchse) aus der Nürnberger Jamnitzerwerkstatt (einziges, das den Dreißigjährigen Krieg überstand)

1630
Pfarrkirche St. Peter in Bachhausen/Oberpfalz
Taufdecke in reicher Brokatstickerei

Barock, Rokoko, Klassik

1652
Pfarrkirche in Stetten v. d. Rhön
Älteste Orgel Unterfrankens

1653
Hl.-Kreuz-Kirche in Augsburg
»Festlicher wohlproportionierter Predigtraum, auf ungünstigem Grundriß mit einfachsten Mitteln entstanden, ungewöhnlich reiche Ausstattung« (unter Mitwirkung hervorragender schwäbischer Barockkünstler), Altar und Kanzel (1760), Orgelgehäuse (1730), Gemälde (Tintoretto), Altartryptichon (1515, Kleine Sakristei), Stukkaturen und Fresken, reicher Kirchenschatz an Vasa Sacra (1537–1777)

1658
Pfarrkirche in Sands in der Rhön
Kreuzigungsgruppe

1665
Pfarrkirche in Wassermungenau/Mittelfranken
Totenkrone

1668
Pfarrkirche in Oberwaldbehrungen/Oberfranken
Taufkanne aus Zinn (gestiftet von der Frau des Pfarrers Mendt), Opferstock (1677)

1681
St.-Jakobs-Kirche in Appetshofen im Ries
Wandmalereien von Wandermalern

1686
Pfarrkirche St. Peter und Paul in Erkheim/Unterallgäu
Hostien-Holzlade mit versilbertem Abendmahlsbild, Holzkruzifixus (1698) und Pfarrersitz (1700)

1689
Scheinfeld am Steigerwald
Lutherbibel-Ausgabe

1694
Pfarrkirche in Gollmuthhausen am Grabfeld
Abendmahlskelch mit Abzeichen eines Zimmermanns als Stifter

17. Jahrhundert
St.-Jakobs-Kirche in Bernstein im Frankenwald
Figuren von Maria, Johannes, Katharina, Martin und Otto aus der Schule von Veit Stoß

1713
St.-Johannes-Kirche in Wernsbach/Mittelfranken
Eisenbeschlagener Opferstock

1715
Pfarrkirche »Zu unserer lieben Frau« in Thumsenreuth/Oberfranken
Gemäldezyklus des Alten Testaments auf Holztafeln und barocke Ausstattung (1724–1744)

1716
Markgrafenkirche von Ketteldorf (Stadt Heilsbronn)
Freistehender Kanzelaltar (angeblich der älteste seiner Art in Mittelfranken)

1720
St.-Jakobus-Kirche in Wettstetten bei Ingolstadt
Glocke aus Schlesien, in Breslau gegossen,

1722
Pfarrkirche St. Martin und Ägidius in Wald bei Gunzenhausen
»Gutes Beispiel einer kargen, aber originellen Ausprägung der Kirche im Markgrafenstil«

1730
St.-Kolomans-Kirche in Burgsalach/Mittelfranken
Kruzifixus

1736
Pfarrkirche in Weidenbach bei Triesdorf/Mittelfranken
Markgrafenkirche »von besonderer Geschlossenheit« mit allen Kennzeichen des protestantischen Absolutismus

1756
St.-Martins-Kirche in Kaltenbrunn (heute Weiherhammer/Oberpfalz)
Zwei Kabinettsscheiben des Hl. Ulrich (um 1520), Rokkokoausstattung

St.-Stephans-Kirche in Forst bei Ansbach
Barockengel

Pfarrhaus in Martinlamitz/Oberfranken
Zeitweilige Wohnung des Dichters Jean Paul

1757
St.-Georgs-Kirche in Regelsbach/Mittelfranken
Im Kern romanisch, später gotisch, Rokokoausstattung

1784–1792
Schloßkirche in Castell/Unterfranken
Klassizistischer Bau mit mächtigem Kanzalaltar in »Casteller Marmor« (Alabaster), Augsburger Abendmahlskanne (1714)

Romantik, Klassizismus, Biedermeier

1823
St.-Matthäus-Kirche in Ingolstadt
Abendmahlskelch von Georg Schwanthaler in München (Geschenk der Königin Therese anläßlich der Kirchenweihe)

1865
Pfarrkirche St. Alban in Sachsen bei Ansbach
Holzgeschnitzter, vergoldeter Auferstehungsleuchter

Industriezeitalter, Jugendstil, Sachlichkeit

1910
Lutherkirche in Bad Steben im Frankenwald
Reiner Jugendstilcharakter

1912
Pfarrkirche in Pfarrkirchen/Niederbayern
Jugendstilkirchenbau, Abendmahlsgeräte und Taufstein Stiftung der Königin Luise von Preußen, Chorfenster von Gustav van Treck

1927
Gustav-Adolf-Gedächtniskirche in Nürnberg
Reiterdenkmal des Schwedenkönigs

1934
Auferstehungskirche in Lohr a. Main
Altar von Matthäus Schiestl

1951
Friedenskirche in Pocking/Niederbayern
Stiftung amerikanischer Lutheraner, Kreuzkirchen-Anlage von Prof. P. O. Baring »nach Stil und Einbettung in die Umgebung ein Kleinod, das in Niederbayern seinesgleichen sucht«, Glocke aus Schlesien (1762)

VASA SACRA

1280
Pfarrkirche in Wetzhausen bei Stadtlauringen
St.-Laurentius-Kirche in Roßthal/Oberfranken

1350
Ehemalige Benediktinerklosterkirche in Auhausen an der Wörnitz

14. Jahrhundert
Ulrichskirche in Thalmannsfeld (weitere um 1500)
St.-Petri-Kirche in Kulmbach
St.-Veit-und-St.-Martins-Kirche in Wunsiedel
Nikolauskirche in Kaltenbuch/Mittelfranken

1417
Pfarrkirche in Lehental/Oberfranken

1448
Dreieinigkeitskirche in Regensburg (Kirchenschatz)

1498
St.-Jakobs-Kirche in Oettingen i. Bay. (Sühnekelch)

14./15. Jahrhundert
St.-Martins-Kirche in Ahornberg/Oberfranken (Monstranz im Altartisch gefunden)
Pfarrkirche in Gollmuthhausen am Grabfeld
Pfarrkirche in Veitlahrn/Oberfranken
Pfarrkirche in Vohenstrauß/Oberpfalz

1500
St.-Jakobs-Kirche in Dürrenmungenau
St.-Lorenz-Kirche in Großgründlach/Mittelfranken
St.-Peter-und-Pauls-Kirche in Poppenreuth bei Fürth
St.-Susanna-Kirche in Plech bei Bayreuth

1509
Marienkirche in Weißdorf/Oberfranken
St.-Michaels-Kirche in Wachstein im Altmühltal
Heiligkreuzkirche in Wiesenbronn/Unterfranken

1510
Pfarrkirche St. Sebald in Nürnberg (aus Siebenbürgen)

1520
Pfarrkirche St. Nikolaus und Ulrich in Nürnberg-Mögelsdorf (aus Siebenbürgen)

1525
Pfarrkirche in Rüdenhausen/Unterfranken

1535
St.-Anna-Kirche in Augsburg (Kirchenschatz)

1537
Heiligkreuzkirche in Augsburg (Kirchenschatz)
St.-Ulrichs-Kirche in Augsburg (Kirchenschatz)
St.-Jakobs-Kirche in Augsburg (Kirchenschatz)
Kirche zu den Barfüßern in Augsburg (Kirchenschatz)

1562
Ehemalige Abteikirche Amorbach

1573
Marktkirche in Ortenburg

1594
Pfarrkirche Herrnneuses bei Neustadt a. d. Aisch

1597
Pfarrkirche in Prichsenstadt/Unterfranken
Dreifaltigkeitskirche in Göggingen bei Augsburg (aus der ehemaligen St.-Georgs-Kirche in Augsburg)

16. Jahrhundert
Pfarrkirche in Großwalbur/Elsa bei Coburg
Pfarrkirche in Neuses b. Coburg

1600
Pfarrkirche St. Johannis in Ansbach

1610
Pfarrkirche in Oberdachstetten

1614
St.-Ulrichs-Kirche in Wilchenreuth bei Weiden/Oberpfalz

1629
St.-Peters-Kirche in Fürth

1630
Pfarrkirche in Bachhausen/Oberpfalz (Taufdecke)

1644
St.-Agatha-Kirche in Dickenreishausen/Unterallgäu

1652
Pfarrkirche in Breitenau bei Coburg

1665
Pfarrkirche in Wassermungenau

1668
Pfarrkirche in Oberwaldbehrungen

1672
Pfarrkirche in Brünnau/Unterfranken
Marienkirche in Schmähingen

1679
St.-Michaels-Kirche in Weiden

1681
St.-Gertruden-Kirche in Obernzenn
St.-Michaels-Kirche in Thalmässing (Pestkelch)

1685
St.-Simons-Kirche in Marlesreuth bei Naila

1686
St.-Peter-und-Pauls-Kirche in Erkheim/Unterallgäu

1688
St.-Laurentius-Kirche in Baudenbach im Aischgrund (Abendmahlskelch – Stiftung des Exulanten Ferdinand Taglauer aus dem »Ländle«)

1692
Pfarrkirche in Völkershausen/Rhön-Grabfeld

1694
Pfarrkirche in Gollmuthhausen am Grabfeld

17. Jahrhundert
Marienkirche in Feuchtwangen
Pfarrkirche in Urspringen v. d. Rhön
St.-Nikolaus-Kirche in Marktbreit

1700
St.-Martins-Kirche in Memmingen

1702
Dreifaltigkeitskirche in Kaufbeuren (Kirchenschatz)

1710
Pfarrkirche in Mitteldachstetten

1714
Schloßkirche in Castell/Unterfranken

1716
St.-Nikolaus-Kirche in Kaltenbuch/Mittelfranken

1718
St.-Jakobs-Kirche in Berg/Oberfranken

1728
Pfarrkirche in Obereisenheim

1771
St.-Emmerans-Kirche in Trommetsheim/Mittelfranken

1823
St.-Matthäus-Kirche in Ingolstadt (Entwurf Georg Schwanthaler, Stiftung Königin Theresa)

1912
Pfarrkirche in Pfarrkirchen/Niederbayern (Stiftung Königin Louise)

1969
Heilandskirche in Hemhofen bei Erlangen (Taufleuchter)

TAUFSTEINE

11. Jahrhundert
St.-Johannes-Kirche in Hohenaltheim im Ries
Pfarrkirche in Lehmingen i. Ries

12. Jahrhundert
St.-Michaels-Kirche in Thalmässing (1978 wieder gefunden)
St.-Kilians-Kirche in Markt Erlbach (Sandstein, zum vollen Eintauchen)

13. Jahrhundert
St.-Johannes-Baptist-Kirche in Diespeck bei Neustadt a. d. Aisch (Sandstein, Kelchform)
Ehemaliges Zisterzienserinnenkloster Hl. Kreuz und Maria in Klosterzimmern im Ries (Kelchschale ohne Fuß mit sitzendem Wappenlöwen)
St.-Kilians-Kirche in Dürrnbuch im Frankenwald

1430
St.-Sebald-Kirche in Nürnberg (Heizstelle im Bronzeschaft)

1492
St.-Georgs-Kirche in Nördlingen (Heizstelle im Steinschaft)

15. Jahrhundert
Andreaskirche in Dietenhofen im Rangau

1565
St.-Nikolaus-Kirche in Marktbreit

1574
St.-Bartholomäus-Kirche in Brodswinden bei Ansbach

1578
Pfarrkirche in Bimbach in Unterfranken

1579
Pfarrkirche in Großheirath bei Coburg

1586
Pfarrkirche in Aubstadt im Grabfeld

1594
Pfarrkirche in Herrnneuses bei Neustadt a. d. Aisch (Zinnbecken)

1597
Pfarrkirche in Prichsenstadt (gravierte Taufschale)

16. Jahrhundert
Pfarrkirche in Urspringen v. d. Rhön (aus Säule um 1000)

1600
St.-Vitus-Kirche in Weimersheim bei Weißenburg i. Bay. (mit Taufschüssel in Beckenschlägerarbeit)
Heiligkreuzkirche in Wiesenbronn/Unterfranken

1606
Pfarrkirche in Sondheim v. d. Rhön (mit Zug der Israeliten durch das Schilfmeer)

1619
St.-Michael-Kirche in Ostheim v. d. Rhön (besonders reich gestaltet)

1630
Pfarrkirche in Bachhausen/Oberpfalz (gestickte Brokat-Taufdecke)

1681
St.-Laurentius-Kirche in Trautskirchen/Mittelfranken (hölzerner Taufstein mit Viersäulen-Baldachin)

1682
Pfarrkirche in Deiningen im Ries

1685
St.-Laurentius-Kirche in Trautskirchen/Mittelfranken (holzgeschnitzt, mit Säulenbaldachin)

1689
St.-Jakobs-Kirche in Oettingen i. Bay. (Adam als Träger der Taufschale, Taufe Christi im Becken)

1699
St.-Emmerams-Kirche in Trommetsheim/Mittelfranken

1716
St.-Nikolaus-Kirche in Kaltenbach/Mittelfranken (mit Taufschüssel in Beckenschlägerarbeit)
St.-Georgs-Kirche in Bergen bei Thalmässing

ORGELN

1389
St.-Jakobs-Kirche in Oettingen i. Bay.
Bau der ersten Orgel durch Pfarrer Johann von Munningen nachgewiesen, 1719 neue Orgel, 1777 neue Orgel auf der Empore, 1838 Hauptreparatur, 1841 Reparatur, 1875 neue »gotische« Orgel, 1904 neue Orgel

1444
St.-Sebald-Kirche in Nürnberg
Im Orgelprospekt Reste der frühesten Orgel (wie bei St. Lorenz) erhalten

1512
St.-Anna-Kirche in Augsburg
Sehr wertvoller Prospekt mit bemalten Flügeltüren im Fuggerchor der Renaissance

1660
Kirche St. Kilian und St. Maria in Königsberg i. Bay.
Bemerkenswerter Prospekt

1721
Bartholomäuskirche in Schauenstein/Oberfranken
Gehäuse, Werk von Heidenreich (1840–1856)

1732
Schloßkirche Hl. Dreieinigkeit in Lahm i. Itzgrund
Größte erhaltene Barockorgel im evangelischen Bayern mit historischem Werk von hoher Bedeutung von Herbst

1733
St.-Markus-Kirche in Erlangen
Eine der bedeutendsten historischen Orgeln unter französischem Einfluß von J. Glis, beispielgebend restauriert und erweitert (1987)

1734
St.-Kilians-Kirche in Bad Windsheim
Einer der prächtigsten Prospekte des Barock im evangelischen Bayern

1735–1736
St.-Gumbertus-Kirche in Ansbach
Einer der bedeutendsten Prospekte des Barock im Markgrafenstil (Anklänge an Gottfried Silbermanns Praxis)

1737–1754
St.-Andreas-Kirche in Augsburg
Historische Orgel (von Georg Friedrich Schmal ursprünglich für die Hospitalkirche geschaffen, 1754 erweitert)

1738
St.-Michaels-Kirche in Ostheim v. d. Rhön
Historisches Gehäuse mit mehreren alten Registern

1745
St.-Nikolaus-Kirche in Etzelwang
Bedeutende historische Orgel

1750
St.-Oswald-Kirche in Regensburg
Prächtiger geschnitzter Prospekt mit bedeutendem Werk von Franz Jakob Späth

1764
Hugenottenkirche in Erlangen
Fast vollständig erhaltenes, bedeutendes und besonders klangschönes Werk im fränkisch-sächsischen Charakter von Ritter und Graichen (Schule Gottfried Silbermann)

1774–1782
Abteikirche Amorbach/Odenwald
Historische Orgel mit überaus prächtigem Prospekt, wenig historischem Pfeifenmaterial und teilrekonstruiertem Werk

1776
Ehemalige Benediktinerklosterkirche in Auhausen an der Wörnitz
Prospekt und wesentliche Teile des Werkes in der ursprünglichen hohen Chorstimmung erhalten

1783
St.-Stefans-Kirche in Lindau
Historisches Gehäuse

1797–1800
Pfarrkirche in Gauerstadt bei Coburg
Restaurierte Orgel von G. Schmid mit einigen Besonderheiten

1843–1848
St.-Georgs-Kirche in Neustadt b. Coburg
Historischer Bestand von G. Chr. Hofmann

1856
Klosterkirche »Campus solis« in Sonnefeld bei Coburg
Frühromantische Orgel von G. Chr. Hofmann

1937
St.-Lorenz-Kirche in Nürnberg
Größte evangelische Kirchenorgel in Bayern (über 11000 Pfeifen, 5 Manuale, 100 Register im Hauptwerk; 1 Manual, 40 Register im Nebenwerk)

1959
Barfüßerkirche in Augsburg
Architektonisch bedeutend

1968
St.-Jakobs-Kirche in Rothenburg
Klanglich und architektonisch bedeutende Orgel von Rieger/Schwarzach (Österreich)

1990
Erlöserkirche in München
Neue Orgel von Rieger/Schwarzach (Österreich)

1992
St.-Johannis-Kirche in Schweinfurt
Eine der größten neuen Orgeln im evangelischen Bayern von Sandtner/Dillingen

St.-Moriz-Kirche in Coburg
Historischer Prospekt (1989)

St.-Michaelis-Kirche in Hof
Frühromantische Orgel von Heidenreich (späte Silbermann-Schule), bedeutendes historisches Werk unvollständig erhalten, moderner Zubau von geringem Wert (1965)

Fachakademie für evangelische Kirchenmusik in Bayreuth
Hervorragende Orgel von J. Rohlf im altitalienischen und altfranzösischen Stil

St.-Stephans-Kirche in Bamberg
Prachtvoller Prospekt, neues Orgelwerk

Pfarrkirche in Wetzhausen/Unterfranken
Bemerkenswerte kleine Orgel mit bezauberndem Klang

Auferstehungskirche in Fürth
Historischer Prospekt im neuen Gehäuse für neues Werk

Bad Füssing/Niederbayern
Orgelneubau von Sandtner/Dillingen

Mittenwald
Neue klangschöne Orgel von Pirchner/Österreich

Neuhaus am Schliersee
Neue Orgel von Eule/Bautzen

Bad Wiessee
Neue Orgel von Jann/Regensburg

GLOCKEN

1200
St.-Johannes-Kirche in Feuchtwangen
Stiftskirche in Feuchtwangen
Neue Abtei in Heilsbronn

1264
Ehemalige Benediktinerklosterkirche Auhausen an der Wörnitz (weitere 1280, 1320, 1340)

1270
Stadtkirche St. Maria in Gunzenhausen/Mittelfranken (weitere 1435, 1687, 1958, 1986)

1285
St.-Nikolaus-Kirche in Marktbreit
Allerheiligenglocke mit dem Alphabet in gotischen Minuskeln (weitere 1385, 1416, 1498)

1295
St.-Michaels-Kirche in Weißenbronn/Mittelfranken

13. Jahrhundert
St.-Peters-Kirche in Weiltingen
Stadtkirche St. Johannis und Martin in Schwabach
St.-Johannis-Kirche in Bürglein
St.-Kilians-Kirche in Emskirchen
St.-Veits-Kirche in Kirchfembach
St.-Nikolaus-Kirche in Weiboldshausen bei Weißenburg i. Bay. (weitere 1726, 1951)
Franziskanerkirche in Rothenburg o. d. Tauber
St.-Bartholomäus-Kirche in Unternesselbach/Unterfranken

1300
Pfarrkirche in Herrnsheim am Steigerwald
St.-Johannes-Kirche in Markt Taschendorf im Steigerwald

1319
St.-Sigismund-Kirche in Zeilitzheim/Unterfranken

1344
St.-Martins-Kirche in Kaltenbrunn/Oberpfalz

1357
St.-Martins-Kirche in Deinigen im Ries

1376
St.-Mang-Kirche in Kempten (weitere 1570, 1581, 1583, 1948)

1380
St.-Kilians-Kirche in Markt Erlbach (weitere 1510, 16. Jhdt.)

St.-Jakobs-Kirche in Rothenburg o. d. Tauber

1383
Klosterkirche St. Peter in Christgarten im Ries

1395
Augustinerchorherrenstiftskirche in Langenzenn/Mittelfranken

1398
St.-Peter-und-Pauls-Kirche in Leerstetten/Mittelfranken

14. Jahrhundert
St.-Lorenz-Kirche in Nürnberg (weitere 1409, 1552, 1953 acht, 1955 fünf; im größten Geläute der evangelischen Kirchen)

1400
Wehrkirche in Unterschlauersbach/Mittelfranken (weitere 15. Jhdt.)

1403
Münsterkirche in Heidenheim am Hahnenkamm (weitere 1422)

1419
St.-Vitus-Kirche in Weimersheim bei Weißenburg i. Bay. (weitere 1520)

1430
St.-Hieronymus-Kirche in Wachenhofen bei Gundelsheim im Altmühltal

1450
St.-Johannis-Kirche in Burgfarrnbach bei Fürth (weitere 1733, 1954)

1470
Pfarrkirche in Töpen/Oberfranken (weitere 1953)

1475
St.-Walburga-Kirche in Großhabersdorf/Mittelfranken (weitere 1593, 1745, 1953)

1490
Pfarrkirche in Eichfeld/Unterfranken (weitere 1948)

1495
Pfarrkirche in Gollmuthhausen am Grabfeld

15. Jahrhundert
Pfarrkirche in Hammelburg (aus Zisterzienserkloster von Aachen)

1501
Pfarrkirche in Hellmitzheim am Steigerwald

1510
St.-Martins-Kirche in Steinheim bei Memmingen (weitere 1540)

1511
St.-Bartholomäus-Kirche in Schauenstein im Frankenwald

1517
St.-Magnus-Kirche in Kattenhochstadt bei Weißenburg i. Bay. (weitere 1671, 1972)

1521
St.-Bartholomäus-Kirche in Unternbibert/Mainfrancken (weitere 1571, 1572, 1683)

1536
St.-Kilians-Kirche in Dürrnbuch/Mittelfranken (1983 bei Erdarbeiten gefunden)

1566
St.-Johannis-Kirche in Wirbenz/Oberpfalz (weitere 1694, 1952)

1580
St.-Bartholomäus-Kirche in Stübach im Aischgrund
St.-Peters-Kirche in Petersaurach/Mittelfranken

1590
St.-Katharinen-Kirche in Seukendorf/Mittelfranken

1607
St.-Cyriakus-Kirche in Dottenheim

1608
Pfarrkirche in Rüdenhausen (weitere 1951, 1991)

1615
Dreifaltigkeitskirche in Lichtenau bei Ansbach (weitere 1616)

1629
Dreieinigkeitskirche in Regensburg

1631
Christuskirche in Fürstenzell bei Passau (aus Altkarbe/Schlesien)

1658
St.-Clemens-Kirche in Zirndorf bei Nürnberg (weitere 1663, 1762)

1674
St.-Martins-Kirche in Mühlhausen/Oberpfalz (weitere 1730)

1696
St.-Matthäus-Kirche in Vach/Mittelfranken

1701
Christuskirche in Trostberg/Oberbayern (aus Schlesien, weitere aus Samland/Baltikum)

1712
St.-Jakobs-Kirche in Wildenreuth/Oberpfalz

1720
St.-Jakobus-Kirche in Wettstetten bei Ingolstadt

1732
Pfarrkirche in Filke v. d. Rhön

1736
Pfarrkirche in Krautheim/Unterfranken (weitere 1765)

1740
St.-Peter-und-Pauls-Kirche in Püchersreuth/Oberpfalz

1754
Heiligkreuzkirche in Augsburg (Glockenbruch beim Trauergeläute für Kaiser Karl VIII.)

1783
Filialkirche (ehemalige Burgkapelle) in Neukirchen im Lautertal bei Coburg (aus Bezirk Breslau)

1792
Golgathakirche in München-Ludwigsfeld (aus Schlesien)

1797
Pfarrkirche in Rappershausen in der Rhön (Glocke aus der Gießerei in Rudolstadt, bei deren Guß Friedrich von Schiller sich für sein »Lied von der Glocke« informierte)

1803
St.-Stephanus-Kirche in Bamberg (nach Verkauf der Glocke von 1491 durch die Säkularisationskommission an die katholische Obere Pfarre)

1810
St.-Matthäus-Kirche in Passau (aus Schlesien)

1886
St.-Vincenz-Kirche in Vincenzenbronn/Mittelfranken (Glockenbruch beim Trauergeläute für König Ludwig II.)

1933
Pfarrkirche in Mellrichstadt (Inschrift »Gegossen im Jahr der nationalen Revolution unter Reichspräsident von Hindenburg und Reichskanzler Adolf Hitler«)

1951
Friedenskirche in Pocking/Niederbayern (aus Schlesien 1762)

1952
Pfarrkirche in Wemding im Ries (drei schlesische Glocken)

1953
Pfarrkirche in Wernberg-Unterköblitz bei Weiden (aus Schlesien)

1979
Simultankirche in Hammelburg (Glocken aus Kanonenkartuschen)

GLASGEMÄLDE

1300
Ehemalige Zisterzienserklosterkirche in Heilsbronn/Mittelfranken

1330
St.-Jakobs-Kirche in Rothenburg o. d. Tauber (weitere 1380)

1375
St.-Vinzensius-Kirche in Segringen-Dinkelsbühl

1379
St.-Sebald-Kirche in Nürnberg (weitere 1657)

1380
St.-Kilians-Kirche in Markt Erlbach/Mittelfranken

1390
St.-Lorenz-Kirche in Nürnberg (weitere bis 1480)

St.-Martha-Kirche in Nürnberg

14. Jahrhundert
St.-Martins-Kirche in Kaltenbrunn/Oberpfalz

1490
St.-Wolfgangs-Kirche in Puschendorf/Mittelfranken

1500
Pfarrkirche in Sondheim v. d. Rhön

1505
St.-Laurentius-Kirche in Großgründlach/Mittelfranken

1510
St.-Nikolaus-Kirche in Beerbach/Mittelfranken

Bartholomäuskirche in Nürnberg

1520
St.-Gumbertus-Kirche in Ansbach

1912
Kirche in Pfarrkirchen/Niederbayern

1939
Pfarrkirche in Urspringen v. d. Rhön

1951
Pfarrkirche in Lippertzgrün im Frankenwald

1955
Dreieinigkeitskirche in Burgsinn/Unterfranken

1958
Kirche in Hauzenberg/Niederbayern

St.-Michaels-Kirche in Fürth

1963
Friedenskirche in Ansbach

1969
Pfarrkirche in Roßtal bei Fürth

1987
Erlöserkirche in Mainburg/Niederbayern

Pfarrkirche in Wiesentheid/Unterfranken

1988
Pfarrkirche in Oberasbach bei Gunzenhausen

1990
Stadtkirche St. Maria in Gunzenhausen

Versöhnungskirche in Memmingen

ZEITTAFEL

Die folgende Aufstellung historischer Daten aus der Geschichte der Evangelischen in Bayern bezieht sich auf das heutige Gebiet der evangelisch-lutherischen Landeskirche und nennt Ereignisse von gegenwärtigem Interesse, will also keine umfassende und vollständige Darstellung geben.

15 v. Chr.
Die Römer überschreiten die Alpen, besetzen das Alpenvorland und gründen Augusta Vindelicorum, das spätere Augsburg

0
Zeitenwende

7
Jesus von Nazareth in Bethlehem geboren

250
Vordringen der Franken auf das rechte Rheinufer

375
Beginn der Völkerwanderungszeit

391
Kaiser Theodosius erhebt das Christentum zur Staatsreligion

480–520
Stammesbildung der Bayern

481–511
Chlodwig König der Franken

482
Tod des Hl. Severin

488
Rückwanderung der Donauromanen ins Mutterland

ab 520
Einwanderung der Bajuwaren zwischen Donau und Inn

670
Geburt Korbinians

673 (ca.)
Geburt des Winfried Bonifatius

687
Hl. Kilian in Würzburg erschlagen

705
Weihe der Marienkirche in Würzburg

724
Korbinian trifft in Freising ein

739
Bonifatius ordnet die bayerische Kirchenprovinz in die Bistümer Freising, Passau, Regensburg, Salzburg und ein Jahr später Eichstätt

740
Krypta der Kirche St. Emmeran in Regensburg geschaffen

741
Bonifatius gründet das Bistum Würzburg, die Bischöfe werden Herzöge von Franken

754
Märtyrertod des Bonifatius in Friesland

757
Der byzantinische Kaiser Konstantin schenkt dem fränkischen König Pippin eine Orgel und führt damit dieses wichtige Instrument der Kirchenmusik in das Abendland ein

765–783
Bischof Arbeo in Freising

um 780
Klosterkirche St. Emmeran in Regensburg nach 50 Jahren Bauzeit fertiggestellt

798
Salzburg Erzbistum

955
Bischof Ulrich besiegt die Hunnen auf dem Lechfeld

1007
Bistum Bamberg gegründet

1060
Gründung Nürnbergs

1200
Älteste Glocken evangelischer Kirchen in Forchheim und Heilsbronn bei Ansbach

1203–1237
Bau des Doms und der (heute evangelischen) Stephanuskirche in Bamberg

1472
Universität Ingolstadt gegründet

15. Jahrhundert
Große Zahl Kirchenneubauten in Franken, zum Teil als Ersatz für zu klein gewordene oder Holzhäuser

1511
Der Augustinermönch Martin Luther hält sich auf der Rückreise von Rom in Augsburg auf

1517
Veröffentlichung der 95 Thesen Martin Luthers

1518
Martin Luther hält sich anläßlich seiner Begegnung mit dem Römischen Kardinal Cajetan vom 7. bis 20. Oktober in Augsburg auf

1519
Erster Druck einer Lutherschrift (»Ain Sermon oder Predig von der betrachtung des heyligen leydens Christi«) in München

1520
Luthers Reformatorische Schriften erscheinen

1521
Hans Schobser in München muß den Druck einer Kampfschrift Martin Luthers auf herzoglichen Befehl vernichten

1522
Erste deutsche evangelische Meßordnung in Nördlingen

Beginn der Reformation in der Grafschaft Wertheim

Erstes Religionsmandat der bayerischen Herzöge Wilhelm IV. und Ludwig X. mit Bannung Martin Luthers und strengen Strafandrohungen für seine Anhänger

Leonhard Beier, aus München stammender Ordensbruder und persönlicher Freund Martin Luthers, wird im Münchner Falkenturm drei Jahre lang in Haft gehalten

1524

Beginn der Reformation in Weißenburg

Großer Ansbacher Ratschlag

Erstes deutsches evangelisches Gesangbuch in Nürnberg

Zweites Religionsmandat der bayerischen Herzöge mit Verschärfung der Bestimmungen

Regensburger Bündnis der katholischen Parteien

1524/25

Reformation in den schwäbischen Reichsstädten

1525

Reformation in Nürnberg und Windsheim

Bauernunruhen in Franken und Schwaben

1528

Landtag in Kulmbach, Regierungsantritt Georgs des Frommen und Beginn der Reformation in der Markgrafschaft Ansbach-Kulmbach

Bildung des Gymnasiums Carolinum in Ansbach

1528/29

Erste Visitation der Reichsstadt Nürnberg und der Markgrafschaft Ansbach-Kulmbach

1529

Erste evangelische Kirchenordnung in der Grafschaft Wertheim

Zweiter Speyerer Reichstag

1530

Augsburger Reichstag mit Vortrag der »Confessio Augustana«

Luther auf der Veste Coburg

1531

Einführung der Reformation in Ulm

Schmalkaldischer Bund (evangelisch)

1532

Nürnberger Anstand (Waffenstillstand)

1533

Erlaß der Kirchenordnung der Markgrafen von Brandenburg, Ansbach-Bayreuth und Nürnberg für die Gestaltung der evangelischen Gottesdienste und anderer kirchlicher Handlungen

1533/34

Reformation in Dinkelsbühl

1534

Reformation in Württemberg

1539

Reformation in der Grafschaft Oettingen

1541

Regensburger Religionsgespräch der Vermittlungstheologen

1542

Am 13. Oktober: Reformation in Regensburg

1542/43

Reformation in Schweinfurt und Pfalz-Neuburg

1543

»Agendbüchlein« des Veit Dietrich in Nürnberg

Endgültige Durchführung der Reformation in Nördlingen

1544

Reformation in Rothenburg, in der Grafschaft Rieneck und in der Grafschaft Henneberg

1545

Reformation in Donauwörth

1545/46

Reformation in der Grafschaft Castell

1545–1563

Konzil von Trient (mit Beschlüssen zur Gegenreformation)

1546

Am 18. Februar: Martin Luther gestorben

1546/47

Schmalkaldischer Krieg

1548

Kaiser Karl V. erläßt auf dem Reichstag in Augsburg das »Interim«

Kaiser Karl V. erläßt das »Restitutions-Edikt« zur Herausgabe aller von den Protestanten seit dem Passauer Vertrag in Besitz genommenen Güter

Andreas Osiander verläßt Nürnberg

1549

Einzug der Jesuiten in Ingolstadt

1552

Fürstenverschwörung und Passauer Vertrag

1555

Augsburger Religionsfriede

1556–1559

Einführung des Luthertums in der Oberpfalz durch Ottheinrich

1559

Gründung der reformierten Gemeinden Herbishofen, Theinselberg und Grönenbach im Allgäu

1560

Am 19. April: Philipp Melanchthon gestorben

1561

Reformation in der Grafschaft Wolfstein

1562–1598

Unterdrückung der Hugenotten in Frankreich

1563

Reformation in der Grafschaft Ortenburg

Kurpfälzische Kirchenordnung

Heidelberger Katechismus

1563/64

Adelsverschwörung im Herzogtum Bayern

1564

Johann Calvin gestorben

Im Ries wird der Titel »Spezialsuperintendent« in »Dekan« geändert

1564–1571

Absprache zwischen dem bayerischen Herzog Albrecht V. und dem Vatikan zur Erlaubnis des »Laienkelches« (Abendmahl in beiderlei Gestalt nach lutherischem Vorbild)

1566

Rekatholisierung der oberbayerischen Grafschaft Haag

1566/67

Einführung des Calvinismus in der Oberpfalz durch Friedrich III.

1568

Religionskonzession für die Protestanten in Nieder- und Oberösterreich

1571

Abschluß der Gegenreformation im Herzogtum Bayern

1572

Vom 23. auf den 24. August die »Bartholomäusnacht« in Paris und dem übrigen Frankreich mit Ermordung Tausender von Hugenotten

1576

Wiedereinführung des Luthertums in der Oberpfalz durch Ludwig VI.

1577

Concordienformel (»Solida declaratio« und »Epitome«) von 36 Fürsten und Reichsständen sowie ungefähr 900 Theologen beschlossen

1582

Am 15. Oktober: Inkrafttreten des Julianischen Kalenders in katholischen Ländern (10 Tage Zeitvorsprung)

1583

Wiedereinführung des Calvinismus in der Oberpfalz

Rekatholisierung der oberbayerischen Herrschaft Hohenwaldeck

1585

Beginn der Gegenreformation im Hochstift Würzburg

1594

Markgraf Georg Albrecht von Bayreuth ordnet aus Dankbarkeit für die abgewendete Türkengefahr an, nach dem Zwölfuhrläuten jeweils dreimal drei Nachschläge per Hand auszuführen

1597

Ein Gutachten der theologischen Fakultät der Universität Wittenberg über das Orgelspiel besagt, daß man Gott entsprechend der Hl. Schrift auch mit Instrumenten loben könne

1598

Edikt von Nantes zugunsten der Hugenotten

1600–1665

Auszug der österreichischen Emigranten aus dem »Landl« o. d. Enns (Donauebene, Waldviertel und Mühlviertel bis St. Pölten) im Bistum Linz über Ortenburg und Regensburg in die Oberpfalz, nach Franken und ins Ries

1607

Reichsacht über Donauwörth und Rekatholisierung

1608

Verteidigungsbündnis »Protestantische Union« von Auhausen a. d. Wörnitz durch die evangelischen Fürsten nach der gewaltsamen Rekatholisierung von Donauwörth, auf das nach Gründung der »Katholischen Liga« der Dreißigjährige Krieg folgte

1609

Gründung der »Katholischen Liga«

1613

Übertritt Wolfgang-Wilhelms von Pfalz-Neuburg zum Katholizismus

1615–1620

Rekatholisierung der Pfalz-Neuburg

1620

Schlacht am »Weißen Berg« bei Prag und Ende der »Protestantischen Union«

Erste »Matrikeln« (Eintragungen von Taufen, Trauungen und Beerdigungen durch die Pfarrer) in Mittelfranken mit lückenloser Fortsetzung bis in die Gegenwart

1621–1628

Rekatholisierung der Oberpfalz

1624

Norm-Jahr für die Durchführung der Grundsätze des Westfälischen Friedens von 1648 (insbesondere »Cuius regio – eius religio«)

1625

»Reformationspatent« des Königs Ferdinand II. mit Fristsetzung für die Protestanten im »Landl« bis Ostern 1626 zur Rekatholisierung oder Auswanderung

1628

Die Oberpfalz fällt an Bayern

1629

»Restitutionsgrund« zugunsten der Katholiken

Gegenreformation in Kitzingen

Vernichtung des evangelischen Kirchenwesens in Augsburg

1630–1653

Die Evangelischen in Augsburg werden aus ihren Kirchen vertrieben und halten mit einer kurzen Unterbrechung 14 Jahre lang ihre Gottesdienste im freien Hof des Kollegiums St. Anna

1632

Gustav-Adolf von Schweden in Süddeutschland

1634

Schlacht bei Nördlingen und Ende der Schwedenherrschaft

1635

Weitere »Matrikeln« in evangelischen Gemeinden

1648

Westfälischer Friede von Münster und Osnabrück

1649

Die Augsburger Protestanten erhalten aufgrund des Westfälischen Friedens ihre Kirchen zurück (St. Georg erst 1653)

1651–1654

Emigration der österreichischen Protestanten aus dem »Landl« o. d. Enns

1653–1663

Simultaneum im Gebiet von Sulzbach, Weiden und Parkstein in der Oberpfalz

1685

Aufhebung des Edikts von Nantes

1685/86

Auswanderung der Dürnberger und Berchtesgadener Protestanten

1686/87

Hugenottenansiedlung in den Markgrafschaften Ansbach und Bayreuth

1704–1720

Maßnahmen gegen den Pietismus

1704

Schlacht bei Alerheim mit schweren Folgen für die Bevölkerung und die evangelischen Gemeinden

1708

Erste Konfirmation in Untermagerbein

1712–1755

Kirchenbauwelle in der Markgrafschaft Ansbach-Kulmbach-Bayreuth (Kanzelaltäre) und zugleich Pfarrhausbauten

1718

August Hermann Franckes Reise durch Süddeutschland

1722

Samuel Urlsperger senior in Augsburg

1727

Johann Christoph Silchmüller Hofprediger in Bayreuth

1731–1733

Auszug der »Salzburger Exulanten« aus dem Bistum Salzburg (Salzburg, Lungau, Pongau, Reichenhaller Gegend) durch Bayern nach Augsburg und ins Unterallgäu, das Ries, nach Mittel- und Oberfranken mit Niederlassung in entvölkerten Dörfern, sowie weiter über Eisenach bis Ostpreußen bzw. über Frankfurt nach Holland und Nordamerika

1733

Erste Konfirmation in Bayreuth

1735

Regierungsantritt von Markgraf Friedrich und Markgräfin Wilhelmine von Bayreuth; Beginn der Kirchenbauepoche im fränkischen Markgrafenland

1740

Die Grafschaft Wolfstein fällt an das herzogliche Bayern und bleibt evangelisch

1740–1760

Epoche des Markgrafenstils

1743

Gründung der Universität Erlangen

1762

In Fessenheim wird der »Oettinger Bußtag« zur Mahnung an einen verheerenden Dorfbrand durch Blitzschlag eingeführt

1770

Georg Friedrich Seiler Professor in Erlangen

1771/72 (und 1781)

Hungersnot im Coburger Land, beim Pfarrer von Großwalbur betteln 4376 Menschen

1780

Anordnung des Grafen von Oettingen für den richtigen Gebrauch der Totenkronen

1782

Edikte Kaiser Josefs II. (»Kirchenfeger auf dem Kaiserthron«) und Anordnungen der katholischen Bischöfe zur Reformierung des Kirchenwesens und des Brauchtums (Feiertagsreduzierung, Klosterauflösungen, Verbot der Weihnachtskrippen und Heiligen Gräber, Wallfahrtseinschränkungen usw.)

1787–1790

Einführung der Aufklärungs-Agende und Abschaffung der Privatbeichte in Franken

1791

Einführung des Nürnberger Aufklärungs-Gesangbuchs

Markgraf Friedrich Carl Alexander übergibt am 16. Januar sein aus dem einstigen Burggraftum Nürnberg hervorgegangenes Fürstentum Brandenburg-Ansbach-Bayreuth an König Friedrich Wilhelm II. von Preußen, der auch die kirchlichen Angelegenheiten fortan nach seinem Muster regelt

1794

Französische Truppen durchziehen das Ries mit allen Begleiterscheinungen des Krieges

1796

Besiedlung des Donaumooses durch Pfälzer Kolonisten

1797

Glocke im Geläute von Rappershausen i. d. Rhön aus der Gießerei in Rudolstadt/Thüringen, bei deren Guß sich Friedrich von Schiller für sein »Lied von der Glocke« informierte

1799

Am 12. März zieht der zum Katholizismus konvertierte Max I. Joseph (1799–1825) aus der Pfälzer Familie der Wittelsbacher von Zweibrücken-Birkenfeld als Nachfolger des kinderlosen Kurfürsten Karl Theodor unter großem Jubel der Bevölkerung in München ein und übernimmt die Landesregierung; seine Gattin Karoline von Baden wird erste evangelische Herrscherin Bayerns

Friedrich Ludwig Schmidt hält als Kabinettsprediger den ersten protestantischen Gottesdienst im Münchner Schloß Nymphenburg

18. Jahrhundert (Mitte)

Kirchenbau in Mittelfranken deutlich mitgeprägt durch den markgräflichen Baumeister Johann David Steingruber von Ansbach (auch Kirche St. Cäcilia in Cadolzburg)

1800

Am 24. Januar: Reskript des Kurfürsten von Bayern für die nicht-öffentliche Religionsausübung der Protestanten am Hof

Im November »Amberger Resolution« zur bürgerlichen Gleichstellung aller Protestanten im Land Bayern

Einwanderungen von Kolonisten aus der Rheinlandpfalz, Württemberg und Elsaß in bayerische Entwicklungsgebiete im Aiblinger Moos, Donaumoos und dem Dachauer und Freisinger Hinterland

1801

Am 29. Juli: Anweisung durch Handbillet des Kurfürsten Max I. Joseph an den Magistrat der Stadt München, »dem Handelsmann Michel von Mannheim das Bürgerrecht zu erteilen«; wurde am 30. Juli vollzogen und am 26. August durch Anweisung an sämtliche Behörden erweitert, »fremden Religionsverwandten« kein Hindernis in den Weg zu legen

Johann Balthasar Michel erster protestantischer Bürger in München

1802

Gründung der Kolonistengemeinde Großkarolinenfeld

1803

Aufhebung des »Heiligen Römischen Reiches Deutscher Nation« durch den Reichsdeputationshauptschluß

Am 10. Januar: in Bayern Religionsedikt mit Zusicherung der bürgerlichen Rechte an alle drei christlichen Bekenntnisse

1805

Die evangelische Grafschaft Ortenburg kommt an Bayern

1806

Erhebung Bayerns zum Königreich mit Eingliederung des Fürstentums Ansbach sowie der Reichsstädte und anderer evangelischer Territorien

Erlaß der »Königlichen Pastoralkonstitution« zwecks »Annäherung und Vereinigung« der eingewanderten Kolonisten

1808/09

Konstituierung der »Protestantischen Gesamtgemeinde im Königreich Bayern«

1809

Erneutes Religionsedikt mit Bestätigung der Prinzipien von 1803

Die ursprünglich 6 evangelischen »Generaldiakonate« in Bayern werden auf 4 (Ansbach, Bayreuth, München, Regensburg) reduziert, unmittelbar dem Innenministerium untergeordnet und ihre Amtsinhaber nicht mehr »Superintendenten«, sondern »Dekane« genannt

1810

Auf Grund des »Pariser Vertrages« zwischen Bayern und Frankreich kommt das unter französischer Herrschaft stehende, ehemals preußische Gebiet Ansbach-Bayreuth endgültig zum Königreich Bayern

1812

In der bayerischen Landeskirche wird das Amt des Kirchenvorstehers eingeführt

1815

Einführung des Einheitsgesangbuchs

1817

Maximilian Joseph Graf Montgelas (1759–1838) als bayerischer Staatsminister gestürzt

1818

Erste bayerische Verfassung mit Bestätigung der Religionsfreiheit durch das beigegebene »Protestantenedikt«; Neuregelung der Verhältnisse der evangelisch-lutherischen Landeskirche; das »Edikt über die inneren Kirchenangelegenheiten der protestantischen Gesamtgemeinde im Königreich Bayern« faßt die evangelischen Territorien zu einer Landeskirche mit eigener Kirchenordnung zusammen

Schaffung eines protestantischen Oberkonsistoriums in München

Union zwischen Lutheranern und Reformierten in der Rheinpfalz

1823

Erste evangelisch-lutherische Generalsynode in Ansbach

1830–1880

»Neugotische« Kirchenrestaurierungen (Purifizierung)

Epoche der Vereinsgründungen

1833

Einweihung der Matthäuskirche als erste protestantische Kirche in München

1837

Wilhelm Löhe in Neuendettelsau

1838

Kniebeuge-Order König Ludwigs I. für die Soldaten aller Konfessionen anläßlich der Fronleichnamsprozession

1841

Tod der Königinwitwe Karoline von Bayern

Verpflichtung der Geistlichen auf das lutherische Bekenntnis

Auswanderer-Seelsorge Wilhelm Löhes

1842

Verbot des »Gustav-Adolf-Vereins« in Bayern

1848

Generalsynode in Ansbach

Gründung der »Gesellschaft für Innere Mission«

Protestantischer Reiseprediger für Oberbayern im Sinne der lutherischen Kirche eingesetzt

1850

Evangelische Kirchenvorstandsordnung zur Mitbestimmung des kirchlichen Lebens durch die Kirchengemeinden

1852

Adolf von Harleß Oberkonsistorialpräsident

1854

Einführung eines neuen Gesangbuchs und Freigabe neuer lutherischer Gottesdienstordnungen

Gründung des Diakonissen-Mutterhauses in Neuendettelsau

1870–1875

Welle von Kirchenbauten und Kunsterwerb in Mittelfranken

1873

Einführung regelmäßiger Kindergottesdienste in der Gemeinde St. Gumbertus in Ansbach

1886

Beginn der Neuendettelsauer Missionsarbeit in Neuguinea

1889

Gründung eines der ersten Posaunenchöre durch Pfarrer Hausmann in Wörnitzostheim

1902

Christian Geyer und Friedrich Rittelmeyer Prediger in Nürnberg

1908

Gründung des Posaunenchores in Hohenaltheim

1909

Hermann Bezzel Oberkonsistorialpräsident

1910

Hirtenbrief Bezzels gegen die liberalen Theologen

1912

Erlaß einer staatlichen Kirchengemeindeordnung

1917

Friedrich Veit Oberkonsistorialpräsident und später Kirchenpräsident

1918

Novemberrevolution in Bayern

Trennung von Staat und Kirche mit Aufhebung der geistlichen Schulaufsicht

Am 8. November: Infolge Revolution und Ausrufung des »Freistaats Bayern« Erlaß einer neuen Verfassung für die evangelisch-lutherische Landeskirche mit einem Landeskirchenrat für ganz Bayern

Ab Pfingsten: Nach Inkrafttreten der römisch-katholischen Danones 1062 und 1064 gilt die Konfessionsverschiedenheit als Ehehindernis, Kinder müssen bei Androhung der Exkommunizierung katholisch erzogen werden

1920/21

Neue Verfassung der Evangelisch-Lutherischen Kirche in Bayern rechts des Rheins

1921

Am 1. April: Beitritt der Evangelischen Landeskirche des Herzogtums Coburg (1919 durch Volksabstimmung an Bayern angeschlossen) zur Evangelisch-Lutherischen Landeskirche in Bayern, der Generalsuperintendent wird Dekan

1924

Vertrag zwischen dem Freistaat Bayern und der bayerischen Landeskirche

1925

Erster »Protestantischer Niederbayerischer Kirchentag« in Ortenburg

1926

Gründung des »Evangelischen Presseverbandes für Bayern«

1933

Außerordentliche Landessynode in Bayreuth mit Wahl von Hans Meiser zum ersten Landesbischof

Allgemeine Kirchenwahlen

Gründung der »Deutschen Evangelischen Kirche« und Wahl Ludwig Müllers zum Reichsbischof

Beginn des Kirchenkampfes

1934

Empfang der Kirchenführer bei Hitler

Ulmer Erklärung gegen die Reichskirche

Erste Bekenntnissynode in Barmen

Zweite Bekenntnissynode in Dahlem

1935

Dritte Bekenntnissynode in Augsburg

Bildung eines Reichskirchenausschusses

1935/36

Nationalsozialistischer Kampf gegen die Bekenntnisschulen

1936

Kirchenaustrittswelle

Vierte Bekenntnissynode in Bad Oeynhausen

1937

Beseitigung der Konfessionsschulen in Bayern durch die NS-Regierung und Beendigung der seit der Reformation anhaltenden Tradition der protestantischen Schulen

1938

Abbruch der Matthäuskirche in München

1939

Kanzelwort des Landeskirchenrats zum Polenfeldzug

1940/41

Verbot der kirchlichen Presse

1941

Einlieferung Martin Niemöllers in das KZ Dachau

1945

Ermordung Dietrich Bonhoeffers im Konzentrationslager Flossenbürg/Oberpfalz

Flüchtlingsströme aus Osteuropa

1946

Am 1. Dezember: Annahme der Bayerischen Verfassung durch Volksabstimmung

Erste Tagung der Landessynode der Evangelisch-Lutherischen Kirche in Bayern nach dem Zweiten Weltkrieg, Annahme einer neuen Verfassung, Dr. Dr. Wilhelm Eichhorn zum Präsidenten gewählt (bis 1947 im Amt)

Seit dem Bau der evangelischen Kirche in Oberviechtach (Kirchenkreis Regensburg) gibt es in Bayern keinen Landkreis ohne evangelisches Gotteshaus

1947

Staatsrat Dr. Hans Meinzolt zum Präsidenten der Landessynode gewählt (bis 1959 im Amt)

1948

Gründung der »Vereinigten Evangelisch-Lutherischen Kirche in Deutschland« (VELKD)

Beitritt der bayerischen Landeskirche zur neugegründeten »Evangelischen Kirche in Deutschland« (EKD)

1951

Errichtung des fünften Kirchenkreises Regensburg

1955

Hermann Dietzfelbinger zum Landesbischof gewählt (bis 1975 im Amt)

1957

Einführung des neuen evangelischen Kirchengesangbuchs

1959

Deutscher Evangelischer Kirchentag in München

Regierungspräsident Karl Burghart zum Präsidenten der Landessynode gewählt (bis 1984 im Amt)

1967/68

Errichtung einer evangelisch-theologischen Fakultät an der Münchner Ludwig-Maximilians-Universität

1967

Landesbischof Dietzfelbinger Vorsitzender des Rates der EKD

Aufhebung der Konfessionsschulen in Bayern durch ein Volksbegehren, nachdem sie durch die NS-Regierung schon von 1937 bis 1945 verboten gewesen waren

1971

Errichtung des sechsten Kirchenkreises Schwaben mit Sitz in Augsburg; Dr. Johannes Merz erster Oberkirchenrat im Amt des Kreisdekans

Ökumenisches Pfingsttreffen in Augsburg

Inkrafttreten der Bestimmungen des Zweiten Vatikanischen Konzils für das Verhältnis der Konfessionen zueinander mit Lockerung der Bestimmungen von 1918 über konfessionsverschiedene Ehen und Erlaubnis der kirchlichen Trauung durch Pfarrer beider Konfessionen in Einzelfällen

1972

Neue Verfassung der bayerischen Landeskirche

1973

Am 16. März: Beschlußfassung der »Leuenberger Konkordie« zur Kanzel- und Abendmahlsgemeinschaft zwischen Lutheranern und Reformierten

1975

Dr. Johannes Hanselmann zum Landesbischof gewählt

Gesetz der Landessynode zur Berufung der Theologin in das Amt des Pfarrers

1977

Landesbischof Dr. Johannes Hanselmann zum Vorsitzenden der Kammer für »Publizistische Arbeit« der EKD gewählt (bis 1980 im Amt)

1978

Landesbischof Dr. Johannes Hanselmann zum Vizepräsidenten des Lutherischen Weltbundes gewählt

1979

Deutscher Evangelischer Kirchentag in Nürnberg

1980

Erprobungsgesetz für neue Regelungen im Dienst- und Haushaltsrecht für gemeinsame Tätigkeit von Ehepaaren auf einer Pfarrstelle

1984

Prof. Dr. Carl-Heinz Schwab zum Präsidenten der Landessynode gewählt (bis 1990 im Amt)

1987

Landesbischof Dr. Johannes Hanselmann zum Präsidenten des Lutherischen Weltbundes gewählt (bis 1990 im Amt)

1989

Zusammenbruch des DDR-Regimes und Beginn der Wiedervereinigung Deutschlands, am 9. November Öffnung der »Zonengrenze« zwischen Bayern und der ehemaligen DDR mit Wiederherstellung der alten Beziehungen

1990

Dr. Dieter Haack zum Präsidenten der Landessynode gewählt

1991

In Coburg erste gesamtdeutsche EKD-Synode nach der Wiedervereinigung Deutschlands

1993

25. Deutscher Evangelischer Kirchentag in München, nach über dreißig Jahren erstmals wieder für alle Christen des wiedervereinigten Deutschlands

REGISTER

Das Register bietet Namen und Begriffe von Personen und Sachen, die nicht ohne weiteres aus der Gliederung des Buches und seinem Inhaltsverzeichnis hervorgehen, ohne dabei die Kapitel ab Seite 243 zu berücksichtigen.

Adam, Ernst
177
Adenauer, Konrad
19
Afrika
86, 119, 126, 127, 134, 155, 159, 177, 178, 238
Albers, Hans
196
Aldebert, Ulrike
51
Amann, Helmut
25, 194
Amerika
154, 177
Ammon, Peter
218
Appian, Philipp
100
Arnold, Friedrich Christian von
134
Asien
126, 177, 178, 238
Augoustinos, Labardakis
235
Augustinus, Aurelius
35, 175

Baaske, Wolfgang
213
Bach, Johann Sebastian
22, 58, 77, 126, 141
Bach, Walter
180
Backe, Knut-Wenzel
202
Bär, Friedel
159
Bahre, Johann Georg
71
Baier, Helmut
226
Baring, P. O.
46
Barth, Karl
43
Bauer, Friedrich
177

Bayerisches Herrscherhaus
12, 14, 32, 73, 82, 84, 91, 99, 101, 103, 104, 106, 133, 229
Becker, Horst
177
Beethoven, Ludwig van
31
Beine-Hager, Maria
79, 87
Benda, Erich
209
Benedikt von Nursia
26, 172
Bestelmayer, German
44, 67, 185
Bezzel, Hermann von
22, 134
Bierlein, Karl Heinz
59
Blendinger, Christian
234
Boeckh, Inspektor
155
Böhmische Brüder
43
Bogdahn, Martin
46, 186
Bogner, Wilhelm
180
Bonhoeffer, Dietrich
36, 87, 128
Bonifatius, Bischof
12, 101
Bora, Katharina von
87, 153
Boß, Gerhard
227
Boysen, Jutta
234
Bräuninger, Moritz
177
Brahms, Johannes
22
Brakemeier, Gottfried
238
Branca, Alexander von
260
Brandt, Christian Heinrich
153
Brasilien
126, 154, 224, 238, 239
Breit, Thomas
43, 122
Bromberger, Arno
194
Brucker, Jakob
187
Brunner, Advokat
103
Bubmann, Peter
194
Büchsel, Carl
49

Büder, Rudolf
194
Bürklein, Friedrich
210
Burger, Georg
177
Burghardt, Karl
22
Busch, Wilhelm
22
Busse, Hans-Busso von
67

Caesar, Julius
57
Canisius, Peter
36
Carstens, Carl
209
Castell, Fürstentum
71, 81, 127, 188
Christa, Schwester
154
Christianisierung Bayerns
12, 23, 97, 105
Cicero
205
Coburg, Herzogtum
95, 106 ff., 112, 113, 154

Danco, Günther
194
Danngries, Edle von
100
Dennhart, Rudolf
34, 158
Dercke, Johann Melchior
82
Dietzfelbinger, Hermann
134
Distler, Hubert
79, 194, 236
Distler, Hugo
194

Echter, Julius
100
Eck, Johann
228
Eichhorn, Karl
128
Engelhardt, Georg
194
England
234
Erasmus von Rotterdam
99
Ernst der Fromme, Herzog von Sachsen-Gotha
51

Ferdinand II., Kaiser
100

Fick, Ulrich
196
Finck, Werner
196
Fischer, Pauline
155
Fischer, Theodor
233
Fliedner, Theodor
154
Flierl, Johann
177, 238
Flügel, Heinz
193
Frank, Heinz Joachim
56
Franke, Gotthelf August
101
Freudenberger, Rudolf
118
Friedrich, Johannes
242
Friedrich Wilhelm III., König von Preußen
55
Fritsch, Erik von
222
Fuchs, Barone von
80
Fuchs, Leonhard
100
Fugger, Ursula von Ortenburg
99

Geiger, Anke
199
Geisendörfer, Robert
179, 180, 183
Gerhardt, Paul
87, 126
Giesen, Heinrich
22
Glaser, Theodor
25, 58, 121, 126, 143, 228
Goepfert, Michael
220
Goethe, Johann Wolfgang von
31
Götz, Johannes
80
Gollwitzer, Leonhard
71
Gomez, Medardo
239
Graham, Billy
225
Gravelitzky, Theophil
155
Gsaenger, Gustav
229
Güntsch, Georg
115
Gulbransson, Inge
71

Gulbransson, Olaf Andreas
237
Gustav Adolf, König von Schweden
28, 74, 84, 87, 224

Habdank, Walter
181, 194
Habke, Detlef
219
Haeffner, Klaus
151
Halkenhäuser, Johannes
127
Hanselmann, Johannes
9, 46, 47, 105, 118, 131, 134, 135, 227, 234, 235, 239
Harleß, Gottlieb Christof Adolf von
134
Harmati, Bela
239
Harsdörfer, Philipp
36
Hartel, August
211
Hartmann, Ilse
150
Harupa, Gisela
253
Haßler, Hans Leo
36
Hauck, Barbara
199
Hausmann, Gerhard
101
Haydn, Joseph
31
Heckel, Theodor
175, 224
Heiber, Heinz
194
Hempel, Johannes
129
Henneberg, Grafen von
80, 82
Henrich, Franz
227
Henzler, Theodor
63
Herder, Johann Gottfried
31
Hermanns, Heinrich
127
Heß, Hermann
115
Heuss, Theodor und Elly
199
Heym, Nikodemus
71
Hildebrandt, Dieter
196

282

Hildmann, Andreas
70, 193
Hildmann, Gerhard
180
Hilpert, Walter
190
Hindemith, Paul
22, 194
Hinderer, August
180
Hochstaedter, Michael
97
Höffner, Joseph
235
Hölzl, Mesnerin
22
Hösel, Reinhold
58
Hoffmann, Johann Georg
102
Hoffmann, Karlheinz
194
Hoffmeister, Otto
260
Hofmann, Siegfried
227
Holl, Elias
187, 225
Holl, Rainer
121
Hubensteiner, Benno
28
Hümmer, Walter und Hanna
127

Irmler, Konrad
155
Israel
86
Italien
128, 225, 235

Jena, Günther
194
Jentsch, Werner
216
Joseph II., Kaiser
99
Jünger, Hermann
194

Kästner, Erich
26, 173
Kaminsky, Heinrich
194
Kamm, Helmut
118, 167, 169
Karl VII., Kaiser
82
Karl der Große, Kaiser
97
Karoline, Königin von Bayern
12, 14, 103, 106, 133, 229

Keim, Fritz
172
Kelber, Julius
186
Kern, Helmut
118
Ketzel, Martin
59
Kiaulehn, Walter
196
Kirchengeschichte, evangelisches Bayern
12, 14, 23, 24, 25, 27, 33, 42, 43, 47, 62, 76, 82, 89ff., 95, 97ff., 134, 164, 170
Kleemann, Adolf
194
Klepper, Jochen
36
Klesibios, Ägypter
76
Kloose, Karl-Heinz
213
Knaus, Helmut
67, 217
Knoll, Friedrich
156
Köhler, Albert
261
König, Fritz
194
Könige Bayerns
12, 82, 84, 103, 104, 133, 229
Königinnen Bayerns
12, 14, 73, 103, 106, 133, 229
Koeppen, Hans-Jörg
203
Koller, Wilhelm
105
Kraft, Adam
59
Kraus, Eberhard
127
Kretzschmar, Georg
221
Kreye, Otto
209
Krüger, Horst
196
Kruse, Martin
235
Küstenmacher, Werner
196

Lang, Ulrich
236
Lateinamerika
86, 126, 154, 177, 224, 238, 239

Laufenberg, Hannelore
198
Laurentius, Kirchenpfleger
167
Leipold, Helmut
217
Lembke, Robert
221
Lessing, Gotthold Ephraim
31
Le Suire, Daniel
101
Leuschner, Wolfgang
220
Liebich, Norbert
290
Liebl, Heimo
14, 173, 174, 227
Lilje, Hanns
132
Löhe, Wilhelm
25, 36, 56, 71, 87, 103, 111, 127, 154, 177, 224
Loriot
22
Lossie, Julia
200
Lubich, Chiara
235
Luise, Königin von Preußen
73
Luther, Hans
105
Luther, Martin
15, 18, 19, 26, 33, 35, 36, 38, 46, 52, 53, 56, 57, 62, 74, 77, 78, 87, 91, 95, 99, 102, 106, 107, 132, 150, 153, 160, 162, 193, 208, 209, 224, 228, 234

Magdeburg
28
Magnus, Olla
193
Mann, Thomas
22
Markgrafen von Nürnberg-Brandenburg-Ansbach-Kulmbach-Bayreuth
32, 49, 100, 102, 147, 164, 189
Maximilian II., Kaiser
100
Mayer, Martin
37
Mayr, Hans
105
Meiser, Hans
42, 43, 56, 82, 134, 186, 187
Meister, Johannes
12

Melanchthon, Philipp
38, 78, 87, 99, 162, 187
Merz, Georg
43, 162
Merz, Johannes
26, 150, 235
Messiaen, Olivier
194
Meyer, Edgar
200
Meyer, Matthias von
134
Meyer, Philipp
42
Meyfart, Johann Matthäus
106
Mgeyekwa, Zephania
178
Micheelsen, Heinrich
194
Michel, Weinhändler
106
Miller-Schütz, Anne
16, 194
Mittenhuber, Johann
100
Montgelas, Graf von
103
Mozart, Wolfgang Amadeus
31, 36
Mümpfer, Wolfgang
128

Naether, Gottfried
147
Neidhardt, Richard
214
Netzsch, Walter
22, 196
Neuguinea
177, 238
Niedermayer, Fritz
127
Niemöller, Martin
43, 87
Nopitsch, Antonie
199

Österreich
224, 230
Oettingen, Fürsten und Grafen von
74, 90, 101, 104
Orff, Carl
31
Ortenburg, Grafen von
32, 40, 70, 73, 99
Ostendorfer, Michael
41
Osteuropa
111, 126, 225, 238, 239

Pachelbel, Johann
22
Pangritz, Otto
223
Papst
30, 42, 57, 62, 101, 234
Pascal, Blaise
86
Penderetzky, Christof
194
Perlitz, Manfred
177
Pfister, Maria
127
Pippin der Große
76
Pisarsky, Walter
126, 191
Poninska, Gräfin Wally
155
Poscharsky, Peter
194
Preß, Hartmut
196

Quosdorf, Ernst
58

Räntz, Johann David
93
Rappl, Karl
197
Reitzenstein, Freiherren von
84
Rendtorff, Trutz
170
Richelieu, Kardinal
100
Richter, Karl
107, 156, 194
Rickert, Fritz
194
Rieger, Paul
180, 186
Riemenschneider, Tilman
65
Römer
12, 41, 53, 66, 96, 97, 136, 206
Roepke, Claus-Jürgen
143, 190, 241
Röhrer, Georg
150
Rößner, Friedrich
201
Roid, Margarete
156
Rose, Detlef
226
Roth, Karl Johann Friedrich von
134
Rudolf, Ebermut
196

283

Rückert, Friedrich
36
Rückert, Georg
22, 175, 192
Rückert, Gertrud
175
Rückert, Markus
173
Rühmann, Heinz
22, 33
Ruf, Rudolf
15, 208
Ruhwandl, Helmut
241

Sachs, Hans
36
Sachsen, Kurfürsten von
106
Salinas, Christa
239
Salomo, Prediger
200
Sattler, Florian
219
Sauermann, Volker
217
Scharrer, Susanne und Hans-Joachim
153
Scheel, Walter
209
Schiller, Friedrich von
31, 82
Schiller, Wilhelm
79
Schmerl, Wilhelm Sebastian
180
Schmid, Christel
43, 127
Schmid, Christoph von
36
Schmidhuber, Angelika
220

Schmidt, Günther R.
218
Schmidt, Helmut
209
Schmidt, Peter
67
Schmidt, Thusnelde
201
Schöning, Stefan
151
Schornbaum, Karl
86
Schröder, Rudolf Alexander
36, 193
Schubert, Albin
46
Schubert, Franz
31
Schülke, Heidi
139
Schütz, Heinrich
22
Schultheiß, Friedrich
103
Schwab, Karlheinz
138
Schwager, Hans
163
Schwanthaler, Ludwig von
73
Seckendorff, Freiherren von
60, 134
Senf, Walter
194
Senfl, Ludwig
107, 194
Severin
97
Siebler, Engelbert
227
Smolka, Peter
106, 121
Soden, Julius Graf von
36

Sommerauer, Adolf
14, 22, 196
Spener, Johann Jakob
101
Spengler, Lazarus
36
Stein, Grafen von
82, 87
Steinbauer, Karl
42, 134
Steingruber, Johann David
66, 102
Stelzer, Georg
71
Stiller, Sebastian
100
Stockhausen, Hans Gottfried von
78, 165, 194
Strauß, Gerhard
178, 239, 242
Strauß, Liesel
238
Strauß, Werner
177, 238
Striffler, Helmut
45
Strohm, Albert
112
Sulzbach, Herzöge von
87

Taglauer, Ferdinand
100
Taizé
127f.
Tansania
86, 119, 126, 134, 155, 159, 238
Telemann, Georg Philipp
22
Terzscher, Matthias
77

Thadden-Trieglaff, Reinold von
129
Thamm, Hans
195
Theatrum Mundi
30
Thielicke, Helmut
55
Thier, Konrad
68
Thoma, Ludwig
104
Thormann, Dagmar
194
Tsingtau
73
Türken
28, 82, 90

Ungarn
238f.
Ustinov, Peter
173

Valentin, Karl
22
Veit, Friedrich
91, 134
Vicedom, Georg
177
Voll, Dieter
47, 86, 153
Voll, Gertrud
71, 194
Volp, Rainer
194
Vorländer, Hermann
177

Wagner, Karl
127
Waldenfels, Hans
200

Waldenser
43
Walter, Johann
36
Weinhold, Gertrud
58
Weizsäcker, Carl Friedrich von
30, 209, 234
Wichern, Johann Hinrich
57, 154, 173, 176
Wieland, Claudia
199
Willibald, Wunibald, Walburga
12, 24f., 87, 88, 101
Wittmann, Ernst
158
Wolfstein, Grafen von
105
Wolzogen, Edler von
100
Wucherer, Friedrich
224

Zahrnt, Heinz
47
Zeitler, Hans Jürgen
240
Ziegenhagen, Arthur
197
Zink, Michael
71
Zinzendorf, Nikolaus Graf von
25, 67, 127
Zoach, Johann Wilhelm von
63
Zöpfl, Helmut
193
Zuckmayer, Carl
193
Zülow, Joachim von
194

VERZEICHNIS DER FARBBILDER

BILDER AUS BAYERN

Trachtengottesdienst	13
Wort und Sakrament	16
Gunzenhausen am Limes-Eck	96
Der Heidenbrunnen in Heidenheim	24
Lutherdenkmal in Weißenburg i. Bay.	37
Heiligblutaltar in der St.-Jakobs-Kirche in Rothenburg o. d. Tauber	64
Neupfarrkirche in Regensburg	48
Schloß der Grafen von Ortenburg	40
Weihnachtskrippe in Plößberg	61
St.-Lorenz-Kirche in Nürnberg	21
Kolonistenkirche in Großkarolinenfeld	133
Versöhnungskirche in Dachau	45

BILDER DES GLAUBENS

Stadt und Veste Coburg	113
Reformationsaltar in Regensburg	41
Hostiendose (Bundeslade) in Augsburg	72
Marktkirche in Ortenburg	112
Universitätskirche in Erlangen	93
Laurentiuskirche in Neuendettelsau	185
Diakoniewerk Rummelsberg	184
Bildteppich von Harupa	253
Holzschnitt »Noah« von Habdank	181
Sonnenuhr und Wandspruch in Ottensoos	264

BILDER DER GEMEINDE

»Stillung des Sturms« in Aufkirchen	17
Fernsehgottesdienst	120
Kur-Kirche in Griesbach i. Rottal	260
Augustinum	192
Lateinschule in Weißenburg i. Bay.	160
Evangelische Akademie Tutzing	161
Evangelische Volkshochschule auf dem Hesselberg	109

BILDER VOM GOTTESHAUS

Romanischer Bau (Münster in Heilsbronn)	89
Romanisch-gotischer Bau (Münster in Heidenheim)	88
Chorturmkirche (Fünfbronn)	20
Saalbau (St.-Ulrichs-Kirche in Augsburg)	207
Rokoko und Klassizismus (Castell)	188
Jugendstil (Bad Steben)	214
Altar und Kruzifixus (Ehingen a. Ries)	69
Großer Kirchenschatz	116
Kleiner Kirchenschatz	117
Taufstein (St.-Jakobs-Kirche in Oettingen)	68
Moseskanzel (St.-Johannis-Kirche in Schweinfurt)	141
Orgel (St.-Gumbertus-Kirche in Ansbach)	140
Glasgemäldefenster (Wolfgangskirche in Oberasbach)	165
Chorfresko (Dreifaltigkeitskirche in Gögginen)	236
Leuchter und Vortragekreuz (Wachenhofen im Altmühltal)	164
Glocken (Johanniskirche und Stiftskirche in Feuchtwangen)	168
»Schmerzen« (Georgskirche in Nördlingen)	85

BILDER AUS ALTBAYERN

St.-Matthäus-Kirche in München	229
St.-Lukas-Kirche in München	232
Erlöserkirche in München	233
St.-Matthäus-Kirche in Passau	210
Pfarrzentrum der Erlöserkirche in Rosenheim	211
Christuskirche in Garmisch	261
Auferstehungskirche in Rottach-Egern	237

BILDER AUS FRANKEN

Dörfer im Altmühltal	136
Abtei Amorbach im Odenwald	144
Ansbach	92
Wehrkirche St. Michael in Ostheim v. d. Rhön	137
St.-Michaelis-Kirche in Hof	215
Dreifaltigkeitskirche in Presseck	65
Markgrafenkirche in Bayreuth-St. Georgen	189
Reformationsgedächtniskirche in Nürnberg	44
Friedenskirche in Eckenhaid	240

BILDER AUS SCHWABEN

Nördlingen	157
St.-Mang-Kirche in Kempten	206
St.-Stephans-Kirche in Lindau	257
Memmingen	256

LITERATUR-WEGWEISER

Angesichts der Reichweite des Themas und der Fülle verschiedenartiger Publikationen über Bayerns Evangelisch-Lutherische Kirche können hier nur einige Hinweise auf Quellen oder weiterführende Literatur gegeben werden:

Die BIBEL in Martin Luthers oder neueren Übersetzungen wird in jeder Buchhandlung, durch die Versandbuchhandlung des Claudius-Verlages (8000 München 19, Birkerstraße 22) oder die Deutsche Bibelgesellschaft (7000 Stuttgart 80, Balinger Straße 31) in vielfältigen Ausgaben angeboten.

Die BEKENNTNISSCHRIFTEN (Katechismus, Augsburgische Konfession) sowie nähere Angaben zu Dichtern und Komponisten der Kirchenlieder befinden sich im Anhang des »Evangelischen Kirchengesangbuches – Ausgabe für die Evangelisch-Lutherische Kirche in Bayern«, das ebenfalls in allen Buchhandlungen und durch den »Evangelischen Presseverband für Bayern« (8000 München 19, Birkerstraße 22) bezogen werden kann.

Über REGIONEN der Landeskirche informieren vorzüglich die mehr als zwei Dutzend Dekanatsführer unter verschiedenen Titeln (Verlag der Ev.-Luth. Mission, Erlangen).

Über LOKALE Gegebenheiten bieten vor allem die einzelnen Kirchenführer (häufig Verlag Schnell und Steiner, München) gute Auskunft, fallweise auch die »großen Kunstführer« desselben Verlages.

EINZELNE Werke sind
– »Schloß und Akademie Tutzing«, eine umfassende Darstellung, herausgegeben von Claus-Jürgen Roepke, Süddeutscher Verlag, München 1986
– »In Franken betrachtet«, ein Bildführer zu den Evangelien des Kirchenjahres mit zahlreichen Farbbildern und Beschreibungen von Christian Schmidt, Peter-Verlag, Rothenburg o. d. Tauber 1990
– »Südbayerns evangelische Diaspora in Geschichte und Gegenwart« von Oscar Daumiller, München 1955
– Über »Österreichische Exulanten in Franken und Schwaben« berichten Georg Rusam, München 1952, und der umfangreiche Ausstellungskatalog »Reformation – Emigration«, Salzburger Landesregierung, 1981

Über die GESCHICHTE der Evangelisch-Lutherischen Kirche in Bayern berichten vor allem
– »Evangelische Kirchengeschichte Bayerns« von Matthias Simon, 2 Bände, Verlag Paul Müller, München 1942
– »Apokalyptisches Wetterleuchten – Ein Beitrag der Evangelischen Kirche zum Kampf im ›Dritten Reich‹« von Heinrich Schmid, Verlag der Evangelisch-Lutherischen Kirche in Bayern, München 1947
– »Die Protestanten in Bayern« von Claus-Jürgen Roepke, Süddeutscher Verlag, München 1972
– »Bayerische Geschichte – Staat und Volk, Kunst und Kultur« von Benno Hubensteiner, Süddeutscher Verlag, 6. Auflage, München 1977
– »Bayerische Kirchengeschichte« von Karl Hausberger und Benno Hubensteiner, Süddeutscher Verlag, München 1985
– »Handbuch der Bayerischen Geschichte« von Max Spindler, München 1968 ff.

Über KUNST, KUNSTGESCHICHTE, BAUWERKE und damit zusammenhängende Fragen, auch die der Entstehung von Kirchen und ihre Patrozinien, informieren vor allem die fünf bayerische Regionen betreffenden »Handbücher der Deutschen Kunstdenkmäler« von Georg Dehio, Deutscher Kunstverlag, Berlin (Neubearbeitung 1979–1991), ferner die nach Regierungsbezirken geordneten Bände der »Kunstdenkmäler in Bayern« des Bayerischen Landesamtes für Denkmalpflege in München.

Weiterhelfende SPEZIALWERKE sind zum Thema Glocken der »Deutsche Glockenatlas« von Sigrid Thurm, zum Thema Orgeln die regional bezogenen Orgelhandbücher, zum Thema Symbole mehrere Handbücher und Lexika; für den allgemeinen Überblick stehen die Werke »Liturgik, Band 1: Die Kunst, Gott zu feiern« von Rainer Volp und die einschlägigen Artikel in der »Realencyklopädie der protestantischen Theologie und Kirche«, die auch Literaturhinweise geben, zur Verfügung, ferner das »Evangelische Soziallexikon« des DEKT, hrsg. von Friedrich Karrenberg, Stuttgart 1954.

Wer MARTIN LUTHERS WERKE in Auswahl sucht, findet sie am leichtesten zugänglich in den »Siebenstern-Taschenbüchern« des gleichnamigen Verlags.

BILDNACHWEIS

Alle nachfolgend nicht aufgeführten Fotografien stammen von Fotomeister Paul Sessner, Dachau.

amw Pressedienst, München (Foto: Rumpf): S. 193

Archiv Wilhelm Bogner, Fürth: S. 20

Archiv Evangelische Akademie Tutzing: S. 161, 209

Archiv Fremdenverkehrs- und Kongreßbetrieb der Stadt Coburg (COFKO) (Foto: Balthasar Heinlein, Ahorn): S. 113

Jochen Aumann, Nördlingen: S. 69

Bayerisches Landesamt für Statistik und Datenverarbeitung, München (Nachdruck aus: Statistischer Bericht des Bayerischen Landesamtes für Statistik und Datenverarbeitung, Nr. A/Volkszählung 87-8 vom April 1989): S. 94

Bildungs- und Erholungsstätte Langau e. V. (Nachdruck aus: Welle der Langau, Nr. 26)

Gerhard Bogner, Baldham: S. 36, 39 r. u., 42, 59, 102, 108, 121, 133, 205

Sonja Böhmer, Augsburg: S. 156

Anton J. Brandl, München: S. 48

Herbert Braun, Gunzenhausen: S. 96

Claudius-Verlag, München (Nachdruck aus: »Geschichte der ersten Bürgeraufnahme eines Protestanten in München 1801«; 1976): S. 259

Communität Casteller Ring, Schloß Schwanberg: S. 111

dpa-Bild, München: S. 98

Reinhard Dugas, Bechhofen: S. 252

Karlheinz Egginger, München: S. 227

epd bild, Frankfurt (Foto: Mehrl): S. 130

epd bild, Würzburg (Foto: Gerhard Lenz): S. 248

Evangelische Kirche in Deutschland, Kirchenamt, Referat Statistik: S. 231

Evangelische Kirchengemeinde Oettingen (Foto: Günter Linse, Nördlingen): S. 68

Evang.-Luth. Diakoniewerk Neuendettelsau (Foto: Kiesel): S. 185

Evang.-Luth. Pfarramt Ansbach-Friedenskirche: S. 253

Evang.-Luth. Pfarramt Ingolstadt-St. Johannis: S. 66 l.

Hans-Rainer Fechter, Nürnberg: S. 11, 15, 22, 23, 28, 29, 30, 32, 34, 49, 50, 52, 54, 55, 58, 67, 76, 79, 90, 118, 125, 131, 132, 139, 143, 146 r., 153, 155, 158, 159, 163, 166, 167, 171, 173, 179, 180, 186, 191, 195, 196, 198, 199, 200, 204, 208, 212, 213, 217, 218, 219, 221, 222, 226, 239, 244

Foto Bruckner, Krottensee: S. 89

Foto Hübner, Sulzberg: S. 206

Foto Kistler, Lauf: S. 264

Gütersloher Verlagshaus Gerd Mohn (Nachdruck aus: »Ein besonderer Tag: Konfirmation« von Hans G. Maser u. Hans H. Reimer, Gütersloh 1987; Foto: Lars Ole Reimer, Kirchbarkau): S. 51

Walter Habdank, Berg: S. 181

Gisela Harupa; Evang.-Luth. Pfarramt Ansbach-Friedenskirche: S. 253

Reinhard Hausen, Neuendettelsau: S. 178 u.

Wolfgang Heinrich, Hildesheim: S. 234

Helmut Herzog, Erlangen: S. 92, 138

Junge Gemeinde Hof: S. 201

Christian G. Knabe: S. 14, 31 u., 46, 126, 174, 176, 197, 203

Krapohl-Verlag, Grevenbroich (Freig. Reg. v. Ofr. Nr. G 16/066449): S. 144

Erika Kugler, Gunzenhausen: S. 81

Werner Küstenmacher, Gröbenzell: S. 178 o., 242 o.

Hans Lachmann, Düsseldorf: S. 223

Landeskirchenrat der Evang.-Luth. Kirche in Bayern, Landeskirchenamt München (Nachdruck aus: Personalstand 1991): S. 149

Landeskirchliches Archiv, Nürnberg (Foto: G. Köstler): S. 73 l., 73 r.

Gerhard Lenz, Würzburg: S. 75, 151

Peter Lentsch, Schwebheim: S. 141

Luftbildverlag Hans Bertram, München: S. 109

Bernd Mayer, Bayreuth: S. 110

Missionswerk der Evang.-Luth. Kirche in Bayern, Neuendettelsau (Foto: Ken Grosch): S. 242 u.

Museen der Stadt Regensburg (Foto: J. Zink): S. 41

Donatus Moosauer, Osterhofen: S. 157

Niko Natschka, Memmingen: S. 256

Klaus Neureuther, Nördlingen (aus: »Die Georgskirche in Nördlingen« v. Schlagbauer u. Neureuther, Verlag F. Steinmeier, Nördlingen): S. 85

Oberfränkischer Ansichtskartenverlag Bayreuth, W. Bouillon: S. 17, 65, 70, 93, 137, 168, 188, 189, 236

Peter Reindl, Weihenzell: S. 84

Christine Ruhwandl, München: S. 241

Rummelsberger Anstalten der Inneren Mission e. V.: S. 184

SB-Foto, Gunzenhausen: S. 169, 172, 190

Fred Schöllhorn, Augsburg: S. 18, 19, 26, 35, 38, 39 l. o., 39 l. u., 39 M., 39 r. o., 43, 83, 86, 175, 220, 225, 228, 235, 267

Martin Schuster, Nürnberg: S. 238

Dieter Sommerkorn, München: S. 13

Stadtarchiv Ingolstadt: S. 73 M.

Städtisches Verkehrsamt Ansbach (Foto: Michael Vogel): S. 140

Verkehrsverein Lindau e. V. (Foto: Pejot): S. 257

Verlag der Ev.-Luth. Mission, Erlangen (Nachdruck aus: »Evang.-Luth. Dekanat Weiden in der Oberpfalz«, 1982): S. 66 r.; (Nachdruck aus: »Evangelische Kirchengemeinden im Coburger Land«, 1984): S. 107

Verlag Keller & Burkhardt, München: S. 63

Verlag Schnell & Steiner, München (Foto: Kurt Gramer, Bietigheim-Bissingen): S. 214

Reinhard Wadinger, Hof: S. 215

Fritz Witzig, München: S. 229

DIE LETZTE SEITE

Am Ende dieses Buches, das der freien Darstellung einer lebendig gegenwärtigen Kirche dient, sind die Leserinnen, Leser und der Autor verändert. Das Ergebnis des Gelesenen und Geschauten entspricht nicht allen gängigen Vorstellungen. Waren wir auf so viel vitale Wirklichkeit gefaßt?
Der Titel dieses Buches über Bayerns Evangelisch-Lutherische Kirche könnte den Satz eines Realisten in Erinnerung rufen: Wer den Himmel auf Erden sucht, hat in Erdkunde geschlafen. Sein Inhalt mag jedoch manchen selbstkritischen Leser zu der Einsicht führen, es fehle ihm einiges an Himmelskunde und er habe vielleicht nicht alles an Heimat erfahren, was sich in Bayern anbietet. Jedenfalls bereitet der Glaube, unsere irdischen Verhältnisse entsprächen einem überirdischen Vorbild und Wunsch, vielen Zeitgenossen ein ganz modernes Kopfweh; sie fühlen sich lieber für unsere diesseitige Welt zuständig und als deren Erfinder, von Tragödien und Katastrophen jeweils abgesehen. Indessen wird jeder, der geduldig und genauer hinschaut, bescheidener werden und sich wundern oder freuen. Auch die lutherische Landeskirche in Bayern ist nicht der Himmel auf Erden, will es nicht werden, noch mit ihren Türmen bis dorthin reichen. Aber sie versteht sich als ein Himmelsgeschenk.
Die Leser dieses Buches könnten sich am Ende mit dem Autor darüber fröhlich wundern, was es in der »Evangelisch-Lutherischen Kirche in Bayern« alles gibt an Reichtum des täglichen Lebens, an historischen Schätzen, an Eigentümlichkeiten und Selbstwert. Unzähliges lebt und west und wird nicht an die großen Glocken gehängt. Es ist im mehrfachen Sinn des Wortes schwer zu fassen, was dieser Kosmos umfaßt und durch seine innerste Ordnung wunderbar zusammenhält.

In dieser Kirche findet jeder einzelne seinen Ort und das Leben als christliche Person. Obwohl es dabei überall »menschelt«, obwohl die Nachfolge Christi »allein aus Gnade« oftmals als ein arger Fußweg empfunden werden muß, und obwohl in der Kirche wie über die Kirche auch gelacht werden darf, besteht das Ganze von Generation zu Generation weiter! Da kann man sich nur glücklich schätzen, dabei sein zu können, und sollte aus Dankbarkeit viele andere hereinholen. Dieses Buch ist als eine solche Einladung und als Dank gemeint.
Beim Bemühen um die Darstellung der evangelischen Kirche Bayerns in einer zeitgemäßen, für einen breiten Interessenkreis zugänglichen Weise wird deutlich, wie beklemmend unsere Sprache festgelegt ist. Man muß jedes anstehende Wort beim Gebrauch auf seine Bedeutung abhören, um keinen falschen Ton ins Spiel zu lassen, wo alles vom Hintergründigen und vom Historischen umstellt ist; das Darzustellende soll keine »heilige Schrift« ergeben, die von einer höheren Instanz sanktioniert erscheint; auch muß die Versuchung zur »Verkirchlichung« unterlaufen werden, um zum Menschlichen zu gelangen. In unserem Werk wird versucht, aus dem Geist reformatorischer Offenheit von dem zu sprechen, was in der evangelischen Kirche und darüber hinaus neues Gehör finden könnte. Möge es verständlich sein und sich vermitteln!
Auch die Bilder dieses Buches sprechen von Bayerns evangelischer Kirche. Ihre Fotografen hatten das Abenteuer des ersten Anschauens, bevor sie den wahren Augenblick festhielten. Unsere schwarzweißen Abbildungen stehen illustrierend beim jeweiligen Text. Die Farbbilder führen, motivisch ausgewählt und geordnet, den Leser auf einem eigenen Weg und wären dank Paul Sessners Fotomeisterschaft bald zu einem »Buch im Buche« geworden, hätte es da nicht auch eine sachliche Begrenzung gegeben. Man muß auch Bilder lesen, gerade in unserer Zeit, die vom zu vielen Sehen mit dem eigentlichen Schauen Schwierigkeiten bekam.

Leider kann bei einer Beschreibung dessen, was heute gilt, von Dingen der Vergangenheit nur gehandelt werden, insofern sie die Gegenwart bedingen. Im Bewußtsein einer enorm vielfältigen und lebendigen Geschichte und voller Achtung vor den Vorfahren erleben wir unsere Tage, die nur Sekunden der vorüberstreichenden Zeit sind, wie hereinbrechendes Licht; wir fühlen den brausenden Wind der Wirklichkeit, halten ein und meinen stillzustehen, doch das ist unser Tagesglück. So kann dieser Versuch über Bayerns Evangelisch-Lutherische Kirche der Selbsteinschätzung aller Christen dienen, zur geistigen und geistlichen Ortsbestimmung beitragen und der Seele helfen. Auch wenn das Festhalten am Glauben heutzutage (wieder einmal) alle Kräfte anstrengt, wird das Lob des Seienden und des Bleibenden zur Lebensfreude beitragen.
In diesem Sinne danken der Autor und der Verlag Herrn Landesbischof Dr. Johannes Hanselmann DD für die ehrenvolle Anregung zu diesem Buch und dem Landeskirchenrat, insbesondere den Herren Dr. Theodor Glaser, Dr. Helmut Kamm und Dr. Walter Allgaier, für die freundliche Förderung; Herrn Dr. Gerhard Strauß ist für aufmerksame Begleitung zu danken, den Herren Johannes Meister und Hans Schwager für gutachterliches Gegenlesen. Dank gilt allen freundlichen Helfern bei der Beschaffung objektiver Informationen aus ihrem jeweiligen Verantwortungsbereich und der besonderen Hilfsbereitschaft von Wilhelm Bogner (Fürth), Gerd Geier (Augsburg), Reinhold Morath (München), Werner Ost (Neuendettelsau), Günther-Uwe Thie (Neustadt bei Coburg), Gertrud und Dieter Voll (Neuendettelsau).
Zur Realisation trugen in selbstloser und dankenswerter Weise die Damen Rotraud Schneid, Johanna Seck und Petra Kröger sowie die Mitarbeiter der Verlagsanstalt »Bayerland«, Dachau, insbesondere Frau Astrid Schäfer und Herr Josef Mertl, bei.

PL
VS